2022

21天突破

CPA

注册会计师全国统一考试应试指导

李彬教你考注会®

ECONOMIC LAWS

经济法

李彬 编著　BT教育 组编

中国财经出版传媒集团
经济科学出版社

图书在版编目（CIP）数据

经济法．2022/李彬编著．--北京：经济科学出版社，2022.3

（李彬教你考注会）

ISBN 978-7-5218-3473-4

Ⅰ．①经… Ⅱ．①李… Ⅲ．①经济法-中国-资格考试-自学参考资料 Ⅳ．①D922.29

中国版本图书馆CIP数据核字（2022）第036735号

责任编辑：孙丽丽 纪小小
责任校对：李 建
责任印制：范 艳

经济法（2022）

李 彬 编著 BT教育 组编

经济科学出版社出版、发行 新华书店经销

社址：北京市海淀区阜成路甲28号 邮编：100142

总编部电话：010-88191217 发行部电话：010-88191522

网址：www.esp.com.cn

电子邮箱：esp@esp.com.cn

天猫网店：经济科学出版社旗舰店

网址：http://jjkxcbs.tmall.com

北京密兴印刷有限公司印装

787×1092 16开 41.25印张 1040000字

2022年3月第1版 2022年3月第1次印刷

ISBN 978-7-5218-3473-4 定价：98.00元

（图书出现印装问题，本社负责调换。电话：010-88191510）

编 委 会

前言

新一年的备考旅程拉开了序幕，2022 年我们对教材进行了重大且彻底的改革，无论内容加工还是排版形式都进行了极大创新，确保同学们顺利到达通关的彼岸。

21 天教材除保留原有产品特色（知识精简、直击考点）外，还将全书知识点进行了考点制划分，帮大家像完成任务清单一样，对每章内容进行逐个击破。与此同时，我们还针对重难点做出了深入解读，增添了更多的横向关联总结和实务案例，为第一轮备考的学员们提供了充盈的知识库，再也不用因对个别考点一知半解而头疼。我们增加了以下几个模块：

1. 增加章前模块：【考情雷达】+【考点地图】

考生在初学某章时，普遍对内容缺乏整体认知，但没有足够的考试信息做支撑，会陷入“眉毛胡子一把抓”的困境，毕竟是无中生有的过程，没有目标感地盲目学习将导致效率低下。

因此，我们在每章章前都设置了【考情雷达】及【考点地图】功能模块，对本章的考情进行系统分析，标记了往年重要考点，并给出考点类型及考频，让同学们在正式学习前，对本章的内容有一个提纲挈领的认知，以便集中精力去突破关键考点。此外，我们还针对每章内容都做出了学习方法指导，并阐述了本年内容变化，手把手带你渡过难关。

2. 考点制分割，重点分级

为了凸显应试理念，帮助考生快速、高效地实现通关目标，我们一改官方教材的章/节格局，一律以【考点】为任务单元进行全面重组，就像一款打怪升级的游戏，任务完成即可通关。我们对每个考点都进行了专门解读，并在目录中制定了每日任务量和打卡次数，帮助大家拆解全书内容。

此外，我们还根据真题考频对考点重要性进行了标星分级，★越多，代表其越重要，轻重缓急，一目了然。

3. 增加内容模块

【彬哥解读】

在过去的几年中，考生经常反映我们的教材解读不足的问题，对很多知识点的理解均停留在表层，缺乏深入理解。因此 2022 年我们教材增添了更多考点的通俗化解释和深入解读，如公式推导过程、名词原理解释、概念扩充等，帮助同学们挖掘考点深度。

【案例胶卷】

《审计》《公司战略与风险管理》《经济法》这种实务性较强的科目，理论概念均较为抽象，很难令初学者产生具象化认知，因此我们引用了很多实务案例进行补充说明，让同学们对知识掌握的更加精准。

【关联贴纸】

CPA 考试的六门科目并不是六个独立的模块，而是一个有机的整体，各科之间、各章之间，甚至章节内部的知识都盘根错节。在以往的学习过程中，考生们只是对该学科内容各个击破，并没有对关联考点进行延展，这不利于大家养成跨章节的系统性思维。因此，我们开设了此模块，在学习过程中为大家引述相关知识点，做到触类旁通。

【记忆面包】

2022 年特新增了此模块，给大家整理口诀和各种背诵要领。

【考点收纳盒】

将多个知识点做横向串联，以流程图/表格形式针对各类要素进行合并同类项，帮助考生融会贯通。

4. 增加章尾模块

CPA 是一段漫长的征程，缺乏即时反馈，大部分考生往往半途放弃。针对这个痛点，我们在每个单数页的右上角都做了一个进度小标，它会随着学习进度的深入越来越满盈。此外，每章结尾都放置了一段干劲满满的“鸡汤”文，助同学们一路向前。

丈夫欲遂平生志，一载寒窗一举汤，祝每一位 CPA 考生都能顺利通关，考出好成绩！

欢迎 2022 年 CPA 考生加入我们的免费带学群，群内不仅有班班和小伙伴们陪伴你学习，还会不定期分享学习资料。为了达到更好的教学效果，如果你是零基础考生，对该科目缺乏基本认识，也可扫码领取我们的 CPA 小白书电子版进行基础学习、查看勘误文件。

扫码免费领取题库 + 随书附送讲义资料

每日计划说明

- 1. 本计划表为同学们做出了21天的整体规划，将每科的学习目标都分解成了具体任务，对具有挑战性的章节，我们还列出了学习提示，让考生的备考旅程不再迷茫。
- 2. 该学习计划以每日3~5小时的有效学习时间作为参考，实际用时因个人基础和学习条件而异，会出现一定程度的提前或延后，可自行做出阶段性调整。
- 3. 首轮学习时，做题正确率在50%~60%为正常情况，但在后续轮次中，应不断消化复习错题，以保证正确率的提升。
- 4. 每完成一项任务，可在后方打勾，每日学习前/完成后查看，会有满满的成就感。
- 5. 周测真题可在BT教育App或网页端btclass.com中找到题库页面参与。

学习计划表

Day 1	
章节	第一章　法律基本原理
所含考点	「考点1」法的概念与特征（★） 「考点2」法律渊源（★★） 「考点3」法律规范（★★） 「考点4」法律体系（★） 「考点5」法律关系的概念与种类（★） 「考点6」法律关系的基本构成（★★★） 「考点7」法律关系的变动原因——法律事实（★★） 「考点8」习近平法治思想引领全面依法治国基本方略（★）
学习任务	听视频课 做对应习题 整理改错本 梳理本章框架 预习“基本民事法律制度”
学习提示	打开书满是文字，不知此时的你做何感想，反正我是头疼。但是有一点一定要明确，经济法≠背诵，一定要建立在理解的基础上。当然，从现在开始学习就有很多专有名词以及法条，不好理解，所以上课的时候认真听老师讲解，专业的事情交给专业的人去做。本章概念虽然很多，但是不需要花费过多时间

Day 2	
章节	第二章　基本民事法律制度
所含考点	「考点1」民事法律行为理论（★★） 「考点2」民事法律行为的效力（★★★） 「考点3」代理的基本理论（★） 「考点4」委托代理（★★） 「考点5」诉讼时效基本理论（★★） 「考点6」诉讼时效的种类与起算（★★） 「考点7」诉讼时效的中止与中断（★★★）
学习任务	听视频课 做对应习题 整理改错本 梳理本章框架 复习“法律基本原理” 预习“物权法律制度”
学习提示	遇到抽象的内容，好像不是很容易理解，注重课上老师的讲解，例子化，切不可臆想。“地基”章节，要学习扎实了，一是勤快画框架，二是勤快做题

Day 3	
章节	第三章　物权法律制度
所含考点	「考点1」物的概念与种类（★） 「考点2」物权的概念与种类（★★） 「考点3」物权法律制度的基本原则（★） 「考点4」物权变动（★★） 「考点5」所有权（★★★）
学习任务	听视频课 做对应习题 整理改错本 梳理本章框架 复习“基本民事法律制度”
学习提示	恭喜你解锁第三章，对于法的理解会越来越深入的，晦涩难懂逐渐变得容易懂。本章是考试的重点章节，题目灵活多变，意思就是不要偷懒，要去做题，以你的不变（勤快一直不变）应题目的万变

Day 4	
章节	第三章　物权法律制度
所含考点	「考点6」用益物权（★★） 「考点7」担保物权概述（★） 「考点8」抵押权（★★★） 「考点9」质权（★★） 「考点10」留置权（★★）
学习任务	听视频课 做对应习题 整理改错本 梳理本章框架 复习“物权法律制度”相关内容 预习“合同法律制度”
学习提示	恭喜你解锁第三章，对于法的理解会越来越深入的，晦涩难懂逐渐变得容易懂。本章是考试的重点章节，题目灵活多变，意思就是不要偷懒，要去做题，以你的不变（勤快一直不变）应题目的万变

Day 5	
章节	第四章　合同法律制度
所含考点	「考点1」合同的基本理论（★） 「考点2」合同的订立（★★） 「考点3」合同的效力（★） 「考点4」合同的履行（★★★） 「考点5」保全措施（★★★）
学习任务	听视频课 做对应习题 整理改错本 梳理本章框架 复习“物权法律制度”
学习提示	本章在理解方面会相对友好，因为跟我们的实际生活贴近，但是记忆方面不是很友好，背诵的内容比较多，但是坚持一条原则：经济法≠背诵，还是要建立在理解的基础上，理解了也能说个大概，这样能减少记忆量，多了也记不住啊。务必做题，因为本章的题目灵活性很强，也只有用你的不变（勤快一直不变）应题目的万变

<table>
<tr><th colspan="2">Day 6</th></tr>
<tr><td>章节</td><td>第四章　合同法律制度</td></tr>
<tr><td>所含考点</td><td>「考点6」合同的担保（★★★）
「考点7」合同的变更和转让（★）
「考点8」合同的权利义务终止（★★）
「考点9」违约责任（★★）
「考点10」买卖合同（★★★）
「考点11」赠与合同（★★）
「考点12」借款合同（★★★）
「考点13」租赁合同（★★★）
「考点14」融资租赁合同（★★★）
「考点15」承揽合同（★）
「考点16」建设工程合同（★★）
「考点17」委托合同（★）
「考点18」运输合同（★）
「考点19」行纪合同（★）
「考点20」技术合同（★）</td></tr>
<tr><td>学习任务</td><td>听视频课
做对应习题
整理改错本
梳理本章框架
复习“合同法律制度”相关内容
预习“合伙企业法律制度”</td></tr>
<tr><td>学习提示</td><td>本章在理解方面会相对友好，因为跟我们的实际生活贴近，但是记忆方面不是很友好，背诵的内容比较多，但是坚持一条原则：经济法≠背诵，还是要建立在理解的基础上，理解了也能说个大概，这样能减少记忆量，多了也记不住啊。务必做题，因为本章的题目灵活性很强，也只有用你的不变（勤快一直不变）应题目的万变</td></tr>
</table>

<table>
<tr><th colspan="2">Day 7</th></tr>
<tr><td>章节</td><td>第五章　合伙企业法律制度</td></tr>
<tr><td>所含考点</td><td>「考点1」合伙企业法律制度概述（★）
「考点2」合伙企业的设立（★★）
「考点3」合伙企业财产与合伙人份额（★★★）
「考点4」合伙企业的事务执行与损益分配（★★★）</td></tr>
<tr><td>学习任务</td><td>听视频课
做对应习题
整理改错本
梳理本章框架
复习“合同法律制度”</td></tr>
<tr><td>学习提示</td><td>这样形容这一章最贴切：简单、轻松、分高。所以，整体上轻松学习，局部上注意细节</td></tr>
</table>

Day 8	
章节	第五章　合伙企业法律制度
所含考点	「考点5」合伙企业与第三人的关系（★★） 「考点6」入伙和退伙（★★★） 「考点7」特殊的普通合伙企业（★） 「考点8」合伙人的性质转变（★★） 「考点9」合伙企业的解散和清算（★）
学习任务	听视频课 做对应习题 整理改错本 梳理本章框架 复习“合伙企业法律制度”相关内容 预习“公司法律制度”
学习提示	这样形容这一章最贴切：简单、轻松、分高。所以，整体上轻松学习，局部上注意细节

Day 9	
章节	第六章　公司法律制度
所含考点	「考点1」公司的概念和类型（★） 「考点2」公司法人资格与股东有限责任（★★★） 「考点3」公司设立制度（★★） 「考点4」股东出资制度（★★★） 「考点5」股东资格（★） 「考点6」股东权利和义务（★★★）
学习任务	听视频课 做对应习题 整理改错本 梳理本章框架 复习“合伙企业法律制度”
学习提示	你可以看成是一部长篇电视连续剧，演绎着公司的一生，从成立到解散，非常重要。连续剧非常长，所以看的时候也是循序渐进，不能倍速播放。精彩的地方，记得做个总结，做做题目

Day 10	
章节	第六章　公司法律制度
所含考点	「考点7」董事、监事、高级管理人员制度（★★） 「考点8」公司的组织机构（★★★） 「考点9」上市公司独立董事制度（★★★） 「考点10」股东大会、股东会和董事会决议制度（★★★） 「考点11」股份有限公司的股份转让和回购（★★★） 「考点12」有限责任公司的股权移转（★★）

Day 10	
学习任务	听视频课 做对应习题 整理改错本 梳理本章框架 复习“公司法律制度”相关内容
学习提示	你可以看成是一部长篇电视连续剧，演绎着公司的一生，从成立到解散，非常重要。连续剧非常长，所以看的时候也是循序渐进，不能倍速播放。精彩的地方，记得做个总结，做做题目

Day 11	
章节	第六章　公司法律制度
所含考点	「考点13」一人有限责任公司的特别规定（★★） 「考点14」国有独资公司的特别规定（★★） 「考点15」公司的财务会计（★★） 「考点16」公司重大变更（★） 「考点17」公司解散和清算（★★）
学习任务	听视频课 做对应习题 整理改错本 梳理本章框架 复习“公司法律制度”相关内容 预习“证券法律制度”
学习提示	你可以看成是一部长篇电视连续剧，演绎着公司的一生，从成立到解散，非常重要。连续剧非常长，所以看的时候也是循序渐进，不能倍速播放。精彩的地方，记得做个总结，做做题目

Day 12	
章节	第七章　证券法律制度
所含考点	「考点1」证券法律制度的基本原理（★） 「考点2」证券市场监管体制（★） 「考点3」强制信息披露制度（★★★） 「考点4」投资者保护制度（★★） 「考点5」非上市公众公司（★★） 「考点6」首次公开发行股票并上市（★） 「考点7」上市公司发行新股（★★★）
学习任务	听视频课 做对应习题 整理改错本 梳理本章框架 复习“公司法律制度”
学习提示	本章可以说是“三多”：内容多、背的多、分也多，无疑让人很头疼，该怎么拿下这“三多”？你应该具备这“三勤”：勤总结、勤背诵、勤做题，以勤对多，拿下

<table>
<tr><th colspan="2">Day 13</th></tr>
<tr><td>章节</td><td>第七章　证券法律制度</td></tr>
<tr><td>所含考点</td><td>「考点8」优先股的发行与交易（★★★）
「考点9」股票上市与退市（★）
「考点10」股票交易与结算（★）
「考点11」公司债券的一般理论（★）
「考点12」公司债券的发行（★★★）
「考点13」可转换公司债券的发行（★★★）
「考点14」公司债券的交易（★）</td></tr>
<tr><td>学习任务</td><td>听视频课
做对应习题
整理改错本
梳理本章框架
复习“公司法律制度”相关内容</td></tr>
<tr><td>学习提示</td><td>本章可以说是“三多”：内容多、背的多、分也多，无疑让人很头疼，该怎么拿下这“三多”？你应该具备这“三勤”：勤总结、勤背诵、勤做题，以勤对多，拿下</td></tr>
</table>

<table>
<tr><th colspan="2">Day 14</th></tr>
<tr><td>章节</td><td>第七章　证券法律制度</td></tr>
<tr><td>所含考点</td><td>「考点15」上市公司收购概述（★★★）
「考点16」持股权益披露（★★★）
「考点17」要约收购制度（★★★）
「考点18」特殊类型收购（★）
「考点19」上市公司重大资产重组（★★★）
「考点20」虚假陈述行为（★★★）
「考点21」内幕交易行为（★★★）
「考点22」操纵市场行为（★）</td></tr>
<tr><td>学习任务</td><td>听视频课
做对应习题
整理改错本
梳理本章框架
复习“证券法律制度”相关内容
预习“企业破产法律制度”</td></tr>
<tr><td>学习提示</td><td>本章可以说是“三多”：内容多、背的多、分也多，无疑让人很头疼，该怎么拿下这“三多”？你应该具备这“三勤”：勤总结、勤背诵、勤做题，以勤对多</td></tr>
</table>

<table>
<tr><th colspan="2">Day 15</th></tr>
<tr><td>章节</td><td>第八章　企业破产法律制度</td></tr>
<tr><td>所含考点</td><td>「考点1」破产法律制度概述（★）
「考点2」破产申请与受理（★★★）
「考点3」执行案件的移送破产审查（★）
「考点4」管理人制度（★★）</td></tr>
</table>

Day 15	
学习任务	听视频课 做对应习题 整理改错本 梳理本章框架 复习“证券法律制度”
学习提示	这是一个悲伤的故事，一家企业破产了。你虽不曾拥有它的繁荣，但是你可以经历它的破产啊，此时，想象你处于一家濒临破产的公司，你会怎么做？不是你想做什么就能做什么，破产了那么多人都没有饭吃了，国家是不允许你乱来的，所以破产了该怎么做，将是本章要学习的

Day 16	
章节	第八章　企业破产法律制度
所含考点	「考点5」债务人财产（★★★） 「考点6」破产债权（★★）
学习任务	听视频课 做对应习题 整理改错本 梳理本章框架 复习“企业破产法律制度”相关内容
学习提示	这是一个悲伤的故事，一家企业破产了。你虽不曾拥有它的繁荣，但是你可以经历它的破产啊，此时，想象你处于一家濒临破产的公司，你会怎么做？不是你想做什么就能做什么，破产了那么多人都没有饭吃了，国家是不允许你乱来的，所以破产了该怎么做，将是本章要学习的

Day 17	
章节	第八章　企业破产法律制度
所含考点	「考点7」债权人会议（★） 「考点8」重整程序（★★★） 「考点9」和解制度（★） 「考点10」破产清算程序（★★） 「考点11」关联企业合并破产（★）
学习任务	听视频课 做对应习题 整理改错本 梳理本章框架 复习“企业破产法律制度”相关内容 预习“票据与支付结算法律制度”
学习提示	这是一个悲伤的故事，一家企业破产了。你虽不曾拥有它的繁荣，但是你可以经历它的破产啊，此时，想象你处于一家濒临破产的公司，你会怎么做？不是你想做什么就能做什么，破产了那么多人都没有饭吃了，国家是不允许你乱来的，所以破产了该怎么做，将是本章要学习的

Day 18	
章节	第九章　票据与支付结算法律制度
所含考点	「考点1」支付结算概述（★★） 「考点2」票据与票据法概述（★） 「考点3」票据关系（★★） 「考点4」票据权利（★★） 「考点5」票据的伪造和变造（★★★） 「考点6」票据抗辩（★★★） 「考点7」票据丧失及补救（★） 「考点8」汇票（★★★） 「考点9」本票（★） 「考点10」支票（★） 「考点11」非票据结算方式（★）
学习任务	听视频课 做对应习题 整理改错本 梳理本章框架 复习"企业破产法律制度" 预习"企业国有资产法律制度"
学习提示	本章学习的时候有难度，内容比较多，也很容易混淆，但是有方法可以解决，课上认真听老师讲，学习如何画示意图。课下自己再画一遍，好好做题

Day 19	
章节	第十章　企业国有资产法律制度
所含考点	「考点1」企业国有资产的概念和监督管理体制（★★） 「考点2」履行出资人职责的机构（★★） 「考点3」国家出资企业（★★） 「考点4」企业改制（★） 「考点5」企业国有资产产权登记制度（★） 「考点6」企业国有资产评估管理制度（★） 「考点7」企业国有资产交易管理制度（★） 「考点8」上市公司国有股权变动管理（★★）
学习任务	听视频课 做对应习题 整理改错本 梳理本章框架 复习"票据与支付结算法律制度" 预习"反垄断法律制度"
学习提示	不是重点章节，听老师讲解即可。另外，通过历年真题来精准定位考点

Day 20	
章节	第十一章　反垄断法律制度
所含考点	「考点1」反垄断法的适用范围（★★） 「考点2」相关市场的界定（★） 「考点3」反垄断法的实施机制（★） 「考点4」垄断协议（★★★） 「考点5」滥用市场支配地位（★★） 「考点6」经营者集中（★★） 「考点7」行政垄断（★★）
学习任务	听视频课 做对应习题 整理改错本 梳理本章框架 复习“企业国有资产法律制度” 预习“涉外经济法律制度”
学习提示	不是重点章节，听老师讲解即可。另外，通过历年真题来精准定位考点

Day 21	
章节	第十二章　涉外经济法律制度
所含考点	「考点1」外商投资法律制度（★★） 「考点2」对外直接投资法律制度（★） 「考点3」《对外贸易法》的适用范围和原则（★★） 「考点4」对外贸易经营者（★★） 「考点5」货物进出口与技术进出口（★★） 「考点6」对外贸易救济（★★） 「考点7」《外汇管理条例》的适用范围和基本原则（★） 「考点8」经常项目外汇管理制度（★） 「考点9」资本项目外汇管理制度（★） 「考点10」外汇市场（★） 「考点11」人民币汇率与特别提款权（★★）
学习任务	听视频课 做对应习题 整理改错本 梳理本章框架 复习“反垄断法律制度”
学习提示	学到这里就要学完了，本章不是重点章节，听老师讲解即可，通过历年真题来精准定位考点。一定要滚动复习，行百里者半九十，切不可偷懒

目录 | CONTENTS

CHAPTER ONE

第一章　法律基本原理

考情雷达

本章介绍了法律的基本常识，比如什么是法律、法律的表现形式是什么（法律渊源）、法律关系是如何构成等问题。考试分值在2.5分左右，考试题以选择题为主，把握关键词表述即可。

本章内容与去年相比无实质性变化。

考点地图

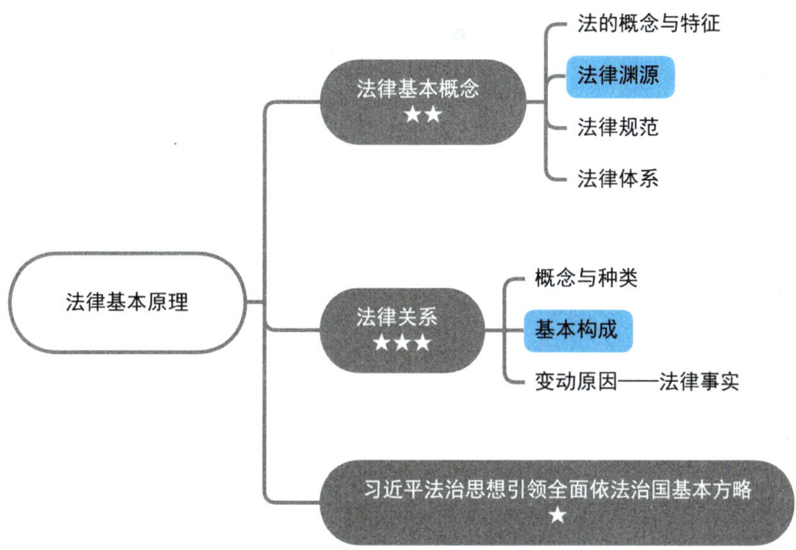

考点1　法的概念与特征（★）

表1－1

概念	法是反映由一定**物质生活条件**所决定的统治阶级意志的，由国家制定或认可并得到国家强制力保证的，赋予社会关系参加者权利与义务的社会规范的总称
特征	①法是由一定物质生活条件所决定的统治阶级意志的体现**（统治阶级整体意志）**； ②法是由国家制定或认可的行为规范**（法的国家意志性）**； ③法是由国家强制力保证实施的行为规范； ④法是调整人的行为和社会关系的行为规范； ⑤法是确定社会关系参加者的权利和义务的规范

彬哥解读

①行为规范可以分为**社会规范和技术规范**，而技术规范一般不属于法的范畴；

②法不是唯一的社会规范，还包括道德、宗教规范等：

第一，法律属于社会制度，道德属于社会意识形态；

第二，法律规范由国家强制力保证实施，而道德规范主要凭借社会舆论等。

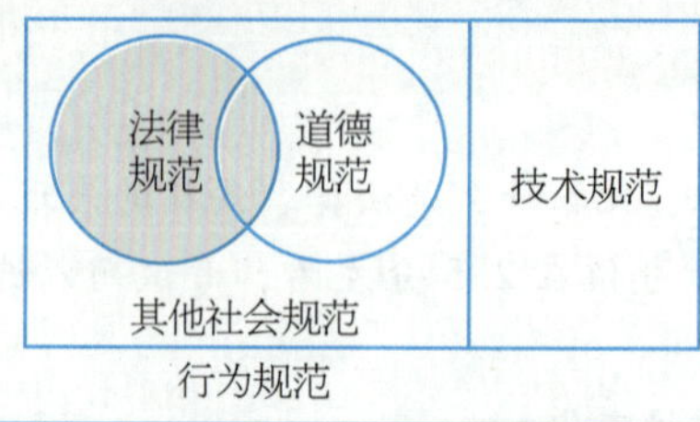

【例题1-1·多选题·2018年】 下列关于法的规范属性的表述中，正确的有（　　）。

A. 法是行为规范　B. 法是社会规范　C. 法是技术规范　D. 法是道德规范

【答案】 AB

【解析】 行为规范包括社会规范和技术规范，法属于社会规范，也是行为规范。

【例题1-2·多选题·2020年】 下列关于法律与道德的关系的表述，正确的有（　　）。

A. 法律属于社会制度，道德属于社会意识形态

B. 法律规范和道德规范的调整范围相互交叉

C. 法律规定的是权利，道德强调的是义务

D. 法律由国家强制力保障实施，道德主要靠舆论、内心信仰和宣传教育等手段实现

【答案】 ABD

【解析】 选项C错误，法律规范的主要内容是权利与义务，并且强调两者之间的平衡，道德则强调对他人、对社会集体履行义务、承担责任。

考点2　法律渊源（★★）

（一）基本规定

法律渊源是指法律的存在或表现形式，主要表现为制定法，**不包括判例法**。我国的法律渊源如表1-2所示。

表1-2

种类	制定机关	地位和效力	示例
宪法	全国人民代表大会	根本大法（**最高效力**）	《中华人民共和国宪法》； 《中华人民共和国选举法》； 《香港特别行政区基本法》

续表

种类		制定机关	地位和效力	示例
法律	基本法律	全国人民代表大会	仅次于宪法	《中华人民共和国刑法》；《中华人民共和国民法典》
	一般法律	全国人大常委会		《中华人民共和国公司法》
法规	行政法规	国务院	仅次于宪法和法律	《证券公司监督管理条例》
	地方性法规	地方人民代表大会及其常委会	不得与宪法、法律和行政法规相抵触；只在本辖区内适用	《××地方××例》
规章	部门规章	国务院各部委、人民银行、审计署和具有行政管理职能的直属机构	不得与宪法、法律和行政法规相抵触	财政部发布的《企业会计准则——基本准则》；中国证监会发布的《上市公司信息披露管理办法》等
	地方政府规章	有权制定规章的地方人民政府	不得与宪法、法律和地方性法规相抵触	《××地方××办法》
司法解释		最高人民法院、最高人民检察院	—	《关于适用〈中华人民共和国民法典〉物权编的解释（一）》等
国际条约和协定		国家之间	—	—

（1）法律渊源的效力层级排序如下：

①宪法＞法律＞行政法规＞地方性法规＞地方政府规章；

②宪法＞法律＞行政法规＞部门规章。

（2）法规和规章的判断：

①看命名：条例——法规。不带地名为行政法规，带地名为地方性法规。

看制定机关：国务院——行政法规；地方人大及其常委会——地方性法规。

②看命名：办法——规章。不带地名为部门规章，带地名为地方政府规章。

看制定机关：部委行署——部门规章；地方政府——地方政府规章。

（二）其他具体规定

1. 基本法律与一般法律（见表1－3）

表1－3

法律	基本法律		一般法律
制定	全国人民代表大会		全国人大常委会
修改	一般情况	全国人民代表大会	全国人大常委会
	全国人大闭会期间	全国人大常委会可对基本法律进行部分补充和修改，但不得同该法律的基本原则相抵触	
解释	全国人大常委会负责解释法律，其作出的法律解释同法律具有同等效力		

2. 限制减损权利或增加义务（见表1-4）

表1-4

法律渊源	具体规定
部门规章	没有法律或国务院的行政法规、决定、命令的依据，部门规章**不得**设定减损公民、法人和其他组织权利或增加其义务的规范，不得增加本部门的权力或减少本部门的法定职责
地方政府规章	没有法律、行政法规、地方性法规的依据，地方政府规章**不得**设定减损公民、法人和其他组织权利或增加其义务的规范

【例题1-3·单选题·2016年】下列关于法律渊源的表述中，正确的是（　　）。

A. 全国人大常委会有权部分修改由全国人大制定的基本法律

B. 部门规章可以设定减损公民、法人和其他组织权利或者增加其义务的规范

C. 地方性法规是指地方人民政府对地方性事务制定的规范性法律文件的总称

D. 除最高人民法院外，其他国家机关无权解释法律

【答案】A

【解析】选项B错误，没有法律或者国务院的行政法规、决定、命令的依据，部门规章不得设定减损公民、法人和其他组织权利或者增加其义务的规范；选项C错误，地方性法规是由地方人民代表大会及其常委会制定，而非地方人民政府；选项D错误，全国人大常委会享有立法解释权，"最高人民法院、最高人民检察院"只享有司法解释权。

考点3 法律规范（★★）

（一）概念及特征（见表1-5）

表1-5

法律规范的区分	具体内容	
不同于规范性法律文件	规范性法律文件是表现法律内容的具体形式，是法律规范的**载体**。 ①规范性法律文件是具有普遍拘束力的法律文件； ②法律规范是由国家制定或认可的，具体规定主体权利、义务及法律后果的**行为准则**，是法律构成的**基本单位**	
不同于国家的个别命令	①国家的个别命令也有法律效力，但其效力仅针对特定的主体或场合，不具有可重复适用性和普遍适用性。 ②法律规范规定主体的行为模式，**具有**可重复适用性和适用的普遍性	
不同于法律条文	联系	法律条文是法律规范的文字表述形式，而法律规范是法律条文的**内容**
	区别	法律条文的内容还可能包含其他法律要素，如法律原则等，即**法律条文=法律规范+法律原则**等
		①二者**并非一一对应**，一项法律规范的内容可以表现在不同法律条文甚至不同的规范性法律文件中； ②一个法律条文中也可以反映若干法律规范的内容

彬哥解读

法律文件可以通俗理解为“书籍”，法律规范即为书籍里的“主旨”，法律条文即为表现主旨的“文字”。

①文字的内容除了表现主旨的，还可能包括排比等修辞要素。

②一个主旨（比如爱情）可以表现在不同的文字甚至书籍中。

③一段文字可以反映多个主旨（比如同时反映爱情和亲情）。

（二）法律规范分类（见表1-6）

表1-6

分类标准	分类		含义	示例
根据法律规范为主体提供行为模式的方式进行区分	授权性规范		规定人们**可以**作出一定的行为或者可以要求别人作出一定行为	“可以……”“有权……”“享有……权利”等
	义务性规范	命令性规范	规定主体**应当**或**必须**作出一定积极行为的规范	“应（当）……”“（必）须……”“有……义务”
		禁止性规范	**禁止**人们作出一定行为的规范	“不得……”“禁止……”等
根据法律规范是否允许当事人进行自主调整，及按照自己的意愿设定权利和义务的标准进行区分	强行性规范		**不允许**任意变动和伸缩	如《民法典》规定违反法律、行政法规的强制性规定的合同无效
	任意性规范		**允许**人们自行选择或协商确定具体内容	担保物权的担保范围包括主债权及其利息、违约金、损害赔偿金、保管担保财产和实现担保物权的费用。当事人另有约定的，按照其约定
按照法律规范内容的确定性程度的不同	确定性规范		指内容已经完备明确，无须援引或参照其他规范，绝大多数法律规范属于此种规范	《反垄断法》规定：“中华人民共和国境内经济活动中的垄断行为，适用本法”
	非确定性规范	委任性规范	只规定某种概括性指示，具体内容由**有关国家机关**通过相应途径或程序加以确定	如《反垄断法》规定：“国务院反垄断委员会的组成和工作规则由国务院规定”
		准用性规范	规定可以援引或参照**其他有关规定**内容	如供用水、供用气、供用热力合同，参照供用电合同的有关规定

【例题1-4·单选题·2017年】下列关于法律规范与法律条文关系的表述中，正确的是（　　）。

A. 法律规范是法律条文的表现形式

B. 法律规范等同于法律条文

C. 法律规范与法律条文一一对应

D. 法律条文的内容除法律规范外，还包括法律原则等法律要素

【答案】D

【解析】法律规范是法律条文的内容，法律条文是法律规范的表现形式，但二者并非一一对应的关系。

【例题1-5·单选题·2015年】法律规范可以分为授权性规范和义务性规范，根据这一分类标准，下列法律规范中，与“当事人依法可以委托代理人订立合同”属于同一规范类型的是（　　）。

A. 中华人民共和国境内经济活动中的垄断行为，适用本法

B. 公司股东依法享有资产收益、参与重大决策和选择管理者等权利

C. 未经证券交易所许可，任何单位和个人不得发布证券交易即时行情

D. 票据的签发、取得和转让，应当遵循诚实信用的原则，具有真实的交易关系和债权债务关系

【答案】B

【解析】选项A错误，属于确定性规范；选项B正确，属于授权性规范；选项CD错误，属于义务性规范。

考点4　法律体系（★）

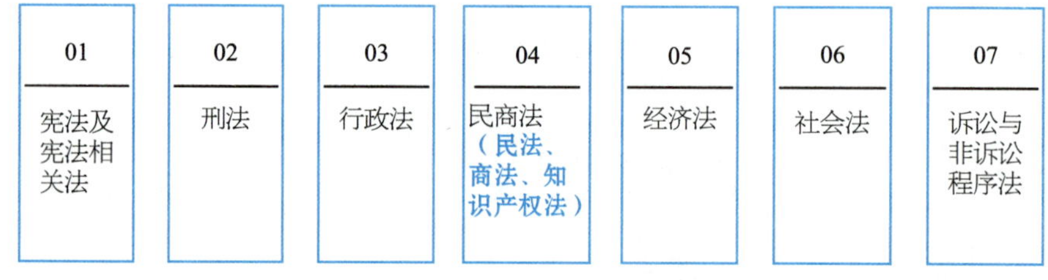

图1-1

考点5　法律关系的概念与种类（★）

（一）法律关系的概念

法律关系是根据法律规范产生的、以主体间的权利与义务关系为内容表现的特殊的社会关系。

（二）法律关系的种类（见表1－7）

表1－7

分类依据	分类	解释	示例
根据法律关系的主体是单方确定还是双方确定分类	绝对法律关系	主体的一方（权利人）是确定的、具体的；另一方（义务人）是除权利人以外的所有人	如物权法律关系、人身权法律关系等
	相对法律关系	无论是权利人还是义务人都是确定的	如债权法律关系
按照法律关系产生的依据是合法行为还是违法行为、是否适用法律制裁分类	调整性法律关系	建立在合法行为基础上	如民事法律关系
	保护性法律关系	在违法基础上产生	如刑事法律关系

考点6 法律关系的基本构成（★★★）

法律关系由主体、客体和内容三部分构成，此三者也被称为法律关系的三要素。

（一）主体

1. 法律关系主体的种类（见图1－2）

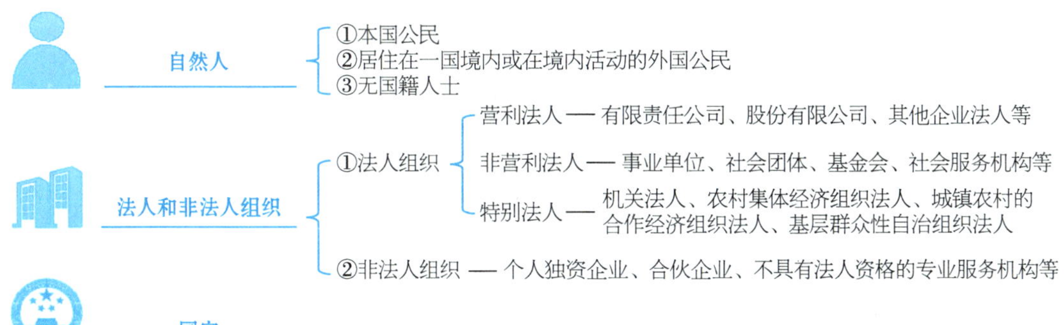

图1－2

2. 主体的权利能力和行为能力（见表1－8、图1－3）

表1－8

	民事权利能力	民事行为能力	
自然人	从出生时起到死亡时止，权利能力一律平等	完全民事行为能力人	①≥18周岁的自然人； ②16周岁≤X＜18周岁的未成年人，以自己的劳动收入为主要生活来源的，视为完全民事行为能力人
		限制民事行为能力人	①≥8周岁的未成年人； ②不能完全辨认自己行为的成年人
		无民事行为能力人	①＜8周岁的未成年人； ②不能辨认自己行为的自然人
法人	在法人成立时同时产生，到法人终止时同时消灭，通过法定代表人或其他代理人实现		

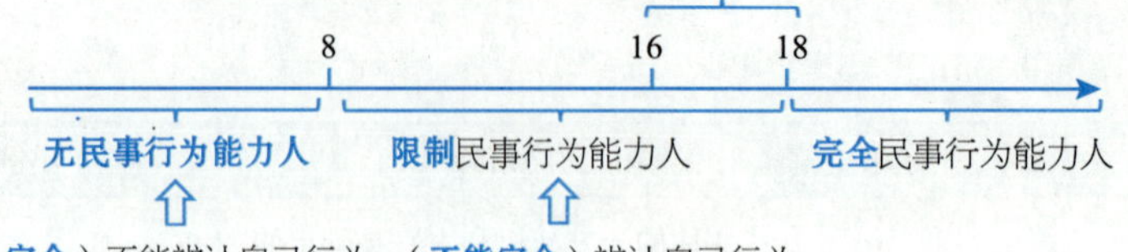

图 1－3

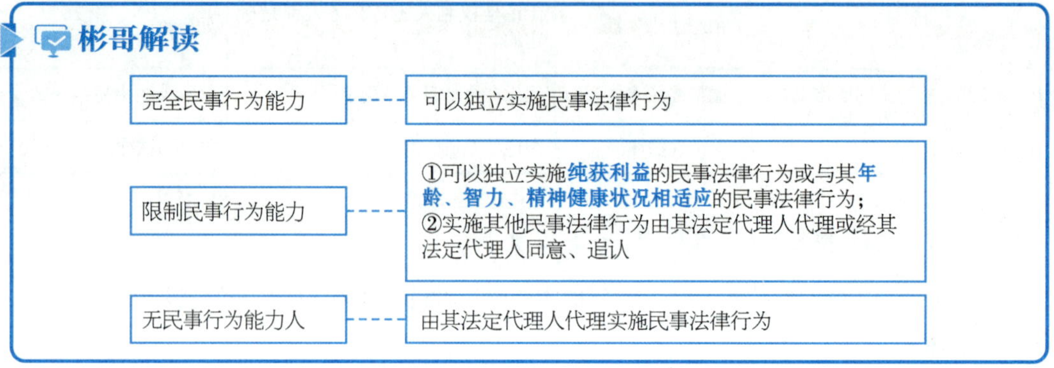

（二）内容

法律关系的内容即法律关系主体享有的权利和承担的义务。

（三）客体

客体是指法律关系主体间权利义务所指向的对象（见图 1－4）。

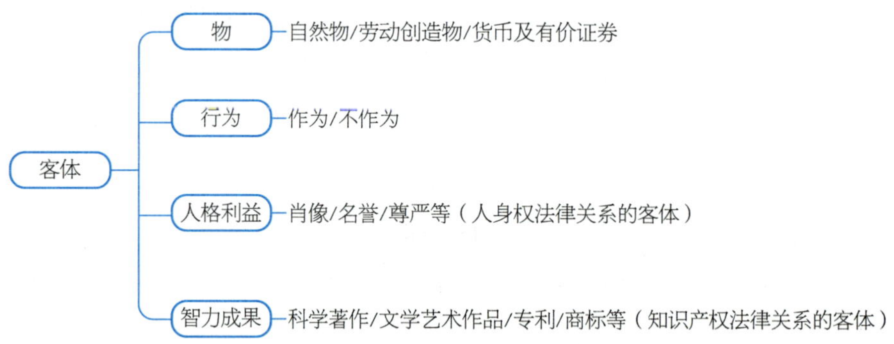

图 1－4

【例题 1－6·单选题·2013 年】小明今年 3 岁，智力正常，但先天腿部残疾。下列关于小明的权利能力和行为能力的表述中，正确的是（　　）。

A. 小明有权利能力，但无行为能力

B. 小明有权利能力，但属于限制行为能力人

C. 小明无权利能力，且属于限制行为能力人

D. 小明既无权利能力，也无行为能力

【答案】A

【解析】自然人的民事权利能力始于出生、终于死亡，小明享有民事权利能力；不满8周岁的未成年人属于无民事行为能力人，其腿部是否残疾与此无关。因此选项A正确。

【例题1-7·单选题·2015年】下列关于法律关系主体的表述中，正确的是（　　）。

A. 合伙企业不具有法人资格，不能以自己的名义从事民事活动

B. 法律关系主体必须同时具备权利能力和行为能力

C. 法律关系主体既包括权利人，也包括义务人

D. 作为法律关系主体的自然人不包括外国人

【答案】C

【解析】选项A错误，合伙企业虽然不具有法人资格，但是能够依法以自己的名义从事民事活动；选项B错误，法律关系主体自己独立实施民事法律行为时，才需要具备相应的民事行为能力；选项C正确，法律关系的主体，是指参加法律关系、依法享有权利和承担义务的当事人；选项D错误，法律关系主体中的自然人既包括本国公民，也包括外国公民和无国籍人。

考点7 法律关系的变动原因——法律事实（★★）

法律事实是指法律规范所规定的，能引起法律后果即法律关系产生、变更和消灭的客观现象（见表1-9）。

表1-9

分类标准	分类	含义	包括	
是否以权利主体的意志为转移	事件	与当事人意志无关	①人的出生和死亡； ②自然灾害与意外事件； ③**时间的经过**	
	行为	以权利主体的意志为转移	法律行为	以意思表示为要素
			事实行为	与表意无关，如**创作行为、侵权行为**等

考点8 习近平法治思想引领全面依法治国基本方略（★）

表1-10

内容	主要考点
全面依法治国新理念新思想新战略	全面推进依法治国是习近平新时代中国特色社会主义思想的重要组成部分
	全面推进依法治国的**总目标**是建设中国特色社会主义法治体系、建设社会主义法治国家
	全面依法治国是坚持和发展中国特色社会主义的本质要求和重要保障
	中央全面依法治国委员会办公室设在**司法部**

续表

内容	主要考点
习近平法治思想	①坚持党对全面依法治国的领导（**根本保证**）； ②坚持以人民为中心（**根本目的**）； ③坚持中国特色社会主义法治道路； ④坚持依宪治国、依宪执政； ⑤坚持在法治轨道上推进国家治理体系和治理能力现代化； ⑥坚持建设中国特色社会主义法治体系； ⑦坚持依法治国、依法执政、依法行政共同推进，法治国家、法治政府、法治社会一体建设； ⑧坚持全面推进科学立法、严格执法、公正司法、全民守法； ⑨坚持统筹推进国内法治和涉外法治； ⑩坚持建设德才兼备的高素质法治工作队伍； ⑪坚持抓住领导干部这个“关键少数”
全面推进依法治国的**基本原则**	①坚持中国共产党的领导（根本保障）； ②坚持人民主体地位； ③坚持法律面前人人平等； ④坚持依法治国和以德治国相结合； ⑤坚持从中国实际出发
建设中国特色社会主义法治体系	①完善以宪法为核心的中国特色社会主义法律体系（首要）； ②建立高效的法治实施体系； ③建立严密的法治监督体系； ④健全法治保障体系； ⑤加强党内法规制度建设

恭喜你，
已完成第一章的学习

如果说世界上有什么亘古不变的真理的话，那弱肉强食肯定是其中一项。只不过在人类社会的精心装裱之下，这层赤裸裸的现实被披上了一层厚重的外衣。可即便如此，你在心里也得谨记，没有焦虑的未来一定是最恐怖的未来。由弱变强的道路必定充满艰辛，必定非常痛苦，但只要多坚持一分，你必将获得千百倍的报偿。

CHAPTER TWO

第二章 基本民事法律制度

考情雷达

本章介绍了民事法律行为、代理制度和诉讼时效制度。民事法律行为是法律关系变动的原因之一，是民法最重要的法律事实，民事法律行为的效力属于较为重要的考点。代理制度使得自然人及组织扩大了从事民事法律活动的范围和可能性。民法上建立诉讼时效制度，旨在督促权利人尽早行使权利，避免过长时间导致举证困难。考试分值在4分左右，以选择题考查为主，部分考点偶尔会结合合同法考查案例分析题，在本书中均有所提示。

本章内容与去年相比无实质性变化。

考点地图

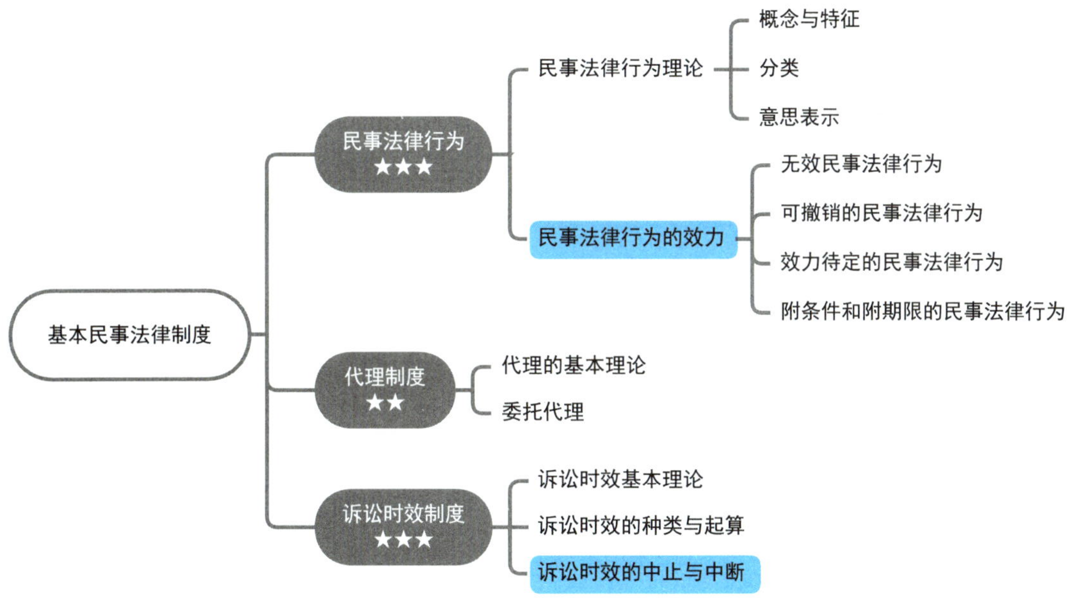

考点1 民事法律行为理论（★★）

（一）民事法律行为的概念与特征（见表2－1）

表2－1

概念	民事法律行为是民事主体通过意思表示设立、变更、终止民事法律关系的行为
特征	（1）以意思表示为要素（民事法律行为的核心）。 （2）以设立、变更或终止权利义务为目的： ①民事法律行为是有目的的行为，但此处的“目的”仅指当事人实施民事法律行为所追求的法律后果，不包括行为人实施行为的动机。 ②区别于其他法律事实，如侵权行为的法律后果并非由当事人自己主张，而是由法律规定（比如发生高空抛物、坠物事件造成他人损害，由侵权人承担责任，不会因为是意外抛物而不承担法律后果）

（二）民事法律行为的分类（见表 2 - 2）

表 2 - 2

分类标准	分类	典型举例
民事法律行为的成立需要几方意思表示	单方法律行为	撤销权的行使、解除权的行使、效力待定行为的追认、债务的免除等
	双方法律行为	合同
	多方法律行为	决议（决议当事人的意思表示可以多数决的方式作出，对没有表示同意的成员也具有拘束力）
当事人是否互为给付一定代价	有偿法律行为	买卖合同、承揽合同等
	无偿法律行为	赠与行为、无偿委托、无偿消费借贷等
法律行为效果的不同	负担行为	①负担行为是使一方相对于他方承担一定给付义务的法律行为（产生债法上的法律效果）； ②这种给付义务既可以是**作为**的，也可是**不作为**的（如竞业限制协议）； ③负担行为中的权利人可以享有履行请求权
	处分行为	直接使权利发生变动，并不需要义务人积极履行给付义务，如**物权变动**
法律是否规定必须采取一定的形式或履行一定的程序	要式法律行为	票据行为
	不要式法律行为	法律不要求采取特定形式，当事人自由选择一种形式即可成立
民事法律行为之间的依存关系	主民事法律行为	如借贷合同（主）与担保合同（从）
	从民事法律行为	

考点收纳盒

表 2 - 3　主、从法律行为的效力

（若）主民事法律行为	（则）从民事法律行为
不成立	不成立
无效	当然不能生效
履行完毕	效力不必然丧失

【**例题 2 - 1 · 单选题 · 2020 年**】根据民事法律制度的规定，下列关于负担行为与处分行为的表述中，正确的是（　　）。

A. 民事主体根据负担行为所负担的义务不包括不作为义务

B. 负担行为直接导致权利发生变动

C. 负担行为产生的是债法上的法律效果

D. 处分行为中的权利人享有履行请求权

【**答案**】C

【解析】选项A错误，负担行为是使一方相对于他方承担一定给付义务的法律行为，这种给付义务既可以是作为的，也可以是不作为的；选项B错误，处分行为是直接导致权利发生变动的法律行为；选项D错误，负担行为中的权利人可以享有履行请求权。

【例题2－2·单选题·2020年】根据《民法典》规定，下列关于民事法律行为概念的表述中，正确的是（　　）。

A. 民事法律行为以意思表示为要素

B. 民事法律行为包括事实行为

C. 民事法律行为包括侵权行为

D. 民事法律行为的目的是指行为人实施行为的动机

【答案】A

【解析】选项BC错误，法律事实分为事件与行为，其中行为分为法律行为与事实行为，法律行为以行为人的意思表示为要素，事实行为是与表达法律效果、特定精神内容无关的行为，如创作行为、侵权行为等；选项D错误，民事法律行为是有目的的行为，但此处的“目的”仅指当事人实施民事法律行为所追求的法律后果，不包括行为人实施行为的动机。

（三）民事法律行为核心——意思表示（见图2－1、表2－4）

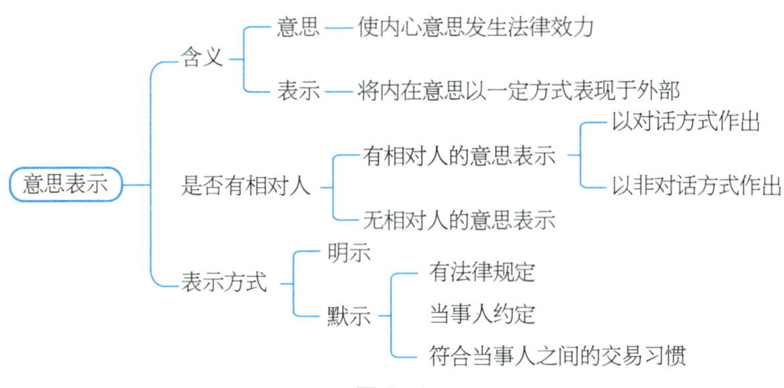

图2－1

表2－4　意思表示的生效时间

类型			意思表示的生效时间
无相对人的意思表示			意思表示完成时即可产生法律效力（如**遗嘱行为、抛弃动产**）
有相对人的意思表示	对话方式		相对人**知道**其内容时生效
	非对话方式	一般	**到达**相对人时生效
		数据电文形式	①指定特定系统接收数据电文： 该数据电文**进入**该特定系统时生效； ②未指定特定系统： 相对人**知道或应当知道**该数据电文进入其系统时生效
		公告方式	公告**发布时**生效

彬哥解读

①单方行为≠无相对人，如撤销权的行使、法定代理人的追认等为单方行为，同时也是有相对人的意思表示。

②继承开始后，继承人放弃继承的，应当在遗产处理前，以书面形式作出放弃继承的表示。此处“没有表示”属于法定沉默，视为接受继承。

【例题2-3·多选题·2018年】根据民事法律制度的规定，下列各项中，属于无相对人的意思表示的有（　　）。

A. 抛弃动产　　B. 授予代理权　　C. 设立遗嘱　　D. 行使解除权

【答案】AC

【解析】选项AC正确，如遗嘱行为、抛弃动产等单方民事法律行为属于无相对人的意思表示。选项BD错误，属于“有相对人的意思表示”。

【例题2-4·单选题·2021年】根据基本民事法律制度的规定，下列关于意思表示的表述中，正确的是（　　）。

A. 以对话方式作出的意思表示，相对人知道其内容时生效

B. 沉默只有在法律规定的情形下才可视为意思表示

C. 有相对人的意思表示也称对话的意思表示

D. 以公告方式作出的意思表示，到达相对人时生效

【答案】A

【解析】选项B错误，沉默只有在“法律规定、当事人约定或者符合当事人之间的交易习惯时”，才可以视为意思表示；选项C错误，有相对人的意思表示分为“对话”的意思表示和“非对话”的意思表示；选项D错误，以公告方式作出的意思表示，公告“发布时”生效。

考点2　民事法律行为的效力（★★★）

（一）民事法律行为的成立与生效

（1）民事法律行为的成立，必须具有当事人、意思表示、标的三个要素。

（2）民事法律行为的生效（见表2-5、图2-2）。

表2-5

有效要件	具体内容
实质要件	①行为人具有相应的民事行为能力——主体合格； ②行为人的意思表示真实——表意真实； ③不违反法律、行政法规的强制性规定，不违背公序良俗——内容合法

续表

有效要件	具体内容
形式要件	①口头形式。 ②书面形式。 书面也包括数据电文（电报、电传、传真、电子数据交换、电子邮件等）。 ③推定形式。 ④沉默形式（法律规定、当事人约定或者符合当事人之间的交易习惯）

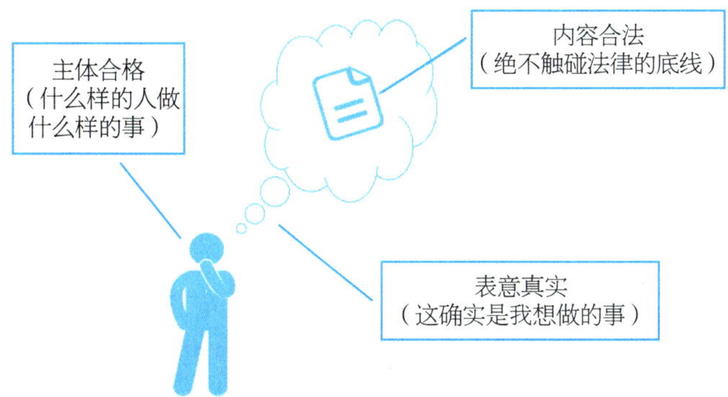

图 2 -2

（二）无效民事法律行为

1. 无效民事法律行为的概念与特征（见表 2 -6）

表 2 -6

概念	因欠缺民事法律行为的有效条件，不发生当事人预期法律后果的民事法律行为	
特征	自始无效	从行为开始时起就没有法律约束力
	当然无效	不论当事人是否主张，是否知道，也不论是否经过人民法院或者仲裁机构确认，该民事法律行为当然无效
	绝对无效	绝对不发生法律效力，不能通过当事人的行为进行补正使其有效

2. 无效民事法律行为的种类（见表 2 -7）

表 2 -7

种类		内容
主体不合格	无民事行为能力人独立实施的民事法律行为	无民事行为能力人独立实施的民事法律行为无效，只能由其法定代理人代理
表意不真实	以虚假意思表示实施的民事法律行为	行为人如果以虚假的意思表示隐藏另外一个民事法律行为，被隐藏的民事法律行为的效力，依照有关法律规定处理
内容不合法	恶意串通损害他人利益的民事法律行为	行为人故意合谋实施的损害第三人利益的行为，即使意思表示是真实的，但这种意思表示非法，因此无效
	违反强制性规定或者公序良俗的民事法律行为	

案例胶卷

①以虚假意思表示实施的民事法律行为属于无效民事法律行为。甲将一套房屋转让给乙，为了逃税，甲和乙签订第一份合同，约定房屋转让的价格为100万元。同时，甲和乙签订第二份合同，约定转让价格为150万元，并实际按150万元的价格履行。在本案例中，甲和乙签订的第一份合同无效。

②注意违反强制性规定或者公序良俗的民事法律行为属于无效民事法律行为。甲向乙兜售毒品时，虽然提供了真实的毒品作为样品，但实际交付的却是面粉。在本案例中，合同中约定的标的物属于违法标的物，故不论实际交付的标的物与样品是否一致，该买卖合同都是无效的。

（三）可撤销的民事法律行为（主）

1. 概念

依照法律规定，由于行为的意思表示不一致或者意思表示不自由，导致非真实的意思表示，可由当事人请求人民法院或者仲裁机构予以撤销的民事法律行为。

2. 种类（见表2-8）

表2-8

重大误解	行为人对行为的性质，对方当事人，标的物的品种、质量、规格和数量等的错误认识，使行为的后果与自己的意思相悖，造成较大损失的意思表示
显失公平	一方当事人利用对方处于危困状态、缺乏判断能力等情形，致使民事法律行为成立时双方的权利义务明显违反公平原则的民事法律行为
受欺诈	行为人（一方或第三人）故意编造虚假情况或者隐瞒真实情况，使对方在违背真实意思的情况下实施的民事法律行为
受胁迫	相对人或第三人以给公民或其亲友的生命健康、荣誉、名誉、财产等造成损害或者以给法人的荣誉、名誉、财产等造成损害相要挟，迫使对方作出违背真实意愿的意思表示

案例胶卷

①甲想买品种为A的布料，却把品种为B的布料误以为A布料，并签订了购买合同，造成了较大损失，这就是因重大误解而成立的合同。

②甲某有一块玉石，但是不知道具体市场行情，乙某看了之后知道这块玉石价值1 000万元，但是他告诉甲某只值10万元，于是以10万元的价格购买，这就是显失公平。

③甲向首饰店购买钻石项链5条，标签标明该钻石为天然钻石，买回后即被人告知实为人造钻石。首饰店将人造钻石标为“天然钻石”，构成欺诈，属于受欺诈而为的民事法律行为。

④甲欲低价购买乙收藏的一幅古画，乙不允。甲声称：若乙不售画，就公布其不雅视频，乙被迫与甲订立买卖合同，这属于受胁迫而为的民事法律行为。

3. 撤销权（见表 2－9）

表 2－9

类型	撤销权人	存续时间（除斥期间）		行使方式
重大误解	行为人	知道或应当知道撤销事由之日起 90 日	发生之日起 5 年内没有行使撤销权的，撤销权消灭	依诉行使，由人民法院或仲裁机构作出（不告不理）
显失公平	受损害方	知道或者应当知道撤销事由之日起 1 年		
受欺诈	受欺诈方			
受胁迫	受胁迫方	胁迫行为终止之日起 1 年		

彬哥解读

除斥期间主要适用于形成权，其设置的意义就是为了督促权利人尽快行权：

①为什么“重大误解”相较于其他情形的除斥期间更短、只有 90 天呢？因为“重大误解”一般是由于行为人自身的过错造成的，而不是发生了他人侵害自身权利的情形，所以法律规定其除斥期间更短，督促其要更快行权。

②受胁迫和“显失公平/欺诈行为”的除斥期间都是 1 年，但是受胁迫是自“胁迫行为终止之日起 1 年内”，而其他情形是“当事人知道或者应当知道撤销事由之日起 1 年内”，这是因为受胁迫人虽然知道撤销事由，但是因为胁迫行为仍然存在，无法行使自己的权利，故需要等到胁迫行为终止，其除斥期间才能开始起算。

4. 民事法律行为被撤销或者被确认无效的法律后果（见表 2－10）

表 2－10

内容	法律后果
一旦撤销，自始无效	①可撤销的民事法律行为在成立之时具有法律效力，对双方当事人均具有法律约束力； ②一旦被撤销，则视同无效民事法律行为，自行为开始时就没有法律效力
追偿	①民事法律行为无效、被撤销或确定不发生效力后，行为人因该行为取得的财产，应当予以返还； ②不能返还或者没有必要返还的，应当折价补偿
争议条款	合同不生效、无效、被撤销或者终止的，不影响其中独立存在的有关解决争议方法的条款的效力

考点收纳盒

表 2－11　　无效民事法律行为与可撤销民事法律行为的区别

内容	无效民事法律行为	可撤销的民事法律行为
法律效力不同	当然无效、自始无效、绝对无效	①撤销前：已经生效； ②撤销后：无效
主张权利的主体不同	司法机关和仲裁机构可以在诉讼或仲裁过程中主动宣告其无效	由撤销权人申请，人民法院不主动干预

续表

内容	无效民事法律行为	可撤销的民事法律行为
行为效果不同	自始无效、绝对无效	①撤销权人有选择权，可以撤销，也可以不撤销； ②一经撤销，其效力溯及于行为的开始，即自行为开始时无效
行使时间不同	不存在限制	撤销权的行使有时间限制

【例题 2－5·多选题·2015 年】根据民事法律行为制度的规定，下列关于无效的民事法律行为特征的表述中，正确的有（　　）。

A. 不能通过当事人的行为进行补正

B. 其无效需以当事人主张为前提

C. 从行为开始起就没有法律约束力

D. 其无效须经人民法院或者仲裁机构确认

【答案】AC

【解析】选项 BD 错误，不论当事人是否主张，是否知道，也不论是否经过人民法院或者仲裁机构确认，该民事法律行为当然无效。

【例题 2－6·单选题·2015 年】根据民事法律制度的规定，下列关于可撤销的民事法律行为的表述中，正确的是（　　）。

A. 可撤销的民事法律行为一经撤销，自始无效

B. 可撤销的民事法律行为亦称"效力待定的民事行为"

C. 自撤销事由发生之日起 1 年内当事人未撤销的，撤销权消灭

D. 法官审理案件时发现民事行为具有可撤销事由的，可依职权撤销

【答案】A

【解析】选项 B 错误，可撤销民事法律行为与效力待定民事法律行为是两种不同的民事法律行为；选项 C 错误，具有撤销权的当事人自知道或者应当知道撤销事由之日起一年内没有行使撤销权，撤销权消灭；选项 D 错误，可撤销民事法律行为的撤销，应当由撤销权人申请撤销，法院不主动干预。

（四）效力待定的民事法律行为

1. 概念与特点（见表 2－12）

表 2－12

概念	民事法律行为成立时尚未生效，须经权利人追认才能生效的民事法律行为
特点	①追认的意思表示自**到达**相对人时生效； ②一旦追认，则民事法律行为自**成立时**起生效； ③如果权利人拒绝追认，则民事法律行为自成立时起无效

2. 种类（见表2－13）

表2－13

种类	效力	具体内容
限制民事行为能力人依法不能独立实施的民事法律行为	效力待定	①追认权。 限制民事行为能力人订立的合同，经法定代理人追认后，该合同有效。 ②催告权。 相对人可以催告法定代理人在30日内予以追认；法定代理人未作表示的，视为拒绝追认。 ③撤销权。 合同被追认之前，善意相对人有撤销的权利。 【提示】催告权中的相对人没有限制，但撤销权中的相对人必须善意
	直接有效	①纯获益合同有效，如赠与、继承； ②与年龄、智力或精神状况相适应订立的合同有效
无权代理人实施的民事法律行为	行为人没有代理权、超越代理权或者代理权终止后，仍然实施代理行为，未经被代理人追认的，对被代理人不发生效力	

考点收纳盒

表2－14　民事法律行为的具体表现形式

种类		特点
无效民事法律行为	①无民事行为能力人独立实施的民事法律行为； ②以虚假意思表示实施的民事法律行为； ③恶意串通损害他人利益的民事法律行为； ④违反强制性规定或者公序良俗的民事法律行为	①自始无效； ②当然无效； ③绝对无效
可撤销民事法律行为	①因重大误解而为的民事法律行为； ②显失公平的民事法律行为； ③受欺诈而为的民事法律行为； ④受胁迫而为的民事法律行为	①行为在撤销前已经开始发生法律效力； ②一经撤销，自始无效； ③未经依法撤销，继续有效
效力待定民事法律行为	①限制民事行为能力人依法不能独立实施的民事法律行为（纯获益、适应的除外）； ②无权代理人实施的民事法律行为	①转为有效——追认； ②转为无效——拒绝追认、善意相对人行使撤销权

民事行为能力对民事法律行为效力的影响如图2－3所示。

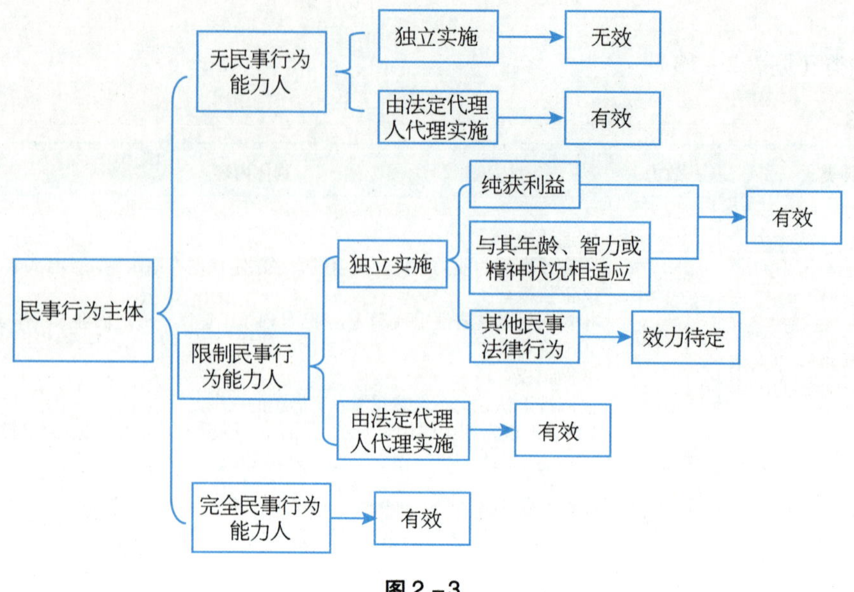

图2-3

（五）附条件和附期限的民事法律行为

1. 附条件的民事法律行为（见表2-15）

表2-15

概念	附条件的民事法律行为是指民事法律行为中规定一定条件，并且把该条件的成就与否作为民事法律行为效力发生或者消灭根据的民事法律行为
特征	①必须是将来发生的事实； ②必须是将来不确定的事实； ③条件应当是双方当事人约定的； ④条件必须合法
种类	①附延缓条件的民事法律行为 | 条件成就之后，民事法律行为发生法律效力 ②附解除条件的民事法律行为 | 当条件成就时，权利和义务则失去法律效力
效力	在条件成就与否未得到确认之前，行为人一方不得损害另一方将来条件成就时可能得到的利益，也不得为了自己的利益，以不正当行为促成或阻止条件成就。 ①不正当地阻止条件成就的，视为条件已成就； ②不正当地促成条件成就的，视为条件不成就

2. 附期限的民事法律行为（见表2-16）

表2-16

概念	当事人设定一定的期限，并将期限的到来作为效力发生或消灭前提的民事法律行为	
种类	①附延缓期限的民事法律行为	期限届至时，才产生法律效力
	②附解除期限的民事法律行为	期限到来时，该行为的法律效力消灭

彬哥解读

期限一定达成，而条件未必达成。

【例题 2－7·单选题·2017 年】 根据民事法律制度的规定，下列关于附条件民事法律行为所附条件的表述中，正确的是（ ）。

A. 既可以是将来事实，也可以是过去事实

B. 既可以是人的行为，也可以是自然现象

C. 既可以是确定发生的事实，也可以是不确定发生的事实

D. 既包括约定事实，也包括法定事实

【答案】 B

【解析】 所附条件，可以是自然现象、事件，也可以是人的行为（选项 B），但它应当具备下列特征：①必须是将来发生的事实（过去的事实，不得作为条件）；②必须是将来不确定的；③条件应当是双方当事人约定的；④条件必须合法。

考点收纳盒

表 2－17　　不同的民事法律行为成立、生效的时点

民事法律行为		合同成立/生效
无效民事法律行为		不满足合同成立要素，不成立，自始无效
可撤销的民事法律行为	—	合同成立之时生效
	权利人撤销	视同无效民事法律行为，自行为开始时就没有法律效力
效力待定的民事法律行为	—	成立时尚未生效
	被追认	自成立时起生效（追认的意思表示自到达相对人时）
	被拒绝追认	自成立时起无效
附条件的民事法律行为	延缓条件	自成立时不生效，条件成就后生效
	解除条件	自成立时生效，条件成就后解除效力
附期限的民事法律行为	延缓期限	自成立时不生效，期限届至时生效
	解除期限	自成立时生效，期限到来时失效

考点 3　代理的基本理论（★）

案例胶卷

远在北京的甲，委托在广州的乙选购一台松下相机，对质量、外观等并无其他要求。乙购买松下相机一台，经当场试放，未发现质量问题。乙将相机交付甲，甲取回相机后，经试用发现有马达声响等情况，发现机内零件生锈，修理部的人告知该机已无使用价值。

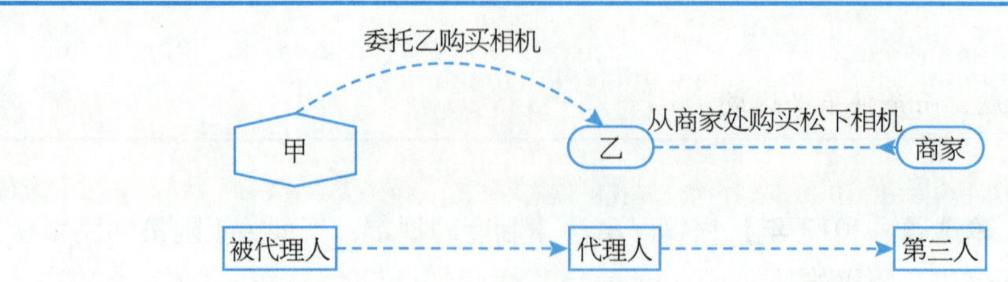

①本案中，乙接受远在北京的甲委托，在广州为甲购买相机一台，因而具有了代理权。所以甲是被代理人，乙是代理人，商家即为第三人，也就是相对人。

②代理人在代理权限内，以被代理人的名义与第三人实施法律行为。也就是说，乙是以甲的名义向商家购买相机，又是在甲授权的范围内实施的民事法律行为，即为甲购买了松下相机一台，也符合甲的要求，没有滥用代理权和超越代理权。

③代理活动中，产生的法律后果直接由被代理人承担，即代理行为产生的权利和义务应由被代理人甲承受。只要不能证明乙与商家恶意串通，有故意损害甲利益的行为，相机的故障问题应由甲向出售商家交涉，不能要求乙承担相机修理费。

（一）代理的概念、特征与种类（见表2－18）

表2－18

项目		具体内容
概念		代理是指代理人在代理权限内，以被代理人的名义与第三人实施民事法律行为，由此产生的法律后果直接由被代理人承担的法律制度
特征		①代理行为是民事法律行为。 依照法律规定、当事人约定或者民事法律行为的性质，应当由**本人亲自实施**的民事法律行为，**不得代理**（如立遗嘱、结婚等）。 ②代理人以**被代理人的名义**实施民事法律行为。 ③代理人在代理权限内独立向第三人进行意思表示。 ④代理行为的**法律效果归属于被代理人**
种类	委托代理	基于被代理人授权的意思表示而发生的代理
	法定代理	依据法律规定而当然发生的代理，是为无民事行为能力人和限制民事行为能力人设立的代理方式

（二）代理与相关概念的区分

1. 代理与委托

委托又称委任，指依双方当事人的约定，由一方为他方处理事务的民事法律行为（见表2－19）。

表2－19

区别	代理	委托
当事人不同	涉及三方当事人： 被代理人、代理人、第三人	只涉及双方当事人： 委托人、受托人

续表

区别	代理	委托
行使权利的名义不同	代理人一般以被代理人名义	受托人可以委托人名义，也可以自己名义实施行为
从事的事务不同	以意思表示为要素，故代理的一定是民事法律行为	委托不要求以“意思表示”为要素，可以是纯粹的事务性行为，如整理资料、打扫卫生等

彬哥解读

委托和代理也存在一定的联系，如代理分为法定代理和委托代理，委托是代理关系产生的原因之一。

2. 代理与行纪

行纪指经纪人受他人委托以自己的名义从事商业活动的行为（见表 2－20）。

表 2－20

区别	代理	行纪
行使权利的名义不同	以被代理人的名义	以行纪人自己的名义
法律效果不同	**直接归属被代理人享有**	先由行纪人承受，然后通过其他法律关系（如委托合同）转给委托人
是否有偿	既可有偿，亦可无偿	必为有偿

3. 代理与传达

传达是将当事人的意思表示忠实地转述给对方当事人的事实行为（见表 2－21）。

表 2－21

区别	代理	传达
自己是否进行意思表示	代理人独立向第三人进行意思表示	传达人自己不进行意思表示，只忠实传递
是否需要具有相应的民事行为能力	需要	不需要
身份行为	不可以代理	可以借助传达人传递意思表示

【例题 2－8·单选题·2019 年】根据民事法律制度的规定，下列关于传达的表述中，正确的是（　　）。

A. 传达人以自己的名义为意思表示

B. 单方意思表示不能传达

C. 传达人需具备完全民事行为能力

D. 身份行为的意思表示可以传达

【答案】 D

【解析】 选项A错误，传达的任务是忠实传递委托人的意思表示，传达人自己不进行意思表示；选项B错误，单方意思表示可以传达；选项C错误，传达人应忠实传递委托人的意思表示，不以具有民事行为能力为条件。

考点4 委托代理（★★）

（一）代理权（代理制度的核心）

1. 代理权概述

（1）代理权是代理人以他人名义独立为意思表示，并使其效果归属于他人的一种法律资格。

（2）授权行为。

①委托代理中的授权行为是**单方民事法律行为**，仅凭被代理人一方的意思表示，即可发生授权的效果。

②区别于被代理人与代理人之间的基础法律关系，基础法律关系可以是委托合同、合伙合同等双方民事法律行为，但授权行为一定是单方民事法律行为（见图2-4）。

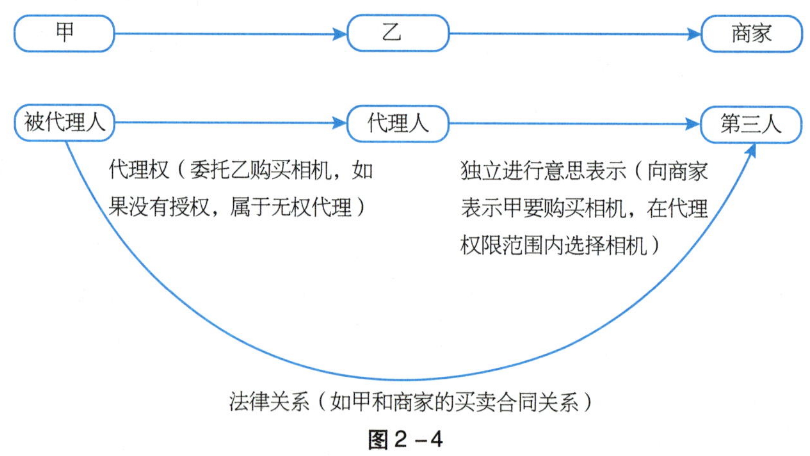

图2-4

2. 代理权的滥用（见表2-22）

表2-22

种类	内容	代理行为效力
自己代理	代理人以被代理人的名义与自己进行民事活动的行为	效力待定
双方代理	同一代理人代理双方当事人进行同一项民事活动的行为	
恶意串通	代理人和第三人恶意串通，损害被代理人合法权益的，代理人和第三人负连带责任	无效

案例胶卷

甲委托乙将甲的一台机器设备卖出。

①若乙用甲的名义与自己签订合同将甲的机器买下，则乙的行为构成自己代理；

②若乙同时接受丙的委托，并同时用甲和丙的名义签订合同，将甲的机器买下，则乙的行为构成了双方代理；

③若乙与丁恶意串通，以甲的名义用很低的价格将甲的机器卖出，则乙的行为构成了代理人与第三人恶意串通。

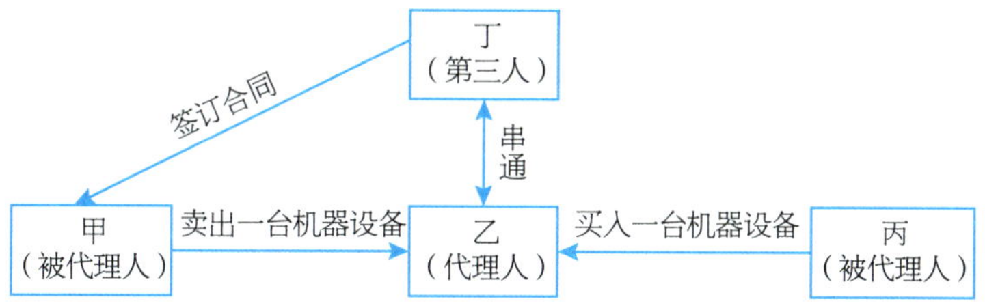

（二）无权代理

1. 狭义的无权代理（见表 2－23）

表 2－23

<table>
<tr><td>概念</td><td colspan="3">无权代理就是没有代理权的代理</td></tr>
<tr><td>情形</td><td colspan="3">①没有代理权的代理行为（无权代理）；
②超越代理权的代理行为（越权代理）；
③代理权终止后的代理行为（逾期代理）</td></tr>
<tr><td>法律效力</td><td colspan="3">效力待定</td></tr>
<tr><td>被代理人</td><td colspan="2">追认权</td><td>经过被代理人的追认，被代理人应承担民事责任：
①属于形成权，仅凭权利人单方意思表示即可决定；
②无权代理成立后，被代理人已经开始履行法律行为项下义务的，视为对无权代理行为的追认</td></tr>
<tr><td rowspan="3">相对人</td><td colspan="2">催告权</td><td>相对人可以催告被代理人自收到通知之日起30日内予以追认，未作表示的，视为拒绝追认</td></tr>
<tr><td rowspan="2">撤销权</td><td>善意相对人</td><td>①在被代理人行使追认权之前，有权撤销其对无权代理人已经作出的意思表示；
②一旦撤销则代理人与相对人所为的民事法律行为即不生效</td></tr>
<tr><td>恶意相对人</td><td>①无撤销权；
②相对人知道或者应当知道行为人无权代理的，相对人和行为人按照各自的过错承担责任</td></tr>
</table>

上述当事人的权利，可以用图 2－5 来说明：

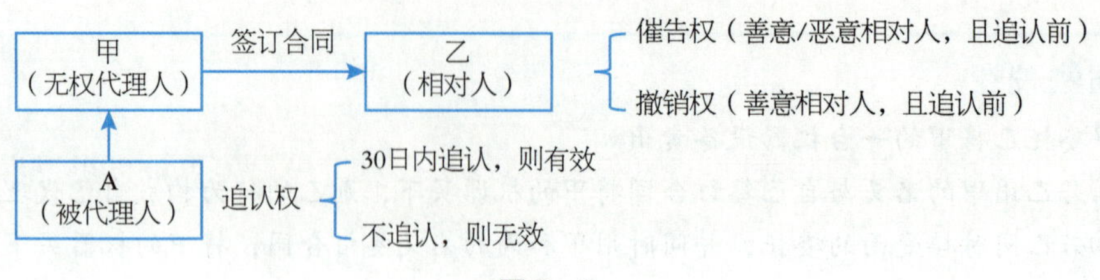

图2－5

案例胶卷

乙未经单位甲公司同意，口头承诺提供给丁公司50台呼吸机，丁公司将1 000万元打入甲公司账户。后甲公司提供了20台呼吸机，共计400万元，剩余呼吸机未按时供货，并称50台呼吸机的交易系乙所为，违约责任应该由乙承担。

乙未经单位甲公司同意，即未在甲公司授权的情况下，擅自承诺提供给丁公司50台呼吸机，形成无权代理。但无权代理成立后，甲公司已经开始履行了交货义务的，视为对无权代理行为的追认。

2. 表见代理（主）（见表2－24）

表2－24

概念	表见代理（主）指无权代理人的代理行为客观上存在使相对人**相信其有代理权**的情况，且相对人主观上为善意，因而可以向被代理人主张代理的效力（即**代理有效**）
构成要件	①代理人**无代理权**； ②相对人主观上为**善意且无过失**； ③**客观上有使相对人相信**无权代理人具有代理权的情形； ④相对人基于这个客观情形而与无权代理人成立民事法律行为。 【提示】常见客观事由： 行为人持有被代理人的介绍信或盖有印章的空白合同书；无权代理人曾被授予代理权，且代理期限尚未结束，但是代理权实际上已经终止
法律效力	与有权代理有同样的法律效果，即在被代理人与相对人之间发生法律关系

案例胶卷

甲公司聘用乙为业务经理，委托其负责与丙公司的业务往来，次年4月甲公司将乙解聘，但未收回乙所持盖有甲公司公章的空白合同书，亦未通知丙公司。5月，乙以甲公司业务经理的身份，持盖有甲公司公章的空白合同书，与丙公司签订了一份买卖合同。本案例中，乙的行为构成表见代理，买卖合同有效。

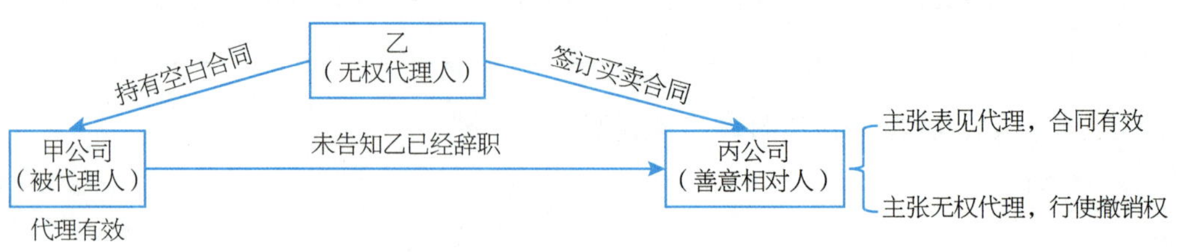

考点收纳盒

表 2 -25　　无权代理和表见代理的区别

	无权代理	表见代理
情形	①无权代理； ②越权代理； ③逾期代理	①代理人无权代理； ②相对人主观上为善意且无过失； ③客观上有使相对人相信无权代理人具有代理权的情形； ④基于客观情形已成立民事法律行为
法律效果	①追认：有效； ②拒绝追认：无效	①主张表见代理：有效； ②主张无权代理：行使撤销权，无效

【例题 2 -9 · 多选题 · 2015 年】乙公司有个塔吊，甲和乙公司签订了委托合同，甲代理乙公司将该塔吊出售。根据代理法律制度的规定，甲的下列行为中，属于滥用代理权的有（　　）。

A. 甲以乙公司的名义将塔吊卖给自己

B. 甲以乙公司的名义将塔吊卖给自己代理的丙公司

C. 甲与丁公司恶意串通，将塔吊低价卖给丁公司，损害了乙公司的利益

D. 代理权被收回后，甲仍以乙公司的名义将塔吊卖给戊公司

【答案】ABC

【解析】滥用代理权包括“自己代理（选项 A）、双方代理（选项 B）、代理人与第三人恶意串通（选项 C）”；选项 D 错误，属于无权代理。

考点 5　诉讼时效基本理论（★★）

（一）诉讼时效的概念与特点（见表 2 -26）

表 2 -26

概念	诉讼时效是指请求权不行使达一定期间而失去国家强制力保护的制度	
特点	丧失胜诉权	债务人主张诉讼时效的抗辩，法院确认诉讼时效届满的情况下，应驳回其起诉请求
	不消灭实体权	诉讼时效届满不消灭债权人实体权利
	不丧失起诉权	诉讼时效期间的经过，不影响债权人提起诉讼
	不主动	人民法院不主动适用诉讼时效
	反悔限制	①当事人在一审期间未提出诉讼时效抗辩，在二审期间提出的，人民法院不予支持，但基于新证据除外； ②诉讼时效期间届满，当事人一方向对方当事人作出同意履行义务的意思表示或者自愿履行义务后，又以诉讼时效期间届满为由进行抗辩，人民法院不予支持
	强制性	①当事人对诉讼时效利益的预先放弃无效； ②诉讼时效的期间、计算方法以及中止、中断的事由由法律规定，当事人约定无效

案例胶卷

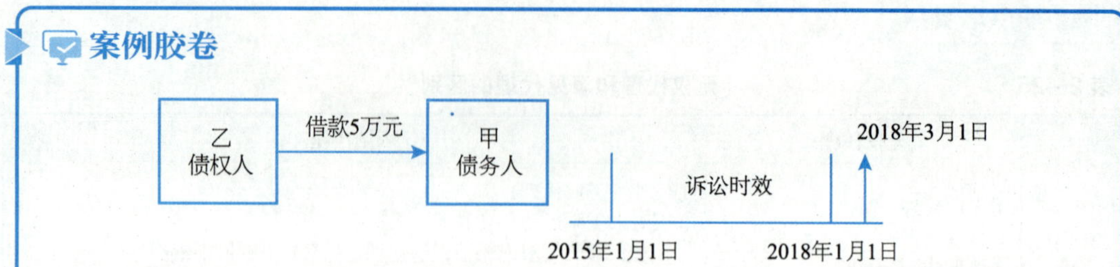

甲欠乙5万元钱，约定在2015年1月1日归还，至2018年3月1日之前，乙都未要求甲清偿。2018年3月2日，虽然已过了诉讼时效，但乙仍然可以向法院提起诉讼（不丧失起诉权）；

乙起诉以后，甲以"这笔债权已经过了诉讼时效期间了"为由进行抗辩，不偿还乙，法院只能驳回乙的诉讼（丧失胜诉权）；

虽然乙丧失了胜诉权，但对甲的债权仍然存在（不消灭实体权）；

若甲不知道这笔债权已经过了诉讼时效了，那么法院不能主动告诉甲（不主动）；

若一审判决后，甲对判决不服，想起来该债权已经过了诉讼时效了，那么在二审时候，也不能再以"诉讼时效期间届满"这个理由进行抗辩了，除非有新的证据（反悔限制）。

若2018年2月1日，甲答应乙要偿还该笔债权，但是一直未偿还，乙将甲起诉至法院，这时甲以"诉讼时效期间届满"为由进行抗辩不履行偿还义务的，法院不支持（反悔限制）。

（二）诉讼时效的适用对象

诉讼时效并非适用于所有的请求权，下列请求权不适用诉讼时效的规定：

（1）请求停止侵害、排除妨碍、消除危险；

（2）不动产物权和登记的动产物权的权利人请求返还财产；

（3）请求支付抚养费、赡养费或者扶养费；

（4）支付存款本金及利息请求权；

（5）兑付国债、金融债券以及向不特定对象发行的企业债券本息请求权；

（6）基于投资关系产生的缴付出资请求权。

（三）诉讼时效≠除斥期间

1. 除斥期间的概念

除斥期间是指法律规定某种权利预定存续的期间，债权人在此期间不行使权利，期间届满，则该实体权利消灭。

2. 诉讼时效和除斥期间的区分（见表2－27）

表2－27

区别	诉讼时效	除斥期间
适用对象	债权请求权	形成权（追认权、解除权、撤销权），也可能适用于请求权

续表

区别	诉讼时效	除斥期间
运用主体	当事人主张，人民法院不得主动援用	人民法院均可主动审查
法律效力	期间届满，只是让债务人取得抗辩权，实体权利不消灭	期间届满，实体权利消灭
期间	可变期间（可以中止、中断或延长）	不变期间（不适用中止、中断或延长）

【例题2－10·单选题·2011年】下列关于除斥期间的说法中，正确的是（　　）。

A. 除斥期间届满，实体权利并不消灭

B. 除斥期间为可变期间

C. 撤销权可适用于除斥期间

D. 如果当事人未主张除斥期间届满，人民法院不得主动审查

【答案】C

【解析】选项A错误，除斥期间届满，实体权利消灭；选项B错误，除斥期间是不变期间，不适用诉讼时效的中断、中止和延长的规定；选项D错误，除斥期间无论当事人是否主张，人民法院均可主动审查。

考点6　诉讼时效的种类与起算（★★）

（一）诉讼时效的种类（见表2－28）

表2－28

种类	适用情形	期间	起算时间	适用情形
普通诉讼时效	常规适用	3年	从权利人知道或者应当知道权利被侵害及义务人之时起算	中止、中断
长期诉讼时效	涉外货物买卖合同 技术进出口合同	4年		
最长诉讼时效	所有纠纷	20年	从权利被侵害时计算	不适用中断、中止，可延长

（二）诉讼时效期间的起算（见表2－29）

表2－29

情形		起算时间
附条件或附期限的债的请求权		条件成就或期限届满之日
定有履行期限的债的请求权	约定同一债务分期履行	最后一期履行期限届满之日
	其他	清偿期届满之日

续表

情形		起算时间
未约定履行期限的合同	可以确定履行期限	履行期限届满之日
	不能确定履行期限	从债权人要求债务人履行义务的**宽限期届满之日**起计算，但债务人在债权人第一次向其主张权利之时明确表示不履行义务的，诉讼时效期间从债务人**明确表示不履行义务之日**起计算
无民事行为能力人或者限制民事行为能力人对其法定代理人的请求权		该法定代理终止之日
未成年人遭受性侵害的损害赔偿请求权		受害人**年满18周岁**之日
请求他人不作为的债权请求权		权利人知道义务人违反不作为义务时
国家赔偿		自赔偿请求人**知道或者应当知道**国家机关及其工作人员行使职权时的行为侵犯其人身权、财产权之日起计算，但被羁押等限制人身自由期间不计算在内

【例题2－11·单选题·2013年改编】甲、乙订立合同，约定甲于2018年3月1日向乙供货，乙在收到货物后1个月内一次付清全部价款。甲依约供货后，乙未付款。若甲一直未向乙主张权利，则甲对乙的付款请求权诉讼时效期间届满日为（　　）。

A. 2020年3月1日　　B. 2020年4月1日

C. 2021年3月1日　　D. 2021年4月1日

【答案】D

【解析】普通诉讼时效期间为3年，自当事人"知道或者应当知道"权利被侵害之日（2018年4月1日）起计算。

考点7 诉讼时效的中止与中断（★★★）

（一）诉讼时效中止（见表2－30）

表2－30

概念	指在诉讼时效进行中，因一定的法定事由的发生而使权利人无法行使请求权，暂时停止计算诉讼时效期间	
中止事由（客观事由）	不可抗力	指不能预见、不能避免并不能克服的客观情况，如自然灾害、政府行为、社会异常现象（如罢工骚乱）等
	其他障碍	①无民事行为能力人、限制民事行为能力人没有法定代理人，或者法定代理人死亡、丧失代理权、丧失民事行为能力； ②继承开始后未确定继承人或者遗产管理人； ③权利人被义务人或者其他人控制无法主张权利； ④其他导致权利人不能主张权利的客观情形

续表

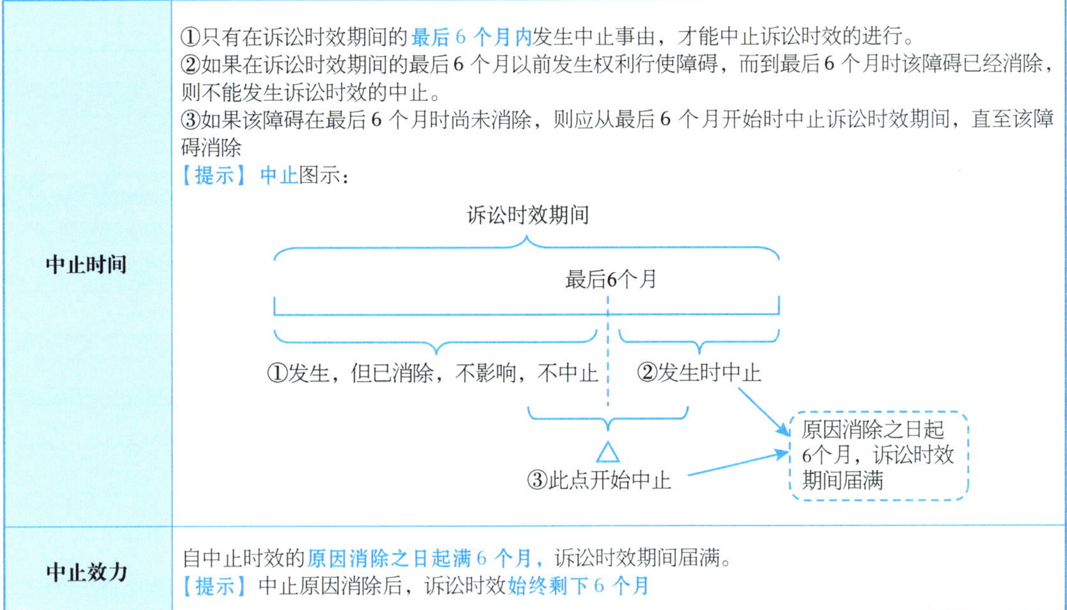

中止时间	①只有在诉讼时效期间的**最后 6 个月内**发生中止事由，才能中止诉讼时效的进行。 ②如果在诉讼时效期间的最后 6 个月以前发生权利行使障碍，而到最后 6 个月时该障碍已经消除，则不能发生诉讼时效的中止。 ③如果该障碍在最后 6 个月时尚未消除，则应从最后 6 个月开始时中止诉讼时效期间，直至该障碍消除 【提示】中止图示： 诉讼时效期间 最后6个月 ①发生，但已消除，不影响，不中止 ②发生时中止 ③此点开始中止 原因消除之日起6个月，诉讼时效期间届满
中止效力	自中止时效的**原因消除之日起满 6 个月**，诉讼时效期间届满。 【提示】中止原因消除后，诉讼时效**始终剩下 6 个月**

案例胶卷

甲 2016 年 1 月 1 日将一物品寄存在乙处，寄存的财产被乙损毁，适用 3 年的普通诉讼时效；

若中止事由发生在 2018 年 7 月 1 日至 12 月 31 日之间，因在诉讼时效期间的最后 6 个月发生，则债权人有权提出诉讼时效中止；

若中止事由发生在 2018 年 6 月 1 日，且已经在 7 月 1 日消除该障碍，则不得提出诉讼时效中止；

若中止事由发生在 2018 年 6 月 1 日，但在 7 月 1 日该障碍未消除，则诉讼时效的中止从 7 月 1 日开始计算。

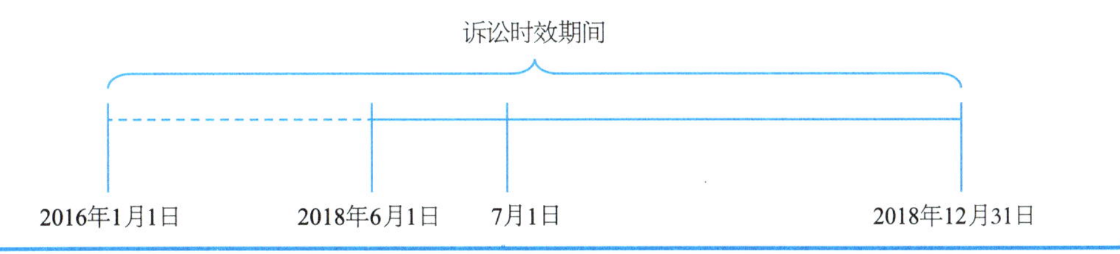

（二）诉讼时效中断

1. 概念

诉讼时效中断，指在诉讼时效进行中，因法定事由的发生致使已经进行的诉讼时效期间全部归于无效，诉讼时效期间**重新计算**。

2. 法定事由（见表2－31）

表2－31

提起诉讼或申请仲裁	下列事项均与提起诉讼或申请仲裁具有同等诉讼时效中断的效力： ①申请支付令； ②申请破产、申报破产债权； ③为主张权利而申请宣告义务人失踪或死亡； ④申请诉前财产保全、诉前临时禁令等诉前措施； ⑤申请强制执行； ⑥申请追加当事人或者被通知参加诉讼； ⑦在诉讼中主张抵销
权利人向义务人提出履行请求	下列事项也应当认定为“当事人一方提出请求”： ①当事人一方向对方当事人“直接送交”主张权利文书，对方当事人在文书上签字、盖章或者虽未签字、盖章但能够以其他方式证明该文书到达对方当事人的。 ②当事人一方以发送“信件或者数据电文”方式主张权利，信件或者数据电文“到达或者应当到达”对方当事人的。 ③当事人一方为“金融机构”，依照法律规定或者当事人约定从对方当事人账户中扣收欠款本息的。 ④当事人一方“下落不明”，对方当事人在“国家级或者下落不明的当事人一方住所地的省级有影响的媒体上”刊登具有主张权利内容的公告的，但法律和司法解释另有特别规定的，适用其规定。 ⑤权利人对同一债权中的部分债权主张权利，诉讼时效中断的效力及于剩余债权，但权利人明确表示放弃剩余债权的情形除外
义务人同意履行义务	义务人作出分期履行、部分履行、提供担保、请求延期履行、制定清偿债务计划等“承诺或者行为”，均属于义务人同意履行义务的行为

3. 法律效力

诉讼时效中断的法律效力为诉讼时效的重新计算。

案例胶卷

甲2019年1月1日将一物品寄存在乙处，甲寄存在乙处的财产被乙损毁，适用3年的短期诉讼时效；若在2019年4月1日乙答应赔偿，则之前已经过的诉讼时效期间（2019年1月1日至2019年4月1日）归为无效，诉讼时效期间重新开始计算（2019年4月1日至2022年4月1日）。

考点收纳盒

表2－32　　诉讼时效的中止和中断的对比

	中止	中断
事由	①不可抗力； ②其他障碍（债权人出事）	①提起诉讼或者申请仲裁； ②权利人向义务人提出履行请求； ③义务人同意履行义务
时间	诉讼时效期间的最后6个月内	诉讼时效期间
法律效力	①暂停。 ②中止事由发生前已经经过的诉讼时效期间仍然有效；原因消除后，诉讼时效剩下6个月	清零，重新计算

【例题 2－12·多选题·2019 年】根据民事法律制度的规定，下列各项中，属于诉讼时效中断事由的有（　　）。

A. 债权人发送催收信件到达债务人

B. 债务人向债权人请求延期履行

C. 债权人申请诉前财产保全

D. 债务人向债权人承诺提供担保

【答案】ABCD

【解析】有下列情形之一的，诉讼时效中断，从中断、有关程序终结时起，诉讼时效期间重新计算：①权利人向义务人提出履行请求（选项 A）；②义务人同意履行义务（选项 BD）；③权利人提起诉讼或者申请仲裁（选项 C）；④与提起诉讼或者申请仲裁具有同等效力的其他情形。

恭喜你，

已完成第二章的学习

投资是一场孤独的修行，你永远要逆着大多数人的认知去寻找被远远低估的价值，这简直是反人性的。你既不能笃信教条主义的策略，更不能轻信专家们经验主义的判断，你必须适应独处、适应孤独和亲人朋友们的不理解，甚至像《大空头》中的迈克尔那样到了众叛亲离的地步。你必须，且只能为自己的决策负责。

CHAPTER THREE

第三章 物权法律制度

考情雷达

物权法律制度是调整因物的归属和利用而产生的民事关系的法律制度，如何理解本章的学习内容呢？给大家举个例子，比如老生常谈的“买房”。你和小明签订了房屋买卖合同。合同成立即生效，那房子就属于你了吗？并不是，毕竟房本上写的还是小明的名字，所以你只是有依照合同按时交钱的义务，拥有了“要求他交付房屋，并办理房屋登记”的权利。只有在进行不动产登记后，你才能取得房屋所有权。

在这个故事中，房屋就属于物权法上的“物”，房屋的归属就是物权中的“所有权”。由于房屋与土地不可分离，但土地的所有权归国家或者集体所有，因此，我们只能依法享有“土地使用权”。

如果是向银行贷款买房，银行为什么愿意借给我们几百万元房款呢？是因为进行了“抵押贷款”，也就是把房子抵押给银行做担保，银行才能放心地借给你钱。当你不能按时还房贷时，银行就可以把房子变现偿债。这里的“抵押”就属于“担保物权”的一种。

通过上述故事，引出了本章主要内容：物的概念、物权变动、所有权、用益物权和担保物权。本章属于重点章节之一，几乎每年都会结合合同法考查案例分析题。考试分值在8分左右，涉及选择题、案例分析题。

本章内容与去年相比无实质性变化。

考点地图

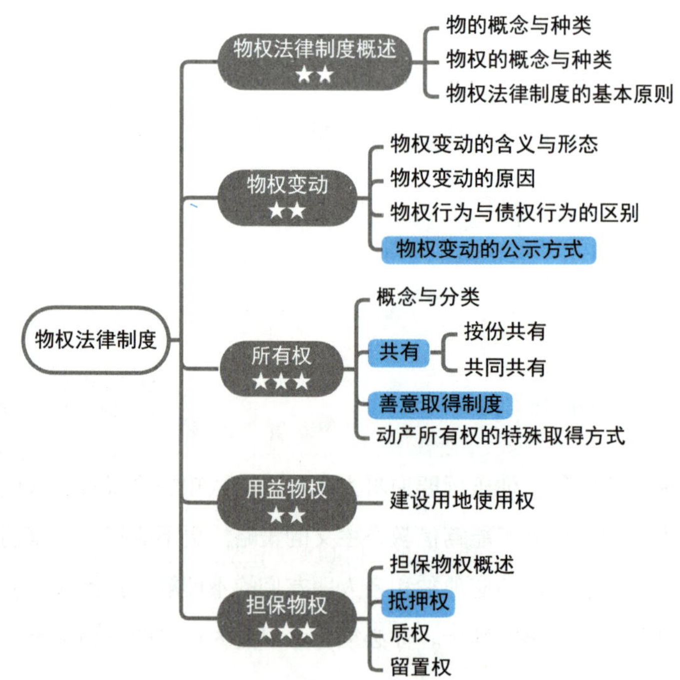

考点1 物的概念与种类（★）

（一）物的概念（见表3－1）

表3－1

<table>
<tr><td>概念</td><td colspan="2">物权法上的物指的是有体物，是除人的身体之外，凡能为人力所支配，独立满足人类生活需要之物</td></tr>
<tr><td rowspan="3">特点</td><td>有体性</td><td>物权法上的物仅指有体物，行为、智力成果（包括电脑程序）以及各项权利等均不是物权法上的物</td></tr>
<tr><td>可支配性</td><td>能为人力所支配并满足人的需要，不能为人力所支配（如太阳、月亮、星星等）或不为人所需之物（汽车尾气）不属于物权法上的物</td></tr>
<tr><td>在人的身体之外</td><td>人体器官如脱离人的身体，则可以成为物</td></tr>
</table>

（二）物的种类（见表3－2）

表3－2

<table>
<tr><th>分类标准</th><th colspan="2">分类</th><th>具体规定</th></tr>
<tr><td rowspan="3">是否自由流通</td><td colspan="2">流通物</td><td>绝大多数动产以及不动产中的房屋</td></tr>
<tr><td colspan="2">限制流通物</td><td>黄金、文物、药品</td></tr>
<tr><td colspan="2">禁止流通物</td><td>专属于国家所有的动产和不动产</td></tr>
<tr><td rowspan="2">移动是否损害其价值</td><td colspan="2">动产</td><td>不动产以外的物，车辆、船舶等</td></tr>
<tr><td colspan="2">不动产</td><td>包括土地、海域以及房屋、林木等地上定着物</td></tr>
<tr><td rowspan="2">是否可替代（仅限动产）</td><td colspan="2">可替代物</td><td>交易客体为可替代物时，可以同类物替代履行</td></tr>
<tr><td colspan="2">不可替代物</td><td>不可替代物一旦发生损害就只能转化为金钱赔偿</td></tr>
<tr><td rowspan="2">是否可以重复使用（仅限动产）</td><td colspan="2">消费（耗）物</td><td>只能一次性使用或让与之物，不可能在使用之后，又原封不动地归还原所有者</td></tr>
<tr><td colspan="2">非消费（耗）物</td><td>可以多次使用</td></tr>
<tr><td rowspan="2">分割是否减损其价值</td><td colspan="2">可分物</td><td>如米、酒等</td></tr>
<tr><td colspan="2">不可分物</td><td>如牛、汽车等</td></tr>
<tr><td rowspan="2">是否独立发挥作用</td><td colspan="2">主物</td><td>起主要效用的物</td></tr>
<tr><td colspan="2">从物</td><td>只能对主物发挥辅助效用，如书的封套、房间的钥匙、机器的维修工具等。
【提示】无特别情况下，从物的权利归属与主物一致</td></tr>
<tr><td rowspan="3">两物之间存在的原有物产生新物的关系</td><td colspan="2">原物</td><td>原有物</td></tr>
<tr><td rowspan="2">孳息物</td><td>天然孳息</td><td>如母畜生的幼畜。天然孳息由所有权人取得；既有所有权人又有用益物权人的，由用益物权人取得，当事人另有约定的除外</td></tr>
<tr><td>法定孳息</td><td>如出租房屋的租金。当事人有约定的，按照约定取得；没有约定或约定不明确的，按照交易习惯取得</td></tr>
</table>

【例题3-1·单选题·2017年】根据规定，下列关于物的种类的表述中，正确的是（　　）。

A. 海域属于不动产　　B. 文物属于禁止流通物

C. 金钱属于非消耗物　　D. 牛属于可分割物

【答案】A

【解析】选项B错误，文物属于限制流通物；选项C错误，金钱属于消耗物；选项D错误，牛属于不可分物。

考点2 物权的概念与种类（★★）

（一）物权的概念与特点

1. 概念

权利人依法对特定的物享有直接支配和排他的权利，包括所有权、用益物权和担保物权。

2. 特点（见表3-3）

表3-3

物权	债权
支配权：仅以自己的意志实现权利	请求权：其实现依赖于债务人的履行行为
排他性：一物之上只能成立一项所有权	兼容性：双重买卖合同均有效
绝对权（对世权）：排除任何他人的干涉	相对权（对人权）：仅对特定债务人存在

（二）物权的种类（见图3-1）

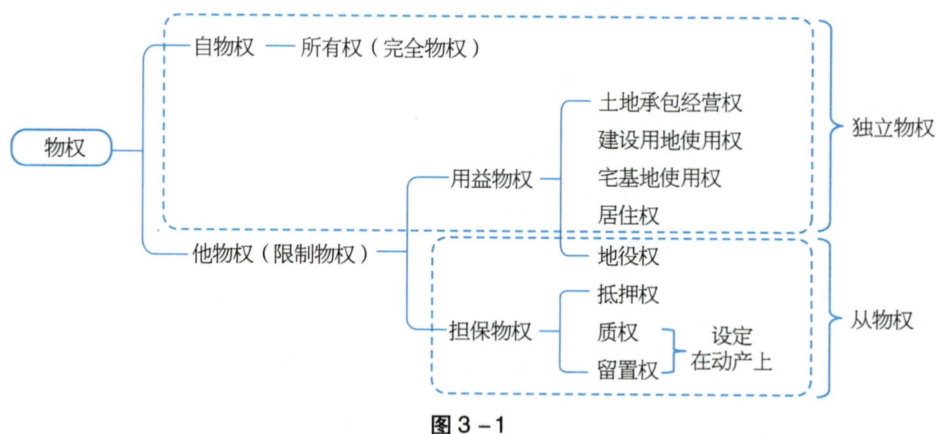

图3-1

彬哥解读

①自物权是在“自己所有”物上所享有的物权。

②他物权是在“他人所有”之物上设定的物权，包括用益物权与担保物权。

第一，用益物权一般存在于不动产之上，是物的使用价值（比如对土地只是享有使用权，不能处分土地）。

第二，担保物权是物的交换价值（比如用房屋抵押贷款，是以担保银行债权实现为目的的物权）。

【例题3-2·单选题·2017年】根据物权法律制度规定，下列各项中，属于独立物权的是（　　）。

A. 地役权　B. 建设用地使用权　C. 质权　D. 抵押权

【答案】B

【解析】选项ACD属于从物权。

考点3 物权法律制度的基本原则（★）

表3-4

原则	具体内容
物权法定原则	种类法定、内容法定（违反法定的约定无效）
物权客体特定原则（一物一权原则）	物权只存在于确定的一物之上，一物上只能存在一个所有权，一物一权原则与以下情形并不矛盾： ①多人共同对一物享有一项物权； ②一物之上成立数个互不冲突的物权
物权公示原则	物权以法定方式公之于外： ①不动产物权的设立、变更、转让和消灭，应当依照法律规定登记； ②动产物权的设立和转让，应当依照法律规定交付

考点4 物权变动（★★）

（一）物权变动的含义与形态（见图3-2）

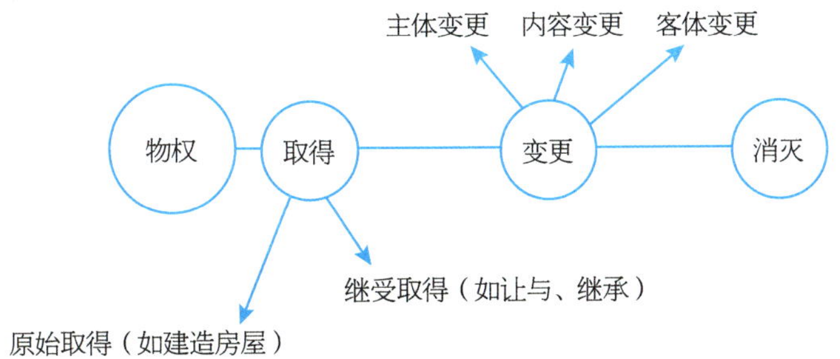

图3-2

（二）物权变动的原因（主）

物权变动的原因如表3－5所示。

表3－5

<table>
<tr><th>变动原因</th><th colspan="2">说明</th><th>是否需要公示</th></tr>
<tr><td>基于法律行为的物权变动</td><td colspan="2">法律行为分为债权行为和物权行为，债权行为不足以导致物权变动，物权行为直接导致物权变动</td><td>需要公示
动产——交付；不动产——登记</td></tr>
<tr><td rowspan="3">非基于法律行为的物权变动</td><td>基于事实行为</td><td>因合法建造、拆除房屋等事实行为设立或者消灭物权的，自事实行为成就时发生效力（如房屋建成之日即享有所有权）</td><td rowspan="3">不必以公示为前提</td></tr>
<tr><td>基于法律规定</td><td>因继承取得物权的，自继承开始时发生效力</td></tr>
<tr><td>基于公法行为</td><td>因人民法院、仲裁机构的法律文书或者人民政府的征收决定等，导致物权设立、变更、转让或者消灭的，自法律文书或者征收决定等生效时发生效力</td></tr>
</table>

（三）物权行为与债权行为的区别（见表3－6）

表3－6

区分	物权行为	债权行为
法律效果	直接导致行为人积极财产的减少	不会直接引起积极财产（物权）的减少，但会导致消极财产（义务）增加
处分权	要求出让人对标的物具有处分权	不要求出让人对标的物具有处分权
兼容性	对同一物不能实施两次处分行为	对同一物可以实施数次买卖行为（多重买卖合同）

彬哥解读

①签订房屋买卖合同（债权行为）。

买方不会因为签订合同而转移所有权，房屋买卖合同生效后，卖家负有向买家转让所有权的义务，但义务得到履行之前，房屋所有权仍属卖家所有。

②办理过户登记（物权行为）。

卖家与买家办理过户登记手续后，卖家失去所有权，买家取得所有权。

③非基于法律行为的物权变动不必以公示为前提。但是，如果法律规定需要办理登记的，未办理登记，不发生物权的效力。比如甲继承了一套房子，自继承开始时即取得房子的所有权，不以登记为前提。但如果甲将该房子转让给乙，甲首先要将该房子登记在自己的名下，然后才能过户到乙名下，乙才能取得房子的所有权。

（四）物权变动的公示方式（主）

1. 动产物权变动的公示方式——交付

动产物权的设立和转让，自交付时发生效力，但法律另有规定的除外（见表3－7）。

表 3 –7

交付形态	具体内容	
现实交付	将物直接交由对方占有	
交付替代	简易交付	动产物权设立和转让前，**权利人已经依法占有**该动产的，物权自法律行为生效时发生效力
	指示交付	动产物权设立和转让前，**第三人依法占有**该动产的，负有交付义务的人可以通过转让请求第三人返还原物的权利代替交付
	占有改定	动产物权转让时，双方又约定由**出让人继续占有**该动产的，物权自该约定生效时发生效力

案例胶卷

（1）甲1月1日将自己的电脑借给乙使用，至1月5日，乙未归还。当天，甲将电脑出售给乙，在这之前电脑已经被乙占有，因此为简易交付。

（2）若1月5日，甲和丙约定，将电脑出售给丙，则甲可以指示乙将电脑直接给丙，则甲丙之间的物的交付为指示交付。

（3）若1月5日，乙归还了甲的电脑，同时约定甲将电脑出售给乙，但电脑由甲继续使用一周。则物权的设立为占有改定，双方约定时，物权生效。

2. 不动产物权变动公示方式——登记

不动产物权的设立、变更、转让和消灭，经依法登记，发生效力；未经登记，不发生效力，但法律另有规定的除外（见图 3 –3、表 3 –8）。

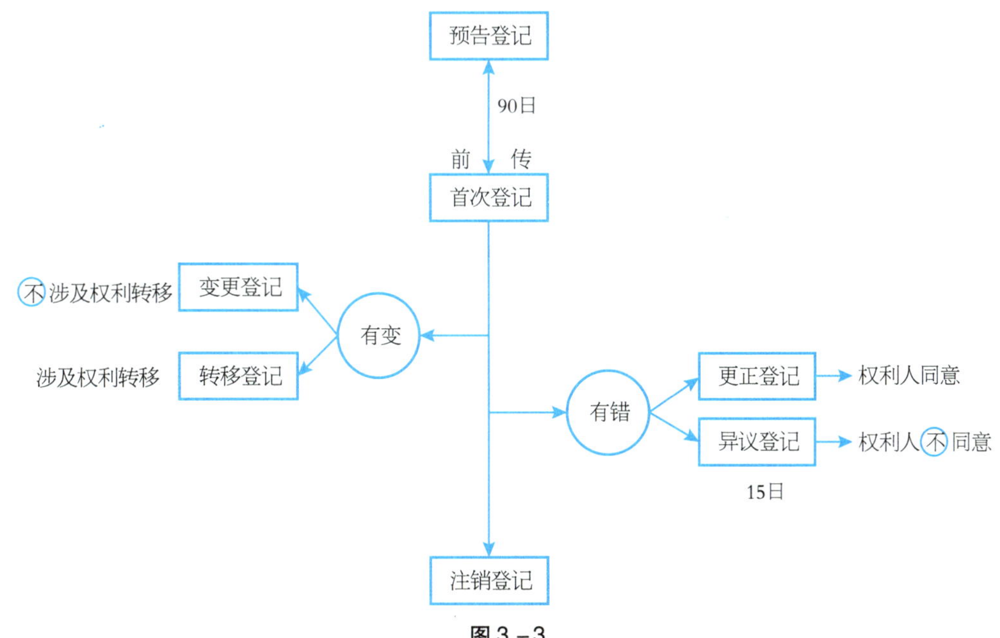

图 3 –3

表3-8

登记类型	关键点	具体内容
首次登记	第一次登记	未办理不动产首次登记的，除法律、行政法规另有规定外，不得办理不动产其他类型登记
变更登记	不涉及权利转移的变更	有下列情形之一的，不动产权利人可以向不动产登记机构申请变更登记： ①权利人的姓名、名称、身份证明类型或者身份证明号码发生变更的； ②不动产的坐落、界址、用途、面积等状况变更的； ③不动产权利期限、来源等状况发生变化的； ④同一权利人分割或者合并不动产的； ⑤抵押担保的范围、主债权数额、债务履行期限、抵押权顺位发生变化的； ⑥最高额抵押担保的债权范围、最高债权额、债权确定期间等发生变化的； ⑦地役权的利用目的、方法等发生变化的； ⑧共有性质发生变更的； ⑨法律、行政法规规定的其他不涉及不动产权利转移的变更情形
转移登记	权利在不同主体之间发生转移	因下列情形导致不动产权利转移的，当事人可以向不动产登记机构申请转移登记： ①买卖、互换、赠与不动产的； ②以不动产作价出资（入股）的； ③法人或者其他组织因合并、分立等原因致使不动产权利发生转移的； ④不动产分割、合并导致权利发生转移的； ⑤继承、受遗赠导致权利发生转移的； ⑥共有人增加或者减少以及共有不动产份额变化的； ⑦因人民法院、仲裁委员会的生效法律文书导致不动产权利发生转移的； ⑧因主债权转移引起不动产抵押权转移的； ⑨因需役地不动产权利转移引起地役权转移的
更正登记	登记事项可能有错误	申请：权利人、利害关系人认为不动产登记簿记载的事项有错误的，可以申请更正登记。 登记条件：不动产登记簿记载的权利人书面同意更正或者有证据证明登记确有错误的，登记机构应当予以更正
异议登记		申请：如果不动产登记簿记载的权利人不同意更正，利害关系人可以申请异议登记。 失效：登记机构予以异议登记的，申请人在异议登记之日起15日内不起诉，异议登记失效。 登记不当：异议登记不当，造成权利人损害的，权利人可以向申请人请求损害赔偿
注销登记	不动产权利消灭	有下列情形之一的，当事人可以申请办理注销登记： ①不动产灭失的； ②权利人放弃不动产权利的； ③不动产被依法没收、征收或者收回的； ④人民法院、仲裁委员会的生效法律文书导致不动产权利消灭的； ⑤法律、行政法规规定的其他情形
预告登记	买卖房屋或其他不动产物权	登记情形：当事人签订买卖房屋或者其他不动产物权的协议，为保障将来实现物权，按照约定可以向登记机构申请预告登记。具有下列情形之一的，当事人可以申请预告登记： ①预购商品房； ②以预购商品房设定抵押； ③房屋所有权转让、抵押。 登记后果：预告登记后，未经预告登记的权利人同意，处分该不动产（如转移不动产所有权、设定建设用地使用权、设定地役权、设定抵押权等）的，不发生物权效力。 失效：预告登记后，债权消灭或者自能够进行不动产登记之日起90日内未申请登记的，预告登记失效

申请更正登记和异议登记流程如图 3 -4 所示。

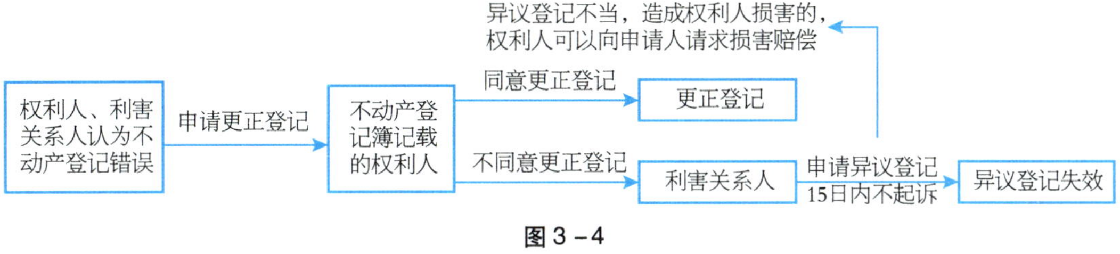

图 3 -4

【例题 3 -3 · 单选题 · 2015 年】根据物权法律制度的规定，下列关于更正登记与异议登记的表述中，正确的是（　　）。

A. 提起更正登记之前，须先提起异议登记

B. 更正登记的申请人可以是权利人，也可以是利害关系人

C. 异议登记之日起 10 日内申请人不起诉的，异议登记失效

D. 异议登记不当造成权利人损害的，登记机关应承担损害赔偿责任

【答案】B

【解析】选项 A 错误，不动产登记簿记载的权利人不同意更正的，利害关系人可以申请异议登记，即先申请更正登记，而后才是异议登记；选项 C 错误，申请人在异议登记之日起 15 日内不起诉，异议登记失效；选项 D 错误，异议登记不当，造成权利人损害的，权利人可以向“申请人”（而非登记机关）请求损害赔偿。

考点 5 所有权（★★★）

（一）所有权的概念与分类

1. 概念

所有权是指在法律限制范围内，对物为全面支配的权利。所有权人对自己的不动产或者动产，依法享有**占有、使用、收益和处分**的权利。

2. 分类（见图 3 -5）

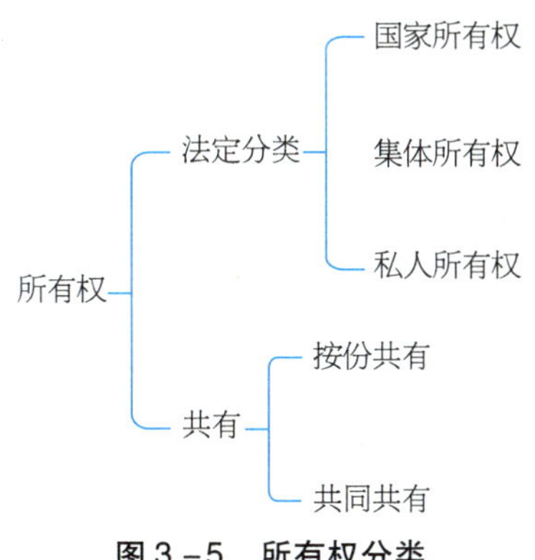

图 3 -5 所有权分类

（二）共有（主）

1. 共有形态的确定

共有人对共有的不动产或者动产没有约定为按份共有或者共同共有的，或者约定不明确的，除共有人具有家庭关系等外，视为按份共有（见表3－9）。

表3－9

共有类型	关键词	具体内容
按份共有	约定→**出资额→等额享有**	按份共有人对共有的不动产或者动产享有的份额，可以约定；没有约定或者约定不明确的，按照出资额确定；不能确定出资额的，视为等额享有
共同共有	**家庭关系**	家庭关系中的共有为共同共有，包括夫妻共同财产、遗产、《农村土地承包法》中的家庭承包财产等

2. 共同共有与按份共有的区别（见表3－10）

表3－10

<table>
<tr><th colspan="2"></th><th>共同共有</th><th>按份共有</th></tr>
<tr><td rowspan="6">对内关系</td><td>重大修缮、变更性质或用途</td><td>约定→全体共有人同意</td><td>约定→经占份额2/3以上（含2/3）的按份共有人同意</td></tr>
<tr><td>管理费用</td><td>约定→共同共有人共同负担</td><td>约定→按份共有人按照其份额负担</td></tr>
<tr><td rowspan="3">共有物分割</td><td colspan="2">共有人约定不得分割，以维持共有关系的，应当按照约定，但共有人有重大理由需要分割的，可请求分割</td></tr>
<tr><td colspan="2">因分割对其他共有人造成损害的，应当给予赔偿</td></tr>
<tr><td>没有约定的或约定不明时，共同共有人在共有基础丧失或者重大理由需要分割时，可以请求分割</td><td>没有约定的或约定不明时，可随时请求分割</td></tr>
<tr><td>债权债务</td><td>约定→共有人共同享有债权、承担债务</td><td>约定→共有人按照份额享有债权、承担债务</td></tr>
<tr><td rowspan="3">对外关系</td><td>物的处分</td><td>约定→征得全体同意</td><td>约定→经占份额2/3以上（含2/3）的按份共有人同意</td></tr>
<tr><td>份额的处分</td><td>—</td><td>可以随时转让，其他共有人在同等条件下享有优先购买的权利</td></tr>
<tr><td>债权债务</td><td colspan="2">都应对债权债务承担连带责任</td></tr>
</table>

3. 按份共有人的优先购买权

（1）优先购买权以交易为前提。

①除非按份共有人另有约定，否则共有份额因继承、遗赠等非交易方式发生转让时，其他共有人不得主张优先购买。

②如果按份共有人之间相互转让共有份额，除非共有人另有约定，否则其他共有人不得主张优先购买。

（2）优先购买权需在同等条件下行使，同等条件包括转让价格、价款履行方式及期限等因素。

（3）优先购买权需在期限（除斥期间）内行使如表3－11所示。

表3－11

<table>
<tr><th>情形</th><th colspan="2">具体规定</th></tr>
<tr><td>有约定</td><td colspan="2">按约定处理</td></tr>
<tr><td rowspan="4">没有约定或约定不明</td><td rowspan="2">通知</td><td>转让人向其他按份共有人发出的包含同等条件内容的通知中载明行使期间的，以该期间为准</td></tr>
<tr><td>通知中未载明行使期间，或载明的期间短于通知送达之日起15日的，为15日</td></tr>
<tr><td rowspan="2">未通知</td><td>转让人未通知的，为其他按份共有人知道或者应当知道最终确定的同等条件之日起15日</td></tr>
<tr><td>转让人未通知，且无法确定其他按份共有人知道或者应当知道最终确定的同等条件的，为共有份额权属转移之日起6个月</td></tr>
</table>

（4）两个以上按份共有人主张优先购买且协商不成时，按照转让时各自份额比例行使优先购买权。

（5）其他按份共有人以优先购买权受到侵害为由，仅请求撤销共有份额转让合同或者认定该合同无效的，不予支持。

彬哥解读

如果一个或者数个共同共有人未经其他共同共有人的同意，或者一个或者数个按份共有人未经占份额2/3以上的按份共有人同意，擅自处分共有物的，构成无权处分，该如何处理？

①债权行为：合同有效。

出卖人没有所有权或者处分权的情况下，买卖合同原则上仍属于“有效合同”。

②物权行为：效力待定。

物权行为的有效性取决于其他共有人追认与否。

如果第三人构成善意取得，可依法取得所有权，具体讲解见“善意取得制度”。

【例题3－4·多选题·2015年】甲、乙、丙、丁、戊、庚六人对一台挖掘机按份共有，甲的份额是2/3，其余五人的份额各为1/15。根据物权法律制度的规定，没有特别约定时，下列转让挖掘机的行为中，有效的有（　　）。

A. 甲将挖掘机转让给辛，乙、丙、丁、戊、庚均表示反对

B. 甲、乙将挖掘机转让给辛，丙、丁、戊、庚均表示反对

C. 乙、丙、丁、戊、庚将挖掘机转让给辛，甲表示反对

D. 丙、丁、戊、庚将挖掘机转让给辛，甲、乙均表示反对

【答案】AB

【解析】处分共有的不动产或者动产，应当经占份额2/3以上的按份共有人同意，但共有人之间另有约定的除外。未满2/3份额却转让共有物者，构成无权处分。

(三)善意取得制度(主)

1. 善意取得的前提条件

无处分权人将不动产或者动产转让给受让人的,所有权人有权追回;除法律另有规定外,符合下列情形的,受让人取得该不动产或者动产的所有权(同时满足):

(1)受让人受让该不动产或者动产时是**善意**的;

(2)以**合理的价格**转让;

(3)转让的不动产或者动产依照法律规定应当登记的**已经登记**,不需要登记的**已经交付**给受让人。

2. 动产善意取得(见表3-12)

表3-12

构成要件	①依法律行为转让所有权; ②转让人**无处分权**; ③受让人为善意(善意的判断时点为**"受让动产时"**); ④以合理的价格转让; ⑤物已交付; ⑥转让人基于真权利人意思合法占有标的物(善意取得制度**适用于委托物**); ⑦转让合同有效
适用范围	①非因法律行为而发生的物权变动均不存在善意取得; ②占有改定不适用善意取得制度; ③非基于真权利人意思而占有之物则称脱手物,如遗失物、盗窃物等不适用善意取得制度; ④转让合同无论是无效还是被撤销,标的物受让人均不得主张善意取得
法律后果	①直接法律效果——所有权发生转移(善意受让人**取得**所有权); ②间接法律效果——赔偿请求权(真正权利人行使的权利)

3. 不动产善意取得

不动产善意取得的构成要件及法律效果与动产相似,以下仅就特别之处做简单的阐述(见表3-13)。

表3-13

特别构成要件	①交付问题(不动产的善意取得应以**登记**为要件)。 ②善意问题。 对于不动产转让,具有下列情形之一时,应该认定不动产受让人知道转让人无处分权从而**不构成善意**: 第一,登记簿上存在有效的异议登记; 第二,预告登记有效期内,未经预告登记的权利人同意; 第三,登记簿上已经记载司法机关或者行政机关依法裁定、决定查封或者以其他形式限制不动产权利的有关事项; 第四,受让人知道登记簿上记载的权利主体错误; 第五,受让人知道他人已经依法享有不动产物权
特别法律后果	善意取得不动产,不消除不动产上其他已登记之物权。 善意取得所有权仅导致登记簿上的所有权人发生变更,其他已登记的限制物权(如抵押权)则不受影响,仍然存在于登记簿中

【彬哥提醒】

善意取得制度，不但适用于动产、不动产的所有权，也适用于建设用地使用权、抵押权、质权、留置权等他物权。

【例题3－5·单选题·2016年】甲、乙、丙三兄弟共同继承一幅古董字画，由甲保管。甲擅自将该画以市场价出卖于丁并已交付，丁对该画的共有权属关系并不知情。根据物权法律制度的规定，下列表述中，正确的是（ ）。

A. 经乙和丙中一人追认，丁即可取得该画所有权

B. 无论乙和丙追认与否，丁均可取得该画的所有权

C. 丁取得该画的所有权，但须以乙和丙均追认为前提

D. 无论乙和丙追认与否，丁均不能取得该画的所有权

【答案】B

【解析】

①如果乙、丙不追认，则甲的行为构成无权处分，但丁基于“善意取得制度”（善意且无重大过失、合理对价并完成交付）依法取得该画的所有权；

②如果乙、丙追认，则甲的无权处分行为转为有权处分行为，丁基于“交付”取得该画的所有权，故无论乙和丙追认与否，丁均可取得该画的所有权。

（四）动产所有权的特殊取得方式

1. 先占

以所有权人的意思占有**无主动产**，先占人基于先占行为取得无主动产的所有权。

2. 拾得遗失物（见表3－14、图3－6）

表3－14

拾得人	义务	①拾得人应当及时通知权利人领取，或者送交公安等有关部门。 ②有关部门收到遗失物，知道权利人的，应当及时通知其领取；不知道的，应当及时发布招领公告
	权利	①可享有**费用偿还请求权**； ②归还遗失物的拾得人还享有悬赏广告所允诺的**报酬请求权**
权利人	权利	①所有权人或者其他权利人有权**追回**遗失物； ②该遗失物通过转让被他人占有的，权利人有权向无处分权人请求**损害赔偿**，或者自知道或者应当知道受让人之日起**2年内**向受让人请求返还原物
	义务	①在发布悬赏之后兑现； ②在追回时，若受让人**通过拍卖或者向具有经营资格的经营者购得**该遗失物的（题目中一般以“拍卖行”表现），权利人应当支付受让人所付的费用。 权利人向受让人支付所付费用后，有权向无处分权人追偿
所有权		①遗失物不发生善意取得效果，不会转移所有权； ②遗失物自发布公告之日起**1年内**无人认领的，归**国家所有**

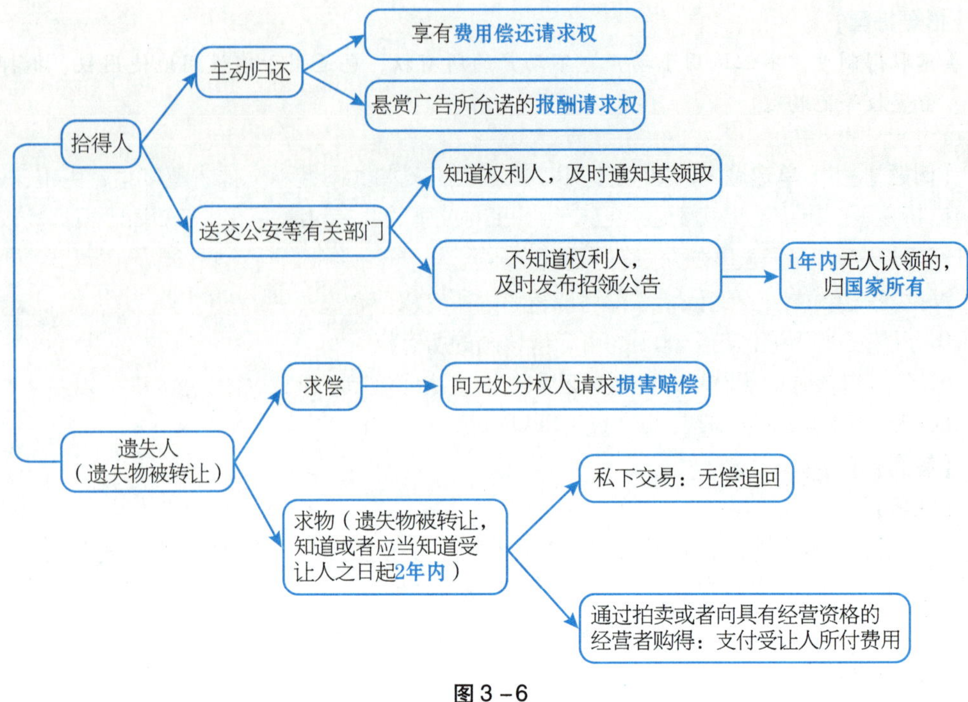

图 3－6

3. 发现埋藏物（参照拾得遗失物）

4. 添附（见表 3－15）

表 3－15

方式	具体规定	归属
附合	不同所有人的物密切结合，构成不可分割的一物。 ①动产附合于不动产，不动产所有人取得附合之物所有权（如钢筋附合于房屋）； ②动产附合于动产，动产与他人之动产附合，非毁损不能分离，或分离须费过巨者，各动产所有人，按其动产附合时的价值，共有合成物（有主从物关系的，归主物所有人）	①因添附而产生的物的归属，有约定的按照约定； ②没有约定或者约定不明的，依照法律规定； ③法律没有规定的，按照充分发挥物的效用以及保护无过错当事人的原则确定
混合	所有权不属于同一人的动产，相互混杂，难以识别或分离（参照附合）	
加工	通过对一项或数项材料加工或改造而形成新物之人，只要加工或改造的价值不明显低于材料价值，即取得新物所有权	

【例题 3－6·多选题·2019 年改编】 乙拾得甲丢失的手机，以市场价 500 元出让给不知情的旧手机经销商丙。根据《民法典》的规定，下列表述中，正确的有（　　）。

A. 乙拾得手机后，甲即失去手机所有权

B. 乙将手机出让给丙的行为属于无权处分

C. 甲有权请求乙给予损害赔偿

D. 甲有权请求丙返还手机，但应向丙支付 500 元

【答案】 BC

【解析】

①选项A错误，拾得人不能取得遗失物的所有权。

②选项D错误，如果遗失物通过转让为他人所占有时，权利人有权向无处分权人请求损害赔偿，或者自知道或者应当知道受让人之日起2年内向受让人请求返还原物，受让人返还后，有权请求无处分权人返还自己受让该物时所支付的对价；但如果受让人通过拍卖或者向具有经营资格的经营者购得该遗失物的，权利人请求返还原物时应当支付受让人所付的费用；权利人向受让人支付所付费用后，有权向无处分权人追偿。

考点6　用益物权（★★）

（一）用益物权概述

1. 概念

以使用他人之物为目的的物权，称用益物权。用益物权人对他人所有的不动产或者动产，依法享有占有、使用和收益的权利。

2. 种类

用益物权包括土地承包经营权、建设用地使用权、宅基地使用权、居住权与地役权（见图3－7）。

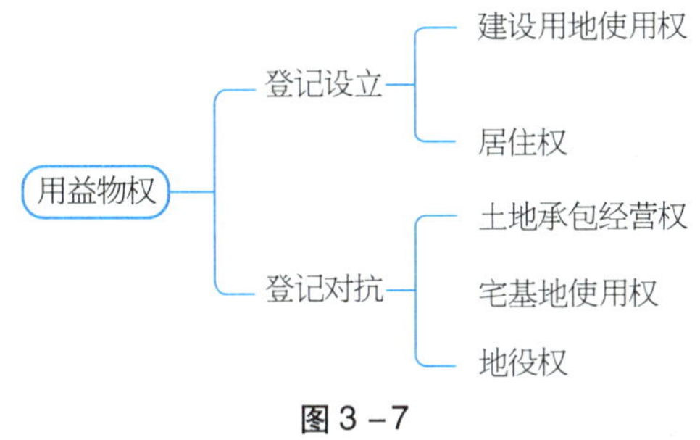

图3－7

（二）建设用地使用权（土地使用权）

1. 建设用地使用权的取得（见图3－8）

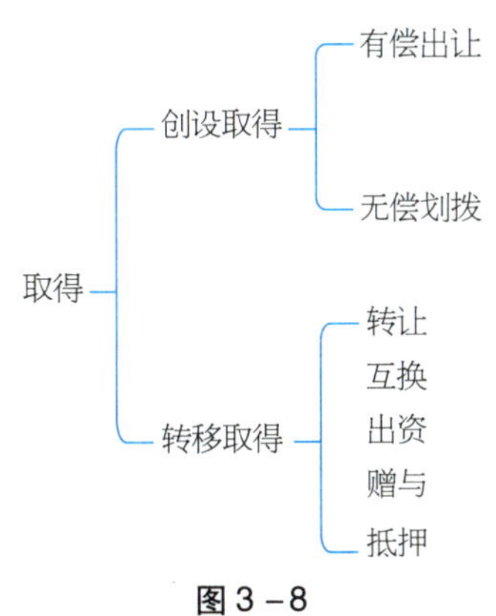

图3－8

（1）创设取得（即土地的一级市场）（见表3－16）。

表3－16

方式	项目	具体内容	
无偿划拨	含义	县级以上人民政府依法批准，在土地使用者缴纳补偿、安置等费用后将该幅土地交付其使用，或者将土地使用权无偿交付给土地使用者使用的行为	
	适用情形	①国家机关用地和军事用地； ②城市基础设施用地和公益事业用地； ③国家重点扶持的能源、交通、水利等项目用地； ④法律、行政法规规定的其他用地	
	限制	用于**商业开发**的建设用地，**不得**以划拨方式取得建设用地使用权	
	期限	没有使用期限的限制	
有偿出让	含义	国家将国家土地使用权在一定年限内出让给土地使用者，由土地使用者向国家支付土地使用权出让金的行为	
	方式选择	招标、拍卖等公开竞价的方式→双方协议的方式	
	期限	**70年**	居住用地
		40年	商业、旅游、娱乐用地
		50年	①工业用地； ②教育、科技、文化、卫生、体育用地； ③综合或者其他用地
	期满处理	①非住宅建设用地使用权，土地使用者需要继续使用土地的，应当至迟于**届满前1年**申请续期； ②**住宅**建设用地使用权期间届满的，**自动续期**	

（2）移转取得（即土地的二级市场）（见表3－17）。

表3－17

使用期限	由当事人约定，但**不得超过**建设用地使用权的剩余期限
转让条件	以**出让方式**取得土地使用权的，转让房地产时，应当符合下列条件： ①按出让合同约定已支付**全部**土地使用权出让金，并取得土地使用权证书； ②按照出让合同约定进行投资开发，属于房屋建设工程的，完成开发投资总额的**25%以上**，属于成片开发土地的，形成工业用地或者其他建设用地条件； ③转让房地产时房屋**已经建成**的，还应当持有房屋所有权证书
	以**划拨方式**取得土地使用权的，转让房地产时，应当按照国务院规定，报有批准权的人民政府审批。准予转让的，应当由受让方办理土地使用权出让手续，并依照国家有关规定缴纳土地使用权出让金
让与禁止	下列房地产不得转让： ①以出让方式取得土地使用权但不符合前述转让条件的； ②司法机关和行政机关依法裁定、决定查封或以其他形式限制房地产权利的； ③依法收回土地使用权的； ④共有房地产，未经其他共有人书面同意的； ⑤权属有争议的； ⑥未依法登记领取权属证书的； ⑦法律、行政法规规定禁止转让的其他情形

（3）登记。

①建设用地使用权**自登记时设立**。

②建设用地使用权转让、互换、出资或者赠与的，应当申请**变更登记**。

③建设用地使用权消灭的，出让人应办理**注销登记**。

2. 建设用地使用权的终止

建设用地使用权因土地使用权出让合同规定的使用年限届满、提前收回及土地灭失等原因而终止。

3. 集体土地的建设使用（见表3－18）

表3－18

<table>
<tr><th>种类</th><th colspan="2">具体规定</th></tr>
<tr><td rowspan="2">农田</td><td rowspan="2">涉及农用地转为建设用地的，应办理农用地转用审批手续</td><td>永久基本农田转为建设用地的，由国务院批准</td></tr>
<tr><td>其他农用地：
①土地利用总体规划范围内。
按土地利用年度计划分批次由原批准机关或授权机关批准。
②土地利用总体规划范围外。
由国务院或国务院授权的省、自治区、直辖市人民政府批准。
【提示】在已批准的农用地转用范围内，具体建设项目用地可以由市、县人民政府批准</td></tr>
<tr><td rowspan="2">集体经营性建设用地</td><td colspan="2">城市规划区内的集体所有的土地，经依法征收转为国有土地后，该幅国有土地的使用权方可有偿出让，但法律另有规定的除外</td></tr>
<tr><td colspan="2">集体经营性建设用地出让、出租需同时满足：
①确定为工业、商业等经营性用途；
②经依法登记的集体经营性建设用地；
③应当经本集体经济组织成员的村民会议2/3以上成员或者2/3以上村民代表的同意</td></tr>
</table>

【例题3－7·单选题·2019年】根据物权法律制度的规定，下列关于建设用地使用权的表述中，正确的是（　　）。

A. 建设用地使用权期间届满自动续期

B. 以划拨方式取得的建设用地使用权，最高使用年限为70年

C. 以划拨方式取得的建设用地使用权，非经国务院审批不得转让

D. 建设用地使用权自登记时设立

【答案】D

【解析】选项A错误，住宅建设用地使用权自动续期；选项B错误，以无偿划拨方式取得的建设用地使用权，除法律、行政法规另有规定外，没有使用期限的限制；选项C错误，以划拨方式取得土地使用权的，转让房地产时，应当按照国务院规定，报有批准权的人民政府审批。

考点7 担保物权概述（★）

（一）担保物权的概念和种类（见表3-19）

表3-19

概念	以担保债权实现为目的的物权。 担保物权人在债务人不履行到期债务或发生当事人约定的实现担保物权的情形，依法享有就担保财产优先受偿的权利	
种类	意定担保	由当事人合意而设立（抵押权、质权）
	法定担保	符合法定要件时直接由法律设立（留置权）

（二）担保物权的特性（见表3-20）

表3-20

特性	具体内容
从属性	担保物权自身不能独立存在，是从属于债权的从属物权
权利行使的附条件性	行使条件是债务人不履行到期债务或发生当事人约定的实现担保物权的情形
优先受偿性	当债务人不履行到期债务或发生当事人约定的实现担保物权情形时，担保物权人可就担保物变价之后的价金优先于普通债权人得到清偿
不可分性	①一旦物被用来提供担保，物的分割、被担保之债的分割，不导致担保物权分割； ②物部分灭失，剩余部分仍担保债之全部； ③债权部分清偿，不产生担保物权部分消灭之效力

案例胶卷

担保物权的不可分性，在于更好地保护债权的实现，就是债权的各部分都受担保物权的担保，担保物的各部分都要担保债权的实现。举个例子，甲公司有两套机器设备用以担保对其债权人A银行的400万元债权；A银行将200万元债权转让给B银行，但担保物权不受任何影响。也就是说，两套机器设备仍然担保400万元债权。

（三）担保物权与诉讼时效（见表3-21）

表3-21

关键词	主债权诉讼时效期间	具体内容
过期不候	届满后	①抵押权人——主张行使抵押权的，人民法院不予支持； ②抵押人——以主债权诉讼时效期间届满为由，主张不承担担保责任的，人民法院应予支持
	届满前	债权人仅对债务人提起诉讼，经法院判决或调解后未在规定的申请执行时效期间内对债务人申请强制执行，其向抵押人主张行使抵押权的，人民法院不予支持

续表

关键词	主债权诉讼时效期间	具体内容
留置最优	届满后	①财产被留置的债务人或者对留置财产享有所有权的第三人请求债权人返还留置财产的，人民法院不予支持； ②债务人或者第三人请求拍卖、变卖留置财产并以所得价款清偿债务的，人民法院应予支持

（四）担保物权的消灭

（1）主债权消灭；

（2）担保物权实现；

（3）债权人放弃担保物权。

考点8 抵押权（★★★）

（一）抵押权的概念（主）

所谓抵押权，是指为担保债务的履行，债务人或者第三人不转移财产的占有，将该财产抵押给债权人的，债务人不履行到期债务或者发生当事人约定的实现抵押权的情形，债权人有权就该财产优先受偿（并非转移所有权）。

（二）抵押财产范围

1. 一般规定（见表3－22）

表3－22

情形	具体内容
可抵押财产（不动产、动产）	①建筑物和其他土地附着物； ②建设用地使用权； ③海域使用权； ④正在建造的建筑物； ⑤生产设备、原材料、半成品、产品； ⑥正在建造的船舶、航空器； ⑦交通运输工具； ⑧土地经营权（家庭承包方式取得的、通过招标/拍卖/公开协商等方式承包农村土地并经依法登记取得权属证书的）
禁止抵押	①土地所有权； ②宅基地、自留地、自留山等集体所有的土地使用权，但法律规定可以抵押的除外； ③学校、幼儿园、医院等以公益为目的成立的非营利法人的教育设施、医疗卫生设施和其他公益设施； ④所有权、使用权不明或者有争议的财产； ⑤依法被查封、扣押、监管的财产

2. 动产的浮动抵押（见表3-23）（主）

表3-23

概念	企业、个体工商户、农业生产经营者以现有的以及将有的生产设备、原材料、半成品、产品抵押，债务人不履行到期债务或者发生当事人约定的实现抵押权的情形，债权人有权就实现抵押权时的动产优先受偿（抵押财产的范围尚未确定）
确定财产	抵押财产自下列情形之一发生时确定： ①债务履行期届满，债权未实现； ②抵押人被宣告破产或者解散； ③当事人约定的实现抵押权的情形； ④严重影响债权实现的其他情形

3. 房地一体原则（见表3-24）（主）

表3-24

情形	具体内容
地随房走	以建筑物抵押的，该建筑物占有范围内的建设用地使用权应一并抵押
房随地走，新房不抵押	①以建设用地使用权抵押的，该土地上的建筑物一并抵押，但土地上的新增建筑物不作为抵押财产； ②实现抵押权时，应当将房地一并处分，但新增建筑物所得的价款，抵押权人无权优先受偿

案例胶卷

2015年1月1日，甲公司将一块土地连同地上建筑物一起抵押给乙银行，借款2 000万元，期限2年。2015年6月，甲又在该土地上开始新建一建筑物，至2016年6月建造完毕。2017年1月1日，甲公司因资金困难，无法按期归还借款。

乙就该抵押物行使抵押权，该块土地连同地上建筑物，共拍卖2 200万元，其中，新建建筑物价值600万元，故乙银行只能就拍卖价款中的1 600万元（2 200-600）价款拥有优先受偿权。

（三）抵押权的设定（主）

1. 抵押合同

设立抵押权，当事人应当采取书面形式订立抵押合同。

2. 不动产抵押权

（1）登记生效：以建筑物和其他土地附着物、建设用地使用权、海域使用权以及正在建造的建筑物抵押的，抵押权自登记时设立。

（2）未登记的法律后果（见表3-25）。

表 3-25

原因	法律后果	具体内容
不可归责于抵押人	无错不担责	抵押财产因不可归责于抵押人自身的原因灭失或者被征收等导致不能办理抵押登记，债权人请求抵押人在约定的担保范围内承担责任的，人民法院不予支持
	物上代位性	抵押人已经获得保险金、赔偿金或者补偿金等，债权人请求抵押人在其所获金额范围内承担赔偿责任的，人民法院依法予以支持
可归责于抵押人	有错要担责	因抵押人转让抵押财产或者其他可归责于抵押人自身的原因导致不能办理抵押登记，债权人请求抵押人在约定的担保范围内承担责任的，人民法院依法予以支持，但是不得超过抵押权能够设立时抵押人应当承担的责任范围
登记机构的过错		因登记机构的过错致使其不能办理抵押登记，当事人请求登记机构承担赔偿责任的，人民法院依法予以支持

3. 动产抵押权

（1）生效与登记（见表 3-26）。

表 3-26

情形		具体规定
原则	登记对抗	以动产抵押的，抵押权自抵押合同生效时设立；未经登记，不得对抗善意第三人。【提示】以家庭承包方式取得的土地经营权抵押，效力同上
		无论是否登记，均不得对抗正常经营活动中已经支付合理价款并取得抵押财产的买受人（适用一切动产抵押情形）
抵押合同订立后未办理抵押登记	转让	抵押人转让抵押财产，受让人占有抵押财产后，抵押权人向受让人请求行使抵押权的，人民法院不予支持，但是抵押权人能够举证证明受让人知道或者应当知道已经订立抵押合同的除外
	出租	抵押人将抵押财产出租给他人并移转占有，抵押权人行使抵押权的，租赁关系不受影响，但是抵押权人能够举证证明承租人知道或者应当知道已经订立抵押合同的除外
	保全或执行	抵押人的其他债权人向人民法院申请保全或者执行抵押财产，人民法院已经作出财产保全裁定或者采取执行措施，抵押权人主张对抵押财产优先受偿的，人民法院不予支持
	破产	抵押人破产，抵押权人主张对抵押财产优先受偿的，人民法院不予支持

案例胶卷

甲公司为担保其对乙银行负担的 1 000 万元借款债务（2021 年 6 月 1 日到期），甲以其现有以及将有的挖掘机设立抵押，办理了抵押登记。2021 年 4 月 1 日，甲将其制造的 A 挖掘机以市价出卖给丙并交付。甲到期不能履行 1 000 万元借款债务，2021 年 8 月 1 日，乙银行拟行使抵押权。

甲转让给丙的 A 挖掘机，系在正常经营期间内转让，丙已支付合理价格并取得挖掘机。所以乙银行不得对抗正常经营活动中已经支付合理价款并取得抵押财产的买受人丙，即 A 挖掘机不再属于抵押财产。

（2）动产抵押权人的超级优先权。

动产抵押担保的主债权是抵押物的价款，标的物交付后**10日内**办理抵押登记的，该抵押权人优先于抵押物买受人的其他担保物权人受偿，但是**留置权人除外**。

彬哥解读

动产同时设置多种担保物权时，实现担保物权的清偿顺序是：
①留置权；
②超级优先权；
③其他担保物权。

（四）抵押担保的范围（主）

1. 所担保的债权范围（约定→全额担保）（见表3－27）

表3－27

情形	具体规定
有约定	当事人另有约定的，按照约定
无约定	抵押权的担保范围包括主债权及其利息、违约金、损害赔偿金、保管担保财产和实现担保物权的费用

2. 物上代位性

担保期间，抵押物毁损、灭失或者被征收等，抵押权人可以就获得的保险金、赔偿金或者补偿金等优先受偿。被担保债权的履行期未届满的，也可以提存该保险金、赔偿金或者补偿金等。

（五）抵押权的效力（主）

1. 抵押物转让及其限制（先抵押后转让）（见表3－28）

表3－28

<table>
<tr><th>内容</th><th colspan="3">具体规定</th></tr>
<tr><td>应通知</td><td colspan="3">除非当事人另有约定，抵押期间，抵押人有权转让抵押物所有权，抵押权的存续不受影响，但应当通知抵押权人</td></tr>
<tr><td>保全</td><td colspan="3">抵押权人能证明抵押财产转让可能损害抵押权的，可以请求抵押人将转让价款提前清偿债务或提存</td></tr>
<tr><td>价差</td><td colspan="3">①转让价款>债务的，超过部分归抵押人；
②转让价款<债务的，不足部分由债务人清偿</td></tr>
<tr><td rowspan="4">约定禁止或限制转让</td><td rowspan="2">约定未登记</td><td>请求确认转让合同无效</td><td>不予支持</td></tr>
<tr><td>确认转让不发生物权效力</td><td>不予支持（抵押权人有证据证明受让人知道的除外）</td></tr>
<tr><td rowspan="2">约定已登记</td><td>请求确认转让合同无效</td><td>不予支持</td></tr>
<tr><td>主张转让不发生物权效力</td><td>应予支持，但是因受让人代替债务人清偿债务导致抵押权消灭的除外</td></tr>
</table>

2. 抵押与租赁（先出租后抵押）

在后抵押不破在先租赁：抵押权设立前，抵押财产已经出租并转移占有的，原租赁关系不受该抵押权的影响；抵押权实现后，租赁合同在**有效期内**对抵押物的受让人**继续有效**。

案例胶卷

同一物上既存在抵押权又存在租赁关系时，在后抵押权不破在先租赁。如甲公司2021年9月25日将房屋出租给乙，租期1年。同年10月10日以该房屋抵押向A银行借款500万元，期限6个月。清偿期届满时，甲公司无力偿还借款，于是跟A银行达成协议，将房屋变卖偿债。那房屋买受人可以要求乙卷铺盖走人吗？显然不能，因为在租赁合同到期之前（2022年9月25日），房屋买受人是不能要求乙搬走的。

3. 优先受偿权（见表3－29）

表3－29

优先受偿的方式	债务人不履行到期债务或者发生当事人约定的实现抵押权的情形，抵押权人可以与抵押人协议以抵押财产**折价**或者以**拍卖、变卖**该抵押财产所得的价款优先受偿
	所得价款若超过债权数额，剩余部分归抵押人所有，若不足债权数额，债务人负继续清偿义务，只不过剩余债权不再享有优先受偿权
流押合同之禁止	当事人在抵押合同中约定，债务履行期届满抵押权人未受清偿时，抵押物的所有权转移为债权人所有的内容**无效**；该内容的无效**不影响**抵押合同其他部分内容的效力（主）
土地出让金优先于抵押权	拍卖划拨的国有土地使用权所得的价款，应**先依法缴纳**相当于应缴纳的土地使用权出让金的款额，抵押权人可主张剩余价款的优先受偿权（主）
支付顺序	抵押物拍卖价款清偿债务时，须首先支付实现抵押权的费用；其次支付主债权的利息；最后支付主债权（费用→利息→主债权）

案例胶卷

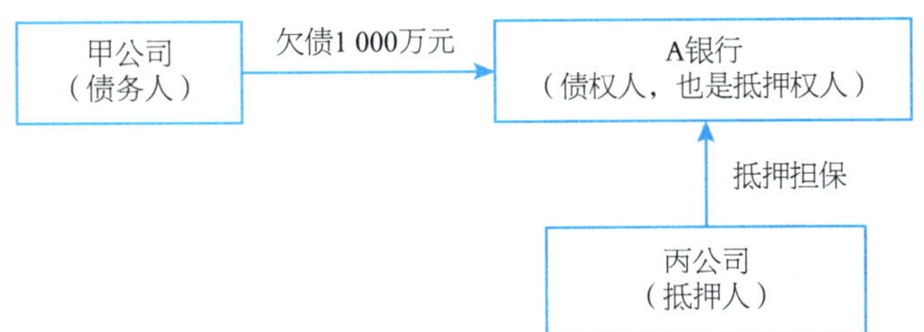

①甲公司向A银行借款1 000万元，丙公司以一厂房为其做抵押，之后甲公司无力偿还债务，假设厂房卖了1 200万元，其中1 000万元偿还银行的债务，剩余200万元归丙公司所有。假设厂房卖了900万元，尚有100万元不足清偿的部分由甲公司继续清偿。

②如果在抵押合同中约定，A银行未受清偿时，厂房的所有权转移给A银行，这属于“流押条款”，该内容无效，只能将厂房卖了用钱清偿，而不能直接把厂房的所有权给债权人。

案例胶卷

如果甲公司将通过政府无偿划拨方式取得的国有土地使用权抵押借款2 000万元，债务到期后，甲公司无力偿还，故银行将该国有土地拍卖，取得拍卖价款2 500万元。因拍卖后不再符合政府无偿划拨条件，故要缴纳1 000万元土地使用权出让金。此时，拍卖所得的价款要先缴纳土地出让金1 000万元，然后银行就剩余的1 500万元价款有优先受偿权。

4. 抵押权之保全（见表3－30）

表3－30

足以减少	抵押人的行为足以使抵押财产价值减少的，抵押权人有权要求抵押人**停止**其行为
已经减少	抵押财产价值减少的： ①抵押权人有权要求**恢复**抵押财产的价值，或者提供与减少的价值相应的**担保**； ②抵押人不恢复抵押财产的价值也不提供担保的，抵押权人有权要求债务人**提前清偿债务**

5. 孳息收取权

债务人不履行到期债务或者发生当事人约定的实现抵押权的情形，致使抵押财产被人民法院依法扣押的，自**扣押之日**起**抵押权人**有权收取该抵押财产的天然孳息或者法定孳息，但抵押权人**未通知应当清偿法定孳息的义务人的除外**。抵押权人所收取的孳息应当先充抵收取孳息的费用。

（六）抵押权的实现

（1）同一抵押物上设有多个抵押权的效力顺序。

①已登记的，按照登记的先后顺序清偿。

②已登记的优先于未登记的受偿。

③抵押权均未登记的，按照**债权比例**清偿。

【彬哥提醒】

②、③仅适用于登记产生对抗效力的抵押权类型。

（2）抵押权顺位变更。

抵押权人可以放弃抵押权或者抵押权的顺位，同时，抵押权人与抵押人也可以协议变更抵押权顺位以及被担保的债权数额等内容，但抵押权的变更，**未经其他抵押权人书面同意，**不得对其他抵押权人产生不利影响。

案例胶卷

甲、乙、丙对丁的房屋分别享有50万元、80万元、100万元的抵押权，分别为第一、第二、第三顺位。也就是说，如果房屋卖了150万元，按照“甲→乙→丙”的顺序清偿，可能丙就得不到全部清偿。

如果甲和丙协议，抵押权顺位互换。在此情形中，如果抵押物变现款为150万元，就按照“丙→乙→甲”的顺序清偿，则丙分得100万元，乙只能分得50万元，其利益受到了影响。所以此种抵押权顺位的变动应经乙同意。

（3）除抵押之外还存在其他担保时，若债务人以自己的财产设定抵押，抵押权人放弃该抵押权、抵押权顺位或者变更抵押权的，其他担保人在抵押权人**丧失优先受偿权益的范围内免除担保责任**。

案例胶卷

甲向乙购买80万元的货物，用价值100万元的厂房作抵押，同时又请丙提供保证担保。后甲公司又向丁抵押该厂房，贷款20万元。当实现抵押权时，乙和丁关系很好，同意相互交换抵押权顺序。

如果该厂房拍卖90万元，则丁优先受偿20万元，剩余70万元归乙，对于乙没有获得优先受偿的10万元债务，保证人丙不承担责任。

如果该厂房拍卖70万元，则丙对于无法受偿的10万元，承担保证责任。

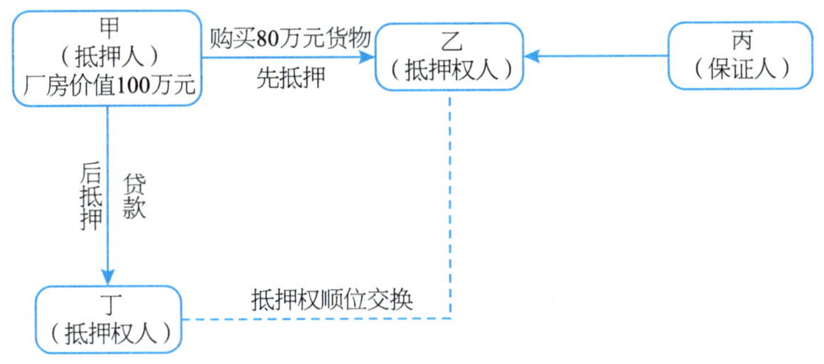

考点9　质权（★★）

（一）质权的设定

1. 质押合同

（1）设立质权，当事人应当采取**书面形式**订立质押合同。

（2）当事人约定出质人代质权人占有质物，则质权不生效。

2. 交付或登记生效（见表3－31）

表3－31

客体类型	客体范围	质权设立时间
动产质权	除禁止转让的动产外，均可出质	自出质人**交付**质押财产时设立
权利质权	票据（汇票、本票、支票）、债券、存款单、仓单、提单	①有权利凭证——自**交付**质权人时设立； ②没有权利凭证——自办理出质**登记**时设立
	可以转让的基金份额与股权	自办理出质**登记**时设立
	可以转让的注册商标专用权、专利权、著作权等知识产权中的财产权	
	现有的以及将有的应收账款	

（二）质权的效力

1. 质押担保的范围（见表3－32）

表3－32

担保范围	**约定→全部金额**（包括主债权及其利息、违约金、损害赔偿金、保管担保财产和实现质权的费用）
出质物的物上代位	担保期间，质押财产毁损、灭失或被征收等，质权人可以就获得的保险金、赔偿金或补偿金等优先受偿

2. 质权人的权利与义务（见表3－33）

表3－33

权利	优先受偿权	质权人可以与出质人协议以质押财产折价，也可以就拍卖、变卖质押财产所得的价款优先受偿
	孳息收取权	①质权人有权收取质押财产的孳息，但合同另有约定的除外； ②所收取孳息应当**先充抵收取孳息的费用**
义务	保管义务	①质权人因保管不善致使质押财产毁损、灭失的，应当承担赔偿责任； ②质权人的行为可能使得质押财产损毁、灭失的，出质人可以要求质权人将质押财产**提存**，或者要求**提前清偿债务并返还质押财产**
	返还义务	债务人履行债务或者出质人提前清偿所担保的债权的，质权人应当返还质押财产
质物处分限制	质权人在质权存续期间，未经出质人同意，擅自转质、擅自使用、处分质押财产，给出质人造成损害的，应当承担赔偿责任	

3. 出质人质物处分限制

（1）基金份额、股权出质后，不得转让或许可他人使用，但经出质人与质权人协商同意的除外；

（2）出质人转让基金份额、股权所得的价款，应当向质权人提前清偿债务或者提存。

案例胶卷

甲向乙借款100万元，为担保债务履行，将一辆价值120万元的汽车出质给乙。乙不慎将汽车损坏，导致汽车价值减少40万元，则甲有权要求乙立即赔偿损失40万元，或在借款到期时用40万元的赔偿款抵销其对乙所负的债务，则实际偿还借款60万元。

（三）质权的实现

（1）质押财产折价或者拍卖、变卖后，其价款超过债权数额的部分归出质人所有，不足部分由债务人清偿。

（2）出质人可以请求质权人在债务履行期届满后及时行使质权；质权人不行使的，出质人可以请求人民法院拍卖、变卖质押财产。

【彬哥提醒】

①价款＞债务的，归出质人；

②价款＜债务的，不足部分由债务人清偿。

考点10 留置权（★★）

（一）留置权的设立（见表3－34）

表3－34

概念	债务人不履行到期债务，债权人可以留置已经合法占有的债务人或第三人的动产，并有权就该动产优先受偿
性质	留置权属于法定担保物权，不必有当事人之间的担保合同，只要具备法定要件，即可成立。 【提示】当事人可以特约排除留置权
成立条件	①债权人合法占有债务人或第三人之动产； ②债权已届清偿期； ③动产之占有与债权属同一法律关系，即占有人交付或返还占有物之义务与留置所担保的债权属于同一法律关系，企业之间的留置除外（主）。 【提示】如果企业之间留置的动产与债权并非同一法律关系，债权人留置第三人的财产，第三人请求债权人返还留置财产的，人民法院予以支持

考点收纳盒

表3－35

留置的动产所有权	同一法律关系	非同一法律关系	
		企业之间	非企业之间
债务人之动产	√	√	×
第三人之动产	√	×	×

案例胶卷

甲公司与司机李师傅于10月10日签订一份运输合同，甲公司委托李师傅将甲公司的一批香蕉从海南运往北京，到北京后甲公司立即支付运费。10月13日李师傅到达北京，但是甲公司未按约定付费，此时李师傅可以行使留置权，扣押香蕉。

如果李师傅没有对香蕉行使留置权，而甲公司10月20日再次委托李师傅将一台设备从北京运往上海，并约定抵达上海后立即支付运输费。李师傅接到设备后立刻扣押，并要求甲公司支付10月13日的香蕉运输费，此时李师傅的做法就不合法了，因为占用设备与10月13日的债权不属于同一法律关系。

假设与甲公司签订运输合同的不是李师傅个人，而是一家运输公司，则运输公司可以对设备留置，因为企业之间的留置，不受同一法律关系的限制。

（二）留置权的效力

1. 留置担保的范围（见表3－36）

表3－36

担保的债权范围	主债权及利息、违约金、损害赔偿金、留置物保管费用和实现留置权的费用
留置物的范围	留置物为可分物——留置物的价值应当相当于债务的金额
	留置物为不可分物——留置权人可以就其留置物的全部行使留置权

2. 留置权人的权利和义务（见表3－37）

表3－37

权利	收取孳息权	同抵押权。 【提示】同一动产上已经设立抵押权或者质权，该动产又被留置的，留置权人优先受偿（主）
	优先受偿权	
义务	保管义务	留置权人负有妥善保管留置财产的义务，因保管不善致使留置财产毁损、灭失的，应当承担赔偿责任
	通知义务	留置权人与债务人应当约定留置财产后的债务履行期间，没有约定或者约定不明确的，留置权人应当给债务人60日以上履行债务的期间，但鲜活易腐等不易保管的动产除外

3. 抵押权、质权与留置权的效力等级

（1）同一动产上已经设立抵押权或者质权，该动产又被留置的，**留置权人优先受偿（主）**；

（2）同一财产既设定抵押权又设定质权的，拍卖、变卖该财产所得价款按照登记、交付的时间先后确定清偿顺序。

（三）留置权的实现

（1）债务人可以请求留置权人在债务履行期届满后行使留置权，留置权人不行使的，债务人可以请求人民法院拍卖、变卖留置财产。

（2）留置财产处置后，其价款超过债权数额的部分归债务人所有，不足部分由债务人清偿。

考点收纳盒

表 3－38　　三大担保物权对比

<table>
<tr><th></th><th>抵押权</th><th>质权</th><th>留置权</th></tr>
<tr><td>财产范围</td><td>不动产、动产</td><td>动产、权利</td><td>动产</td></tr>
<tr><td>权利设定</td><td>书面形式：
①不动产：登记生效；
②动产：登记对抗。
【提示】土地经营权登记对抗</td><td>书面形式：
①动产：交付生效；
②权利：交付或登记生效</td><td>①合法占有动产；
②债权已到清偿期；
③同一法律关系（企业除外）</td></tr>
<tr><td>担保范围</td><td colspan="3">主债权及其利息、违约金、损害赔偿金、保管担保财产和实现担保物权的费用</td></tr>
<tr><td>物上代位性</td><td colspan="2">担保期间，抵押财产或质押财产毁损、灭失或者被征收等，抵押权人或质权人可以就获得的保险金、赔偿金或者补偿金等优先受偿</td><td>—</td></tr>
<tr><td rowspan="3">优先受偿权</td><td colspan="3">可协议将担保财产折价、拍卖、变卖该财产所得的价款优先受偿</td></tr>
<tr><td colspan="2">流押（质）合同禁止</td><td rowspan="2">—</td></tr>
<tr><td>土地出让金优先于抵押权</td><td>—</td></tr>
<tr><td>担保物
转让限制</td><td>①抵押期间，转让抵押财产的，不影响抵押权，应当通知抵押权人，另有约定的除外。
②通知后，抵押权人能证明抵押财产转让会损害抵押权的，可以请求抵押人将转让价款提前清偿债务或提存。
③租赁在前的，抵押不破租赁</td><td>①未经出质人同意，擅自使用、处分质押财产以及转质的，给出质人造成损害的，应当承担赔偿责任；
②出质人不得转让或许可他人使用，但经双方协商同意的除外</td><td>未经担保物权利人同意，擅自使用、处分留置物的，给留置物人造成损害的，应当承担赔偿责任</td></tr>
<tr><td rowspan="2">孳息收取权</td><td>自扣押之日起抵押权人有权收取该抵押财产的天然孳息或者法定孳息</td><td>质权人有权收取质押财产的孳息，但另有约定的除外</td><td>有权收取留置财产的孳息</td></tr>
<tr><td colspan="3">所收取的孳息应当先充抵收取孳息的费用</td></tr>
<tr><td>权利人义务</td><td>—</td><td>保管、返还义务</td><td>保管、通知义务</td></tr>
</table>

【例题 3－8·单选题·2011 年】根据《民法典》的规定，下列情形中，甲享有留置权的是（　　）。

A. 甲为乙修理汽车，乙拒付修理费，待乙前来提车时，甲将该汽车扣留

B. 甲为了迫使丙偿还欠款，强行将丙的一辆汽车拉走

C. 甲为丁有偿保管某物，保管期满，丁取走保管物却未付保管费。于是，甲谎称丁取走的保管物有误，要求丁送回调换。待丁送回该物，甲即予以扣留，要求丁支付保管费

D. 甲为了确保对戊的一项未到期债权能够顺利实现，扣留戊交其保管的某物不还

【答案】 A

【解析】 留置权的成立条件：①债权人合法占有债务人或第三人的动产；②债权人留置的动产，应当与债权属于同一法律关系，但企业之间留置的除外；③债务已届清偿期且债务人未按规定期限履行义务。选项 BC 错误，债权人对债务人动产的占有不合法；选项 D 错误，债务未届清偿期。

恭喜你，

已完成第三章的学习

扫码免费进 >>>
2022年CPA带学群

培养自己真正着眼长期的能力。当你能想清楚5年的恐惧和希望，你就不会焦虑于当前的恐惧和希望。当你能想清楚30年的恐惧和希望，你就不会纠结于10年的恐惧和希望。

CHAPTER FOUR

第四章 合同法律制度

考情雷达

在我们生活中，合同存在于方方面面，买东西有买卖合同、租房子有租赁合同等，那什么是合同呢？合同是指民事主体之间设立、变更、终止民事权利义务关系的协议。本章结构清晰，前面考点主要是合同通用的规则，后面就会讲解具体的几大类合同，如买卖合同、租赁合同、借款合同等。本章属于重点章节之一，是案例分析题考查的核心章节。考试分值在 14 分左右，涉及选择题、案例分析题。

本章内容与去年相比，对要约的撤回修改了部分表述，把建设工程承包人行使优先权的期限修改为 18 个月。

考点地图

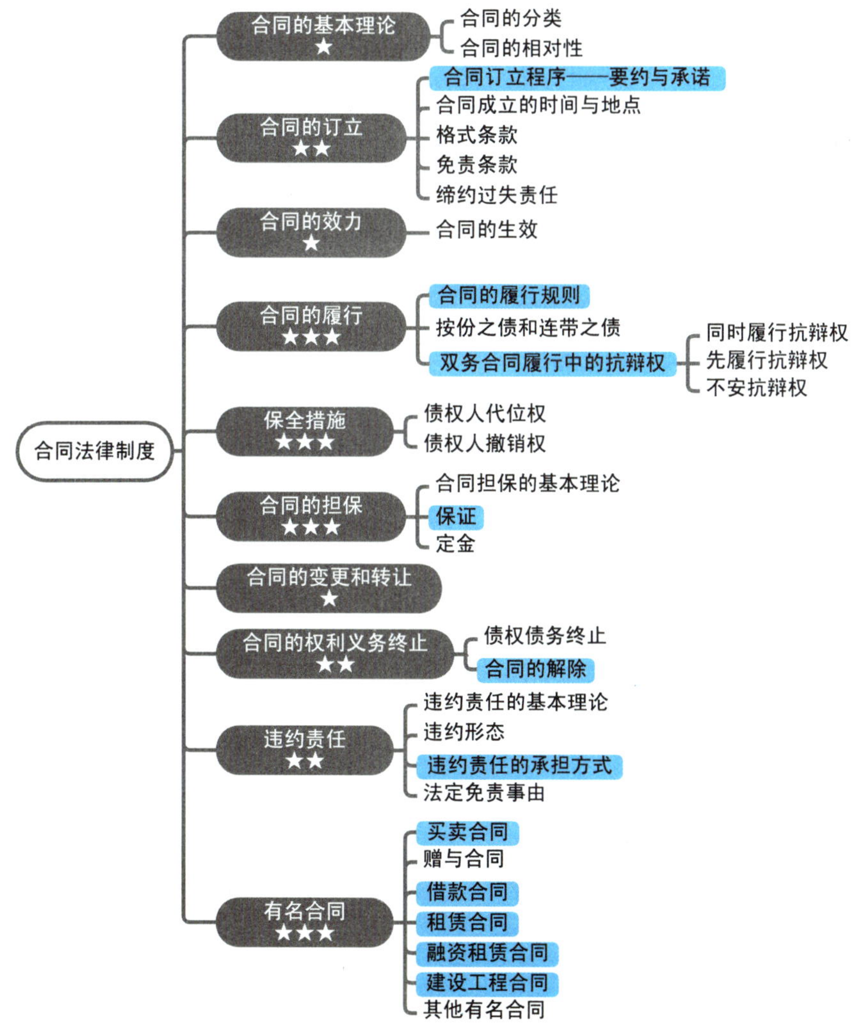

考点1 合同的基本理论（★）

（一）合同法的特征

（1）合同制度属私法范畴（当事人自由约定、协商一致）；

（2）合同制度体现意思自治原则；

（3）合同制度规范财产交易（调整财产的流转关系）。

（二）合同编适用范围

（1）因合同产生的债权债务关系；

（2）部分规定适用于非因合同产生的债权债务关系（比如侵权行为产生的债权债务关系）；

（3）可以类推适用于有关身份关系的协议（婚姻、收养、监护等有关身份关系的协议，适用有关该身份关系的法律规定，没有规定的，可以根据其性质参照适用合同编的规定）。

（三）合同的分类（见表4-1）

表4-1

分类标准	类别	解释
立法上是否规定有确定的名称与调整规则	有名合同	立法上规定了确定名称与规则的合同，又称典型合同，如买卖合同、赠与合同等各类合同
	无名合同	立法上尚未规定有确定名称与规则的合同，又称非典型合同
合同当事人是否相互负有对价义务	**单务**合同	单务合同指**仅有一方**当事人承担义务的合同，如赠与合同
	双务合同	双务合同指双方当事人互负对价义务的合同，如买卖合同、承揽合同等
合同成立除当事人的意思表示以外，是否还要其他现实给付	**诺成**合同	诺成合同是指当事人意思表示一致即可认定合同成立的合同
	实践合同	实践合同是指当事人意思表示一致之外，尚需有实际交付标的物或者其他现实给付行为才能成立的合同；如**保管合同、自然人之间的借贷合同、定金合同**

（四）合同的相对性（见表4-2）

表4-2

含义	合同主要在特定的合同当事人之间发生权利义务关系，当事人只能基于合同向另一方当事人提出请求或提起诉讼，**不能**向无合同关系的第三人提出合同上的请求，也不能擅自为第三人设定合同上的义务
表现	主体的相对性、内容的相对性、责任的相对性
例外	①合同的保全（代位权和撤销权）； ②买卖不破租赁； ③分包人与承包人共同对发包人承担连带责任； ④单式联运合同中某一区段的承运人与总的承运人共同向托运人承担连带责任

案例胶卷

甲和乙签订买卖合同，约定向乙所在地交货，甲委托丙将货物运输至乙所在地，因为丙的重大过失导致货物毁损。此时乙基于买卖合同，只能要求甲承担违约责任，而非直接找丙算账，这就体现了合同的相对性。而合同相对性的例外在后面会逐一学习到，不在此过多解读。

考点2 合同的订立（★★）

（一）合同订立程序——要约与承诺

1. 要约

（1）要约与要约邀请（见表4－3）。

表4－3

内容	具体含义	示例
要约	要约是指希望和他人订立合同的意思表示： ①内容具体确定； ②表明经受要约人承诺，要约人即受该意思表示的约束	商业广告的内容符合要约规定的（如悬赏广告），视为要约
要约邀请	要约邀请是希望他人向自己发出要约的意思表示	拍卖公告、招标公告、招股说明书、债券募集办法、基金招募说明书、商业广告和宣传、寄送的价目表等

（2）要约的生效时间（见表4－4）。

表4－4

方式		生效时间
以对话方式作出的意思表示		相对人知道其内容时生效
以非对话方式作出的意思表示	一般情形	到达相对人时生效
	采用数据电文形式	①相对人指定特定系统接收数据电文的，该数据电文进入该特定系统时生效； ②未指定特定系统的，相对人知道或者应当知道该数据电文进入其系统时生效； ③当事人对采用数据电文形式的意思表示的生效时间另有约定的，按照其约定

（3）要约的撤回与撤销（见表4－5）。

表4－5

区别	要约的撤回	要约的撤销
时间	发出后、要约生效前	要约生效后、受要约人承诺前
目的	阻止要约生效	让生效的要约失效

续表

区别	要约的撤回	要约的撤销
条件	在要约到达受要约人之前或者与要约同时到达受要约人	①撤销要约的意思表示以对话方式作出：该意思表示的内容应当在受要约人作出承诺之前为受要约人所知道。 ②以非对话方式作出：应当在受要约人作出承诺之前到达
限制	—	下列情形的要约**不得撤销**： ①要约人以确定承诺期限或者以其他形式明示要约不可撤销； ②受要约人有理由认为要约是不可撤销的，并已经为履行合同做了合理准备工作

（4）要约的**失效**。

①要约被拒绝；

②要约被依法撤销；

③承诺期限届满，受要约人未作出承诺；

④受要约人对要约的内容作出**实质性变更**。

2. 承诺

承诺是受要约人同意要约的意思表示。承诺应当由受要约人向要约人作出，并在要约确定的期限内到达要约人。

（1）承诺期限（见表4-6）。

表4-6

情形	具体内容	
要约明确了承诺期限的	应当在确定的期限内到达	
	承诺期限的起算	①要约以信件或者电报作出的，承诺期限自信件**载明的日期**或者电报**交发之日**开始计算； ②信件未载明日期的，自**投寄**该信件的**邮戳日期**开始计算； ③要约以电话、传真、电子邮件等作出的，承诺期限自要约**到达**受要约人时开始计算
要约没有确定承诺期限的	要约以对话方式作出的	应当**即时**作出承诺
	要约以非对话方式作出的	承诺应当在**合理期限内**到达

（2）承诺的生效时间。

①承诺自通知**到达**要约人时生效。

②承诺不需要通知的，自根据交易习惯或者要约的要求作出承诺的行为时生效。

③承诺**生效时合同成立**。

（3）承诺的撤回。

撤回承诺的通知应当在承诺通知到达要约人之前或者与承诺通知同时到达要约人，即在承诺生效前到达要约人。

【彬哥提醒】

承诺生效，合同成立，因此承诺不存在撤销。

要约撤回 VS 要约撤销 VS 承诺撤回见图 4－1。

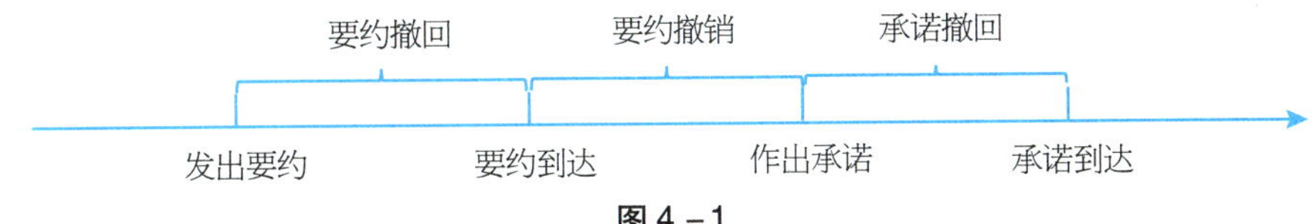

图 4－1

（4）承诺的迟延与迟到（见表 4－7）。

表 4－7

项目	具体内容	效果
承诺的**迟延**	受要约人**超过**承诺期限发出承诺，或者在承诺期限内发出承诺，按照通常情形不能及时到达要约人的，为迟延承诺	除要约人及时通知受要约人该承诺有效的以外，迟延承诺应视为新要约
承诺的**迟到**	受要约人在承诺**期限内**发出承诺，按照通常情况能够及时到达要约人，但因其他原因使承诺到达要约人时超过承诺期限的，为迟到承诺	除要约人及时通知受要约人因承诺超过期限不接受该承诺的以外，迟到承诺为有效承诺

彬哥解读

①迟延承诺——新要约，除非要约人松口接受；

②迟到承诺——有效承诺，除非要约人生气不接受。

（5）承诺的内容（见表 4－8）。

表 4－8

原则	承诺的内容应当与要约的内容一致	
变更	实质性变更	要约人对要约的内容作出**实质性变更**的，为新要约。 【提示】有关合同标的、数量、质量、价款或者报酬、履行期限、履行地点和方式、违约责任和解决争议方法等内容的变更，是对要约内容的实质性变更
	非实质性变更	除要约人及时表示反对或者要约表明承诺不得对要约的内容作出任何变更的以外，该承诺有效，合同的内容以承诺的内容为准

【例题 4－1·单选题·2020 年】根据合同法律制度的规定，下列关于承诺的表述中，正确的是（　　）。

A. 承诺人可以撤回承诺，但撤回承诺的通知不得晚于承诺通知到达要约人

B. 要约以对话方式作出的，承诺应当在合理期限内到达

C. 受要约人超过承诺期限发出承诺的，除要约人表示反对外，该承诺有效

D. 承诺的内容应与要约的内容一致，否则视为新要约

【答案】A

【解析】选项B错误，要约以对话方式作出的，应当即时作出承诺；选项C错误，要约人超过承诺期限发出承诺，除要约人及时通知受要约人该承诺有效的以外，迟延的承诺为新要约；选项D错误，要约人对要约的内容作出实质性变更的，为新要约。

（二）合同成立的时间与地点（见表4－9）

表4－9

情形	合同成立的时间	合同成立的地点
一般情况	**承诺生效时**合同成立	承诺生效的地点为合同成立的地点
合同书形式	自双方当事人均签名、盖章或者按指印时合同成立（以**最后一方**签名、盖章或者按指印的时间为准）	约定→**最后**签名、盖章或按指印的地点
信件、数据电文形式	可以要求在合同成立之前签订确认书，**签订确认书时**合同成立	约定→收件人的主营业地→住所地

【彬哥提醒】

如果当事人未采用法律要求或当事人约定的书面形式、合同书形式订立合同，或当事人没有在合同书上签名、盖章或按指印的，只要一方当事人履行了主要义务，对方接受的，合同仍然成立。

（三）格式条款（见表4－10）

表4－10

概念	指当事人为了重复使用而预先拟订，并在订立合同时不允许对方协商变更的条款
告知义务	①提供格式条款的一方应采取合理的方式**提示**对方注意免除或者减轻其责任等与对方有重大利害关系的条款，按照对方的要求，对该条款予以**说明**； ②提供格式条款一方对已尽合理提示及说明义务承担**举证责任**
无效情形	①具有《民法典》规定的无效情形； ②提供格式条款一方不合理地免除或者减轻其责任、加重对方责任、限制对方主要权利； ③提供格式条款一方排除对方主要权利
争议解决	①对格式条款的理解发生争议的，应当按照字面含义及**通常理解**予以解释； ②对格式条款有两种以上解释的，应当作出**不利于提供**格式条款**一方**的解释； ③格式条款和非格式条款不一致的，应当采用**非格式条款**

（四）免责条款（见表 4－11）

表 4－11

概念	免责条款是指合同当事人在合同中规定的排除或限制一方当事人未来责任的条款
无效条款	原则上双方可以自愿订立免责条款，但下列免责条款无效： ①造成对方人身伤害的； ②因故意或者重大过失造成对方财产损失的

（五）缔约过失责任

1. 概念

缔约过失责任，亦称缔约过错责任，是指当事人在订立合同的过程中，因故意或者过失致使合同未成立、未生效、被撤销或者无效，给他人造成损失而应承担的损害赔偿责任。

2. 适用情形

订立合同中，有下列情形之一，给对方造成损失的，应当承担损害赔偿责任：

（1）假借订立合同，恶意进行磋商；

（2）故意隐瞒与订立合同有关的重要事实或者提供虚假情况；

（3）当事人泄露或不正当地使用在订立合同过程中知悉的商业秘密或其他应当保密的信息；

（4）其他违背诚实信用原则的行为。

3. 缔约过失责任与违约责任的区别（见表 4－12）

表 4－12

区别	违约责任	缔约过失责任
产生时间	合同生效之后	合同成立之前
适用范围	生效合同	合同未成立、未生效、无效等
赔偿范围	赔偿损失、支付违约金等可期待利益损失	信赖利益的损失

考点 3 合同的效力（见表 4－13）（★）

表 4－13

合同类型	生效时间
依法成立的合同	诺成合同：原则上自成立时生效。 实践合同： ①定金合同自实际交付定金时生效； ②自然人之间的借款合同，自贷款人提供借款时生效
应当办理批准等手续生效的合同	在依照其规定办理批准等手续后生效
附条件的合同	①附生效条件的合同，自条件成就时生效； ②附解除条件的合同，自条件成就时失效
附期限的合同	①附生效期限的合同，自期限届满时生效； ②附终止期限的合同，自期限届满时失效

【彬哥提醒】

合同可以根据效力层次分为有效合同、效力待定合同、可撤销合同及无效合同。具体内容已在民事法律行为部分作过详细讲解，在此不再赘述。

考点4 合同的履行（★★★）

（一）合同的履行规则

1. 约定不明时合同内容的确定规则（见表4－14）

表4－14

原则	具体内容	
总原则	合同生效后，当事人就合同部分内容没有约定或者约定不明确的，可以协议补充；不能达成补充协议的，按照合同有关条款或者交易习惯确定。 （约定→协议补充→合同有关条款或者交易习惯→具体规则）	
具体规则	质量要求不明确的	强制性国家标准→推荐性国家标准→行业标准→通常标准或者符合合同目的的特定标准履行
	价款或报酬不明确的	按照订立合同时履行地的市场价格履行
	履行地点不明确的	给付货币的，在接受货币一方所在地履行
		交付不动产的，在不动产所在地履行
		其他标的，在履行义务一方所在地履行
	履行期限不明确的	债务人可以随时履行，债权人也可以随时要求履行，但应当给对方必要的准备时间
	履行方式不明确的	按照有利于实现合同目的的方式履行
	履行费用的负担不明确的	由履行义务一方负担； 因债权人原因增加的履行费用，由债权人负担

2. 电子合同的履行（约定→法定）（见表4－15）

表4－15

情形	交付时间
标的为交付商品并采用快递物流方式交付的	约定→收货人的签收时间为交付时间
标的为提供服务的	约定→生成的电子凭证或者实物凭证中载明的时间为提供服务时间（未载明或载明时间与实际提供服务时间不一致的，以实际提供服务的时间为准）
标的物为采用在线传输方式交付的	合同标的物进入对方当事人指定的特定系统且能够检索识别的时间为交付时间

【例题4－2·单选题·2014年】甲、乙两公司的住所地分别位于北京和海口，甲向乙购买一批海南产的香蕉，3个月后交货，但合同对于履行地点以及价款均无明确约定，双方也未能就有关内容达成补充协议，依照合同其他条款及交易习惯也无法确定，根据合同法律制度的规定，下列关于合同履行价格的表述中，正确的是（　　）。

A. 按合同订立时海口的市场价格履行

B. 按合同履行时海口的市场价格履行

C. 按合同履行时北京的市场价格履行

D. 按合同订立时北京的市场价格履行

【答案】A

【解析】（1）价款或者报酬不明确的，按照订立合同时履行地的市场价格履行。（2）履行地点不明确的，给付货币的，在接受货币一方所在地履行；交付不动产的，在不动产所在地履行；其他标的，在履行义务一方所在地履行。（3）乙公司为接受货币一方，所在地为海口，因此履行价格为订立合同时海口的市场价格。

3. 涉及第三人的履行规则（见表4－16）

表4－16

<table>
<tr><th>情形</th><th colspan="2">具体内容</th></tr>
<tr><td rowspan="2">向第三人履行的合同</td><td>真正的利他合同</td><td>法律规定或者当事人约定第三人可以直接请求债务人向其履行债务，第三人未在合理期限内明确拒绝，债务人未向第三人履行债务或者履行债务不符合约定的，第三人可以请求债务人承担违约责任。
【注意】债务人对债权人的抗辩，可以向第三人主张</td></tr>
<tr><td>不真正的利他合同</td><td>当事人约定由债务人向第三人履行债务的，债务人未向第三人履行债务或履行债务不符合约定，应当向债权人（而非第三人）承担违约责任</td></tr>
<tr><td>由第三人履行</td><td colspan="2">当事人约定由第三人向债权人履行债务，第三人不履行债务或者履行债务不符合约定的，债务人应当向债权人（而非第三人）承担违约责任</td></tr>
<tr><td rowspan="2">第三人代为履行</td><td colspan="2">债务人不履行债务，第三人对履行该债务具有合法利益的，第三人有权向债权人代为履行；但根据债务性质、按照当事人约定或者依照法律规定只能由债务人履行的除外</td></tr>
<tr><td colspan="2">债权人接受第三人履行后，其对债务人的债权转让给第三人，但债务人和第三人另有约定的除外</td></tr>
</table>

4. 中止履行、提前履行与部分履行（见表4－17）

表4－17

情形	具体内容
中止履行	债权人分立、合并或者变更住所没有通知债务人，致使履行债务发生困难的，债务人可以中止履行或者将标的物提存
提前履行	债务人提前履行债务给债权人增加的费用，由债务人负担
部分履行	债务人部分履行债务给债权人增加的费用，由债务人负担

（二）按份之债和连带之债（见表4-18）

表4-18

类型		具体内容
按份之债	含义	①债权人为二人以上，标的可分，按照份额各自享有债权的，为按份债权； ②债务人为二人以上，标的可分，按照份额各自负担债务的，为按份债务
	份额	按份债权人或按份债务人的份额难以确定的，视为份额相同（份额→等额）
连带之债	含义	①债权人为二人以上，部分或全部债权人均可以请求债务人履行债务的，为连带债权； ②债务人为二人以上，债权人可以请求部分或者全部债务人履行全部债务的，为连带债务。 【提示】连带债权或者连带债务，由法律规定或当事人约定
	连带债务人之间	①连带债务人之间的份额难以确定的，视为份额相同； ②实际承担债务超过自己份额的连带债务人，有权就超出部分在其他连带债务人未履行的份额范围内向其追偿，并相应地享有债权人的权利，但是不得损害债权人的利益（其他连带债务人对债权人的抗辩，可以向该债务人主张）； ③被追偿的连带债务人不能履行其应分担份额的，其他连带债务人应当在相应范围内按比例分担
	债权人与连带债务人之间	①连带债务人的清偿、抵销、提存具有绝对效力。 部分连带债务人履行、抵销债务或者提存标的物的，其他债务人对债权人的债务在相应范围内消灭；该债务人可以依据前条规定向其他债务人追偿。 ②部分连带债务人的债务被债权人免除的，在该连带债务人应当承担的份额范围内，其他债务人对债权人的债务消灭。 ③部分连带债务人的债务与债权人的债权同归于一人的，在扣除该债务人应当承担的份额后，债权人对其他债务人的债权继续存在。 ④债权人对部分连带债务人的给付受领迟延的，对其他连带债务人发生效力

案例胶卷

（1）按份之债可以理解为“亲兄弟，明算账”，按照各自份额承担，实在确定不了份额，那也按均等份额承担。不会因为你是我兄弟，就要我一个人扛下所有。

（2）连带之债可以理解为“兄弟阋于墙，外御其侮”，也就是兄弟们内部虽有分歧，但能团结起来对付外来的侵略。即“对外我一个人扛下来所有，对内咱再算账”。

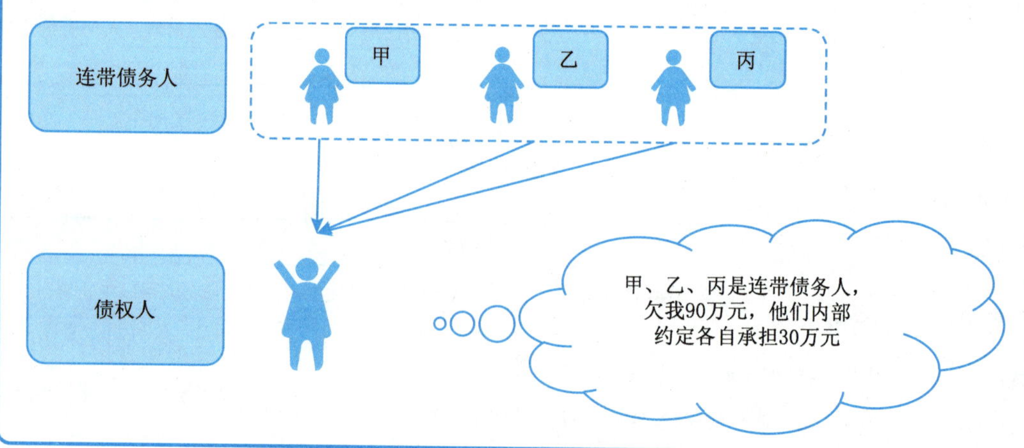

①因为是连带债务人，故债权人可以要求甲清偿全部债务90万元。

②如果甲对债权人履行了全部债务90万元，显然超过了内部约定的30万元，此时可以就超过部分的60万元向乙、丙各自追偿30万元。

③如果乙无力清偿应承担的30万元，甲和丙就得按比例分担这30万元。也就是说，甲仍可以向丙再追偿15万元。

(三) 双务合同履行中的抗辩权（主）

1. 含义

抗辩权是指在双务合同中，一方当事人在对方不履行或履行不符合约定时，依法对抗对方要求或否认对方权利主张的权利。

2. 类型（见表4－19）

表4－19

类型		具体内容
同时履行抗辩权		双务合同的当事人互负债务，没有先后履行顺序的，应当同时履行： ①一方在对方履行之前有权拒绝其履行要求； ②一方在对方履行债务不符合约定时，有权拒绝其相应的履行要求
先履行抗辩权		双务合同的当事人互负债务，有先后履行顺序： ①先履行一方未履行的，后履行一方有权拒绝其履行要求； ②先履行一方履行债务不符合约定的，后履行一方有权拒绝其相应的履行要求
不安抗辩权	含义	双务合同中应先履行义务的一方当事人，有确切证据证明相对人财产明显减少或欠缺信用，不能保证对待给付时，有暂时中止履行合同的权利
	主张情形	双务合同中应当先履行债务的当事人，有确切证据证明对方有下列情况之一的，可以中止合同履行： ①经营状况严重恶化； ②转移财产、抽逃资金，以逃避债务； ③丧失商业信誉； ④有丧失或者可能丧失履行债务能力的其他情形
	主张效果	当事人行使不安抗辩权中止履行的，应当及时通知对方： ①对方提供适当担保的，应当恢复履行； ②对方在合理期限内未恢复履行能力并且未提供适当担保的，视为以自己的行为表明不履行主要债务，中止履行的一方可以解除合同并可以请求对方承担违约责任

案例胶卷

①同时履行抗辩权是没有先后顺序，先履行抗辩权是给后履行一方的权利，不安抗辩权是给先履行一方的权利。

②甲向乙借用电脑一台，后来乙向甲借用名牌手表一块。如果甲要求乙返还手表，乙能否以甲尚未归还电脑为由，行使抗辩权，拒绝返还手表？显然不能，因为抗辩权的行使限于“同一双务合同”，甲向乙借用电脑和乙向甲借用名牌手表属于两个合同。

③X公司与Y公司签订一份买卖合同，约定X公司先发货，后由Y公司验收合格后支付货款。如果X公司在送货时，发现有确切证据证明Y公司濒临破产，此时X公司可以中止履行合同吗？是可以的，因为X公司作为先履行一方，享有不安抗辩权。

考点5 保全措施（见图4－2）（★★★）

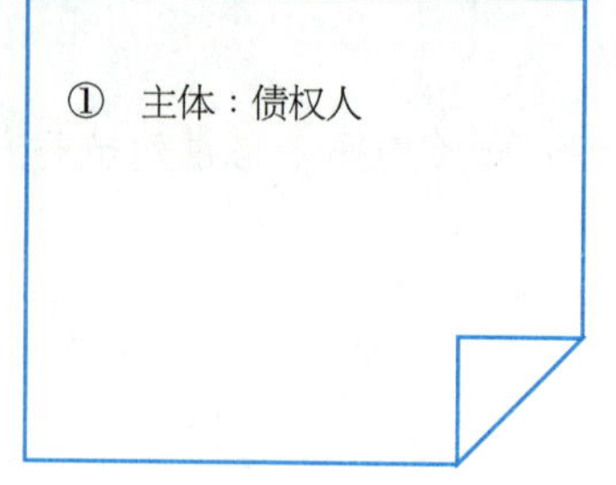

② 适用情形：债务人对第三人的行为损害到债权人的利益

③ 措施：
代位权：因**消极行为**受损;
撤销权：因**积极行为**受损

图4－2

（一）债权人代位权（见图4－3、表4－20）

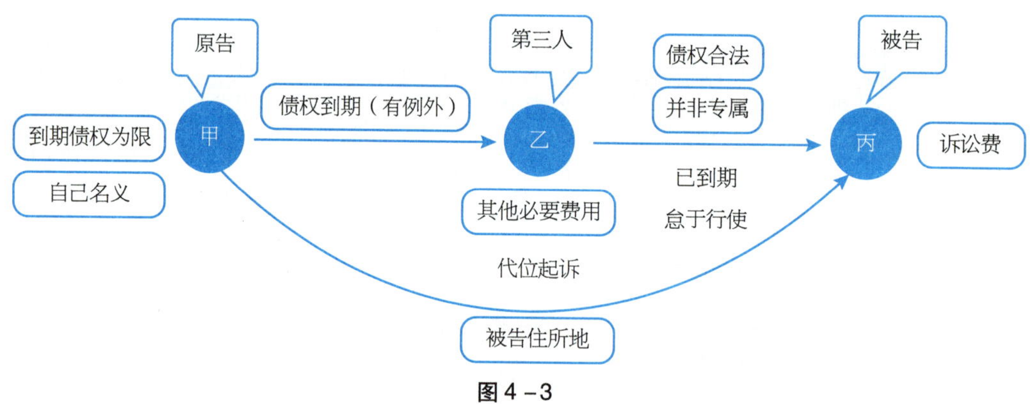

图4－3

表4－20

含义	债务人**怠于行使**其对第三人（次债务人）享有的到期债权或者与该债权有关的从权利，**危及债权人债权实现时**，债权人为保障自己的债权，可以**自己的名义**代位行使债务人对相对人的权利
构成要件	①债权人对债务人的债权**合法**。 ②债务人的债权**不是专属**于债务人自身。 【**提示**】专属于债务人自身的债权是指基于扶养关系、抚养关系、赡养关系、继承关系产生的给付请求权和劳动报酬、退休金、养老金、抚恤金、安置费、人寿保险、人身伤害赔偿请求权等权利。 ③债务人怠于行使其到期债权及从权利，影响债权人的到期债权实现的。 ④债务人的债权**已到期**，原则上债权人的债权也应到期
主体与管辖	①债权人为原告，**次债务人**为被告，债务人为诉讼上的第三人。 ②由被告住所地人民法院管辖

续表

费用承担	①债权人胜诉的，由次债务人承担诉讼费用，从实现的债权中优先支付。 ②债权人行使代位权的必要费用，由债务人负担
行使范围	代位权的行使范围以债权人的到期债权为限
行使效力	人民法院审理后认定代位权成立的，由次债务人向债权人履行清偿义务，债权人与债务人、债务人与次债务人之间相应的债权债务关系即予消灭

案例胶卷

甲对乙享有50 000元债权，已到清偿期限，但乙一直宣称无能力清偿欠款。甲经调查发现，乙对丁享有3个月后到期的7 000元债权，戊因赌博欠乙8 000元；另外，乙在半年前发生交通事故，因事故中的人身伤害对丙享有10 000元债权，因事故中的财产损失对丙享有5 000元债权。乙无其他可供执行的财产，乙对其享有的债权都怠于行使。

①乙对丁的7 000元债权还未到期，甲不可以行使代位权；

②乙对戊的8 000元债权系赌博产生，不属于合法债权，甲不可以行使代位权；

③乙对丙的10 000元债权，人身伤害赔偿请求权是专属于债务人自身的债权，甲不可以行使代位权；

④乙对丙的5 000元债权系事故中的财产损失，因此甲可以行使代位权。

（二）债权人撤销权（见图4－4、表4－21）

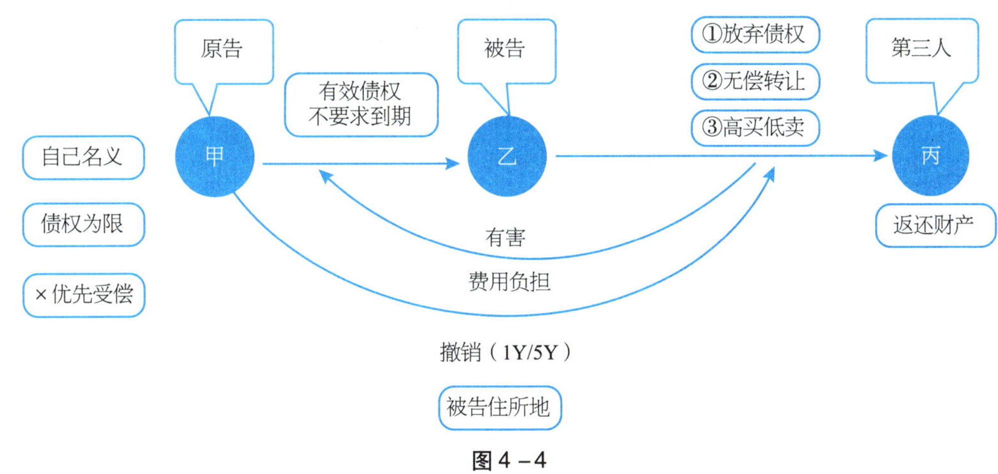

图4－4

表4－21

含义	债务人实施了减少财产行为，在危及债权人的债权实现时，债权人为保障自己的债权请求人民法院撤销债务人处分行为

续表

构成要件	①债权人须以自己的名义行使撤销权。 ②债权人对债务人存在有效债权（债权人对债务人的债权可以到期，也可以不到期）。 ③债务人实施了减少财产的处分行为。 第一，放弃债权（到期、未到期均可）、放弃债权担保或者恶意延长到期债权的履行期限，影响债权人的债权实现； 第二，无偿转让财产，影响债权人的债权实现； 第三，以明显不合理的低价转让财产或者以明显不合理的高价受让他人财产，或者为他人的债务提供担保，影响债权人的债权实现，并且相对人知道或者应当知道该情形。 ④债务人的处分行为有害于债权人债权的实现
行使期限	①撤销权应当自债权人知道或者应当知道撤销事由之日起1年内行使； ②自债务人的行为发生之日起5年内没有行使撤销权的，该撤销权消灭
主体与管辖	债权人为原告，债务人为被告，受益人或者受让人为诉讼上的第三人
	由被告住所地人民法院管辖
费用承担	债权人行使撤销权所支付的律师代理费、差旅费等必要费用，由债务人负担
行使范围	撤销权的行使范围以债权人的债权为限
行使效力	①一旦人民法院确认债权人的撤销权成立，债务人的处分行为即归于无效。 ②撤销权行使的目的是恢复债务人的财产，债权人就撤销权行使的结果并无优先受偿权利

【彬哥提醒】

明显不合理价格判断标准：达不到交易时交易地的指导价或市场交易价的70%、高于当地指导价或市场交易价30%。

考点收纳盒

表4-22　代位权和撤销权的对比

区分	债权人代位权	债权人撤销权
条件/要件	①债权人对债务人的债权合法； ②债务人债权非专属于债务人自身； ③债务人怠于行使其到期债权及从权利，影响债权人的到期债权实现的； ④债务人的债权已到期，原则上债权人的债权也应到期	①债权人对债务人存在有效债权； ②债务人实施了减少财产的处分行为（需区分有偿还是无偿）； ③债务人的处分行为有害于债权人债权的实现
债权人的债权	原则上已经到期	是否到期均可
管辖法院	被告住所地人民法院	
原告	债权人（以自己的名义行使权利）	
被告	次债务人	债务人
第三人	债务人	受益人或受让人
优先受偿权	—	债权人无优先权
费用承担	债权人胜诉的，诉讼费用由次债务人负担，其他必要费用则由债务人承担	由债务人负担

考点6 合同的担保（★★★）

（一）合同担保的基本理论

1. 担保方式（见表4－23）

表4－23

担保方式	担保类型	担保基础
保证	约定担保	人的担保
定金	约定担保	金钱担保
质押	约定担保	物的担保
抵押	约定担保	物的担保
留置	法定担保	物的担保

第三人为债务人向债权人提供担保的，可以要求提供反担保。

①反担保人——债务人或其他人；

②反担保方式——债务人提供的“抵押、质押”，或其他人提供的“保证、抵押、质押”。

【彬哥提醒】

留置和定金**不能**作为反担保方式。

2. 担保合同的无效（见表4－24）

表4－24

项目	具体内容		
无效情形	违反法律、行政法规的强制性规定，或者违背公序良俗		
无效情形	以公益为目的的**非营利性**学校、幼儿园、医疗机构、养老机构等提供担保的，原则上担保合同无效，但有下列情形除外： ①在购入或者以融资租赁方式承租教育设施、医疗卫生设施、养老服务设施和其他公益设施时，出卖人、出租人为担保价款或者租金实现而在该公益设施上保留所有权； ②以教育设施，医疗卫生设施，养老服务设施和其他公益设施以外的不动产，动产或者财产权利设立担保物权。 **【提示】**登记为营利法人的学校、幼儿园、医疗机构、养老机构等提供担保，当事人**不得**以其不具有担保资格为由，主张担保合同无效		
法律责任（缔约过失责任）	主合同有效而担保合同无效	债权人、担保人**都有错**	担保人承担的赔偿责任，不应超过债务人不能清偿债务部分的1/2
法律责任（缔约过失责任）	主合同有效而担保合同无效	**担保人有错**、债权人无错	担保人对**债务人不能清偿的部分**承担赔偿责任
法律责任（缔约过失责任）	主合同有效而担保合同无效	**债权人有错**、担保人无错	担保人不承担赔偿责任
法律责任（缔约过失责任）	主合同**无效**而导致担保合同无效	担保人无过错	担保人不承担赔偿责任
法律责任（缔约过失责任）	主合同**无效**而导致担保合同无效	担保人有过错	担保人承担的赔偿责任，不应超过债务人不能清偿债务部分的1/3

3. 借新还旧场合的担保责任（见表4－25）

表4－25

旧贷担保人	债权人请求旧贷的担保人承担担保责任的，人民法院不予支持
	旧贷的物的担保人在登记尚未注销的情形下同意继续为新贷提供担保，在订立新的贷款合同前又以该担保财产为其他债权人设立担保物权，其他债权人主张其担保物权顺位优先于新贷债权人的，人民法院不予支持
新贷担保人	债权人请求新贷的担保人承担担保责任的： ①新贷与旧贷的担保人相同的，人民法院应予支持； ②新贷与旧贷的担保人不同，或者旧贷无担保新贷有担保的，人民法院不予支持，但是债权人有证据证明新贷的担保人提供担保时对以新贷偿还旧贷的事实知道或者应当知道的除外

（二）保证

1. 保证与保证合同（见表4－26）

表4－26

项目		具体内容
保证	含义	保证是指第三人和债权人约定，当债务人不履行其到期债务或发生当事人约定的情形时，该第三人按照约定履行债务或者承担责任的担保方式
	方式	一般保证和连带责任保证
保证合同	性质	有名、单务、无偿、诺成、从合同。 【提示】主合同无效，保证合同无效；但保证合同无效，并不必然导致主合同无效
	形式	①单独订立的书面合同； ②主债权债务合同中的保证条款； ③第三人单方以书面形式向债权人作出保证，债权人接收且未提出异议的，保证合同成立（主）； ④提供具有担保意思表示的承诺文件（如第三人向债权人承诺差额补足等）

2. 保证人（见表4－27）

表4－27

主体	自然人、法人或者非法人组织均可以为保证人，保证人也可以为两人以上
限制	①主债务人不得同时为自身保证人。 ②机关法人原则上不得为保证人，除经国务院批准为使用外国政府或国际经济组织贷款进行转贷的。 ③以公益为目的的非营利性学校、幼儿园、医疗机构、养老机构等非营利法人、非法人组织，原则上不得作为保证人

3. 保证方式（见表4－28）

表4－28　　一般保证和连带责任保证（主）

区分	一般保证	连带责任保证
含义	当事人在保证合同中约定，债务人不能履行债务时，由保证人承担保证责任的保证	保证人与债权人在保证合同中约定，保证人和债务人对债务承担连带责任的保证

续表

区分	一般保证	连带责任保证
保证方式	对保证方式没有约定或约定不明确的，按照一般保证承担保证责任	
先诉抗辩权	有下列情形之一的，不得行使： ①债务人下落不明，且无财产可供执行； ②人民法院受理债务人破产案件； ③债权人有证据证明债务人的财产不足以履行全部债务或者丧失履行债务能力； ④保证人书面表示放弃先诉抗辩权的	不享有

【彬哥提醒】

两种保证之间最大的区别在于，一般保证人享有先诉抗辩权，即在主合同纠纷未经审判或者仲裁，并就债务人财产依法强制执行仍不能履行债务前，对债权人可以拒绝承担保证责任。

4. 保证责任

（1）保证责任的范围（主）。

①保证担保的责任范围包括主债权及其利息、违约金、损害赔偿金和实现债权的费用。

②保证合同对责任范围另有约定的，从其约定；没有约定或约定不明的，保证人应对全部债务承担责任（约定→全部债务）。

（2）主合同变更与保证责任承担（见表4－29）。

表4－29

债权转让	①债权人转让全部或部分债权，未通知保证人的，该转让对保证人不发生效力； ②保证人与债权人约定禁止债权转让，债权人未经保证人书面同意转让债权的，保证人对受让人不再承担保证责任
债务转让	①保证期间，债权人许可主债务人转让债务的，应当取得保证人书面同意； ②保证人对未经其同意转让的债务部分，不再承担保证责任，另有约定的除外
内容变更	主合同的变更，应当取得保证人书面同意，未经保证人同意的主合同变更，保证人的保证责任并不能解除： ①减轻债务人的债务——保证人仍应当对变更后的合同承担保证责任； ②加重债务人的债务——保证人对加重的部分不承担保证责任
期限变更	变更主合同履行期限的，保证期间为原合同约定的或法律规定的期间
增加债务人	第三人加入债务的，保证人的保证责任不受影响

（3）共同担保下的保证责任。

①物保＋人保（见表4－30）（主）。

表4－30

有约定按约定	根据当事人的约定确定承担责任的顺序	
没有约定或者约定不明	物保是“主债务人”提供的（有先后顺序）	如果保证人与债务人提供的物的担保并存，则债权人先就债务人的物的担保求偿
	物保是“第三人”提供的（无先后顺序）	①债权人既可以就物的担保实现债权，也可以请求保证人承担保证责任； ②提供担保的第三人承担担保责任后，有权向债务人追偿

②共同保证（人保＋人保）（见表4－31）。

表4－31

含义	共同保证是指数个保证人担保同一债权的保证	
分类	按照保证人是否约定各自承担的担保份额，可以将共同保证分为按份共同保证和连带共同保证	
	按份共同保证	按合同约定**份额**承担保证义务
	连带共同保证	各保证人约定**均**对全部主债务承担保证义务
责任承担	同一债务有两个以上保证人的，保证人应当按照保证合同约定的保证份额，承担保证责任；没有约定保证份额的，债权人可以请求任何一个保证人在其保证范围内承担保证责任**（约定→连带共同保证）**	

【彬哥提醒】

连带共同保证是“保证人之间”的连带，连带责任保证是“保证人与主债务人之间”的连带。

【例题4－3·案例分析题·2017年改编】4月4日，甲公司从乙银行借款80万元，用于购置A型号自行车1 000辆，借款期限自4月4日至6月4日，并以价值90万元的自有房屋一套为乙银行设定抵押并办理了抵押登记。同时，乙银行与丙公司签订书面保证合同，约定丙公司为甲公司的借款承担连带保证责任。因自行车价格上调，甲公司于4月5日，又向乙银行追加借款20万元，借款期限自4月5日至6月4日。丙公司对追加借款事项并不知情。

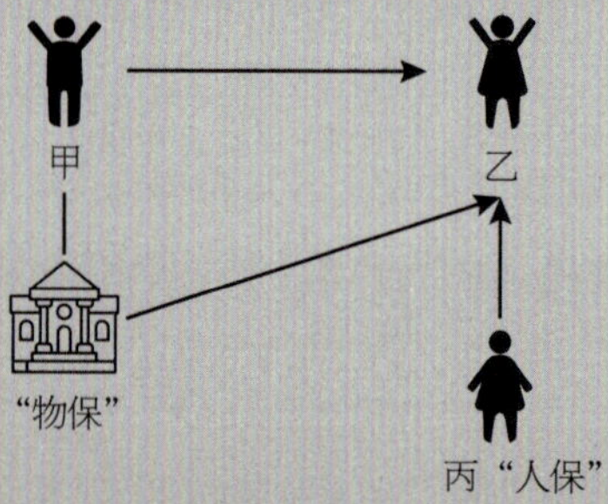

①乙银行是否有权直接要求丙公司偿还第一笔贷款？并说明理由。

【解析】无权。根据规定，被担保的债权既有物的担保又有人的担保的，债务人不履行到期债务或者发生当事人约定的实现担保物权的情形，债权人应当按照约定实现债权；没有约定或者约定不明确，债务人自己提供物的担保的，债权人应当先就该物的担保实现债权。

②乙银行是否有权要求丙公司偿还第二笔贷款？并说明理由。

【解析】无权。根据规定，债权人和债务人未经保证人书面同意，协商变更主债权债务合同内容，加重债务的，保证人对加重的部分不承担保证责任。

（4）保证期间（见表4－32）。

表4－32

含义	是确定保证人承担保证责任的期间，是债权人向保证人行使追索权的期间。 【提示】保证期间属于除斥期间，不发生中止、中断和延长
期间起算	①主债务履行期限届满之日起； ②主合同对主债务履行期限没有约定或者约定不明时，自债权人要求债务人履行债务的宽限期届满之日起计算

<table>
<tr><td rowspan="2">期间长度</td><td colspan="2">有约定，按约定</td></tr>
<tr><td>没有约定或约定不明</td><td>保证期间为主债务履行期届满之日起6个月。
①保证合同约定保证人承担保证责任直至主债务本息还清时为止等类似内容的，视为约定不明；
②约定的保证期间早于或者等于主债务履行期限的，视为没有约定</td></tr>
<tr><td>主张权利</td><td colspan="2">债权人没有在保证期间主张权利的，保证人免除保证责任。
①连带责任保证：债权人向保证人请求承担保证责任；
②一般保证：债权人向债务人提起诉讼或仲裁</td></tr>
</table>

（5）保证的诉讼时效——保证期间发挥完作用才开始计算诉讼时效（见表4－33）。

表4－33

<table>
<tr><td>诉讼时效</td><td colspan="2">3年</td></tr>
<tr><td rowspan="2">时效起算</td><td>一般保证</td><td>从保证人拒绝承担保证责任的权利消灭之日起算</td></tr>
<tr><td>连带保证</td><td>从债权人请求保证人承担保证责任之日起算</td></tr>
</table>

【彬哥提醒】

保证人承担保证责任后，除当事人另有约定外，有权在其承担保证责任的范围内向债务人追偿，享有债权人对债务人的权利，但是不得损害债权人的利益。

（三）定金（见表4－34）（主）

表4－34

含义	以确保合同的履行为目的，由当事人一方在合同订立前后，合同履行前预先交付于另一方金钱或其他代替物
生效	①定金应当以书面形式约定； ②定金合同从实际交付定金之日起生效（实践性合同）
数额	定金数额不得超过主合同标的额的20%；如果超过20%的，超过部分无效

续表

定金罚则	惩罚标准	①给付定金一方不履行约定的债务的，**无权要求返还定金**； ②收受定金的一方不履行约定的债务的，应当**双倍返还定金**
	适用情形	①在延迟履行或者有其他违约行为时，并不能当然适用定金罚则。只有因当事人一方延迟履行或者有其他违约行为**致使合同目的不能实现**，才可以适用定金罚则，法律另有规定或当事人另有约定的除外。 ②因合同关系以外的**第三人的过错**，致使主合同不能履行时，适用定金罚则。 ③当事人一方不完全履行合同的，应当按照未履行部分所占合同约定内容的**比例**，适用定金罚则
	不适用	因**不可抗力、意外事件**致使主合同不能履行的，不适用定金罚则
定金与违约金	当事人既约定违约金，又约定定金的，一方违约时，对方可以选择适用**违约金或定金**条款（**二选一**）	
定金与赔偿损失	定金不足以弥补一方违约造成的损失的，对方可以请求赔偿超过定金数额的损失，但定金和损失赔偿的数额总和**不应高于**因违约造成的损失（可以并用）	

【例题4－4·单选题·2012年改编】甲餐厅承接乙的婚宴。双方约定：婚宴共办酒席20桌，每桌2 000元；乙先行向甲餐厅支付定金1万元；任何一方违约，均应向对方支付违约金5 000元。合同订立后，乙未依约向甲支付定金。婚宴前一天，乙因故通知甲取消婚宴。甲要求乙依约支付1万元定金与5 000元违约金。根据《民法典》的规定，下列表述中，正确的是（　　）。

A. 甲餐厅应在1万元定金与5 000元违约金之间择一向乙主张，因为定金与违约金不能同时适用

B. 甲餐厅仅有权请求乙支付8 000元定金，因为定金不得超过合同标的额的20%

C. 因为乙未实际交付定金，定金条款尚未生效

D. 甲餐厅无权请求乙支付定金，因为定金额超过合同标的额的20%，定金条款无效

【答案】C

【解析】定金合同从实际交付定金之日起生效，在本题中，乙未依约向甲支付定金，定金合同未生效，甲无权要求乙承担定金责任，选项C正确。

考点7　合同的变更和转让（★）

（一）合同的变更——主体不变，内容变

（1）经当事人协商一致，当然可以变更合同的内容。

（2）合同的变更，除另有约定外，仅对变更后未履行的部分有效，对**已履行的部分无溯及力**。

（二）合同的转让——主体变、内容不变（主）

1. 债权转让（见表4－35）

表4－35

<table>
<tr><td>含义</td><td colspan="2">债权人将合同的权利全部或者部分转让给第三人</td></tr>
<tr><td>转让条件</td><td colspan="2">应当通知债务人，债务人接到债权转让通知后，让与行为对债务人生效；
未经通知，该转让对债务人不发生效力</td></tr>
<tr><td rowspan="3">禁止转让</td><td colspan="2">根据债权性质不得转让</td></tr>
<tr><td colspan="2">根据当事人约定不得转让。
①当事人约定非金钱债权不得转让的，不得对抗善意第三人；
②当事人约定金钱债权不得转让的，不得对抗第三人</td></tr>
<tr><td colspan="2">依照法律规定不得转让</td></tr>
<tr><td rowspan="3">转让效力</td><td>对债权人</td><td>①全部转让，原债权人脱离合同关系，受让人取代债权人地位；
②部分转让，原债权人就转让部分丧失债权；
③因债权转让增加的履行费用，由让与人负担</td></tr>
<tr><td>对受让人</td><td>①债权人转让权利的，受让人取得与债权有关的从权利，如抵押权，但该从权利专属于债权人自身的除外（从权利随同转移）；
②受让人取得从权利不因该从权利未办理转移登记手续或未转移占有而受到影响</td></tr>
<tr><td>对债务人</td><td>债务人接到债权转让通知后，债务人对让与人的抗辩，可以向受让人主张</td></tr>
</table>

2. 债务承担（见表4－36）

表4－36

内容	具体规定
转让条件	①债务人将债务的全部或者部分转移给第三人的，应当经债权人同意； ②债务人或第三人可以催告债权人在合理期限内予以同意，债权人未作表示的，视为不同意
债务加入	第三人与债务人约定加入债务并通知债权人，或第三人向债权人表示愿意加入债务，债权人未在合理期限内明确拒绝的，债权人可以请求第三人在其愿意承担的债务范围内和债务人承担连带债务

3. 债权债务的概括转移（见表4－37）

表4－37

意定的概括转移	当事人一方经对方当事人同意，可以将自己在合同中的权利义务一并转让给第三人
法定的概括转移	因为某一法定事实的发生而导致，例如合同当事人发生合并或分立

考点8 合同的权利义务终止（★★）

（一）债权债务终止（见图4-5）

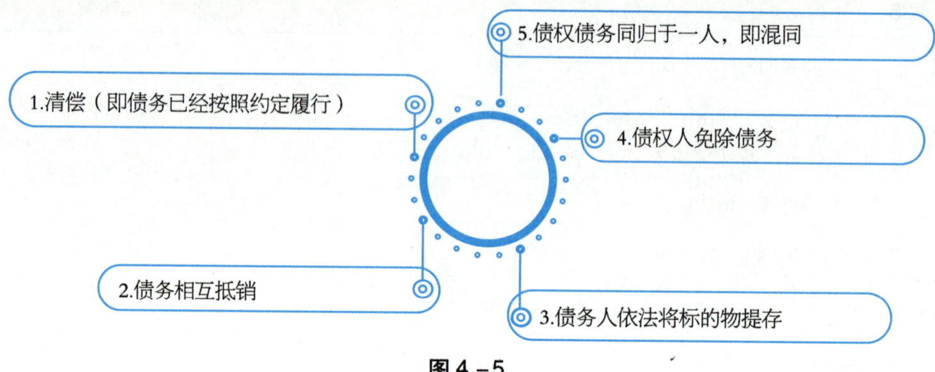

图4-5

1. 抵销（见表4-38）

表4-38

约定抵销		当事人互负债务，标的物种类、品质不相同的，经双方协商一致，也可以抵销
法定抵销	含义	当事人互负到期债务，债务标的物种类、品质相同的，任何一方均可主张抵销，但依照法律规定或按照合同性质不得抵销的除外
	适用条件	①须双方互负债务，互享债权。 效力不完全的债权不能作为主动债权而主张抵销，如诉讼时效届满后的债权，该债权人不得主张抵销；作为被动债权，对方以其债权主张抵销的，应当允许。 ②须双方债务的给付为同一种类（不要求数额或价值相等）。 ③须双方的债务均届清偿期。 有一方债务尚未到期，则未到期的债务人可以主张抵销。 ④须双方的债务均为可抵销的债务。 ⑤抵销不得附条件或附期限
	不可抵销债务	①法律规定不得抵销的债务（如因故意侵权产生的债务）； ②根据债务性质不能抵销的债务（如提供劳务的债务、不作为的债务）； ③当事人约定不得抵销的债务
	生效	①法定抵销中的抵销权性质上属于形成权，主张抵销应当通知对方； ②通知为非要式，抵销的效果自通知到达对方时生效
	效力	①双方的债权债务于抵销数额内消灭； ②抵销的意思表示溯及于得为抵销之时（可以理解为抵销具有追溯力，可以追溯到抵销权发生之时）

2. 提存（见表4-39）（主）

表4-39

含义	非因可归责于债务人的原因，导致债务人无法履行债务或难以履行债务的情况下，债务人将标的物交由提存机关保存，以终止合同权利义务关系

续表

提存原因	有下列情形之一，难以履行债务的，债务人可以将标的物提存： ①债权人没有正当理由拒绝受领； ②债权人下落不明； ③债权人死亡未确定继承人、遗产管理人或者丧失民事行为能力未确定监护人； ④法律规定的其他情形
通知义务	除债权人下落不明以外，债务人应当及时通知债权人或债权人的继承人、遗产管理人、监护人、财产代管人
提存价款	标的物不适于提存或提存费用过高的，债务人依法可以拍卖或变卖标的物，提存所得的价款。 【提示】提存标的物→拍卖或变卖的价款
法律效果	①提存成立的，视为债务人在其提存范围内已经履行债务。 ②毁损、灭失的风险由债权人承担；标的物的孳息归债权人所有；提存费用由债权人负担
领取提存物	①债权人可以随时领取提存物，但债权人对债务人负有到期债务的，在债权人未履行债务或者提供担保之前，提存部门根据债务人的要求应当拒绝其领取提存物。 ②债权人领取提存物的权利，自提存之日起5年内不行使而消灭，提存物扣除提存费用后归国家所有。但债权人未履行对债务人的到期债务，或者债权人向提存部门书面表示放弃领取提存物权利的，债务人负担提存费用后有权取回提存物

【例题4－5·单选题·2017年】下列关于抵销的表述中，正确的是（　　）。

A. 抵销通知为要式

B. 抵销的意思表示溯及于得为抵销之时

C. 抵销的效果自通知发出时生效

D. 抵销可以附条件或者附期限

【答案】B

【解析】选项A错误，抵销通知为非要式；选项C错误，抵销的效果自通知到达对方时生效；选项D错误，抵销不得附条件或者附期限。

【例题4－6·多选题·2009年改编】债务人甲因债权人乙下落不明，遂将作为合同标的物的名贵西服一套交当地公证机关提存。根据《民法典》的规定，下列关于提存期间当事人之间权利义务的表述中，正确的有（　　）。

A. 西服提存后，甲负有通知义务

B. 保管西服产生的保管费由乙承担

C. 如果西服因为地震灭失，损失由乙承担

D. 乙领取西服的权利，自提存之日起5年内不行使而消灭，西服归甲所有

【答案】BC

【解析】选项A错误，除债权人“下落不明”的以外，债务人应当及时通知债权人或者债权人的继承人、监护人、财产代管人；选项D错误，债权人领取提存物的权利，自提存之日起5年内不行使而消灭，提存物扣除提存费用后归“国家”所有。

（二）合同的解除（主）

1. 合同解除的类型（见表4-40）

表4-40

类型		内容
意定解除		事先约定或协商一致而解除合同
法定解除	因不可抗力违约	因不可抗力致使**不能实现合同目的**
	预期违约	在履行期限届满之前，当事人一方**明确表示**或者以自己的行为表明不履行主要债务
	经催告仍违约	当事人一方迟延履行主要债务，经**催告**后在合理期限内**仍未履行**
	不能实现合同目的	当事人一方迟延履行债务或有其他违约行为致使不能实现合同目的
	不安抗辩权	行使**不安抗辩权**中止履行后，如果对方在合理期限内**未恢复履行能力并且未提供适当担保**的，当事人可以解除合同
	随时解除	①以持续履行的债务为内容的不定期合同（借款合同、租赁合同），当事人可以随时解除合同，但是应当在合理期限之前**通知**对方。 ②在**承揽合同**中，定作人在承揽人完成工作前可以随时解除承揽合同，造成承揽人损失的，应当赔偿损失。 ③在**货运合同**中，在承运人将货物交付收货人之前，托运人可以要求承运人中止运输、返还货物、变更到达地或者将货物交给其他收货人，但应当赔偿承运人因此所受的损失。 ④在**委托合同**中，委托人或者受托人均可以随时解除委托合同，因解除合同给对方造成损失的，除不可归责于该当事人的事由以外，应当赔偿损失

2. 解除权的行使（见表4-41）

表4-41

项目		内容
行使期限	有规定或约定	法律规定或当事人约定解除权行使期限，期限届满当事人不行使的，该权利消灭
	没有规定或约定	法律没有规定或者当事人没有约定解除权行使期限，自解除权人知道或应当知道解除事由之日起**1年内**不行使，或者经对方**催告**后在合理期限内不行使的，该权利消灭
行使方式	通知解除	①当事人一方依法主张解除合同的，应当**通知**对方；合同自通知**到达**对方时解除。 ②通知载明债务人在一定期限内不履行债务则合同自动解除，债务人在该期限内未履行债务的，合同自通知载明的期限届满时解除
	诉讼或仲裁解除	当事人一方未通知对方，直接以提起诉讼或者申请仲裁的方式依法主张解除合同，人民法院或者仲裁机构确认该主张的，合同自起诉状副本或者仲裁申请书副本送达对方时解除

3. 合同解除的效果

（1）合同解除后：

①**尚未履行的，终止履行**；

②已经履行的，根据履行情况和合同性质，当事人可以请求恢复原状或者采取其他补救措施，并有权请求赔偿损失。

（2）合同的解除**不影响**合同中结算条款、清理条款以及解决争议方法条款的效力。

考点9 违约责任（★★）

（一）违约责任的基本理论

违约责任也称为违反合同的民事责任，是指合同当事人因违反合同义务所承担的责任。违

约责任具有以下特点：

（1）违约责任以合同的有效存在为前提；

（2）违约责任是合同当事人不履行合同义务所产生的责任；

（3）违约责任具有相对性。

（二）违约形态（见表4－42）

表4－42

形态	具体内容
预期违约	在履行期限到来之前一方无正当理由而明确表示其在履行期到来后将不履行合同，或其行为表明其在履行期到来以后将不可能履行合同
届期违约	在履行期限到来以后，当事人不履行或不完全履行合同义务的，将构成届期违约
债权人迟延	债务人按照约定履行债务，债权人无正当理由拒绝受领的，债务人可以请求债权人赔偿增加的费用

（三）违约责任的承担方式（见表4－43）（主）

表4－43

继续履行	金钱之债	金钱之债一定可以要求继续履行
	非金钱之债	当事人一方不履行非金钱债务或履行非金钱债务不符合约定的，对方可以请求履行，但是有下列情形之一的除外： ①法律上或者事实上不能履行； ②债务的标的不适于强制履行或者履行费用过高； ③债权人在合理期限内未要求履行
补救措施	有约定	当事人的履行不符合约定的，应当按照当事人的约定承担违约责任
	没有约定或约定不明确	受损害方根据标的的性质以及损失的大小，可以合理选择请求对方承担修理、重作、更换、退货、减少价款或者报酬等违约责任
损害赔偿	赔偿损失	①损失赔偿额应当相当于因违约造成的损失，包括合同履行后可以获得的利益，但不得超过违约方订立合同时预见到或者应当预见到的因违反合同可能造成的损失； ②当事人可以在合同中约定因违约产生的损失赔偿额的计算方法
	支付违约金	①约定的违约金低于造成的损失的，当事人可以请求人民法院或者仲裁机构予以增加； ②约定的违约金过分高于造成的损失的，当事人可以请求人民法院或者仲裁机构予以适当减少； ③当事人就迟延履行约定违约金的，违约方支付违约金后，还应当履行债务
	适用定金罚则	①两金择一金——当事人既约定违约金，又约定定金的，一方违约时，对方可以选择适用违约金或者定金条款，二者不能并用； ②弥补超额损失——定金不足以弥补一方违约造成的损失，对方请求赔偿超过定金部分的损失的，人民法院可以并处，但定金和损失赔偿的数额总和不应高于因违约造成的损失
	过失相抵规则	①当事人一方违约后，对方应当采取适当措施防止损失的扩大；没有采取适当措施致使损失扩大的，不得就扩大的损失要求赔偿。当事人因防止损失扩大而支出的合理费用由违约方承担。 ②当事人一方违约造成对方损失，对方对损失的发生有过错的，可以减少相应的损失赔偿额

（四）法定免责事由

1. 违约损害赔偿法定的免责事由**仅限于**不可抗力。常见不可抗力如表4-44所示。

表4-44

类型	具体内容
自然灾害	如地震、台风、洪水、海啸等
政府行为	如运输合同订立后，由于政府颁布禁运的法律，使合同不能履行
社会异常现象	一些偶发的事件阻碍合同的履行，如罢工骚乱等

【彬哥提醒】

当事人将明显不属于不可抗力的情形（如停电）约定为不可抗力的，只能解释为约定的免责事由。

2. 不可抗力并非当然免责

（1）因不可抗力不能履行合同的，根据不可抗力的影响，部分或者全部免除责任；

（2）当事人**迟延履行**后发生不可抗力的，**不能免除责任**。

3. 情势变更

合同成立后，合同的基础条件发生了当事人在订立合同时**无法预见的、不属于商业风险的重大变化**，继续履行合同对于当事人一方明显不公平的，受不利影响的当事人可以与对方**重新协商**；在合理期限内协商不成的，当事人可以请求人民法院或仲裁机构**变更或解除**合同。

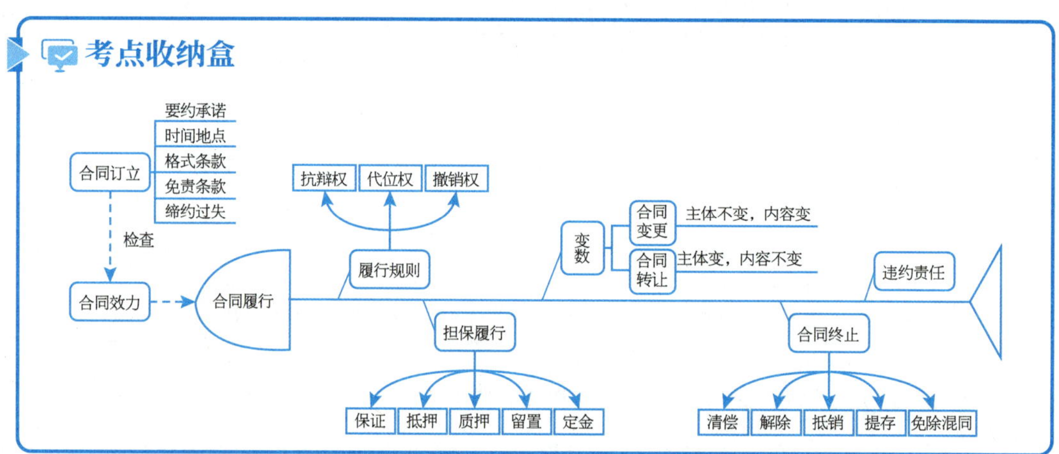

考点10 买卖合同（★★★）

买卖合同是出卖人**转移标的物的所有权**于买受人，买受人支付价款的合同。买卖合同是**双务、有偿、诺成**的合同，除法律有特别规定或有特别约定以外，买卖合同为**非要式合同**。

（一）双方当事人的权利义务

1. 转移标的物的所有权（主）

（1）所有权转移时间。

标的物的所有权自标的物**交付时起转移**，但法律另有规定的除外。

【彬哥提醒】

所有权转移：动产交付，不动产登记。

（2）同一标的物订立多重买卖合同。

出卖人就同一标的物订立多重买卖合同，原则上各个买卖合同均属有效（见表4－45）。

表4－45

标的	具体内容	关键点
普通动产	在买卖合同均有效的情况下，买受人均要求实际履行合同的，应当按照以下情形分别处理： ①先行受领交付的买受人可以请求确认所有权已经转移； ②均未受领交付，先行支付价款的买受人可以请求出卖人履行交付标的物等合同义务； ③均未受领交付，也未支付价款，依法成立在先合同的买受人可以请求出卖人履行交付标的物等合同义务	交付→付款→合同成立时间
特殊动产	属于船舶、航空器、机动车等特殊动产，在买卖合同均有效的情况下，买受人均要求实际履行合同的，应当按照以下情形分别处理： ①先行受领交付的买受人可以请求出卖人履行办理所有权转移登记手续等合同义务； ②均未受领交付，先行办理所有权转移登记手续的买受人可以请求出卖人履行交付标的物等合同义务； ③均未受领交付，也未办理所有权转移登记手续，依法成立在先合同的买受人可以请求出卖人履行交付标的物和办理所有权转移登记手续等合同义务； ④出卖人将标的物交付给买受人之一，又为其他买受人办理所有权转移登记，已受领交付的买受人可请求将标的物所有权登记在自己名下	交付→登记→合同成立时间

2．标的物检验（见表4－46）（主）

表4－46

检验期限	具体规定
有约定	①当事人约定检验期间的，买受人应当在检验期间内将标的物的数量或者质量不符合约定的情形通知出卖人； ②买受人怠于通知的，视为标的物的数量或者质量符合约定
没有约定	对检验期间没有约定的，买受人在合理期间内未通知或者自标的物收到之日起2年内未通知出卖人的，视为标的物的数量或质量符合约定，但对标的物有质量保证期的，适用质量保证期，不适用该两年的规定。 【提示】出卖人知道或者应当知道提供的标的物不符合约定的，买受人不受上述通知时间的限制

（二）标的物的风险承担（见表4－47）（主）

表4－47

情形	标的物毁损、灭失的风险承担
一般情形	在标的物交付之前由出卖人承担，交付之后由买受人承担，但是法律另有规定或另有约定的除外（约定→交付时）

续表

<table>
<tr><td rowspan="4">特殊情形</td><td>在途标的物</td><td>出卖人出卖交由承运人运输的在途标的物，除当事人另有约定外，毁损、灭失的风险自合同成立时起由买受人承担。
如果出卖人出卖交由承运人运输的在途标的物，在合同成立时知道或应当知道标的物已经毁损、灭失却未告知买受人，风险由出卖人承担</td></tr>
<tr><td>需要运输</td><td>当事人没有约定交付地点或者约定不明确，标的物需要运输的，出卖人将标的物交付给第一承运人后，标的物毁损、灭失的风险由买受人承担</td></tr>
<tr><td>买方违约</td><td>①因买受人的原因致使标的物未按照约定的期限交付的，买受人应当自违反约定时起承担标的物毁损、灭失的风险；
②出卖人按照约定或依照法律规定将标的物置于交付地点，买受人违反约定没有收取的，标的物毁损、灭失的风险自违反约定时起由买受人承担</td></tr>
<tr><td>卖方违约</td><td>①因标的物不符合质量要求，致使不能实现合同目的的，买受人可以拒绝接受标的物或解除合同；
②买受人拒绝接受标的物或者解除合同的，标的物毁损、灭失的风险由出卖人承担</td></tr>
<tr><td colspan="2">不影响</td><td>①出卖人未按照约定交付有关标的物的单证和资料的，不影响标的物毁损、灭失风险的转移。
②标的物毁损、灭失的风险由买受人承担的，不影响因出卖人履行义务不符合约定，买受人要求其承担违约责任的权利</td></tr>
</table>

【例题 4 -7·多选题·2013 年】 根据合同法律制度的规定，下列情形中，买受人应当承担标的物灭失风险的有（　　）。

A. 出卖人依约为买受人代办托运，货交第一承运人后意外灭失

B. 买卖双方未约定交付地点，出卖人将标的物交由承运人运输，货物在运输途中意外灭失

C. 约定在出卖人营业地交货，买受人未按约定时间前往提货，后货物在地震中灭失

D. 买受人下落不明，出卖人将标的物提存后意外灭失

【答案】 ABCD

【解析】

①选项 A 正确，出卖人根据合同约定将标的物运送至买受人指定地点并交付给承运人后（出卖人依约代办托运），标的物毁损、灭失的风险由“买受人”负担，但当事人另有约定的除外。

②选项 B 正确，当事人没有约定交付地点或者约定不明确，标的物需要运输的，出卖人将标的物交付给第一承运人后，标的物毁损、灭失的风险由买受人承担。

③选项 C 正确，出卖人按照约定将标的物置于交付地点，买受人违反约定没有收取的，标的物毁损、灭失的风险自违反约定之日起由买受人承担。

④选项 D 正确，出卖人将标的物依法提存后，毁损、灭失的风险由“买受人”承担。

（三）买卖合同的特别解除规则（见表4－48）（主）

表4－48

主从物	①因标的物的主物不符合约定而解除合同的，解除合同的效力及于从物； ②标的物的从物因不符合约定被解除的，解除的效力不及于主物
数物	①标的物为数物，其中一物不符合约定的，买受人可以就该物解除合同； ②该物与他物分离使标的物的价值显受损害的，买受人可以就数物解除合同
分批交付	①出卖人分批交付标的物的，出卖人对其中一批标的物不交付或者交付不符合约定，致使该批标的物不能实现合同目的的，买受人可以就该批标的物解除合同。 ②出卖人不交付其中一批标的物或交付不符合约定，致使之后其他各批标的物的交付不能实现合同目的的，买受人可以就该批以及今后其他各批标的物解除合同。 ③买受人如果就其中一批标的物解除合同，该批标的物与其他各批标的物相互依存的，可以就已经交付和未交付的各批标的物解除合同

案例胶卷

比如某电脑商城向批发商购买了电脑主机及鼠标，但商城收到主机及鼠标后，发现鼠标有严重质量问题，那商城可以要求解除整个买卖合同吗？因为鼠标替换并不会使主机本身的价值受到损害，所以不能以鼠标有问题而解除整个合同。

（四）特种买卖合同（见表4－49）

表4－49

分期付款买卖合同	①要求买受人将应付的总价款在一定期间内至少分三次向出卖人支付； ②分期付款的买受人未支付到期价款的金额达到全部价款的1/5，经催告后在合理期限内仍未支付到期价款的，出卖人可以请求买受人一并支付到期与未到期的全部价款或者解除合同（主）； ③出卖人解除合同的，双方应互相返还财产，出卖人可向买受人要求支付该标的物的使用费
凭样品买卖合同	①凭样品买卖的当事人应当封存样品，并可以（非应当）对样品质量予以说明。出卖人交付的标的物应当与样品及其说明的质量相同。 ②凭样品买卖的买受人不知道样品有隐蔽瑕疵的，即使交付的标的物与样品相同，出卖人交付的标的物的质量仍应符合同种标的物的通常标准
招标投标方式订立的买卖合同	①招标公告在性质上属于要约邀请； ②投标人投标为要约； ③定标为承诺； ④中标人在接到中标通知后与招标人签订书面合同，买卖合同正式成立

续表

试用买卖合同	试用期限确定	约定→规定→出卖人确定
	视为购买	①试用期间届满，买受人对是否购买标的物**未作表示**的，**视为购买**； ②买受人已支付部分或全部价款，或对标的物实施了出卖、出租、设定担保物权等**非试用行为**的，应**视为同意购买**
	不属于试用买卖	买卖合同存在下列约定内容之一的，不属于试用买卖： ①约定标的物经过试用或检验符合一定要求时，买受人应当购买标的物； ②约定第三人经试验对标的物认可时，买受人应当购买标的物； ③约定买受人在一定期间内可以调换标的物； ④约定买受人在一定期间内可以退还标的物
商品房买卖合同	销售广告的性质认定	①原则上，有关商品房的销售广告和宣传资料为**要约邀请**； ②就商品房开发规划范围内的房屋及相关设施所作的说明和允诺具体确定，并对合同的订立以及房屋价格的确定有重大影响的，视为**要约**。 该内容即使未订入合同，仍属于合同的组成部分，当事人违反这些内容的，承担**违约责任**
	商品房预售合同的效力	①出卖人必须申领商品房预售许可证明。 出卖人**未取得**预售许可而与买受人订立预售合同的，合同**无效**；但是在**起诉前**取得预售许可的，合同**有效**。 ②商品房预售合同应当办理登记备案手续，但该**登记备案手续并非合同生效条件**，当事人另有约定的除外
	法定解除权的行使	①因房屋**主体结构**质量不合格不能交付使用，或者房屋交付使用后，房屋主体结构质量经核验确属不合格的； ②因房屋质量问题严重**影响**正常居住使用的； ③出卖人迟延交付房屋或者买受人迟延支付购房款，经**催告后在3个月**的合理期限内**仍未履行**的； ④约定或者法定的办理房屋所有权登记的期限届满后**超过1年**，因出卖人的原因导致买受人无法办理房屋所有权登记的
互易合同	性质	属于**双务、诺成**合同

案例胶卷

甲公司与乙公司签订设备买卖合同，总价款1 200万元，分5期支付，第一期支付700万元，第二期至第四期分别支付100万元，第五期支付剩余款项。但甲公司第二期至第四期未按照约定支付价款，经多次催告，甲仍未支付。那乙公司可以要求甲公司支付到期与未到期的全部价款吗？

因为甲公司未支付的到期价款为300万元，已经超过了全部价款1 200万元的20%，所以乙公司有权要求甲公司支付到期与未到期的全部价款。

考点11　赠与合同（★★）

（一）赠与合同概述（见表4-50）

表4-50

<table>
<tr><td>性质</td><td colspan="2">赠与合同属于单务、无偿、诺成合同。
赠与附义务的，受赠人应当按照约定履行义务</td></tr>
<tr><td rowspan="2">赠与人责任</td><td>损害赔偿</td><td>①因赠与人故意或者重大过失，致使赠与的财产毁损、灭失的，赠与人应承担损害赔偿责任；
②赠与人故意不告知赠与的财产有瑕疵或者保证赠与的财产无瑕疵，造成受赠人损失的，赠与人应承担损害赔偿责任</td></tr>
<tr><td>瑕疵担保</td><td>赠与的财产有瑕疵的，赠与人不承担责任；附义务的赠与，赠与的财产有瑕疵的，赠与人在附义务的限度内承担与出卖人相同的责任</td></tr>
<tr><td>义务免除</td><td colspan="2">赠与合同成立后，赠与人经济状况显著恶化，严重影响其生产经营或者家庭生活的，可以不再履行赠与义务</td></tr>
</table>

（二）赠与合同的撤销（见表4-51）

表4-51

<table>
<tr><th>项目</th><th>任意撤销</th><th colspan="2">法定撤销</th></tr>
<tr><td>撤销权人</td><td>赠与人</td><td>赠与人</td><td>赠与人的继承人或法定代理人</td></tr>
<tr><td>撤销情形</td><td>不得撤销的例外情形：
①救灾、扶贫等社会公益、道德义务性质的赠与合同；
②经过公证的赠与合同</td><td>（忘恩行为）受赠人有下列情形之一的，赠与人可以行使撤销权：
①严重侵害赠与人或其近亲属的合法权益；
②对赠与人有扶养义务而不履行；
③不履行赠与合同约定的义务</td><td>因受赠人的违法行为致使赠与人死亡或者丧失民事行为能力的，赠与人的继承人或者法定代理人可以撤销赠与</td></tr>
<tr><td>行使时间</td><td>在赠与财产的权利转移之前可以撤销赠与</td><td>自知道或者应当知道撤销原因之日起1年内行使</td><td>自知道或者应当知道撤销原因之日起6个月内行使</td></tr>
<tr><td>权利义务</td><td>赠与人不交付赠与的财产，受赠人可以请求交付</td><td colspan="2">撤销权人撤销赠与的，可以向受赠人要求返还赠与的财产</td></tr>
</table>

【彬哥提醒】

受赠人有忘恩行为时，无论赠与财产的权利是否转移，赠与是否具有救灾、扶贫等社会公益、道德义务性质或者经过公证，赠与人或者赠与人的继承人、法定代理人可以撤销该赠与。

【例题4-8·单选题·2012年】2011年10月8日，甲提出将其正在使用的轿车赠送给乙，乙欣然接受。10月21日，甲将轿车交付给乙，但未办理过户登记。交车时，乙向甲询问车况，甲称“一切良好，放心使用”。事实上，该车三天前曾出现刹车失灵，故障原因尚未查明。乙驾车回家途中，刹车再度失灵，车毁人伤。根据合同法律制度的规定，下列表述中，正确的是（　　）。

A. 该赠与合同的成立时间是 2011 年 10 月 8 日

B. 该赠与合同的成立时间是 2011 年 10 月 21 日

C. 乙无权就车毁人伤的损失要求甲赔偿

D. 双方没有办理过户登记，因此轿车的所有权尚未转移

【答案】A

【解析】选项 B 错误，赠与合同属于单务、无偿、诺成合同，即 10 月 8 日合同即成立；选项 C 错误，赠与人故意不告知赠与财产有瑕疵或者保证无瑕疵，造成受赠人损失的，应当承担损害赔偿责任；选项 D 错误，对于船舶、航空器和机动车等动产，其所有权的移转以交付为要件。

考点 12 借款合同（★★★）

（一）借款合同概述

（1）借款合同应当采用书面形式，但是自然人之间借款另有约定的除外。

（2）自然人之间的借款合同，自贷款人提供借款时成立。自然人之间的借款合同是实践合同，除此之外的借款合同则是诺成合同（主）。

（二）借款合同的基本规定（见表 4－52）

表 4－52

放款收款	①贷款人未按约定的日期、数额提供借款，造成借款人损失的，应当赔偿损失； ②借款人未按约定的日期、数额收取借款的，应当按照约定的日期、数额支付利息
违约使用	借款人未按照约定的借款用途使用借款的，贷款人可以停止发放借款、提前收回借款或解除合同
预扣利息（主）	①在借款合同中，借款的利息不得预先在本金中扣除； ②利息预先在本金中扣除的，应当按照实际借款数额返还借款并计算利息
利息支付期限	借款人应当按照约定的期限支付利息。对支付利息的期限没有约定或约定不明确，依照规定仍不能确定的： ①借款期限不满 1 年的，应当在返还借款时一并支付； ②借款期限 1 年以上的，应当在每届满 1 年时支付，剩余期间不满 1 年的，应当在返还借款时一并支付
借款偿还	借款人应当按照约定的期限返还借款。对借款期限没有约定或者约定不明确，依照法律有关规定仍不能确定的： ①借款人可以随时返还； ②贷款人可以催告借款人在合理期限内返还。 借款人未按照约定期限返还借款的，应当按照约定或者国家有关规定支付逾期利息
	借款人提前偿还借款的，除当事人另有约定的以外，应当按照实际借款的期间计算利息

（三）民间借贷合同

1. 民间借贷的界定

民间借贷是指自然人、法人和非法人组织之间进行资金融通的行为。

2. 民间借贷合同的无效情形

（1）套取金融机构贷款转贷的；

（2）以向其他营利法人借贷、向本单位职工集资，或者以向公众非法吸收存款等方式取得的资金转贷的；

（3）未依法取得放贷资格的出借人，以营利为目的向社会不特定对象提供借款的；

（4）出借人事先知道或者应当知道借款人借款用于违法犯罪活动仍然提供借款的；

（5）违反法律、行政法规强制性规定的；

（6）违背公序良俗的。

3. 民间借贷的利息与利率（主）

（1）借款期内利息（见图 4 –6）。

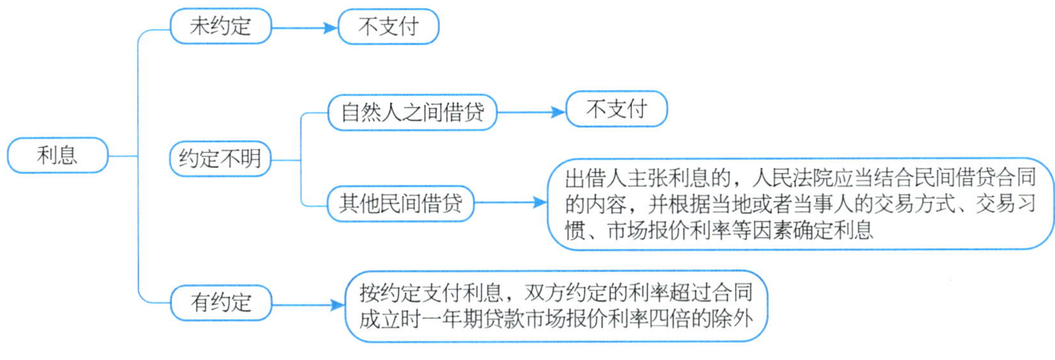

图 4 –6

（2）逾期利率（见表 4 –53）。

表 4 –53

有约定	借贷双方对逾期利率有约定的，从其约定，但是以不超过合同成立时一年期贷款市场报价利率 4 倍为限
未约定或约定不明	既未约定借期内利率，也未约定逾期利率： 出借人主张借款人自逾期还款之日起参照当时一年期贷款市场报价利率标准计算的利息承担逾期还款违约责任的，人民法院应予支持
	约定了借期内利率但是未约定逾期利率： 出借人主张借款人自逾期还款之日起按照借期内利率支付资金占用期间利息的，法院应予支持
与其他违约责任	既约定了逾期利率，又约定了违约金或者其他费用，出借人可以选择主张逾期利息、违约金或者其他费用，也可以一并主张，但是总计不得超过合同成立时一年期贷款市场报价利率 4 倍

彬哥解读

利息计算的重点就是“利率红线——合同成立时 1 年期贷款市场报价利率 4 倍”。假设一年期的银行贷款年利率为 3.85%，则一年期的借贷年利率不得超过 15.4%。因此在银行同期贷款利率 4 倍以内的属于合法利率，超过 4 倍的，是不受法律保护的。

4. 互联网借贷平台的法律责任

（1）借贷双方通过网络贷款平台形成借贷关系，网络贷款平台的提供者**仅提供媒介服务，不承担**担保责任。

（2）网络贷款平台的提供者通过明示或者有其他证据证明其为借贷**提供担保**的，应当承担担保责任。

5. 法定代表人的责任（见表 4－54）

表 4－54

情形		后果
单位名义	法人的法定代表人（或非法人组织的负责人）以**单位名义**与出借人签订民间借贷合同，有证据证明所借款项系法定代表人（或者负责人）**个人使用**	出借人可以要求将法定代表人（或负责人）列为共同被告或者第三人
个人名义	法人的法定代表人（或非法人组织的负责人）以**个人名义**与出借人签订民间借贷合同，所借款项用于**单位生产经营**	出借人可以请求单位与个人共同承担责任

6. 自然人之间的借款合同

自然人之间的借款合同为**实践合同**，自贷款人提供借款时成立（见表 4－55）**（主）**。

表 4－55

支付方式	合同成立时间
现金支付	自借款人**收到**借款时
银行转账、网上电子汇款等形式支付	自资金**到达**借款人账户时
票据交付	自借款人依法**取得**票据权利时
出借人将特定资金账户支配权授权给借款人	自借款人取得对该账户**实际支配权时**
约定的其他方式	提供借款**并实际履行完成时**

考点 13 租赁合同（★★★）

（一）租赁合同概述（主）

1. 性质

租赁合同可分为**有偿、双务、诺成**合同。

2. 租赁期限（见表 4－56）

表 4－56

不定期租赁	①租赁期限**6 个月以上的**，合同应当采用**书面形式**。 当事人未采用书面形式，视为**不定期租赁**。 ②当事人对租赁期限没有约定或者约定不明确，依照有关规定仍不能确定的，视为不定期租赁。 ③租赁期限届满，承租人继续使用租赁物，出租人没有提出异议的，原租赁合同继续有效，但租赁期限为**不定期**
最长期限	①租赁合同的期限**不得超过 20 年，超过部分无效**。 ②租赁期限届满，当事人可以续订租赁合同，但约定的租赁期限自续订之日起**仍不得超过 20 年**

（二）双方当事人的权利义务（见表 4－57）（主）

表 4－57

交付	出租人应当按照约定将租赁物交付承租人，并在租赁期间保持租赁物符合约定的用途。 【提示】租赁物危及承租人的安全或者健康的，即使承租人订立合同时明知该租赁物质量不合格，承租人仍然可以随时解除合同
维修	①出租人应当履行租赁物的维修义务，但当事人另有约定的除外； ②出租人未履行维修义务的，承租人可自行维修，维修费用由出租人负担； ③因维修租赁物影响承租人使用的，应当相应减少租金或者延长租期
租金支付	①承租人应当按照约定的期限支付租金。 ②对支付期限没有约定或者约定不明确，依照有关规定仍不能确定的，适用以下规则： 第一，租赁期限不满 1 年的，应当在租赁期限届满时支付； 第二，租赁期限 1 年以上的，应当在每届满 1 年时支付，剩余期间不满 1 年的，应当在租赁期限届满时支付； 第三，承租人无正当理由未支付或者延迟支付租金的，出租人可以要求承租人在合理期限内支付。承租人逾期不支付的，出租人可以解除合同。 ③因不可归责于承租人的事由，致使租赁物部分或者全部毁损、灭失的，承租人可以要求减少租金或者不支付租金；租赁物部分或全部毁损、灭失，致使不能实现合同目的的，承租人可以解除合同
使用	①承租人应当按照约定的方法或按照租赁物的性质使用租赁物，并应当妥善保管租赁物，如因保管不善造成租赁物毁损、灭失的，应当承担损害赔偿责任。 ②在租赁期间因占有、使用租赁物获得的收益，归承租人所有，但当事人另有约定的除外。 ③承租人经出租人同意，可以对租赁物进行改善或者增设他物，如未经出租人同意，出租人可以要求承租人恢复原状或者赔偿损失
转租	①承租人经出租人同意，可以将租赁物转租给第三人，承租人与出租人的租赁合同继续有效，第三人对租赁物造成损失的，承租人应当（向出租人）赔偿损失。 ②承租人未经出租人同意转租的，出租人可以解除合同
买卖不破租赁	租赁物在租赁期限发生所有权变动的，不影响租赁合同的效力

（三）房屋租赁合同

1. 房屋租赁的无效与处理（见表 4－58）

表 4－58

法定情形	租赁合同效力	
	一般情况	特殊情形
出租人未取得建设工程规划许可证，或者未按照建设工程规划许可证的规定建设的房屋	无效	一审法庭辩论终结前取得或批准：有效
出租人就未经批准或者未按照批准内容建设的临时建筑	无效	一审法庭辩论终结前取得或批准：有效
租赁期限超过临时建筑的使用期限	无效	一审法庭辩论终结前主管部门批准延长使用期：有效
房屋租赁合同未按照规定办理登记备案手续	未约定以登记为合同生效条件：有效	约定以登记为合同生效条件：从其约定

【彬哥提醒】

房屋租赁合同无效，当事人请求参照合同约定的租金标准支付房屋占有使用费的，人民法院一般应给予支持。

2. 房屋租赁中承租人的优先购买权（见表4－59）（主）

表4－59

含义	出租人出卖租赁房屋的，应当在出卖之前的合理期限内通知承租人，承租人享有以同等条件优先购买的权利
适用	只有租赁的房屋出售规定了优先购买权
不享有情形	①房屋共有人行使优先购买权的。 ②出租人将房屋出卖给近亲属（上下左右＋上上下下），包括配偶、父母、子女、兄弟姐妹、祖父母、外祖父母、孙子女、外孙子女的。 ③出租人委托拍卖人拍卖租赁房屋，应当在拍卖5日前通知承租人。承租人未参加拍卖的，人民法院应当认定承租人放弃优先购买权。 ④第三人善意购买租赁房屋并已经办理登记手续的
通知	出租人委托拍卖人拍卖租赁房屋，应当在拍卖5日前通知承租人。承租人未参加拍卖的，人民法院应当认定承租人放弃优先购买权
未通知	出租人出卖租赁房屋未在合理期限内通知承租人或者存在其他侵害承租人优先购买权的情形，承租人可以请求出租人承担赔偿责任，但不得请求确认出租人与第三人签订的房屋买卖合同无效

3. 房屋租赁中同住人的权利

（1）承租人在房屋租赁期间死亡的，与其生前共同居住的人可以按照原租赁合同租赁该房屋；

（2）承租人租赁房屋用于以个体工商户或个人合伙方式从事经营活动，承租人在租赁期间死亡、被宣告失踪或被宣告死亡，其共同经营人或其他合伙人请求按照原租赁合同租赁该房屋的，法院应予支持。

【例题4－9·多选题·2011年】甲承租乙的住房，租期未满，乙有意将该住房出售。根据《民法典》的规定，下列表述中，正确的有（　　）。

A. 乙应在出售之前的合理期限内通知甲，甲在同等条件下享有优先购买权

B. 如果乙对甲隐瞒情况，将房屋出售给丙，甲可以主张乙、丙之间的房屋买卖合同无效

C. 如果甲放弃优先购买权，当丙购得该住房成为新所有人后，即使租期未满，也有权要求甲立即迁出该住房

D. 如果乙的哥哥丁想要购买该住房，则甲不得主张优先购买权

【答案】AD

【解析】选项A：出租人出卖租赁房屋的，应当在出卖之前的合理期限内通知承租人，承租人享有在同等条件下优先购买的权利；选项B：出租人出卖租赁房屋未在合理期限内通知承租人或者存在其他侵害承租人优先购买权的情形，承租人请求出租人承担赔偿责任的，人民法院应予支持，但请求确认出租人与第三人签订的房屋买卖合同无效的，人民法院不予支持；选项C：租赁物在租赁期间发生所有权变动的，不影响租赁合同的效力；选项D：出租人将房屋出卖给近亲属（包括配偶、父母、子女、兄弟姐妹、祖父母、外祖父母、孙子女、外孙子女），承租人主张优先购买房屋的，人民法院不予支持。

考点14 融资租赁合同（★★★）

（一）融资租赁合同概述

1. 含义

融资租赁合同是出租人根据承租人对出卖人、租赁物的选择，向出卖人购买租赁物，提供给承租人使用，承租人支付租金的合同。

2. 基本关系

典型的融资租赁关系涉及三方当事人，即**出租人、承租人、出卖人**；涉及两个合同，即融资**租赁合同、买卖合同**。出卖人应当按照约定向承租人交付标的物，承租人享有与受领标的物有关的买受人的权利（见图4－7）。

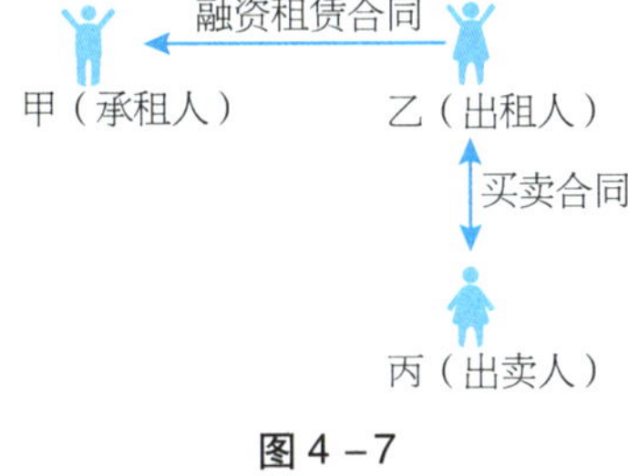

图4－7

3. 形式

融资租赁合同应当采用**书面**形式。

（二）双方的权利义务（主）

1. 出租人的权利义务（见表4－60）

表4－60

索赔权	承租人拒绝受领租赁物，未及时通知出租人，或者无正当理由拒绝受领租赁物，造成出租人损失，出租人可以请求承租人承担损害赔偿
收取租金权	承租人经**催告**后在合理期限内仍不支付租金的，出租人可以要求**支付全部租金**；也可以**解除**合同，收回租赁物
不承担租赁物瑕疵责任	租赁物不符合约定或者不符合使用目的的，**出租人不承担责任**，但承租人**依赖出租人的技能**确定租赁物或者出租人干预选择租赁物的除外

2. 承租人的权利义务（见表4－61）

表4－61

风险承担	承租人占有租赁物期间，租赁物毁损、灭失的风险由承租人承担，出租人要求承租人继续支付租金的，人民法院应予支持；但另有约定或规定的除外
解除限制	承租人在合同有效期内，无正当、充分的理由**不得解除合同**
维修义务	**承租人**应当妥善保管、使用租赁物，履行占有租赁物期间的**维修义务**
损害赔偿	承租人占有租赁物期间，租赁物造成**第三人**的人身伤害或者财产损害的，**出租人不承担责任**

（三）合同的解除

1. 出租人解除合同

有下列情形之一，出租人**可以解除**融资租赁合同：

（1）承租人未经出租人同意，将租赁物转让、转租、抵押、质押、投资入股或者以其他方式处分租赁物的；

（2）承租人未按照合同约定的期限和数额支付租金，符合合同约定的解除条件，经出租人催告后在合理期限内仍不支付的；

（3）合同对于欠付租金解除合同的情形没有明确约定，但承租人欠付租金达到**两期以上，或者数额达到全部租金15%以上，**经出租人催告后在合理期限内仍不支付的**（主）**；

（4）承租人违反合同约定，致使合同目的不能实现的其他情形。

2. 承租人解除合同

因出租人的原因致使承租人无法占有、使用租赁物，承租人可以请求**解除**融资租赁合同。

（四）租赁物所有权（见表4－62）

表4－62

租赁期内	**出租人**享有租赁物的所有权。 **【提示】**承租人破产的，租赁物不属于破产财产	
租赁期届满	有约定	①当事人约定租赁期届满租赁物归承租人所有，承租人已经支付大部分租金，但无力支付剩余租金，出租人因此解除合同收回租赁物的，收回的租赁物的价值超过承租人欠付的租金以及其他费用的，承租人可以要求**部分返还**。 ②当事人约定租赁期限届满，承租人仅需向出租人支付象征性价款的，视为约定的租金义务履行完毕后租赁物的所有权归承租人。 ③当事人约定租赁期届满租赁物归出租人所有，因租赁物毁损、灭失或者附和、混合于他物致使承租人不能返还的，出租人有权请求承租人给予合理补偿
	没有约定或约定不明确	依照《民法典》的有关规定仍不能确定的，租赁物的所有权归出租人

【彬哥提醒】

（1）租赁期内：归出租人。

（2）租赁期届满（按顺序确定）：①有约定按约定；②补充协议；③合同条款或交易习惯（如果承租人仅需支付象征性价款，视为租赁物所有权归承租人）；④归出租人。

【例题4-10·多选题·2011年】甲公司欲购乙公司生产的塔吊，因缺乏资金，遂由丙公司提供融资租赁。由于塔吊存在质量问题，吊装的物品坠落并砸伤行人丁，甲公司被迫停产修理。根据《民法典》的规定，下列各项中，正确的有（　　）。

A. 甲公司无权请求丙公司赔偿修理塔吊的费用

B. 甲公司不得以塔吊存在质量问题并发生事故为由，延付或拒付租金

C. 丙公司应当对甲公司承担违约责任

D. 丁可以请求丙公司赔偿损失

【答案】AB

【解析】选项A：融资租赁期间，维修义务由承租人承担；选项BC：租赁物不符合租赁合同约定或者不符合使用目的的，出租人不承担责任，但承租人依赖出租人的技能确定租赁物或者出租人干预选择租赁物的除外；选项D：承租人占有租赁物期间，租赁物造成第三人的人身伤害或者财产损害的，出租人不承担责任。

考点15 承揽合同（见表4-63）（★）

表4-63

含义	承揽人按照定作人的要求完成工作，交付工作成果，定作人给付报酬的合同
性质	**双务、有偿、诺成合同**
权利义务	承揽人应当完成主要工作，另有约定的除外。 ①承揽人将其承揽的**主要工作**交由第三人完成的，应当就该第三人完成的工作成果向定作人负责；未经定作人同意的，定作人可以解除合同。 ②承揽人可以将其承揽的**辅助工作**交由第三人完成，并就该第三人完成的工作成果向定作人负责
	定作人在承揽人完成工作前可以**随时解除**承揽合同，但定作人因此造成承揽人损失的，应当赔偿损失

考点16 建设工程合同（★★）

（一）概述（见表4-64）

表4-64

形式	①建设工程合同应当采用**书面**形式； ②采用招投标方式订立合同的，当事人就同一建设工程另行订立的建设工程施工合同与经过备案的中标合同实质性内容不一致的，应当以**备案**的中标合同作为结算工程价款的依据
无效情形	①承包人未取得建筑施工企业资质或者超越资质等级的。 承包人超越资质等级签订建设工程施工合同，在建设工程**竣工前**取得相应资质等级，**不按照**无效合同处理（**主**）。 ②没有资质的实际施工人借用有资质的建筑施工企业名义的。 ③建设工程必须进行招标而未招标或者中标无效的

续表

分包	经**发包人同意**，总承包人可以将自己承包的部分工作交由第三人完成；第三人就其完成的工作成果与总承包人向发包人**承担连带责任**。禁止分包人将其承包的工程再分包。 【提示】建设工程**主体结构**的施工必须由**总承包人**自行完成
禁止转包	总承包人不得将其承包的建设工程全部转包给第三人或者将其承包的全部建设工程肢解后以分包的名义分别转包给第三人
委托监理	发包人应当与监理人采用书面形式订立**委托监理合同**

（二）工程垫资与工程欠款

1. 垫资利息

（1）对垫资和垫资利息有约定，承包人可以请求按照约定返还垫资及利息；但约定的利息计算标准高于垫资时的同类贷款利率或同期贷款市场报价利率的部分除外。

（2）当事人对**垫资没有约定**的，按照**工程欠款**处理；当事人对**垫资利息没有约定的**，承包人**无权**请求支付利息。

2. 欠付工程价款利息（见表4－65）

表4－65

计付标准	有约定	按照约定处理
	没有约定	按照同期同类贷款利率或同期贷款市场报价利率计息
利息起算	从应付工程价款之日计付	
付款时间	没有约定或约定不明	下列时间视为应付款时间： ①建设工程已实际交付的，为交付之日； ②建设工程没有交付的，为提交竣工结算文件之日； ③建设工程未交付，工程价款也未结算的，为当事人起诉之日

（三）竣工日期（见表4－66）

表4－66

情形	竣工日期
建设工程经竣工验收合格的	竣工**验收**合格之日
承包人已经提交竣工验收报告，发包人拖延验收的	承包人**提交**验收报告之日
建设工程未经竣工验收，发包人擅自使用的	**转移占有**建设工程之日

（四）当事人的解除权（见表4－67）

表4－67

主体	具体规定
发包人	承包人将建设工程转包、违法分包的，发包人可以**解除**合同
承包人	发包人提供的主要建筑材料、建筑构配件和设备不符合强制性标准或者不履行协助义务，致使承包人无法施工，经催告后在合理期限内仍未履行相应义务的，承包人可以解除合同

（五）工程价款优先权

1. 行使

发包人未按照约定支付价款的，承包人可以催告发包人在合理期限内支付价款。发包人逾期不支付的，除按照建设工程的性质不宜折价、拍卖的以外，承包人可以与发包人协议将该工程折价，可以申请人民法院将该工程依法拍卖。建设工程的价款就该工程折价或者拍卖的价款优先受偿。

2. 优先性

（1）建筑工程的承包人的优先受偿权优于抵押权和其他债权。

（2）消费者交付购买商品房的全部或者大部分款项后，承包人就该商品房享有的工程价款优先受偿权不得对抗买受人。

3. 工程价款范围

建筑工程价款包括承包人为建设工程应当支付的工作人员报酬、材料款等实际支出的费用，不包括承包人因发包人违约所造成的损失。

【彬哥提醒】

发包人与承包人约定放弃或者限制建设工程价款优先受偿权，损害建筑工人利益，发包人根据该约定主张承包人不享有建设工程价款优先受偿权的，人民法院不予支持。

4. 优先权的期限

建设工程承包人行使优先权的期限为18个月，自发包人应当给付建设工程价款之日起计算。

考点17 委托合同（见表4－68）（★）

表4－68

性质	有偿合同/无偿合同
适用范围	委托分为特别委托与概括委托（委托人可以特别委托受托人处理一项或者数项事务，也可以概括委托受托人处理一切事务）
解除权	委托人或者受托人可以随时解除委托合同
转委托	①转委托经同意的，委托人可以就委托事务直接指示第三人，受托人仅就第三人的选任及其对第三人的指示承担责任； ②转委托未经同意的，受托人应当对第三人的行为承担责任，但在紧急情况下受托人为维护委托人的利益需要转委托的除外
隐名代理	第三人在订立合同时知道受托人与委托人之间的代理关系的： 该合同直接约束委托人和第三人，但有确切证据证明该合同只约束受托人和第三人的除外
	第三人在订立合同时不知道受托人与委托人之间的代理关系的： ①受托人因第三人的原因对委托人不履行义务，受托人应当向委托人披露第三人，委托人因此可以行使受托人对第三人的权利，但第三人如果知道该委托人存在，就不会与受托人订立合同的除外； ②受托人因委托人的原因对第三人不履行义务，受托人应当向第三人披露委托人，第三人因此可以选择受托人或者委托人作为相对人主张其权利，但第三人不得变更选定的相对人

续表

损失赔偿	①有偿的委托合同，因受托人的**过错**给委托人造成损失的，委托人可以要求赔偿损失； ②无偿的委托合同，因受托人的**故意或重大过失**给委托人造成损失的，委托人可以要求赔偿损失； ③两个以上的受托人共同处理委托事务的，对委托人承担**连带责任**

【例题4－11·单选题·2015年】根据合同法律制度的规定，下列关于委托合同的表述中，正确的是（　　）。

A. 原则上受托人有权转委托，不必征得委托人同意

B. 无偿的委托合同，因受托人一般过失给委托人造成损失的，委托人可以要求赔偿损失

C. 有偿的委托合同，因不可归责于受托人的事由，委托事务不能完成的，委托人有权拒绝支付报酬

D. 两个以上的受托人共同处理委托事务的，对委托人承担连带责任

【答案】D

【解析】选项A错误，经委托人同意，受托人可以转委托；选项B错误，无偿的委托合同，因受托人的故意或者重大过失给委托人造成损失的，委托人可以要求赔偿损失；选项C错误，因不可归责于受托人的事由，委托合同解除或者委托事务不能完成的，委托人应当向受托人支付相应的报酬；当事人另有约定的，按照其约定。

考点18　运输合同（见表4－69）（★）

表4－69

客运合同	旅客权利义务	①旅客不交付票款的，承运人可以拒绝运输； ②旅客可以**自行决定解除**客运合同
	承运人权利义务	①承运人擅自降低服务标准的，应当根据旅客的要求退票或者减收票款；提高服务标准的，**不应当加收票款**。 ②在运输过程中旅客自带物品毁损、灭失，承运人有过错的，应当承担损害赔偿责任
货运合同	托运人权利义务	在承运人将货物交付收货人之前，托运人可以要求承运人**中止**运输、**返还**货物、**变更**到达地或者将货物交给其他收货人，但应当赔偿承运人因此受到的损失（随时解除权）
	承运人权利义务	①货物运输到达后，承运人知道收货人的，应当**及时通知**收货人，收货人应当及时提货。收货人不明或者收货人无正当理由拒绝受领货物的，承运人可以依法提存货物。 ②承运人对运输过程中货物的毁损、灭失承担损害赔偿责任，但承运人证明货物的毁损、灭失是因不可抗力、货物本身的自然性质或者合理损耗以及托运人、收货人的过错造成的，不承担损害赔偿责任**（主）**。 ③货物在运输过程中因**不可抗力**灭失，未收取运费的，承运人**不得要求支付运费**；已收取运费的、托运人**可以要求返还（主）**

考点19 行纪合同（★）

（一）性质

（1）行纪合同是行纪人以自己的名义为委托人从事贸易活动，委托人支付报酬的合同。

（2）行纪合同与委托合同的区别（见表4－70）。

表4－70

区别	委托合同	行纪合同
名义	以委托人的名义	行纪人以自己的名义
性质	有偿或无偿	有偿合同
费用	委托人承担	行纪人自行承担，另有约定除外

（二）行纪合同当事人的权利义务（见表4－71）

表4－71

费用	①行纪人处理委托事务产生的费用，由行纪人负担。 ②行纪人占有委托物的，应当妥善保管委托物
报酬	①行纪人完成或部分完成委托事务的，委托人应当向其支付相应的报酬； ②委托人逾期不支付报酬的，行纪人对委托物享有留置权，但另有约定的除外
违背指定价格	①行纪人在行纪中低于委托人指定的价格卖出或者高于委托人指定的价格买入的应当经委托人同意。未经委托人同意，行纪人补偿其差额的，该买卖对委托人发生效力。 ②行纪人高于委托人指定的价格卖出或者低于委托人指定的价格买入的，可以按照约定增加报酬。没有约定或者约定不明确，依照有关规定仍不能确定的，该利益属于委托人。 【提示】委托人对价格有特别指示的，行纪人不得违背该指示卖出或者买入
与第三人之间的合同	①行纪人与第三人订立合同的，行纪人对该合同直接享有权利、承担义务； ②第三人不履行义务致使委托人受到损害的，行纪人应当承担损害赔偿责任，但行纪人与委托人另有约定的除外

考点20 技术合同（★）

（一）技术合同种类（见图4－8）

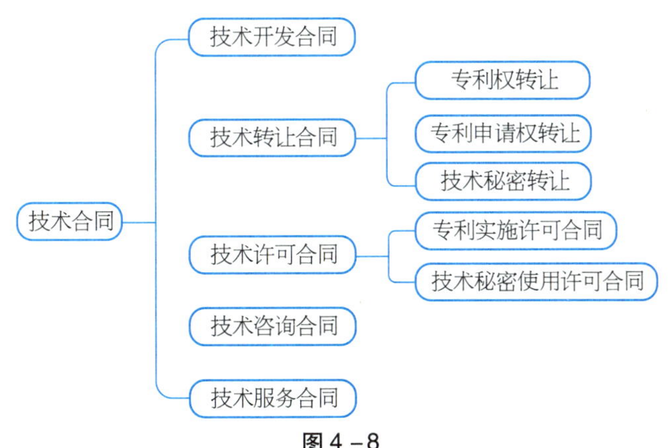

图4－8

（二）职务技术成果

1. 含义

职务技术成果是执行法人或者非法人组织的工作任务，或者主要是利用法人或者非法人组织的物质技术条件所完成的技术成果。

2. 归属

（1）职务技术成果的使用权、转让权属于法人或者非法人组织的，**法人或者非法人组织**可以就该项职务技术成果订立技术合同。

（2）非职务技术成果的使用权、转让权属于完成技术成果的个人，完成技术成果的**个人**可以就该项非职务技术成果订立技术合同。

3. 优先受让

法人或者非法人组织订立技术合同转让职务技术成果时，职务技术成果的完成人享有以**同等条件优先受让的权利**。

恭喜你，
已完成第四章的学习

所有人都是在泥沼中挣扎前行的，没有谁是真的风轻云淡一尘不染，唯有就算喝着泥水，也要继续攀爬前进的人，才有可能撑到最后。困难不是我们放弃的理由，真正让你放弃的，仅仅是那份渴望原本就不强烈。

CHAPTER FIVE

第五章　合伙企业法律制度

考情雷达

合伙企业是合伙人共同出资、共同经营、共享收益、共担风险的自愿联合，最关键的是合伙人共同承担经营风险。主要会学习普通合伙企业和有限合伙企业两大主体，知识难度较小，但需要对比记忆。本章属于次重点章节之一，近年以选择题考查为主。考试分值在7分左右。

本章内容与去年相比无实质性变化。

考点地图

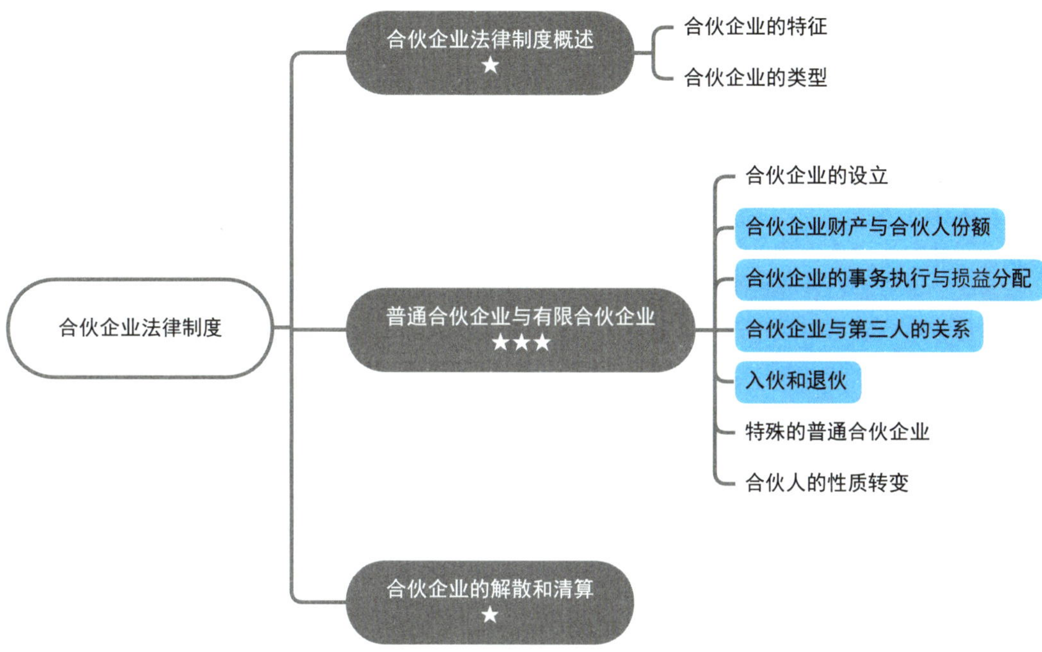

考点1　合伙企业法律制度概述（★）

（一）合伙企业的特征

（1）合伙人共同出资、共同经营、共享收益、**共担风险**的自愿联合；

（2）合伙企业的信用基础最终取决于普通合伙人的偿付能力；

（3）合伙企业**无法人资格**，但具有许多类似法人的特点；

（4）合伙企业的内部治理高度灵活；

（5）合伙企业并非企业所得税纳税人。

（二）合伙企业的类型及责任承担（见表5－1）

表5－1

类型	组成	责任承担	
普通合伙企业	普通合伙人	（一般）普通合伙企业	所有合伙人对合伙企业债务依法承担无限连带责任
		特殊的普通合伙企业	遵从特别规定
有限合伙企业	普通合伙人	对合伙企业债务承担无限连带责任	
	有限合伙人	以其认缴的出资额为限对合伙企业债务承担有限责任	

彬哥解读

无限连带责任包含两个方面：

①无限责任。

所有的合伙人不仅以自己投入合伙企业的资金和合伙企业的其他资金对债权人承担清偿责任，而且在不够清偿时，还要以合伙人自己所有的财产对债权人承担清偿责任。

②连带责任。

即当合伙企业不能清偿到期债务时，所有的合伙人对合伙企业的债务都有责任向债权人偿还，不管自己在合伙协议中所确定的承担比例如何。但是，当某一合伙人偿还合伙企业的债务超过自己所应承担的数额时，有权向其他合伙人追偿。

考点2 合伙企业的设立（★★）

表5－2

设立条件		普通合伙企业	有限合伙企业
合伙人	人数	2人以上（无最高人数限额） 自然人合伙人应具有完全民事行为能力	2人以上50人以下。 至少应当有1个普通合伙人
	共同点	可以是自然人，也可以是法人或者其他组织	
	区别	国有独资公司、国有企业、上市公司以及公益性的事业单位、社会团体不得成为普通合伙人	国有独资公司、国有企业、上市公司以及公益性的事业单位、社会团体不得成为普通合伙人，但可以成为有限合伙人
合伙协议		①合伙协议应当依法由全体合伙人协商一致，以书面形式订立； ②合伙协议经全体合伙人签名、盖章后生效； ③修改或补充合伙协议，应当经全体合伙人一致同意；但合伙协议另有约定的除外	
认缴或实际缴付的出资		①可以用货币、实物、知识产权、土地使用权或者其他财产权利作价出资； ②出资需要评估作价的，可以由全体合伙人协商或由全体合伙人委托法定评估机构评估	
		普通合伙人可以用劳务出资，其评估办法由全体合伙人协商确定，并在合伙协议中载明	有限合伙人不得以劳务出资
企业名称		标明“普通合伙（特殊普通合伙）”	标明“有限合伙”字样
生产经营场所		合伙企业主要经营场所只能有一个，并且应当在其企业登记机关登记管辖区域内	

【彬哥提醒】

有限合伙企业仅剩有限合伙人的，应当**解散**；有限合伙企业仅剩普通合伙人的，应当**转为**普通合伙企业。

【例题5－1·单选题·2014年真题改编】甲上市公司、乙普通合伙企业、丙国有企业和丁公立大学拟共同设立一有限合伙企业，根据合伙企业法律制度的规定，甲、乙、丙、丁中可以成为普通合伙人的是（　　）。

A. 甲　　B. 乙　　C. 丙　　D. 丁

【答案】B

【解析】国有独资公司、国有企业、上市公司以及公益性的事业单位、社会团体只能成为有限合伙人，故选项ACD错误。

【例题5－2·单选题·2016年】根据合伙企业法律制度的规定，下列出资形式中，只能由全体合伙人协商确定其评估办法的是（　　）。

A. 实物　　B. 土地使用权　　C. 知识产权　　D. 劳务

【答案】D

【解析】选项ABC错误，合伙人以实物、知识产权、土地使用权或者其他财产权利出资，需要评估作价的，可以由全体合伙人协商确定，也可以由全体合伙人委托法定评估机构评估；选项D正确，合伙人以劳务出资的，其评估办法由全体合伙人协商确定，并在合伙协议中载明。

考点3　合伙企业财产与合伙人份额（★★★）

（一）合伙企业财产的构成（见表5－3）

表5－3

合伙企业财产的构成	具体内容
合伙人的出资	合伙企业的原始财产是全体合伙人**认缴的财产**，而非各合伙人实际缴纳的财产
以合伙企业名义取得的收益	包括合伙企业的公共积累资金、未分配的利润、合伙企业债权、合伙企业取得的工业产权和非专利技术等财产权利
依法取得的其他财产	如合法接受的赠与财产等

（二）合伙企业财产的性质

1. 独立性

合伙企业的财产独立于合伙人，合伙人出资以后，合伙企业的财产权主体是合伙企业，而不是单独的每一个合伙人。

2. 完整性（见图5－1）

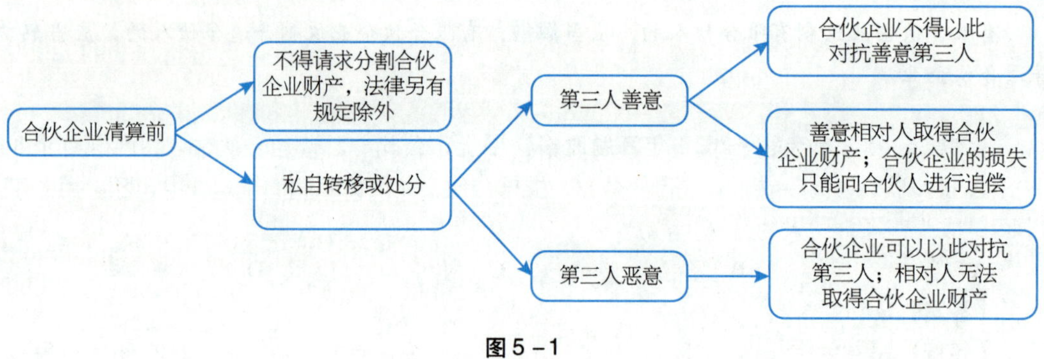

图5－1

案例胶卷

普通合伙人甲为清偿其对合伙企业以外的第三人乙的20万元个人债务，私自将合伙企业的一台工程机械以25万元的市价卖给善意第三人丙并交付。即使价款被其挥霍一空，合伙企业也无权从丙处取回工程机械，合伙企业的损失只能向甲进行追偿。

（三）普通合伙企业财产份额出质与转让（见图5－2）

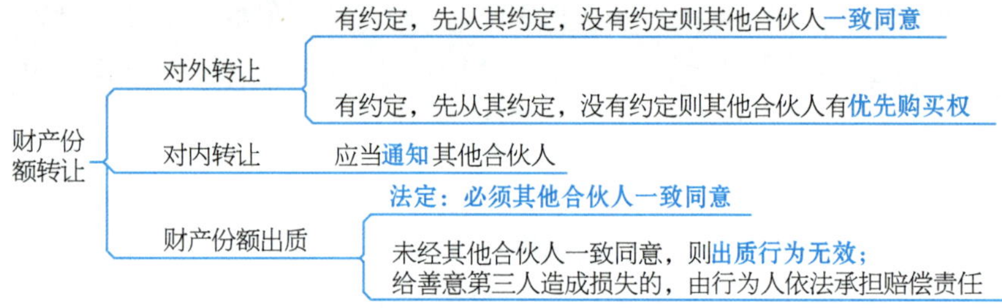

图5－2

（四）有限合伙企业财产出质与转让的特殊规定（见表5－4）

表5－4

区分	普通合伙人	有限合伙人
对外转让	有约定从其约定，没有约定需其他合伙人一致同意	提前30日通知其他合伙人
	有约定从其约定，没有约定，其他合伙人有优先购买权	其他合伙人有优先购买权
财产份额出质	须经其他合伙人一致同意，否则无效	有限合伙人可以将其在有限合伙企业中的财产份额出质，但合伙协议另有约定的除外

【例题5－3·多选题·2021年】甲、乙、丙共同出资设立某普通合伙企业，合伙协议对于合伙人财产份额转让没有约定，在企业存续期间，甲欲转让其部分财产份额给合伙人乙和非合伙人丁。根据合伙企业法律制度的规定，下列表述中，不正确的有（　　）。

A. 丙对于甲向丁转让的财产份额无优先购买权

B. 甲向乙转让部分财产份额需要经过丙同意

C. 甲向丁转让财产份额需要经过乙、丙同意

D. 丙对于甲向乙转让的财产份额有优先购买权

【答案】ABD

【解析】

①选项A错误、选项C正确，除合伙协议另有约定外，普通合伙人向合伙人以外的人转让其在合伙企业中的全部或者部分财产份额时，有约定从其约定，没有约定须经其他合伙人一致同意（其他合伙人有优先购买权）。丁是非合伙人，对丁转让属于对外转让，由于合伙协议没有特殊约定，经乙、丙同意，甲即可对外转让财产份额，丙享有优先购买权。

②选项BD错误，根据规定，普通合伙人在内部之间转让其在合伙企业中的全部或者部分财产份额时，应当通知其他合伙人（无须其他合伙人同意）。乙是合伙人之一，对乙转让属于内部转让，不必取得其他合伙人同意，只需通知其他合伙人。

③题目要求选择“不正确”的，因此选项ABD当选。

考点4　合伙企业的事务执行与损益分配（★★★）

（一）合伙事务执行

1. 普通合伙企业的事务执行（见表5－5）

表5－5

形式	适用情形	效力
全体合伙人共同	合伙协议未约定或者全体合伙人未决定委托执行事务合伙人	各个合伙人都对外代表合伙企业
委托一个或数个合伙人	按照合伙协议的约定或经全体合伙人决定	执行人对外代表合伙企业
		其他合伙人不再执行合伙事务

2. 有限合伙企业事务执行的特殊规定（见表5－6）

表5－6

事务执行人	有限合伙企业由普通合伙人执行合伙事务，有限合伙人不执行合伙事务，不得对外代表有限合伙企业

续表

有限合伙人特殊规定	有限合伙人的下列行为，**不视为执行合伙事务**： ①参与决定普通合伙人**入伙、退伙**； ②对企业的经营管理**提出建议**； ③参与**选择承办**有限合伙企业审计业务的会计师事务所； ④获取经审计的有限合伙企业**财务会计报告**； ⑤对涉及自身利益的情况，**查阅**有限合伙企业财务会计账簿等财务资料； ⑥在有限合伙企业中的利益受到侵害时，向有责任的合伙人主张权利或者提起诉讼； ⑦执行事务合伙人怠于行使权利时，**督促**其行使权利或者为了本企业的利益以**自己的名义**提起诉讼； ⑧依法为本企业提供**担保**

【彬哥提醒】

第三人有理由相信有限合伙人为普通合伙人并与其交易的，该有限合伙人对该笔交易承担与普通合伙人一样的责任。有限合伙人未经授权以有限合伙企业名义与他人进行交易，给有限合伙企业或者其他合伙人造成损失的，该有限合伙人应当承担赔偿责任。

（二）合伙人在执行合伙事务中的权利和义务（见表5－7）

表5－7

权利	平等权	合伙人对执行合伙事务享有同等的权利**（与出资额大小无关）**
	代表权	执行合伙事务的合伙人**对外代表**合伙企业，其他合伙人不得对外代表合伙企业
	监督权	不执行合伙事务的合伙人的**监督权**
	查阅权	合伙人查阅合伙企业会计账簿等财务资料的权利
	提出异议权	①合伙人分别执行合伙事务的，**执行事务合伙人可以**对其他合伙人执行的事务提出异议； ②提出异议时，应当**暂停**该项事务的执行； ③如果发生争议，按照合伙协议**约定**的表决办法办理，合伙协议未约定或者约定不明确的，实行合伙人**一人一票并经全体合伙人过半数**通过的表决办法
	撤销委托权	受托执行合伙事务的合伙人不按照合伙协议或者全体合伙人的决定执行事务的，其他合伙人可以决定撤销该委托
义务	**竞业禁止**	**不得**自营或与他人合作经营与本合伙企业相竞争的业务（绝对禁止）
	交易限制	除合伙协议另有约定或者经全体合伙人同意外，不得同本企业进行交易**（约定/全体同意→禁止交易）**
	损害利益限制	①合伙人不得从事损害本合伙企业利益的活动。 ②获得的利益和财产**退还合伙企业**；造成损失的，依法承担赔偿责任
	报告经营状况和财务状况	执行事务合伙人应当定期向其他合伙人报告事务执行情况以及合伙企业的经营状况和财务状况，其执行合伙事务所产生的**收益归合伙企业**，所产生的费用和**亏损由合伙企业承担**

考点收纳盒

表 5－8

区分	普通合伙人	有限合伙人
合伙人同本合伙企业进行交易	约定/全体同意→禁止交易	约定→允许
合伙人自营或同他人合作经营与合伙企业相竞争的业务	绝对禁止	约定→允许

（三）合伙事务执行的决议办法（见表 5－9）

表 5－9

决议办法	具体内容	
约定	由合伙协议对决议办法作出约定（不与法律相抵触）	
未约定或约定不明	一般事项	合伙人一人一票并经全体合伙人过半数通过的表决办法
	特别事项	除合伙协议另有约定外，下列事项应当经全体合伙人一致同意： ①改变合伙企业的名称； ②改变合伙企业的经营范围、主要经营场所的地点； ③处分合伙企业的不动产（不包括动产）； ④转让或者处分合伙企业的知识产权和其他财产权利； ⑤以合伙企业名义为他人提供担保； ⑥聘任合伙人以外的人担任合伙企业的经营管理人员

（四）合伙企业的损益分配（见表 5－10）

表 5－10

事项	普通合伙企业	有限合伙企业
分配原则	合伙企业的利润分配、亏损分担，按照合伙协议的约定办理；合伙协议未约定或者约定不明确的，由合伙人协商决定；协商不成的，由合伙人按照实缴出资比例分配、分担；无法确定出资比例的，由合伙人平均分配、分担（协议约定→协商→实缴出资→平分）	
分配限制	不得约定将全部利润分配给部分合伙人或由部分合伙人承担全部亏损	①约定→不得将全部利润分配给部分合伙人； ②不得约定部分合伙人承担全部亏损

（五）非合伙人参与经营管理（见表 5－11）

表 5－11

前提条件	除合伙协议另有约定外，经全体合伙人一致同意，可以聘任合伙人以外的人担任合伙企业的经营管理人员
资格	被聘任的经营管理人员，仅是合伙企业的经营管理人员，不是合伙企业的合伙人，因而不具有合伙人的资格
职责	①被聘任的合伙企业的经营管理人员应当在合伙企业授权范围内履行职务； ②被聘任的合伙企业的经营管理人员，超越合伙企业授权范围履行职务，或在履行职务过程中因故意或重大过失给合伙企业造成损失的，依法承担赔偿责任

【例题5-4·单选题·2021年】 有限合伙企业可以约定的事项是（　　）。

A. 分配全部利润给部分合伙人　　B. 有限合伙人执行合伙事务

C. 有限合伙人对外代表合伙企业　　D. 合伙人不承担责任

【答案】 A

【解析】

①选项A正确，根据规定，有限合伙企业不得将全部利润分配给部分合伙人；但是，合伙协议另有约定的除外，即可以另行约定。

②选项BC错误，有限合伙企业由普通合伙人执行合伙事务，有限合伙人不执行合伙事务，不得对外代表有限合伙企业，这是法律强制性规定，不能约定排除。

③选项D错误，有限合伙企业中，普通合伙人承担无限连带责任，有限合伙人以其认缴的出资额为限对合伙企业债务承担责任，这是法律强制性规定，不能约定排除。

【例题5-5·单选题·2012年】 根据合伙企业法律制度的规定，除合伙协议另有约定外，下列事项中，需全体合伙人一致同意的是（　　）。

A. 聘请合伙人以外的人担任企业的财务负责人

B. 出售合伙企业名下的动产

C. 合伙人以其个人财产为他人提供担保

D. 聘请会计师事务所承办合伙企业的审计业务

【答案】 A

【解析】 选项B错误，处分合伙企业的“不动产”需全体合伙人一致同意；选项C错误，以“合伙企业名义”为他人提供担保需全体合伙人一致同意；选项D错误，聘请会计师事务所承办合伙企业的审计业务，不需全体合伙人一致同意。

【例题5-6·单选题·2018年】 2017年6月，自然人甲、乙、丙设立某合伙企业。合伙协议约定：甲、乙各出资30万元，丙出资90万元，均应于合伙企业成立之日起2年内缴清；合伙协议未约定利润分配事项。2018年6月，合伙企业拟分配利润，此时甲、乙已完全履行出资义务，丙已向合伙企业出资60万元，在甲、乙、丙未能就此次利润分配方案达成一致意见的情形下，下列关于此次利润应如何分配的表述中，正确的是（　　）。

A. 甲、乙、丙应按1:1:2的比例分配

B. 甲、乙、丙应按1:1:3的比例分配

C. 甲、乙、丙应按1:1:1的比例分配

D. 甲、乙、丙应按各自对合伙企业的贡献度分配

【答案】 A

【解析】 合伙企业的利润分配、亏损分担，按照合伙协议的约定办理；合伙协议未约定或者约定不明确的，由合伙人协商决定；协商不成的，由合伙人按照“实缴的出资比例”（选项A）分配、分担；无法确定出资比例的，由合伙人平均分配、分担。

考点5 合伙企业与第三人的关系（★★）

（一）普通合伙企业的债务清偿（见表5－12）

表5－12

清偿顺序		具体内容
企业清偿		合伙企业对其债务，应先以其全部财产进行清偿
合伙人清偿	对外连带	①合伙企业的全部财产不足以偿付到期债务时，合伙企业的债权人有权就合伙企业所负债务向任何一个合伙人主张。 ②合伙人之间的分担比例对债权人没有约束力。债权人可以根据自己的清偿利益，请求全体合伙人中的一人或数人承担全部清偿责任，也可以按照自己确定的清偿比例向各合伙人分别追索
	对内追偿	合伙人由于承担无限连带责任，清偿数额超过规定的亏损分担比例的，有权向其他合伙人追偿

（二）普通合伙人的债务清偿（见表5－13、图5－3）

表5－13

2个不得	不得抵销；不得代位	合伙人发生与合伙企业无关的债务，相关债权人不得以其债权抵销其对合伙企业的债务，也不得代位行使合伙人在合伙企业中的权利
2个可以	可以以收益清偿	合伙人的自有财产不足清偿其与合伙企业无关的债务的，该合伙人可以以其从合伙企业中分取的收益用于清偿
	可以强制执行	①债权人可以依法请求人民法院强制执行该合伙人在合伙企业中的财产份额用于清偿； ②人民法院强制执行合伙人的财产份额时，应当通知全体合伙人，其他合伙人有优先购买权； ③其他合伙人未购买，又不同意将该财产份额转让给他人的，依法为该合伙人办理退伙结算，或者办理削减该合伙人相应财产份额的结算

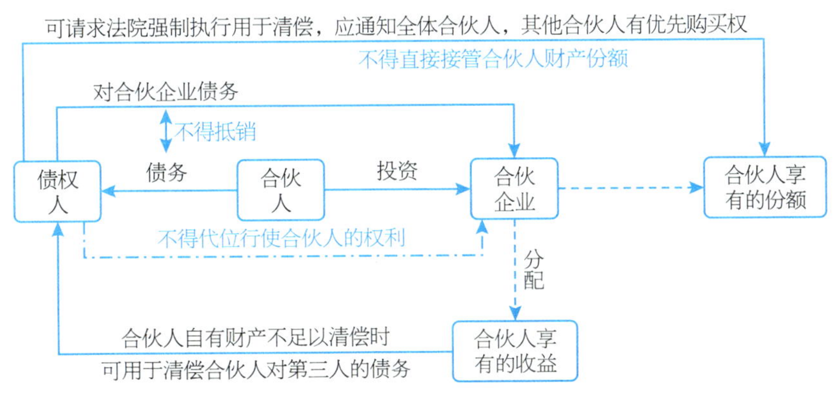

图5－3

（三）有限合伙人债务清偿的特殊规定（清偿其与合伙企业无关的债务）

（1）以自有财产清偿。

（2）自有财产不足以清偿时：

①该合伙人可以以其从有限合伙企业中分取的**收益**用于清偿；

②债权人也可以依法请求法院强制执行该合伙人在有限合伙企业中的财产份额用于清偿。

第一，法院强制执行时，应当**通知**全体合伙人（无须其他合伙人一致同意）；

第二，在同等条件下，其他合伙人**有优先购买权**。

【例题5－7·单选题·2019年】某普通合伙企业有甲、乙、丙、丁四位合伙人，合伙协议约定，合伙企业债务由合伙人平均承担。现该合伙企业无力清偿到期债务12万元，甲向债权人清偿了9万元，乙向债权人清偿了3万元。根据合伙企业法律制度的规定，下列关于合伙企业债务内部追偿的表述中，正确的是（　　）。

A. 甲无权向丙或丁追偿3万元　　B. 甲可以向乙追偿3万元

C. 甲可以向丁追偿3万元　　D. 甲可以向丙追偿6万元

【答案】C

【解析】合伙协议约定“平均承担”，因此每人承担3万元，则甲可以向丙或丁各追偿3万元。

考点6　入伙和退伙（★★★）

（一）入伙（见表5－14）

表5－14

事项	普通合伙人	有限合伙人
条件和程序	新合伙人入伙，除合伙协议另有约定外，应当经**全体合伙人一致同意**，并依法订立书面入伙协议	
权利和责任	入伙的新合伙人与原合伙人享有同等权利，承担同等责任，入伙协议另行约定的除外 新入伙的普通合伙人对**入伙前**合伙企业的**债务承担无限连带责任**	新入伙的有限合伙人对入伙前有限合伙企业的债务，以其**认缴的出资额为限**承担责任

（二）退伙

1. 自愿退伙（见表5－15）

表5－15

分类	具体情形
协议退伙	①合伙协议约定的退伙事由出现； ②经**全体合伙人一致同意**； ③发生合伙人难以继续参加合伙的事由； ④其他合伙人严重违反合伙协议约定的义务
通知退伙	合伙协议**未约定**合伙期限的，合伙人在**不**给合伙企业事务执行**造成不利影响**的情况下，**提前30日通知**其他合伙人

2. 强制退伙（见表 5－16）

表 5－16

分类	具体情形	普通合伙人	有限合伙人
当然退伙	个人丧失偿债能力	√	不退伙
	合伙人被依法认定为无民事行为能力人或者限制民事行为能力人（丧失民事行为能力）	①其他合伙人一致同意转为有限合伙人； ②否则退伙	不退伙
	作为合伙人的自然人死亡或者被依法宣告死亡	√	√
	作为合伙人的法人或者非法人组织依法被吊销营业执照、责令关闭、撤销，或者被宣告破产	√	√
	法律规定或者合伙协议约定合伙人必须具有相关资格而丧失该资格	√	√
	合伙人在合伙企业中的全部财产份额被人民法院强制执行	√	√
	当然退伙，以退伙事由实际发生之日为退伙生效日		
除名退伙	合伙人有下列情形之一的，经其他合伙人一致同意可以决议将其除名： ①未履行出资义务； ②因故意或者重大过失给合伙企业造成损失； ③执行合伙事务时有不正当行为； ④发生合伙协议约定的事由		
	除名决议应当书面通知被除名人；被除名人接到除名通知之日，除名生效，被除名人退伙；被除名人对除名决议有异议的，可以自接到除名通知之日起 30 日内，向人民法院起诉		

3. 退伙的效果

（1）财产继承。

①普通合伙人（见表 5－17）。

表 5－17

继承人	效果
具有完全民事行为能力人	按照合伙协议的约定或者经全体合伙人一致同意，可以取得普通合伙人资格
无民事行为能力人或限制民事行为能力人	经全体合伙人一致同意，可以依法成为有限合伙人，普通合伙企业依法转为有限合伙企业
全体合伙人未能一致同意继承人入伙	合伙企业应当将被继承合伙人的财产份额退还该继承人
继承人不愿意成为合伙人	
未取得法律规定或者合伙协议约定合伙人必须具有的相关资格	

②有限合伙人。

作为有限合伙人的自然人死亡，被依法宣告死亡或者作为有限合伙人的法人及其他组织终止时，有限合伙人的继承人或权利承受人可以**依法取得**该有限合伙人在合伙企业中的资格。

（2）退伙的责任承担（见表5－18）。

表5－18

普通合伙人	有限合伙人
对退伙前的原因发生的合伙企业债务，承担**无限连带责任**	对基于其退伙前的原因发生的有限合伙企业债务，以其**退伙时从有限合伙企业中取回的财产**承担责任

【例题5－8·多选题·2016年】某普通合伙企业经营期间，吸收甲入伙。甲入伙前合伙企业已负债20万元。甲入伙1年后退伙，在此期间合伙企业新增债务10万元，甲退伙后半年，合伙企业解散，以企业全部财产清偿债务后，尚有80万元债务不能清偿。根据合伙企业法律制度的规定，下列关于甲承担清偿责任的表述中，正确的有（　　）。

A. 甲对担任合伙人期间合伙企业新增加的10万元债务承担无限连带责任

B. 甲对合伙企业解散后尚未清偿的全部80万元债务承担无限连带责任

C. 甲对入伙前合伙企业的20万元债务承担无限连带责任

D. 甲对入伙后至合伙企业解散时新增的60万元债务承担无限连带责任

【答案】AC

【解析】选项AC正确，退伙人对基于其退伙前的原因发生的合伙企业债务，承担无限连带责任；普通合伙企业的新合伙人对入伙前合伙企业的债务承担无限连带责任。

【例题5－9·单选题·2017年】某普通合伙企业合伙人甲死亡，其未成年子女乙、丙是其全部合法继承人。根据合伙企业法律制度的规定，下列表述中，正确的是（　　）。

A. 乙、丙可以继承甲的财产份额，但不能成为合伙人

B. 乙、丙因继承甲的财产份额自动取得合伙人资格

C. 经全体合伙人一致同意，乙、丙可以成为有限合伙人

D. 应解散合伙企业，清算后向乙、丙退还甲的财产份额

【答案】C

【解析】合伙人死亡或者被依法宣告死亡的，对该合伙人在合伙企业中的财产份额享有合法继承权的继承人，按照合伙协议的约定或者经全体合伙人一致同意，从继承开始之日起，取得该合伙企业的合伙人资格。普通合伙人的继承人为无民事行为能力人或者限制民事行为能力人的，经全体合伙人一致同意，可以依法成为有限合伙人，普通合伙企业依法转为有限合伙企业；全体合伙人未能一致同意的，合伙企业应当将被继承合伙人的财产份额退还该继承人。

考点7 特殊的普通合伙企业（★）

表5－19 特殊的普通合伙企业

<table>
<tr><td>概念</td><td colspan="3">通常是以专业知识和专门技能为客户提供有偿服务的专业服务机构</td></tr>
<tr><td>名称</td><td colspan="3">标明“特殊普通合伙”字样</td></tr>
<tr><td>风险防范</td><td colspan="3">①特殊的普通合伙企业应当建立执业风险基金、办理职业保险；
②执业风险基金应当单独立户管理</td></tr>
<tr><td rowspan="3">责任承担</td><td colspan="2">非因故意或重大过失</td><td>全体合伙人承担无限连带责任</td></tr>
<tr><td rowspan="2">因故意或重大过失</td><td>对外</td><td>责任人：承担无限责任或无限连带责任；
其他合伙人：以其在合伙企业中的财产份额为限承担责任</td></tr>
<tr><td>对内</td><td>合伙人执业活动中因故意或者重大过失造成的合伙企业债务，以合伙企业财产对外承担责任后，该合伙人应当按照合伙协议的约定对给合伙企业造成的损失承担赔偿责任</td></tr>
</table>

【例题5－10·单选题·2013年】 注册会计师甲、乙、丙共同出资设立一家特殊的普通合伙制会计师事务所。因甲、乙在某次审计业务中故意出具不实审计报告，人民法院判决会计师事务所赔偿当事人50万元。根据合伙企业法律制度的规定，下列关于该赔偿责任承担的表述中，正确的是（　　）。

A. 以该会计师事务所的全部财产为限承担责任

B. 甲、乙、丙均承担无限连带责任

C. 甲、乙、丙均以其在会计师事务所中的财产份额为限承担责任

D. 甲、乙承担无限连带责任，丙以其在会计师事务所中的财产份额为限承担责任

【答案】 D

【解析】 一个合伙人或者数个合伙人在执业活动中因故意或者重大过失造成合伙企业债务的，应当承担无限责任或者无限连带责任，其他合伙人以其在合伙企业中的财产份额为限承担责任。本题中，该项赔偿责任因甲、乙的故意行为导致，因此，甲、乙应承担无限连带责任，丙以其在会计师事务所中的财产份额为限承担责任。

考点8 合伙人的性质转变（★★）

（一）要求

除合伙协议另有约定外，普通合伙人转变为有限合伙人，或者有限合伙人转变为普通合伙人，应当经全体合伙人一致同意（约定→一致同意）。

（二）责任承担

1. 有限合伙人→普通合伙人

有限合伙人转变为普通合伙人的，对其作为**有限合伙人期间**有限合伙企业发生的债务承担**无限连带责任**。

2. 普通合伙人→有限合伙人

普通合伙人转变为有限合伙人的，对其作为**普通合伙人期间**合伙企业发生的债务承担**无限连带责任**（见图5－4）。

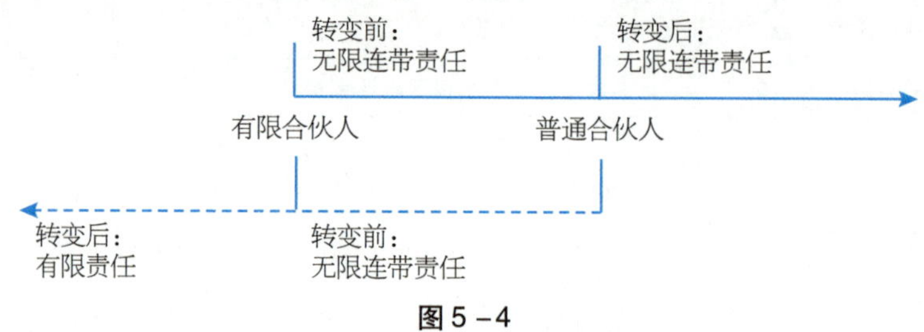

图5－4

【例题5－11·多选题·2014年】甲、乙分别为某有限合伙企业的普通合伙人和有限合伙人，后甲变更为有限合伙人，乙变更为普通合伙人。下列关于甲、乙对其合伙人性质互换前的企业债务承担的表述中，符合合伙企业法律制度规定的有（　　）。

A. 甲对其作为普通合伙人期间的企业债务承担无限连带责任

B. 甲对其作为普通合伙人期间的企业债务承担有限责任

C. 乙对其作为有限合伙人期间的企业债务承担无限连带责任

D. 乙对其作为有限合伙人期间的企业债务承担有限责任

【答案】AC

【解析】有限合伙人转变为普通合伙人的，对其作为有限合伙人期间有限合伙企业发生的债务承担无限连带责任；普通合伙人转变为有限合伙人的，对其作为普通合伙人期间合伙企业发生的债务承担无限连带责任。

考点收纳盒

表5－20　　合伙企业具体事项的要求

法定事项（不得违背合伙协议）	①普通合伙人以其财产份额**出质**的，必须经其他合伙人一致同意。 ②普通合伙人**绝对不得**从事同本企业相竞争的业务。 ③普通合伙企业的合伙协议**不得**约定将全部利润分配给部分合伙人或者由部分合伙人承担全部亏损。 ④国有独资公司、国有企业、上市公司以及公益性的事业单位、社会团体不得成为普通合伙人。 ⑤有限合伙人不得以劳务出资。 ⑥有限合伙企业由普通合伙人执行合伙事务，有限合伙人不执行合伙事务，不得对外代表有限合伙企业

续表

<table>
<tr><td rowspan="3">约定事项
（先约定，后法定）</td><td>除合伙协议另有约定外，合伙企业的下列事项应当经全体合伙人一致同意：
①改变合伙企业的名称、经营范围、主要经营场所的地点；
②处分合伙企业的不动产；
③转让或者处分合伙企业的知识产权和其他财产权利；
④以合伙企业名义为他人提供担保；
⑤聘任合伙人以外的人担任合伙企业的经营管理人员；
⑥修改或者补充合伙协议；
⑦新合伙人入伙；
⑧普通合伙人转变为有限合伙人，或者有限合伙人转变为普通合伙人；
⑨普通合伙人向合伙人以外的人转让其在合伙企业中的全部或者部分财产份额时</td></tr>
<tr><td>除另有约定外，有限合伙人可以进行下列行为：
①同本有限合伙企业进行交易；
②自营或者同他人合作经营与本有限合伙企业相竞争的业务；
③将其在有限合伙企业中的财产份额出质</td></tr>
<tr><td>有限合伙企业不得将全部利润分配给部分合伙人，但另有约定的除外</td></tr>
<tr><td>其他</td><td>合伙协议未约定或者约定不明确、法律也没有特别规定时，实行合伙人一人一票并经全体合伙人过半数通过的表决办法</td></tr>
</table>

考点收纳盒

表 5－21 普通合伙人与有限合伙人的比较

<table>
<tr><th colspan="2">事项</th><th>普通合伙人</th><th>有限合伙人</th></tr>
<tr><td rowspan="2">合伙人</td><td>行为能力</td><td>完全民事行为能力人</td><td>均可</td></tr>
<tr><td>国有独资、国有企业、上市公司以及公益性的事业单位、社会团体</td><td>×</td><td>√</td></tr>
<tr><td rowspan="2">出资</td><td>货币、实物等</td><td>√</td><td>√</td></tr>
<tr><td>劳务</td><td>√</td><td>×</td></tr>
<tr><td colspan="2">事务执行</td><td>√</td><td>×</td></tr>
<tr><td colspan="2">同本企业交易</td><td>先约定→一致同意→不得</td><td>约定→可以</td></tr>
<tr><td colspan="2">同业竞争</td><td>×</td><td>约定→可以</td></tr>
<tr><td colspan="2">财产份额出质</td><td>须经其他合伙人一致同意</td><td>约定→可以</td></tr>
<tr><td colspan="2">对外转让财产份额</td><td>约定→其他合伙人一致同意</td><td>提前 30 日通知</td></tr>
<tr><td rowspan="2">当然退伙</td><td>丧失偿债能力</td><td>当然退伙</td><td>不退伙</td></tr>
<tr><td>丧失民事行为能力时</td><td>退伙/转为有限合伙人</td><td>不退伙</td></tr>
<tr><td rowspan="3">财产继承</td><td>继承人具备完全民事行为能力</td><td>按约定或经全体合伙人一致同意，从继承开始之日起，取得普通合伙人资格</td><td rowspan="3">均可依法取得有限合伙人的资格</td></tr>
<tr><td>继承人为无民事行为能力人或限制民事行为能力人</td><td>经全体合伙人一致同意，可成为有限合伙人，普通合伙企业转为有限合伙企业</td></tr>
<tr><td>全体合伙人未一致同意</td><td>将财产份额退还该继承人</td></tr>
</table>

续表

事项	普通合伙人	有限合伙人
新入伙的债务承担	无限连带责任	其认缴出资额为限
退伙后对退伙前发生的债务承担	无限连带责任	以其退伙时从有限合伙企业中取回的财产承担责任
性质转变	普通合伙人→有限合伙人 对其作为普通合伙人期间的债务承担无限连带责任	有限合伙人→普通合伙人 对其作为有限合伙人期间的债务承担无限连带责任
人数限制	有限合伙企业仅剩普通合伙人——转为普通合伙企业	有限合伙企业仅剩有限合伙人——应当解散

考点9 合伙企业的解散和清算（★）

（一）合伙企业的解散原因

（1）合伙期限届满，合伙人决定不再经营；

（2）合伙协议约定的解散事由出现；

（3）全体合伙人决定解散；

（4）合伙人已不具备法定人数满 30 天；

（5）合伙协议约定的合伙目的已经实现或者无法实现；

（6）依法被吊销营业执照、责令关闭或者被撤销；

（7）法律、行政法规规定的其他原因。

（二）合伙企业的清算（见表 5 －22）

表 5 －22

适用前提	合伙企业解散的，应当进行清算
确定清算人	全体合伙人→指定/委托→申请法院指定 ①清算人由全体合伙人担任； ②经全体合伙人过半数同意，自合伙企业解散事由出现后 15 日内指定一个或者数个合伙人，或者委托第三人； ③自合伙企业解散事由出现之日起 15 日内未确定清算人的，合伙人或者其他利害关系人可以申请人民法院指定清算人
债权申报期限	①清算人自被确定之日起 10 日内将合伙企业解散事项通知债权人，并于 60 日内在报纸上公告； ②债权人应当自接到通知书之日起 30 日内，未接到通知书的自公告之日起 45 日内，向清算人申报债权
财产清偿顺序	清算费用→职工工资、社保、补偿金→欠税→债务→分配剩余财产（约定→协商→实缴→平均）
注销登记	清算结束后，清算人应当编制清算报告，经全体合伙人签名、盖章后，在 15 日内向企业登记机关报送清算报告，30 日内向登记机关申请注销登记
合伙企业不能清偿到期债务	①债权人可以依法向人民法院提出破产清算申请，也可以要求普通合伙人清偿； ②合伙企业被依法宣告破产的，普通合伙人对合伙企业债务仍应承担无限连带责任

考点收纳盒

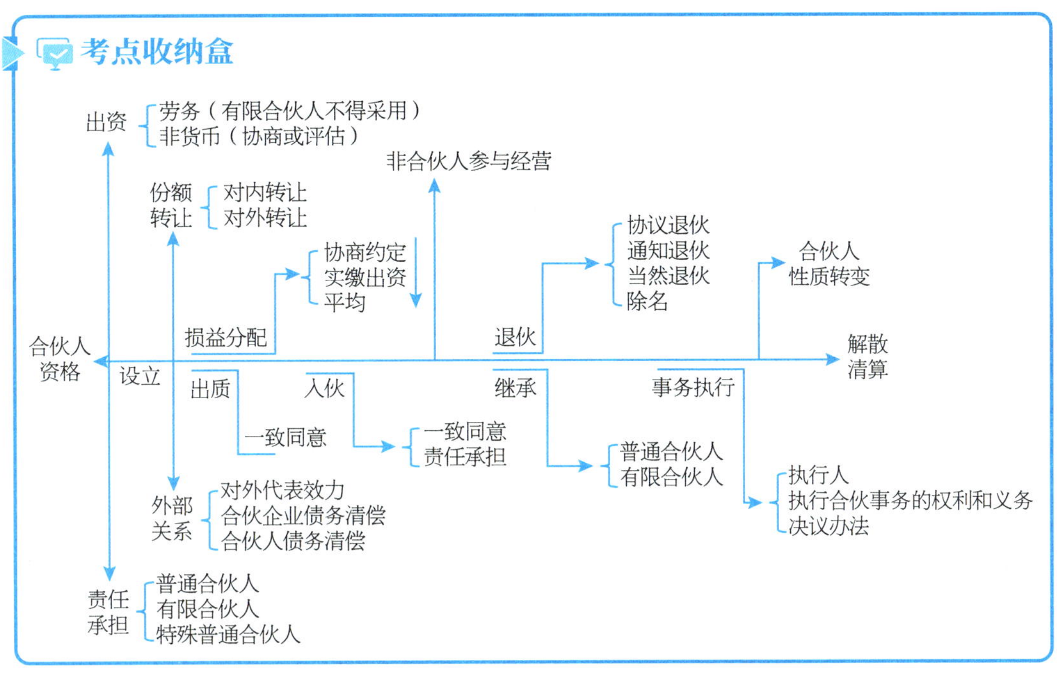

恭喜你，

已完成第五章的学习

扫码免费进 >>>
2022年CPA带学群

真正决定一个人成就的，不是天分，也不是运气，而是严格的自律和高强度的付出。成功的秘密，根本不是秘密，那就是不停地做。复杂的事情简单做，简单的事情重复做，重复的事情认真做，如果你真的努力了，你会发现自己比想象的要优秀得多。

CHAPTER SIX

第六章　公司法律制度

考情雷达

前一章所学的合伙企业无法人资格且普通合伙人须承担无限连带责任。与此不同，公司是股东承担有限责任的营利性法人。本章围绕着股份有限公司和有限责任公司两大主体来学习公司法的通用规定和特殊规定。考试中常有"张冠李戴"型题目，因此对于两大主体的异同点须辨析且准确记忆。知识难度不大，但较为琐碎，需要记忆之处较多。本章属于重点章节之一，会以选择题考查，但也常结合证券法考查案例分析题。考试分值在10分左右。

本章内容与去年相比对上市公司独立董事制度相关内容进行了调整。

考点地图

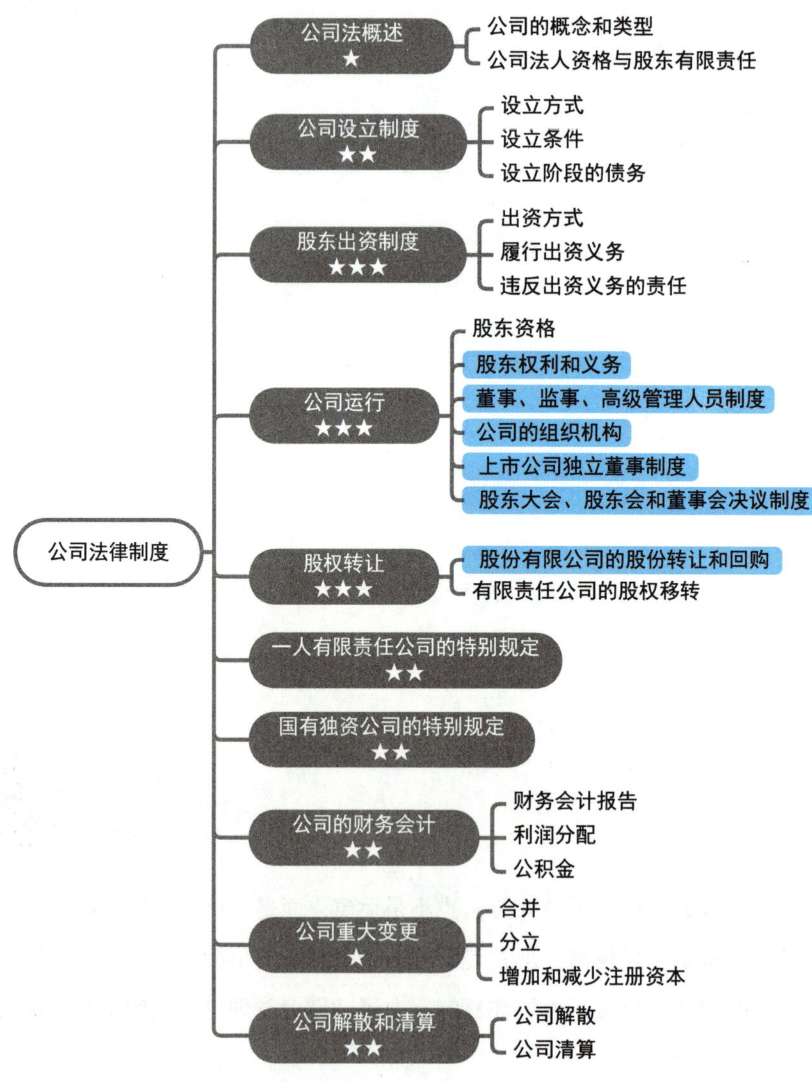

考点1 公司的概念和类型（★）

公司是指股东承担有限责任的营利性法人。我国《公司法》规定两种公司类型：有限责任公司和股份有限公司。

考点2 公司法人资格与股东有限责任（★★★）

（一）公司权利能力限制（见表6－1）

表6－1

<table>
<tr><td rowspan="3">对外投资限制</td><td>规模</td><td>投资总额和单项投资的数额不得超过公司章程规定限额</td></tr>
<tr><td>决议方式</td><td>按照公司章程的规定由董事会或股东（大）会决议</td></tr>
<tr><td>对象</td><td>除法律另有规定外，不得成为对所投资企业的债务承担连带责任的出资人</td></tr>
<tr><td rowspan="3">担保限制（主）</td><td>为他人（非股东、非实际控制人）提供担保</td><td>①按照公司章程的规定由董事会或股东（大）会决议；
②公司章程对担保的总额或者单项担保的数额有限额规定的，不得超过规定的限额</td></tr>
<tr><td>为股东或实际控制人提供担保</td><td>①必须经股东（大）会决议；
②接受担保的股东或受实际控制人支配的股东不得参加表决，该项表决由出席会议的其他股东所持表决权的过半数通过</td></tr>
<tr><td colspan="2">法定代表人未经授权擅自为他人提供担保的，构成“越权代表”。因担保合同效力发生纠纷的，应区分订立合同时债权人是否善意：
①债权人善意，合同有效；
②债权人非善意，合同无效。
债权人善意是指债权人不知道或不应当知道法定代表人超越权限订立担保合同，比如债权人对股东（大）会决议或董事会决议进行了审查是符合规定的</td></tr>
<tr><td rowspan="2">借款限制（主）</td><td>对外限制</td><td>公司董事、高级管理人员不得擅自将公司资金借贷给他人，除非按照公司章程的规定由董事会或股东（大）会决议</td></tr>
<tr><td>对内限制</td><td>（股份有限）公司不得直接或者通过子公司向董事、监事、高级管理人员提供借款</td></tr>
</table>

案例胶卷

甲出资2万元、乙出资5万元、丙出资3万元、丁出资8万元共同设立A公司有限责任公司，丁申请A公司为其银行贷款作担保，A公司召开股东会，丁回避表决，甲、乙、丙均出席会议，乙明确表示不同意。

①因为丁是公司股东，公司为股东提供担保，必须经股东会决议，不能是董事会；

②遵循回避制度，接受担保的股东丁是不得参加表决的；

③该决议必须经出席会议的其他股东（甲、乙、丙）所持表决权的过半数（>50%）通过；

④如无特殊规定，按出资比例行使表决权，出席会议的其他股东出资为10万元（2＋5＋3），甲、丙所持表决权仅占50%（5/10），未大于50%，因此决议不通过。

（二）滥用法人独立地位和股东有限责任及其法律后果（见表6－2）

表6－2

人格混同表现	①公司与其股东（母子公司）在财产、业务、人员等方面“混同”； ②受同一母公司或控制人控制的数个公司在财产、业务、人员等方面“混同”
法律后果	公司股东滥用公司法人独立地位和股东有限责任，逃避债务，严重损害公司债权人利益的，应当对公司债务承担**连带责任**

考点3 公司设立制度（★★）

（一）设立方式（见表6－3）

表6－3

内容方式	发起设立	募集设立
含义	发起人认购公司应发行的全部股份	发起人认购公司应发行股份的一部分（≥35%），其余股份向社会公开募集或向特定对象募集
适用	有限责任公司、股份有限公司	股份有限公司
创立大会	—	①发起人应在足额缴纳股款、验资证明出具之日后**30日内**召开公司创立大会； ②发起人应当在创立大会召开**15日前**将会议日期通知各**认股人**或者予以公告； ③创立大会应有代表股份总数**过半数的发起人、认股人**出席，方可举行； ④创立大会作出决议，必须经**出席**会议的**认股人**所持表决权**过半数**通过

【彬哥提醒】

创立大会的职权：

①审议发起人关于公司筹办情况的报告；②通过公司章程；③选举董事会成员；④选举监事会成员；⑤对公司的设立费用进行审核；⑥对发起人用于抵作股款的财产的作价进行审核；⑦发生不可抗力或者经营条件发生重大变化直接影响公司设立的，可以作出不设立公司的决议。

（二）设立条件（见表6－4）

表6－4

设立条件	股份有限公司	有限责任公司
人数	发起人为**2人以上200人以下**，半数以上在中国境内有住所	**50人以下**股东出资设立，允许设立一人有限责任公司
注册资本	发起设立：认购的股本总额 **募集设立**：实收股本总额	在公司登记机关登记的全体股东认缴的出资额

续表

<table>
<tr><th colspan="2">设立条件</th><th>股份有限公司</th><th>有限责任公司</th></tr>
<tr><td rowspan="3">公司章程</td><td>制定</td><td>发起人（募集方式设立的须经创立大会通过）</td><td>股东（国有独资公司章程由国有资产监督管理机构制定，或由董事会制定报国有资产监督管理机构批准）</td></tr>
<tr><td>修改</td><td>必须经过股东大会，并且应当经过出席会议的代表2/3以上表决权的股东通过</td><td>必须经过股东会，并且应当经过代表2/3以上表决权的股东通过</td></tr>
<tr><td>效力</td><td colspan="2">对公司、股东、董事、监事、高级管理人员均具有约束力</td></tr>
<tr><td colspan="2">公司名称</td><td colspan="2">有公司名称，建立符合股份有限公司（有限责任公司）要求的组织机构</td></tr>
<tr><td colspan="2">公司住所</td><td colspan="2">有公司住所</td></tr>
</table>

（三）设立阶段的债务

1. 合同之债

设立公司的过程中，发起人可能以自己名义为设立公司之目的而与他人订立合同，也可能以设立中公司的名义订立合同（见图6－1）。

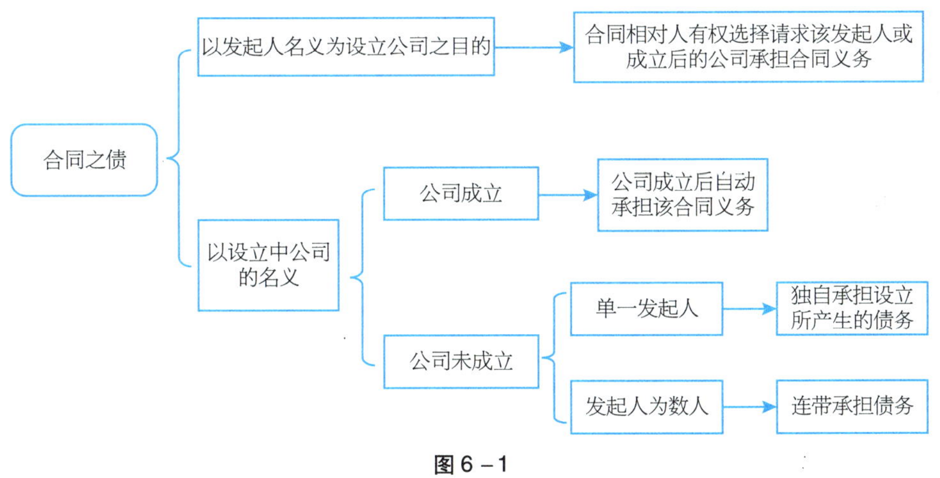

图6－1

【彬哥提醒】

部分发起人承担责任后，请求其他发起人承担的比例：**约定的责任承担比例→约定的出资比例→均等份额**。

2. 侵权之债（见表6－5）

表6－5

<table>
<tr><th>情形</th><th colspan="2">责任承担</th></tr>
<tr><td>公司成立</td><td>公司成立后应自动承受该侵权责任</td><td rowspan="2">公司或无过错的发起人承担赔偿责任后，可以向有过错的发起人追偿</td></tr>
<tr><td>公司未成立</td><td>受害人有权请求全体发起人承担连带赔偿责任</td></tr>
</table>

考点4 股东出资制度（★★★）

（一）出资方式

1. 一般规定（见表6－6）

表6－6

出资范围	可以作为出资	①股东可以用货币或实物、知识产权、土地使用权等可以用货币估价并可以依法转让的非货币财产作价出资； ②符合条件的股权； ③债权出资（仅限于债权人对债务人实施“债转股”）
	不得作为出资	劳务、信用、自然人姓名、商誉、特许经营权或设定担保的财产
出资程序	货币出资	应当将货币出资足额存入公司在银行开设的账户
	非货币财产出资	应当依法办理其财产权的转移手续

可以作为出资的股权应符合以下条件：

（1）出资的股权由出资人合法持有并依法可以转让；

（2）出资的股权无权利瑕疵或者权利负担；

（3）出资人已履行关于股权转让的法定手续；

（4）出资的股权已依法进行了价值评估。

2. 非货币财产的评估作价（见表6－7）

表6－7

应当评估	可以资产评估机构评估，也可以股东协商一致确认
未评估的处理	①公司、其他股东或者公司债权人请求认定出资人未履行出资义务的，法院应当委托具有合法资格的评估机构对该财产评估作价； ②评估确定的价额显著低于公司章程所定价额的，人民法院应当认定出资人未依法全面履行出资义务
贬值处理	因市场变化或者其他客观因素导致出资财产贬值的，出资人不承担补足出资责任；当事人另有约定的除外

（二）履行出资义务（见表6－8）

表6－8

需要办理权属登记的财产出资	已经交付公司但未办理权属变更	①公司、其他股东或者公司债权人主张认定出资人未履行出资义务的，人民法院应当责令当事人在指定的合理期间内办理权属变更手续； ②在指定的期间内办理了权属变更手续的，人民法院应当认定其已经履行了出资义务； ③出资人主张自其实际交付财产给公司使用时享有相应股东权利的，人民法院应予支持
	办理变更但未交付	公司或者其他股东主张其向公司交付，并在实际交付之前不享有相应股东权利的，人民法院应予支持

续表

出资财产有瑕疵	以划拨土地使用权或者以设定权利负担的土地使用权出资： ①公司、其他股东或公司债权人主张认定出资人未履行出资义务的，法院应当责令当事人在指定的合理期间内办理土地变更手续或解除权利负担； ②逾期未办理或未解除的，法院应当认定出资人未依法全面履行出资义务
出资人以无处分权的财产出资	①公司符合善意取得条件则可取得该财产的所有权，视为出资人履行出资义务； ②公司不符合善意取得条件，原权利人有权取回，视为出资人未履行出资义务
以贪污、受贿、侵占、挪用等违法犯罪所得货币出资	对违法犯罪的行为予以追究、处罚时应当采取拍卖或变卖的方式处置其股权

【例题6－1・单选题・2017年】甲有限责任公司成立于2017年1月5日。公司章程规定，股东乙以其名下的一套房产出资。乙于1月7日将房产交付公司，但未办理权属变更手续。5月9日，股东丙诉至人民法院，要求乙履行出资义务。5月31日，人民法院责令乙于10日内办理权属变更手续。6月6日，乙完成办理权属变更手续。根据公司法律制度的规定，乙享有股东权利的起始日期是（　　）。

A. 1月7日　　B. 1月5日　　C. 6月6日　　D. 5月31日

【答案】A

【解析】已经交付公司使用但未办理权属变更手续，公司、其他股东或者公司债权人主张认定出资人未履行出资义务的，人民法院应当责令当事人在指定的合理期间内办理权属变更手续；在前述期间内办理了权属变更手续的，人民法院应当认定其已经履行了出资义务；出资人主张自其实际交付财产给公司使用时享有相应股东权利的，人民法院应予支持。

（三）违反出资义务的责任

1. 股东未履行或者未全面履行出资义务（见表6－9）

表6－9

情形	责任承担	
股东未履行或未全面履行出资义务	该股东	公司或其他股东有权请求其向公司依法全面履行出资义务
		公司债权人有权请求该股东在未出资本息范围内对公司债务不能清偿的部分承担补充赔偿责任。该股东已承担上述责任，其他债权人无权提出相同的请求
		股东未按章程规定缴纳出资，除应当向公司足额缴纳外，还应当向已按期足额缴纳出资的股东承担违约责任
	其他责任人	设立时出资不足：发起人与被告股东承担连带责任；但公司的发起人承担责任后，可以向被告股东追偿
		增资时出资不足：相关董事、高级管理人员可能承担相应责任；承担责任后，可以向被告股东追偿
有限责任公司的股东未履行或者未全面履行出资义务即转让股权	①受让人对此知道或者应当知道的，公司请求该股东履行出资义务，受让人对此承担连带责任。 ②受让人向该未履行或者未全面履行出资义务的股东追偿的，人民法院应予支持。但当事人另有约定的除外	

2. 抽逃出资（见表6－10）

表6－10

抽逃出资情形	在公司成立后，存在下列情形且损害公司权益的，可以被认定为该股东抽逃出资： ①通过虚构债权债务关系将其出资转出； ②制作虚假财务会计报表虚增利润进行分配； ③利用关联交易将出资转出； ④其他未经法定程序将出资抽回的行为； ⑤公司在减少注册资本时，未通知已知的债权人，致使债权人在公司向股东返还出资财产前无法请求公司向其清偿债务或者提供担保； ⑥公司不符合分配利润的法定条件而直接向股东支付股利，尤其是支付固定收益； ⑦股东之间转让股权而公司为其提供担保等。 可以抽回股本的情形： ①未按期募足股份； ②发起人未按期召开创立大会； ③创立大会决议不设公司的
责任承担	①对抽逃出资的股东，公司或者其他股东可请求其向公司返还出资本息，还可要求协助抽逃出资的其他股东、董事、高级管理人员或者实际控制人对此承担连带责任。 ②公司债权人也可请求抽逃出资的股东在抽逃出资本息范围内对公司债务不能清偿的部分承担补充赔偿责任，并要求协助抽逃出资的其他股东、董事、高级管理人员或者实际控制人对此承担连带责任。 抽逃出资的股东已经在抽逃出资本息范围内承担上述责任后，其他债权人不得提出相同请求

3. 违反出资义务的股东权利及资格

（1）限制股东权利。

股东未履行或者未全面履行出资义务或者抽逃出资，公司可以根据公司章程或者股东会决议对其利润分配请求权、新股优先认购权、剩余财产分配请求权等股东权利作出相应的合理限制。

（2）解除股东资格。

有限责任公司的股东未履行出资义务或者抽逃全部出资，经公司催告缴纳或者返还，其在合理期间内仍未缴纳或者返还出资，公司可以以股东会决议解除该股东的股东资格。

4. 诉讼时效抗辩

（1）公司股东未履行或者未全面履行出资义务或者抽逃出资，公司或者其他股东请求其向公司全面履行出资义务或者返还出资，被告股东不得以诉讼时效为由进行抗辩。

（2）公司债权人的债权未过诉讼时效期间，其请求未履行或者未全面履行出资义务或者抽逃出资的股东承担赔偿责任，被告股东也不得以出资义务或者返还出资义务超过诉讼时效期间为由进行抗辩。

彬哥解读

①注意承担责任的主体是未尽出资的股东，还是董事、高管或受让人等；

②注意承担的责任是违约责任、连带责任，还是补充赔偿责任。

【例题6－2·单选题·2012年】甲向乙借用一台机床。借用期间，未经乙同意，甲以所有权人名义，以该机床作为出资，与他人共同设立有限责任公司丙。公司其他股东对甲并非机床所有人的事实并不知情。乙发现上述情况后，要求返还机床。根据公司法律制度和《民法典》的规定，下列表述中，正确的是（　　）。

A. 甲出资无效，不能取得股东资格，乙有权要求返还机床

B. 甲出资无效，应以其他方式补足出资，乙有权要求返还机床

C. 甲出资有效，乙无权要求返还机床，但甲应向乙承担赔偿责任

D. 甲出资有效，乙无权要求返还机床，但丙公司应向乙承担赔偿责任

【答案】C

【解析】出资人甲以不享有处分权的机床出资，如果符合善意取得条件，丙公司有权主张该机床的所有权。因此，甲的出资有效，乙无权要求返还机床，但可以向甲主张损害赔偿。

考点5 股东资格（见表6－11）（★）

表6－11

资格取得	股东向公司认缴出资后，就成为公司的股东，享有相应的权利（记载于股东名册的股东，可以依股东名册主张行使股东权利）	
出资登记	未在公司登记机关登记的，不得对抗第三人	
名义股东（显名股东）与实际出资人	投资权益归属争议	实际出资人有权以其实际履行了出资义务为由向名义股东主张权利
		名义股东无权以登记为由否认实际出资人权利
	实际出资人显名	实际出资人未经公司其他股东半数以上同意，请求公司变更股东、签发出资证明书、记载于股东名册、记载于公司章程并办理公司登记机关登记的，人民法院不予支持
	名义股东处分名下股权	受让方构成善意取得，受让方取得股权；实际股东有权请求名义股东承担赔偿责任
		受让方不构成善意取得，实际股东可请求处分无效
	名义股东未履行出资义务	①公司不能清偿债务时，债权人有权请求名义股东在未出资本息范围内承担补充赔偿责任； ②名义股东承担相应赔偿后可向实际出资人追偿。 【提示】被冒名登记为股东的，不承担出资不足的责任
一股多卖	法律效果	若受让方为善意，则取得该股权，受让股东可要求原股东赔偿
		若受让方非善意，受让股东可主张处分股权行为无效
	责任承担	公司董事、高管、实际控制人有过错的，对受让股东的损失承担赔偿责任；受让股东有过失的，可减轻上述人员责任

考点6 股东权利和义务（★★★）

（一）股东权利

1. 股东权利的类型（见表6－12）

表6－12

股东权利	具体内容
共益权（参与管理权）	股东大会参加权、提案权、质询权、表决权、累积投票权、召集请求权、自行召集权、知情权、起诉权
自益权（资产收益权）	股利分配请求权、剩余财产分配权、新股认购优先权、股份质押权、股份转让权

2. 部分重要的股东权利比较（见表6－13）（主）

表6－13

	股份有限公司股东	有限责任公司股东
表决权	按照持股比例行使表决权	按照出资比例行使表决权，但公司章程另有规定的除外
	公司持有的本公司股份没有表决权	
查阅权	①股东有权查阅公司章程、股东名册、公司债券存根、股东大会会议记录、董事会会议决议、监事会会议决议、财务会计报告； ②不得查阅公司会计账簿	①股东有权查阅、复制公司章程、股东会会议记录、董事会会议决议、监事会会议决议和财务会计报告； ②股东可以要求查阅公司会计账簿
增资优先认缴权	没有新股优先认购权，除非股东大会在发行新股时通过向原股东配售新股的决议	股东有权优先按照实缴的出资比例认缴出资；但全体股东可以事先约定不按照出资比例优先认缴出资
股利分配请求权	按照股东持有的股份比例分配，但股份有限公司章程规定不按持股比例分配的除外	股东按照实缴的出资比例分取红利；但全体股东可以事先约定不按照出资比例分取红利
异议股东股份回购请求权	仅限于股东大会作出的公司合并、分立决议持有异议	①公司连续5年不向股东分配利润，而公司连续5年盈利，并且符合法律规定的分配利润条件； ②公司合并、分立、转让主要财产的； ③公司章程规定的营业期限届满或者章程规定的其他解散事由出现，股东会会议通过决议修改章程使公司存续的

考点收纳盒

表6－14 查阅权

项目	有限责任公司	股份有限公司
公司章程	查阅、复制	查阅
股东（大）会会议记录	查阅、复制	查阅

续表

项目	有限责任公司	股份有限公司
董事会会议决议	查阅、复制	查阅
监事会会议决议	查阅、复制	查阅
财务会计报告	查阅、复制	查阅
股东名册、公司债券存根	/	查阅
会计账簿	查阅	/

（1）查阅权限制。

公司有合理根据认为股东有不正当目的，可能损害公司合法利益，可拒绝提供查阅，并自股东提出书面请求之日起 15 日内书面答复并说明理由。

股东可能不具备查账所必需的财务知识，在该股东在场的情况下，可以由会计师、律师等依法或者依据执业行为规范负有保密义务的中介机构执业人员辅助进行。

【例题 6－3·多选题·2019 年】根据公司法律制度的规定，股份有限公司的下列文件中，股东有权要求查阅的有（　　）。

A. 股东大会会议记录　　B. 股东名册

C. 董事会会议记录　　D. 监事会会议记录

【答案】AB

【解析】股份有限公司的股东有权查阅公司章程、股东大会会议记录、董事会会议决议、监事会会议决议、财务会计报告、股东名册和公司债券存根。

（2）增资优先认缴权的行使条件。

①公司决定接受外部投资者认缴出资而新增注册资本。

公司吸收合并导致其注册资本增加的情况下，原有股东不享有增资优先认缴权。

②增资优先认缴权性质上属于形成权，股东作出意思表示后即与公司形成认缴出资的合意。

③股东可以放弃行使自己的增资优先认缴权，其放弃的认缴份额并不当然成为其他股东行使增资优先认缴权的对象。

④增资优先认缴权可以在公司原股东之间自由转让，但不得转让给股东以外的人。

【例题 6－4·多选题·2020 年】根据公司法律制度的规定，下列关于有限责任公司股东增资优先认缴权的表述中，正确的有（　　）。

A. 股东享有优先认缴权须以公司决议为前提

B. 股东的优先认缴权只能依其实缴出资比例行使

C. 股东可以放弃优先认缴权

D. 股东可以将其优先认缴权转让给其他股东

【答案】CD

【解析】选项A错误，有限责任公司股东当然享有优先认缴权。选项B错误，有限责任公司股东有权优先按照实缴的出资比例认缴出资；但是，全体股东可以事先约定不按照出资比例优先认缴出资。

（3）股利分配请求权（见表6－15）。

表6－15

方案制订	由董事会制定，股东（大）会以普通多数决议通过后，再由董事会实施
分红争议	①股东起诉请求公司分配利润的案件，应当列公司为被告； ②一审法庭辩论终结前，其他股东基于同一分配方案请求分配利润并申请参加诉讼的，应当列为共同原告
案件审理	①股东提交载明具体分配方案的股东（大）会决议，请求公司分配利润，公司又无正当理由拒不执行该决议的，人民法院应当判决公司按照决议载明的具体分配方案向股东分配利润； ②股东未提交载明具体分配方案的股东（大）会决议，请求公司分配利润，人民法院应当驳回其诉讼请求
实施利润分配决议的时间	①分配利润的股东会或者股东大会决议作出后，公司应当在决议载明的时间内完成利润分配； ②决议没有载明时间的，以公司章程规定的时间为准； ③决议、章程中均未规定时间或者时间超过1年的，公司应当自决议作出之日起1年内完成利润分配； ④决议中载明的利润分配完成时间如果超过公司章程规定的时间，股东可以请求人民法院撤销决议中关于该时间的规定

【例题6－5·单选题·2020年】甲有限责任公司的股东乙起诉公司请求分配利润。该公司另一股东丙得知后，在一审法庭辩论终结前，基于同一分配方案也提出分配利润的请求并申请参加诉讼。根据公司法律制度的规定，丙在本案中的诉讼地位是（　　）。

A. 共同被告　　B. 共同原告

C. 无独立请求权的第三人　　D. 有独立请求权的第三人

【答案】B

【解析】股东起诉请求公司分配利润的案件，应当列公司为被告。一审法庭辩论终结前，其他股东基于同一分配方案请求分配利润并申请参加诉讼的，应当列为共同原告。

【例题6－6·单选题·2015年】甲、乙成立有限责任公司，甲认购出资4万元，乙认购2万元。1年后公司利润为9万元，甲实缴1万元，乙缴足出资，设立公司时未约定利润分配方式。根据公司法律制度的规定，甲应分配的利润是（　　）万元。

A. 6　　B. 9.5　　C. 4.5　　D. 3

【答案】D

【解析】选项D正确，有限责任公司的股东按照实缴的出资比例分取红利；但全体股东可以事先约定不按照出资比例分取红利；股东并未事先约定利润分配方式，则按股东实缴的出资比例进行分配，即甲可以分得1÷(2+1)×9=3（万元）。

3. 股东的诉讼权利（主）

（1）股东直接诉讼——损害**股东**利益。

公司董事、高级管理人员违反法律、行政法规或者公司章程的规定，损害股东利益的，股东可以依法向人民法院提起诉讼。

（2）股东代表诉讼——侵犯**公司**利益（见表6-16）。

表6-16

股东资格	①有限责任公司：股东。 ②股份有限公司：连续180日以上单独或者合计持有公司1%以上股份的股东	
前置程序	董事、高级管理人员侵犯公司利益	股东可以书面请求**监事会**或不设监事会的监事向法院提起诉讼
	监事侵犯公司利益	股东可以书面请求**董事会**或不设董事会的执行董事向法院提起诉讼
	他人侵犯公司利益	股东可以书面请求**董事会或者监事会**（或不设监事会的监事、不设董事会的执行董事）向法院提起诉讼
权利行使	监事会、不设监事会的有限责任公司的监事，或者董事会、执行董事收到上述股东的书面请求后**拒绝提起诉讼**，或者自收到请求之日起**30日内未提起诉讼**，或者**情况紧急**、不立即提起诉讼将会使公司利益受到**难以弥补的损害**的，有限责任公司的股东、股份有限公司连续180日以上单独或者合计持有公司1%以上股份的股东，有权为了公司的利益以自己的名义直接向人民法院提起诉讼	
诉讼结果	①胜诉利益归属于公司； ②诉讼请求部分或者全部得到人民法院支持的，公司应当承担股东因参加诉讼支付的合理费用	

案例胶卷

（1）甲有限责任公司组织机构健全，该公司总经理因私人恩怨，违反规定，拖延向股东小明分配利润。

此时是“股东个人利益”受损，因此可以提起的是“股东直接诉讼”。

（2）甲股份有限公司组织机构健全，该公司董事长王五挪用公司款项，致使公司遭受损失。

①此时是“公司利益”受损，因此应先提起的是“股东代表诉讼”；

②因为是股份有限公司，诉讼股东应满足“连续180日以上单独或者合计持有公司1%以上股份”；

③“董事”侵犯了公司的利益，符合条件的股东应书面请求“监事会”向人民法院提起诉讼；

④监事会收到上述股东的书面请求后拒绝提起诉讼，或者自收到请求之日起30日内未提起诉讼，或者情况紧急、不立即提起诉讼将会使公司利益受到难以弥补的损害的，该股东有权为了公司的利益以自己的名义直接向人民法院提起诉讼。

（二）股东义务

1. 出资义务（违反出资义务会导致股东权利受限甚至丧失股东资格）

2. 善意行使股权义务（见表6－17）

表6－17

关联关系	指公司控股股东、实际控制人、董事、监事、高级管理人员与其直接或者间接控制的企业之间的关系，以及可能导致公司利益转移的其他关系；但国家控股的企业之间不仅因为同受国家控股而具有关联关系
法律后果	公司的控股股东不得利用其与公司的关联关系损害公司利益；如违反该规定给公司造成损失，控股股东应当承担赔偿责任
	公司的控股股东、实际控制人、董事、监事、高级管理人员通过关联交易损害公司利益，原告公司依据规定请求其赔偿所造成的损失，被告仅以该交易已经履行了信息披露、经股东会或者股东大会同意等法律、行政法规或者公司章程规定的程序为由抗辩，人民法院不予支持

3. 组织清算义务

公司出现解散事由后，股东有组织清算的义务。

考点7 董事、监事、高级管理人员制度（★★）

（一）任职资格（见表6－18）

表6－18

类型	不得担任公司的董事、监事、高级管理人员的情形
无能为力	无民事行为能力或者限制民事行为能力
犯罪判刑	因贪污、贿赂、侵占财产、挪用财产或者破坏社会主义市场经济秩序，被判处刑罚，执行期满未逾5年，或者因犯罪被剥夺政治权利，执行期满未逾5年
无能领导	①担任破产清算的公司、企业的董事或者厂长、经理，对该公司、企业的破产负有个人责任的，自该公司、企业破产清算完结之日起未逾3年。 ②担任因违法被吊销营业执照、责令关闭的公司、企业的法定代表人，并负有个人责任的，自该公司、企业被吊销营业执照之日起未逾3年
欠钱不还	个人所负数额较大的债务到期未清偿

【彬哥提醒】

高级管理人员指公司的经理、副经理、财务负责人，上市公司董事会秘书和公司章程规定的其他人员。

（二）法定义务（见表6－19）

表6－19

忠实义务（主）	公司董事、高级管理人员不得有下列行为： ①挪用公司资金； ②将公司资金以其个人名义或者以其他个人名义开立账户存储； ③违反公司章程的规定，未经股东（大）会或董事会同意，将公司资金借贷给他人或者以公司财产为他人提供担保； ④违反公司章程的规定或者未经股东（大）会同意，与本公司订立合同或者进行交易； ⑤未经股东（大）会同意，利用职务便利为自己或者他人谋取属于公司的商业机会，自营或者为他人经营与所任职公司同类的业务； ⑥接受他人与公司交易的佣金归为己有； ⑦擅自披露公司秘密； ⑧违反对公司忠实义务的其他行为。 公司董事、高级管理人员违反上述规定所得的收入应当归公司所有
勤勉义务	①在执行公司职务时应尽最大努力为公司或者股东的整体利益服务； ②公司股东会或者股东大会要求董事、监事、高级管理人员列席会议的，董事、监事、高级管理人员应当列席并接受股东的质询

【例题6－7·单选题·2015年】根据公司法律制度的规定，公司董事的下列行为中，涉嫌违反勤勉义务的是（　　）。

A. 擅自披露公司商业秘密

B. 将公司资金以个人名义开立账户存储

C. 无正当理由长期不出席董事会会议

D. 篡夺公司商业机会

【答案】C

【解析】选项ABD错误，均属于违反“忠实义务”的行为。

考点8　公司的组织机构（见图6－2）（★★★）

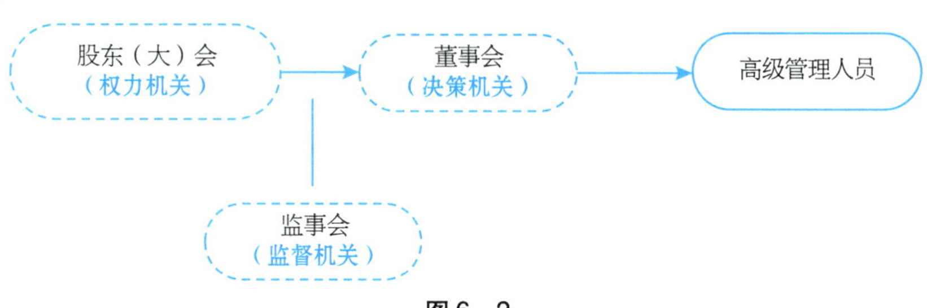

图6－2

(一) 股东(大)会

1. 职权(见表6-20)

表6-20

<table>
<tr><th colspan="2">主体</th><th>职权</th></tr>
<tr><td rowspan="2">股份有限公司</td><td>股东大会</td><td>①决定公司的经营方针和投资计划;
②选举和更换非由职工代表担任的董事、监事,决定有关董事、监事的报酬事项;
③审议批准董事会、监事会的报告;
④审议批准公司的年度财务预算方案、决算方案、利润分配方案和弥补亏损方案;
⑤对公司增加或减少注册资本、发行公司债券作出决议;
⑥对公司合并、分立、变更公司形式、解散和清算等事项作出决议;
⑦修改公司章程</td></tr>
<tr><td>上市公司股东大会</td><td>除上述职权外,还有以下职权:
①对公司聘用、解聘会计师事务所作出决议。
②审议公司在一年内购买、出售重大资产超过公司最近一期经审计总资产30%的事项。
③审议批准变更募集资金用途事项。
④审议股权激励计划。
⑤审议批准下列对外担保行为。
第一,本公司及本公司控股子公司的对外担保总额,达到或超过最近一期经审计净资产的50%以后提供的任何担保;
第二,公司的对外担保总额,达到或超过最近一期经审计总资产的30%以后提供的任何担保;
第三,为资产负债率超过70%的担保对象提供的担保;
第四,单笔担保额超过最近一期经审计净资产10%的担保;
第五,对股东、实际控制人及其关联方提供的担保。
【提示】公司为公司股东或实际控制人提供担保的,必须经股东(大)会决议;接受担保的股东或受实际控制人支配的股东,不得参加表决;该表决由出席会议的其他股东所持表决权的过半数通过</td></tr>
<tr><td>有限责任公司</td><td>股东会</td><td>①与(一般)股份有限公司的股东大会职权类似;
②特殊:对决议事项股东以书面形式一致表示同意的,可以不召开股东会会议,直接作出决定,并由全体股东在决定文件上签名、盖章</td></tr>
</table>

2. 股东(大)会会议制度(见表6-21)(主)

表6-21

<table>
<tr><th colspan="2">事项</th><th>股份有限公司</th><th>有限责任公司</th></tr>
<tr><td rowspan="2">会议形式</td><td>定期会议</td><td>每年一次(上市公司于上一年结束后的6个月内举行)</td><td>章程规定(一般每年召开一次)</td></tr>
<tr><td>临时会议</td><td>有下列情形之一的,应在2个月内召开临时股东大会:
①董事人数不足5人或公司章程所定人数的2/3时;
②公司未弥补的亏损达实收股本总额的1/3时;
③单独或合计持有公司10%以上股份的股东请求时;
④董事会认为必要时;
⑤监事会提议召开时;
⑥公司章程规定的其他情形</td><td>有下列情形之一的,应召开临时股东会议:
①代表1/10以上表决权的股东提议;
②1/3以上的董事提议;
③监事会(或不设监事会的监事)提议</td></tr>
</table>

续表

<table>
<tr><th colspan="2">事项</th><th>股份有限公司</th><th>有限责任公司</th></tr>
<tr><td rowspan="3">会议的召集</td><td>通知</td><td>①年会：会议召开 20 日前通知；
②临时股东大会：会议召开 15 日前通知；
③发行无记名股票的公司：会议召开 30 日前公告</td><td>会议召开 15 日以前通知全体股东，但公司章程另有规定或全体股东另有约定的除外</td></tr>
<tr><td rowspan="2">召集主持</td><td rowspan="2">①董事会。
股东大会由董事会召集，董事长主持。董事长不能履行职务或不履行职务的，由副董事长主持；副董事长不能履行职务或不履行职务的，由半数以上的董事共同推举 1 名董事主持。
②监事会。
董事会不能履行或不履行召集股东大会会议职责的，监事会应当及时召集和主持。
③股东。
监事会不召集和主持的，连续 90 日以上单独或者合计持有公司 10% 以上股份的股东可以自行召集和主持</td><td>首次股东会会议：
由出资最多的股东召集和主持</td></tr>
<tr><td>以后的股东会会议：
①董事会/执行董事。
公司设立董事会的，由董事会召集，董事长主持；董事长不能或者不履行职务的，由副董事长主持；副董事长不能或不履行职务的，由半数以上董事共同推举 1 名董事主持。公司不设董事会的，股东会会议由执行董事召集和主持。
②监事会/监事。
董事会或者执行董事不能或者不履行召集股东会会议职责的，由监事会或者不设监事会的公司的监事召集和主持。
③股东。
监事会或者监事不召集和主持的，代表 1/10 以上表决权的股东可以自行召集和主持</td></tr>
<tr><td rowspan="4">会议的表决</td><td>表决权</td><td>所持每一股份有一表决权，股东可委托代理人出席，并在授权范围内行使表决权</td><td>股东按照出资比例行使，但公司章程另有规定的除外</td></tr>
<tr><td>普通决议</td><td>出席会议的股东所持表决权过半数通过</td><td>章程规定，通常是经会议代表 1/2 以上或过半数表决权的股东通过</td></tr>
<tr><td rowspan="2">特别决议</td><td>经出席会议的股东所持表决权的 2/3 以上通过</td><td>经代表 2/3 以上表决权的股东通过</td></tr>
<tr><td>①修改公司章程；
②增加或减少注册资本；
③公司合并、分立、解散；
④变更公司形式；
⑤上市公司在 1 年内购买、出售重大资产或者担保金额超过公司资产总额 30% 的</td><td>①修改公司章程；
②增加或减少注册资本；
③公司合并、分立、解散；
④变更公司形式</td></tr>
<tr><td colspan="2">会议记录</td><td>股东大会的会议记录由主持人和出席会议的董事签名</td><td>出席会议的股东应当在会议记录上签名</td></tr>
</table>

案例胶卷

甲公司是股份有限公司，其注册资本为人民币 6 000 万元，董事会有 9 名成员；最大股东李某持有公司 12% 的股份。

①董事人数减至 5 人时，需要召开临时股东大会吗?

董事人数虽然为5人但已经不足公司章程所规定人数的2/3，应当召开临时股东大会。

②公司未弥补亏损达到人民币1 600万元时，需要召开临时股东大会吗？

公司未弥补的亏损未达到2 000万元（6 000×1/3），无须召开。

③最大股东李某可以请求召开临时股东大会吗？

李某持有的股份在10%以上，有权提议召开临时股东大会，与他是否是最大股东无关。

3. 股份有限公司的特殊事项

（1）临时提案（主）。

①单独或者合计持有公司3%以上股份的股东，可以在股东大会召开10日前提出临时提案并书面提交董事会；

②董事会应当在收到提案后2日内通知其他股东，并将该临时提案提交股东大会审议；

③股东大会不得对通知中未列明的事项作出决议。

（2）累积投票制。

累积投票制，是指股东大会选举董事或者监事时，每一股份拥有与应选董事或者监事人数相同的表决权，股东拥有的表决权可以集中使用。

①控股股东控股比例在30%以上的上市公司，应当采用累积投票制。

②其他股份有限公司可以根据公司章程的规定或股东大会的决议实行累积投票制。

（二）董事会

1. 一般规定（见表6－22）

表6－22

项目	股份有限公司	有限责任公司
职权	①召集股东（大）会会议，并向股东（大）会报告工作； ②执行股东（大）会的决议； ③决定公司的经营计划和投资方案； ④制订公司的年度财务预算方案、决算方案； ⑤制订公司的利润分配方案和弥补亏损方案； ⑥制订公司增加或减少注册资本以及发行公司债券的方案； ⑦制订公司合并、分立、解散或变更公司形式的方案； ⑧决定公司内部管理机构的设置； ⑨决定聘任或者解聘公司经理及其报酬事项，并根据经理的提名决定聘任或者解聘公司副经理、财务负责人及其报酬事项； ⑩制定公司的基本管理制度	
组成	5～19人（可以有职工代表）	3～13人（两人以上的国有企业或其他两人以上的国有投资主体投资设立的有限责任公司，应当有职工代表）。 【提示】股东人数较少或者规模较小的有限责任公司，可以设1名执行董事，不设董事会

续表

项目	股份有限公司	有限责任公司
董事任期	①每届任期不得超过3年，连选可以连任。 ②股东（大）会有权在董事任期届满前解除其职务，不要求其提供法定理由。 ③董事任期届满未及时改选，或者董事在任期内辞职导致董事会成员低于法定人数的，在改选出的董事就任前，原董事仍应当依照法律、行政法规和公司章程的规定，履行董事职务	
机构设置	董事会设董事长1人，可以设副董事长； 由董事会全体董事的过半数选举产生	董事会设董事长1人，可以设副董事长； 由公司章程规定
召集主持	董事会会议由董事长召集和主持；董事长不能或者不履行职务的，由副董事长召集和主持；副董事长不能或者不履行职务的，由半数以上董事共同推举1名董事召集和主持	
决议方式	董事会决议的表决实行一人一票	
	董事会作出决议必须经全体董事的过半数通过	董事会决议由公司章程规定
会议记录	董事会决定要形成会议记录，出席会议的董事应当在会议记录上签名	

2. 股份有限公司董事会特殊规定

（1）董事会会议召开条件。

董事会会议应当有过半数的董事出席方可举行。

【彬哥提醒】

董事会会议应由董事本人出席，董事因故不能出席，可以书面委托其他董事代为出席，委托书中应载明授权范围。

（2）会议形式（见表6-23）。

表6-23

会议形式	召开规定
年度会议	①每年度至少召开2次会议； ②每次会议应当于会议召开10日前通知全体董事和监事
临时会议	①代表10%以上表决权的股东提议； ②1/3以上董事提议； ③监事会提议

（3）董事应当对董事会的决议承担责任（主）。

董事会的决议违反法律、行政法规或者公司章程、股东大会决议，致使公司遭受严重损失的，参与决议的董事对公司负赔偿责任。但经证明在表决时曾表明异议并记载于会议记录的，该董事可以免除责任。

考点收纳盒

表 6 -24　　临时会议

临时会议	召开情形
临时股东大会	①董事会人数不足 5 人或不足公司章程规定人数 2/3 时； ②公司未弥补的亏损达实收股本总额的 1/3（≥1/3）时； ③单独或者合计持有公司 10% 以上股份的股东请求时； ④董事会认为必要时； ⑤监事会提议召开时
临时股东会	①代表 1/10 以上表决权的股东提议召开； ②1/3 以上的董事提议召开； ③监事会（或者不设监事会的公司监事）提议召开
股份有限公司临时董事会	①代表 1/10 以上表决权的股东提议召开； ②1/3 以上董事提议召开； ③监事会提议召开

【例题 6 -8·单选题·2015 年】根据公司法律制度的规定，下列各项中，属于董事会职权的是（　　）。

A. 决定有关董事的报酬事项　　B. 修改公司章程

C. 决定公司内部管理机构的设置　　D. 决定发行公司债券

【答案】C

【解析】选项 ABD 错误，属于股东大会的职权。

（三）监事会（见表 6 -25）

表 6 -25

项目	股份有限公司	有限责任公司
职权	①检查公司财务； ②对董事、经理执行公司职务的行为进行监督，对违反法律、行政法规、公司章程或股东会决议的董事、高级管理人员提出罢免建议； ③当董事和经理的行为损害公司的利益时，要求董事和经理予以纠正； ④提议召开临时股东大会会议，在董事会不履行法律规定的召集和主持股东大会会议职责时召集和主持股东大会会议； ⑤提议召开临时董事会； ⑥向股东大会会议提出提案； ⑦对董事、高管侵害公司利益的行为提起诉讼； ⑧列席董事会会议，并对董事会会议事项提出质询或者建议	
成员组成	①**不得少于 3 人**（应当包含职工代表，其中职工代表的比例不得低于 1/3）； ②股东人数较少或规模较小的有限责任公司，可设 1 ~2 名监事，**不设立监事会**。 **【提示】**董事、高级管理人员**不得兼任**监事	
监事任期	任期**每届为 3 年**（监事任期届满，连选可以连任）	

续表

项目	股份有限公司	有限责任公司
机构设置	设主席1人，可以设副主席 （全体监事过半数选举产生）	设主席1人 （全体监事过半数选举产生）
定期会议	每6个月至少召开一次会议	每年至少召开一次
临时会议	监事可以提议召开临时监事会会议	
决议	监事会的议事方式和表决程序，除法律有规定的外，由公司章程规定	
记录	形成会议记录，出席会议的监事应当在会议记录上签名	

（四）经理（经营管理机关）

（1）经理由董事会决定聘任或解聘，董事会可以决定由董事会成员兼任经理。

（2）经理的职权。

①主持公司的生产经营管理工作，组织实施董事会决议；

②组织实施公司年度经营计划和投资方案；

③拟订公司内部管理机构设置方案；

④拟订公司的基本管理制度；

⑤制定公司的具体规章；

⑥提请聘任或者解聘公司副经理、财务负责人；

⑦聘任或者解聘除应由董事会聘任或者解聘以外的负责管理人员。

（3）其他规定。

①经理列席董事会会议。

②上市公司的总经理必须专职，总经理在集团等控股股东单位不得担任除董事以外的其他职务。

③有限责任公司中，经理是选设机构。

（五）上市公司组织机构的特别规定（见表6－26）（主）

表6－26

特殊人员	上市公司设立独立董事和董事会秘书
关联关系董事的表决排除制度	①上市公司董事与董事会会议决议事项所涉及的企业有关联关系的，不得对该项决议行使表决权，也不得代理其他董事行使表决权； ②该董事会会议由过半数的无关联关系董事出席即可举行，董事会会议所作决议须经无关联关系董事过半数通过； ③出席董事会的无关联关系董事人数不足3人的，应将该事项提交上市公司股东大会审议

案例胶卷

甲上市公司的董事会成员为7人，甲公司召开董事会讨论向乙公司投资的方案。参加会议的6名董事会成员中，有4人同时为乙公司董事。

首先，上市公司董事与董事会会议决议事项所涉及的企业有关联关系，不得对该项决议行使表决权；其次，出席董事会的无关联关系董事人数不足3人（6－4），该事项应提交股东大会审议。

考点9 上市公司独立董事制度（★★★）

（一）独立董事的概念

独立董事是指不在公司担任除董事之外的其他职务，并与其所受聘的上市公司及其主要股东不存在可能妨碍其进行独立客观判断的关系的董事。

（二）独立董事的任职条件（见表6－27）

表6－27

任职条件	①根据法律、行政法规及其他有关规定，具备担任上市公司董事的资格； ②具有《上市公司独立董事规则》所要求的独立性； ③具备上市公司运作的基本知识，熟悉相关法律、行政法规、规章及规则； ④具有5年以上法律、经济或者其他履行独立董事职责必需的工作经验； ⑤法律法规、公司章程规定的其他条件。 【提示】上市公司应当在公司章程中明确，聘任适当人员担任独立董事，其中至少包括一名会计专业人士
不得担任独立董事情形	①在上市公司或者其附属企业任职的人员及其直系亲属（配偶、父母、子女等）和主要社会关系（兄弟姐妹、配偶的父母、子女的配偶、兄弟姐妹的配偶、配偶的兄弟姐妹等）； ②直接或间接持有上市公司已发行股份1%以上或者是上市公司前10名股东中的自然人股东及其直系亲属； ③在直接或间接持有上市公司已发行股份5%以上的股东单位或者在上市公司前5名股东单位任职的人员及其直系亲属； ④最近1年内曾经具有前三项所列举情形的人员； ⑤为上市公司或者其附属企业提供财务、法律、咨询等服务的人员； ⑥法律、行政法规、部门规章等规定的其他人员； ⑦公司章程规定的其他人员； ⑧中国证监会认定的其他人员

考点收纳盒

表6－28 不得担任独立董事的情形

情形			本人	直系亲属	主要社会关系
最近1年内	任职	在上市公司或者其附属企业任职	×	×	×
		在大股东单位任职（5%/前5名）	×	×	√
	大自然人股东（1%/前10名）		×	×	√
为上市公司或者其附属企业提供财务、法律、咨询等服务			×	√	√

（三）独立董事的提名和任免（见表6－29）

表6－29

提名	下列机构或人员可以提出独立董事候选人，并经股东大会选举决定： ①董事会； ②监事会； ③单独或者合并持有上市公司已发行股份1%以上的股东
人数	上市公司董事会成员中应当至少1/3为独立董事
任期	与其他董事任期相同，连选可以连任，但是连任时间不得超过6年
撤换	连续3次未亲自出席董事会会议，应由董事会提请股东大会予以撤换
辞职	①独立董事在任期届满前可以提出辞职； ②如因独立董事辞职导致公司董事会中独立董事所占的比例低于规定的最低要求时，该独立董事的辞职报告应当在下任独立董事填补其缺额后生效

（四）独立董事的职责

1. 独立董事的特别职权（见表6－30）

表6－30

独立董事的特别职权	职权行使
重大关联交易（指上市公司拟与关联人达成的总额高于300万元或高于上市公司最近经审计净资产值的5%的关联交易）应由独立董事事前认可，提交董事会讨论；独立董事作出判断前，可以聘请中介机构出具独立财务顾问报告，作为其判断的依据	全体独立董事的1/2以上同意
向董事会提议聘用或解聘会计师事务所	
向董事会提请召开临时股东大会	
提议召开董事会	
在股东大会召开前公开向股东征集投票权	
独立聘请外部审计机构和咨询机构	经全体独立董事同意

2. 应当发表独立意见的情形（向董事会或股东大会发表独立意见）

（1）提名、任免董事；

（2）聘任或解聘高级管理人员；

（3）公司董事、高级管理人员的薪酬；

（4）上市公司的股东、实际控制人及其关联企业对上市公司现有或新发生的总额高于300万元或高于上市公司最近经审计净资产值的5%的借款或其他资金往来，以及公司是否采取有效措施回收欠款；

（5）独立董事认为可能损害中小股东权益的事项；

（6）法律、行政法规、中国证监会和公司章程规定的其他事项。

3. 独立意见的类型

（1）同意；

（2）保留意见及其理由；

（3）反对意见及其理由；

（4）无法发表意见及其障碍。

（五）独立董事的履职保障

（1）为了保证独立董事有效行使职权，上市公司应当为独立董事履行职责提供所必需的工作条件。

（2）上市公司应当保证独立董事享有与其他董事同等的知情权。

（3）独立董事行使职权时，上市公司有关人员应当积极配合，不得拒绝、阻碍或隐瞒，不得干预其独立行使职权。独立董事聘请中介机构的费用及其他行使职权时所需的费用由上市公司承担。

（4）上市公司应当给予独立董事适当的津贴。津贴的标准应当由董事会制定预案股东大会审议通过，并在公司年报中进行披露。

【例题6-9·单选题·2018年】根据公司法律制度的规定，下列主体中，有资格提出上市公司独立董事候选人的是（　　）。

A. 持有上市公司已发行股份1%以上的股东　　B. 上市公司的董事长

C. 上市公司的职工代表大会　　D. 上市公司的监事会主席

【答案】A

【解析】选项A正确，上市公司董事会、监事会、单独或者合并持有上市公司已发行股份1%以上的股东可以提出独立董事候选人，并经股东大会选举决定。

考点10　股东大会、股东会和董事会决议制度（★★★）

（一）决议的法律特征

（1）对参与作出决议的人均有约束力（无论是否弃权）。

（2）对决议机构成员或公司的全体股东均有约束力。

（3）调整公司内部关系。

（二）决议不成立、无效与可撤销的情形（见表6-31）（主）

表6-31　决议不成立、无效与可撤销的情形

类型	具体情形
决议不成立	①公司未召开会议作出该决议。 除非公司章程规定可以不召开股东会或股东大会而直接作出该决定，且由全体股东在决定文件上签名、盖章。 ②公司尽管召开了会议，但未表决该决议事项。 ③到会人数或到会股东所持表决权数，不符合法律或公司章程的规定，即不具备表决决议事项的必要条件。 ④虽具备表决条件，但表决结果未达到公司法或者公司章程规定的通过比例

续表

类型	具体情形
决议无效	决议内容违反法律、行政法规的无效（自作出之时起无效）
决议可撤销	①决议内容违反公司章程； ②会议召集程序违反法律、行政法规或者公司章程； ③会议表决方式违反法律、行政法规或者公司章程

彬哥解读

决议无效与决议可撤销均涉及对决议内容的判断：

①无效决议内容涉及合法性的判断；

②可撤销的决议内容违反的是公司章程的规定，不涉及合法性的判断。

（三）决议不成立、无效与可撤销之诉（见表6－32）

表6－32

诉讼情形	原告	被告	除斥期间	法律效果
决议不成立	股东、董事、监事	公司	—	—
决议无效			—	人民法院宣告该决议无效或撤销该决议后，公司依据该决议与善意相对人形成的民事法律关系不受影响
决议可撤销（主）	有股东资格的股东		决议作出之日起60日内请求人民法院撤销	

【彬哥提醒】

会议召集程序或者表决方式仅有轻微瑕疵，且对决议未产生实质影响的，人民法院不予支持（主）。

【例题6－10·单选题·2016年】 某股份有限公司董事会有9名董事。该公司召开董事会会议，甲、乙、丙、丁、戊5名董事出席，其余4名董事缺席。会议表决前，丁因故提前退席，亦未委托他人代为表决。会议最终由4名董事一致作出一项决议。根据公司法律制度的规定，下列关于该决议法律效力的表述中，正确的是（　　）。

A. 有效　　B. 无效　　C. 可撤销　　D. 不成立

【答案】 D

【解析】 选项D正确，虽然4名董事一致同意，但未达到法定要求“全体董事的过半数通过”，因此该决议不成立。

考点11　股份有限公司的股份转让和回购（★★★）

（一）股份的转让

1. 转让方式

（1）记名股票转让。

股东以背书方式或者规定的其他方式转让。

(2) 无记名股票的转让。

由股东将该股票交付给受让人后即发生转让的效力。

(3) 上市公司股票的转让。

依照有关法律、行政法规及证券交易所交易规则上市交易。

2. 转让限制（见表6－33）（主）

表6－33

转让场所的限制	股东转让其股份，应当在依法设立的证券交易所进行或者按照国务院规定的其他方式进行
发起人转让股份的限制	发起人持有的本公司股份，自公司成立之日起1年内不得转让
非公开发行股份转让的限制	公司公开发行股份前已发行的股份，自公司股票在证券交易所上市交易之日起1年内不得转让
董事、监事、高级管理人员转让股份的限制	①所持本公司股份，自公司股票上市交易之日起1年内不得转让。 ②任职期间每年转让的股份不得超过其所持有本公司股份总数的25%。上市公司董事、监事和高级管理人员所持股份不超过1 000股的，可以一次性全部转让，不受25%的比例限制。 ③离职后6个月内，不得转让其所持有的本公司股份
上市公司董事、监事和高级管理人员不得买卖本公司股票的期间	①上市公司定期报告公告前30日内； ②上市公司业绩预告、业绩快报公告前10日内； ③自可能对本公司股票交易价格产生重大影响的重大事项发生之日或在决策过程中，至依法披露后2个交易日内； ④证券交易所规定的其他期间。 【提示】②③④情形，因司法强制执行、继承、遗赠、依法分割财产等导致股份变动的除外

(二) 股份的回购（主）

1. 股票质押的限制

公司不得接受本公司的股票作为质押权的标的。

2. 股份回购的限制

公司不得收购本公司股份，但有下列情形之一的除外，如表6－34所示。

表6－34

可以回购的情形	决议	转让或注销时间
①减少公司注册资本	经股东大会决议	应当自收购之日起10日内注销
②与持有本公司股份的其他公司合并	经股东大会决议	应当在6个月内转让或者注销
③股东因对股东大会作出的公司合并、分立决议持有异议，要求公司回购其股份的	—	应当在6个月内转让或者注销
④将股份用于员工持股计划或者股权激励	依照公司章程的规定或者股东大会的授权，经2/3以上董事出席的董事会会议决议	①公司合计持有本公司股份数不得超过本公司已发行股份总额的10%，并应当在3年内转让或注销； ②应当通过公开的集中交易方式进行
⑤将股份用于转换上市公司发行的可转换为股票的公司债券	依照公司章程的规定或者股东大会的授权，经2/3以上董事出席的董事会会议决议	①公司合计持有本公司股份数不得超过本公司已发行股份总额的10%，并应当在3年内转让或注销； ②应当通过公开的集中交易方式进行
⑥上市公司为维护公司价值及股东权益所必需的	依照公司章程的规定或者股东大会的授权，经2/3以上董事出席的董事会会议决议	①公司合计持有本公司股份数不得超过本公司已发行股份总额的10%，并应当在3年内转让或注销； ②应当通过公开的集中交易方式进行

【例题6－11·单选题·2012年】下列关于股份有限公司股票转让限制的表述中，符合公司法律制度规定的是（　　）。

A. 股东转让其股份，必须在依法设立的证券交易所进行

B. 发起人持有的本公司股份，自公司成立之日起1年内不得转让

C. 公司公开发行股份前已发行的股份，自公司股票在证券交易所上市交易之日起3年内不得转让

D. 公司董事、监事、高级管理人员离职1年内，不得转让所持有的本公司股份

【答案】B

【解析】选项A错误，股东转让其股份，应当在依法设立的证券交易所进行或者按照国务院规定的其他方式进行。选项C错误，公司公开发行股份前已发行的股份，自公司股票在证交所上市交易之日起1年内不得转让。选项D错误，公司董事、监事和高级管理人员离职后半年内，不得转让其所持有的本公司股份，但因司法强制执行、继承、遗赠、依法分割财产等导致股份变动的除外。

考点12 有限责任公司的股权移转（见表6－35）（★★）

表6－35

对内转让	除章程规定外，有限责任公司的股东之间可以相互转让其全部或者部分股权	
对外转让（主）	征求同意	①有限责任公司股东向股东之外的人转让股权，除公司章程另有规定外，应当经其他股东过半数（人数）同意。 ②有限责任公司的股东向股东以外的人转让股权，应就其股权转让事项以书面或者其他能够确认收悉的合理方式通知其他股东征求同意： 第一，明确表示同意，依法转让股权； 第二，其他股东自接到书面通知之日起满30日未答复的，视为同意转让； 第三，不同意的股东不购买的，视为同意转让
	行使优先购买权	经股东同意转让的股权，在同等条件下，转让股东以外的其他股东有权主张优先购买权。 ①两个以上股东主张行使优先购买权的，协商确定各自的购买比例；协商不成的，按照转让时各自的出资比例行使优先购买权。 ②行使期限。 公司章程有规定的行使期限，从其规定； 公司章程没有规定行使期间或者规定不明确，按通知确定的期间；通知确定的期间短于30日或者未明确行使期间的，为30日
	转让股东反悔	①转让股东在其他股东主张优先购买后又不同意转让股权的，对其他股东优先购买的主张，人民法院不予支持，但公司章程另有规定或者全体股东另有约定的除外。 ②其他股东主张转让股东赔偿其损失合理的，人民法院应当予以支持

续表

对外转让（主）	损害优先购买权	①情形。 对外转让股权，未就其股权转让事项征求其他股东意见，或者以欺诈、恶意串通等手段，损害其他股东优先购买权；其他股东主张按照同等条件购买该转让股权的，人民法院应当予以支持。 ②行使期限。 其他股东自知道或应当知道行使优先购买权的同等条件之日起**30日内**，最长**不超过**股权变更登记之日起**1年**主张。 ③其他股东**仅提出确认股权转让合同及股权变动效力**等请求，未同时主张按照同等条件购买转让股权的，人民法院**不予支持**
强制转移	①人民法院依照强制执行程序转让股东的股权时，应当通知公司及全体股东，其他股东在同等条件下有优先购买权。 ②其他股东自人民法院通知之日起**满20日**不行使优先购买权的，视为放弃优先购买权	
股权继承	①直接继承。 在公司章程没有另外规定的情况下，自然人股东死亡后，其合法继承人可以**直接继承**股东资格。 ②优先购买权。 有限责任公司的自然人股东因继承发生变化时，其他股东主张行使优先购买权的，人民法院不予支持，但公司章程另有规定或者全体股东另有约定的除外	
一股二卖	股权转让后，公司没有立即向公司登记机关办理变更登记，原股东将该股权转让、质押或者以其他方式处分给第三人的，若第三人构成**善意取得**，则最终获得该股权，否则受让股东可以其对股权享有实际权利为由，请求认定处分股权行为无效	

【例题6-12·单选题·2014年】某有限责任公司共有甲、乙、丙三名股东，因甲无法偿还个人到期债务，人民法院拟依强制执行程序变卖其股权偿债，根据公司法律制度的规定，下列表述中，正确的是（　　）。

A. 人民法院应当征得乙、丙同意，乙、丙在同等条件下有优先购买权

B. 人民法院应当征得公司及乙、丙同意，乙、丙在同等条件下有优先购买权

C. 人民法院应当通知乙、丙，乙、丙在同等条件下有优先购买权

D. 人民法院应当通知公司及全体股东，乙、丙在同等条件下有优先购买权

【答案】D

【解析】人民法院依照强制执行程序转让股东的股权时，应当通知公司及全体股东，其他股东在同等条件下有优先购买权。

【例题6-13·单选题·2018年】某有限责任公司的自然人股东甲死亡，公司章程对于股权继承无特别规定。根据公司法律制度的规定，甲的合法继承人享有的权利是（　　）。

A. 继承甲的股东资格，并享有全部股东权利

B. 继承甲的股东资格，但表决权受一定限制

C. 继承甲所持股权的财产利益，但不得继承股东资格

【答案】A

【解析】自然人股东死亡后，其合法继承人可以继承股东资格；但公司章程另有规定的除外。

考点13 一人有限责任公司的特别规定（见表6－36）（★★）

表6－36

特点	只有一个自然人股东或者一个法人股东的有限责任公司
股东规定	①一个自然人只能投资设立一个一人有限责任公司，该一人有限责任公司不能投资设立新的一人有限责任公司（“独子绝孙”）。 ②公司登记中注明自然人独资或者法人独资，并在公司营业执照中载明
组织机构	①不设股东会。 ②法律规定的股东会职权由股东行使，当股东行使相应职权作出决定时，应当采用书面形式，并由股东签字后置备于公司
强制审计	应当每一会计年度终了时编制财务会计报告，并经会计师事务所审计
连带责任	股东不能证明公司财产独立于股东自己财产的，应当对公司债务承担连带责任

【例题6－14·单选题·2012年】根据公司法律制度的规定，下列关于一人有限责任公司的表述中，正确的是（　　）。

A. 一人有限责任公司应设股东会

B. 一人有限责任公司应在每一会计年度终了时编制财务会计报告，但不必经会计师事务所审计

C. 一人有限责任公司的股东可以是自然人，也可以是法人

D. 公司债权人要求股东对公司债务承担连带责任的，有义务证明该公司的财产不独立于股东自己的财产

【答案】C

【解析】选项A错误，一人有限责任公司不设股东会；选项B错误，一人有限责任公司应当在每一个会计年度结束时编制财务会计报告，并经会计师事务所审计；选项D错误，一人有限责任公司的股东不能证明公司财产独立于股东自己财产的，应当对公司债务承担连带责任，而不是债权人有义务证明不独立。

考点 14 国有独资公司的特别规定（见表 6 – 37）（★★）

表 6 – 37

<table>
<tr><td>章程</td><td colspan="2">由国有资产监督管理机构制定，或由董事会制定报国有资产监督管理机构批准</td></tr>
<tr><td rowspan="3">权力机构</td><td>不设股东会</td><td>—</td></tr>
<tr><td>职权行使</td><td>国有资产监督管理机构行使股东会职权，可授权董事会行使部分职权</td></tr>
<tr><td>不得授权事项</td><td>①由国有资产监督管理机构决定：
合并、分立、解散；增减注册资本；发行公司债券。
②由国有资产监督管理机构审核后，报本级人民政府批准：
重要的国有独资公司合并、分立、解散、申请破产</td></tr>
<tr><td rowspan="3">董事会</td><td>成员</td><td>①董事会成员应当有职工代表。
②董事会成员由国有资产监督管理机构委派，职工代表由公司职工代表大会选举产生</td></tr>
<tr><td>任期</td><td>董事每届任期≤3 年</td></tr>
<tr><td>董事长</td><td>董事长 1 名、可设副董事长，由国有资产监督管理机构从董事会成员中指定</td></tr>
<tr><td rowspan="2">监事会</td><td>成员</td><td>①≥5 人，其中职工代表的比例≥1/3，具体比例由章程规定；
②由国有资产监督管理机构委派（职工代表由职工代表大会选举产生）</td></tr>
<tr><td>监事会主席</td><td>由国有资产监督管理机构从监事会成员中指定</td></tr>
<tr><td>经理</td><td colspan="2">①国有独资公司设经理，由董事会聘任或者解聘；
②经国有资产监督管理机构同意，董事会成员可以兼任经理</td></tr>
<tr><td>限制</td><td colspan="2">国有独资公司的董事长、副董事长、董事、高级管理人员，未经国有资产监督管理机构同意，不得在其他公司或组织兼职</td></tr>
</table>

【例题 6 – 15·单选题·2011 年】下列关于国有独资公司的表述中，符合公司法律制度规定的是（　　）。

A. 国有独资公司不设股东会，由国有资产监督管理机构行使股东会职权

B. 国有独资公司的董事会获得国有资产监督管理机构授权，可以决定公司合并事项

C. 国有独资公司监事会的职工代表由国有资产监督管理机构委派

D. 国有独资公司的董事会成员全部由国有资产监督管理机构委派

【答案】A

【解析】选项 B 错误，国有独资公司的合并、分立、解散、增减注册资本和发行公司债券，必须由国有资产监督管理机构决定；选项 C 错误，国有独资公司监事会中的职工代表由公司职工代表大会选举产生；选项 D 错误，国有独资公司董事会成员由国有资产监督管理机构委派，但是，董事会成员中的职工代表由公司职工代表大会选举产生。

考点收纳盒

表 6－38

<table>
<tr><th colspan="2"></th><th>股份有限公司</th><th>有限责任公司</th><th>国有独资公司</th></tr>
<tr><td rowspan="3">董事会</td><td>组成</td><td>5～19 人（可以有职工代表）</td><td>3～13 人（两个以上的国有企业或其他两个以上的国有投资主体投资设立的有限责任公司，应有公司职工代表）</td><td>必须包括职工代表：
①职工代表由职工代表大会选举产生；
②其他董事由国有资产监督管理机构委派</td></tr>
<tr><td>任期</td><td colspan="3">每届任期不得超过 3 年</td></tr>
<tr><td>机构设置</td><td>全体董事的过半数选举产生</td><td>由公司章程规定</td><td>由国有资产监督管理机构从董事会成员中指定</td></tr>
<tr><td rowspan="5">监事会</td><td rowspan="2">组成</td><td colspan="2">不得少于 3 人</td><td>不得少于 5 人</td></tr>
<tr><td colspan="3">应当包含职工代表，其中职工代表的比例不得低于 1/3</td></tr>
<tr><td>任期</td><td colspan="3">每届 3 年</td></tr>
<tr><td rowspan="2">机构设置</td><td>设主席一人，可以设副主席</td><td>设主席一人</td><td rowspan="2">主席由国有资产监督管理机构从监事会成员中指定</td></tr>
<tr><td colspan="2">由全体监事过半数选举产生</td></tr>
</table>

考点 15 公司的财务会计（★★）

（一）财务会计报告（见表 6－39）

表 6－39

编制	公司财务会计报告应当由董事会负责编制，并对其真实性、完整性和准确性负责
内容	资产负债表、利润表、现金流量表、附注
审计	①公司应在每一个会计年度终了时编制财务会计报告，并依法经会计师事务所审计； ②公司聘用、解聘承办公司审计业务的会计师事务所，依照公司章程的规定，由股东（大）会或者董事会决定
公示	①有限责任公司应按照公司章程规定的期限将财务会计报告送交各股东； ②股份有限公司的财务会计报告应当在召开股东大会年会的 20 日前置备于本公司，供股东查阅； ③公开发行股票的股份有限公司必须公告其财务会计报告

（二）利润分配（见表 6－40）

表 6－40

事项	有限责任公司	股份有限公司
分配依据	除全体股东另有约定外，按照股东实缴的出资比例分配	除章程另有约定外，按照股东持有的股份比例分配

续表

事项	有限责任公司	股份有限公司
分配顺序	①弥补以前年度亏损； ②缴纳所得税； ③弥补在税前利润弥补以前年度亏损后仍存在的亏损； ④提取法定公积金； ⑤提取任意公积金，须由股东（大）会作出决议； ⑥向股东分配利润（公司持有的本公司股份不得分配利润）	

（三）公积金

1. 公积金组成（见表6－41）

表6－41

组成	具体规定
法定公积金 （主）	①提取时： 分配当年税后利润之前，必须提取**税后利润的10%**列入法定公积金，法定公积金累计额为**注册资本的50%以上**时可以不再提取。 ②转增资本时： 转增后留存的法定公积金**不得少于转增前注册资本的25%**
任意公积金	转增资本时，不受25%的限制
资本公积金	直接由资本原因形成的公积金，股份有限公司以**超过**股票票面金额的发行价格发行股份所得的**溢价款**以及国务院财政部门规定列入资本公积金的其他收入，应当列为公司资本公积金

2. 公积金用途（见表6－42）

表6－42

公积金用途	盈余公积	资本公积
弥补公司亏损	√	×
扩大公司生产经营	√	√
转增公司资本	√	√

【例题6－16·单选题·2009年】 某公司注册资本为100万元。2008年，该公司提取的法定公积金累计额为60万元，提取的任意公积金累计额为40万元。当年，该公司拟用公积金转增公司资本50万元。下列有关公司拟用公积金转增资本的方案中，不符合公司法律制度规定的是（　　）。

A. 用法定公积金10万元、任意公积金40万元转增资本

B. 用法定公积金20万元、任意公积金30万元转增资本

C. 用法定公积金30万元、任意公积金20万元转增资本

D. 用法定公积金40万元、任意公积金10万元转增资本

【答案】D

【解析】任意公积金转增资本的，法律没有限制，但用法定公积金转增资本时，《公司法》规定，转增后所留存的该项公积金不得少于转增前公司注册资本的25%，即不得少于25万元（100×25%），所以法定公积金最多可以转35万元（60－25）。本题问的是不符合的，因此选项D当选。

考点16 公司重大变更（★）

（一）合并

1. 合并的形式（见表6－43）

表6－43

合并形式	具体内容
吸收合并	一个公司吸收其他公司加入本公司，被吸收的公司解散
新设合并	两个以上公司合并设立一个新的公司，合并各方解散

2. 合并的特点

（1）被消灭公司的债务转移不需要经过债权人的同意，直接由合并后的公司承继债务；

（2）被消灭公司的法人人格在合并完成后可以直接消灭，不需要经过清算程序；

（3）合并是公司行为，只要股东（大）会依法通过即可，不需要征求每一个股东的意见。

3. 合并的程序（见图6－3）（主）

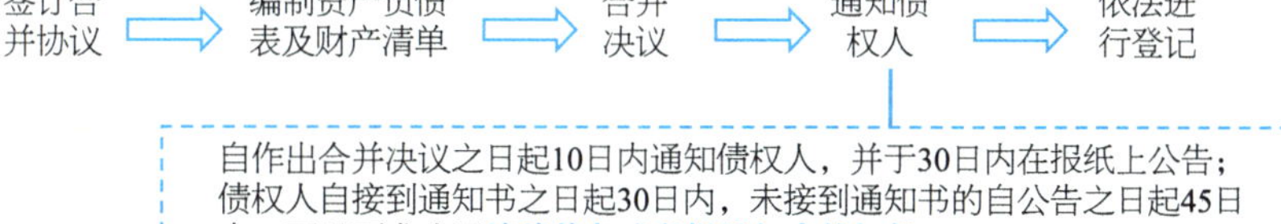

图6－3 合并的程序

（二）分立

1. 分立形式（见表6－44）

表6－44

分立形式	具体内容
派生分立	公司以其部分财产另设一个或数个新的公司，原公司存续
新设分立	公司以其全部财产分别归入两个以上的新设公司，原公司解散

2. 分立的程序

（1）与公司合并的程序相同。

签订分立协议，编制资产负债表及财产清单，作出分立决议，通知债权人，办理登记。

（2）通知。

在公司分立的情况下，公司应当自作出分立决议之日起**10日内**通知债权人，并于**30日内**在报纸上公告，**没有**赋予债权人请求公司清偿债务或者提供相应担保的权利。

3. 责任承担

公司分立前的债务**由分立后的公司承担连带责任**，但公司在分立前**与债权人**就债务清偿达成的书面协议**另有约定的除外**。

（三）增加和减少注册资本

1. 增资

无论由原股东还是原股东以外的人投入新增资本，都属于出资。

2. 减资（见表6－45）

表6－45

减资方式	①返还出资或股款； ②减免出资或购股义务； ③缩减股权或股份
减资程序	①公司董事会制订减资方案，提交股东（大）会表决。 ②公司应当编制资产负债表及财产清单。 ③通知债权人和对外公告。 公司应当自作出减少注册资本决议之日起10日内通知债权人，并于30日内在报纸上公告； 债权人自接到通知书之日起30日内，未接到通知书的自公告之日起45日内可以要求公司清偿债务或者提供相应的担保。 ④实施减资。 ⑤变更工商登记和税务登记（应当自公告之日起45日后变更登记）

考点收纳盒

表6－46

	合并	分立	减资
通知/公告	√	√	√
债权人要求公司清偿债务或提供担保	√	—	√
异议股东的回购请求权	√	√	—
变更登记	√	√	√

考点17 公司解散和清算（★★）

（一）公司解散

1. 公司解散的特征

（1）公司解散事由发生后，公司并未终止，**仍然具有法人资格**，可以自己的名义开展与清算相关的活动，直到清算完毕并注销后才消灭其主体资格；

（2）**除公司因法定合并或分立**而解散不必进行清算外，公司解散必须经过法定清算程序；

（3）公司解散的目的是终止其法人资格。

2. 强制解散（见表 6－47）

表 6－47

资格	公司经营管理发生严重困难，继续存续会使股东利益受到重大损失，通过其他途径不能解决的，持有公司全部股东表决权 10% 以上的股东，可请求法院解散公司
受理情形	①公司持续 2 年以上无法召开股东会或者股东大会，公司经营管理发生严重困难的； ②股东表决时无法达到法定或者公司章程规定的比例，持续 2 年以上不能作出有效的股东会或者股东大会决议，公司经营管理发生严重困难的； ③公司董事长期冲突，且无法通过股东会或者股东大会解决，公司经营管理发生严重困难的； ④经营管理发生其他严重困难，公司继续存续会使股东利益受到重大损失的情形
不予受理	股东以知情权、利润分配请求权等权益受到损害，或者公司亏损、财产不足以偿还全部债务，以及公司被吊销企业法人营业执照未进行清算等为由，提起解散公司诉讼的，人民法院不予受理（主）
强制解散之诉	①提起解散公司的诉讼应以公司作为被告； ②人民法院关于解散公司诉讼作出的判决，对公司全体股东具有法律约束力
	人民法院审理解散公司诉讼案件，应当注重调解。当事人协商一致以下列方式解决分歧，且不违反法律、行政法规的强制性规定的，人民法院应予支持： ①公司回购部分股东股份； ②其他股东受让部分股东股份； ③他人受让部分股东股份； ④公司减资； ⑤公司分立； ⑥其他能够解决分歧，恢复公司正常经营，避免公司解散的方式。 当事人不能协商一致使公司存续的，人民法院应当及时判决

【例题 6－17·单选题·2011 年】 根据公司法律制度的规定，当公司出现特定情形，继续存续会使股东利益受到重大损失，通过其他途径不能解决，持有公司全部股东表决权 10% 以上的股东提起解散公司诉讼的，人民法院应当受理。下列各项中，属于此类特定情形的是（ ）。

A. 甲公司连续 2 年严重亏损，已濒临破产

B. 乙公司由大股东控制，连续 4 年不分配利润

C. 丙公司股东之间发生矛盾，持续 3 年无法召开股东会，经营管理发生严重困难

D. 丁公司 2 年来一直拒绝小股东查询公司会计账簿的请求

【答案】 C

【解析】 选项 ABD 错误，股东不得以知情权、利润分配请求权等权益受到损害，或者公司亏损、财产不足以偿还全部债务，以及公司被吊销企业法人营业执照未进行清算等为由，提起解散公司诉讼。

（二）公司清算

1. 清算义务人及其责任（见表6-48）

表6-48

清算义务人	有限责任公司：股东； 股份有限公司：董事和控股股东
怠于清算的民事责任	①清算义务人的责任： 第一，清算义务人未在法定期限内成立清算组，导致公司财产贬值、流失、毁损或者灭失的，应当在造成损失范围内对公司债务承担赔偿责任； 第二，清算义务人怠于履行清算义务或其他义务，导致公司主要财产、账册、重要文件等灭失，无法进行清算的，应当对公司的债务承担连带清偿责任
	②实际控制人的责任： 如果上述情形是由公司的实际控制人造成的，则该实际控制人应对公司债务承担相应民事责任

2. 清算组

（1）清算组及其组成（见表6-49）。

表6-49

	成立	组成
自行清算	公司应当在解散事由出现之日起15日成立清算组	①有限责任公司的清算组由股东组成； ②股份有限公司的清算组由董事或者股东大会确定的人员组成
指定清算	债权人、公司股东、董事或其他利害关系人可以向人民法院申请指定清算组进行清算的情形： ①公司解散逾期（15日）不成立清算组进行清算的。 ②虽然成立清算组但故意拖延清算的。 ③违法清算可能严重损害债权人或者股东利益的	①公司股东、董事、监事、高级管理人员； ②依法设立的会计师事务所、律师事务所、破产清算事务所等社会中介机构； ③依法设立的会计师事务所、律师事务所、破产清算事务所等社会中介机构中具备相关专业知识并取得执业资格的人员

（2）清算组的职权。

①清理公司财产，分别编制资产负债表和财产清单；

②通知、公告债权人；

③处理与清算有关的公司未了结的业务；

④清缴所欠税款以及清算过程中所产生的税款；

⑤清理债权、债务；

⑥处理公司清偿债务后的剩余财产；

⑦代表公司参与民事诉讼活动。

（3）清算组的责任。

清算组成员从事清算事务时，违反法律、行政法规或者公司章程给公司或者债权人造成损失，公司或者债权人可要求其承担赔偿责任。有限责任公司的股东、股份有限公司连续180日以上单独或者合计持有公司1%以上股份的股东，以清算组成员有前款所述行为为由向人民法院提起诉讼的，人民法院应予受理。

3. 公司在清算期间的行为限制

（1）公司不再从事新的经营活动；

（2）公司的代表机构为清算组；

（3）公司财产在未按照法定程序清偿前，不得分配给股东。

4. 清算程序（见表6－50）

表6－50

程序	具体规定
通知债权人	清算组应当自成立之日起10日内书面通知债权人，并于60日内在全国或者公司注册登记地省级有影响的报纸上公告
债权申报和登记	①债权人应当自接到通知书之日起30日内，未接到通知书的自公告之日起45日内，向清算组申报其债权； ②清算组应当对债权进行核定登记； ③在申报债权期间，清算组不得对债权人进行清偿
清算方案	清算组应当对公司财产进行清理，编制资产负债表和财产清单，制订清算方案。 ①公司自行清算的，清算方案应当报股东（大）会决议确认； ②人民法院组织清算的，清算方案应当报人民法院确认； ③未经确认的清算方案，清算组不得执行
清偿债务	①清偿顺序： 清算费用→职工工资、社保、补偿金→税款→债务 ②清偿公司债务后的剩余财产： 第一，有限责任公司按股东的出资比例分配； 第二，股份有限公司按股东持有的股份比例分配。 ③清算期间，公司存续，但不得开展与清算无关的经营活动
公司终止公告	①公司清算结束后，清算组应当制作清算报告，报股东（大）会或者人民法院确认，并报送公司登记机关，申请注销公司登记，公告公司终止； ②人民法院组织清算的，清算组应当自成立之日起6个月内清算完毕

恭喜你，

已完成第六章的学习

没有人天生强大，只是经过一次次失败、丧气、跌倒，然后再站起来。就这样重复着，我们在逐渐变强大。尽管注会非常之难，请切勿心急，哪怕是庞然大物，曾经也是无名小卒。

CHAPTER SEVEN

第七章　证券法律制度

考情雷达

“股票”这个词相信大家都不陌生，它是股份的纸面形式，是公司签发的证明股东所持股份的凭证。那为什么我们可以买到上市公司的股票呢？因为公司的发展壮大，需要大量的资金支持。所以股票是一种融资工具，为公司解决了融资问题，同时也让买股票的人获得高额的收益。

把上述内容变成证券术语表达，公司是“融资主体”，股票是“融资工具”，取得筹集资金的过程是“融资过程”，而买股票的人就是“投资者”。可我们都听过“投资有风险，入市需谨慎”，即有可能没获得高额回报，却被忽悠买到了连续亏损的股票。因此，证券监管机构不但要求融资的公司进行充分的信息披露，让投资者能够认清这些公司的“真面目”，也会制定规则去保护投资者的权益。

本章会围绕着“融资主体、融资工具、融资过程、投资者”等内容展开学习，考试分值在18分左右，属于绝对重点章节之一，试卷上的“重头戏”，每年都会以选择题和案例分析题考查。证券法学习难度较大，会有些金融名词晦涩难懂，所以更需要读者掌握学习方法。第一遍捋清框架，进行填充式学习，不要求“事无巨细”地记住；第二遍在框架下细化理解重点部分内容，做到掌握考点所在、加深印象即可；第三遍能够对次重点内容进行理解和记忆，同时着手练习选择题；第四遍在背诵法条的基础上，去做案例分析题，用题目练手，做到每道题目能够完整分析出答案。

本章内容与去年相比变化较大。增加了北京证券交易所的内容，充实了强制信息披露制度的相关内容，修订了公司债券发行和交易的内容，调整了收购的相关内容，在虚假陈述的法律规制方面进行了较多修改。

考点地图

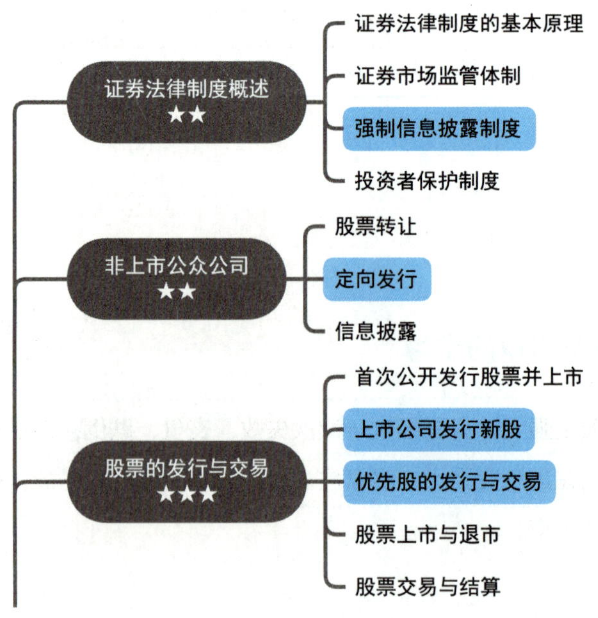

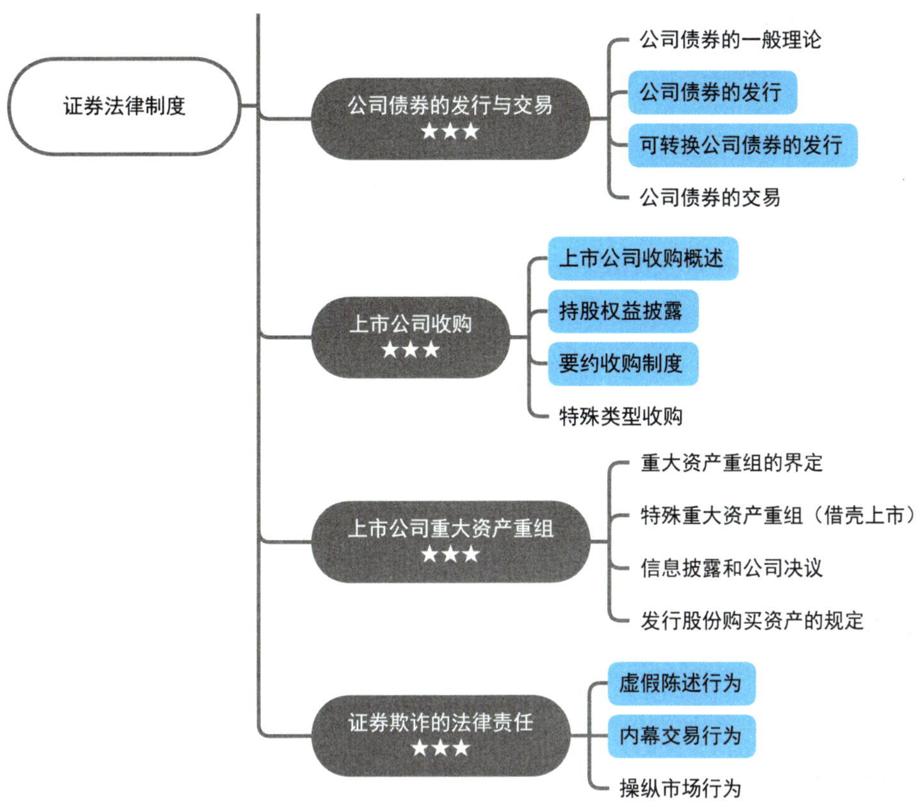

考点1 证券法律制度的基本原理（★）

（一）适用于《证券法》的“证券”（见表7－1）

表7－1

适用范围	具体规定
法定证券	在境内，股票、公司债券、存托凭证和国务院依法认定的其他证券的发行和交易，适用本法
其他	①政府债券、证券投资基金份额的上市交易适用本法；其他法律、行政法规另有规定的，适用其规定。 ②资产支持证券、资产管理产品发行、交易的管理办法，由国务院依照本法的原则规定

【例题7－1·多选题·2020年】根据证券法律制度的规定，在我国境内发行下列证券时，应当适用《中华人民共和国证券法》的有（　　）。

A. 公司债券　　B. 股票　　C. 政府债券　　D. 存托凭证

【答案】ABD

【解析】选项ABD正确，在中华人民共和国境内，股票、公司债券、存托凭证和国务院依法认定的其他证券的发行和交易，适用《证券法》；选项C错误，政府债券、证券投资基金份额的“上市交易”适用《证券法》，题目中为“发行”。

（二）证券公开发行

证券发行实质上是筹资者出售证券给投资者的过程（公开或者非公开）（见表7－2、图7－1）。

表7－2

发行类型	具体含义
公开发行	①向不特定对象发行证券； ②向特定对象发行证券累计超过200人，但依法实施员工持股计划的员工人数不计算在内。
非公开发行	非公开发行不得采用广告、公开劝诱和变相公开方式，否则可认定为公开发行

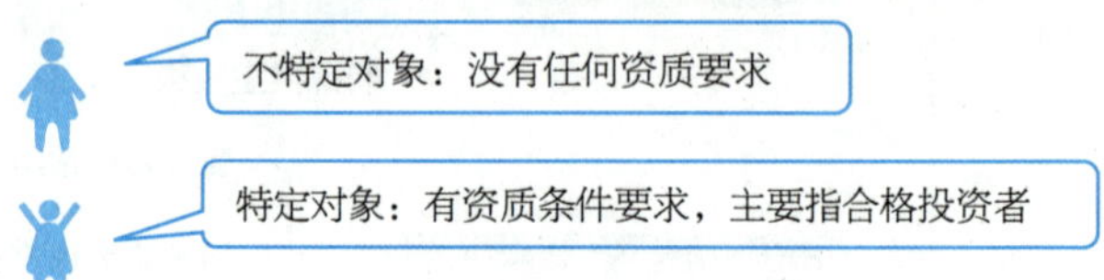

图7－1

（三）证券市场

1. 一级市场和二级市场（见表7－3）

表7－3

一级市场（发行市场）	发行市场主要功能在于为企业提供融资渠道	
二级市场（交易市场）	以上市或挂牌的条件或门槛为标准	分为主板、二板（创业板和科创板）、三板市场（全国中小企业股份转让系统）和其他市场（区域性股权交易市场）
	以挂牌条件、交易方式和信息披露严苛程度为标准	分为交易所市场（北上深三大证券交易所）、集中交易的公开型场外市场（全国中小企业股份转让系统）、非集中交易的场外市场（区域性股权交易市场）

2. 公开证券市场与非公开证券市场（见表7－4）

表7－4

公开证券市场	①上海证券交易所； ②深圳证券交易所； ③北京证券交易所； ④全国中小企业股份转让系统（全国股转系统），俗称“新三板”
非公开证券市场（私募市场）	区域性股权市场主要表现为各地的产权交易所。 ①不得将任何权益拆分为均等份额公开发行； ②不得采取集中交易方式进行交易； ③不得将权益按照标准化交易单位持续挂牌交易； ④权益持有人累计不得超过200人； ⑤不得以集中交易方式进行标准化合约交易； ⑥未经国务院相关金融管理部门批准，不得设立从事保险、信贷、黄金等金融产品交易的交易场所，其他任何交易场所也不得从事保险、信贷、黄金等金融产品交易

【彬哥提醒】

①公开发行的证券，应当在依法设立的证券交易所上市交易或者在国务院批准的其他全国性证券交易场所（全国中小企业股份转让系统）交易。

②非公开发行的证券，可以在证券交易所、国务院批准的其他全国性证券交易场所（全国中小企业股份转让系统）、按照国务院规定设立的区域性股权市场转让。

③公开发行证券，必须符合法律、行政法规规定的条件，并依法报经国务院证券监督管理机构或国务院授权的部门注册。未经依法注册，任何单位和个人不得公开发行证券。在注册制下，由证券交易所审核并经证监会注册。

目前，上海证券交易所科创板、深圳证券交易所创业板和北京证券交易所都已陆续适用注册制。

【例题7－2·单选题·2020年】根据证券法律制度的规定，下列关于区域性股权市场相关规则的表述中，正确的是（　　）。

A. 可采用协议转让的方式进行交易

B. 可将权益拆分为均等份额公开发行

C. 可将权益按照标准化交易单位持续挂牌交易

D. 权益持有人累计可超过200人

【答案】A

【解析】选项B错误，不得将任何权益拆分为均等份额公开发行；选项C错误，不得将权益按照标准化交易单位持续挂牌交易；选项D错误，权益持有人累计不得超过200人。

考点2 证券市场监管体制（见表7－5）（★）

表7－5

政府统一管理	国务院授权中国证券监督管理委员会（中国证监会）负责证券监督管理工作	
行业自律管理	中国证券业协会	
	证券交易场所	①证券交易所； ②国务院批准的其他全国性证券交易场所（全国股转系统）
	证券服务机构	会计师事务所、律师事务所、资产评估机构等中介机构及其从业人员

考点3 强制信息披露制度（见表7－6、图7－2）（★★★）

表7－6

信息披露义务人	上市公司及其董事、监事、高级管理人员、股东、实际控制人、收购人、重大资产重组、再融资、重大交易有关各方等自然人、单位及其相关人员，破产管理人及其成员，以及法律、行政法规和中国证监会规定其他承担信息披露义务的主体

续表

信息披露的分类	以是否为法律强制规定必须公开的内容为标准	分为强制信息披露和自愿信息披露
	以信息披露的内容为标准	分为客观信息的披露（历史性信息）和主观信息的披露（预测性信息）
	以信息披露的发生阶段为标准	分为发行信息公开（首次信息公开）和持续信息公开
信息披露的原则和要求	①实质原则或要求：真实、准确、完整； ②形式要求：简明清晰、通俗易懂； ③对于具体负责信息披露事务的上市公司董事、监事、高级管理人员，还应做到"及时、公平"	

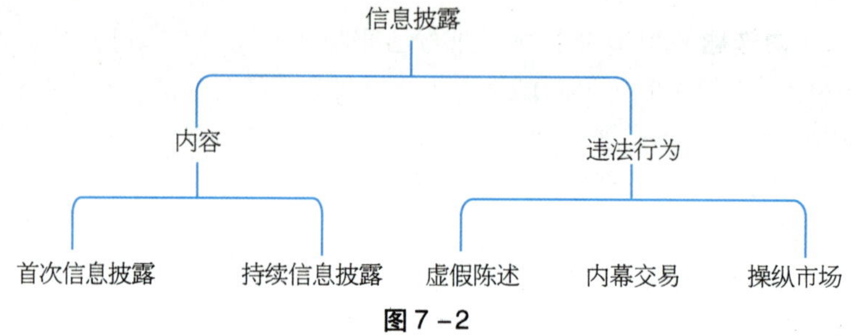

图7－2

（一）首次信息披露（见表7－7）

表7－7

披露内容	首次信息披露主要有招股说明书、债券募集说明书和上市公告书等
有效期	①招股说明书的有效期为6个月，自公开发行前**招股说明书最后一次签署之日**起计算； ②招股说明书中引用的**财务报表**在其**最近一期截止日后6个月内**有效，特别情况下，发行人可申请适当延长，但至多**不超过3个月**

（二）持续信息披露

1. 定期报告（见表7－8）

表7－8

主要形式	具体规定
年度报告	应当在每个会计年度结束之日起**4个月内**编制完成并披露
中期报告	应当在每个会计年度的上半年结束之日起**2个月内**编制完成并披露

2. 临时报告（主）

凡发生可能对上市公司证券及其衍生品种交易价格产生较大影响的重大事件，投资者尚未得知时，上市公司应当立即提出临时报告，披露事件内容，说明事件的起因、目前的状态和可能产生的影响。

（1）重大事件的界定（见表7－9）。

表7－9

股票发行公司	债券上市交易公司
①公司的经营方针和经营范围的重大变化	①公司股权结构或者生产经营状况发生重大变化
②公司的重大投资行为，公司在一年内购买、出售重大资产超过公司资产总额的30%，或者公司营业用主要资产的抵押、质押、出售或者报废一次超过该资产的30%	②公司重大资产抵押、质押、出售、转让、报废
③公司订立重要合同、提供重大担保或者从事关联交易，可能对公司的资产、负债、权益和经营成果产生重要影响	③公司新增借款或者对外提供担保超过上年末净资产的20%
④公司发生重大债务和未能清偿到期重大债务的违约情况	④公司发生未能清偿到期债务的情况
⑤公司发生重大亏损或者重大损失	⑤公司发生超过上年末净资产10%的重大损失
⑥公司生产经营的外部条件发生的重大变化	⑥公司放弃债权或者财产超过上年末净资产的10%
⑦公司的董事、1/3以上监事或者经理发生变动，董事长或者经理无法履行职责	⑦公司债券信用评级发生变化
⑧涉及公司的重大诉讼、仲裁，股东大会、董事会决议被依法撤销或者宣告无效	⑧涉及公司的重大诉讼、仲裁
⑨公司分配股利、增资的计划，公司股权结构的重要变化，公司减资、合并、分立、解散及申请破产的决定，或者依法进入破产程序、被责令关闭	⑨公司分配股利，作出减资（没有增资）、合并、分立、解散、申请破产决定，或者依法进入破产程序、被责令关闭
⑩公司涉嫌犯罪被依法立案调查，公司的控股股东、实际控制人、董事、监事、高级管理人员涉嫌犯罪被依法采取强制措施	
⑪持有公司5%以上股份的股东或者实际控制人持有股份或者控制公司的情况发生较大变化，公司的实际控制人及其控制的其他企业从事与公司相同或者相似业务的情况发生较大变化	—

（2）重大事件的披露（见表7－10）。

表7－10

常规披露	上市公司应当在最先发生的以下任一时点，及时（2个交易日内）履行重大事件的信息披露义务： ①董事会或者监事会就该重大事件形成决议时； ②有关各方就该重大事件签署意向书或者协议时； ③董事、监事或者高级管理人员知悉该重大事件发生并报告时

续表

提前披露	在上述**规定的时点之前**出现下列情形之一的，上市公司应当及时披露相关事项的现状、可能影响事件进展的风险因素： ①该重大事件**难以保密**； ②该重大事件已经泄露或者市场**出现传闻**； ③公司证券及其衍生品种出现**异常交易**情况

【例题7-3·单选题·2017年】甲上市公司上一期经审计的净资产额为50亿元人民币。甲公司拟为乙公司提供保证担保，担保金额为6亿元，并经董事会会议决议通过。甲公司章程规定，单笔对外担保额超过公司最近一期经审计净资产10%的担保须经公司股东大会批准。根据证券法律制度的规定，甲公司披露该笔担保的最早时点应当是（　　）。

A. 甲公司股东大会就该笔担保形成决议时

B. 甲公司董事会就该笔担保形成决议时

C. 甲公司与乙公司的债权人签订保证合同时

D. 证券交易所核准同意甲公司进行担保时

【答案】B

【解析】最先发生的以下任一时点，及时披露：①董事会或者监事会就该重大事件形成决议时（选项B正确）；②有关各方就该重大事件签署意向书或者协议时；③董事、监事或者高级管理人员知悉该重大事件发生并报告时。

（三）信息披露的事务管理

1. 关联交易的审议程序

（1）上市公司应当履行关联交易的审议程序，并严格执行关联交易**回避表决制度**；

（2）上市公司“董、监、高”、持股**5%以上的股东及其一致行动人、实际控制人**应及时向上市公司**董事会**报送上市公司关联人名单及关联关系的说明。

2. 各主体在信息披露中的职责（见表7-11）

表7-11

主体	具体职责
上市公司及其他信息披露义务人	①证券及其衍生品种同时在境内境外公开发行、交易的，其信息披露义务人在境外市场披露的信息，应当**同时**在境内市场披露。 ②在公司网站及其他媒体发布信息的时间**不得**先于指定媒体，不得以新闻发布或者答记者问等任何形式代替应当履行的报告、公告义务，不得以定期报告形式代替应当履行的临时报告义务
董事、监事、高级管理人员	①发行人的**董事、高级管理人员**应当对证券发行文件和定期报告签署书面**确认意见**； ②发行人的**监事会**应当对董事会编制的证券发行文件和定期报告进行审核并提出书面**审核意见**； ③**监事**应当签署书面**确认意见**

续表

主体	具体职责
股东、实际控制人	应主动告知上市公司董事会，并配合上市公司履行信息披露义务。 ①持有公司5%以上股份的股东或者实际控制人持有股份或控制公司的情况发生较大变化，公司的实际控制人及其控制的其他企业从事与公司相同或相似业务的情况发生较大变化； ②法院裁决禁止控股股东转让其所持股份，任何一个股东所持公司5%以上股份被质押、冻结、司法拍卖、托管、设定信托或者被依法限制表决权的； ③拟对上市公司进行重大资产或者业务重组的
证券服务机构	保证所出具的文件的真实性、准确性和完整性

【例题7-4·单选题·2010年】根据证券法律制度的规定，上市公司董事、监事和高级管理人员在信息披露工作中应当履行相应的职责，下列表述中，正确的是（　　）。

A. 上市公司董事应对公司年度报告签署书面审核意见

B. 上市公司监事应对公司年度报告签署书面审核意见

C. 上市公司高级管理人员应对公司年度报告签署书面审核意见

D. 上市公司监事会应对公司年度报告签署书面审核意见

【答案】D

【解析】选项AC错误，发行人的“董事、高级管理人员”应当对“证券发行文件和定期报告”签署书面“确认”意见。选项B错误、选项D正确，发行人的“监事会”应当对董事会编制的“证券发行文件和定期报告”进行“审核”并提出书面“审核”意见；监事应当签署书面“确认”意见。

考点4 投资者保护制度（★★）

（一）普通投资者和专业投资者（见表7-12）

表7-12

区分标准	根据财产状况、金融资产状况、投资知识和经验、专业能力等因素
证券公司的适当性义务	①向投资者销售证券、提供服务时，应按照规定充分了解投资者的基本情况、财产状况、金融资产状况、投资知识和经验、专业能力等相关信息； ②如实说明证券、服务的重要内容，充分揭示投资风险； ③销售、提供与投资者上述状况相匹配的证券、服务； ④投资者在购买证券或者接受服务时，应当按照证券公司明示的要求提供真实信息，拒绝提供或未按照要求提供信息的，证券公司应当告知其后果，并按照规定拒绝向其销售证券、提供服务。 证券公司违反上述规定导致投资者损失的，应当承担赔偿责任
对普通投资者的特殊保护	①普通投资者与证券公司发生纠纷的，证券公司应当证明其行为符合法律、行政法规以及国务院证券监督管理机构的规定，不存在误导、欺诈等情形； ②证券公司不能证明的，应当承担相应的赔偿责任

（二）投资者保护机构（见表7－13）

表7－13

代理权征集	①上市公司董事会、独立董事、持有1%以上有表决权股份的股东，或者依照法律、行政法规或者国务院证券监督管理机构的规定设立的投资者保护机构，可以作为征集人，自行或者委托证券公司、证券服务机构，公开请求上市公司股东委托其代为出席股东大会，并代为行使提案权、表决权等股东权利。 ②禁止以有偿或者变相有偿的方式公开征集股东权利。 【提示】不得对被征集主体设置比例限制
证券纠纷调解	普通投资者与证券公司发生证券业务纠纷，普通投资者提出调解请求的，证券公司不得拒绝
证券支持诉讼	投资者保护机构对损害投资者利益的行为，可以依法支持投资者向人民法院提起诉讼
股东派生诉讼	发行人的董事、监事、高级管理人员执行公司职务时违反法律、行政法规或者公司章程的规定给公司造成损失，发行人的控股股东、实际控制人等侵犯公司合法权益给公司造成损失，投资者保护机构持有该公司股份的，可以为公司的利益以自己的名义向人民法院提起诉讼，持股比例和持股期限不受《公司法》规定的限制
代表人诉讼	分为普通代表人诉讼及特别代表人诉讼，详见考点“虚假陈述”

（三）先行赔付

（1）发行人因欺诈发行、虚假陈述或者其他重大违法行为给投资者造成损失的，发行人的控股股东、实际控制人、相关的证券公司可以委托投资者保护机构，就赔偿事宜与受到损失的投资者达成协议，予以先行赔付。

（2）先行赔付后，可以依法向发行人以及其他连带责任人追偿。

考点5 非上市公众公司（★★）

非上市公众公司并非《公司法》规定的公司类型，而是基于《证券法》对于公开发行的界定划分出来的新公司类型。全国股转系统作为非上市公众公司股票发行和交易的市场。目前在全国股转系统进行发行和交易的非上市公众公司的公开转让（股东人数超过200人）、定向发行仍然适用核准制，即由中国证监会予以核准。

（一）非上市公众公司的概念

非上市公众公司是指具有下列情形之一且其股票未在证券交易所上市交易的股份有限公司：

（1）股票向特定对象发行或者转让导致股东累计超过200人；

（2）股票公开转让。

（二）非上市公众公司的股票转让（见表7－14）

表7－14

转让方式	具体规定
股票以非公开方式转让导致股东累计超过200人	①应当自该行为发生之日起3个月内，向中国证监会申请核准； ②如果股份有限公司在3个月内将股东人数降至200人以内的，可以不提出申请

续表

转让方式	具体规定
申请股票公开转让	董事会应当依法就具体方案作出决议，并提请股东大会批准，股东大会决议必须经出席会议的股东所持表决权的2/3以上通过
	①股东人数超过200人的公司申请股票公开转让，应当向中国证监会申请核准； ②股东人数未超过200人的公司申请股票公开转让，中国证监会豁免核准，由全国股转系统进行审查

（三）非上市公众公司的定向发行

1. 定向发行情形

①股份有限公司向特定对象发行股票导致股东累计超过200人；

②公众公司向特定对象发行股票。

上述情形都必须经过中国证监会的核准，发行对象必须是证监会规定的特定对象。

2. 其他规定（见表7－15）

表7－15

发行对象	①公司股东。 ②公司的“董、监、高”。 ③核心员工。 核心员工的认定应当由公司董事会提名，并向全体员工公示和征求意见，由监事会发表明确意见后，经股东大会审议批准。 ④符合投资者适当性管理规定的自然人投资者、法人投资者及其他经济组织（≤35名）
决议方式	①发行人董事会应当依法就本次股票发行的具体方案作出决议（关联关系董事的表决排除制度）； ②提请股东大会批准（须经出席会议的股东所持表决权的2/3以上通过）
证监会核准	①向特定对象发行股票后股东累计超过200人的公司，应当持申请文件向中国证监会申请核准； ②股票公开转让的非上市公众公司向特定对象发行股票后股东累计不超过200人的，中国证监会豁免核准，由全国股转系统自律管理
发行期限	可以申请一次核准，分期发行。 ①自中国证监会予以核准之日起，公司应当在3个月内完成首期发行，剩余数量应当在12个月内发行完毕； ②首期发行数量应当不少于总发行数量的50%，剩余各期发行的数量由公司自行确定，每期发行后5个工作日内将发行情况报中国证监会备案
	超过核准文件限定的有效期未发行的，必须重新经中国证监会核准后方可发行

考点收纳盒

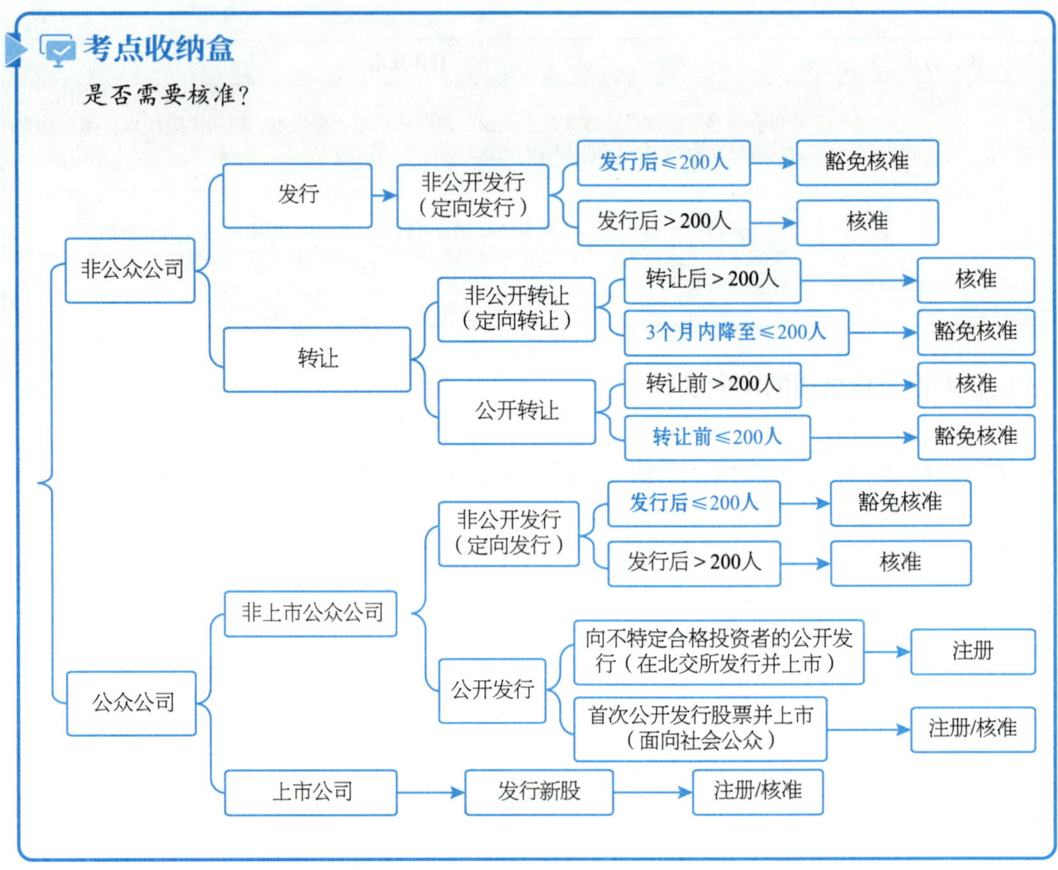

（四）非上市公众公司的信息披露（见表7-16）

表7-16

定期报告	披露	年度报告、中期报告
	审计	年度报告中的财务会计报告应经符合《证券法》规定的会计师事务所审计
	意见	**董事、高级管理人员**应当对定期报告签署书面**确认**意见
		监事会应当对董事会编制的定期报告进行审核并提出书面**审核**意见
临时报告	发生可能对股票价格产生较大影响的重大事件，投资者尚未得知时，应当立即将有关该重大事件的情况报送，并予以公告，说明事件的起因、目前的状态和可能产生的后果	

【例题7-5·单选题·2014年】甲公司为发起设立的股份有限公司，现有股东199人，尚未公开发行或转让过任何股票。根据证券法律制度的规定，甲公司或其股东的下列行为中，需要向中国证监会申请核准的是（　　）。

A. 股东乙向一位朋友转让部分股票

B. 甲公司向两家投资公司定向发行股票各500万股

C. 股东丙将其持有的部分股票分别转让给丁和戊，约定2个月后全部买回

D. 甲公司向全国中小企业股份转让系统申请其股票公开转让

【答案】B

【解析】选项A错误，股东乙向一位朋友转让部分股票，转让后，股东人数为200人，无须核准；选项B正确，非公众公司定向发行，发行后股东人数大于200人，需要核准；选项C错误，非公众公司定向发行或转让，发行或转让后股东人数大于200人，但因转让又在3个月内降至200人的无须核准；选项D错误，非公众公司申请公开转让，股东小于等于200人的公开转让，无须核准。

考点6 首次公开发行股票并上市（见图7－3）（★）

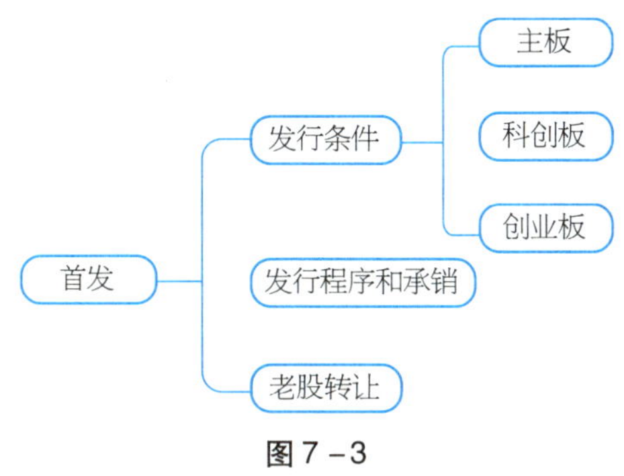

图7－3

（一）首次公开发行股票的条件

1. 公司首次公开发行新股的条件

（1）具备健全且运行良好的组织机构；

（2）具有持续经营能力；

（3）最近3年财务会计报告被出具无保留意见审计报告；

（4）发行人及其控股股东、实际控制人最近3年不存在贪污、贿赂、侵占财产、挪用财产或者破坏社会主义市场经济秩序的刑事犯罪；

（5）经国务院批准的国务院证券监督管理机构规定的其他条件。

2. 在主板上市的公司首次公开发行股票的条件（见表7－17）

表7－17

项目	具体条件
持续经营时间	①股份有限公司自成立后，持续经营时间在3年以上； ②有限责任公司按原账面净资产价值折股整体变更为股份有限公司的，持续经营时间可以从有限责任公司成立之日起计算，并达3年以上（折合的实收股本总额不得高于公司净资产额）
资本充实	发行人的注册资本已足额缴纳，发起人或股东用作出资的资产的财产权转移手续已办理完毕，发行人的主要资产不存在重大权属纠纷

续表

项目	具体条件
合规经营	生产经营符合法律、行政法规和公司章程的规定，符合国家产业政策
稳定运行	最近**3年内**主营业务和董事、高级管理人员没有发生重大变化，实际控制人没有发生变更
股权清晰	发行人的股权清晰，控股股东和受控股股东、实际控制人支配的股东持有的发行人股份不存在重大权属纠纷
机构健全	发行人具备健全且运行良好的组织机构
持续盈利	发行人具有持续盈利能力。 **不得有**下列影响持续盈利能力的情形： ①发行人的经营模式、产品或服务的品种结构已经或将发生重大变化，并对发行人的持续盈利能力构成重大不利影响； ②发行人的行业地位或者发行人所处行业的经营环境已经或将发生重大变化，并对发行人的持续盈利能力构成重大不利影响； ③发行人最近1个会计年度的营业收入或净利润对关联方或存在重大不确定性的客户存在重大依赖； ④发行人最近1个会计年度的净利润主要**来自合并财务报表范围以外的投资收益；** ⑤发行人在用的商标、专利、专有技术以及特许经营权等重要资产或者技术的取得或者使用存在**重大不利变化**的风险； ⑥其他可能对发行人持续盈利能力构成重大不利影响的情形
财务状况良好	财务管理规范： ①内部控制健全且有效，由注册会计师出具无保留结论的内部控制鉴证报告； ②发行人会计基础工作规范，财务报表的编制符合企业会计准则和相关会计制度的规定，在所有重大方面公允地反映了发行人的财务状况、经营成果和现金流量，并由注册会计师出具无保留意见的审计报告
	财务指标良好： ①最近3个会计年度净利润均为**正数**且累计**超过人民币3000万元**，净利润以扣除非经常性损益前后较低者为计算依据。 ②最近3个会计年度经营活动产生的**现金流量净额**累计超过人民币**5 000万元**；**或者**最近3个会计年度**营业收入**累计超过人民币**3亿元**。 ③**发行前**股本总额**不少于人民币3000万元**。 ④最近一期末无形资产（**扣除**土地使用权、水面养殖权和采矿权等后）占净资产的比例**不高于20%**。 ⑤最近一期期末**不存在**未弥补亏损
	依法纳税
	发行人不存在重大偿债风险，不存在影响持续经营的担保、诉讼以及仲裁等重大或有事项
	财务资料真实完整，发行人披露的财务资料不得存在以下情形： ①故意遗漏或虚构交易、事项或者其他重要信息； ②滥用会计政策或者会计估计； ③操纵、伪造或篡改编制财务报表所依据的会计记录或者相关凭证
法定障碍	发行人存在下列情形，构成首次公开发行并上市的法定障碍： ①最近**36个月**内未经法定机关核准，擅自公开或变相公开发行过证券；或者有关违法行为虽然发生在36个月前，但目前仍处于持续状态。 ②最近36个月内违反工商、税收、土地、环保、海关以及其他法律、行政法规，受到行政处罚，且情节严重。 ③最近36个月内曾提出发行申请，但报送的发行申请文件有虚假记载、误导性陈述或重大遗漏；或者伪造、变造发行人或其董事、监事、高级管理人员的签字、盖章。 ④本次报送的发行申请文件有虚假记载、误导性陈述或重大遗漏。 ⑤涉嫌犯罪被司法机关立案侦查，尚未有明确结论意见。 ⑥严重损害投资者合法权益和社会公共利益的其他情形

3. 在科创板上市的公司首次公开发行股票的条件（见表 7－18）

表 7－18

项目	具体条件
持续经营时间	发行人是依法设立且持续经营 3 年以上的股份有限公司
机构健全	具备健全且运行良好的组织机构，相关机构和人员能够依法履行职责
财务管理规范	①发行人会计基础工作规范，财务报表的编制和披露符合企业会计准则和相关信息披露规则的规定，在所有重大方面公允地反映了发行人的财务状况、经营成果和现金流量，并由注册会计师出具标准无保留意见的审计报告。 ②发行人内部控制制度健全且被有效执行，能够合理保证公司运行效率、合法合规和财务报告的可靠性，并由注册会计师出具无保留结论的内部控制鉴证报告
持续经营	发行人业务完整，具有直接面向市场独立持续经营的能力： ①资产完整，业务及人员、财务、机构独立，与控股股东、实际控制人及其控制的其他企业间不存在对发行人构成重大不利影响的同业竞争，以及严重影响独立性或者显失公平的关联交易。 ②发行人不存在主要资产、核心技术、商标等的重大权属纠纷，重大偿债风险，重大担保、诉讼、仲裁等或有事项，经营环境已经或者将要发生重大变化等对持续经营有重大不利影响的事项
稳定运行	发行人主营业务、控制权、管理团队和核心技术人员稳定，最近 2 年内主营业务和董事、高级管理人员及核心技术人员均没有发生重大不利变化；控股股东和受控股股东、实际控制人支配的股东所持发行人的股份权属清晰，最近 2 年实际控制人没有发生变更，不存在导致控制权可能变更的重大权属纠纷
合规经营	①发行人生产经营符合规定，符合国家产业政策。 ②最近 3 年内，发行人及其控股股东、实际控制人不存在贪污、贿赂、侵占财产、挪用财产或者破坏社会主义市场经济秩序的刑事犯罪，不存在欺诈发行、重大信息披露违法或者其他涉及国家安全、公共安全、生态安全、生产安全、公众健康安全等领域的重大违法行为。 ③董事、监事和高级管理人员不存在最近 3 年内受到中国证监会行政处罚，或者因涉嫌犯罪被司法机关立案侦查或者涉嫌违法违规被中国证监会立案调查，尚未有明确结论意见等情形

4. 在创业板上市的公司首次公开发行股票的条件

与在科创板上市的公司首次公开发行股票的条件类似。

（二）首次公开发行股票的程序和承销

1. 首次公开发行股票的程序（见表 7－19、图 7－4）

表 7－19

板块	发行程序
主板（核准制）	①由保荐人保荐并向中国证监会申报。 ②自中国证监会核准发行之日起，发行人应在 6 个月内发行股票；超过 6 个月未发行的，核准文件失效，须重新经中国证监会核准后方可发行。 ③股票发行申请未获核准的，自中国证监会作出不予核准决定之日起 6 个月后，发行人可再次提出股票发行申请

续表

板块	发行程序
科创板和创业板（注册制）	以科创板为例： ①发行人董事会作出决议，并提请股东大会批准。 ②发行人股东大会就本次发行股票作出决议。 ③保荐人保荐并向交易所申报。 **证券交易所**收到注册申请文件后，5个工作日内作出是否受理的决定。 ④交易所应当自受理注册申请文件之日起3个月内形成**审核意见**。 **同意**发行人股票公开发行并上市：报送中国证监会； **不同意**发行人股票公开发行并上市：作出终止发行上市审核决定。 ⑤**中国证监会**在20个工作日内对发行人的注册申请作出同意注册或者不予注册的决定。 ⑥中国证监会同意注册的决定**自作出之日起1年内有效**，发行人应当在注册决定有效期内发行股票，发行时点由发行人**自主选择**。 ⑦相关重大事项导致发行人不符合发行条件的，可以撤销注册。 第一，中国证监会撤销注册后，股票**尚未发行**的，发行人应当停止发行； 第二，股票**已经发行尚未上市**的，发行人应当按照发行价并加算银行同期存款利息返还股票持有人。 ⑧交易所因不同意发行人股票公开发行并上市，作出终止发行上市审核决定，或者中国证监会作出不予注册决定的，自决定作出之日起**6个月后**，发行人可以再次提出公开发行股票并上市申请

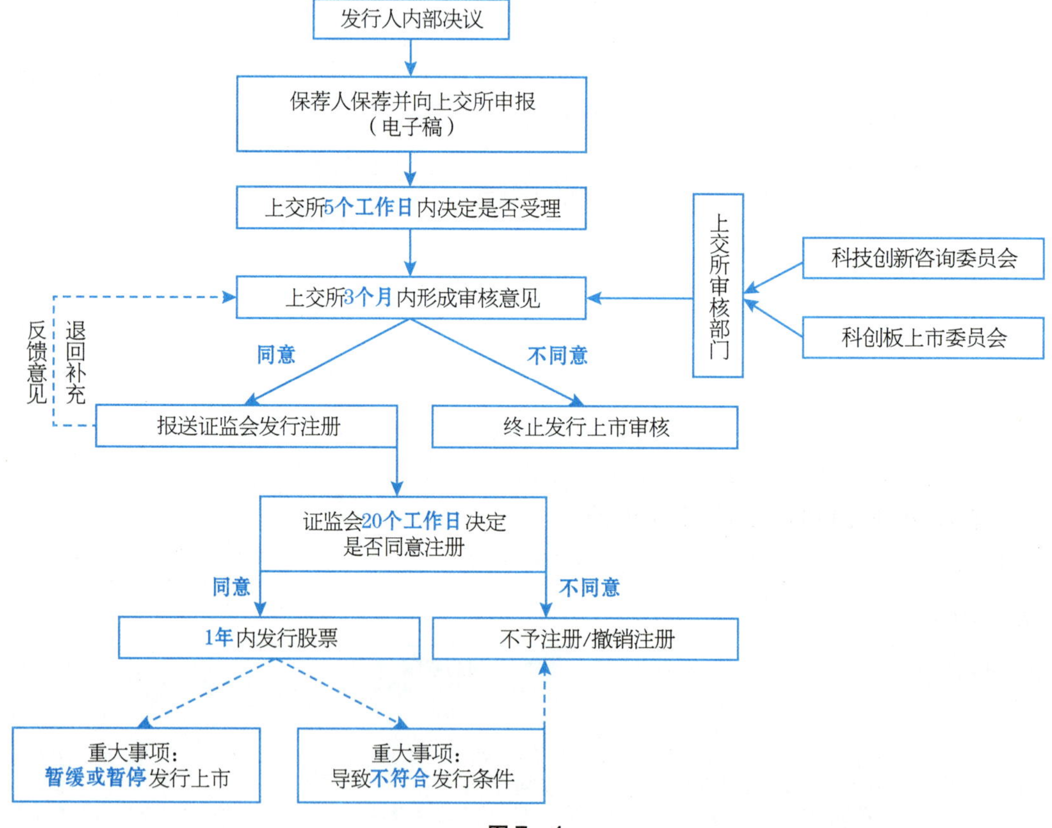

图7－4

【例题7-6·单选题·2019年】根据证券法律制度的规定，在科创板申请公开发行股票并上市的公司，作出同意或者不同意股票公开发行并上市的审核意见的是（　　）。

A. 保荐人　　B. 中国证券业协会

C. 证券交易所　　D. 中国证监会

【答案】C

【解析】交易所应当自受理注册申请文件之日起3个月内形成审核意见。

2. 强化发行人及其控股股东等责任主体的诚信义务

（1）发行人控股股东、持有发行人股份的董事和高级管理人员应在公开募集及上市文件中公开承诺：

①所持股票在**锁定期满后2年内减持**的，其减持价格不低于发行价；

②公司**上市后6个月内**如公司股票连续20个交易日的收盘价均低于发行价，或者上市后6个月期末收盘价低于发行价，持有公司股票的锁定期限自动延长至少6个月。

（2）发行人及其控股股东、公司董事及高级管理人员应在公开募集及上市文件中提出上市后**3年内**公司股价低于每股净资产时**稳定公司股价的预案**。

（3）发行人应当在公开募集及上市文件中披露公开发行前持股**5%以上股东**的持股意向及减持意向（持股5%以上股东减持时，须提前3个交易日予以公告）。

（4）国务院证券监督管理机构或者国务院授权的部门对已作出的证券发行注册的决定，发现不符合法定条件或者法定程序：

①尚未发行证券的，应当予以撤销，**停止发行**；

②已经发行尚未上市的，**撤销**发行注册决定，发行人应当按照发行价并加算银行同期存款利息返还证券持有人；

发行人的**控股股东、实际控制人以及保荐人**，应当与发行人承担连带责任，但是能够证明自己没有过错的除外。

（5）股票的发行人在招股说明书等证券发行文件中隐瞒重要事实或者编造重大虚假内容，已经发行并上市的，国务院证券监督管理机构可以责令发行人**回购**证券，或者责令负有责任的**控股股东、实际控制人买回**证券。

3. 股票承销

（1）概念。

股票承销是指证券公司按照协议包销或者代销发行人向社会公开发行股票的行为。

（2）承销方式（见表7-20）。

表7-20

承销方式	具体内容	承销限制
代销	证券公司代发行人发售股票，在承销期结束时，将未售出的股票全部退还给发行人	证券公司在代销、包销期内，对所代销、包销的证券应当保证先行出售给认购人，证券公司不得为本公司预留所代销的证券和预先购入并留存所包销的证券
包销	将发行人的股票按照协议全部购入或在承销期结束后，将售后剩余股票全部自行购入	

（3）相关规定（见表7－21）。

表7－21

事项	具体规定
承销股票	向不特定对象公开发行的证券聘请承销团承销的，承销团应当由主承销和参与承销的证券公司组成
承销期限	证券的代销、包销期限**最长不得超过90日**
股票发行失败	股票采用代销方式，代销期限届满，向投资者出售的股票数量**未达到**拟公开发行股票数量的**70%的，为发行失败**。发行人应当按照发行价并加算银行同期存款利息返还股票认购人

【例题7－7·多选题·2015年】甲公司委托乙证券公司以代销方式公开发行股票6 000万股。代销期限届满。投资者认购甲公司股票的数量为4 000万股，下列表述中，正确的有（　　）。

A. 甲公司应以自有资金购入剩余的2 000万股

B. 股票发行失败

C. 甲公司可以更换承销商，继续销售剩余的2 000万股

D. 应当返还已收取的4 000万股发行价款，并加算银行同期存款利息

【答案】BD

【解析】选项BD正确，股票发行采用代销方式，代销期限届满，向投资者出售的股票数量未达到拟公开发行股票数量70%的，为发行失败；发行人应当按照发行价并加算银行同期存款利息返还股票认购人。本题中，公开发行股票数量6 000万股，实际认购数量为4 000万股，少于发行总量的70%，因此界定为发行失败，相关的认股款项应返还给认股人，并加算银行同期存款利息。

（三）首次公开发行股票时的老股转让（见表7－22）

表7－22

转让限制	公司首次公开发行时，公司股东公开发售的股份，其持有时间应在**36个月以上**
转让申请	应当向发行人董事会提出申请，董事会提请股东大会批准
转让费用	发行人与拟转让老股的股东就本次发行承销费用的分摊原则进行约定
所得资金	老股转让资金**归原股东所有**，不归公司所有

考点7　上市公司发行新股（见图7－5）（★★★）

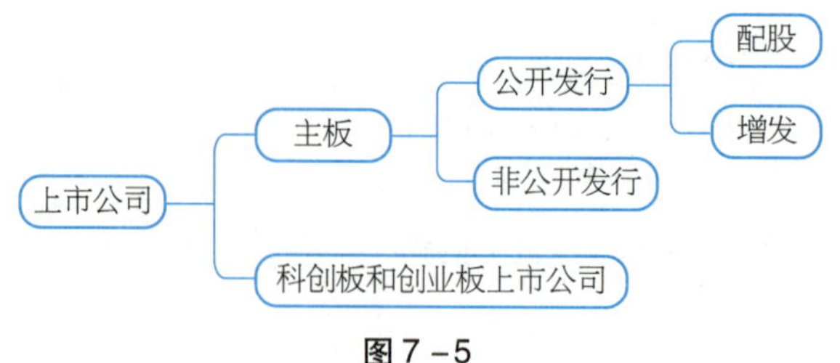

图7－5

（一）主板上市公司发行股票的条件和程序

1. 发行新股的一般条件（见表 7－23）

表 7－23

项目	具体条件
组织机构健全，运行良好	①上市公司的公司章程合法有效，股东大会、董事会、监事会和独立董事制度健全，能够依法有效履行职责。 ②公司内部控制制度健全，能够有效保证公司运行的效率、合法合规性和财务报告的可靠性；内部控制制度的完整性、合理性和有效性不存在重大缺陷。 ③现任董事、监事和高级管理人员具备任职资格，能够忠实和勤勉地履行职务，不存在违反《公司法》规定的行为，且最近 36 个月内未受到过证监会的行政处罚、最近 12 个月内未受到过证券交易所的公开谴责。 ④上市公司与控股股东或实际控制人的人员、资产、财务分开，机构、业务独立，能够自主经营管理。 ⑤最近 12 个月内不存在违规对外提供担保的行为
盈利能力应具有可持续性	①上市公司最近 3 个会计年度连续盈利。扣除非经常性损益后的净利润与扣除前的净利润相比，以低者作为计算依据； ②业务和盈利来源相对稳定，不存在严重依赖于控股股东、实际控制人的情形； ③现有主营业务或投资方向能够可持续发展，经营模式和投资计划稳健，主要产品或服务的市场前景良好，行业经营环境和市场需求不存在现实或可预见的重大不利变化； ④高级管理人员和核心技术人员稳定，最近 12 个月内未发生重大不利变化； ⑤公司重要资产、核心技术或其他重大权益的取得合法，能够持续使用，不存在现实或可预见的重大不利变化； ⑥不存在可能严重影响公司持续经营的担保、诉讼、仲裁或其他重大事项； ⑦最近 24 个月内曾公开发行证券的，不存在发行当年营业利润比上年下降 50% 以上的情形
财务状况良好	①上市公司的会计基础工作规范，严格遵循国家统一会计制度的规定。 ②最近 3 年及 1 期财务报表未被注册会计师出具保留意见、否定意见或无法表示意见的审计报告。被注册会计师出具带强调事项段的无保留意见审计报告的，所涉及的事项对发行人无重大不利影响或者在发行前重大不利影响已经消除。 ③资产质量良好，不良资产不足以对公司财务状况造成重大不利影响。 ④经营成果真实，现金流量正常。营业收入和成本费用的确认严格遵循国家有关企业会计准则的规定，最近 3 年资产减值准备计提充分合理，不存在操纵经营业绩的情形。 ⑤最近 3 年以现金方式累计分配的利润不少于最近 3 年实现的年均可分配利润的 30%
财务会计文件无虚假记载	①上市公司不存在违反证券法律、行政法规或规章，受到证监会的行政处罚，或者受到刑事处罚的行为； ②不存在违反工商、税收、土地、环保、海关法律、行政法规或规章，受到行政处罚且情节严重，或者受到刑事处罚的行为； ③不存在违反国家其他法律、行政法规且情节严重的行为
募集资金的数额和使用符合规定	①上市公司募集资金数额不超过项目需要量； ②募集资金用途符合国家产业政策和有关环境保护、土地管理等法律和行政法规的规定； ③除金融类企业外，本次募集资金使用项目不得为持有交易性金融资产和可供出售的金融资产、借予他人、委托理财等财务性投资，不得直接或间接投资于以买卖有价证券为主要业务的公司； ④投资项目实施后，不会与控股股东或实际控制人产生同业竞争或影响公司生产经营的独立性； ⑤建立募集资金专项存储制度，募集资金必须存放于公司董事会决定的专项账户
上市公司不存在所列行为	①本次发行申请文件有虚假记载、误导性陈述或重大遗漏； ②擅自改变前次公开发行证券募集资金的用途而未作纠正； ③上市公司最近 12 个月内受到过证券交易所的公开谴责； ④上市公司及其控股股东或实际控制人最近 12 个月内存在未履行向投资者作出的公开承诺的行为； ⑤上市公司或其现任董事、高级管理人员因涉嫌犯罪被司法机关立案侦查或涉嫌违法违规被证监会立案调查； ⑥严重损害投资者的合法权益和社会公共利益的其他情形

2. 配股和增发的条件（见表7－24）

表7－24

	增发	配股
对象	向不特定对象公开募集股份	向原股东配售股份
条件	除了应当符合前述一般条件之外，还应当符合以下条件： ①最近3个会计年度加权平均净资产收益率**平均不低于6%**，以扣除非经常性损益前后相比孰低的净利润，作为加权平均净资产收益率的计算依据； ②除金融类企业外，**最近一期期末**不存在持有金额较大的交易性金融资产和可供出售的金融资产、借予他人款项、委托理财等财务性投资的情形； ③发行价格应**不低于**公告招股意向书**前20个交易日**公司股票**均价或前一个交易日**的**均价**	除了应当符合前述一般条件之外，还应当符合以下条件： ①拟配售股份数量**不超过**本次**配售**股份**前**股本总额的**30%**； ②控股股东应当在股东大会**召开前**公开承诺认配股份的数量； ③采用**代销**方式发行。 **【提示】**控股股东不履行认配股份的承诺，或者代销期限届满，原股东认购股票的数量**未达到**拟配售数量**70%**的，发行人应当按照发行价并加算银行同期存款利息返还已经认购的股东

3. 非公开发行股票的条件

非公开发行股票是指上市公司采用非公开方式，向**特定对象**发行股票的行为（见表7－25）。

表7－25

事项	具体条件
发行对象	①特定对象符合股东大会决议规定的条件。 ②发行对象**不超过35名**： 第一，证券投资基金管理公司、证券公司、合格境外机构投资者、人民币合格境外机构投资者以其管理的**两只以上产品认购的，视为一个发行对象**； 第二，**信托公司**作为发行对象，只能以**自有资金**认购
认购条件	发行价格**不低于**定价基准日前**20个交易日**公司股票**均价的80%**。 认购的股份自发行结束之日起18个月内不得转让： ①上市公司的控股股东、实际控制人或其控制的关联人； ②通过认购本次发行的股份取得上市公司实际控制权的投资者； ③董事会拟引入的境内外战略投资者。 除上述之外的发行对象，自发行结束之日起，6个月内不得转让
不得非公开发行股票	上市公司存在下列情形之一的，不得非公开发行股票： ①本次发行申请文件有虚假记载、误导性陈述或重大遗漏。 ②上市公司的权益被控股股东或实际控制人严重损害且尚未消除。 ③上市公司及其附属公司违规对外提供担保且尚未解除。 ④现任董事、高级管理人员最近**36个月内**受到过中国证监会的行政处罚，或者最近**12个月内**受到过证券交易所公开谴责。 ⑤上市公司或其现任董事、高级管理人员（不包括监事）因涉嫌犯罪正被司法机关立案侦查或涉嫌违法违规正被中国证监会立案调查。 ⑥**最近1年及最近一期**财务报表被注册会计师出具保留意见、否定意见或无法表示意见的审计报告。保留意见、否定意见或无法表示意见所涉及事项的重大影响已经消除或者本次发行涉及重大重组的除外

4. 发行新股的程序（核准制）（见表7-26）

表7-26

程序	具体内容
董事会决议	①本次证券发行的方案； ②本次募集资金使用的可行性报告； ③前次募集资金使用的报告
股东大会批准	①必须经**出席会议**的股东所持**表决权的2/3以上通过**； ②关联股东**回避**； ③应当提供**网络投票方式**
保荐人保荐	保荐人保荐，并向中国证监会申报
证监会核准	证监会收到注册申请文件后**5个工作日**内决定是否受理，在受理后进行初审以及审核，作出核准或者不予核准的决定
发行股票	自证监会核准发行之日起，上市公司应在**12个月**内发行证券；超过12个月未发行的，核准文件失效，需重新核准
承销	①应当由证券公司承销； ②非公开发行股票，发行对象**均属于原前10名股东**的，可以由上市公司自行销售

【彬哥提醒】

未获核准的上市公司，自证监会作出不予核准的决定之日起**6个月**后，可再次提出证券发行申请。

【例题7-8·多选题·2012年】根据证券法律制度的规定，下列关于上市公司非公开发行股票的表述中，正确的有（　　）。

A. 现任董事最近12个月内受到过证券交易所公开谴责的，不得非公开发行股票

B. 发行对象不超过35名

C. 实际控制人认购的股份自发行结束之日起18个月内不得转让

D. 发行价格不得低于定价基准日前20个交易日公司股票均价的80%

【答案】ABCD

【解析】选项A正确，现任董事、高级管理人员最近36个月内受到过中国证监会的行政处罚，或者最近12个月内受到过证券交易所公开谴责不得非公开发行股票；选项B正确，非公开发行股票的发行对象不超过35名；选项C正确，上市公司的控股股东、实际控制人或者其控制的关联人认购的股份自发行结束之日起18个月内不得转让；选项D正确，非公开发行股票的发行价格不得低于定价基准日前20个交易日公司股票均价的80%。

（二）科创板和创业板上市公司发行股票的条件和程序

1. 发行条件（见表7－27）

表7－27

事项	具体条件
发行条件	①具备健全且运行良好的组织机构； ②现任董事、监事和高级管理人员符合法律、行政法规规定的任职要求； ③具有完整的业务体系和直接面向市场独立经营的能力，不存在对持续经营有重大不利影响的情形； ④会计基础工作规范，内部控制制度健全且有效执行，财务报表的编制和披露符合企业会计准则和相关信息披露规则的规定，在所有重大方面公允反映了上市公司的财务状况、经营成果和现金流量，最近3年财务会计报告被出具**无保留意见**审计报告； ⑤除金融类企业外，**最近一期末**不存在金额较大的财务性投资。 【注意】募集资金使用应当符合下列规定： ①应当投资于科技创新领域的业务； ②符合国家产业政策和有关环境保护、土地管理等法律、行政法规规定； ③募集资金项目实施后，不会与控股股东、实际控制人及其控制的其他企业新增构成重大不利影响的同业竞争、显失公平的关联交易，或者严重影响公司生产经营的独立性
不得向**不特定对象**发行股票的情形	①擅自改变前次募集资金用途未作纠正，或者未经股东大会认可； ②上市公司及其现任董事、监事和高级管理人员最近3年受到中国证监会行政处罚，或者最近一年受到证券交易所公开谴责，或者因涉嫌犯罪正在被司法机关立案侦查或者涉嫌违法违规正在被中国证监会立案调查； ③上市公司及其控股股东、实际控制人最近一年存在未履行向投资者作出的公开承诺的情形； ④上市公司及其控股股东、实际控制人最近3年存在贪污、贿赂、侵占财产、挪用财产或者破坏社会主义市场经济秩序的刑事犯罪，或者存在严重损害上市公司利益、投资者合法权益、社会公共利益的重大违法行为
不得向**特定对象**发行股票的情形	①擅自改变前次募集资金用途未作纠正，或者未经股东大会认可。 ②最近一年财务报表的编制和披露在重大方面不符合企业会计准则或者相关信息披露规则的规定；最近一年财务会计报告被出具否定意见或者无法表示意见的审计报告；最近一年财务会计报告被出具保留意见的审计报告，且保留意见所涉及事项对上市公司的重大不利影响尚未消除。本次发行涉及重大资产重组的除外。 ③上市公司及其现任董事、监事和高级管理人员因涉嫌犯罪正在被司法机关立案侦查或者涉嫌违法违规正在被中国证监会立案调查。 ④控股股东、实际控制人最近3年存在严重损害上市公司利益或者投资者合法权益的重大违法行为。 ⑤最近3年存在严重损害投资者合法权益或社会公共利益的重大违法行为

2. 发行注册程序（见表7－28）

表7－28

程序		具体内容
董事会决议		①本次证券发行的方案； ②本次募集资金使用的可行性报告； ③本次发行方案的论证分析报告
股东大会批准	表决	①必须经出席会议的股东所持表决权的2/3以上通过； ②关联股东**回避**； ③中小投资者表决情况应**单独计票**； ④应当就每名战略投资者**单独表决**； ⑤应当提供**网络**投票方式，还可以通过其他方式提供便利

续表

程序		具体内容
股东大会批准	授权	上市公司年度股东大会可以根据公司章程的规定，授权董事会决定向特定对象发行融资总额不超过人民币3亿元且不超过最近一年末净资产20%的股票，该授权在下一年度股东大会召开日失效
保荐人保荐		保荐人应当按照有关规则编制并向交易所报送发行申请文件
证监会审核		交易所收到注册申请文件后5个工作日内决定是否受理，受理之后形成上市公司是否符合发行条件和信息披露要求的审核意见： ①认为符合要求的→将审核意见、上市公司注册申请文件等报中国证监会注册； ②认为不符合要求的→作出终止发行上市审核决定
注册		证监会依法履行发行注册程序
发行股票		中国证监会的予以注册决定，自作出之日起1年内有效，发行时点由上市公司自主选择

【彬哥提醒】

交易所作出终止发行上市审核决定，或者证监会作出不予注册决定的，自决定作出之日起6个月后，上市公司可以再次提出证券发行申请。

考点8 优先股的发行与交易（见表7－29）（★★★）

表7－29

发行主体		①公开发行优先股——上市公司； ②非公开发行优先股——上市公司和非上市公众公司
发行数额（主）		已发行的优先股不得超过普通股股份总数的50%，且筹资金额不得超过发行前净资产的50%
发行条件（主）		①最近3个会计年度实现的年均可分配利润应当不少于优先股1年的股息。 ②最近3年现金分红情况符合公司章程及中国证监会的有关监管规定。 ③上市公司报告期不存在重大会计违规事项。 ④公开发行优先股，最近3年财务报表被注册会计师出具的审计报告应当为标准审计报告或带强调事项段的无保留意见的审计报告；非公开发行优先股，最近1年财务报表被注册会计师出具的审计报告为非标准审计报告的，所涉及事项对公司无重大不利影响或者在发行前重大不利影响已经消除。 ⑤上市公司同一次发行的优先股，条款应当相同。 ⑥每次优先股发行完毕前，不得再次发行优先股
股东权利（主）	**利润分配优先权**	公开发行优先股的上市公司必须在公司章程中规定以下事项： ①采取固定股息率； ②在有可分配税后利润的情况下必须向优先股股东分配股息； ③未向优先股股东足额派发股息的差额部分应当累积到下一会计年度； ④优先股股东按照约定的股息率分配股息后，不再同普通股股东一起参加剩余利润分配
	剩余财产优先权	公司清算时，清偿完债务以后的财产，优先向优先股股东支付未派发的股息及清算金额

续表

股东权利（主）	表决权限制	①优先股股东不出席股东大会会议，所持股份没有表决权。 ②公司**累计3个会计年度**或**连续2个会计年度未按约定支付**优先股股息的，优先股股东有权出席股东大会，每股优先股股份享有公司章程规定的表决权。 ③以下情况，除经出席会议的**普通股股东所持表决权的2/3**以上通过之外，还须经出席会议的**优先股股东所持表决权的2/3**以上通过： 第一，修改公司章程中与优先股相关的内容； 第二，一次或累计**减少**公司注册资本超过**10%**； 第三，公司合并、分立、解散或变更公司形式； 第四，发行优先股
公司收购中的优先股		①优先股可以作为并购重组支付手段； ②上市公司收购要约适用于被收购公司的所有股东，但可以针对优先股股东和普通股股东提出不同的收购条件
与持股数额相关的优先股计算		仅计算普通股和表决权恢复的优先股： ①认定持有公司股份最多的**前10名**股东的名单和持股数额； ②认定持有公司**5%以上**股份的股东

考点9　股票上市与退市（★）

（一）股票上市条件

（1）申请证券上市交易，应当向证券交易所提出申请，由证券交易所审核同意，并由双方签订上市协议。

（2）发行人首次公开发行股票后申请其股票在主板上市，应当符合下列条件：

①股票经中国证监会核准已公开发行；

②具备健全且运行良好的组织机构；

③具有持续经营能力；

④公司股本总额**不少于人民币5 000万元；**

⑤公开发行的股份达到公司股份总数的**25%以上**；公司股本总额超过人民币**4亿元的，公开发行股份的比例为10%以上（主）；**

⑥公司及其控股股东、实际控制人最近3年不存在贪污、贿赂、侵占财产、挪用财产或者破坏社会主义市场经济秩序的刑事犯罪；

⑦最近3个会计年度财务会计报告均被出具无保留意见审计报告；

⑧证券交易所要求的其他条件。

（二）股票终止上市

（1）上市公司退市是指公司股票在证券交易所终止上市交易。

（2）证券交易所决定终止证券上市交易的，应当及时公告，并报国务院证券监督管理机构备案。

（3）我国的退市制度主要包括主动退市和强制退市。

①主动退市制度（见表7－30）。

表 7－30

主动退市的情形	①上市公司向证券交易所主动提出申请； ②由上市公司、上市公司股东或者其他收购人通过向所有股东发出收购全部股份或者部分股份的要约，导致公司股本总额、股权分布等发生变化不再具备上市条件； ③上市公司因新设或者吸收合并，不再具有独立主体资格并被注销，或者上市公司股东大会决议解散
上市公司主动申请退市或转市	上市公司拟决定其股票不再在交易所交易，或者转而申请在其他交易场所交易或者转让的，应当召开股东大会作出决议，须经出席会议的股东所持表决权的 2/3 以上通过，且经出席会议的除以下股东以外的其他股东所持表决权的 2/3 以上通过： ①上市公司的董事、监事、高级管理人员； ②单独或者合计持有上市公司 5% 以上股份的股东
特殊性	相比强制退市，主动退市的特殊之处在于： ①主动退市公司的股票不进入退市整理期交易。交易所在公告公司股票终止上市决定之日后通常就可对主动退市公司予以摘牌，公司股票终止上市。 ②主动退市公司并不一定要进入全国股转系统交易，而是可以选择在证券交易场所交易或转让其股票，或者依法作出其他安排

②强制退市制度（见表 7－31）。

表 7－31

强制退市情形	强制退市又被分为重大违法类强制退市、交易类强制退市、财务类强制退市、规范类强制退市等情形
强制退市程序	①退市风险警示。 上市公司股票被实施退市风险警示的，在公司股票简称前冠以“*ST”字样。 ②交易所决定终止上市。 被实施退市风险警示并不意味着当然退市，只有当*ST 公司情况继续恶化或限期内仍未改正或消除，触及了《股票上市规则》规定的终止上市情形，交易所才对该公司股票启动终止上市程序。 ③退市整理期（缓冲阶段）。 进入退市整理期交易的股票在其简称前冠以“退市”标识。 【提示】退市整理期不适用于主动退市公司、交易类强制退市公司

（4）退市后的去向和交易安排（见图 7－6）。

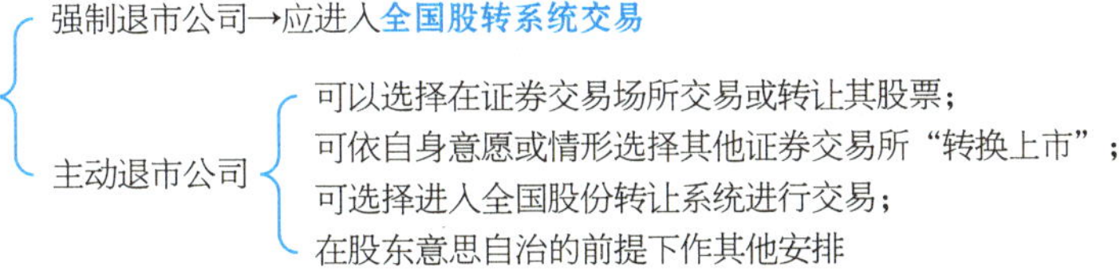

图 7－6

考点 10 股票交易与结算（★）

（一）场内交易的方式

证券在证券交易所上市交易，应当采用公开的集中交易方式或者国务院证券监督管理机构批准的其他方式。

1. 集中竞价的交易方式（见表7－32）

表7－32

交易方式	具体内容	竞价时间
集合竞价	指对一段时间内接受的买卖申报一次性集中撮合的竞价方式。我国证券交易市场中，集合竞价被用来产生每个交易日的**开盘价格**	9点15分开始接收集合竞价订单，到9点25分结束
连续竞价	指对买卖申报连续撮合的竞价方式	上午从9点30分至11点30分，下午从13点至15点

【彬哥提醒】

每周一至周五为交易日。

2. 大宗交易

上海和深圳两个证券交易所从2002年开始建立大宗交易制度。深圳证券交易所的大宗交易分为**协议大宗交易**和**盘后定价大宗交易**方式两种。

（二）挂牌、转板和退板

1. 挂牌

除了证券交易所外，公开发行的证券还可在其他合法证券交易场所进行交易（如在全国股转系统挂牌交易）。

（1）对于股东人数**未满**200人的股份有限公司的挂牌申请，由**全国股转系统**出具审查意见。

（2）股东人数超过200人的股份有限公司属于“公众公司”的范畴，其挂牌公开转让申请材料应向中国证监会提交，由**证监会核准**，并提交全国股转系统的自律监管意见。

2. 转板

在全国转股系统挂牌的公司，达到股票上市条件的，可以直接向证券交易所申请上市交易。

3. 退板

全国股转公司在作出股票终止挂牌决定后发布公告，报证监会备案；挂牌公司应当在收到股票终止挂牌决定后及时披露股票终止挂牌公告。

考点11 公司债券的一般理论（★）

（一）公司债券的概念

（1）公司债券是指公司依照法定程序发行、约定在一定期限内还本付息的有价证券。

（2）它与股权融资方式相比，具有融资成本低、发行程序简单、不稀释公司股权（可转换公司债券除外）等特点。

（3）公司债券与公司股票的区别（见表7－33）。

表 7－33

	公司债券	股票
发行主体	股份公司/有限责任公司	股份公司
持有人	公司的债权人	公司股东
投资收益	无论公司是否有盈利，享有按照约定给付利息的请求权	公司有盈利时才能依法获得股利分配
财产分配	约定期限公司必须偿还债券本金	在公司解散时方可请求分配剩余财产
清偿权利	优先于股票持有人获得清偿	必须在公司全部债务清偿后，方可就公司剩余财产请求分配
风险	利率一般是固定不变的，风险较小	风险较大

（二）公司债券的种类（见图 7－7）

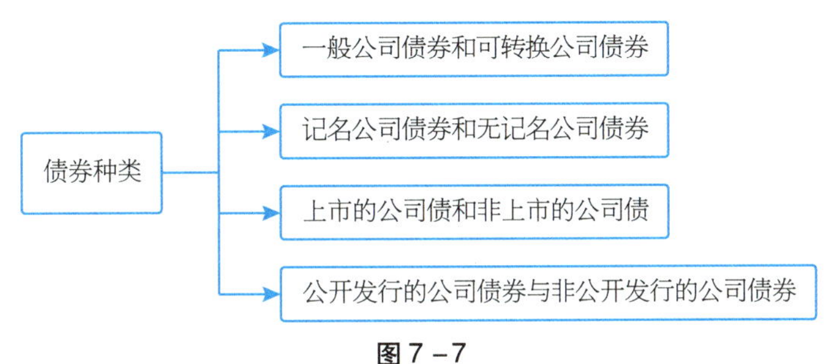

图 7－7

考点 12 公司债券的发行（★★★）

（一）公司债券发行的一般规定（见表 7－34）

表 7－34

事项	具体规定
决议	股东大会决议
方式	公开发行、非公开发行
募集资金用途	①公开发行公司债券筹集的资金，必须按照公司债券募集说明书所列资金用途使用；改变资金用途，必须经债券持有人会议作出决议。公开发行公司债券筹集的资金，不得用于弥补亏损和非生产性支出。 ②非公开发行公司债券，募集资金应当用于约定的用途；改变资金用途，应当履行募集说明书约定的程序

【彬哥提醒】

上市公司发行公司债券，应经出席股东大会的股东所持表决权过半数通过；而发行股票应按增资处理，经出席股东大会的股东所持表决权 2/3 以上通过。

（二）公司债券的公开发行（见表7-35）

表7-35

发行条件	基本条件	①具备健全且运行良好的组织机构； ②最近3年平均可分配利润足以支付公司债券1年的利息（主）； ③国务院规定的其他条件
	特殊条件	资信状况符合以下标准的公司债券，专业投资者和普通投资者都可以参与认购： ①发行人最近3年无债务违约或者迟延支付本息的事实； ②发行人最近3年实现的年均可分配利润不少于债券1年利息的1.5倍； ③发行人最近一期末净资产规模不少于250亿元； ④发行人最近36个月内公开发行债券不少于3期，发行规模不少于100亿元； ⑤中国证监会根据投资者保护的需要规定的其他条件
不得再次发行	下列情形之一的，不得再次公开发行公司债券： ①对已公开发行的公司债券或者其他债务有违约或者延迟支付本息的事实，仍处于继续状态； ②违反《证券法》规定，改变公开发行公司债券所募资金的用途	
注册程序	①发行人公开发行公司债券，应当按照中国证监会有关规定制作注册申请文件，由发行人向证券交易所申报。 ②证券交易所收到注册申请文件后，在5个工作日内作出是否受理的决定。 ③证券交易所应当自受理注册申请文件之日起2个月内出具审核意见。 ④中国证监会应当自证券交易所受理注册申请文件之日起3个月内作出同意注册或者不予注册的决定。 ⑤公开发行公司债券，可以申请一次注册，分期发行。中国证监会同意注册的决定自作出之日起2年内有效，发行人应当在注册决定有效期内发行公司债券，并自主选择发行时点	

（三）公司债券的非公开发行（见表7-36）

表7-36

发行对象	非公开发行的公司债券应当向专业投资者发行，不得采用广告、公开劝诱和变相公开方式，每次发行对象不得超过200人
转让限制	非公开发行的公司债券仅限于专业投资者范围内转让。转让后，持有同次发行债券的投资者合计不得超过200人
备案	非公开发行公司债券，承销机构或依法自行销售的发行人应当在每次发行完成后5个工作日内向中国证券业协会备案

考点收纳盒

表7-37

	公开发行公司债券	非公开发行公司债券
发行对象	普通投资者/专业投资者	专业投资者
发行人数	无要求	每次发行对象不得超过200人，不得采用公告、公开劝诱和变相公开发行方式
转让场所	证券交易所、全国股转系统	证券交易所、全国股转系统、证券公司柜台

（四）公司债券持有人的权益保护

1. 信用评级

（1）公开发行公司债券，应当委托具有从事证券服务业务资格的资信评级机构进行信用评级。

（2）信用评级机构为债券评级，应当符合以下规定：

①将评级信息告知发行人，并及时向市场公布首次评级报告、定期和不定期跟踪评级报告；

②公司债券的期限为一年以上的，在债券有效存续期间，应当每年至少向市场公布一次定期跟踪评级报告；

③应充分关注可能影响评级对象信用等级的所有重大因素，及时向市场公布信用等级调整及其他与评级相关的信息变动情况，并向证券交易所报告。

2. 公司债券的受托管理

（1）发行人应当为债券持有人聘请债券受托管理人，并订立债券受托管理协议。

（2）债券受托管理人由本次发行的承销机构或者其他经中国证监会认可的机构担任。

（3）为本次发行提供担保的机构不得担任本次债券发行的受托管理人。

（4）债券受托管理人应当按规定或约定履行下列职责：

①持续关注公司和保证人的资信状况、担保物状况、增信措施及偿债保障措施的实施情况，出现可能影响债券持有人重大权益的事项时，召开债券持有人会议；

②在债券存续期内监督发行人募集资金的使用情况；

③对发行人的偿债能力和增信措施有效性进行全面调查和持续关注，并至少每年向市场公告一次受托管理事务报告；

④在债券存续期间持续督导发行人履行信息披露义务；

⑤预计发行人不能偿还债务时，要求发行人追加担保，并可以依法申请法定机关采取财产保全措施；

⑥在债券持续期内勤勉处理债券持有人与发行人之间的谈判或者诉讼事务；

⑦发行人为债券设定担保的，债券受托管理人应在债券发行前或债券募集说明书约定的时间内取得担保的权利证明或其他有关文件，并在增信措施有效期内妥善保管；

⑧发行人不能按期兑付债券本息或出现募集说明书约定的其他违约事件的，可以接受全部或部分债券持有人的委托，以自己名义代表债券持有人提起民事诉讼、参与重组或破产的法律程序，或代表债券持有人申请处置抵质押物。

3. 债券持有人会议

（1）存在下列情形的，债券受托管理人应当召集债券持有人会议：

①拟变更债券募集说明书的约定；

②拟修改债券持有人会议规则；

③拟变更债券受托管理人或受托管理协议的主要内容；

④发行人不能按期支付本息；

⑤发行人减资、合并等可能导致偿债能力发生重大不利变化，需要决定或者授权采取相应措施；

⑥发行人分立、被托管、解散、申请破产或者依法进入破产程序；

⑦保证人、担保物或者其他偿债保障措施发生重大变化；

⑧发行人、单独或合计持有本期债券总额10%以上的债券持有人书面提议召开；

⑨发行人管理层不能正常履行职责，导致发行人债务清偿能力面临严重不确定性，需要依法采取行动的；

⑩发行人提出债务重组方案的；

⑪发生其他对债券持有人权益有重大影响的事项。

债券持有人会议按照《公司债券发行与交易管理办法》的规定及会议规则的程序要求所形成的决议对全体债券持有人有约束力。

（2）在债券受托管理人应当召集而未召集债券持有人会议时，单独或合计持有本期债券总额10%以上的债券持有人有权自行召集债券持有人会议。

【例题7－9·多选题·2017年】根据证券法律制度的有关规定，下列各项中，属于债券受托管理人应当召集债券持有人会议情形的有（　　）。

A. 拟变更债券募集说明书的约定　　B. 发行人拟增加注册资本

C. 担保物发生重大变化　　D. 发行人不能按期支付本息

【答案】ACD

【解析】选项B，发行人减资、合并等可能导致偿债能力发生重大不利变化，需要决定或者授权采取相应措施，属于债券受托管理人应当召集债券持有人会议的情形，不包括增资。

考点13　可转换公司债券的发行（★★★）

（一）可转债的期限、面值和利率

可转换公司债券的期限最短为1年，最长为6年；每张面值100元；利率由发行公司与主承销商协商确定（主）。

（二）公开发行可转换债券的条件

1. 主板上市公司公开发行可转债

上市公司可以公开发行认股权和债券分离交易的可转换公司债券。

【彬哥提醒】

所谓分离交易的可转换公司债券是指发行人一次捆绑发行公司债券和认股权证两种交易品种，并可同时上市、分别交易的公司债券形式。

表7－38

普通可转债	①符合发行新股的一般条件； ②最近3个会计年度加权平均净资产收益率平均不低于6%； ③本次发行后累计公司债券余额不超过最近一期末净资产额的40%； ④最近3个会计年度实现的年均可分配利润不少于公司债券一年的利息
分离交易可转债	①符合公开增发股票的一般条件； ②公司最近一期期末经审计的净资产不低于人民币15亿元； ③最近3个会计年度实现的年均可分配利润不少于公司债券1年的利息； ④最近3个会计年度经营活动产生的现金流量净额平均不少于公司债券1年的利息，但最近3个会计年度加权平均净资产收益率平均不低于6%的除外

续表

消极条件	上市公司存在下列情形之一的，不得公开发行可转换公司债券： ①本次发行申请文件有虚假记载、误导性陈述或重大遗漏； ②擅自改变前次公开发行证券募集资金的用途而未纠正； ③上市公司最近 12 个月内受到过证券交易所的公开谴责； ④上市公司及其控股股东或实际控制人最近 12 个月内存在未履行向投资者作出的公开承诺的行为； ⑤上市公司或者其现任董事、高级管理人员因涉嫌犯罪被司法机关立案侦查或涉嫌违法违规被证监会立案调查； ⑥严重损害投资者的合法利益和社会公共利益的其他情形

2. 科创板和创业板上市公司发行可转债（见表 7－39）

表 7－39

一般条件	①具备健全且运行良好的组织机构； ②最近 3 年平均可分配利润，足以支付公司债券 1 年的利息； ③具有合理的资产负债结构和正常的现金流量
消极条件	上市公司存在以下任一情形之一的，不得发行可转换债券： ①对已公开发行的公司债券或者其他债务有违约或者延迟支付本息的事实仍处于继续状态； ②违反《证券法》规定，改变公开发行公司债券所募资金用途

（三）可转债持有人的权利保护（见表 7－40）

表 7－40

事项	具体内容
评级	公开发行可转债应当委托具有资格的资信评级机构进行信用评级和跟踪评级，资信评级机构每年至少公告一次跟踪评级报告
债券持有人会议	有下列事项之一的，应当召开债券持有人会议： ①拟变更募集说明书的约定； ②发行人不能按期支付本息； ③发行人减资、合并、分立、解散或者，申请破产； ④保证人或者担保物发生重大变化； ⑤其他影响债券持有人重大权益的事项
担保	①公开发行可转换公司债券，应当提供担保，但最近一期期末经审计的净资产不低于人民币 15 亿元的公司除外。 ②提供担保的，应当为全额担保；担保范围包括债券的本金及利息、违约金、损害赔偿金和实现债权的费用。 ③以保证方式提供担保的，应当为连带责任担保，且保证人最近一期经审计的净资产额应不低于其累计对外担保的金额。 ④证券公司或上市公司不得作为发行可转债的担保人，但上市商业银行除外

【例题 7－10·单选题·2010 年改编】根据证券法律制度的规定，下列关于上市公司公开发行可转换公司债券的表述中，正确的是（　　）。

A. 所有上市公司公开发行可转换公司债券均应由第三方提供担保

B. 上市商业银行可以作为上市公司公开发行可转换公司债券的担保人

C. 证券公司可以作为上市公司公开发行可转换公司债券的担保人

D. 以保证方式提供担保的，可以为一般保证

【答案】B

【解析】选项A错误，公开发行可转换公司债券，应当提供担保，但最近一期期末经审计的净资产不低于人民币15亿元的公司除外；选项C错误，证券公司或上市公司不得作为发行可转换公司债券的担保人，但上市商业银行除外；选项D错误，以保证方式提供担保的，应当为连带责任担保，且保证人最近一期经审计的净资产额应不低于其累计对外担保的金额。

（四）可转换公司债券转为股票（见表7－41）

表7－41

转股时间	自发行结束之日起“6个月后”方可转换为公司股票，转股期限由上市公司根据可转换公司债券的存续期限及公司财务状况确定
转股价格	①上市公司向不特定对象发行可转债的转股价格，应不低于募集说明书公告日前20个交易日该公司股票交易均价和前一交易日的均价，且不得向上修正。 ②上市公司向特定对象发行可转债的转股价格，应不低于认购邀请书发出前20个交易日该公司股票交易均价和前一交易日的均价，且不得向下修正。 ③募集说明书应当约定转股价格调整的原则及方式。发行可转换公司债券后，因配股、增发、送股、派息、分立及其他原因引起上市公司股份变动的，应当同时调整转股价格。 ④募集说明书约定转股价格向下修正条款的，应当同时约定： 第一，转股价格修正方案须提交公司股东大会表决，且须经出席会议的股东所持表决权的2/3以上同意。股东大会进行表决时，持有公司可转换债券的股东应当回避； 第二，修正后的转股价格不低于前项规定的股东大会召开日前20个交易日该公司股票交易均价和前一交易日的均价
不转股	可转换债券持有人不转换为股票的，上市公司应当在可转换公司债券期满后5个工作日内办理完毕偿还债券余额本息的事项
赎回条款	募集说明书可以约定赎回条款，规定上市公司可按事先约定的条件和价格赎回尚未转股的可转换公司债券
回售条款	①募集说明书可以约定回售条款，规定债券持有人可按事先约定的条件和价格将所持债券回售给上市公司； ②募集说明书应当约定，上市公司改变公告的募集资金用途的，赋予债券持有人一次回售的权利

考点14 公司债券的交易（★）

（一）上市交易的条件

申请证券上市交易，应当向证券交易所提出申请，由证券交易所依法审核同意，并由双方签订上市协议。公司债券上市条件由证券交易所予以规定。

（二）公司债券上市程序（见图7－8）

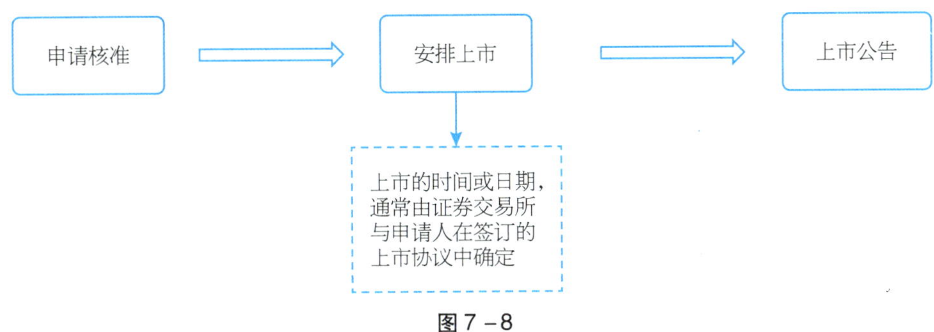

图7－8

（三）公司债券的终止上市

上市交易的证券，不再符合上市条件的，或者有上市规则规定的其他情形的，由证券交易所按照业务规则终止其上市交易。证券交易所决定终止其上市交易的，应当及时公告，并报国务院证券监督管理机构备案。

考点15 上市公司收购概述（★★★）

（一）上市公司收购的概念

（1）上市公司收购，指收购人通过证券交易所的股份转让活动持有一个上市公司的股份达到一定比例或通过证券交易所股份转让活动以外的其他合法方式控制一个上市公司股份达到一定程度，导致其获得或者可能获得对该公司实际控制权的行为。

（2）上市公司收购的目的在于获得对上市公司的实际控制权（主）。

有下列情形之一的，表明已获得或者拥有上市公司控制权：

（1）投资者为上市公司持股50%以上的控股股东；

（2）投资者可实际支配上市公司股份表决权超过30%；

（3）投资者通过实际支配上市公司股份表决权能够决定公司董事会半数以上成员选任；

（4）投资者依其可实际支配的上市公司股份表决权足以对公司股东大会的决议产生重大影响；

（5）中国证监会认定的其他情形。

（二）上市公司收购人（见表7－42）（主）

表7－42

一致行动人	在上市公司的收购及相关股份权益变动活动中有一致行动情形的投资者，互为一致行动人。如无相反证据，投资者有下列情形之一的，为一致行动人： ①投资者之间有股权控制关系； ②投资者受同一主体控制； ③投资者的董事、监事或者高级管理人员中的主要成员，同时在另一个投资者担任董事、监事或者高级管理人员； ④投资者参股另一投资者，可以对参股公司的重大决策产生重大影响； ⑤银行以外的其他法人、非法人组织和自然人为投资者取得相关股份提供融资安排 ⑥投资者之间存在合伙、合作、联营等其他经济利益关系； ⑦持有投资者30%以上股份的自然人，与投资者持有同一上市公司股份；

续表

一致行动人	⑧在投资者任职的董事、监事及高级管理人员，与投资者持有同一上市公司股份； ⑨持有投资者30%以上股份的自然人和在投资者任职的董事、监事及高级管理人员，其父母、配偶、子女及其配偶、配偶的父母、兄弟姐妹及其配偶、配偶的兄弟姐妹及其配偶等亲属，与投资者持有同一上市公司股份； ⑩在上市公司任职的董事、监事、高级管理人员及其前项所述亲属，同时持有本公司股份的，或者与其自己或者其前项所述亲属直接或者间接控制的企业同时持有本公司股份； ⑪上市公司董事、监事、高级管理人员和员工与其所控制或者委托的法人或者非法人组织持有本公司股份； ⑫投资者之间具有其他关联关系
不得收购的人	①收购人负有数额**较大债务，到期未清偿，且处于持续状态；** ②收购人最近3年有重大违法行为或者涉嫌有重大违法行为； ③收购人最近3年有严重的证券市场失信行为； ④收购人为自然人的，存在《公司法》规定的“不得担任公司董事、监事、高级管理人员的五种情形”

【例题7－11·多选题·2007年】甲公司拟收购乙上市公司。根据证券法律制度的规定，下列投资者中，如无相反证据，属于甲公司一致行动人的有（　　）。

A. 由甲公司的监事担任董事的丙公司

B. 持有乙公司1%股份且为甲公司董事之弟的张某

C. 持有甲公司20%股份且持有乙公司3%股份的王某

D. 在甲公司中担任董事会秘书且持有乙公司2%股份的李某

【答案】ABD

【解析】选项A正确，符合“投资者的董事、监事或者高级管理人员中的主要成员，同时在另一个投资者担任董事、监事或者高级管理人员”的情形。选项B正确，符合“在投资者任职的董事、监事及高级管理人员，其父母、配偶、子女及其配偶、配偶的父母、兄弟姐妹及其配偶、配偶的兄弟姐妹及其配偶等亲属，与投资者持有同一上市公司股份”的情形。选项C错误，王某持有股份不足30%，不符合“持有投资者30%以上股份的自然人，与投资者持有同一上市公司股份”的情形。因此不是甲公司一致行动人。选项D正确，符合“在投资者任职的董事、监事及高级管理人员，与投资者持有同一上市公司股份”的情形。

（三）上市公司收购中有关当事人的义务（见表7－43）

表7－43

收购人的义务	信息披露义务	实施要约收购的收购人应按规定编制要约收购报告书或上市公司收购报告书，并聘请财务顾问向中国证监会、证券交易所提交书面报告，抄报派出机构，通知被收购公司，同时对报告书摘要作出提示性公告
	禁售义务（主）	收购人在**要约收购期内**，**不得卖出**被收购公司的股票

续表

<table>
<tr><td rowspan="2">收购人的义务</td><td rowspan="2">锁定义务（主）</td><td>收购人持有的被收购上市公司的股票，在收购行为完成后18个月内不得转让，但是在同一实际控制人控制的不同主体之间进行转让不受限制</td></tr>
<tr><td>达到或者超过该公司已发行股份的30%的，自上述事实发生之日起1年后，每12个月内增持不超过该公司已发行的2%的股份，该增持不超过2%的股份锁定期为增持行为完成之日起6个月</td></tr>
<tr><td rowspan="2">被收购公司的义务</td><td>控股股东或者实际控制人</td><td>同样应履行持股权益披露义务。不得滥用股东权利，损害公司的合法权益</td></tr>
<tr><td>董事、监事、高级管理人员</td><td>对公司负有忠实义务和勤勉义务，应当公平对待收购本公司的所有收购人</td></tr>
</table>

（四）上市公司收购的支付方式

（1）现金；

（2）依法可以转让的证券；

（3）法律、行政法规规定的其他支付方式。

考点16 持股权益披露（★★★）

（一）大股东披露和权益变动披露（见表7－44、图7－9）（主）

表7－44

<table>
<tr><th>持股比例</th><th>披露要求</th><th>违规惩罚</th></tr>
<tr><td>达到5%时</td><td>①发生之日起3日内，向国务院证券监督管理机构、证券交易所作出书面报告，通知该上市公司，并予公告；
②在上述期限内，不得再行买卖该上市公司的股票</td><td rowspan="2">违反上述规定买入上市公司有表决权的股份的，在买入后的36个月内，对该超过规定比例部分的股份不得行使表决权</td></tr>
<tr><td>达到5%之后，每增加或减少5%</td><td>①依照达到5%时的规定进行报告、通知和公告；
②在该事实发生之日起至公告后3日内，不得再行买卖该上市公司的股票</td></tr>
<tr><td>达到5%之后，每增加或减少1%</td><td>在该事实发生的次日通知该上市公司，并予公告。
【提示】只需通知公告，可以买卖股票</td><td>—</td></tr>
</table>

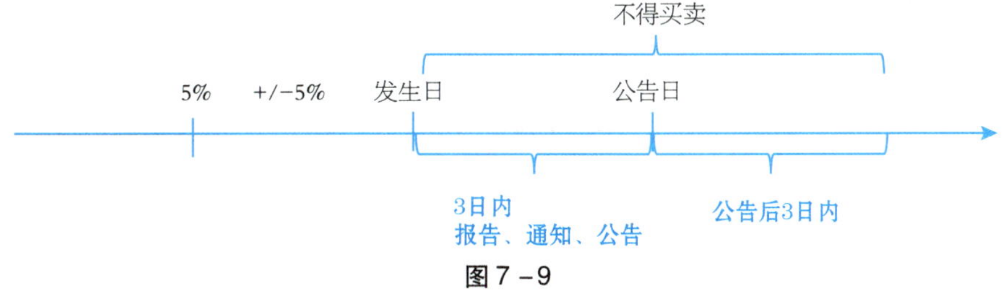

图7－9

彬哥解读

若通过协议转让方式获得股权，无法准确在5%的时点停下，故对此放松为"达到或者超过5%"的持股比例。也就是说，在协议转让股权的情况下，如果协议中拟转让的股权达到或者超过5%，投资者就应当在协议达成之日起3日内履行权益报告义务。此后，该投资者的股份发生增减变化，如果该变化使得投资者持股比例达到或者超过5%的整数倍的，也应当履行权益披露义务。

（二）权益披露的内容（见表7－45）

表7－45

持股比例	收购主体	报告书
5%≤X<20%	非上市公司的第一大股东或者实际控制人	简式权益变动报告书
	上市公司第一大股东或者实际控制人	详式权益变动报告书
20%≤X≤30%	无要求	详式权益变动报告书

详式权益变动报告书，除了简式权益变动报告书应具有的内容外，还应当披露以下内容：

（1）投资者及其一致行动人的控股股东、实际控制人及其股权控制关系结构图。

（2）取得相关股份的价格、所需资金额，或者其他支付安排。

（3）投资者、一致行动人及其控股股东、实际控制人所从事的业务与上市公司的业务是否存在同业竞争或者潜在的同业竞争，是否存在持续关联交易；存在同业竞争或者持续关联交易的，是否已做出相应的安排，确保投资者、一致行动人及其关联方与上市公司之间避免同业竞争以及保持上市公司的独立性。

（4）未来12个月内对上市公司资产、业务、人员、组织结构、公司章程等进行调整的后续计划（主）。

（5）前24个月内投资者及其一致行动人与上市公司之间的重大交易。

（6）不存在不得收购上市公司的情形。

（7）能够按照规定提供相关文件。

考点17 要约收购制度（★★★）

（一）要约收购程序

1. 概述

要约收购是指向上市公司所有股东发出收购上市公司全部或者部分股份的要约。

【彬哥提醒】

场内收购、协议收购、要约收购的根本区别在于收购价格的确定方式不同。

表7－46

场内收购	在交易所集中竞价系统之内	收购价格为交易所集中竞价系统的市价，对于被收购公司股东来说，卖出价格随着市价有所波动

续表

协议收购	在交易所集中竞价系统之外	收购价格源于收购人与作为出卖方的大股东之间的协商，属于一对一的交易，价格即使大大高于市价，该溢价也无法为其他非出卖方股东分享
要约收购		公开对目标公司所有股东发出要约，对所有受要约人（即目标公司所有股东）适用同一收购价格，且要约价格是要高于市价的。因此，对被收购公司所有股东来说最为公平

2. 收购比例（主）

无论是自愿要约还是强制要约，只要采用要约方式收购一个上市公司的股份的，其预定收购的股份比例不得低于该上市公司已发行股份的5%。

3. 要约收购程序（见图7－10、表7－47）（主）

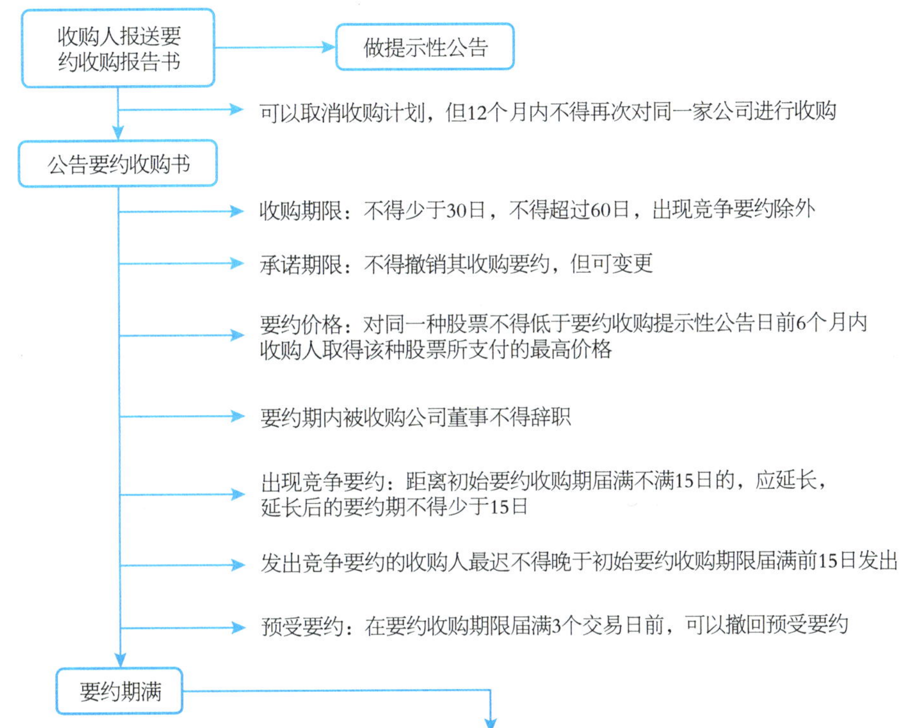

图7－10

表7－47

事项	具体规定
取消收购计划	①收购人在公告要约收购报告书之前，可以自行取消收购计划，但应当公告原因； ②自公告之日起12个月内，该收购人不得再次对同一上市公司进行收购

续表

事项	具体规定
收购期限	**不得少于30日，不得超过60日**，但出现**竞争要约的除外**
不可撤销	在约定的**承诺期限内**，收购人**不得撤销**其收购要约
变更要约	收购人需要变更收购要约的，需及时公告，载明具体的变更事项，并通知被收购公司；但要约变更**不得**存在以下情形： ①降低收购价格； ②减少预定收购股份数量； ③缩短收购期限。 【注意】收购要约期限届满**前15日内**，收购人不得变更收购要约，但是出现竞争要约的除外
竞争要约	①出现竞争要约时，发出初始要约的收购人变更收购要约距初始要约收购期限届满**不足15日的**，应当**延长**收购期限，延长后的要约期应当不少于15日，不得超过最后一个竞争要约的期满日，并按规定比例**追加履约保证金**。 ②发出竞争要约的收购人**最迟不得晚于**初始要约收购期限届满前15日发出要约收购的提示性公告，并根据有关规定履行报告、公告义务
要约条件	①收购要约提出的各项条件，适用于被收购公司的**所有股东**；上市公司发行不同种类股份的，可以针对**不同种类**股份提出不同的收购条件。 ②收购人对同一种类股票的要约价格，**不得低于**要约收购提示性公告日**前6个月**内收购人取得该种股票所支付的**最高价格**
买卖限制	采取要约收购方式的，收购人在收购期限内，**不得卖出**被收购公司的股票，也**不得**在证券交易所外公开求购被收购公司的股份
董事会义务	①被收购公司董事会应当对收购人的主体资格、资信情况及收购意图进行调查，对要约条件进行分析，对股东是否接受要约提出建议，并聘请独立财务顾问提出专业意见。 ②在收购人公告要约收购报告书后20日内，被收购公司董事会应当公告被收购公司董事会报告书与独立财务顾问的专业意见。 ③收购人对收购要约条件做出重大变更的，被收购公司董事会应当在3个工作日内公告董事会及独立财务顾问就要约条件的变更情况所出具的补充意见。 ④在要约收购期间，被收购公司董事不得辞职
预受要约	①在要约收购期限届满**前3个交易日内**，预受股东**不得撤回**其对要约的接受； ②在要约收购期限内，收购人应当**每日**在证券交易所网站上公告已预受收购要约的股份数量
要约期满	①预受要约股份的数量超过预定收购数量时，收购人应当按照**同等比例收购**预受要约的股份。 ②以终止被收购公司上市地位为目的的，收购人应当按照收购要约约定的条件购买被收购公司股东预受的**全部股份**；因不符合免除发出要约的规定而发出全面要约的收购人应当购买被收购公司股东预受的全部股份

（二）强制要约制度

1. 触发强制要约

投资者通过证券交易所的证券交易，持有或者通过协议、其他安排与他人共同持有一个上市公司已发行的有表决权股份**达到30%**时，**继续进行收购**的，应当向该上市公司所有股东发出收购上市公司全部或者部分股份的要约（见图7－11）。

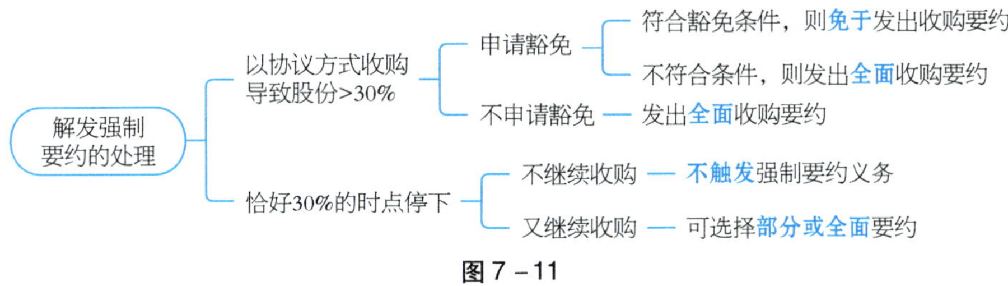

图 7－11

对于未取得豁免的，投资者可以在接到中国证监会不予豁免通知之日起 30 日内将其或者其控制的股东所持有的目标公司股份减持到 30% 或者 30% 以下，也可以避免触发强制要约义务。

2. 豁免事项（主）

表 7－48

免于以要约收购方式增持股份	①收购人与出让人能够证明本次股份转让是在同一实际控制人控制的不同主体之间进行，未导致上市公司的实际控制人发生变化。 ②上市公司面临严重财务困难，收购人提出的挽救公司的重组方案取得该公司股东大会批准，且收购人承诺 3 年内不转让其在该公司中所拥有的权益
免于发出要约	①经政府或者国有资产管理部门批准进行国有资产无偿划转、变更、合并，导致投资者在一个上市公司中拥有权益的股份占该公司已发行股份的比例超过 30%。 ②因上市公司按照股东大会批准的确定价格向特定股东回购股份而减少股本，导致当事人在该公司中拥有权益的股份超过该公司已发行股份的 30%。 ③经上市公司股东大会非关联股东批准，投资者取得上市公司向其发行的新股，导致其在该公司拥有权益的股份超过该公司已发行股份的 30%，投资者承诺 3 年内不转让本次向其发行的新股，且公司股东大会同意投资者免于发出要约。 ④在一个上市公司中拥有权益的股份达到或者超过该公司已发行股份的 30% 的，自上述事实发生之日起 1 年后，每 12 个月内增持不超过该公司已发行的 2% 的股份。 ⑤在一个上市公司中拥有权益的股份达到或者超过该公司已发行股份的 50% 的，继续增加其在该公司拥有的权益不影响该公司的上市地位。 ⑥证券公司银行等金融机构在其经营范围内依法从事承销、贷款等业务导致其持有一个上市公司已发行股份超过 30%，没有实际控制该公司的行为或者意图，并且提出在合理期限内向非关联方转让相关股份的解决方案。 ⑦因继承导致在一个上市公司中拥有权益的股份超过已发行股份的 30%。 ⑧因履行约定购回式证券交易协议购回上市公司股份，导致投资者在一个上市公司中拥有权益的股份超过该公司已发行股份的 30%，并且能够证明标的股份的表决权在协议期间未发生转移。 ⑨因所持优先股表决权依法恢复导致投资者在一个上市公司中拥有权益的股份超过该公司已发行股份的 30%。 收购人按照以上规定的情形免于发出要约的，应当聘请律师事务所等专业机构出具专业意见（无须向证监会申请豁免）

考点 18 特殊类型收购（★）

（一）协议收购

1. 过渡期安排

以协议方式进行上市公司收购的，自签订收购协议起至相关股份完成过户的期间为过渡期。过渡期内，收购人及被收购公司应履行相应义务（见表 7－49）。

表7－49

主体	义务
收购人	**不得**通过控股股东**提议改选**上市公司董事会，确有充分理由改选董事会的，来自收购人的董事**不得超过**董事会成员的1/3
被收购公司	①不得为收购人及其关联方提供担保； ②不得公开发行股份募集资金，不得进行重大购买、出售资产及重大投资行为或者与收购人及其关联方进行其他关联交易，但收购人为挽救陷入危机或者面临严重财务困难的上市公司的情形除外

2. 控股股东义务

上市公司控股股东向收购人协议转让其所持有的上市公司股份的，应当对收购人的主体资格、诚信情况及收购意图进行调查，并在其权益变动报告书中披露有关调查情况。

3. 股权过户

收购人在收购报告书公告后30日内仍未完成相关股份**过户手续**的，应当立即作出公告，说明理由；在未完成相关股份过户期间，应当每隔30日公告相关股份过户办理进展情况。

（二）管理层收购（见表7－50）

表7－50

管理层收购	上市公司董事、监事、高级管理人员、员工或者其所控制或者委托的法人或其他组织，拟对本公司进行收购或通过间接收购取得本公司控制权
收购条件	①该上市公司应当具备健全且运行良好的组织机构以及有效的内部控制制度； ②公司董事会成员中**独立董事**的比例应当**达到或者超过1/2**； ③公司应当聘请具有证券、期货从业资格的资产评估机构提供公司资产评估报告； ④本次收购应当经董事会非关联董事作出决议，且**取得2/3以上的独立董事同意后**，提交公司股东大会审议，经出席股东大会的非关联股东所持表决权**过半数**通过
不得收购本公司	最近**3年**有证券市场不良诚信记录的

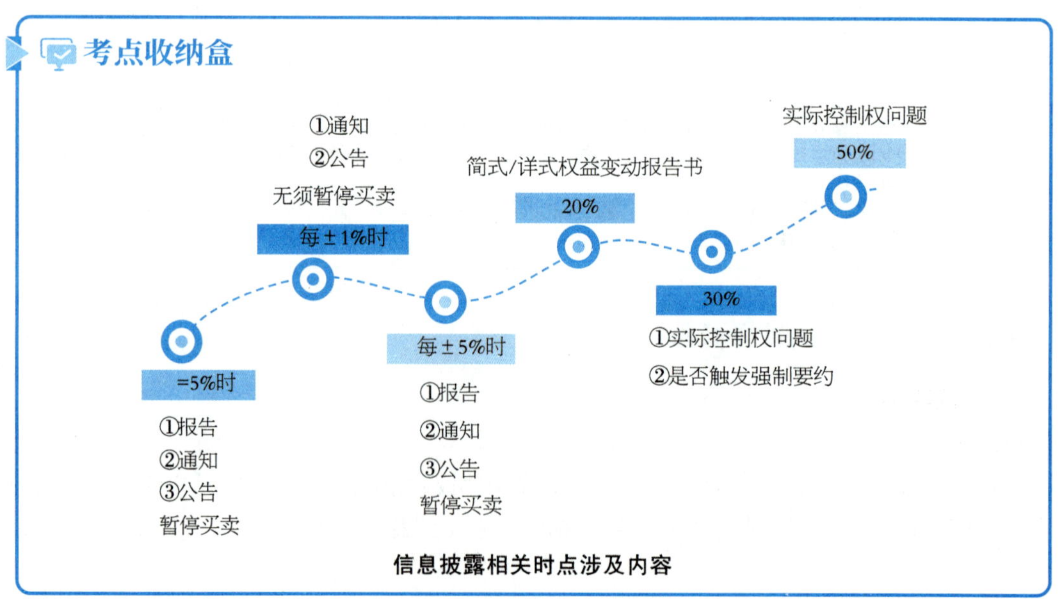

信息披露相关时点涉及内容

考点 19 上市公司重大资产重组（★★★）

（一）重大资产重组的概念

重大资产重组是指上市公司及其控股或者控制的公司在日常经营活动之外购买、出售资产或者通过其他方式进行资产交易达到规定的比例，导致上市公司的主营业务、资产、收入发生重大变化的资产交易行为。通过其他方式进行资产交易，包括：

（1）与他人新设企业、对已设立的企业增资或者减资；

（2）受托经营、租赁其他企业资产或者将经营性资产委托他人经营、租赁；

（3）接受附义务的资产赠与或者对外捐赠资产；

（4）中国证监会根据审慎监管原则认定的其他情形。

（二）重大资产重组的界定（主）

上市公司及其控股或者控制的公司购买、出售资产，达到下列标准之一的，构成重大资产重组：

（1）购买、出售的资产总额占上市公司最近一个会计年度经审计的合并财务会计报告期末资产总额的比例达到 50% 以上；

（2）购买、出售的资产在最近一个会计年度所产生的营业收入占上市公司同期经审计的合并财务会计报告营业收入的比例达到 50% 以上；

（3）购买、出售的资产净额占上市公司最近一个会计年度经审计的合并财务会计报告期末净资产额的比例达到 50% 以上，且超过 5 000 万元人民币。

（三）特殊重大资产重组（借壳上市）

1. 借壳上市的界定（主）

上市公司自控制权发生变更之日起 36 个月内，向收购人及其关联人购买资产进行重大资产重组，导致上市公司发生以下根本变化情形之一的，应当按照本办法的规定报经中国证监会核准（见表 7 –51）。

表 7 –51

标准	具体规定
资产总额	$\frac{\text{购买的资产总额}}{\text{控制权发生变更的前一个会计年度经审计的合并财务会计报告期末资产总额}} \geqslant 100\%$
营业收入	$\frac{\text{购买的资产最近 1 个会计年度产生的营业收入}}{\text{控制权发生变更的前一个会计年度经审计的合并财务会计报告营业收入}} \geqslant 100\%$
净资产	$\frac{\text{购买的资产净额}}{\text{控制权发生变更的前一个会计年度经审计的合并财务会计报告期末净资产额}} \geqslant 100\%$
发行股份	$\frac{\text{为购买资产发行的股份}}{\text{上市公司首次向收购人及其关联人购买资产的董事会决议前一个交易日的股份}} \geqslant 100\%$
特殊标准	上市公司向收购人及其关联人购买资产虽未达到上述四项量化标准，但可能导致上市公司主营业务发生根本变化

2. 借壳上市的特殊要求

对于涉及借壳上市的特殊重大资产重组行为，除满足重大资产重组应遵守的一般要求外，还应当符合下列规定：

（1）符合重大资产重组、发行股份购买资产规定的要求；

（2）上市公司购买的资产对应的经营实体应当是**股份有限公司或者有限责任公司**，且符合《首次公开发行股票并上市管理办法》规定的其他发行条件；

（3）上市公司及其**最近3年内**的控股股东、实际控制人不存在因涉嫌犯罪正被司法机关立案侦查或涉嫌违法违规正被中国证监会立案调查的情形，但是，涉嫌犯罪或违法违规的行为已经终止**满3年**，交易方案能够消除该行为可能造成的不良后果，且不影响对相关行为人追究责任的除外；

（4）上市公司及其控股股东、实际控制人**最近12个月内**未受到证券交易所公开谴责，不存在其他重大失信行为；

（5）本次重大资产重组不存在中国证监会认定的可能损害投资者合法权益，或者违背公开、公平、公正原则的其他情形。

（四）信息披露和公司决议

1. 信息披露

重大资产重组涉及上市公司的重大变化，属于重大信息，应当及时披露。

2. 公司决议（见表7－52）

表7－52

股东大会决议	上市公司股东大会就重大资产重组事项作出决议，必须经过出席会议的股东所持表决权的**2/3以上**通过
回避表决	①上市公司重大资产重组事宜与本公司股东或者其关联人存在关联关系的，股东大会就重大资产重组事项进行表决时，**关联股东**应当回避表决； ②交易对方已经与上市公司控股股东就受让上市公司股权或者向上市公司推荐董事达成协议或者默契，可能导致上市公司的实际控制权发生变化的，上市公司控股股东及其关联人应当**回避**表决
会议形式	上市公司就重大资产重组事宜召开股东大会，应当以**现场会议**形式召开，并应当提供**网络投票**或者其他合法方式为股东参加股东大会提供便利
单独统计	**除**上市公司的**董事、监事、高级管理人员**、单独或者合计持有上市公司**5%以上股份的股东**以外，其他股东的投票情况应当**单独统计**并予以披露

（五）证监会核准

（1）上市公司应当在股东大会作出重大资产重组决议后的次1工作日公告该决议。

（2）中国证监会设立上市公司并购重组审核委员会，以投票方式对提交其审议的**借壳上市申请**或者**发行股份购买资产申请**进行表决，提出**审核**意见**（主）**。

【例题7－12·单选题·2016年】根据证券法律制度的规定，上市公司进行重大资产重组须由股东大会作出决议。下列关于该股东大会会议召开和表决规则的表述中，正确的是（　　）。

A. 股东大会会议应当以现场会议或通讯方式举行

B. 持有上市公司股份不足5%的股东的投票情况无须单独统计或披露

C. 与重组事项有关联关系的股东应当回避表决

D. 决议经出席会议股东所持表决权过半数同意即可通过

【答案】 C

【解析】 选项AB错误，上市公司就重大资产重组事宜召开股东大会，应当以现场会议形式召开，并应当提供网络投票或者其他合法方式为股东参加股东大会提供便利。除上市公司的董事、监事、高级管理人员、单独或者合计持有上市公司5%以上股份的股东外，其他股东的投票情况应当单独统计并予以披露。选项D错误，上市公司股东大会就重大资产重组事项作出决议，必须经出席会议的股东所持表决权的2/3以上通过。

（六）发行股份购买资产的规定（见表7－53）

表7－53

基本要求	①充分说明并披露本次交易有利于提高上市公司资产质量、改善财务状况和增强持续盈利能力，有利于上市公司减少关联交易、避免同业竞争、增强独立性。 ②上市公司最近1年及最近1期财务会计报告被注册会计师出具无保留意见的审计报告；被出具保留意见、否定意见或者无法表示意见的审计报告的，须经注册会计师专项核查确认，该保留意见、否定意见或者无法表示意见所涉及事项的重大影响已经消除或者将通过本次交易予以消除。 ③上市公司及其现任董事、高级管理人员（不包括监事）不存在因涉嫌犯罪正被司法机关立案侦查或者涉嫌违法违规正被中国证监会立案调查的情形；但是，涉嫌犯罪或者违法违规的行为已经终止满3年，交易方案有助于消除该行为可能造成的不良后果，且不影响对相关行为人追究责任的除外。 ④充分说明并披露上市公司发行股份所购买的资产为权属清晰的经营性资产，并能在约定期限内办理完毕权属转移手续。 ⑤中国证监会规定的其他条件
发行价格（主）	①上市公司发行股份的价格不得低于市场参考价的90%； ②市场参考价为本次发行股份购买资产的董事会决议公告日前20个交易日、60个交易日或者120个交易日的公司股票交易均价之一
转让限制（主）	特定对象以资产认购取得的上市公司股份，自股份发行结束之日起12个月内不得转让。属于下列情形之一的，36个月内不得转让： ①特定对象为上市公司控股股东、实际控制人或者其控制的关联人； ②特定对象通过认购本次发行的股份取得上市公司的实际控制权； ③特定对象取得本次发行的股份时，对其用于认购股份的资产持续拥有权益的时间不足12个月
	属于特殊重大资产（即“借壳上市”）的： ①上市公司原控股股东、原实际控制人及其控制的关联人，以及在交易过程中从该等主体直接或间接受让该上市公司股份的特定对象，36个月内不得转让； ②除收购人及其关联人以外的特定对象，24个月内不得转让

【例题7－13·多选题·2017年】 上市公司发行股份购买资产时，发行股份的价格不得低于市场参考价的90%。市场参考价为本次发行股份购买资产的董事会决议公告日前特定时间段的公司股票交易均价之一。根据证券法律制度的规定，下列各项中，属于该特定时间段的有（　　）个交易日。

A. 120　　B. 60　　C. 20　　D. 90

【答案】ABC

【解析】市场参考价为本次发行股份购买资产的董事会决议公告日前 20 个交易日、60 个交易日或者 120 个交易日的公司股票交易均价之一。

考点 20 虚假陈述行为（★★★）

（一）虚假陈述行为的界定

虚假陈述，是指信息披露义务人违反证券法律规定，在证券发行或者交易过程中，对重大事件作出违背事实真相的**虚假记载、误导性陈述**，或者在披露信息时发生**重大遗漏、不正当披露信息**的行为。

1. 积极信息披露义务人的虚假陈述（见表 7－54）

表 7－54

虚假记载	信息披露义务人披露的信息中对相关财务数据进行重大不实记载，或者对其他重要信息作出与真实情况不符的描述
误导性陈述	信息披露义务人披露的信息隐瞒了与之相关的部分重要事实，或者未及时披露相关更正、确认信息，致使已经披露的信息因不完整、不准确而具有误导性
重大遗漏	信息披露义务人违反关于信息披露的规定，对重大事件或者重要事项等应当披露的信息未予披露
不正当披露（未按照规定披露信息）	信息披露义务人未按照规定的期限、方式等要求及时、公平披露信息

【彬哥提醒】

（1）原告以信息披露文件中的盈利预测、发展规划等预测性信息与实际经营情况存在重大差异为由主张发行人实施虚假陈述的，人民法院**不予支持**，但有下列情形之一的除外：

①信息披露文件未对影响该预测实现的重要因素进行充分风险提示的；

②预测性信息所依据的基本假设、选用的会计政策等编制基础明显不合理的；

③预测性信息所依据的前提发生重大变化时，未及时履行更正义务的。

（2）虚假陈述还分为诱多型虚假陈述和诱空型虚假陈述。

①诱多型虚假陈述，是指行为人发布虚假的利多信息，或隐瞒实质的利空信息不予公布或不及时公布，使投资者在股价处于相对高位时进行投资追涨（最常见的虚假陈述表现形式）。

②诱空型虚假陈述，是指行为人发布虚假的利空信息，或隐瞒实质的利好信息不予公布或不及时公布等，使投资者以低于股票真实价值的不适当股价消极卖出甚至空仓的行为。

2. 消极信息披露义务人的虚假陈述行为

禁止主动编造、传播虚假信息或者误导性信息（主）：

（1）禁止**任何单位和个人**编造、传播虚假信息或者误导性信息，扰乱证券市场。

（2）禁止证券交易场所、证券公司、证券登记结算机构、证券服务机构及其从业人员，证券业协会、证券监督管理机构及其工作人员，在证券交易活动中作出虚假陈述或者信息误导。各种传播媒介传播证券市场信息必须真实、客观，禁止误导。

（3）传播媒介及其从事证券市场信息报道的工作人员不得从事与其工作职责发生利益冲突的证券买卖。

（二）虚假陈述的法律责任

1. 行政责任

（1）证券服务机构的行政责任。

证券服务机构违反《证券法》规定，未勤勉尽责，所制作、出具的文件有虚假记载、误导性陈述或者重大遗漏的，责令改正，没收业务收入，并处以业务收入**1倍以上10倍以下的罚款**；没有业务收入或者业务收入**不足50万元的**，处以**50万元以上500万元以下**的罚款；情节严重的，并处暂停或者禁止从事证券服务业务。对直接负责的主管人员和其他直接责任人员给予警告，并处以20万元以上200万元以下的罚款。

（2）信息披露义务人及发行人的控股股东、实际控制人的行政责任（见表7－55）。

表7－55

情形	信息披露义务人未按照本法规定报送有关报告或者履行信息披露义务的	**信息披露义务人**报送的报告或者披露的信息有**虚假记载、误导性陈述或者重大遗漏的**
信息披露义务人	①责令改正，给予警告，并处以50万元以上500万元以下的罚款； ②对直接负责的主管人员和其他直接责任人员给予警告，并处以20万元以上200万元以下的罚款	①责令改正，给予警告，并处以100万元以上1 000万元以下的罚款； ②对直接负责的主管人员和其他直接责任人员给予警告，并处以50万元以上500万元以下的罚款
发行人的控股股东、实际控制人	①组织、指使从事上述违法行为，或者隐瞒相关事项导致发生上述情形的，处以50万元以上500万元以下的罚款； ②对直接负责的主管人员和其他直接责任人员，处以20万元以上200万元以下的罚款	①组织、指使从事上述违法行为，或者隐瞒相关事项导致发生上述情形的，处以100万元以上1 000万元以下的罚款； ②对直接负责的主管人员和其他直接责任人员，处以50万元以上500万元以下的罚款

【彬哥提醒】

上市公司发生信息披露违法行为的，对负有保证信息披露真实、准确、完整、及时和公平义务的董事、监事、高级管理人员，应当视情形认定其为直接负责的主管人员或者其他直接责任人员承担行政责任，但其能够证明已尽忠实、勤勉义务，没有过错的除外。

（3）其他规定（见表7－56）。

表7－56

不予行政处罚	①当事人对认定的信息披露违法事项提出具体**异议记载**于董事会、监事会、公司办公会会议记录等，并在上述会议中投反对票的； ②当事人在信息披露违法事实所涉及期间，由于**不可抗力、失去人身自由**等无法正常履行职责的； ③对公司信息披露违法行为不负有主要责任的人员在公司信息披露违法行为发生后及时向公司和证交所、证券监管机构报告的

续表

不得单独作为不予处罚情形认定（主）	①不直接从事经营管理； ②能力不足、无相关职业背景； ③任职时间短、不了解情况； ④相信专业机构或者专业人员出具的意见和报告； ⑤受到股东、实际控制人控制或者其他外部干预

2. 民事责任

（1）赔不赔？——因果关系的确定（见表7－57）（主）（2022年新修订）。

表7－57 因果关系推定

存在因果关系	原告能够证明下列情形的，人民法院应当认定原告的投资决定与虚假陈述之间的交易因果关系成立： ①信息披露义务人实施了虚假陈述； ②原告交易的是与虚假陈述直接关联的证券； ③原告在虚假陈述实施日之后、揭露日或更正日之前实施了相应的交易行为，即在诱多型虚假陈述中买入了相关证券，或者在诱空型虚假陈述中卖出了相关证券
不存在因果关系	被告能够证明下列情形之一的，人民法院应当认定交易因果关系不成立： ①原告的交易行为发生在虚假陈述实施前，或者是在揭露或更正之后； ②原告在交易时知道或者应当知道存在虚假陈述，或者虚假陈述已经被证券市场广泛知悉； ③原告的交易行为是受到虚假陈述实施后发生的上市公司的收购、重大资产重组等其他重大事件的影响； ④原告的交易行为构成内幕交易、操纵证券市场等证券违法行为的； ⑤原告的交易行为与虚假陈述不具有交易因果关系的其他情形

以诱多型虚假陈述为例，见图7－12。

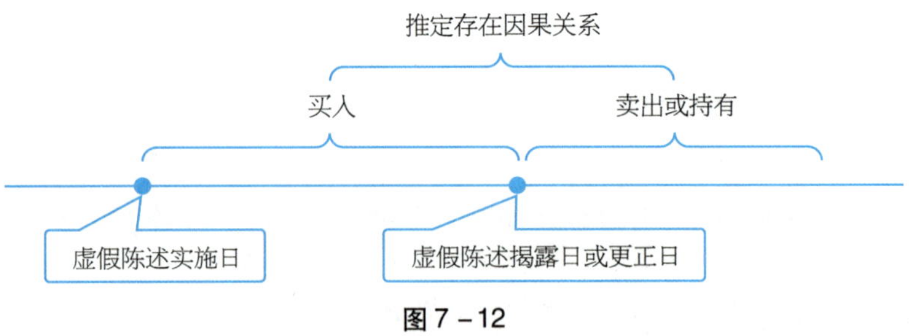

图7－12

表7－58 虚假陈述实施日、虚假陈述揭露日或者更正日的确定

虚假陈述实施日	①信息披露义务人在证券交易场所的网站或者符合监管部门规定条件的媒体上公告发布具有虚假陈述内容的信息披露文件，以披露日为实施日；通过召开业绩说明会、接受新闻媒体采访等方式实施虚假陈述的，以该虚假陈述的内容在具有全国性影响的媒体上首次公布之日为实施日。 ②信息披露文件或者相关报道内容在交易日收市后发布的，以其后的第一个交易日为实施日。 ③因未及时披露相关更正、确认信息构成误导性陈述，或者未及时披露重大事件或者重要事项等构成重大遗漏的，以应当披露相关信息期限届满后的第一个交易日为实施日

续表

虚假陈述揭露日	除当事人有相反证据足以反驳外，下列日期应当认定为揭露日： ①监管部门以涉嫌信息披露违法为由对信息披露义务人立案调查的信息公开之日； ②证券交易场所等自律管理组织因虚假陈述对信息披露义务人等责任主体采取自律管理措施的信息公布之日
虚假陈述更正日	信息披露义务人在证券交易场所网站或者符合监管部门规定条件的媒体上，自行更正虚假陈述之日

【彬哥提醒】

虚假陈述揭露日或更正日在实践中往往较难确定，必须把握立法上的意义："虚假陈述被揭示的意义在于其对证券市场发出了一个警示信号，提醒投资者重新判断股票价值，进而对市场价格产生影响。"

（2）谁来赔？——责任承担（见表7－59）。

表7－59

责任认定	责任主体
无过错责任	信息披露义务人（发行人）未按照规定披露信息，或者公告的证券发行文件、定期报告、临时报告及其他信息披露资料存在虚假记载、误导性陈述或者重大遗漏，致使投资者在证券交易中遭受损失的，信息披露义务人应当承担赔偿责任
过错推定责任	①发行人的控股股东、实际控制人、董事、监事、高级管理人员和其他直接责任人员以及保荐人、承销的证券公司及其直接责任人员，应当与发行人承担连带赔偿责任，但是能够证明自己没有过错的除外。 ②证券服务机构制作、出具的文件有虚假记载、误导性陈述或者重大遗漏，给他人造成损失的，应当与发行人、上市公司承担连带赔偿责任，但是能够证明自己没有过错的除外

（3）赔多少？——民事赔偿责任。

虚假陈述行为人在证券交易市场承担民事赔偿责任的范围，以投资人因虚假陈述而实际发生的损失为限。投资人实际损失包括：

①投资差额损失；

②投资差额损失部分的佣金和印花税。

（4）虚假陈述民事诉讼（见表7－60）。

表7－60

诉讼方式	单独诉讼	受害人单独提起诉讼，成本太高，诉讼的动力不强
	普通代表诉讼	①投资者提起虚假陈述等证券民事赔偿诉讼时，诉讼标的是同一种类，且当事人一方人数众多的，可以依法推选代表人进行诉讼。 【提示】原告≥10人；2～5名代表人。 ②人民法院可以发出公告，说明该诉讼请求的案件情况，通知投资者在一定期间向人民法院登记（明示加入）

续表

诉讼方式	特别代表诉讼	①投资者保护机构受50名以上投资者委托，可以作为代表人参加诉讼，并为经证券登记结算机构确认的权利人依照规定向人民法院登记，但投资者明确表示不愿意参加该诉讼的除外。 ②特别代表人诉讼案件，由涉诉证券集中交易的证券交易所、国务院批准的其他全国性证券交易场所所在地的**中级人民法院或专门人民法院**管辖。 ③诉讼过程中由于声明退出等原因导致明示授权投资者的数量不足50名的，不影响投资者保护机构的代表人资格。 【提示】投资者默认加入，明示退出
诉讼时效	当事人主张以**揭露日或更正日**起算诉讼时效的，人民法院应予支持。揭露日与更正日不一致的，以在先的为准。对于虚假陈述责任人中的一人发生诉讼时效中断效力的事由，应当认定对其他连带责任人也发生诉讼时效中断的效力	

【例题7－14·单选题·2014年】根据证券法律制度的规定，下列主体中，对招股说明书中的虚假记载承担无过错责任的是（　　）。

A. 发行人　　B. 保荐人

C. 承销人　　D. 实际控制人

【答案】A

【解析】发行人承担无过错责任，选项A正确。选项BCD错误，承担“过错推定责任”。

考点21　内幕交易行为（★★★）

（一）内幕交易的概念（主）

内幕交易是指证券交易内幕信息的知情人员利用内幕信息进行证券交易的行为。

（1）内幕交易的主体是**内幕信息知情人员**，行为特征是内幕信息知情人员通过掌握的内幕信息**买卖**证券，或者**建议他人买卖**证券。

（2）内幕信息知情人员自己未买卖证券，也未建议他人买卖证券，但将内幕信息**泄露给他人**，接受内幕信息者依此买卖证券的，也属内幕交易行为。

（二）内幕信息和内幕交易行为的认定（见表7－61）（主）

表7－61

内幕信息	①证券交易活动中，涉及发行人的经营、财务或者对该发行人证券的市场价格有重大影响的尚未公开的信息，为内幕信息。 ②包括： 发生可能对上市公司股票交易价格、股票在国务院批准的其他全国性证券交易场所交易的公司的股票交易价格、上市交易公司债券的交易价格，产生较大影响的，应予以临时报告的重大事件**（见前述临时报告涉及的重大事件）**

续表

内幕信息敏感期	内幕交易只能发生在内幕信息产生至公开之间的这段时间内，这段时间被称为“内幕信息的敏感期”； ①内幕信息的形成。 第一，“重大事件”的发生时间； 第二，重大事件中涉及的“计划”“方案”等的形成时间，应当认定为内幕信息的形成之时； 第三，影响内幕信息形成的动议、筹划、决策或者执行人员，其动议、筹划、决策或者执行初始时间，应当认定为内幕信息的形成之时。 ②内幕信息的公开。 内幕信息在国务院证券、期货监督管理机构指定的报刊、网站等媒体披露
内幕信息知情人员	①发行人的董事、监事、高级管理人员； ②持有公司5%以上股份的股东及其董事、监事、高级管理人员，公司的实际控制人及其董事、监事、高级管理人员； ③发行人控股或者实际控制的公司及其董事、监事、高级管理人员； ④由于所任公司职务或者因与公司业务往来可以获取公司有关内幕信息的人员； ⑤上市公司收购人或者重大资产交易方及其控股股东、实际控制人、董事、监事和高级管理人员； ⑥因职务、工作可以获取内幕信息的证券交易所、证券公司、证券登记结算机构、证券服务机构的有关人员； ⑦因职责、工作可以获取内幕信息的证券监督管理机构工作人员； ⑧因法定职责对证券的发行、交易或者对上市公司及其收购、重大资产交易进行管理可以获取内幕信息的有关主管部门、监管机构的工作人员； ⑨可以获取内幕信息的其他人员
非法获取证券内幕信息的人员	①利用窃取、骗取、套取、窃听、利诱、刺探或私下交易等手段获取内幕信息； ②内幕信息知情人员的近亲属或者其他与内幕信息知情人员关系密切的人员，在内幕信息敏感期内，从事或者明示、暗示他人从事，或者泄露内幕信息导致他人从事与该内幕信息有关的证券、期货交易，相关交易行为明显异常，且无正当理由或者正当信息来源的； ③在内幕信息敏感期内，与内幕信息知情人员联络、接触、从事或者明示、暗示他人从事，或者泄露内幕信息导致他人从事与该内幕信息有关的证券、期货交易，相关交易行为明显异常，且无正当理由或者正当信息来源的
行为表现	①自行买卖；②建议买卖；③泄露内幕信息（并导致他人买卖）
责任推定	①证券交易内幕信息知情人员进行了与该内幕信息有关的证券交易活动； ②内幕信息知情人员的配偶、父母、子女以及其他有密切关系的人，其证券交易活动与该内幕信息基本吻合； ③因履行工作职责知悉上述内幕信息并进行了与该信息有关的证券交易活动； ④非法获取内幕信息，并进行了与该内幕信息有关的证券交易活动； ⑤内幕信息公开前与内幕信息知情人员或者知晓该内幕信息的人员联络、接触，其证券交易活动与内幕信息高度吻合。 【提示】当事人如果想否认内幕交易行为的存在，就必须负有举证责任：对其在内幕信息敏感期内从事的相关证券买卖行为作出合理说明或者提供证据排除其存在利用内幕信息从事相关证券交易活动的可能
不属于内幕交易的情形	①持有或者通过协议、其他安排与他人共同持有上市公司5%以上股份的自然人、法人或者非法人组织收购该上市公司股份的； ②按照事先订立的书面合同、指令、计划从事相关证券、期货交易的； ③依据已被他人披露的信息而交易的； ④交易具有其他正当理由或者正当信息来源的

（三）短线交易（主）

（1）上市公司、股票在国务院批准的其他全国性证券交易场所交易的公司的董事、监事、高级管理人员、持有或者通过协议、其他安排与他人共同持有该公司股份5%以上的股东，将其持有的该公司的股票或者其他具有股权性质的证券在**买入后6个月内卖出，或者在卖出后6个月内又买入，**由此所得**收益归该公司所有**，公司**董事会**应当收回其所得收益。

【彬哥提醒】

上述“买入后6个月内卖出”是指从最后一笔买入时点起算6个月内卖出的，“卖出后6个月内又买入”是指从最后一笔卖出时点起算6个月内又买入的。

（2）公司董事会不按照规定执行的，股东有权要求董事会在30日内执行。公司董事会未在上述期限内执行的，股东有权为了公司的利益**以自己的名义**直接向人民法院提起**诉讼**。

（3）证券公司因**包销**购入售后剩余股票而持有5%以上股份，以及有国务院证券监督管理机构规定的其他情形除外。

（四）利用未公开信息交易（“老鼠仓”）

禁止证券交易场所、证券公司、证券登记结算机构、证券服务机构和其他金融机构的从业人员、有关监管部门或者行业协会的工作人员，利用因职务便利获取的**内幕信息以外的其他未公开的信息**，违反规定，从事与该信息相关的证券交易活动，或者明示、暗示他人从事相关交易活动。

【例题7-15·多选题·2012年】根据证券法律制度的规定，下列各项中，属于证券交易内幕信息知情人的有（　　）。

A. 负责发行重大资产重组方案文印工作的秘书甲

B. 中国证监会负责审核发行人重大资产重组方案的官员乙

C. 为发行人重大资产重组进行审计的注册会计师丙

D. 通过公开发行报刊知悉发行人重大资产重组方案的律师丁

【答案】ABC

【解析】选项A正确，由于所任公司职务或者因与公司业务往来可以获取公司有关内幕信息的人员，属于内幕信息知情人员；选项B正确，因法定职责对证券的发行、交易或者对上市公司及其收购、重大资产交易进行管理可以获取内幕信息的有关主管部门、监管机构的工作人员，属于内幕信息知情人员；选项C正确，因职务、工作可以获取内幕信息的证券交易所、证券公司、证券登记结算机构、证券服务机构的有关人员，属于内幕信息知情人员；选项D错误，律师丁通过“公开发行报刊”知悉的信息已不再属于“内幕信息”。

【例题7-16·单选题·2014年】甲为乙上市公司董事，并持有乙公司股票10万股。2013年3月1日和3月8日，甲以每股25元的价格先后卖出其持有的乙公司股票2万股和3万股。2013年9月3日，甲以每股15元的价格买入乙公司股票5万股。根据证券法律制度的规定，甲通过上述交易所获收益中，应当收归公司所有的金额是（　　）万元。

A. 20　　B. 30　　C. 50　　D. 75

【答案】B

【解析】（1）上市公司董事、监事、高级管理人员、持有上市公司股份5%以上的股东，将其持有的该公司的股票在买入后6个月内卖出，或者在卖出后6个月内又买入，由此所得收益归该公司所有，公司董事会应当收回其所得收益。（2）“卖出后6个月内又买入”是指最后一笔卖出时点起算 6 个月内又买入的：①最后一笔卖出时点 3 月 8 日至买入时点 9 月 3 日不足 6 个月，存在短线交易行为；②自 9 月 3 日倒数 6 个月内买入的数量为 3 万股，应按 3 万股来计算短线交易利润，应当收归公司所有的金额 =3×(25－15)=30（万元）。

考点 22 操纵市场行为（★）

（一）概念

操纵市场是指单位或个人以获取利益或者减少损失为目的，利用其资金、信息等优势或者滥用职权**影响证券市场价格**，制造证券市场假象，诱导或者致使投资者在不了解事实真相的情况下作出买卖证券的决定，扰乱证券市场秩序的行为。

（二）操纵证券市场行为的认定

禁止任何人以下列手段操纵证券市场，影响或者意图**影响证券交易价格或者证券交易量**：

（1）单独或者通过合谋，集中资金优势、持股优势或者利用信息优势联合或者连续买卖，操纵证券交易价格或者证券交易量。

（2）与他人串通，以事先约定的时间、价格和方式相互进行证券交易，影响证券交易价格或者证券交易量。

（3）在自己实际控制的账户之间进行证券交易，影响证券交易价格或者证券交易量。

（4）不以成交为目的，频繁或者大量申报并撤销申报。

（5）利用虚假或者不确定的重大信息，诱导投资者进行证券交易。

（6）对证券、发行人公开作出评价、预测或者投资建议，并进行反向证券交易。

（7）利用在其他相关市场的活动操纵证券市场。

（8）操纵证券市场的其他手段。

CHAPTER EIGHT

第八章　企业破产法律制度

考情雷达

本章的三条主线分别是“破产清算、重整、和解”。当企业破产了，就丧失清偿债务的能力，如果对个别债权人清偿，对其他债权人是不公平的。因此破产法就要保证对全体债权人公平、有序的清偿，会对这些无挽救希望的企业及时清理债权债务，避免造成更大损失。而对陷入困境但有挽救希望的企业，如果直接破产清算，使其退出市场会带来许多消极的影响，这时就要通过重整、和解程序尽力救助，帮助企业摆脱财务困境、恢复营业能力。

本章属于重点章节之一，几乎每年都涉及案例分析题。考试分值在11分左右，案例分析题为“主菜”，学习难度不大，但需要准确记忆的法条较多。考前至少练习三遍历年真题，达到破产法考题基本不丢分的程度。

本章内容与去年相比无实质性变化。

考点地图

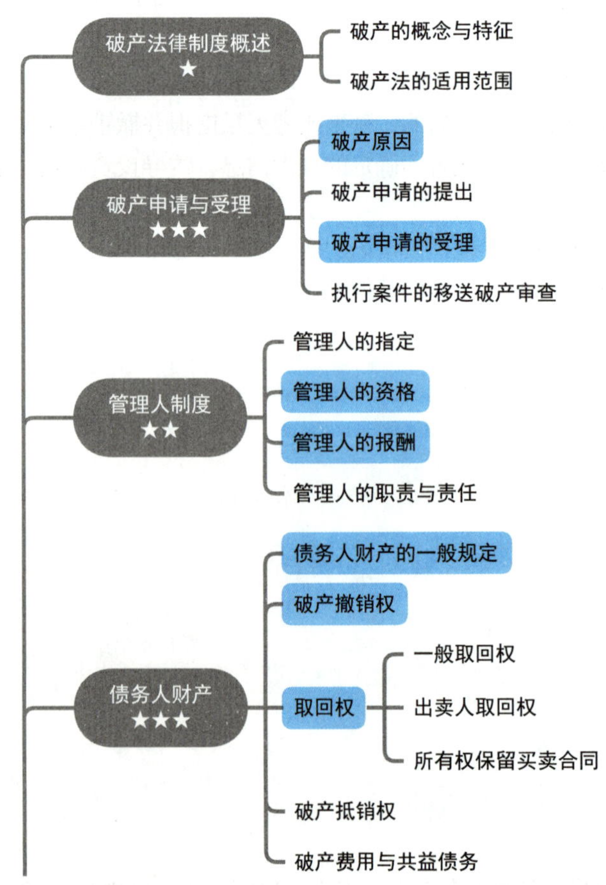

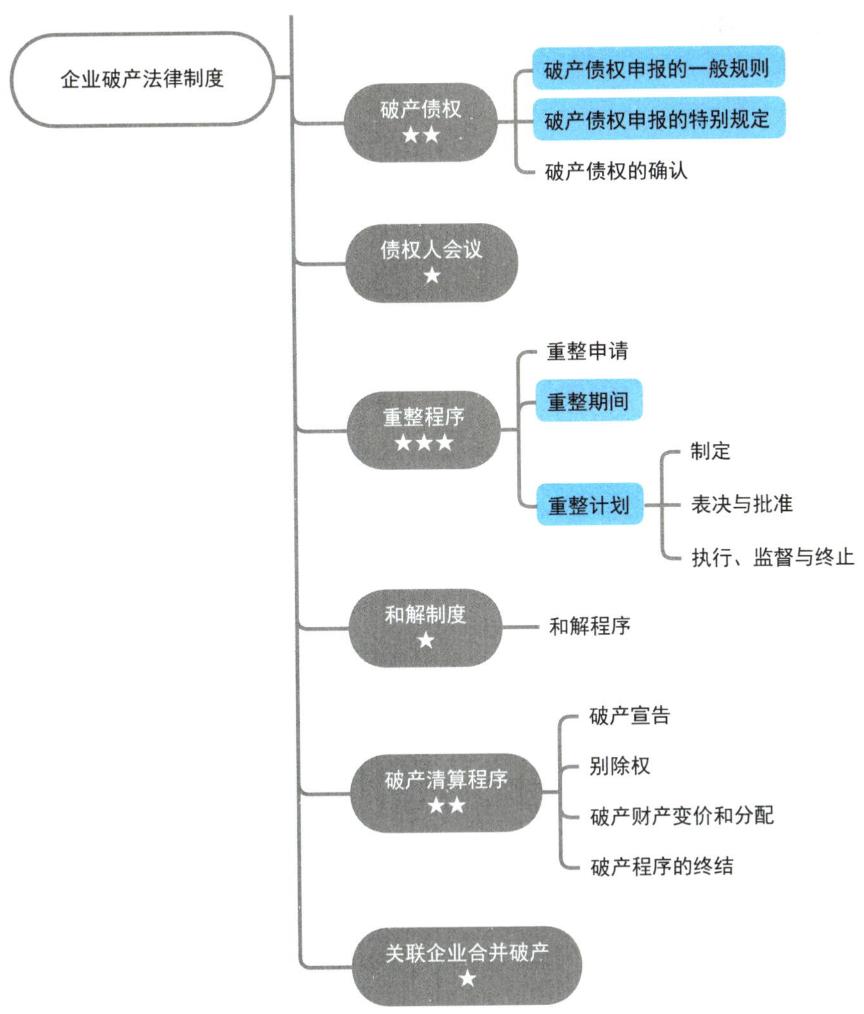

考点1　破产法律制度概述（★）

（一）破产的概念与特征（见表8－1）

表8－1

概念	破产是指对丧失清偿能力的债务人，经法院审理，强制清算其全部财产，公平、有序地清偿全体债权人的法律制度
特征	①破产程序中的债务人已丧失清偿能力，不能对债权人履行全部清偿义务； ②为**全体债权人**的利益而进行，属于债权的集体清偿程序； ③对债务人财产等法律关系的全面清算，破产宣告后，破产人为企业法人的，清算完成后将**终结其民事主体资格**

（二）破产法的适用范围（见表8－2）

表8－2

主体适用	①所有的企业法人； ②参照适用：合伙企业、农民专业合作社、资不抵债的民办学校、个人独资企业的破产
地域适用	对债务人在中华人民共和国领域外的财产发生效力

考点2 破产申请与受理（★★★）

（一）破产原因（主）

债务人不能清偿到期债务并且具有下列情形之一的，人民法院应当认定其具备破产原因：

（1）资产不足以清偿全部债务；

（2）明显缺乏清偿能力（见图8－1）。

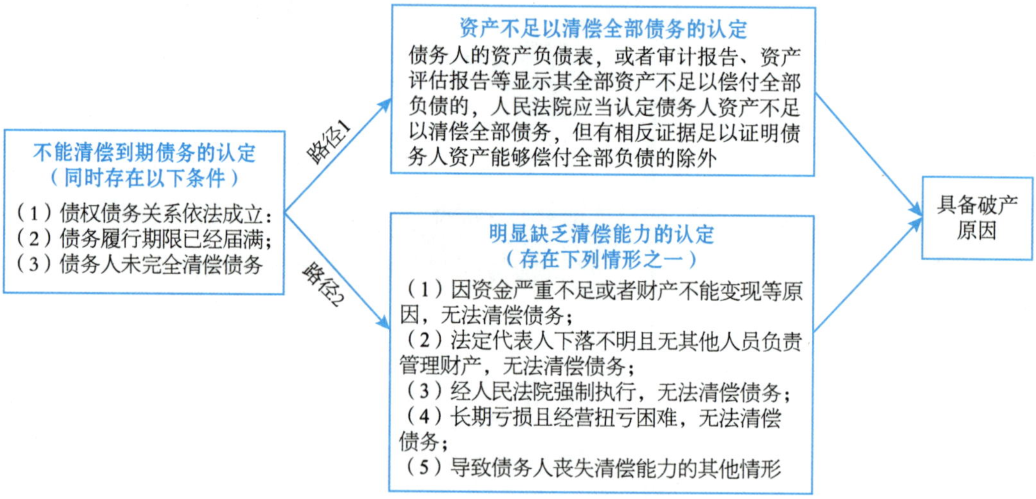

不能清偿到期债务的认定（同时存在以下条件）
（1）债权债务关系依法成立；
（2）债务履行期限已经届满；
（3）债务人未完全清偿债务

路径1 → 资产不足以清偿全部债务的认定
债务人的资产负债表，或者审计报告、资产评估报告等显示其全部资产不足以偿付全部负债的，人民法院应当认定债务人资产不足以清偿全部债务，但有相反证据足以证明债务人资产能够偿付全部负债的除外

路径2 → 明显缺乏清偿能力的认定（存在下列情形之一）
（1）因资金严重不足或者财产不能变现等原因，无法清偿债务；
（2）法定代表人下落不明且无其他人员负责管理财产，无法清偿债务；
（3）经人民法院强制执行，无法清偿债务；
（4）长期亏损且经营扭亏困难，无法清偿债务；
（5）导致债务人丧失清偿能力的其他情形

→ 具备破产原因

图8－1 破产认定的具体条件

（二）破产申请的提出（主）

1. 提出破产申请的当事人

（1）一般规定（见表8－3）。

表8－3

申请人	原因	适用的程序
债务人	发生破产原因	重整、和解或破产清算
债权人	债务人不能清偿到期债务	重整、破产清算

（2）其他特殊申请人。

①没有物权担保的普通债权人享有破产申请权，对破产人的特定财产享有担保权的债权人同样享有破产申请权。

②破产企业的职工作为债权人可以申请债务人企业破产清算或者重整，但职工提出破产申请应经职工代表大会或者全体职工会议多数决议通过。

③税务机关和社会保险机构享有对债务人破产清算申请权，但不享有重整申请权。

④国务院金融监督管理机构可以向人民法院提出对商业银行、证券公司、保险公司等金融机构进行重整或者破产清算的申请。

考点收纳盒

表 8－4

申请人		破产清算	重整	和解
债务人		√	√	√
债权人	普通债权人	√	√	×
	担保债权人	√	√	×
	税务机关、社会保险机构	√	×	×
	破产企业的职工	√	√	×

2. 破产案件的管辖

破产案件由债务人住所地（主要办事机构所在地）人民法院管辖，债务人主要办事机构所在地不明确、存在争议的，由其注册登记地人民法院管辖。

3. 当事人提出破产申请时的举证责任（见表 8－5）

表 8－5

提交破产申请书和有关证据	破产申请书应当载明下列事项： ①申请人、被申请人的基本情况； ②申请目的，即申请破产清算还是申请重整或和解； ③申请的事实和理由； ④人民法院认为应当载明的其他事项
	债权人提出破产申请时，应当提交债务人不能清偿到期债务的有关证据
撤回申请	破产申请提交后，在人民法院受理破产申请前，申请人可以请求撤回申请

（三）破产申请的受理

1. 受理的程序（见表 8－6、图 8－2）

表 8－6

申请程序	**债务人申请**	①人民法院应当自收到破产申请之日起 15 日内裁定是否受理；特殊情况需要延长受理案件期限的，经上一级人民法院批准，可以延长 15 日； ②人民法院裁定受理破产申请的，应当将裁定自作出之日起 5 日内送达债务人； ③人民法院裁定受理破产申请的，应当同时指定管理人，并在裁定受理破产申请之日起 25 日内通知已知债权人，并予以公告

续表

申请程序	债权人申请	①债权人提出破产申请的，人民法院应当自收到申请之日起5日内通知债务人。 ②债务人对债权人提出的破产申请有异议的，应当自收到人民法院的通知之日起7日内向人民法院提出，人民法院应当自债务人提出异议期满之日起10日内裁定是否受理。 ③债务人应当自裁定送达之日起15日内，向人民法院提交财产状况说明、债务清册、债权清册、有关财务会计报告以及职工工资的支付和社会保险费用的缴纳情况等有关材料。债务人不能提交或者拒不提交或未能依法提交全部有关材料的，只要现有情况能够表明债务人已经发生破产原因，不影响人民法院对破产申请的受理和审理，人民法院可以对债务人的直接责任人员采取罚款等强制措施（主）。 ④人民法院裁定受理破产申请的，应当同时指定管理人，并在裁定受理破产申请之日起25日内通知已知债权人，并予以公告
上诉事项		①申请人对人民法院不予受理的裁定不服的，可以自裁定送达之日起10日内向上一级人民法院提起上诉； ②申请人对人民法院驳回申请的裁定不服的，可以自裁定送达之日起10日内向上一级人民法院提起上诉

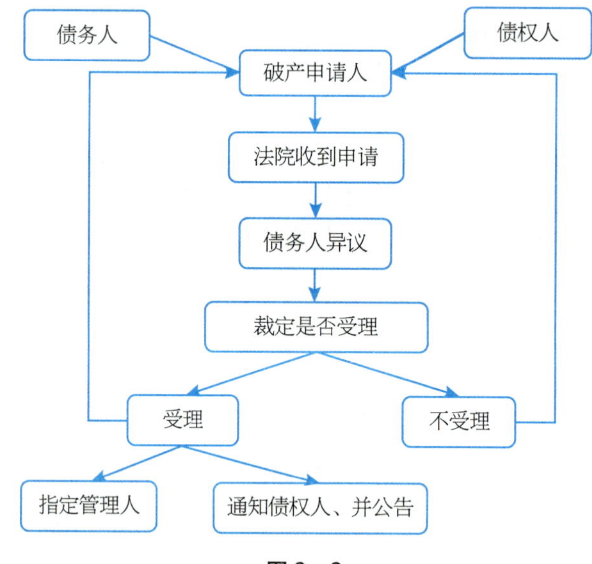

图8－2

2. 异议不成立的情形（主）

（1）债务人以其具有清偿能力或资产超过负债为由提出异议，但又不能立即清偿债务或与债权人达成和解的，其异议不能成立。

（2）债务人对债权人申请人享有债权的数额提出异议时，如果存在双方无争议的部分债权数额，且债务人对该数额已经丧失清偿能力，则此项异议不影响法院受理破产申请的受理。

（3）债务人仅对申请人的债权是否存在担保等提出异议，因不影响破产原因的成立，也不能成为阻止提出破产申请的理由，不影响法院对破产申请的受理。

（4）相关当事人以对债务人的债务负有连带责任的人未丧失清偿能力为由，主张债务人不具备破产原因的，人民法院应不予支持。

（5）人民法院受理破产申请后至破产宣告前，由于债务人财产的市场价值发生变化导致其在案件受理后资产超过负债乃至破产原因消失的，不影响破产案件的受理和继续审理，人民法院不得裁定驳回申请。债务人如不愿意进行破产清算，可以通过和解、重整等方式清偿债务、结束破产清算程序。

（6）破产案件的诉讼费用，从债务人财产中拨付；相关当事人以申请人未预先交纳诉讼费用为由，对破产申请提出异议的，人民法院不予支持。

（四）受理的效力（见表8－7）

表8－7

<table>
<tr><td>债务人的有关人员的义务（破产企业）</td><td colspan="2">自人民法院受理破产申请的裁定送达债务人之日起至破产程序终结之日，债务人的有关人员承担法定的如下义务：
①妥善保管其占有和管理的财产、印章和账簿、文书等资料；
②根据人民法院、管理人的要求进行工作，并如实回答询问；
③列席债权人会议并如实回答债权人的询问；
④未经人民法院许可，不得离开住所地；
⑤不得新任其他企业的董事、监事、高级管理人员。
【提示】债务人的有关人员是指企业的法定代表人；经人民法院决定，可以包括企业的财务管理人员和其他经营管理人员</td></tr>
<tr><td>清偿债务或交付财产</td><td colspan="2">人民法院受理破产申请后，债务人的债务人或者财产持有人应当向管理人清偿债务或者交付财产。如其故意违反法律规定向债务人清偿债务或者交付财产，使债权人受到损失的，不免除其清偿债务或者交付财产的义务（主）。
【提示】“不免除其清偿债务或者交付财产的义务”是以债权人因此受到损失的范围为限；如果债务人的债务人或者财产持有人虽向债务人清偿了债务或者交付财产，但债务人将收到的清偿款项或者财产及时全部上交给管理人，债权人并未受到损失，则不必再承担民事责任</td></tr>
<tr><td>个别清偿</td><td colspan="2">①人民法院受理破产申请后，债务人对个别债权人的债务清偿无效；
②债务人以其财产向债权人提供物权担保的，其在担保物市场价值内向债权人所作的债务清偿，不受上述规定限制（主）</td></tr>
<tr><td rowspan="4">均未履行完毕的合同（主）</td><td colspan="2">人民法院受理破产申请后，管理人对破产申请受理前成立而债务人和对方当事人均未履行完毕的合同有权决定解除或者继续履行，并通知对方当事人</td></tr>
<tr><td>继续履行</td><td>因管理人或债务人请求对方当事人履行双方均未履行完毕的合同所产生的债务，属于共益债务</td></tr>
<tr><td>视为解除</td><td>①管理人自破产申请受理之日起2个月内未通知对方当事人，视为解除；
②自收到对方当事人催告之日起30日内未答复的，视为解除；
③管理人决定继续履行合同的，对方当事人应当履行，有权要求管理人提供担保；管理人不提供担保的，视为解除合同</td></tr>
<tr><td>不得解除</td><td>①破产企业为他人提供担保的合同，管理人无权选择解除合同；
②破产企业对外出租不动产的合同，管理人不得解除合同。
【提示】在变价财产时，房屋可以带租约出售，承租人在同等条件下享有优先购买权</td></tr>
<tr><td>保全与执行</td><td colspan="2">人民法院受理破产申请后，有关债务人财产的保全措施应当解除，执行程序应当中止</td></tr>
<tr><td>诉讼影响</td><td colspan="2">人民法院受理破产申请后，已经开始而尚未终结的有关债务人的民事诉讼或者仲裁应当中止；在管理人接管债务人财产、掌握诉讼情况后能够继续进行时，该诉讼或者仲裁继续进行</td></tr>
</table>

考点3 执行案件的移送破产审查（★）

（一）“执转破”条件（同时符合）

（1）被执行人为企业法人；

（2）被执行人或者有关被执行人的任何一个执行案件的申请执行人书面同意将执行案件移送破产审查；

（3）被执行人不能清偿到期债务，并且资产不足以清偿全部债务或者明显缺乏清偿能力。

（二）“执转破”管辖（主）

1. 地域管辖

执行案件移送破产审查，由被执行人住所地人民法院管辖。

2. 级别管辖

在级别管辖上，实行以中级人民法院管辖为原则、基层人民法院管辖为例外的管辖制度。中级人民法院经高级人民法院批准，也可以将案件交由具备审理条件的基层人民法院审理。

（三）“执转破”执行程序（见表8－8、图8－3）

表8－8

执行法院	告知和征询	①执行法院在执行程序中应加强对执行案件移送破产审查有关事宜的告知和征询工作； ②执行法院采取财产调查措施后，发现作为被执行人的企业法人符合《企业破产法》规定的，应当及时询问申请执行人、被执行人是否同意将案件移送破产审查并释明法律后果
	移送决定	①承办人认为执行案件符合移送破产审查条件的，应提出审查意见，经合议庭评议同意后，由执行法院院长签署移送决定； ②基层人民法院拟将执行案件移送异地中级人民法院进行破产审查的，在作出移送决定前，应先报请其所在地中级人民法院执行部门审核同意（主）； ③执行法院作出移送决定后，应当于5日内送达申请执行人和被执行人； ④申请执行人或被执行人对决定有异议的，可以在受移送法院破产审查期间提出，由受移送法院一并处理
	移送决定效力	①执行法院作出移送决定后，应当书面通知所有已知执行法院，执行法院均应中止对被执行人的执行程序。 ②对被执行人的季节性商品、鲜活、易腐烂变质以及其他不宜长期保存的物品，执行法院应当及时变价处置，处置的价款不作分配。 ③受移送法院裁定受理破产案件的，执行法院应当在收到裁定书之日起7日内，将该价款移交受理破产案件的法院。 ④执行法院决定移送后、受移送法院裁定受理破产案件之前，对被执行人的查封、扣押、冻结措施不解除
受移送法院	受理期限	①受移送法院的破产审判部门应当自收到移送的材料之日起30日内作出是否受理的裁定； ②受移送法院作出裁定后，应当在5日内送达申请执行人、被执行人，并送交执行法院
	裁定受理	①受移送法院裁定受理破产案件的，在此前的执行程序中产生的评估费、公告费、保管费等执行费用，可以参照破产费用的规定，从债务人财产中随时清偿。 ②受移送法院受理裁定，执行法院收到受移送法院受理裁定后，应当于7日内将已经扣划到账的银行存款、实际扣押的动产、有价证券等被执行人财产移交给受理破产案件的法院或管理人。

续表

受移送法院	裁定受理	【提示】受移送法院作出受理裁定时，已通过拍卖程序处置且成交裁定已送达买受人的拍卖财产，通过以物抵债偿还债务且抵债裁定已送达债权人的抵债财产，已完成转账、汇款、现金交付的执行款，因财产所有权已经发生变动，不属于被执行人的财产，不再移交。 ③受移送法院裁定宣告被执行人破产或裁定终止和解程序、重整程序的，应当自裁定作出之日起5日内送交执行法院，执行法院应当裁定终结对被执行人的执行
	不予受理/驳回	①受移送法院做出不予受理或驳回申请裁定的，应当在裁定生效后7日内将接收的材料、被执行人的财产退回执行法院，执行法院应当恢复对被执行人的执行； ②人民法院不得重复启动执行案件移送破产审查程序

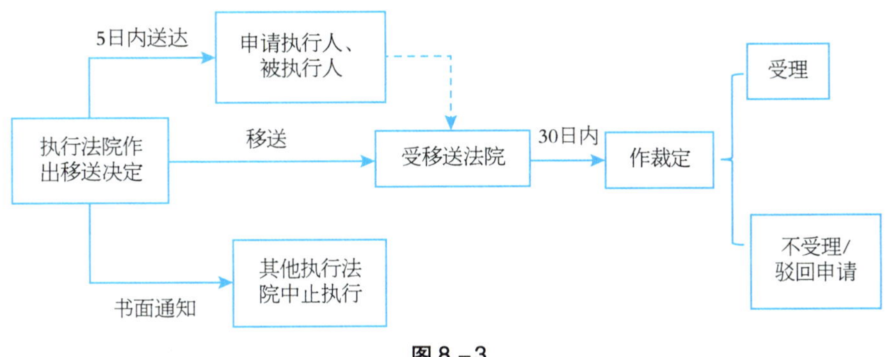

图8－3

考点4 管理人制度（★★）

管理人是指破产案件受理后成立的，全面接管破产企业并负责破产财产的保管、清理、估价、处理和分配等破产清算事务的专门机构或人员。

（一）管理人的指定

（1）管理人由人民法院指定，指定管理人和确定管理人报酬的办法，由最高人民法院规定。

①社会中介机构或者清算组需要变更管理人负责人的，应当向人民法院申请更换。

②管理人无正当理由，不得拒绝人民法院的指定。

（2）指定管理人的方式（见表8－9）。

表8－9

方式	具体规定
随机方式	抽签、摇号、轮候等
竞争方式	①参与竞争的社会中介机构不得少于3家； ②被指定为管理人的社会中介机构应经评审委员会成员1/2以上通过
接受推荐的方式	进入破产程序前经过行政清理、清算的商业银行、证券公司、保险公司等金融机构的破产案件，人民法院可以在金融监督管理机构推荐的已编入管理人名册的社会中介机构中指定管理人

（二）管理人的资格（见表8－10、表8－11）（主）

表8－10

有担任资格	①清算组或社会中介机构。 管理人可以由有关部门、机构的人员组成的**清算组**或者依法设立的**律师事务所、会计师事务所、破产清算事务所**等社会中介机构担任。 ②个人（个人担任管理人的，应当参加执业责任保险）。 对于事实清楚、债权债务关系简单、债务人财产相对集中的企业破产案件，人民法院可以指定管理人名册中的个人为管理人
无担任资格	①因故意犯罪受过刑事处罚； ②**曾被吊销**相关专业执业证书； ③与本案有利害关系； ④人民法院认为不宜担任管理人的其他情形

表8－11　利害关系的认定

回避主体	时间	当事人	与当事人关系
社会中介机构、清算组成员	现在	债务人、债权人	有未了结的债权债务关系
	受理前**3年内**	债务人	提供相对固定的**中介服务**
	现在或受理前3年内	债务人、债权人	控股股东或者实际控制人
	现在或受理前3年内	债务人、债权人	**财务顾问、法律顾问**
机构派出人员、个人管理人（**除上述规定情形外**）	现在或受理前3年内	债务人、债权人	**董事、监事、高级管理人员**
	—	债务人、债权人	与控股股东、董事、监事、高级管理人员存在夫妻、直系血亲、三代以内旁系血亲或者近姻亲关系

【例题8－1·单选题·2013年】2013年6月1日，人民法院受理了对甲公司提起的破产申请。根据企业破产法律制度的规定，下列人员中，有资格担任管理人的是（　　）。

A. 3年前被吊销执业证书，但现已重获执业资格的会计师乙

B. 曾于2008年1月1日至2009年12月31日担任甲公司法律顾问的丙律师事务所

C. 甲公司董事丁

D. 甲公司监事会主席的妻子戊

【答案】B

【解析】选项A错误，曾被吊销相关专业执业证书的，不得担任管理人（与现在是否重新取得无关）；选项B正确，现在担任或者在人民法院受理破产申请前3年内曾经担任债务人、债权人的财务顾问、法律顾问，不得担任管理人，丙律师事务所已经超过了3年；选项C错误，现在担任或者在人民法院受理破产申请前3年内曾经担任债务人、债权人的董事、监事、高级管理人员，不得担任管理人；选项D错误，与债权人或者债务人的控股股东、董事、监事、高级管理人员存在夫妻、直系血亲、三代以内旁系血亲或者近姻亲关系，不得担任管理人。

【例题8－2·单选题·2019年】根据企业破产法律制度的规定，下列主体中，可以担任管理人的是（　　）。

A. 因盗窃行为受过刑事处罚的张某

B. 破产申请受理前根据有关规定成立的行政清算组

C. 因违法行为被吊销执业证书的王某

D. 正在担任债务人财务顾问的李某

【答案】B

【解析】有下列情形之一的，不得担任管理人：因故意犯罪受过刑事处罚（选项A）；曾被吊销相关专业执业证书（选项C）；与本案有利害关系（选项D）；人民法院认为不宜担任管理人的其他情形。

（三）管理人的报酬（见表8－12）（主）

表8－12

报酬确定	管理人的报酬由人民法院确定
方案报告	①管理人应当在第一次债权人会议上报告管理人报酬方案内容。 ②债权人会议对管理人的报酬有异议并且无法与管理人协商一致的，有权向人民法院提出具体的请求和理由。 ③最终确定的管理人报酬及收取情况，应列入破产财产分配方案。在和解、重整程序中，管理人报酬方案内容应列入和解协议草案或重整计划草案，报债权人会议审查通过
计酬规定	①管理人获得的是纯报酬，不包括其因执行职务、进行破产管理工作中需要支付的其他费用，如公告费、变价财产费用等。 ②人民法院应根据债务人最终清偿的财产价值总额，分段确定管理人报酬。 ③担保权人优先受偿的担保物价值，不计入财产价值总额。 管理人对担保物的维护、变现、交付等管理工作付出合理劳动的，有权向担保权人收取适当的报酬
其他规定	①对清算组中参与工作的有关政府部门派出的工作人员，不支付报酬。 ②防止重复计酬。 第一，律师事务所、会计师事务所通过聘用本专业的其他社会中介机构或者人员协助履行管理人职责的，所需费用从其报酬中支付； 第二，破产清算事务所通过聘用其他社会中介机构或者人员协助履行管理人职责的，所需费用从其报酬中支付。 ③管理人经人民法院许可聘用企业经营管理人员，或管理人认为确有必要聘请其他中介机构处理重大诉讼、仲裁、审计等专业性较强的工作，如所需费用需要列入破产费用，应当经债权人会议同意

【例题8－3·多选题·2014年】甲破产清算事务所被人民法院指定为乙企业破产案件中的管理人，甲向债权人会议报告的有关报酬方案的下列内容中，符合企业破产法律制度规定的有（　　）。

A. 甲聘用外部专家协助履行管理人职责所需费用从其报酬中支付

B. 对受当地政府有关部门指派参与破产企业清算工作的政府官员不发放报酬

C. 甲就自己为将乙的抵押财产变现而付出的合理劳动向担保权人收取适当报酬

D. 将乙企业为他人设定抵押权的财产价值计入计酬基数

【答案】ABC

【解析】选项D错误，一般情况优先受偿的担保物价值不计入财产价值总额；但管理人对担保物的维护、变现、交付等管理工作付出合理劳动的，有权向担保权人收取适当的报酬。

（四）管理人的职责与责任（见表8-13）

表8-13

职责	①接管债务人的财产、印章和账簿、文书等资料； ②调查债务人财产状况，制作财产状况报告； ③决定债务人的**内部管理事务**； ④决定债务人的**日常开支**和其他必要开支； ⑤在第一次债权人会议召开之前，决定继续或者停止债务人的营业； ⑥管理和处分债务人的财产； ⑦**代表债务人**参加诉讼、仲裁或者其他法律程序； ⑧提议召开债权人会议； ⑨人民法院认为管理人应当履行的其他职责
义务	①接受债权人会议和债权人委员会的监督； ②应当列席债权人会议，报告情况，回答询问； ③没有正当理由不得辞去职务，辞职应当经人民法院**许可**
责任	①管理人未依法勤勉尽责，忠实执行职务的，人民法院可以依法处以罚款； ②给债权人、债务人或者第三人造成损失的，依法承担赔偿责任

考点5　债务人财产（★★★）

（一）债务人财产的一般规定

1. 债务人财产的构成

（1）破产申请**受理时**属于债务人的全部财产——已有财产。

（2）破产申请**受理后**至破产程序**终结前**债务人取得的财产——追回财产。

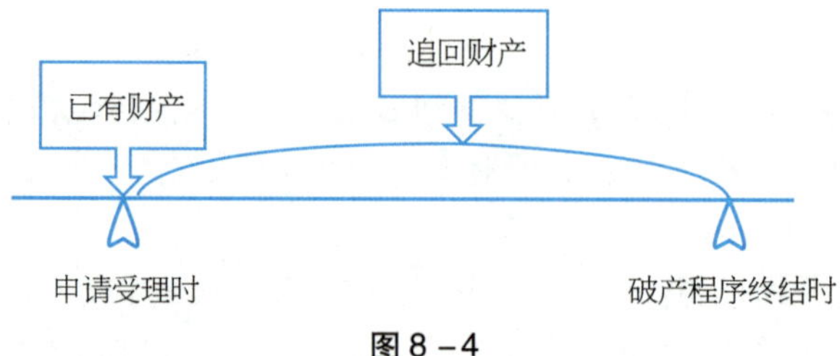

图8-4

表 8－14

属于债务人财产	①债务人所有的货币、实物。 ②债务人依法享有的可以用货币估价并可以依法转让的债权、股权、知识产权、用益物权等财产和财产权益。 ③已依法设定担保物权的特定财产。 债务人的特定财产在担保物权消灭或者实现担保物权后的剩余部分，在破产程序中可用以清偿破产费用、共益债务和其他破产债权。 ④债务人对按份享有所有权的共有财产的相关份额，或者共同享有所有权的共有财产的相应财产权利，以及依法分割共有财产所得部分
不属于债务人财产（主）	①债务人基于仓储、保管、承揽、代销、借用、寄存、租赁等合同或者其他法律关系占有、使用的他人财产； ②债务人在所有权保留买卖中尚未取得所有权的财产； ③所有权专属于国家且不得转让的财产； ④其他依照法律、行政法规不属于债务人的财产

2. 债务人财产的收回（见表 8－15）（主）

表 8－15

出资瑕疵	①人民法院受理破产申请后，债务人的出资人尚未完全履行出资义务的，管理人应当要求该出资人缴纳所认缴的出资，而不受出资期限的限制。 ②管理人代表债务人提起诉讼，主张出资人向债务人依法缴付未履行的出资或者返还抽逃的出资本息，出资人以认缴出资尚未届至公司章程规定的缴纳期限或者违反出资义务已经超过诉讼时效为由抗辩的，人民法院不予支持
董监高收入	债务人的董事、监事和高级管理人员利用职权从企业获取的非正常收入和侵占的企业财产，管理人应当追回
	非正常收入及处理： ①绩效奖金——债务人的董事、监事和高级管理人员因返还绩效奖金形成的债权，可以作为普通破产债权清偿。 ②普遍拖欠职工工资情况下获取的工资性收入——因返还普遍拖欠职工工资情况下获取的工资性收入形成的债权，按照该企业职工平均工资计算的部分作为拖欠职工工资清偿；高出该企业职工平均工资计算的部分，可以作为普通破产债权清偿。 ③其他非正常收入——作为普通破产债权清偿
取回质物、留置物	①在人民法院受理破产申请后，管理人可以通过清偿债务或者提供为债权人接受的担保，取回质物、留置物或解除债务人财产上存在的物权担保。 ②管理人所作的债务清偿或者替代担保，在担保物的价值低于被担保的债权额时，以该担保物当时的市场价值为限

（二）破产撤销权（见表 8－16）

表 8－16

有权撤销	人民法院受理破产申请前 1 年内，涉及债务人财产的下列行为，管理人有权请求人民法院予以撤销： ①无偿转让财产的。 ②以明显不合理的价格进行交易的。 ③对没有财产担保的债务提供财产担保的。 指对原来已经成立的无财产担保的债务事后补充设置担保，就可以撤销；但债务人在可撤销期间内设定债务的同时提供的财产担保不包括在内。

续表

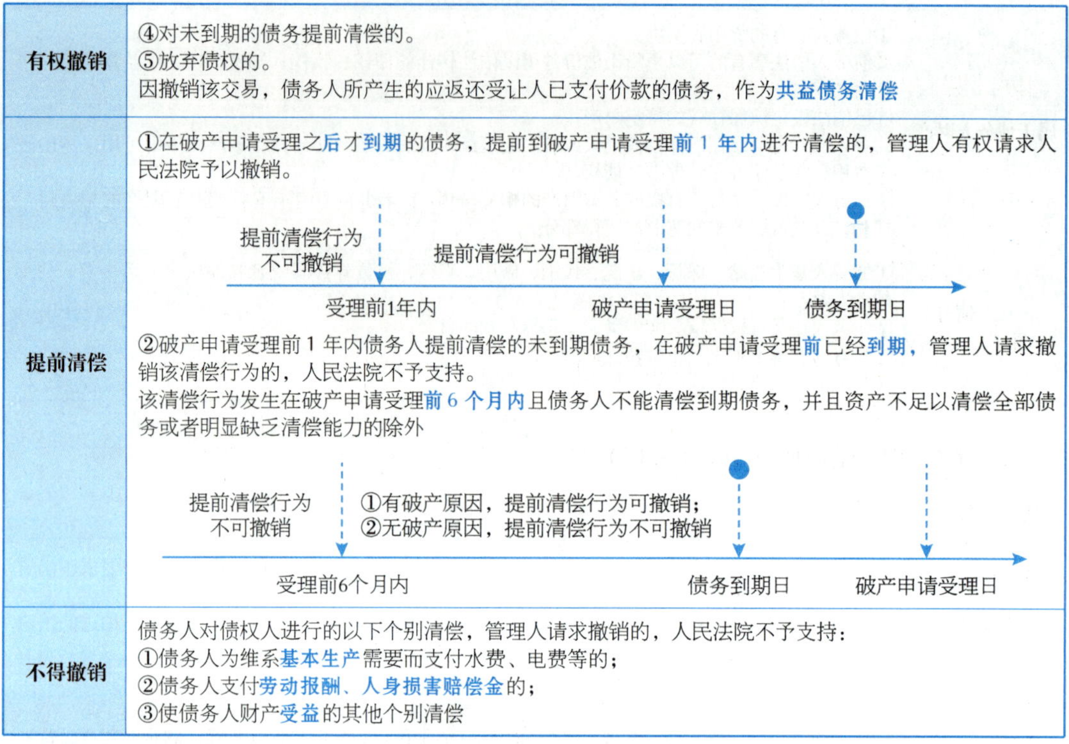

有权撤销	④对未到期的债务提前清偿的。 ⑤放弃债权的。 因撤销该交易，债务人所产生的应返还受让人已支付价款的债务，作为**共益债务清偿**
提前清偿	①在破产申请受理之**后**才**到期**的债务，提前到破产申请受理**前 1 年内**进行清偿的，管理人有权请求人民法院予以撤销。 提前清偿行为不可撤销　提前清偿行为可撤销 受理前1年内　破产申请受理日　债务到期日 ②破产申请受理前 1 年内债务人提前清偿的未到期债务，在破产申请受理**前**已经**到期**，管理人请求撤销该清偿行为的，人民法院不予支持。 该清偿行为发生在破产申请受理**前 6 个月内**且债务人不能清偿到期债务，并且资产不足以清偿全部债务或者明显缺乏清偿能力的除外 提前清偿行为不可撤销　①有破产原因，提前清偿行为可撤销；②无破产原因，提前清偿行为不可撤销 受理前6个月内　债务到期日　破产申请受理日
不得撤销	债务人对债权人进行的以下个别清偿，管理人请求撤销的，人民法院不予支持： ①债务人为维系**基本生产**需要而支付水费、电费等的； ②债务人支付**劳动报酬、人身损害赔偿金**的； ③使债务人财产**受益**的其他个别清偿

【例题 8－4·单选题·2013 年】根据企业破产法律制度的规定，人民法院受理破产申请前 6 个月内，涉及债务人财产的下列行为中，管理人有权请求人民法院予以撤销的是（　　）。

A. 支付职工劳动报酬

B. 支付人身损害赔偿金

C. 向他人无偿转让企业财产

D. 在设定债务的同时，为该债务提供财产担保

【答案】C

【解析】选项 AB 错误，债务人支付劳动报酬、人身损害赔偿金的，管理人请求撤销的，人民法院不予支持；选项 D 错误，债务人在人民法院受理破产申请前 1 年内设定债务的同时提供的财产担保，属于对价行为，不能撤销。

（三）取回权

1. 一般取回权

（1）一般事项（见表 8－17）。

表 8－17

行使前提	人民法院受理破产申请后，债务人占有的**不属于**债务人的财产，该财产的权利人可以通过管理人取回

续表

行使时间	①债务人重整期间，权利人要求取回债务人合法占有的权利人的财产，不符合双方事先约定条件的，人民法院不予支持。但因管理人或者自行管理的债务人违反约定，可能导致取回物被转让、毁损、灭失或者价值明显减少的除外。 ②权利人行使取回权，应当在破产财产变价方案或者和解协议、重整计划草案提交债权人会议表决前向管理人提出。权利人在上述期限后主张取回相关财产的，应当承担延迟行使取回权增加的相关费用
给付对价（主）	权利人行使取回权时未依法向管理人支付相关的加工费、保管费、托运费、委托费、代销费等费用，管理人拒绝其取回相关财产的，人民法院应予支持
权利主张	权利人依据人民法院或者仲裁机关的相关生效法律文书向管理人主张取回所涉争议财产，管理人以生效法律文书错误为由拒绝其行使取回权的，人民法院不予支持
取回变价款（主）	对债务人占有的权属不清的、鲜活易腐等不易保管的财产或者不及时变现价值将严重贬损的财产，管理人应当及时变价并提存变价款，有关权利人可以就该变价款行使取回权

（2）原物被违法转让（见表 8－18、图 8－5）（主）。

表 8－18

第三人取得财产所有权	债务人占有的他人财产被违法转让给第三人，依据《中华人民共和国民法典》的规定第三人已善意取得财产所有权，原权利人无法取回该财产的，人民法院应当按照以下规定处理： ①在破产申请受理前转让，原权利人因财产损失形成的债权，作为普通破产债权清偿； ②在破产申请受理后转让，因管理人或者相关人员执行职务导致原权利人损害产生的债务，作为共益债务清偿
第三人未取得财产所有权	债务人占有的他人财产被违法转让给第三人，第三人已向债务人支付了转让价款，但未取得财产所有权，原权利人依法追回转让财产的，对因第三人支付对价而产生的债务，人民法院应当按照以下规定处理： ①在破产申请受理前转让，作为普通破产债权清偿； ②在破产申请受理后转让，作为共益债务清偿

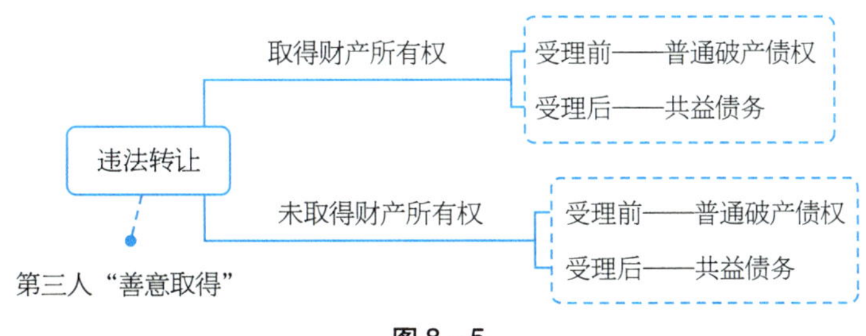

图 8－5

（3）原物毁损灭失（见表 8－19、图 8－6）。

表 8－19

具体情形	处理方式
债务人占有的他人财产毁损、灭失，因此获得的保险金、赔偿金、代偿物尚未交付给债务人，或者代偿物虽已交付给债务人但能与债务人财产予以区分的	权利人有权主张取回就此获得的保险金、赔偿金、代偿物（代偿取回权）

续表

具体情形	处理方式
债务人占有的他人财产毁损、灭失，因此获得的保险金、赔偿金已经交付给债务人，且与债务人财产混同，不能相区分	①财产在破产申请受理前毁损、灭失，权利人因财产损失形成的债权，作为普通破产债权清偿； ②财产在破产申请受理后毁损、灭失，因管理人或者相关人员执行职务导致权利人损害产生的债务，作为共益债务清偿
管理人或者相关人员在执行职务过程中，因故意或者重大过失不当转让他人财产或者造成他人财产毁损	导致他人损害产生的债务作为共益债务，由债务人财产随时清偿不足弥补损失，权利人向管理人或者相关人员主张承担补充赔偿责任的，人民法院应予支持

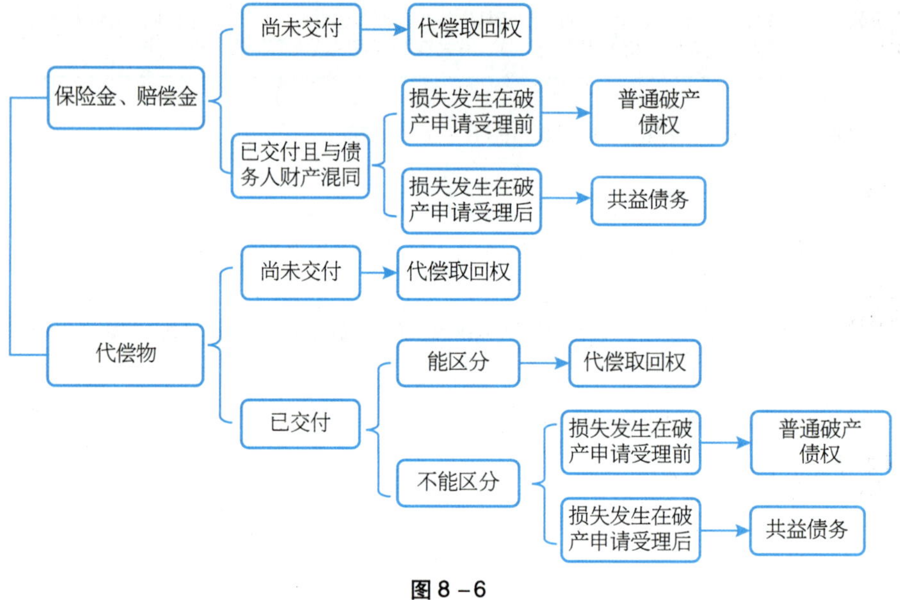

图 8－6

2. 出卖人取回权（主）

（1）含义。

人民法院受理破产申请时，出卖人已将买卖标的物向作为买受人的债务人发运，债务人尚未收到且未付清全部价款的，出卖人可以取回在运途中的标的物。但是管理人可以支付全部价款，请求出卖人交付标的物。

（2）权利行使（见表 8－20、图 8－7）。

表 8－20

管理人应予准许情形	出卖人通过通知承运人或者实际占有人中止运输、返还货物、变更到达地，或者将货物交给其他收货人等方式，对在运途中标的物主张了取回权但未能实现，或者在货物未达管理人前已向管理人主张取回在运途中标的物，在买卖标的物到达管理人后，出卖人向管理人主张取回的，管理人应予准许
管理人不应准许情形	出卖人对在运途中标的物未及时行使取回权，在买卖标的物到达管理人后向管理人行使在运途中标的物取回权的，管理人不应准许

图 8－7

3. 所有权保留买卖合同（主）

在所有权保留买卖合同的标的物所有权未依法转移给买受人前，一方当事人破产的，该买卖合同属于双方均未履行完毕的合同，管理人有权依法决定解除或者继续履行合同（见表 8－21、图 8－8）。

表 8－21

情形	管理人决定继续履行	管理人决定解除合同
出卖人破产	①买受人应当按照原合同的约定支付价款或者履行其他义务。 ②买受人未依约支付价款或者履行完毕其他义务，或者将标的物出卖、出质或者作出其他不当处分，给出卖人造成损害，出卖人管理人依法主张取回标的物的，人民法院应予支持。但是，买受人已经支付标的物总价款 75% 以上或者第三人善意取得标的物所有权或者其他物权的除外。 ③因上述原因出卖人未能取回标的物，管理人有权依法主张买受人继续支付价款、履行完毕其他义务，以及承担相应赔偿责任	①出卖人破产，其管理人决定解除合同，有权依法要求买受人向其交付买卖标的物。 ②买受人以其不存在未依约支付价款或者履行完毕其他义务，或者将标的物出卖、出质或者作出其他不当处分情形抗辩的，人民法院不予支持。 ③买受人将买卖标的物交付出卖人管理人后，在合同履行中依法履行义务者，其已支付价款损失形成的债权作为共益债务清偿；买受人违反约定义务，其上述债权作为普通破产债权清偿的
买受人破产	①原合同中约定的买受人支付价款或者履行其他义务的期限在破产申请受理时视为到期，买受人管理人应当及时向出卖人支付价款或者履行其他义务。 ②买受人管理人无正当理由未及时支付价款或者履行完毕其他义务，或者将标的物出卖、出质或者作出其他不当处分，给出卖人造成损害，出卖人有权依法主张取回标的物；但买受人已支付标的物总价款 75% 以上或者第三人善意取得标的物所有权或其他物权的除外。 ③出卖人因上述原因未能取回标的物，有权主张买受人继续支付价款、履行完毕其他义务，以及承担相应赔偿责任。对因买受人未支付价款或者未履行完毕其他义务，以及买受人管理人将标的物出卖、出质或者作出其他不当处分导致出卖人损害产生的债务，作为共益债务清偿	①买受人破产，其管理人决定解除合同，出卖人有权主张取回买卖标的物。 ②出卖人取回买卖标的物的，买受人管理人有权主张出卖人返还已支付价款。 ③取回的标的物价值明显减少给出卖人造成损失的，出卖人可从买受人已支付价款中优先予以抵扣，剩余部分返还给买受人；对买受人已支付价款不足以弥补出卖人标的物价值减损损失形成的债权，作为共益债务清偿

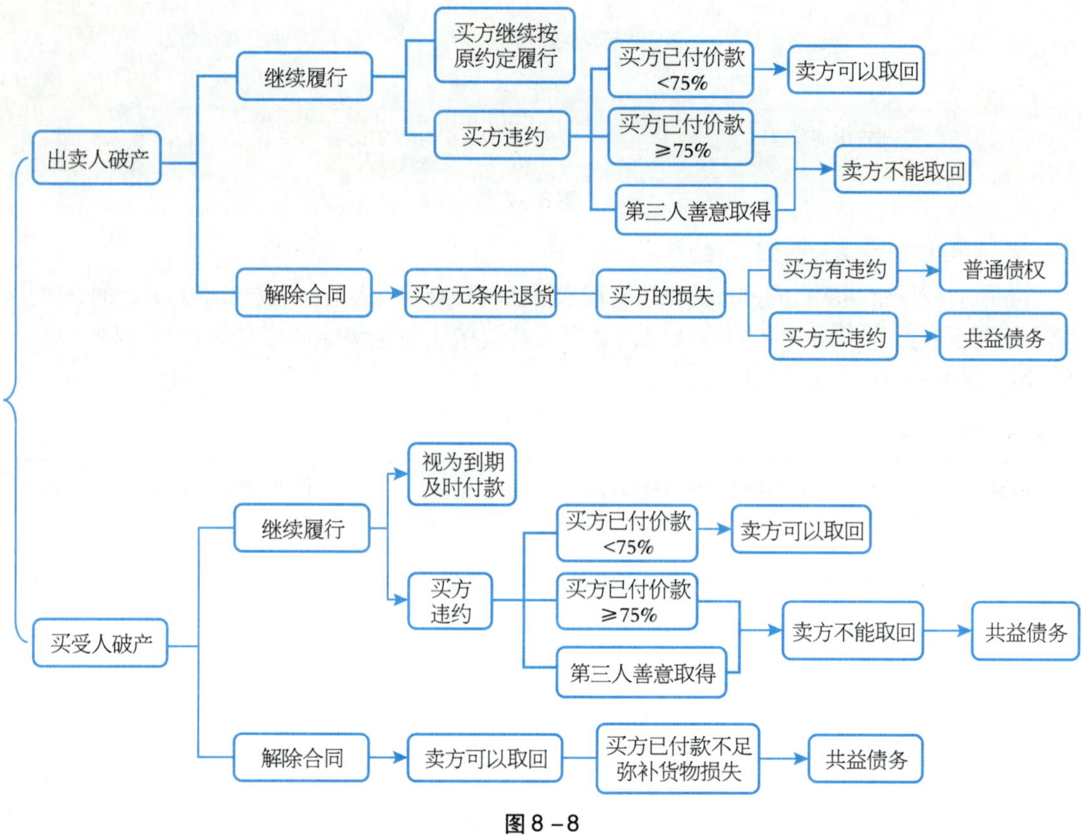

图8－8

（四）破产抵销权

1. 概念

破产法上的抵销权，是指债权人在破产申请**受理前**对债务人即破产人负有债务的，无论是否已到清偿期限、标的是否相同，均可在破产财产最终分配确定前**向管理人主张相互抵销**的权利。

2. 破产抵销权的一般规定（见表8－22）

表8－22

行使主体	债权人行使抵销权，应当向管理人提出抵销主张。管理人**不得主动**抵销债务人与债权人的互负债务，但抵销使债务人财产受益的除外
行使时间	债权人应当在破产财产**最终分配确定之前**向管理人主张破产抵销
生效时间	①管理人收到债权人提出的主张债务抵销的通知后，经审查无异议的，抵销自管理人**收到**通知之日起**生效**。 ②管理人对抵销主张有异议的，应当在约定的异议期限内或者自收到主张债务抵销的通知之日起**3个月内**向人民法院提起诉讼。 人民法院判决驳回管理人提起的抵销无效诉讼请求的，该抵销自管理人收到主张债务抵销的通知之日起生效

续表

异议无效	管理人以下列理由提出异议的，人民法院不予支持： ①破产申请受理时，债务人对债权人负有的债务尚未到期； ②破产申请受理时，债权人对债务人负有的债务尚未到期； ③双方互负债务标的物种类、品质不同

3. 禁止抵销（主）

（1）债权人在破产申请受理前对债务人负有债务的，可以向管理人主张抵销。但有下列情形之一的，不得抵销：

①债务人的债务人在破产申请受理后取得他人对债务人的债权的。

②债权人已知债务人有不能清偿到期债务或者破产申请的事实，对债务人负担债务的；但债权人因为法律规定或者有破产申请1年前所发生的原因而负担债务的除外。

③债务人的债务人已知债务人有不能清偿到期债务或者破产申请的事实，对债务人取得债权的；但债务人的债务人因为法律规定或者有破产申请1年前所发生的原因而取得债权的除外。

（2）债务人的股东主张以下列债务与债务人对其负有的债务抵销，债务人的管理人提出异议的，人民法院应予支持：

①债务人股东因欠缴债务人的出资或者抽逃出资对债务人所负的债务；

②债务人股东滥用股东权利或者关联关系损害公司利益对债务人所负的债务。

（五）破产费用与共益债务（见表8－23）

表8－23

破产费用	人民法院受理破产申请后发生的下列费用，为破产费用： ①破产案件的诉讼费用； ②管理、变价和分配债务人财产的费用； ③管理人执行职务的费用、报酬和聘用工作人员的费用
	人民法院裁定受理破产申请的，此前债务人尚未支付的公司强制清算费用、未终结的执行程序中产生的评估费、公告费、保管费等执行费用，可以参照企业破产法关于破产费用的规定，由债务人财产随时清偿。此前债务人尚未支付的案件受理费、执行申请费，可以作为破产债权清偿
共益债务	人民法院受理破产申请后发生的下列债务，为共益债务： ①因管理人或者债务人请求对方当事人履行双方均未履行完毕的合同所产生的债务； ②债务人财产受无因管理所产生的债务； ③因债务人不当得利所产生的债务； ④为债务人继续营业而应支付的劳动报酬和社会保险费用以及由此产生的其他债务； ⑤管理人或者相关人员执行职务致人损害所产生的债务； ⑥债务人财产致人损害所产生的债务。 破产申请受理后的借款： ①破产申请受理后，经债权人会议决议通过，或第一次债权人会议召开前经人民法院许可，管理人或自行管理的债务人可以为债务人继续营业而借款； ②提供借款的债权人主张参照企业破产法的规定优先于普通破产债权清偿的，人民法院应予支持，但其主张优先于此前已就债务人特定财产享有担保的债权清偿的，人民法院不予支持

续表

清偿	①破产费用和共益债务由债务人财产随时清偿； ②债务人财产不足以清偿所有破产费用和共益债务的，先行清偿破产费用； ③债务人财产不足以清偿所有破产费用或者共益债务的，按照比例清偿； ④债务人财产不足以清偿破产费用的，管理人应当提请人民法院终结破产程序。 人民法院应当自收到请求之日起15日内裁定终结破产程序，并予以公告

考点6 破产债权（★★）

（一）破产债权申报的一般规则

1. 破产债权的含义及申报期限

（1）含义。

人民法院受理破产申请时对债务人享有的债权称为破产债权（包括有财产担保的债权）。

（2）申报期限。

债权申报期限自人民法院发布受理破产申请公告之日起计算，最短不得少于30日，最长不得超过3个月（主）。

在人民法院确定的债权申报期限内，债权人未申报债权的，可以在破产财产最后分配前补充申报；但是，此前已进行的分配，不再对其补充分配。为审查和确认补充申报债权的费用，由补充申报人承担。

2. 债权申报要求（见表8－24）

表8－24

职工债权不必申报（主）	①债务人所欠职工的工资和医疗、伤残补助、抚恤费用，所欠的应当划入职工个人账户的基本养老保险、基本医疗保险费用，以及法律、行政法规规定应当支付给职工的补偿金，不必申报，由管理人调查后列出清单并予以公示； ②职工对清单记载有异议的，可以要求管理人更正；管理人不予更正的，职工可以向人民法院提起债权确认诉讼。 【提示】税收债权、社会保障债权以及对债务人特定财产享有担保权的债权均需依法申报
未到期债权（主）	未到期的债权，在破产申请受理时视为到期
利息债权	附利息的债权自破产申请受理时起停止计息。 ①债权人请求担保人承担担保责任，担保人主张担保债务人自人民法院受理破产申请之日起停止计息的，人民法院对担保人的主张应予支持； ②破产申请受理后，债务人欠缴款项产生的滞纳金，包括债务人未履行生效法律文书应当加倍支付的迟延利息和劳动保险金的滞纳金，债权人作为破产债权申报的，人民法院不予确认
	无利息的债权，无论是否到期均以本金申报债权
附条件、附期限的债权	附条件、附期限的债权和诉讼、仲裁未决的债权，债权人可以申报
连带债权（主）	①连带债权人可以由其中一人代表全体连带债权人申报债权，也可以共同申报债权； ②连带债务人数人的破产案件均被受理的，其债权人有权就全部债权分别在各破产案件中申报债权

续表

违约金	管理人或者债务人依照破产法规定解除双方均未履行完毕的合同，对方当事人以因合同解除所产生的损害赔偿请求权申报债权。这时可申报的债权以实际损失为限，违约金不得作为破产债权申报
委托合同	债务人是委托合同的委托人，其破产案件被人民法院受理： ①受托人不知该事实，继续处理委托事务的，受托人以由此产生的请求权申报破产债权； ②受托人已知该事实，但为了债务人即全体债权人利益而在无法向管理人移交事务的紧急情况下继续处理委托事务的，受托人由此产生的请求权作为共益债务优先受偿
	如果受托人已知委托人破产之事实，无必要的继续处理委托事务，不当增加委托费用与报酬数额的，由此而产生的债权，不得作为破产债权受偿
出票人破产	债务人是票据的出票人，其破产案件被人民法院受理，该票据的付款人继续付款或者承兑的，付款人以由此产生的请求权申报债权

【例题 8－5·多选题·2013 年】根据企业破产法律制度的规定，下列债务中，债权人应在人民法院确定的期限内进行债权申报的有（　　）。

A. 债务人所欠银行未到清偿期的借款　　B. 债务人所欠职工工资

C. 债务人所欠税款　　D. 债务人所欠职工医疗费

【答案】AC

【解析】选项 A 正确，未到期的债权，在破产申请受理时视为到期，应当申报；选项 BD 错误，职工债权（债务人所欠职工的工资和医疗、伤残补助、抚恤费用，所欠的应当划入职工个人账户的基本养老保险、基本医疗保险费用，以及法律、行政法规规定应当支付给职工的补偿金）不必申报，由管理人调查后列出清单并予以公示；选项 C 正确，税收债权、社会保障债权以及对债务人特定财产享有担保权的债权均需依法申报。

（二）破产债权申报的特别规定

1. 债务人（被保证人）破产的债权申报（见表 8－25）

表 8－25

方式	具体规定	
连带保证（主）	债权人	①人民法院受理债务人破产案件，债权人在破产程序中申报债权后又向人民法院提起诉讼，请求担保人承担担保责任的，人民法院依法予以支持。 ②债权人在债务人破产程序中未获全部清偿，请求担保人继续承担担保责任的，人民法院应予支持；担保人承担担保责任后，向和解协议或者重整计划执行完毕后的债务人追偿的，人民法院不予支持
	担保	①担保人清偿债权人的全部债权后，可以代替债权人在破产程序中受偿。 ②在债权人的债权未获全部清偿前，担保人不得代替债权人在破产程序中受偿，但是有权就债权人通过破产分配和实现担保债权等方式获得清偿总额中超出债权的部分，在其承担担保责任的范围内请求债权人返还。 ③债务人的保证人或者其他连带债务人已经代替债务人清偿债务的，以其对债务人的求偿权申报债权。 ④债务人的保证人或者其他连带债务人尚未代替债务人清偿债务的，以其对债务人的将来求偿权申报债权；但债权人已经向管理人申报全部债权的除外

续表

方式	具体规定	
连带保证（主）	责任免除	债权人知道或者应当知道债务人破产，既未申报债权也未通知担保人，致使担保人不能预先行使追偿权的，保证人在该债权在破产程序中可能受偿的范围内免除保证责任，但是担保人因自身过错未行使追偿权的除外
一般保证	人民法院受理债务人破产案件后，一般保证人不得行使先诉抗辩权	

彬哥解读

合同法中学到，保证担保的方式有一般保证和连带责任保证，一般保证只对债务人无力清偿的部分承担补充性的清偿责任，一般保证人享有先诉抗辩权。但在破产程序中，债权人已不能正常地先向债务人行使权利，如果还赋予一般保证人先诉抗辩权，则不利于保护债权人的利益。因此，一般保证人不享有先诉抗辩权，与债务人在清偿顺序上不再有先后的区别。

2. 保证人破产的债权申报（见表8－26）

表8－26

方式	具体规定
连带保证	①人民法院受理保证人破产案件后，保证人的保证责任不因其破产而免除。 ②主债务到期时，债权人可以按照保证合同的约定直接向保证人申报债权进行追偿；主债务未到期的，视为已到期
一般保证	①人民法院受理保证人破产案件后，保证人的保证责任不得因其破产而免除。 ②一般保证人破产的，不得行使先诉抗辩权。 ③债权人在一般保证人破产程序中的分配额应予提存，待一般保证人应承担的保证责任确定后再按照破产清偿比例予以分配

3. 债务人和保证人均进入破产程序（主）

（1）债务人、保证人均被裁定进入破产程序的，债权人有权向债务人、保证人分别申报债权。

（2）债权人向债务人、保证人均申报全部债权的，从一方破产程序中获得清偿后，对于连带保证，其对另一方的债权额不作调整，但债权人的受偿额不得超出其债权总额。保证人履行保证责任后不再享有求偿权。

（三）破产债权的确认（见表8－27）

表8－27

登记造册	管理人应当依照企业破产法的规定对所申报的债权进行登记造册，不得以其认为债权超过诉讼时效或者不能成立等为由拒绝编入债权申报登记册（主）
审查	①凡未经发生法律效力的法律文书所确认的债权，均应在审查之列； ②已经发生法律效力的法律文书所确认的债权，原则上可直接列入债权确认表中，但确有证据证明该债权是虚构、不真实的，或依据破产法应做特殊调整的除外

续表

核查	管理人依法编制的债权登记表，应当提交第一次债权人会议核查： ①经核查后，管理人、债务人、其他债权人等对债权无异议的，列入债权确认表中； ②经核查后仍存在异议的债权，由人民法院裁定该异议债权是否列入债权确认表内
债权确认	债务人、债权人对债权表记载的债权有异议的，应当说明理由和法律依据。经管理人解释或调整后，异议人仍然不服的，或者管理人不予解释或调整的，异议人应当在债权人会议核查结束后15日内向人民法院提起债权确认的诉讼/仲裁

考点7 债权人会议（★）

（一）债权人会议的成员与权利（见表8－28）

表8－28

组成	债权人会议由所有依法申报债权的债权人组成
主席设立	①债权人会议设主席1人，由人民法院从有表决权的债权人中指定； ②债权人会议主席主持债权人会议
参会形式	债权人可以自己出席会议，也可以委托代理人出席债权人会议，行使表决权。代理人出席债权人会议，应向人民法院或债权人会议主席提交债权人的授权委托书
表决权	①第一次债权人会议（主）。 凡是申报债权者均有权参加第一次债权人会议，有权参加对其债权的核查、确认活动，并可依法提出异议。 ②以后的债权人会议（主）。 对于在第一次会议上确认债权以后的债权人会议，只有债权得到确认者才有权行使表决权。 ③债权尚未确定的债权人，除人民法院能够为其行使表决权而临时确定债权额者外，不得行使表决权。 ④对债务人的特定财产享有担保权的债权人，未放弃优先受偿权利的，对通过和解协议和破产财产的分配方案的事项不享有表决权。 ⑤债务人的职工和工会的代表在债权人会议上没有表决权。 但如存在职工劳动债权不能从破产财产中获得全额、及时优先受偿，或是在重整程序中债权人会议决议通过可能影响其清偿、就业利益的重整计划草案等情况下，职工债权人应享有表决权，职工债权人的表决权可以通过职工代表行使
知情权	①单个债权人有权查阅债务人财产状况报告、债权人会议决议、债权人委员会决议、管理人监督报告等参与破产程序所必需的债务人财务和经营信息资料。 ②管理人无正当理由不予提供的，债权人可以请求人民法院作出决定；人民法院应当在5日内作出决定

（二）债权人会议的召集（见表8－29）

表8－29

次序	具体规定
首次	第一次债权人会议由人民法院召集，自债权申报期限届满之日起15日内召开
以后	以后债权人会议的召开条件： ①人民法院认为必要时（无须向债权人会议主席提议）； ②管理人向债权人会议主席提议时； ③债权人委员会向债权人会议主席提议时； ④占债权总额1/4以上的债权人向债权人会议主席提议时
会议通知	召开债权人会议，管理人应当提前15日通知已知的债权人

（三）债权人会议的职权

债权人会议行使下列职权：

（1）核查债权；

（2）申请人民法院更换管理人，审查管理人的费用和报酬；

（3）监督管理人；

（4）选任和更换债权人委员会成员；

（5）决定继续或者停止债务人的营业；

（6）通过重整计划、和解协议、债务人财产的管理方案、破产财产的变价方案和分配方案；

（7）人民法院认为应当由债权人会议行使的其他职权。

债权人会议应当对所议事项的决议作成会议记录。

（四）债权人会议的决议

1. 表决方式

（1）债权人会议的决议除现场表决外，可以由管理人事先将相关决议事项告知债权人，采取通信、网络投票等非现场方式进行表决。

（2）采取非现场方式进行表决的，管理人应当在债权人会议召开后的3日内，以信函、电子邮件、公告等方式将表决结果告知参与表决的债权人。

2. 决议规则（见表8－30）（主）

表8－30

和解协议	债权人会议通过和解协议的决议，由出席会议的有表决权的债权人过半数同意，并且其所代表的债权额占无财产担保债权总额的2/3以上
重整计划	出席会议的同一表决组的债权人过半数同意，并且其所代表的债权额占该组债权总额的2/3以上
其他决议	由出席会议的有表决权的债权人过半数通过，并且其所代表的债权额占无财产担保债权总额的1/2以上

3. 决议效力

债权人会议的决议，对于在该决议事项上有表决权的全体债权人均有约束力。

4. 决议的撤销

（1）债权人认为债权人会议的决议违反法律规定，损害其利益的，可以自债权人会议作出决议之日起15日内，请求人民法院裁定撤销该决议，责令债权人会议依法重新作出决议。

（2）债权人会议的决议具有以下情形之一，损害债权人利益，债权人申请撤销的，人民法院应予支持：

①债权人会议的召开违反法定程序；

②债权人会议的表决违反法定程序；

③债权人会议的决议内容违法；

④债权人会议的决议超出债权人会议的职权范围。

（3）人民法院可以裁定撤销全部或者部分事项决议，责令债权人会议依法重新作出决议。

（4）债权人申请撤销债权人会议决议的，应当提出书面申请。

5. 决议未通过的处理（见表 8－31）（主）

表 8－31

事项	具体规定
管理、变价方案	①债权人会议表决债务人财产的管理方案和破产财产的变价方案，经债权人会议表决未通过的，由人民法院裁定； ②债权人对人民法院依照破产法作出债务人财产的管理方案和破产财产的变价方案的裁定不服的，可以自裁定宣布之日或者收到通知之日起15 日内向该人民法院申请复议
分配方案	①破产财产的分配方案，经债权人会议二次表决仍未通过的，由人民法院裁定； ②债权额占无财产担保债权总额 1/2 以上的债权人对人民法院依照破产法作出破产财产的分配方案的裁定不服的，可以自裁定宣布之日或者收到通知之日起15 日内向该人民法院申请复议

彬哥解读

债务人财产的管理方案和破产财产的变价方案的裁定不服的，债权人没有比例要求。但对分配方案的裁定不服的，提起复议的债权人要是“债权额占无财产担保债权总额 1/2 以上的债权人”。

（五）债权人委员会（见表 8－32）

表 8－32

性质	债权人委员会为破产程序中的选任机关
组成	①债权人委员会中的债权人代表由债权人会议选任、罢免； ②债权人委员会中还应当有 1 名债务人企业的职工代表或者工会代表； ③债权人委员会的成员人数原则上应为奇数，最多不得超过 9 人
职权	债权人委员会的职权： ①监督债务人财产的管理和处分； ②监督破产财产分配； ③提议召开债权人会议； ④债权人会议委托的其他职权
	债权人会议对债权人委员会的授权： ①债权人会议可以依法委托债权人委员会行使债权人会议的部分职权（决定继续或者停止债务人的营业；监督管理人；申请人民法院更换管理人、审查管理人的费用和报酬）。 ②债权人会议不得作出概括性授权，委托其行使债权人会议的所有职权
决议方式	①债权人委员会决定所议事项应获得全体成员过半数通过，并作成议事记录； ②债权人委员会成员对所议事项的决议有不同意见的，应当在记录中载明

【例题 8－6·单选题·2008 年】在破产程序中，债权人会议未能依法通过管理人的财产分配方案时，由人民法院裁定。根据企业破产法律制度的规定，有权对该裁定提出复议的债权人是（　　）。

A. 占全部债权总额1/2以上的债权人　B. 占无财产担保债权总额1/2以上的债权人
C. 占全部债权人人数1/2以上的债权人　D. 占全部债权人人数2/3以上的债权人

【答案】B

【解析】债权额占“无财产担保债权总额1/2以上”的债权人对人民法院依照本法对破产财产分配方案作出的裁定不服的，可以自裁定宣布之日或者收到通知之日起15日内向该人民法院申请复议。

考点8　重整程序（★★★）

（一）重整申请

（1）**债务人或债权人**可以依法直接申请。

（2）债权人申请对债务人进行破产清算的，在人民法院受理破产申请后、宣告债务人破产前，债务人或者**出资额占债务人注册资本1/10以上的出资人**，可以向人民法院申请重整。

【彬哥提醒】

税务机关和社会保险机构**不能**为重整作出实质贡献。

（二）重整期间（见表8－33）

表8－33

概念	自人民法院裁定债务人重整之日起至重整程序终止为重整期间；**不包括**重整计划得到批准后的执行期间
财产管理（主）	①重整期间，债务人的财产管理和营业事务执行，可以**由债务人或管理人**负责。 ②经债务人申请，人民法院批准，债务人可以在管理人的监督下自行管理财产和营业事务。 ③管理人应当对债务人的自行管理行为进行监督： 第一，**管理人**发现债务人存在严重损害债权人利益的行为或者有其他不适宜自行管理情形的，可以申请人民法院作出终止债务人自行管理的决定； 第二，人民法院决定终止的，应当通知管理人接管债务人财产和营业事务； 第三，债务人有上述行为而管理人未申请人民法院作出终止决定的，**债权人等利害关系人**可以向人民法院提出申请
担保权（主）	①重整期间，对债务人的特定财产**享有的担保权暂停行使**；但非企业重整中必须使用的担保财产，经债务人或管理人同意，担保权人可以行使担保权。 此外，担保物有损坏或价值明显减少的可能，足以危害担保权人权利的，担保权人可以向人民法院请求恢复行使担保权。 ②重整期间，债务人或管理人为**继续营业**而借款的，可以为该借款设定担保
取回权	债务人合法占有的他人财产，该财产的权利人在重整期间要求取回的，应当符合事先约定的条件
收益分配（主）	在重整期间，债务人的出资人**不得请求投资收益分配**
股权转让	在重整期间，债务人的董事、监事、高级管理人员不得向第三人转让其持有的债务人的股权；但经人民法院同意的除外

续表

终止重整	在重整期间，有下列情形之一的，经管理人或者利害关系人请求，人民法院应当裁定终止重整程序，并宣告债务人破产： ①债务人的经营状况和财产状况继续恶化，缺乏挽救的可能性； ②债务人有欺诈、恶意减少债务人财产或者其他显著不利于债权人的行为； ③由于债务人的行为致使管理人无法执行职务

（三）重整计划的制定（见表8－34）

表8－34

制定主体（主）	①债务人自行管理财产和营业事务的，由债务人制作重整计划草案； ②管理人负责管理财产和营业事务的，由管理人制作重整计划草案
执行主体	重整计划审批后，由债务人执行
提交时间	①债务人或者管理人应当自人民法院裁定债务人重整之日起6个月内，同时向人民法院和债权人会议提交重整计划草案。期限届满，经债务人或者管理人请求，有正当理由的，人民法院可以裁定延期3个月。 ②债务人或者管理人未按期提出重整计划草案的，人民法院应当裁定终止重整程序，并宣告债务人破产

（四）重整计划草案的表决与批准

1. 分组表决（主）

（1）依照下列债权分类，分组对重整计划草案进行表决：

①对债务人的特定财产享有担保权的债权。

②职工劳动债权。

③债务人所欠税款。

④普通债权。

【彬哥提醒】

重整计划不得规定减免债务人欠缴纳入社会统筹账户的社会保险费用，该项费用的债权人不参加重整计划草案的表决。

（2）小额债权组。

人民法院在必要时可以决定在普通债权组中设小额债权组对重整计划草案进行表决。

（3）出资人组。

①债务人的出资人代表可以列席讨论重整计划草案的债权人会议。

②重整计划草案涉及出资人权益调整事项的，应当设出资人组，对该事项进行表决。

③出资人组对重整计划草案中涉及出资人权益调整的事项进行表决时，经参与表决的出资人所持表决权2/3以上通过的，即为该组通过重整计划草案。

为最大限度地保护中小投资者的合法权益，上市公司或者管理人应当提供网络表决的方式，为出资人行使表决权提供便利。

（4）受到调整或者影响的债权人或者股东。

根据企业破产法规定，对重整计划草案进行分组表决时，权益因重整计划草案受到调整或

者影响的债权人或者股东，有权参加表决。

2. 会议表决与批准（见表 8－35、图 8－9）**（主）**

表 8－35

会议召开	人民法院应当自收到重整计划草案之日起**30 日内**召开债权人会议，对重整计划草案进行表决
正常批准	①**出席会议**的**同一表决组**的债权人**过半数**同意重整计划草案，并**且**其所代表的**债权额占该组债权总额的 2/3 以上**的，即为该组通过重整计划草案； ②各表决组均通过重整计划草案时，重整计划即为**通过**； ③自重整计划通过之日起 10 日内，债务人或者管理人应当向人民法院提出批准重整计划的申请； ④人民法院审查认为符合规定的，应当自收到申请之日起 30 日内裁定批准重整计划，终止重整程序，并予以公告
强制批准	部分表决组未通过重整计划草案的，债务人或者管理人可以同未通过重整计划草案的表决组协商。该表决组可以在协商后**再表决一次**。**未通过**重整计划草案的表决组**拒绝再次表决**或者**再次表决仍未通过**重整计划草案，但重整计划草案符合下列条件的，**债务人或者管理人**可以申请人民法院批准重整计划草案： ①按照重整计划草案，对债务人的**特定财产享有担保权**的债权就该特定财产将获得**全额清偿**，其因延期清偿所受的损失将得到**公平补偿**，并且其担保权未受到实质性损害，或者该表决组已经通过重整计划草案； ②按照重整计划草案，职工债权和债务人所欠税款将获得**全额清偿**，或者相应表决组**已经通过**重整计划草案； ③按照重整计划草案，普通债权所获得的清偿比例，**不低于**其在重整计划草案被提请批准时依照破产清算程序所能获得的清偿比例，或者该表决组**已经通过**重整计划草案； ④重整计划草案对出资人权益的调整公平、公正，或者出资人组已经通过重整计划草案； ⑤重整计划草案公平对待同一表决组的成员，并且所规定的债权清偿顺序不违反《企业破产法》的规定； ⑥债务人的经营方案**具有可行性**。 人民法院审查认为符合规定的，应当自收到申请之日起 30 日内裁定批准重整计划，终止重整程序，并予以公告
未获批准	重整计划草案**未获得**债权人会议的通过**且未获得**人民法院的强制批准，或者债权人会议通过的重整计划未获得人民法院批准的，人民法院应当裁定**终止重整程序，并宣告债务人破产**

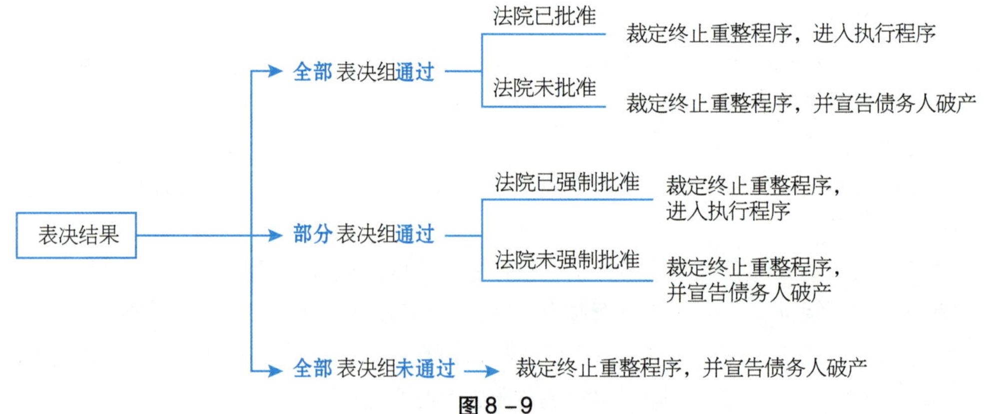

图 8－9

（五）重整计划的执行、监督与终止（见表8－36）

表8－36

执行	无论谁制定草案，由债务人负责执行
变更	①债务人应严格执行重整计划，但因出现国家政策调整、法律修改变化等特殊情况，导致原重整计划无法执行的，债务人或管理人可以申请变更重整计划一次； ②债权人会议决议同意变更重整计划的，应自决议通过之日起10日内提请人民法院批准； ③债权人会议决议不同意或者人民法院不批准变更申请的，人民法院经管理人或者利害关系人请求，应当裁定终止重整计划的执行，并宣告债务人破产； ④人民法院裁定同意变更重整计划的，债务人或者管理人应当在6个月内提出新的重整计划 债务人或管理人 →申请变更→ 债权人会议 →同意+10日内→ 人民法院 →批准→ 债务人或管理人6个月内提出新的重整计划 债权人会议 →不同意→；人民法院 →不批准→ 人民法院裁定终止重整计划的执行，并宣告债务人破产
监督	在重整计划规定的监督期内，由管理人监督重整计划的执行，债务人应当向管理人报告重整计划执行情况和债务人财务状况
效力	①经人民法院裁定批准的重整计划，对债务人和全体债权人均有约束力。 ②按照重整计划减免的债务，自重整计划执行完毕时起，债务人不再承担清偿责任。 ③债权人对债务人的保证人和其他连带债务人所享有的权利，不受重整计划的影响。 ④债权人未依照规定申报债权的，可以继续申报债权；但在重整计划执行期间不得行使受偿权利，重整计划执行完毕后，可以按照重整计划规定的同类债权的清偿条件行使权利
终止	债务人不能执行或者不执行重整计划的，且不符合重整计划变更条件的，人民法院经管理人或者利害关系人请求，应当裁定终止重整计划的执行，并宣告债务人破产： ①人民法院裁定终止重整计划执行的，债权人在重整计划中作出的债权调整的承诺失去效力，但为重整计划的执行提供的担保继续有效； ②债权人因执行重整计划所受的清偿仍然有效，债权未受清偿的部分作为破产债权； ③在重整计划执行中已经接受清偿的债权人，只有在其他同顺位债权人同自己所受的清偿达到同一比例时，才能继续接受破产分配

（六）上市公司的破产重整（见表8－37）

表8－37

听证	债权人对上市公司提出重整申请，上市公司在法律规定的时间内提出异议，或者债权人、上市公司、出资人分别向人民法院提出破产清算申请和重整申请的，人民法院应当组织召开听证会
审查	人民法院在裁定受理上市公司破产重整申请前，应当将相关材料逐级报送最高人民法院审查
草案	上市公司或者管理人制定的上市公司重整计划草案应当包括详细的经营方案
分组表决	出资人组对重整计划草案中涉及出资人权益调整事项的表决，经参与表决的出资人所持表决权2/3以上通过的，即为该组通过重整计划草案

续表

行政许可	①上市公司重整计划草案涉及证券监管机构行政许可事项的，受理案件的人民法院应当通过**最高人民法院**，启动与中国证券监督管理委员会的会商机制； ②人民法院裁定批准重整计划后，重整计划内容涉及证券监管机构并购重组行政许可事项的，上市公司应当按照相关规定**履行行政许可核准程序**

考点9 和解制度（★）

（一）和解制度概述

1. 适用范围

主要适用于没有重要财产设置物权担保的企业及中小型企业。

2. 特征

（1）挽救企业的时机较晚（在债务人发生破产原因后）；

（2）不能约束对债务人的特定财产有担保权的债权人；

（3）强制性效果明显不如重整程序；

（4）简单易行、成本低廉、时间快等。

（二）和解程序

1. 申请

（1）和解申请只能由**债务人**一方提出；

（2）债务人可以依法直接向人民法院申请和解，也可以在人民法院受理破产申请后、宣告破产前，向人民法院申请和解。

2. 具体流程（见图8－10）

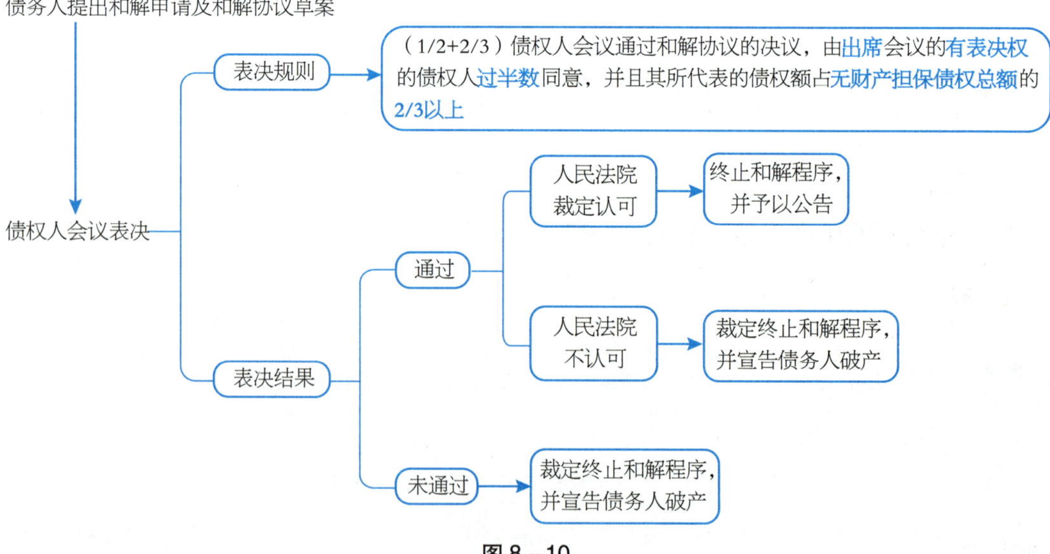

图8－10

3. 和解协议的效力（见表 8－38）

表 8－38

<table>
<tr><td rowspan="2">协议效力</td><td>对债务人与和解债权人的效力：
①经人民法院裁定认可的和解协议，对债务人和全体和解债权人（无物权担保的债权人）均有约束力。
②和解债权人未依照规定申报债权的，在和解协议执行期间不得行使权利；在和解协议执行完毕后，可以按照和解协议规定的清偿条件行使权利。
③按照和解协议减免的债务，自和解协议执行完毕时起，债务人不再承担清偿责任</td></tr>
<tr><td>对债务人的保证人和其他连带债务人的效力：
和解协议对债务人的保证人和其他连带债务人所享有的权利，不受和解协议的影响</td></tr>
<tr><td>协议终止</td><td>①因债务人的欺诈或者其他违法行为而成立的和解协议，人民法院应当裁定无效，并宣告债务人破产；
②债务人不能执行或者不执行和解协议的，人民法院经和解债权人请求，应当裁定终止和解协议的执行，并宣告债务人破产；
③人民法院裁定终止和解协议的执行的，和解债权人在和解协议中作出的债权调整的承诺失去效力，但债务人为和解协议的执行提供的担保继续有效；
④人民法院受理破产申请后，债务人与全体债权人就债权债务的处理自行达成协议的，可以请求人民法院裁定认可，并终结破产程序</td></tr>
</table>

考点收纳盒

表 8－39　　重整与和解的区别

<table>
<tr><th colspan="2">异同</th><th>重整</th><th>和解</th></tr>
<tr><td colspan="2">未发生破产原因时，能否启动</td><td>√</td><td>×</td></tr>
<tr><td rowspan="2">申请人</td><td>直接申请</td><td>债务人/债权人</td><td rowspan="2">债务人</td></tr>
<tr><td>受理破产申请后、宣告破产前</td><td>①债务人；
②出资额占债务人注册资本 10% 以上的出资人；
③其他债权人</td></tr>
<tr><td colspan="2">重整计划/和解草案的制定</td><td>债务人/管理人</td><td>债务人</td></tr>
<tr><td rowspan="2">通过方式</td><td>债权人会议</td><td>分组表决：1/2 +2/3</td><td>不分组：1/2 +2/3</td></tr>
<tr><td>人民法院</td><td>批准</td><td>认可</td></tr>
<tr><td colspan="2">人民法院是否能强制批准</td><td>√</td><td>×</td></tr>
<tr><td colspan="2">执行人</td><td colspan="2">债务人</td></tr>
<tr><td rowspan="3">效力范围</td><td>债务人</td><td>有效</td><td>有效</td></tr>
<tr><td>债权人</td><td>有效</td><td>无担保的有效</td></tr>
<tr><td>保证人</td><td>无效</td><td>无效</td></tr>
<tr><td colspan="2">执行完毕</td><td colspan="2">按照重整计划（和解协议）减免的债务，自重整计划（和解协议）执行完毕时起，债务人不再承担清偿责任</td></tr>
<tr><td colspan="2">未执行完毕</td><td colspan="2">债权人在重整计划（和解协议）中作出的债权调整的承诺失去效力，但为重整计划（和解协议）的执行提供的担保继续有效</td></tr>
</table>

考点10 破产清算程序（★★）

（一）破产宣告（见表8－40）

表8－40

宣告破产	①人民法院受理破产清算申请后，第一次债权人会议上无人提出重整或和解申请的，管理人应当及时向人民法院提出宣告破产的申请。 ②相关主体向人民法院提出宣告破产申请的，人民法院应当自收到申请之日起7日内作出破产宣告裁定并进行公告。 【提示】人民法院受理破产和解或重整申请后，债务人出现应当宣告破产的法定原因时，人民法院应当依法宣告债务人破产。 债务人被宣告破产后，不得再转入重整程序或和解程序
通知公告	人民法院依法宣告债务人破产，应当自裁定作出之日起5日内送达债务人和管理人，自裁定作出之日起10日内通知已知债权人，并予以公告

（二）别除权（见表8－41）

表8－41

概念	对破产人的特定财产享有担保权的权利人，对该特定财产享有优先受偿的权利
基础权利	①担保物权（抵押权、质权和留置权）； ②法定优先权（建设工程款债权、抵押的划拨土地拍卖时优先清偿土地出让金）
权利行使	①除权人享有破产申请权，也应当申报债权； ②别除权人行使优先受偿权不受破产清算与和解程序的限制，但在重整程序中受到一定限制
效力（主）	①别除权人行使优先受偿权利未能完全受偿的，其未受偿的债权作为普通债权（别除权人放弃优先受偿权利的，其债权作为普通债权）； ②破产人仅作为担保人为他人债务提供物权担保，担保债权人的债权虽然在破产程序中可以构成别除权，但因破产人不是主债务人，在担保物价款不足以清偿担保债额时，余债不得作为破产债权向破产人要求清偿，只能向原主债务人求偿

【例题8－7·多选题·2008年】根据企业破产法律制度的规定，对破产人的特定财产享有担保权的权利人，对该特定财产享有优先受偿的权利。下列选项中，构成该项优先受偿权的有（　　）。

A. 破产人为他人债务提供的保证担保　　B. 破产人为自己的债务提供的质押担保

C. 破产人为他人债务提供的抵押担保　　D. 第三人为破产人的债务提供的抵押担保

【答案】BC

【解析】选项A错误，对破产人的特定财产享有担保权的权利人，对该特定财产享有优先受偿的权利，即别除权。别除权针对的是有财产担保的债权（如抵押、质押），不涉及保证。选项D错误，如果第三人为破产人的债务提供抵押担保，债权人就第三人的抵押物的确可以行使抵押权，但别除权判断的是“破产企业中”已经设定担保的财产是否需要优先清偿债权人，因抵押物属于第三人，不构成别除权。

（三）破产财产变价和分配

1. 破产财产的清偿顺序

（1）有财产担保的债权（别除权）；

（2）破产费用和共益债务；

（3）职工债权：破产人所欠职工的工资和医疗、伤残补助、抚恤费用，所欠的应当划入职工个人账户的基本养老保险、基本医疗保险费用，以及法律、行政法规规定应当支付给职工的补偿金；

（4）破产人欠缴的除前项规定以外的社会保险费用和破产人所欠税款；

【彬哥提醒】

破产企业在破产案件受理前因欠缴税款产生的滞纳金属于普通破产债权，不享有与欠缴税款相同的优先受偿地位。破产案件受理后，欠缴税款的滞纳金应当停止计算，在破产程序中不得作为破产债权清偿。

（5）无财产担保的普通破产债权。

2. 破产财产不足以清偿同一顺序的清偿要求的，按照比例分配

3. 特殊主体的财产分配

（1）商业银行不能支付到期债务。

经国务院银行业监督管理机构同意，由人民法院依法宣告其破产。商业银行破产清算时，在支付清算费用、所欠职工工资和劳动保险费用后，应当优先支付个人储蓄存款的本金和利息。

（2）农民专业合作社破产适用企业破产法的有关规定，但破产财产在清偿破产费用和共益债务后，应当优先清偿破产前与农民成员已发生交易但尚未结清的款项。

4. 破产财产分配方案的实施（见表8－42）

表8－42

拟订方案	管理人应当及时拟订破产财产分配方案，提交债权人会议讨论	
执行方案	债权人会议表决通过破产财产分配方案后，由管理人将该方案提请人民法院裁定认可，经人民法院裁定认可后，由管理人执行	
实施分配	通知	管理人实施分配，应当通知所有债权人
	交付	无须债权人受领行为即可交付的，管理人应当在通知后直接将破产财产分配额交付债权人
	提存	①无法通知且无法直接交付，或者经通知债权人未受领也无法直接交付的破产财产分配额，管理人应当提存； ②对附生效条件或者解除条件的债权，管理人应当将其分配额提存； ③破产财产分配时，对于诉讼或者仲裁未决的债权，管理人应当将其分配额提存
	期限	①债权人自最后分配公告之日起满2个月仍不领取的，视为放弃受领分配的权利，管理人或人民法院应将提存的分配额分配给其他债权人； ②在最后分配公告日，生效条件未成就或者解除条件成就的，应当分配给其他债权人； ③自破产程序终结之日起满2年仍不能受领分配的，人民法院应当将提存的分配额分配给其他债权人

（四）破产程序的终结（见表8－43）

表8－43

终结方式	①因和解、重整程序顺利完成而终结； ②因债务人以清算外的其他方式解决债务清偿问题而终结； ③因债务人的破产财产不足以支付破产费用而终结； ④因破产财产分配完毕而终结
追加分配	在破产程序因债务人财产不足以支付破产费用而终结，或因破产人无财产可供分配或破产财产分配完毕而终结时，自终结之日起2年内，有下列情形之一的，债权人可以请求人民法院按照破产财产分配方案进行追加分配： ①发现在破产案件中有可撤销行为、无效行为或者债务人的董事、监事和高级管理人员利用职权从企业获取非正常收入和侵占企业财产的情况，应当追回财产的； ②发现破产人有应当供分配的其他财产的。 有上述情形，但财产数量不足以支付分配费用的，不再进行追加分配，由人民法院将其上缴国库

考点11　关联企业合并破产（★）

表8－44

区别	实质合并	程序合并（协调审理）
含义	对关联企业资产与负债的合并，即将多个关联企业视为一个单一企业，在统一财产分配与债务清偿的基础上进行破产程序，所有企业同类债权人的清偿率按相同原则确定	多个企业破产案件的程序并案审理、整体重整或破产清算，资产与债务清偿比例等分别确定
法人	法人人格在破产程序进行期间不再独立	各关联企业仍保持法人人格的独立
管辖	①采用实质合并方式审理关联企业破产案件的，应由关联企业中的核心控制企业住所地人民法院管辖； ②核心控制企业不明确的，由关联企业主要财产所在地人民法院管辖； ③多个法院之间对管辖权发生争议的，应当报请共同的上级人民法院指定管辖	由共同的上级法院确定一家法院集中管辖
复议	相关利害关系人对受理法院作出的实质合并审理裁定不服的，可自裁定书送达之日起15日内向受理法院的上一级人民法院申请复议	—
审慎适用	当关联企业成员之间存在法人人格高度混同、区分各关联企业成员财产的成本过高、严重损害债权人公平清偿利益时，可例外适用关联企业实质合并破产方式进行审理	

恭喜你，

已完成第八章的学习

时间就像海绵里的水，只要愿挤，总还是有的。

CHAPTER NINE

第九章　票据与支付结算法律制度

考情雷达

票据法规定的票据是指狭义的票据，包括汇票、本票和支票三大类。票据法的知识点之间关联性较强，因此有一定的难度。画票据关系示意图却是攻克票据法知识的法宝，故要求同学们在学完知识点后，结合案例分析题，动手画出票据示意图，梳理当事人之间的关系及票据行为脉络。

本章属于重点章节之一，几乎每年涉及案例分析题。考试分值在12.5分左右，案例分析题为“主菜”，但难度却不大。考前至少练习三遍历年真题，达到票据法考题基本不丢分的程度。

本章内容与去年相比无实质性变化。

考点地图

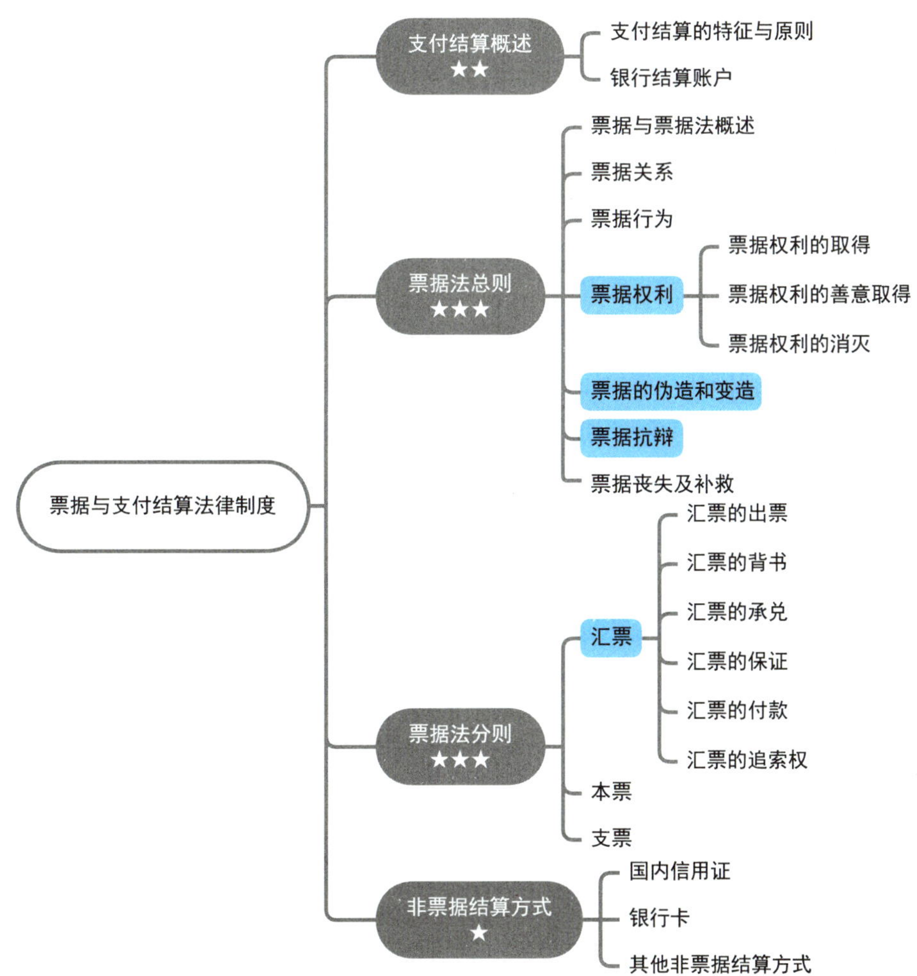

考点1 支付结算概述（★★）

（一）支付结算的特征与原则（见表9-1）

表9-1

<table>
<tr><td>概念</td><td>支付结算是指单位、个人在社会经济活动中使用票据、银行卡、汇兑、托收承付、委托收款、信用证、电子支付等结算方式进行货币给付及资金清算的行为</td></tr>
<tr><td rowspan="2">特征</td><td>必须通过法律规定的中介机构进行</td></tr>
<tr><td>必须遵循法律规定的特定形式要求：
①必须使用按中国人民银行统一规定印制的票据凭证和结算凭证；
②单位和银行的名称应当记载全称或规范化简称；
③结算凭证的金额、签发日期、收款人名称不得更改，更改的票据无效，更改的结算凭证，银行不予受理；
④金额须以中文大写和阿拉伯数字同时记载，两者必须一致，两者不一致的票据无效，两者不一致的结算凭证，银行不予受理</td></tr>
<tr><td>原则</td><td>①恪守信用，履约付款原则；
②谁的钱进谁的账，由谁支配原则；
③银行不垫款原则</td></tr>
</table>

（二）银行结算账户

1. 概念与种类（见表9-2、图9-1）

表9-2

<table>
<tr><td>概念</td><td colspan="2">银行为存款人开立的办理资金收付结算的人民币活期存款账户</td></tr>
<tr><td rowspan="2">种类</td><td>单位银行结算账户</td><td>①存款人以单位名称开立的银行结算账户；
②个体工商户凭营业执照以字号或经营者姓名开立的银行结算账户纳入单位银行结算账户管理</td></tr>
<tr><td>个人银行结算账户</td><td>自然人开立</td></tr>
</table>

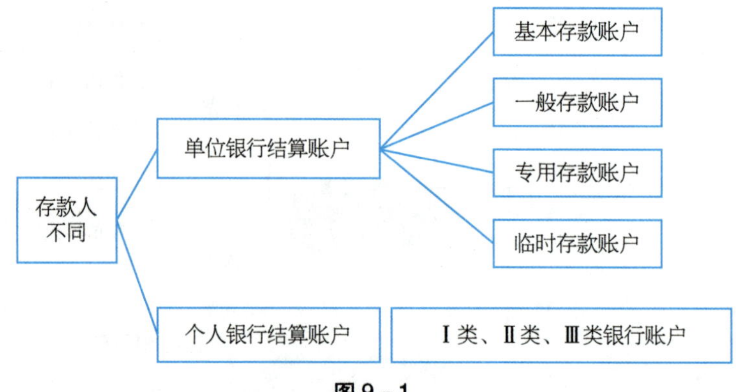

图9-1

2. 单位银行结算账户（见表 9－3）

表 9－3

账户类型	事项	具体规定
基本存款账户	主办账户	存款人因办理日常转账结算和现金收付需要而开立的银行账户
	开立数量	单位银行结算账户的存款人只能在银行开立一个基本存款账户
	开立主体	企业法人；非法人企业；机关、事业单位；团级（含）以上军队、武警部队及分散执勤的支（分）队；社会团体；民办非企业组织；异地常设机构；外国驻华机构；个体工商户；居民委员会、村民委员会、社区委员会；单位设立的独立核算的附属机构；其他组织
一般存款账户	账户用途	存款人在基本存款账户开户银行以外的银行营业机构开立的用于办理借款转存、借款归还和其他结算的银行结算账户
		可以办理现金缴存，但不得办理现金支取
	开立主体	开立基本存款账户的存款人都可以开立一般存款账户
专用存款账户	账户用途	存款人对其特定资金进行专项管理和使用而开立的银行结算账户
	特殊事项	合格境外机构投资者在境内从事证券投资开立的人民币特殊账户和人民币结算资金账户（“QFII 专用存款账户”）纳入专用存款账户管理
临时存款账户	账户用途	存款人因临时需要并在规定期限内使用而开立的银行结算账户
	开立数量	①临时机构只能在其驻在地开立一个临时存款账户，不得开立其他银行结算账户； ②异地从事临时活动的，只能在其临时活动地开立一个临时存款账户； ③建筑施工及安装单位在异地同时承建多个项目的，可以根据建筑施工及安装合同开立不超过项目合同个数的临时存款账户
	开立主体	①设立临时机构； ②异地临时经营活动； ③注册验资； ④境外（含港澳台地区）机构在境内从事经营活动
	期限限制	临时存款账户的有效期最长不得超过 2 年

3. 个人银行结算账户

银行不得通过Ⅱ类户和Ⅲ类户为存款人提供存取现金服务，不得为Ⅱ类户和Ⅲ类户发放实体介质。

4. 异地存款账户

存款人有下列情形之一的，可以在异地开立有关银行结算账户：

①营业执照注册地与经营地不在同一行政区域（跨省、市、县或区）需要开立基本存款账户的；

②办理异地借款和其他结算需要开立一般存款账户的；

③存款人因附属的非独立核算单位或派出机构发生的收入汇缴或业务支出需要开立专用存款账户的；

④异地临时经营活动需要开立临时存款账户的；

⑤自然人根据需要在异地开立个人银行结算账户的。

5. 银行结算账户的撤销（见表9-4）

表9-4

撤销情形	①被撤并、解散、宣告破产或关闭的； ②注销、被吊销营业执照的； ③因迁址需要变更开户银行的； ④其他原因需要撤销银行结算账户的
撤销顺序	先撤销一般存款账户、专用存款账户、临时存款账户，将账户资金转入基本存款账户后，方可办理基本存款账户的撤销**（最后撤销基本存款账户）**
销户手续	存款人撤销银行结算账户，必须与开户银行核对银行结算账户存款余额，**交回**各种重要空白票据及结算凭证和开户许可证，银行核对无误后方可办理销户手续

考点2 票据与票据法概述（★）

（一）票据的概念和种类

1. 概念

票据是指出票人签发的、承诺由本人或者委托他人在见票时或者在票载日期无条件支付一定金额给持票人的**有价证券**。

2. 种类（见表9-5、图9-2）

表9-5

种类	概念
汇票	出票人签发的，委托付款人在**见票时**，或者在**指定日期**无条件支付确定的金额给收款人或者持票人的票据
本票	出票人签发的，**承诺自己**在见票时无条件支付确定的金额给收款人或者持票人的票据
支票	出票人签发的，委托办理支票存款业务的银行或其他金融机构在见票时无条件支付确定的金额给收款人或者持票人的票据

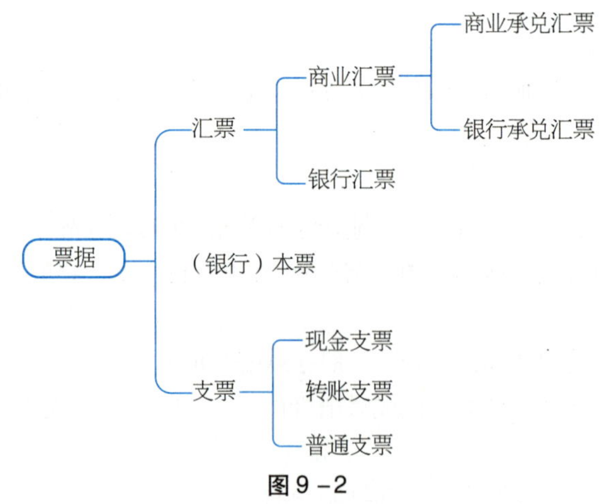

图9-2

（二）票据的特征（见表9－6）

表9－6

债权证券和金钱证券	持票人可以就票据上所载的金额向特定票据债务人行使请求其给付一定金钱的权利
设权证券	权利的发生必须首先作成证券
文义证券	票据上的一切权利义务，都严格依照票据上记载的文义而定

【彬哥提醒】

传统的票据均为纸质。自2018年1月1日起，单张出票金额在100万元以上的商业汇票原则上全部通过电子商业汇票办理。

（三）票据的分类（见图9－3）

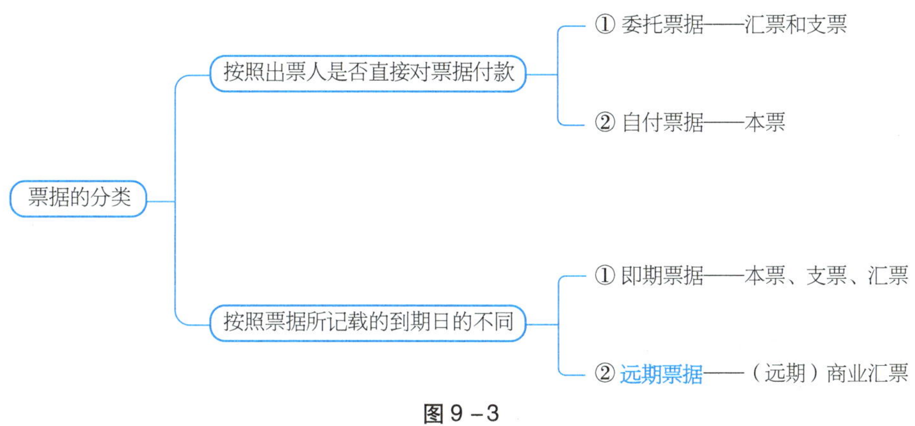

图9－3

（四）票据的职能

票据有支付职能、汇兑职能、信用职能、结算职能、融资职能。

考点3 票据关系（★★）

（一）票据关系与非票据关系（见图9－4）

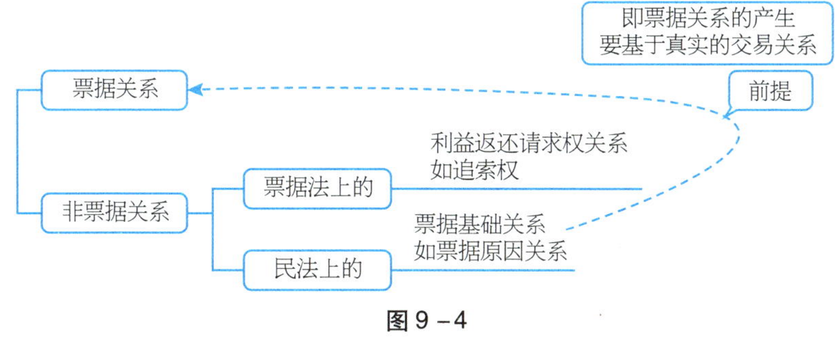

图9－4

1. 票据关系

票据关系是指**基于票据行为**而发生的、以请求支付票据金额为内容的债权债务关系。

2. 非票据关系

非票据关系是指与票据有密切联系，但是并非基于票据行为而发生，并且不以请求支付票据金额为内容的法律关系。

（1）票据法上的非票据关系：它是指依据票据法上的规定而发生的非票据关系，其中比较重要的是利益返还请求权关系。

（2）民法上的非票据关系：民法上的非票据关系又被称为票据基础关系，例如票据签发、转让的当事人之间的票据原因关系。

（二）票据责任概述

票据责任（票据关系上的票据义务）是指票据债务人基于其票据行为而发生的向持票人支付票据金额的义务。票据义务人，可以区分为主债务人和次债务人（见表9-7）。

表9-7

主债务人	主债务人是指本票出票人、汇票承兑人
次债务人	次债务人是指票据关系上除主债务人之外的其他债务人： ①汇票上的出票人、背书人、保证人； ②本票上的背书人、保证人； ③支票上的出票人、背书人、保证人

考点4　票据权利（★★）

（一）票据行为的概念与特征

1. 票据行为种类

（1）出票，出票人签发票据并将其交付给收款人的票据行为；

（2）背书，在票据背面或者粘单上记载有关事项并签章的行为；

（3）承兑，付款人承诺在汇票到期日支付汇票金额并签章的行为，仅适用于商业汇票；

（4）保证，票据债务人以外的人，为担保特定债务人履行票据债务而在票据上记载有关事项并签章的行为。

2. 票据行为的特征（见表9-8）

表9-8

特征	具体内容
要式法律行为	①书面形式（票据行为必须记载于票据的票面）； ②票据行为人必须要签章； ③每一种票据行为都要特定的“款式”（记载事项的要求）
解释以文义解释为主	票据上的出票人和其他票据义务人都应当按照票据上所记载的事项承担票据责任
“格式”化的法律行为	票据法明确规定了出票、承兑、背书、保证这几种票据行为应当如何作成，分别发生何种效果
独立性	票据上的各个票据行为之间互相独立

（二）票据行为的生效要件（见图9－5）

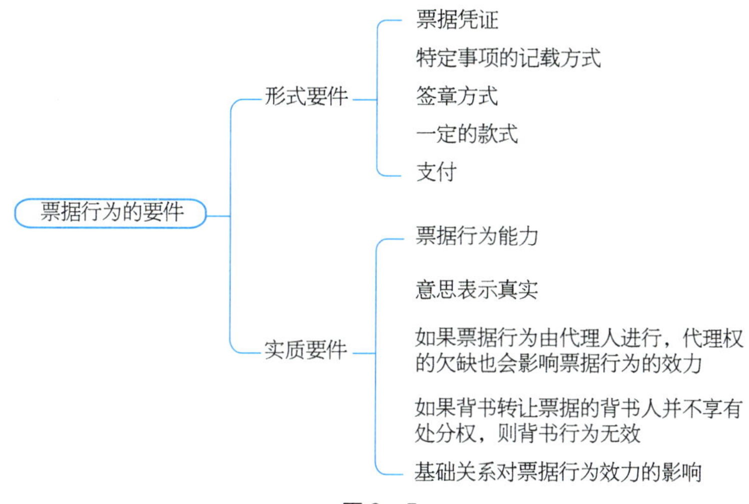

图9－5

1．形式要件

（1）签章方式（见表9－9）。

表9－9

事项	签章要求	签章不合规的法律后果
自然人签章	签名、盖章或者签名加盖章	①出票人的签章不符合规定，票据无效。 ②背书人、承兑人、保证人的签章不符合规定：其签章无效，但是不影响票据上其他签章的效力
法人和其他单位签章	该法人或者该单位的盖章，加其法定代表人或其授权的代理人的签章（签名、盖章或签名加盖章）	

（2）一定的款式（见表9－10）。

表9－10

记载事项	含义	示例
绝对必要记载事项	未记载则票据行为无效	出票金额
相对必要记载事项	未记载可以依照法律规定推定	到期日
任意记载事项	记载则生效，不记载则不产生票据法上的效力	禁止转让
记载不生票据法上效力的事项	但可以产生民法上的效力	背书时记载的条件
记载本身无效事项	记载的此类事项在票据法和民法上均无效，但是不影响票据行为本身的效力	汇票的出票人免除其担保承兑、担保付款责任的记载
记载使票据行为无效事项	导致整个票据行为无效	汇票的出票行为、承兑行为附条件

【彬哥提醒】

票据行为必须在票据（票据正面、背面或者粘单）上进行记载。

2. 实质要件

无民事行为能力人或者限制民事行为能力人在票据上签章的，其签章无效，但是不影响其他签章的效力。

（三）票据行为的代理（见表9-11）

表9-11

概念	票据行为是一种民事法律行为，可以由代理人进行，其法律效果归属于被代理人。票据当事人可委托其代理人在票据上签章，并应当在票据上表明其代理关系
生效要件	票据行为如果由代理人进行，除了需要满足票据行为的成立要件和其他生效要件外，还必须满足法律对于票据代理行为特别规定的生效要件： ①须明示本人（被代理人）的名义，并表明代理的意思； ②代理人签章； ③代理人有代理权。 代理人的代理权，可能基于**法律规定**（无民事行为能力人、限制民事行为能力人的监护人），也可以基于**本人的授权**而取得
无权代理	①没有代理权而以代理人名义在票据上签章的，应区分下列情形： 第一，相对人明知代理人没有代理权，或者因过失而不知，该代理行为对被代理人不生效力，相对人不能取得票据权利。不论本人还是无权代理人均不承担票据责任（除非本人在事后追认）。 第二，如果满足了**表见代理**的要件，相对人取得票据权利。本人应承担票据责任，无权代理人不承担票据责任。 ②代理人**超越代理权限**的，应当就其超越权限的部分承担票据责任

（四）票据基础关系对票据行为效力的影响

1. 票据基础关系

（1）票据原因关系：作为票据当事人之间授受票据原因的法律关系。

（2）票据资金关系：出票人与承兑人或者付款人之间关于将来用于向持票人付款的资金安排的法律关系。

2. 票据行为的无因性

（1）票据原因关系瑕疵的情形：

①作为原因关系的合同未成立、无效或被撤销；

②票据授受的原因是票据权利买卖。

票据基础关系的瑕疵**并不影响**票据行为的效力。

（2）票据行为的内容如果与基础关系不一致，票据关系的内容只能依据票据行为来确定。

甲公司向乙公司签发一张金额为15万元的银行承兑汇票，用于支付购买设备的价款。在提示付款前，甲、乙公司之间的设备买卖合同因乙公司欺诈而被人民法院撤销。此时并不影响票据行为的效力，承兑银行应当向持票人付款。

（五）票据权利概述

1. 概念

票据权利，是指持票人基于票据行为而取得的、向票据债务人请求支付票据金额的权利。

2. 种类（见表9－12）

表9－12

种类	次序	含义
付款请求权	第一顺序权利	一般是指持票人对主债务人的权利
追索权	第二顺序权利	持票人的付款请求权没有获得满足或者有可能无法获得满足的情况下，在符合了法定的条件之后，可以向偿还义务人所主张的票据权利

案例胶卷

A公司向B公司签发汇票，以X银行为付款人。X银行在票据上进行了承兑。B公司将票据背书转让给C公司，C公司背书转让给D公司，D公司是最后持票人。

①D公司向X银行请求付款，行使的是付款请求权。

②如果D公司向X银行请求付款遭到拒绝，可以向A公司、B公司、C公司追索，也可以向承兑人X银行追索。D公司向偿还义务人A公司、B公司、C公司、X银行所主张的权利，被称为追索权。

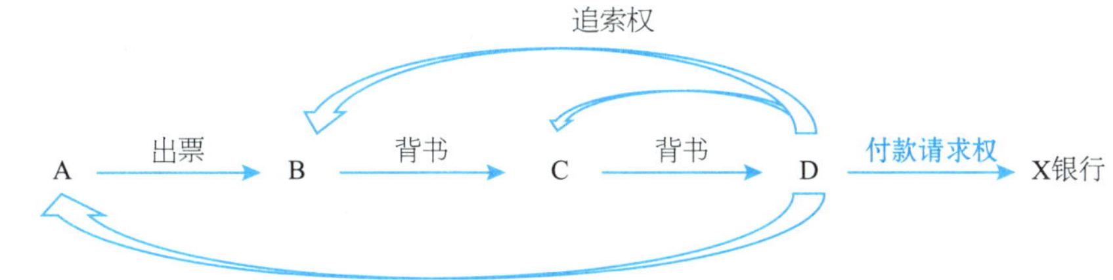

（六）票据权利的取得（见表9－13）

表9－13

取得方式	具体内容
依票据行为而取得票据权利	①依出票行为而取得； ②依让与而取得； ③依票据保证而取得； ④依票据质押而取得
依法律规定而直接取得票据权利	①依票据法上的规定而取得： 如被追索人（含票据保证人）向持票人偿还票据金额、利息费用后，可以取得票据权利。 ②依其他法律规定而取得： 如因为继承、法人合并或者分立、税收等原因而取得票据权利

（七）票据权利的善意取得（见表9-14）（主）

表9-14

含义	票据权利的善意取得是指无处分权人处分他人之票据权利，受让人依照票据法所规定的票据转让方式取得票据，并且善意且无重大过失，则可以取得票据权利的法律制度
不享有票据权利	①因欺诈、偷盗、胁迫等手段取得票据的，或者明知有前述情形，出于恶意而取得票据； ②持票人因重大过失取得不符合本法规定的票据
善意取得的要件	①转让人是“形式上”的票据权利人； ②转让人“实质上”没有处分权； ③受让人基于背书转让的方式取得票据，而且符合背书行为的形式和实质要件； ④受让人善意且无重大过失； ⑤受让人须付出相当对价。 因税收、继承、赠与可以依法无偿取得票据的，不受给付对价之限制。但所享有的票据权利不得优于其前手
法律后果	①受让人取得票据权利； ②原权利人丧失票据权利； ③无权处分人的行为导致原权利人的票据权利消灭，其应承担何种责任需要适用其他规定来解决

考点收纳盒

实质上并不享有票据权利：

①转让人从其前手取得票据权利时，其前手没有完全民事行为能力；

②转让人从其前手取得票据权利时，其前手的意思表示不真实；

③转让人从其前手取得票据权利时，其前手的代理人是无权代理，且不符合表见代理的要件；

④转让人并非票据所记载的权利人，但是冒充权利人并伪造其签章而转让票据权利；

⑤转让人从其前手取得票据权利时，其前手的签章乃是被伪造的，且转让人并未善意取得票据权利。

（八）票据权利的消灭

1. 票据权利的消灭事由

（1）票据权利的一般消灭原因——付款。

（2）因未进行票据权利的保全而导致追索权消灭（见表9-15）。

表9-15

消灭原因	票据权利人原则上应当在规定的时间、地点，以规定的方法提示付款或者提示承兑（“遵期提示”）；并在被拒绝时，应当依法取得相应的证明（“依法取证”）；否则其追索权将因此而消灭	
遵期提示	遵期提示承兑	①承兑是商业汇票的特有制度； ②汇票未按照规定期限提示承兑的，持票人丧失对其前手的追索，但并不丧失对出票人的追索权
	遵期提示付款	未在规定期限内提示付款，持票人即丧失对出票人、汇票承兑人之外的前手的追索权

续表

依法取证	如果持票人未取得拒绝证明或者具有相同效力的其他证明，或者在行使追索权时不出示该证明，则不能行使对其前手的追索权，但仍享有对出票人、承兑人的追索权

（3）消灭时效期间的经过。

票据权利人没有在法定的消灭时效期间内行使权利的，其票据权利因此而消灭。

2. 票据时效

票据时效，也就是票据权利的消灭时效，是指票据权利人如果未在法定期间内行使权利，其权利归于消灭的票据法律制度。

（1）付款请求权的消灭时效。

①持票人对汇票承兑人的付款请求权，消灭时效期间为 2 年，自票据到期日起算。

②持票人对本票出票人的付款请求权，消灭时效期间为 2 年，自出票日起算。

（2）追索权的消灭时效。

追索权人包括最初追索权人（最后持票人）和再追索权人（背书人、保证人和出票人）。

被追索人包括背书人、出票人、保证人和承兑人（见表 9－16）。

表 9－16

票据类型	行使主体与对象	起算日	时效期间
商业汇票（远期）	持票人对出票人、承兑人	到期日	2 年
银行汇票、本票	持票人对出票人	出票日	2 年
支票	持票人对出票人	出票日	6 个月
首次追索权	持票人对其他前手	被拒绝承兑或者被拒绝付款日	6 个月
再追索权	被追索人对前手	清偿日或者被提起诉讼日	3 个月

3. 利益返还请求权

持票人因超过票据权利时效或者因票据记载事项欠缺而丧失票据权利的，仍享有民事权利，可以请求出票人或者承兑人返还其与未支付的票据金额相当的利益。

【例题 9－1 · 多选题 · 2003 年】 根据票据法律制度的规定，持票人在一定期限内不行使票据权利，其权利归于消灭。下列有关票据权利消灭时效的表述中，正确的有（　　）。

A. 持票人对汇票的出票人的权利，自票据到期日起 2 年

B. 持票人对汇票的承兑人的权利，自票据到期日起 1 年

C. 持票人对支票出票人的权利，自出票日起 6 个月

D. 持票人对前手的再追索权，自清偿日或被提起诉讼之日起 3 个月

【答案】 ACD

【解析】 票据权利因在一定期限内不行使而消灭的情形有：（1）持票人对汇票的出票人和承兑人的权利，自票据到期日起 2 年（选项 A 正确、选项 B 错误）；（2）持票人对支票出票人的权利，自出票日起 6 个月（选项 C 正确）；（3）被追索人对前手的再追索权，自清偿日或者被提起诉讼之日起 3 个月（选项 D 正确）。

考点5 票据的伪造和变造（★★★）

（一）概念（见表9－17）

表9－17

票据伪造	假冒或者虚构他人名义在票据上签章而进行的票据行为
票据变造	没有变更权限的人变更票据上签章以外的其他记载事项的行为

（二）法律后果（主）

1. 票据的伪造

（1）被伪造人。

在虚构他人名义的情形下，被伪造人不承担票据责任。

（2）伪造人。

伪造人并未以自己的名义在票据上签章，因此不承担票据责任；但是可能要承担刑事责任、行政法律责任或者民法上的赔偿责任。

（3）真正签章的当事人。

票据上有伪造签章的，在票据上真正签章的当事人，仍应对被伪造的票据的权利人承担票据责任。

2. 票据的变造（见表9－18）

表9－18

签章顺序	责任承担
变造前	当事人签章在变造之前，应按原记载的内容负责
变造后	当事人签章在变造之后，则应按变造后的记载内容负责； 若变造人也是票据上的签章人，变造人应被视为在变造之后签章
无法辨别	无法辨别是在票据被变造之前或之后签章的，视同在变造之前签章

【例题9－2·单选题·2008年】甲签发一张票面金额为2万元的转账支票给乙，乙将该支票背书转让给丙，丙将票面金额改为5万元后背书转让给丁，丁又背书转让给戊。下列关于票据责任承担的表述中，正确的是（　　）。

A. 甲、乙、丁对2万元负责，丙对5万元负责

B. 乙、丙、丁对5万元负责，甲对2万元负责

C. 甲、乙对2万元负责，丙、丁对5万元负责

D. 甲、乙对5万元负责，丙、丁对2万元负责

【答案】C

【解析】票据的变造应依照签章是在变造之前或之后来承担责任。如果当事人签章在变造之前，应按原记载的内容负责；如果当事人签章在变造之后，则应按变造后的记载内容负责；如果无法辨别是在票据被变造之前或之后签章的，视同在变造之前签章。本题中，甲和乙的签章在变造之前，对 2 万元负责；丙和丁的签章在变造之后，对 5 万元负责。

考点 6 票据抗辩（★★★）

（一）票据抗辩概述（见表 9－19）

表 9－19

概念	票据抗辩是指票据上记载的票据债务人基于合法事由对持票人拒绝履行票据债务的行为
种类	①物的抗辩： 物的抗辩又称绝对的抗辩（票据本身有问题，谁来都不给），是指票据所记载的债务人可以对任何持票人所主张的抗辩。 ②人的抗辩： 人的抗辩又称相对的抗辩，是指票据债务人仅可以对特定的持票人主张的抗辩事由

（二）票据抗辩情形

1. 物的抗辩（见表 9－20）

表 9－20

票据所记载的全部票据权利均不存在	①出票行为因为法定形式要件的欠缺而无效； ②票据权利已经消灭
票据上记载的特定债务人的债务不存在（主）	①签章人是无民事行为能力或者限制民事行为能力人的，票据行为无效，不承担票据责任； ②狭义无权代理情形下，本人不承担票据责任，或者仅对不超越代理权限的部分承担票据责任； ③票据伪造的被伪造人，不承担票据责任； ④票据被变造时，变造前在票据上签章的债务人，可以拒绝依照变造后的记载事项承担票据责任； ⑤对特定债务人的票据时效期间经过，其票据债务消灭； ⑥对特定票据债务人的追索权，因为持票人未进行票据权利的保全而丧失
票据权利的行使不符合债的内容	①票据权利人行使其权利的时间、地点、方式不符合票据记载或者法律规定； ②法院经公示催告后作出除权判决后，票据权利人持票据（而非除权判决）主张权利的

2. 人的抗辩（见表 9－21）（主）

表 9－21

基于持票人方面的原因	①持票人不享有票据权利； ②持票人不能够证明其权利； ③背书人记载了“不得转让”字样的情形下，记载人对于其直接后手的后手不承担票据责任
在票据行为的直接当事人之间	票据债务人可以对不履行约定义务的与自己有直接债权债务关系的持票人，进行抗辩

续表

票据债务人以其对持票人的前手之间的抗辩事由对抗持票人的情形	①持票人未给付对价而取得票据。 因税收、继承、赠与可以依法无偿取得票据的，不受给付对价的限制；但所享有的票据权利不得优于其前手的权利。 ②明知出票人对持票人的前手存在抗辩事由而取得票据。 如果持票人**明知**票据债务人与出票人或者与持票人的前手之间存在抗辩事由，而**仍然受让**票据权利的，票据债务人可以以该事由**对抗持票人**
抗辩切断制度	除了上述介绍的两种情形之外，票据债务人**原则上不得**以自己与出票人或者与持票人的前手之间的抗辩事由，对抗持票人

【例题 9－3·多选题·2016 年】根据票据法律制度的规定，票据债务人基于票据本身存在的一定事由发生的抗辩，可以对抗任何持票人。该类事由有（　　）。

A. 票据债务人为无行为能力人

B. 票据债务人的签章被他人假冒

C. 票据背书不连续

D. 票据上未记载出票地

【答案】ABC

【解析】选项 D 错误，汇票上未记载出票地，出票人的营业场所、住所或者经常居住地为出票地，不影响票据效力，不构成抗辩事由。

考点 7　票据丧失及补救（★）

票据丧失，是指持票人丧失对票据的占有（见表 9－22）。

表 9－22

补救方式	具体规定	
挂失止付	概念	失票人将票据丧失的情形通知付款人（包括代理付款人），付款人接到通知后决定暂停支付，以防止他人取得票据金额的**临时性救济措施**
	适用票据	①**已承兑**的商业汇票； ②支票； ③填明“现金”字样和代理付款人的银行汇票； ④填明“现金”字样的银行本票。 **【提示】**未填明“现金”字样和代理付款人的银行汇票以及未填明“现金”字样的银行本票丧失，不得挂失止付
	效力	①申请挂失止付的当事人，必须在申请之前已经向法院申请公示催告或者起诉，或者应当在通知挂失止付后的**3 日内**向法院申请公示催告或者起诉；否则，挂失止付失效。 ②如果自收到通知书之日起**12 日内**还没有收到法院的止付通知书的，自第 13 日起，挂失止付通知书**失效**。 **【提示】**挂失止付**并非公示催告的前置程序**。失票人可以不申请挂失止付，而直接向法院申请公示催告

续表

补救方式	具体规定		
公示催告程序	概念		法院根据失票人的申请，以公示的方式催告利害关系人在一定期限内向法院申报权利，到期无人申报权利的，法院将根据申请人的申请作出除权判决的一种非讼程序
	适用票据		可以背书转让的票据丧失的，持票人可以申请公示催告。 【提示】填明“现金”字样的银行汇票、填明“现金”字样的银行本票和现金支票不得背书转让，因此不能申请公示催告
	管辖		票据付款地的基层人民法院
	公告期		①法院在受理后的3日内发出公告，催促利害关系人申报权利； ②公示催告的期间，由人民法院根据情况决定，但不得少于60日，且公示催告期间届满日不得早于票据付款日后15日
	除权判决	效力	①确认申请人是票据权利人； ②宣告票据失去效力，即票据权利与票据相分离，原来的票据凭证不再是票据权利的载体
		撤销	利害关系人因为正当理由不能在除权判决之前向法院及时申报权利的，自知道或者应当知道判决公告之日起1年内，可以向作出除权判决的法院起诉，请求撤销除权判决
民事诉讼	失票人为行使票据所有权，向非法持有票据人请求返还票据的，人民法院应当依法受理		

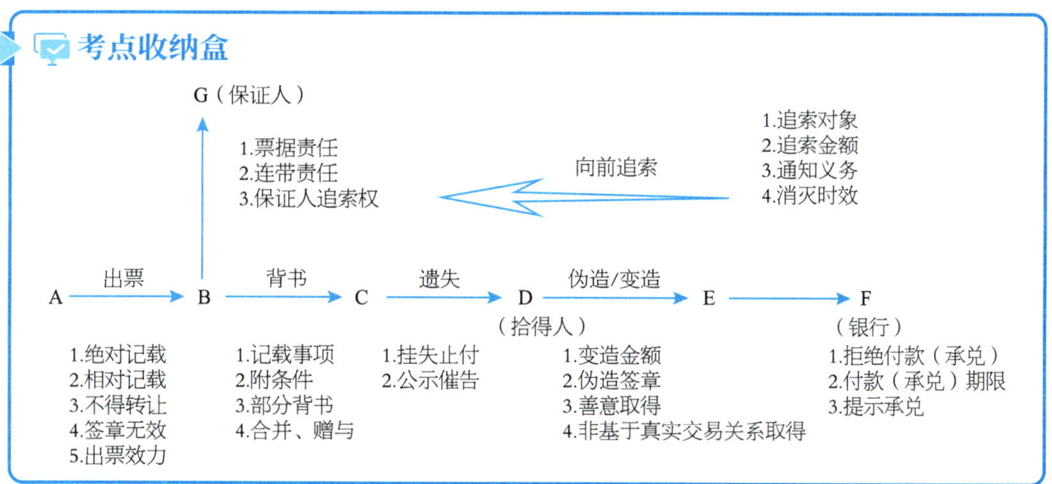

考点8 汇票（★★★）

（一）汇票概述

汇票的类型如表9－23所示。

表9－23

分类标准		具体类型
汇票	根据出票人的不同	银行汇票（“实际结算金额”是票据金额）
		商业汇票

续表

分类标准		具体类型
商业汇票	根据承兑人的不同	商业承兑汇票（企业出票、企业承兑）
		银行承兑汇票（企业出票、银行承兑）
	根据票据记载的到期日不同	即期商业汇票（见票即付）
		远期商业汇票

（二）汇票的出票

1. 记载事项（见表9-24）

表9-24

绝对必要记载事项	表明“汇票”的字样；无条件支付的委托；确定的金额；付款人名称；收款人名称；出票日期；出票人签章
相对必要记载事项	①未记载付款日期的，为见票即付； ②未记载付款地的，付款人的营业场所、住所或者经常居住地为付款地； ③未记载出票地的，出票人的营业场所、住所或者经常居住地为出票地
可以记载事项	出票人记载“不得转让”字样，则汇票不得转让

2. 出票的效力

（1）出票人成为票据债务人，承担担保承兑和担保付款的责任。

（2）付款人成为票据上的关系人。付款人并未在票据上签章，并非票据义务人。

（3）收款人取得票据权利，包括付款请求权、追索权，以及以背书等方式处分其票据权利的权利。

【例题9-4·多选题·2009年】 根据票据法律制度的规定，下列有关汇票出票人记载事项的表述中，可以导致票据无效的有（　　）。

A. 附条件的支付委托

B. 票据不得转让

C. 票据金额仅以数字记载

D. 银行汇票上未记载实际结算金额

【答案】 AC

【解析】 选项A正确，汇票的绝对必要记载事项之一是“无条件支付的委托”，如果是“附条件的支付委托”，则票据无效；选项B错误，票据出票人与背书人均可以记载“不得转让”字样；选项C正确，票据金额以中文大写和数码同时记载，二者必须一致，二者不一致的，票据无效；选项D错误，如果银行汇票记载汇票金额而未记载实际结算金额，并不影响该汇票的效力。

（三）汇票的背书

1. 背书种类（见图9－6）

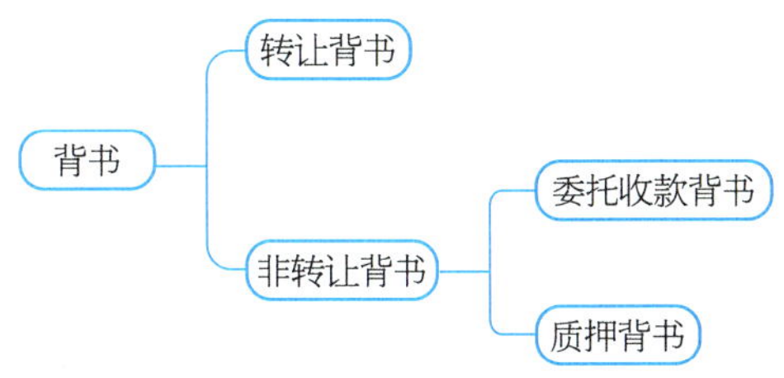

图9－6 背书种类

2. 转让背书的款式（见表9－25）（主）

表9－25 转让背书的款式

记载事项	具体规定
绝对必要记载事项	被背书人、背书人的签章。 背书人未记载被背书人名称即将票据交付他人的，持票人在票据被背书人栏内记载自己的名称与背书人记载具有同等法律效力
相对必要记载事项	背书人应记载背书日期。 背书未记载日期的，视为在汇票到期日前背书
可以记载事项	背书人在汇票上记载“不得转让”字样，其后手再背书转让的，原背书人对后手的被背书人不承担保证责任
记载不产生票据法上效力事项	背书不得附有条件，背书时附有条件的，所附条件不具有汇票上的效力
记载使背书无效事项	将汇票金额的一部分转让的背书或者将汇票金额分别转让给二人以上的背书无效

3. 背书转让的效力

（1）以背书转让的汇票，背书应当连续。持票人以背书的连续，证明其汇票权利。

（2）非经背书转让，而以其他合法方式（如税收、继承、赠与、法人的合并或者分立）取得汇票的，依法举证，证明其汇票权利（主）。

案例胶卷

A公司将一张汇票背书转让给B公司，B公司被C公司吸收合并，B公司注销了工商登记。6月1日，C公司为支付材料款将该汇票背书转让给D公司。但D公司持该汇票向承兑银行请求付款，银行以背书不连续为由拒付。此时D公司应向银行提出证据，证明C公司吸收合并B公司，其从C公司合法获得票据权利。

【例题9－5·多选题·2008年】下列关于商业汇票的表述中，符合票据法律制度规定的有（　　）。

A. 汇票上未记载“付款日期”的，视为见票即付

B. 票据金额的中文大写与数码不一致的，票据无效

C. 出票人记载“不得转让”字样的票据，其后手以此票据进行贴现的，通过贴现取得票据的持票人享有票据权利

D. 背书人未记载“被背书人名称”即将票据交付他人的，持票人在票据被背书人栏内记载自己的名称与背书人记载具有同等法律效力

【答案】ABD

【解析】选项C错误，对于出票人记载“不得转让”字样的汇票，其后手以此票据进行贴现、质押的，通过贴现、质押取得票据的持票人主张票据权利的，人民法院不予支持。

4. 票据贴现（见表9－26）（主）

表9－26

概念	票据贴现是指商业汇票的持票人在汇票到期日前，将票据权利背书转让给金融机构，由其扣除一定利息后，将约定金额支付给持票人的一种票据行为
从事主体	①票据贴现属于国家特许经营业务，只有经批准的金融机构才有资格从事票据贴现业务。 ②其他组织与个人从事票据贴现业务，可能要承担行政法律责任甚至刑事责任，票据贴现行为（背书转让）无效，贴现款和票据应当相互返还。这种情况下，票据行为无因性的理论不适用。但是，贴现人（被背书人）又对该票据进行背书转让时，如果符合票据权利善意取得的构成要件，新的持票人取得票据权利

5. 委托收款背书（见表9－27）

表9－27

含义	授予他人行使票据权利、收取票据金额的代理权为目的的背书
款式	①与一般背书转让相同，必须加上“委托收款”（或者“托收”“代理”）字样作为绝对必要记载事项； ②假如没有记载该事项，则其形式上体现为转让背书
效力	①被背书人取得代理权，包括行使付款请求权、追索权以及收取款项的代理权； ②委托收款人的权限，还包括再对他人进行委托收款背书

6. 质押背书（见表9－28）

表9－28

含义	为担保他人之债权的实现，票据权利人在票据上为了对债权人设定质权而进行的背书行为
款式	与转让背书基本相同，但是必须记载“质押”（或者“设质”“担保”）字样作为绝对必要记载事项。 【提示】以汇票设定质押时，出质人在汇票上只记载了“质押”字样未在票据上签章的，或者出质人未在汇票、粘单上记载“质押”字样而另行签订质押合同、质押条款的，不构成票据质押（主）

续表

效力	①经质押背书，被背书人即取得票据质权： 第一，有权以相当于票据权利人的地位行使票据权利，包括行使付款请求权、追索权； 第二，票据质权人的优先受偿权。 ②被背书人不享有对票据权利的处分权。 被背书人（票据质权人）进行转让背书或者质押背书的，背书行为无效；但可以再进行委托收款背书

【例题9－6·多选题·2014年】根据票据法律制度的规定，下列关于票据质押背书的表述中，正确的有（　　）。

A. 被背书人可以行使付款请求权　　B. 被背书人可以再进行转让背书

C. 被背书人可以再进行委托收款背书　　D. 被背书人可以行使追索权

【答案】ACD

【解析】选项AD：经质押背书，被背书人即取得票据质权，票据质权人有权以相当于票据权利人的地位行使票据权利，包括行使付款请求权、追索权。选项BC：票据质权人进行转让背书或者质押背书的，背书行为无效。但被背书人可以再进行委托收款背书。

（四）汇票的承兑（远期商业汇票特有的制度）（见表9－29）

表9－29　　汇票的承兑

提示承兑	含义	持票人向付款人出示汇票，要求付款人承诺付款的行为。 【提示】商业汇票可以在出票时向付款人提示承兑后使用，也可以在出票后先使用再向付款人提示承兑	
	提示承兑期限	即期汇票	无须承兑
		定日付款出票后定期付款	到期日前提示承兑
		见票后定期付款	出票日起1个月内提示承兑
	逾期提示承兑	汇票未按照规定期限提示承兑的，持票人将丧失对出票人以外的前手的追索权	
	付款人的意思表示	付款人应当自收到提示承兑的汇票之日起3日内承兑或者拒绝承兑	
承兑的款式	绝对必要记载事项	承兑文句（“承兑”字样）以及签章	
	相对必要记载事项	承兑日期： 未记载承兑日期，则以收到提示承兑的汇票之日起的第3日为承兑日期	
	记载使承兑无效事项	承兑不能附有条件，承兑附有条件的，视为拒绝承兑	
承兑的效力	对付款人	①承兑使得付款人成为票据债务人，称为承兑人。 ②付款人承兑汇票后，应当承担到期付款的责任。承兑人是汇票上的主债务人，承担最终的追索责任。 ③持票人即使未按期提示付款或者依法取证，也不丧失对承兑人的追索权。 【注意】承兑人不得以其与出票人之间的资金关系来对抗持票人，拒绝支付汇票金额（主）	
	对持票人	经承兑，持票人即取得对承兑人的付款请求权	

（五）汇票的保证（见表9-30）

表9-30

<table>
<tr><td>限制</td><td colspan="2">票据保证必须在票据上记载有关事项，才能发生票据保证的效力。
【提示】如果保证人未在票据或者粘单上记载“保证”字样而另行签订保证合同或者保证条款的，不发生票据保证的效力（主）</td></tr>
<tr><td rowspan="3">保证的款式</td><td>绝对必要记载事项</td><td>表明“保证”的字样、保证人的名称和住所、保证人签章</td></tr>
<tr><td>相对必要记载事项</td><td>被保证人名称、保证日期（主）：
①未记载被保证人的：
已承兑的汇票，承兑人为被保证人；
未承兑的汇票，出票人为被保证人。
②保证人未记载保证日期的，出票日期为保证日期</td></tr>
<tr><td>记载不产生票据法效力事项</td><td>保证不得附有条件；附有条件的，不影响对汇票的保证责任</td></tr>
<tr><td>保证的效力</td><td colspan="2">①保证人与被保证人负同一责任；持票人对被保证人可以主张的任何票据权利，均可向保证人行使，票据保证人不享有先诉抗辩权。
②如果被保证人的债务因形式要件的欠缺而无效（即因为汇票记载事项欠缺而无效），保证人不承担票据责任；被保证人的债务因实质要件的欠缺而无效，不影响票据保证行为的效力。
③保证人应当与被保证人对持票人承担连带责任；保证人为两人以上的，保证人之间承担连带责任。
④保证人对前手行使再追索权时，适用抗辩切断制度。被再追索的票据债务人，不得以其与被保证人或者被保证人的前手之间的抗辩事由对抗善意的保证人</td></tr>
</table>

（六）汇票的付款

1. 商业汇票的提示付款期限（见表9-31）

表9-31

<table>
<tr><th>票据</th><th colspan="2">提示付款期限</th></tr>
<tr><td>即期汇票</td><td colspan="2">自出票日起1个月内向付款人提示付款</td></tr>
<tr><td rowspan="3">远期商业汇票</td><td>定日付款</td><td rowspan="3">自到期日起10日内向承兑人提示付款</td></tr>
<tr><td>出票后定期付款</td></tr>
<tr><td>见票后定期付款</td></tr>
</table>

【彬哥提醒】

商业汇票的持票人未在规定期限内提示付款的，将丧失对“出票人、承兑人”以外的前手的追索权。

2. 付款人的审查义务

付款人及其代理付款人付款时，应当审查汇票背书的连续性，并审查提示付款人的合法身份证明或者有效证件。

（七）汇票的追索权

1. 最初追索权的取得（见表 9－32）

表 9－32 最初追索权的取得

到期追索权	汇票到期被拒绝付款的，持票人可以行使追索权
期前追索权	①被拒绝承兑（包括承兑附条件）； ②承兑人或者付款人死亡、逃匿； ③承兑人或者付款人被宣告破产或者因违法被责令终止业务活动

2. 追索对象（主）

（1）出票人、背书人、承兑人和保证人对持票人承担连带责任。持票人可以不按照汇票债务人的先后顺序，对其中任何一人、数人或者全体行使追索权。

（2）持票人对汇票债务人中的一人或者数人已经开始进行追索的，对其他汇票债务人仍然可以行使追索权。

3. 追索金额（见表 9－33）

表 9－33 追索金额

追索权	追索金额
最初追索权	①被拒绝付款的汇票金额； ②汇票金额自到期日或者提示付款日起至清偿日止，按照中国人民银行规定的利率计算的利息； ③取得有关拒绝证明和发出通知书的费用
再追索权	①已清偿的全部金额及其自清偿日起至再追索清偿日止，按照中国人民银行规定的利率计算的利息； ②发出通知书的费用

4. 追索通知

（1）持票人应当自收到被拒绝承兑或者拒绝付款的有关证明之日起 3 日内，将被拒绝的事由书面通知其直接前手，还可以同时通知其他被追索人。

（2）未按照规定期限发出追索通知的，持票人仍可以行使追索权；但因延期通知给其前手或者出票人造成损失的，由其承担该损失的赔偿责任，但所赔偿的金额以汇票金额为限。

考点 9 本票（见表 9－34）（★）

表 9－34 本票

性质	①由出票人承诺自己付款的一种自付证券； ②基本当事人有出票人和收款人
出票	银行本票的出票人，为经中国人民银行当地分支行批准办理银行本票业务的银行机构
	记载事项： ①绝对必要记载事项。 表明“本票”的字样；无条件支付的承诺；确定的金额；收款人名称；出票日期；出票人签章。 ②相对必要记载事项：付款地、出票地。 未记载付款地的，以出票人的营业场所为付款地； 未记载出票地的，以出票人的营业场所为出票地

续表

付款	①银行本票自出票之日起，付款期限最长不得超过 2 个月； ②银行本票的持票人未按照规定期限提示付款的，即丧失对出票人以外的前手的追索权

考点10 支票（见表9－35）（★）

表 9－35　　支票

性质	①见票即付； ②基本当事人有出票人、付款人和收款人
记载事项	①绝对必要记载事项。 表明“支票”的字样；无条件支付的委托；确定的金额；付款人名称；出票日期；出票人签章。 ②相对必要记载事项。 第一，未记载付款地的，付款人的营业场所为付款地； 第二，未记载出票地的，出票人的营业场所、住所或者经常居住地为出票地。 ③任意记载事项。 第一，支票上未记载收款人名称的，经出票人授权，可以补记； 第二，出票人也可以记载“不得转让”字样。如有该记载，则支票不得转让。 ④记载无效事项。 支票限于见票即付，不得另行记载付款日期（到期日）；另行记载付款日期的，该记载无效（而非支票无效）
付款	①持票人应当自出票日起 10 日内提示付款； ②超过该期限提示付款的，持票人丧失对出票人之外的前手的追索权

考点收纳盒

表 9－36　　提示承兑、提示付款和追索权时效

<table>
<tr><th colspan="2" rowspan="2">票据类型</th><th rowspan="2">提示承兑期限</th><th rowspan="2">提示付款期限</th><th colspan="3">票据权利的消灭时效</th></tr>
<tr><th>对出票人（承兑人）</th><th>对前手的追索权</th><th>对前手的再追索权</th></tr>
<tr><td rowspan="4">汇票</td><td>见票即付</td><td>×</td><td>出票日起 1 个月</td><td>出票日起 2 年</td><td rowspan="6">自被拒绝承兑或者被拒绝付款之日起 6 个月</td><td rowspan="6">自清偿日或者被提起诉讼之日起 3 个月</td></tr>
<tr><td>定日付款</td><td rowspan="2">到期日前提示承兑</td><td rowspan="3">到期日起 10 日</td><td rowspan="3">到期日起 2 年</td></tr>
<tr><td>出票后定期付款</td></tr>
<tr><td>见票后定期付款</td><td>出票日起 1 个月</td></tr>
<tr><td colspan="2">本票</td><td>×</td><td>自出票日起不得超过 2 个月</td><td>出票日起 2 年</td></tr>
<tr><td colspan="2">支票</td><td>×</td><td>出票日起 10 日</td><td>出票日起 6 个月</td></tr>
</table>

考点收纳盒

表 9－37　　票据记载事项的区别

记载事项	内容	汇票	本票	支票
绝对必要事项	表明“××”的字样	√	√	√
	无条件支付的委托/承诺	√	√	√
	确定的金额	√	√	√
	付款人名称	√	×	√
	收款人名称	√	√	×
	出票日期	√	√	√
	出票人签章	√	√	√
相对必要事项	付款日期	√	×	×
	付款地	√	√	√
	出票地	√	√	√

考点 11　非票据结算方式（★）

（一）汇兑（见表 9－38）

表 9－38

概念	汇兑（信汇和电汇）是指汇款人委托银行将其款项支付给收款人的结算方式
适用	汇兑适用于单位和个人的各种款项的结算
撤汇	汇款人对汇出银行尚未汇出的款项可以申请撤销
退汇	①汇款人对汇出银行已经汇出的款项可以申请退汇。 第一，对在汇入银行开立存款账户的收款人，由汇款人与收款人自行联系退汇。 第二，对未在汇入银行开立存款账户的收款人，汇款人应出具正式函件或者本人身份证件以及原信、电汇回单，由汇出银行通知汇入银行，经汇入银行核实汇款确未支付，并将款项汇回汇出银行，方可办理退汇。 ②汇入银行对于收款人拒绝接受的汇款，应当立即办理退汇。 ③汇入银行对于向收款人发出取款通知，经过 2 个月无法交付的汇款，应主动办理退汇

（二）托收承付（见表 9－39）

表 9－39

概念	根据买卖合同由收款人发货后委托银行向异地付款人收取款项，由付款人向银行承认付款的结算方式
结算金额	托收承付结算每笔的金额起点为 1 万元（新华书店系统为 1 000 元）

续表

适用条件	①主体条件： 使用托收承付结算方式的收款单位和付款单位，必须是国有企业、供销合作社以及经营管理较好，并经开户银行审查同意的城乡集体所有制工业企业。 ②交易事项： 必须是商品交易，以及因商品交易而产生的劳务供应的款项。 【提示】代销、寄销、赊销商品的款项，不得办理托收承付结算
交易限制	①收款人对同一付款人发货托收累计3次收不回货款的，收款人开户银行应暂停收款人对该付款人办理托收； ②付款人累计3次提出无理拒付的，付款人开户银行应暂停其向外办理托收
承付期	①验单付款的承付期为3天，从付款人开户银行发出承付通知的次日算起（承付期内遇法定休假日顺延）； ②验货付款的承付期为10天，从运输部门向付款人发出提货通知的次日算起，收付双方在合同中明确规定，并在托收凭证上注明验货付款期限的，银行从其规定

（三）委托收款（见表9－40）

表9－40

概念	委托收款是收款人委托银行向付款人收取款项的结算方式	
适用范围	①单位和个人凭已承兑商业汇票、债券、存单等付款人债务证明办理款项的结算，均可以使用委托收款结算方式； ②委托收款同城、异地均可使用	
主要流程	委托： 收款人办理委托收款，应当向银行提交所填写的委托收款凭证和有关债务证明（例如，已承兑的商业汇票、转账支票）	
	付款： 如果付款人未在接到通知日的次日起3日内通知银行付款的，视同付款人同意付款，银行应于付款人接到通知日的次日起第4日上午开始营业时，将款项划给收款人。 【提示】银行在办理划款时，发现付款人存款账户不足支付的，应通过被委托银行向收款人发出未付款通知书	

（四）国内信用证

1. 国内信用证概述（见表9－41）

表9－41

概念	国内信用证（简称信用证）是指银行（包括政策性银行、商业银行、农村合作银行、村镇银行和农村信用社）依照申请人的申请开立的、对相符交单予以付款的承诺
性质	①人民币计价、不可撤销的跟单信用证； ②信用证只能用于转账结算，不得支取现金； ③可转让信用证只能转让一次

2. 信用证的具体流程

办理信用证的具体流程如图9－7、表9－42所示。

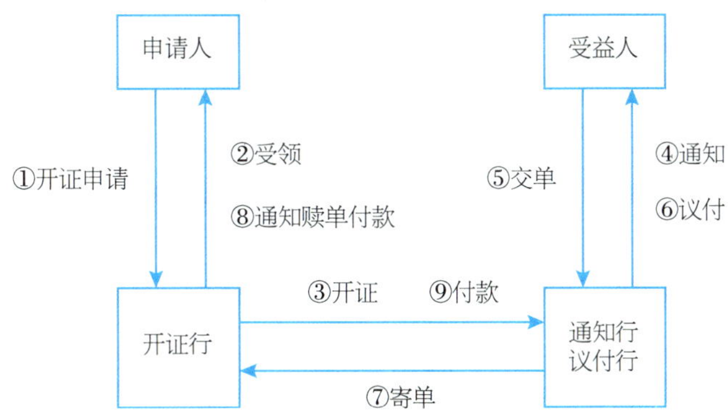

图9－7 办理信用证基本流程

表9－42

流程	具体内容
开证	开证申请人申请开立信用证，须提交其与受益人签订的贸易合同
保兑	保兑是指保兑行根据开证行的授权或要求，在开证行承诺之外做出的对相符交单付款、确认到期付款或议付的确定承诺
修改	信用证的修改需由开证申请人向开证行提出申请，明确修改的内容
通知	通知行可由开证申请人指定，如果开证申请人没有指定，开证行有权指定通知行
转让	可转让信用证只能转让一次
议付	①议付是指可议付信用证项下单证相符或者在开证行或者保兑行已确认到期付款的情况下，议付行在收到开证行或者保兑行付款前购买单据、取得信用证项下索款权利，向受益人预付或者同意预付资金的行为。 ②信用证未明示可议付，任何银行不得办理议付。明示可议付，如开证行仅指定一家议付行，未被指定为议付行的银行不得办理议付，被指定的议付行可自行决定是否办理议付。 ③议付行议付时，必须与受益人书面约定是否有追索权： 第一，若约定有追索权，到期不获付款议付行可向受益人追索； 第二，若约定无追索权，到期不获付款议付行不得向受益人追索，议付行与受益人约定的例外情况或者受益人存在信用证欺诈的情形除外
付款	①对远期信用证，应于收到单据次日起5个营业日内发出到期付款确认书，并于到期日支付款项给交单行或者受益人。 ②若受益人提交了相符单据或者开证行已发出付款承诺，即使申请人交存的保证金及其存款账户余额不足支付，开证行仍应在规定的时间内付款。 ③开证行或者保兑行付款后，对受益人不具有追索权，受益人存在信用证欺诈的情形除外
注销	开证行、保兑行、议付行未在信用证有效期内收到单据的，开证行可在信用证逾有效期1个月后予以注销

（五）银行卡

1. 单位卡

（1）单位人民币卡账户的资金一律从其基本存款账户转账存入，不得存取现金，不得将销货收入存入单位卡账户。

（2）单位外币卡账户的资金应当从其单位的外汇账户转账存入，不得在境内存取外币现钞。

2. 银行卡的计息和收费

（1）信用卡持卡人透支消费享受免息还款期和最低还款额待遇的条件和标准等，由**发卡机构自主确定**。

（2）信用卡透支的计结息方式以及对信用卡溢缴款是否计付利息及其利率标准，由发卡机构自主确定。

（3）取消信用卡滞纳金，对于持卡人违约逾期未还款的行为，发卡机构应与持卡人通过协议约定是否收取违约金以及相关收取方式和标准。

（4）发卡机构向持卡人提供超过授信额度用卡服务的，**不得收取超限费**。

（5）发卡机构对向持卡人收取的违约金和年费、取现手续费、货币兑换费等服务费用，**不得计收利息**。

3. 银行卡的使用

（1）**信用卡**持卡人通过ATM机等自助机具办理现金提取业务，每卡每日累计不得超过人民币**1万元**。

（2）发卡银行应当对**借记卡**持卡人在ATM机等自助机具取款设定交易上限，每卡每日累计提款不得超过人民币**2万元**。

（六）预付卡

（1）记名预付卡**可**挂失、**可**赎回、**不得**设置有效期。

（2）不记名预付卡**不挂失**、**不赎回**、有效期**不得低于3年**。

（3）预付卡**不具有**透支功能。

恭喜你，
已完成第九章的学习

扫码免费进 >>>
2022年CPA带学群

如果你没有足够的耐心，那么在面对学习、考证、健身、提升技能等需要漫长反馈周期的事物时，就只能半途而废，甚至不战而逃。但现实中始终有一个冰冷的规则：排除掉运气成分，想要有所成就，必须保持耐心，延迟满足，先苦后甜。

CHAPTER TEN

第十章　企业国有资产法律制度

考情雷达

本章考试分值在3分左右，考题以选择题为主。备考学习时切忌咬文嚼字，把握关键词表述，通过历年真题巩固记忆即可。

本章内容与去年相比无实质性变化。

考点地图

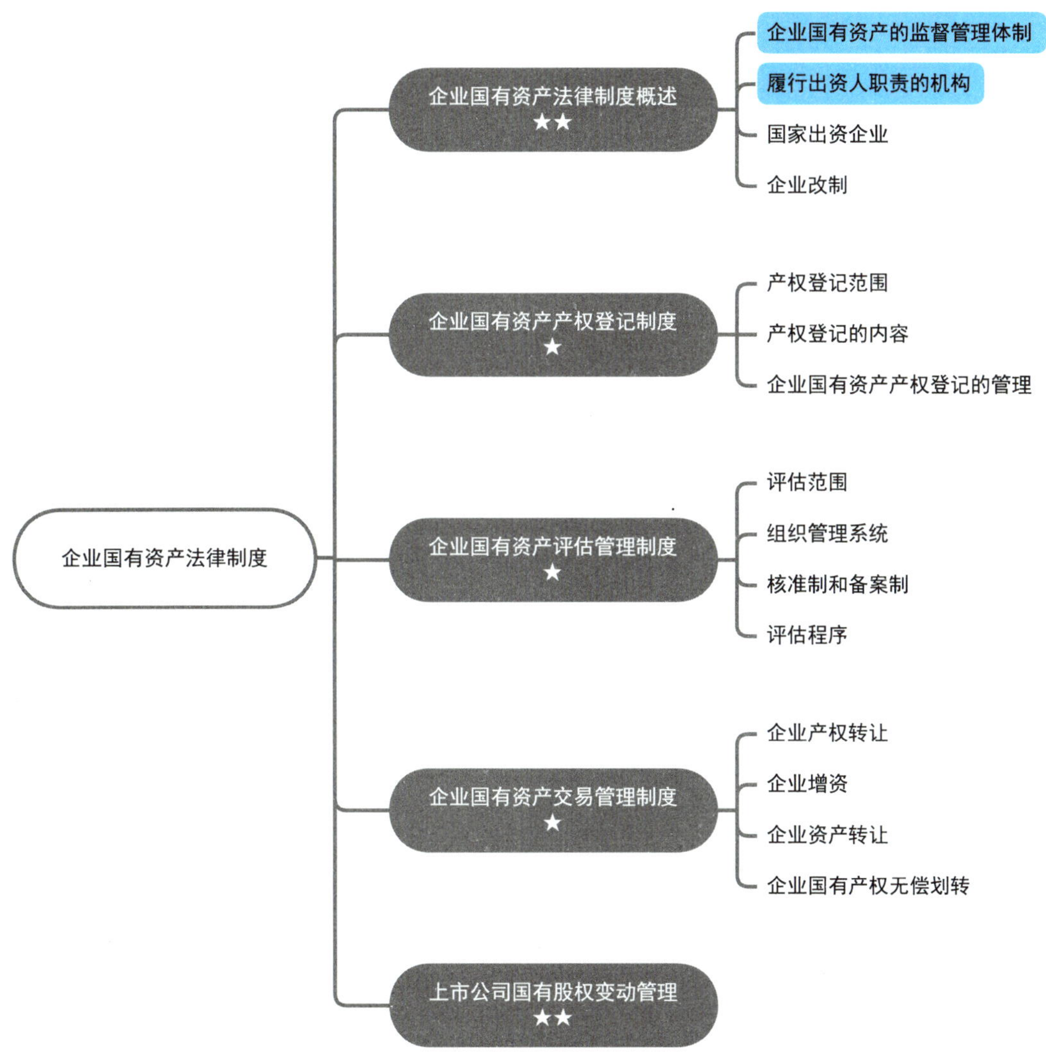

考点1　企业国有资产的概念和监督管理体制（★★）

（一）企业国有资产的概念

（1）企业国有资产是国家作为出资人对所出资企业所享有的权益，而不是指国家出资企业的各项具体财产。

（2）出资人对企业法人财产**不具有直接的所有权**，其对企业享有的是出资人权利，通常表现为资产收益、参与重大决策和选择管理者等权利（见图10－1）。

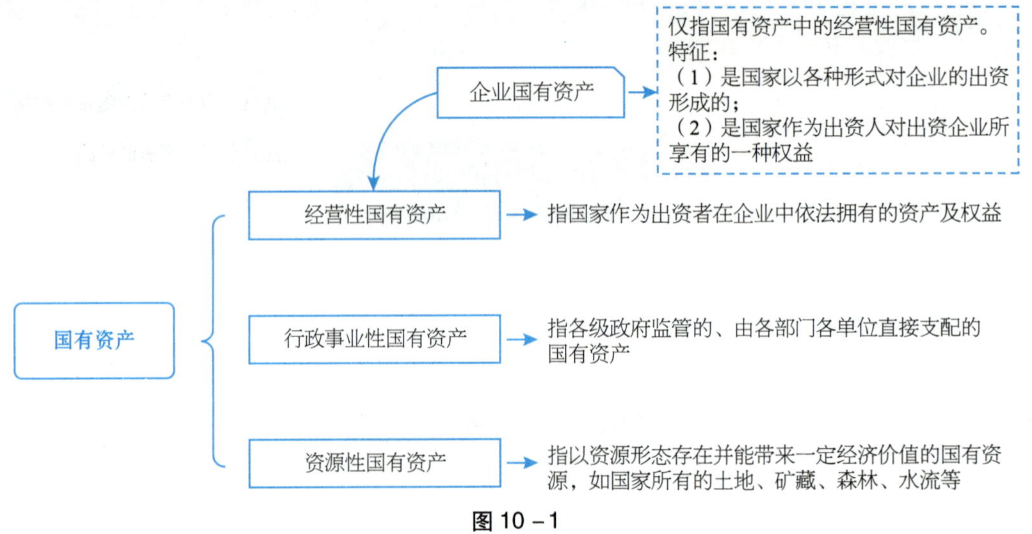

图10－1

（二）企业国有资产的监督管理体制（见表10－1）

表10－1

所有权	①企业国有资产属于国家所有，即全民所有； ②国务院代表国家行使企业国有资产所有权
代表国家履行出资人职责	①国务院确定的关系国民经济命脉和国家安全的**大型**国家出资企业、**重要基础设施**和**重要自然资源**等领域的国家出资企业，由**国务院**代表国家履行出资人职责； ②其他的国家出资企业，由**地方人民政府**代表国家履行出资人职责
遵循原则	国务院和地方人民政府应当按照**政企分开**、社会公共管理职能与企业国有资产出资人**职能分开**、**不干预**企业依法自主经营的原则，依法履行出资人职责

【**例题10－1·单选题·2018年**】根据企业国有资产法律制度的规定，下列关于企业国有资产的表述中，正确的是（　　）。

A. 企业国有资产是指国家对企业各种形式的出资所形成的权益

B. 国家作为出资人对所出资企业的法人财产享有所有权

C. 企业国有资产即国家出资企业的法人财产

D. 国家对企业出资所形成的厂房、机器设备等固定资产的所有权属于国家

【答案】A

【解析】选项BC错误，国家作为出资人对企业法人财产不享有直接的所有权；选项D错误，国家作为出资人将出资投入企业，所形成的厂房、机器设备等各项具体财产，属于企业所有。

考点2 履行出资人职责的机构（★★）

履行出资人职责的机构，是指根据**本级人民政府**的授权，代表本级人民政府对国家出资企业履行出资人职责的机构、部门（见表10－2、图10－2）。

表10－2

履行出资人职责的机构	具体规定
国有资产监督管理机构	国务院国有资产监督管理机构，即国务院国有资产监督管理委员会。根据国务院的授权，其代表国务院对国家出资企业履行出资人职责
	地方人民政府按照国务院的规定设立的国有资产监督管理机构。根据地方人民政府的授权，其代表地方人民政府对国家出资企业履行出资人职责
财政部	国务院授权财政部对**金融行业**的国有资产进行监管，授权财政部对**中央文化企业**、**中国铁路**、**中国烟草**及中国**邮政集团**等公司履行出资人职责
国有资本投资、运营公司	对授权范围内的国有资本履行出资人职责

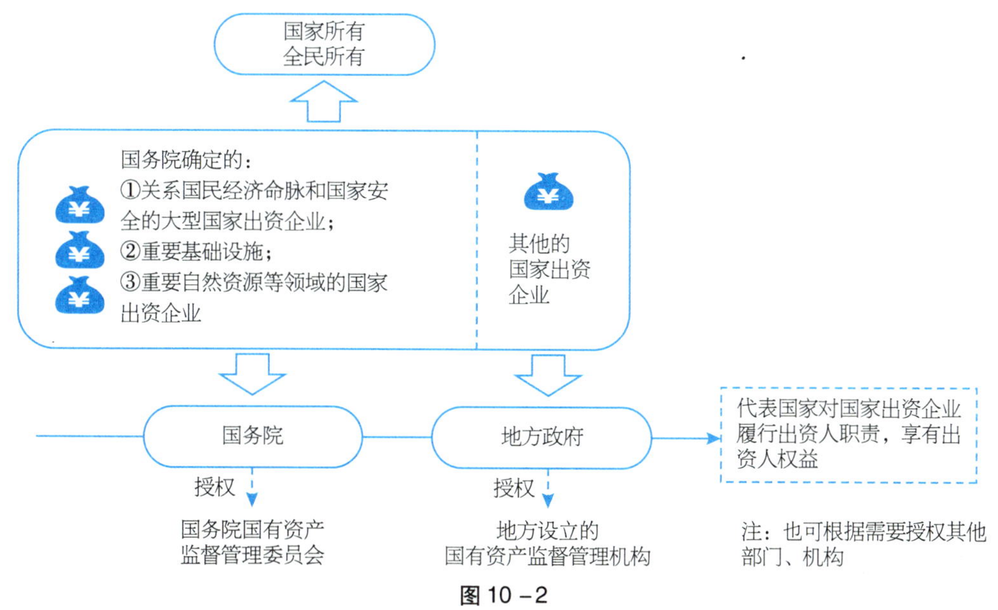

图10－2

考点3 国家出资企业（★★）

（一）国家出资企业类型（见图10－3）

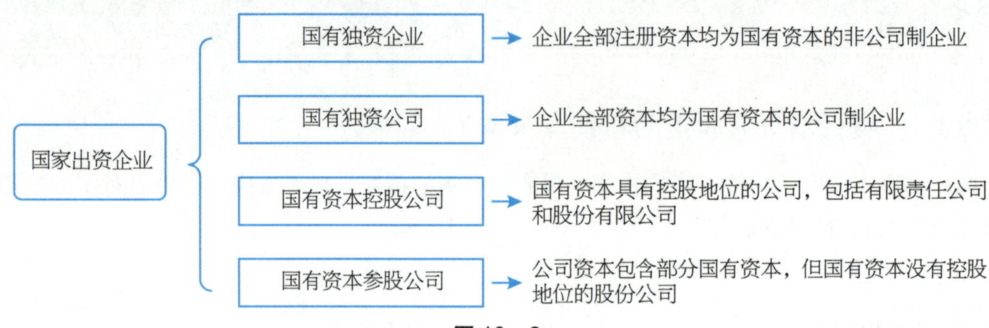

图10－3

（二）国家出资企业管理者的任免范围（见表10－3）

表10－3

企业类型	任免人员
国有独资企业	经理、副经理、财务负责人和其他高级管理人员
国有独资公司	董事长、副董事长、董事、监事会主席和监事（非职工代表）
国有资本控股、参股公司	向股东会、股东大会提出董事、监事人选

（三）国家出资企业管理者的兼职限制（见表10－4）

表10－4

限制主体	限制内容
国有独资企业、国有独资公司	未经履行出资人职责的机构同意，国有独资企业、国有独资公司的董事、高级管理人员不得在其他企业兼职
国有资本控股公司、国有资本参股公司	未经股东会、股东大会同意，国有资本控股公司、国有资本参股公司的董事、高级管理人员不得在经营同类业务的其他企业兼职
董事长	①未经履行出资人职责的机构同意，国有独资公司的董事长不得兼任经理； ②未经股东会、股东大会同意，国有资本控股公司的董事长不得兼任经理
董事、高级管理人员	董事、高级管理人员不得兼任监事

【例题10－2·多选题·2015年】根据企业国有资产法律制度的规定，国有独资公司的下列人员中，应当由履行出资人职责的机构任免的有（　　）。

A. 副董事长　　B. 董事长　　C. 董事　　D. 监事

【答案】ABCD

【解析】履行出资人职责的机构任免或者建议任免国家出资企业的下列人员：（1）任免国有独资企业的经理、副经理、财务负责人和其他高级管理人员；（2）任免国有独资公司的董事长、副董事长、董事、监事会主席和监事（选项ABCD）；（3）向国有资本控股公司、国有资本参股公司的股东会、股东大会提出董事、监事人选。

考点4　企业改制（见表10－5）（★）

表10－5

改制类型	①国有独资企业改为国有独资公司； ②国有独资企业、国有独资公司改为国有资本控股公司或非国有资本控股公司； ③国有资本控股公司改为非国有资本控股公司
改制程序	①一般情况下，由**履行出资人职责的机构**决定或者由**股东（大）会**决定； ②**重要的**国有独资企业、国有独资公司、国有资本控股公司的改制，履行出资人职责的机构在作出决定或者向其委派参加国有资本控股公司股东（大）会会议的股东代表作出指示前，应当将改制方案报请**本级人民政府**批准
方案制定	①企业改制涉及重新安置企业职工的，应当制订职工安置方案，并经**职工代表大会或者职工大会**审议通过。 ②企业实施改制时必须向职工公布企业的主要财务指标的财务审计、资产**评估结果，**接受职工的民主监督。 ③改制为国有控股企业的，改制后留用的职工在改制前企业的工作年限应**合并计算**为在改制后企业的工作年限；原企业**不得**向继续留用的职工**支付经济补偿金**。 对企业改制时解除劳动合同且**不再继续留用**的职工，要支付经济补偿金。 ④企业改制时，对经确认的拖欠职工的工资、集资款、医疗费和挪用的职工住房公积金以及企业欠缴社会保险费，原则上要**一次性付清**

考点5　企业国有资产产权登记制度（★）

（一）产权登记范围（见表10－6）

表10－6

登记范围	①国有企业、国有独资公司、设置国有股权的有限责任公司和股份有限公司、国有企业和国有独资公司投资设立的企业以及其他形式占有国有资产的企业，应当依照规定申请办理国有资产产权登记； ②在中华人民共和国境内或境外设立的金融类企业，其实收资本包括国家资本和国有法人资本的，应当办理国有资产产权登记； ③国家出资企业、国家出资企业（不含国有资本参股公司）拥有实际控制权的境内外各级企业及其投资参股企业，应当纳入产权登记范围

续表

无须登记	①为了赚取差价从二级市场购入的上市公司股权； ②为了近期（1 年以内）出售而持有的其他股权

（二）产权登记的内容（见表 10－7）

表 10－7

占有产权登记	履行出资人职责的机构和履行出资人职责的企业有下列情形之一的，应当办理占有产权登记： ①因投资、分立、合并而新设企业的； ②因收购、投资入股而首次取得企业股权的； ③其他应当办理占有产权登记的情形
	占有产权登记的主要内容包括： ①出资人名称、住所、出资金额及法定代表人； ②企业名称、住所及法定代表人； ③企业的资产、负债及所有者权益； ④企业实收资本、国有资本； ⑤企业投资情况； ⑥国务院国有资产监督管理机构规定的其他事项
变动产权登记	企业发生下列情形之一的，应通过所出资企业向产权登记机关申办变动产权登记： ①企业名称改变的； ②企业组织形式、级次发生变动的； ③企业国有资本额发生增减变动的； ④企业国有资本出资人发生变动的； ⑤企业国有资产产权发生变动的其他情形
注销产权登记	企业发生下列情形之一的，应当申请办理注销产权登记： ①企业解散、被依法撤销或者被依法宣告破产的； ②企业转让全部国有资产产权或者改制后不再设置国有股权的； ③其他需要注销国有资产产权的情形

（三）企业国有资产产权登记的管理（见表 10－8）

表 10－8

管理机关	①企业国有资产产权登记机关是各级履行出资人职责的机构； ②金融类企业国有资产产权登记和管理机关为同级财政部门
年度检查	企业应当于每年 2 月 1 日至 4 月 30 日完成企业产权登记情况的年度检查工作，并向产权登记机关报送企业产权登记年度汇总表和年度汇总分析报告

考点6 企业国有资产评估管理制度（★）

（一）企业国有资产评估的范围（见表10－9）

表10－9

事项	非金融企业	金融企业
应当评估	①整体或者部分改建为有限责任公司或者股份有限公司； ②以非货币资产对外投资； ③合并、分立、破产、解散； ④非上市公司国有股东股权比例变动； ⑤产权转让； ⑥资产转让、置换； ⑦整体资产或者部分资产租赁给非国有单位； ⑧以非货币资产偿还债务； ⑨资产涉讼； ⑩收购非国有单位的资产； ⑪接受非国有单位以非货币资产出资； ⑫接受非国有单位以非货币资产抵债； ⑬法律、行政法规规定的其他需要进行资产评估的事项	金融企业比非金融企业多以下情形： ①资产拍卖； ②债权转股权、债务重组； ③接受非货币性资产抵押或者质押； ④处置不良资产
可以不评估	①经各级人民政府或其履行出资人职责的机构批准，对企业整体或者部分资产实施无偿划转； ②国有独资企业与其下属独资企业（事业单位）之间或其下属独资企业（事业单位）之间的合并、资产（产权）置换和无偿划转	金融企业比非金融企业多以下情形： ①发生多次同类型的经济行为时，同一资产在评估报告使用有效期内，并且资产、市场状况未发生重大变化的； ②上市公司可流通的股权转让

（二）企业国有资产评估项目核准制和备案制（见表10－10）

表10－10

核准制	①经各级人民政府批准经济行为的事项涉及的资产评估项目，分别由其授权履行出资人职责的机构负责核准。 ②中央金融企业资产评估项目报财政部核准，地方金融企业资产评估项目报本级财政部门核准。 ③企业收到资产评估机构出具的评估报告后应当逐级上报初审，经初审同意后，自评估基准日起8个月内向履行出资人职责的机构提出核准申请
备案制	①经国务院国有资产监督管理机构或国务院授权的部门批准经济行为的事项涉及的资产评估项目，由国务院国有资产监督管理机构或国务院授权的部门负责备案；经国务院国有资产监督管理机构或国务院授权的部门所出资企业及其各级子企业批准经济行为的事项涉及的资产评估项目，由中央企业负责备案。 ②企业收到资产评估机构出具的评估报告后，将备案材料逐级报送给履行出资人职责的机构或其所出资企业，自评估基准日起9个月内提出备案申请

（三）资产评估机构（见表 10－11）

表 10－11

组织形式	其组织形式为**合伙制或者公司制**
委托合同	①企业国有资产评估业务委托人应当依法选择资产评估机构，应当与评估机构订立委托合同，约定双方的权利和义务。委托人应当对其提供的权属证明、财务会计信息和其他资料的**真实性、完整性和合法性**负责。 ②资产评估机构受理企业国有资产评估业务后，应当指定**至少 2 名**相应专业类别的评估师承办
资产评估报告	①资产评估报告应当由**至少 2 名**承办该项业务的评估师签名并加盖评估机构印章。 ②资产评估机构及其评估师对其出具的资产评估报告依法承担责任。 ③法定资产评估档案的保存期限**不少于 30 年**

【例题 10－3·单选题·2020 年】根据企业国有资产法律制度的规定，国有金融企业经批准进行改组改制涉及资产评估的，其资产评估项目应经特定部门核准。该特定部门是（　　）。

A. 国有资产监督管理部门

B. 财政部门

C. 证券监督管理部门

D. 市场监督管理部门

【答案】B

【解析】选项 B 正确，中央金融企业资产评估项目报财政部核准，地方金融企业资产评估项目报本级财政部门核准。

【例题 10－4·单选题·2019 年】根据企业国有资产法律制度的规定，国家出资企业及其各级子企业发生特定行为时，应当对相关资产进行评估。下列各项中，属于此类特定行为的是（　　）。

A. 经各级人民政府或其履行出资人职责的机构批准，对企业整体实施无偿划转

B. 国家出资企业整体或部分改制为有限责任公司或股份有限公司

C. 经各级人民政府或其履行出资人职责的机构批准，对企业部分实施无偿划转

D. 国有独资企业与其下属独资企业之间的资产置换

【答案】B

【解析】企业有下列行为之一的，可以不对相关国有资产进行评估：（1）经各级人民政府或其履行出资人职责的机构批准，对企业整体或者部分资产实行无偿划转；（2）国有独资企业与其下属独资企业（事业单位）之间或者其下属的独资企业（事业单位）之间的合并、资产（产权）置换和无偿划转。因此选项 B 属于应当对相关资产进行评估的情形。

考点7 企业国有资产交易管理制度（★）

（一）企业国有资产交易的范围（见图10－4）

产权转让 ⇨ 企业增资 ⇨ 资产转让

图10－4

（二）企业产权转让（见表10－12）

表10－12

程序	具体规定
审核批准	①履行出资人职责的机构负责审核国家出资企业的产权转让事项。 其中，因产权转让致使国家不再拥有所出资企业控股权的，须由履行出资人职责的机构报本级人民政府批准。 ②产权转让涉及职工安置事项的，安置方案应当经职工代表大会或职工大会审议通过
审计评估	①产权转让事项经批准后，由转让方委托会计师事务所对转让标的企业进行审计； ②涉及参股权转让不宜单独进行专项审计的，转让方应当取得转让标的企业最近一期年度审计报告
确定受让方	①产权转让原则上通过产权市场公开进行，通过产权交易机构网站分阶段对外披露产权转让信息，公开征集受让方；正式披露时间不得少于20个工作日。 ②原则上不得针对受让方设置资格条件。 确需设置的，所设资格条件相关内容应当在信息披露前报同级履行出资人职责的机构备案，履行出资人职责的机构在5个工作日内未反馈意见的视为同意。 ③自首次正式披露信息之日起超过12个月未征集到合格受让方的，应当重新履行审计、资产评估以及信息披露等产权转让工作程序
确定转让价格	①产权转让项目首次正式信息披露的转让底价，不得低于经核准或备案的转让标的评估结果。 ②信息披露期满未征集到意向受让方的，可以延期或降低转让底价、变更受让条件，但新的转让底价低于评估结果的90%时，应经转让行为批准单位书面同意。 ③降低转让底价或变更受让条件后重新披露信息的，披露时间不得少于20个工作日。 ④产权转让信息披露期满、产生符合条件的意向受让方的，按照披露的竞价方式组织竞价（竞价可以采取拍卖、招投标、网络竞价以及其他竞价方式）
结算交易价款	①转让价款原则上应当一次付清。 ②如金额较大、一次付清确有困难的，可以采取分期付款的方式： 第一，采取分期付款方式的，受让方首期付款不得低于总价款的30%，并在合同生效之日起5个工作日内支付； 第二，其余款项应当提供合法的担保，并应当按同期银行贷款利率向转让方支付延期付款期间利息，付款期限不得超过1年
公告	①交易合同生效后，产权交易机构应将交易结果通过交易机构网站对外公告； ②公告内容包括交易标的名称、转让标的评估结果、转让底价、交易价格； ③公告期不少于5个工作日

续表

程序	具体规定
采取**非公开**协议方式转让企业产权	可以采取非公开协议方式转让企业产权的情形： ①涉及主业处于关系国家安全、国民经济命脉的重要行业和关键领域企业的重组整合，对受让方有特殊要求，企业产权需要在国有及国有控股企业之间转让的，经履行出资人职责的机构批准，可以采取非公开协议转让方式。 ②同一国家出资企业及其各级控股企业或者实际控制企业之间因实施内部重组整合进行产权转让的，经该国家出资企业审议决策，可以采取非公开协议转让方式
	转让价格：采取非公开协议转让方式转让企业产权，转让价格**不得低于**经核准或备案的评估结果

（三）企业增资（见表10－13）

表10－13

程序	具体规定
审核批准	①履行出资人职责的机构负责审核国家出资企业的增资行为； ②因增资致使国家**不再拥有**所出资企业控股权的，须由履行出资人职责的机构报**本级人民政府批准**
审计评估	应由**增资企业**委托具有相关资质的中介机构开展审计和资产评估
确定投资方	①企业增资通过产权交易机构网站对外披露信息公开征集投资方，时间**不得少于40个工作日**； ②通过资格审查的意向投资方数量较多时，可以采用**竞价、竞争性谈判、综合评议**等方式进行多轮次遴选； ③投资方以非货币资产出资的，应当经**增资企业董事会或股东会**审议同意，并委托具有相应资质的评估机构进行评估，确认投资方的出资金额； ④公告期**不少于5个工作日**
非公开协议方式增资	须经**同级履行出资人职责的机构**批准的情形： ①因国有资本布局结构调整需要，由特定的国有及国有控股企业或者国有实际控制企业参与增资； ②因国家出资企业与特定投资方建立战略合作伙伴或者利益共同体需要，由该投资方参与国家出资企业或者其子企业增资
	须经**国家出资企业**审议决策的情形： ①国家出资企业直接或者指定其控股、实际控制的其他子企业参与增资； ②企业债权转为股权； ③企业原股东增资

【例题10－5·单选题·2017年】履行出资人职责的机构负责审核国家出资企业的增资行为。其中，因增资致使国家不再拥有所出资企业控股权的，须由履行出资人职责的机构报特定主体批准。该特定主体是（　　）。

A. 上级人民政府

B. 本级人民政府

C. 国家出资企业所在地省级人民政府

D. 上级履行出资人职责的机构

【答案】B

【解析】选项B正确，履行出资人职责的机构负责审核国家出资企业的增资行为。其中，因增资致使国家不再拥有所出资企业控股权的，须由履行出资人职责的机构报本级人民政府批准。

（四）企业资产转让（见表10－14）

表10－14

程序	具体规定
确定转让信息公告期	①转让底价高于100万元，低于1 000万元的资产转让项目：信息公告期应不少于10个工作日。 ②转让底价高于1 000万元的资产转让项目：信息公告期应不少于20个工作日
结算交易价款	转让资产价款原则上一次性付清

（五）企业国有产权无偿划转

1. 确定批准机构

（1）企业国有产权在同一履行出资人职责的机构所出资企业之间无偿划转的，由所出资企业共同报履行出资人职责的机构批准（见图10－5）。

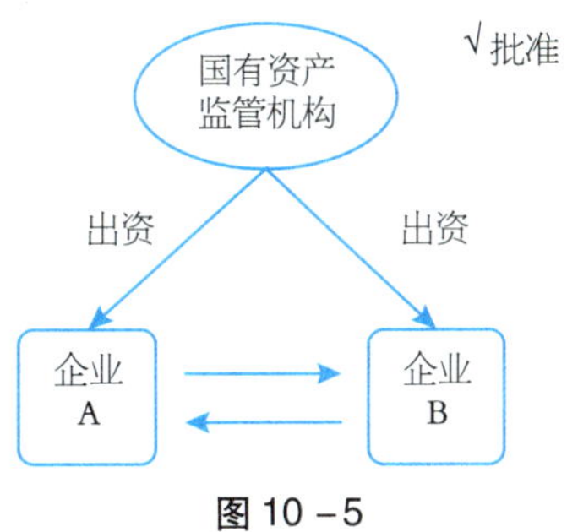

图10－5

（2）企业国有产权在不同履行出资人职责的机构所出资企业之间无偿划转的，依据划转双方的产权归属关系，由所出资企业分别报同级履行出资人职责的机构批准（见图10－6）。

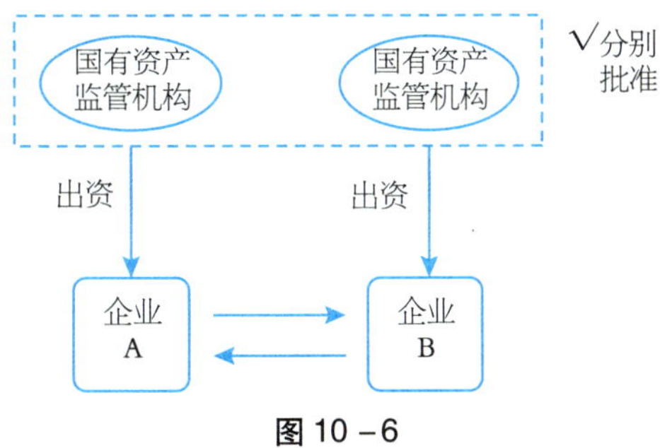

图10－6

（3）下级政府履行出资人职责的机构所出资企业国有产权无偿划转上级政府履行出资人职责

的机构所出资企业或其子企业持有的，由下级政府和上级政府履行出资人职责的机构**分别批准**（见图10-7）。

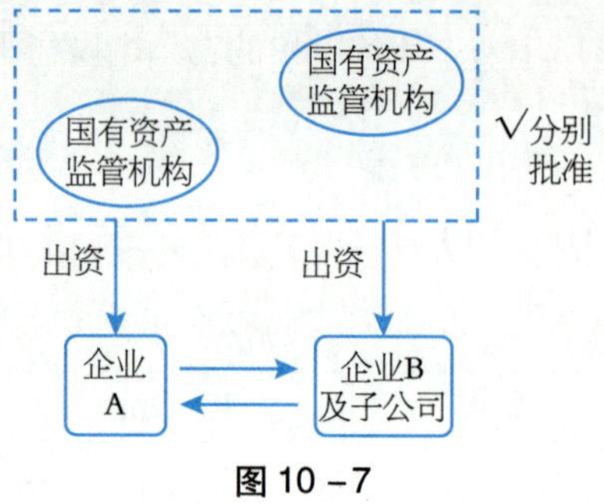

图10-7

2. 不得实施无偿划转的情形

（1）被划转企业主业不符合划入方主业及发展规划的；

（2）中介机构对被划转企业划转基准日的财务报告出具否定意见、无法表示意见或保留意见的审计报告的；

（3）无偿划转涉及的职工分流安置事项未经被划转企业的职工代表大会审议通过的；

（4）被划转企业或有负债未有妥善解决方案的；

（5）划出方债务未有妥善处置方案的。

考点8　上市公司国有股权变动管理（★★）

（一）国有股东所持上市公司股份的方式

1. 通过交易系统转让

国有股东通过证券交易系统转让上市公司股份，按照国家出资企业内部决策程序决定，有以下情形之一的，应报履行出资人职责的机构审核批准：

（1）国有**控股股东**转让上市公司股份可能导致持股比例**低于**合理持股比例的。

（2）总股本**不超过10亿股**的上市公司，国有**控股股东**拟于一个会计年度内累计净转让（累计转让股份扣除累计增持股份后的余额，下同）达到总股本**5%及以上**的；总股本**超过10亿股**的上市公司，国有控股股东拟于**一个会计年度内**累计净转让数量**达到5 000万股及以上**的。

（3）国有**参股股东**拟于**一个会计年度内**累计净转让达到上市公司**总股本5%及以上**的。

2. 公开征集转让（见表10-15）

表10-15

公开征集转让股份信息披露	信息披露： ①国有股东拟公开征集转让上市公司股份的，在履行内部决策程序后，应书面告知上市公司，由上市公司依法披露，进行提示性公告； ②国有控股股东公开征集转让上市公司股份可能导致上市公司控股权转移的，应当一并通知上市公司申请停牌
	公开征集期限**不得少于10个交易日**

续表

选择确定受让方	可能导致控股权转移的，国有股东应当聘请具有上市公司并购重组财务顾问业务资格的证券公司等担任财务顾问
审批	由国家出资企业审核批准或由履行出资人职责的机构审批
确定转让价格	国有股东公开征集转让上市公司股份的价格不得低于下列两者之中的较高者： ①提示性公告日前 30 个交易日的每日加权平均价格的算术平均值； ②最近一个会计年度上市公司经审计的每股净资产值
价款收取	①国有股东应在股份转让协议签订后 5 个工作日内收取不低于转让价款 30% 的保证金； ②其余价款应在股份过户前全部结清
过户登记	上市公司股份过户前，原则上受让方人员不能提前进入上市公司董事会和经理层，不得干预上市公司正常生产经营

3. 非公开协议转让

（1）符合以下情形之一的，国有股东可以非公开协议转让上市公司股份：

①上市公司连续 2 年亏损并存在退市风险或严重财务危机，受让方提出重大资产重组计划及具体时间表的；

②企业主业处于关系国家安全、国民经济命脉的重要行业和关键领域，主要承担重大专项任务，对受让方有特殊要求的；

③为实施国有资源整合或资产重组，在国有股东、潜在国有股东（经本次国有资源整合或资产重组后成为上市公司国有股东的）之间转让的；

④上市公司回购股份涉及国有股东所持股份的；

⑤国有股东因接受要约收购方式转让其所持上市公司股份的；

⑥国有股东因解散、破产、减资、被依法责令关闭等原因转让其所持上市公司股份的；

⑦国有股东以所持上市公司股份出资的。

涉及上市公司控股权转移的，在转让协议签订前，应按规定聘请财务顾问，对拟受让方进行尽职调查，出具尽职调查报告。

（2）国有股东非公开协议转让上市公司股份转让价格的确定和转让价款的收取规则与“公开征集转让”相同。

4. 股份无偿划转

（1）政府部门、机构、事业单位、国有独资或全资企业之间可以依法无偿划转所持上市公司股份；

（2）国有股东所持上市公司股份无偿划转，按照审批权限由国家出资企业审核批准或由履行出资人职责的机构审核批准。

5. 股份间接转让

国有股东所持上市公司股份间接转让是指因国有产权转让或增资扩股等原因导致国有股东不再符合规定情形的行为（见表 10 -16）。

表 10－16

确定上市公司股份价值	转让价格的确定与公开征集转让相同
审批	履行出资人职责的机构批准

【例题 10－6·单选题·2019 年】根据企业国有资产法律制度的规定，国有参股股东拟于一个会计年度内通过证券交易系统累计净转让的上市公司股份达到该上市公司总股本特定比例及以上的，应报履行出资人职责的机构审核批准。该特定比例是（　　）。

A. 5%　　B. 15%　　C. 8%　　D. 10%

【答案】A

【解析】国有参股股东拟于一个会计年度内累计净转让达到上市公司总股本 5% 及以上的，应报履行出资人职责的机构审核批准。

（二）国有股东受让上市公司股份

国有股东受让上市公司股份行为主要包括国有股东通过证券交易系统增持、协议受让、间接受让、要约收购上市公司股份和认购上市公司发行股票等（见表 10－17）。

表 10－17

审批	由国家出资企业或履行出资人职责的机构审核批准
办理受让手续	10 个工作日内通过管理信息系统报履行出资人职责的机构

（三）国有股东发行可交换公司债券（见表 10－18）

表 10－18

确定可交换公司债券的价格	国有股东发行的可交换公司债券交换为上市公司每股股份的价格，应不低于债券募集说明书公告日前 1 个交易日、前 20 个交易日、前 30 个交易日该上市公司股票均价中的最高者
审批	由国家出资企业审核批准或由履行出资人职责的机构审核批准

（四）国有股东所控股上市公司发行证券

（1）国有股东所控股上市公司发行证券包括上市公司采用公开方式向原股东配售股份、向不特定对象公开募集股份、采用非公开方式向特定对象发行股份以及发行可转换公司债券等行为。

（2）应当在股东大会召开前，按照审批权限由国家出资企业审核批准或履行出资人职责的机构审核批准。

（五）国有股东所控股上市公司吸收合并

（1）聘请财务顾问；

（2）确定换股价格；

（3）报履行出资人职责的机构审批。

（六）国有股东与上市公司进行资产重组

（1）信息披露；

（2）按审批权限由国家出资企业审核批准或履行出资人职责的机构审核批准。

恭喜你，

已完成第十章的学习

扫码免费进 >>>
2022年CPA带学群

我们总有千万个借口去远方，远方救得了你吗？这个时代，旅行的意义被过于夸大。跟心上人有摩擦了，跟上司有矛盾了，最后大家都背起背包汇入旅途。在生活一团糟的情况下，旅行是为了缓一缓，回去重新处理烂摊子。

CHAPTER ELEVEN

第十一章 反垄断法律制度

考情雷达

垄断是经济自由发展的产物，是指一个经营者独占某一市场的结构状态。良好的竞争有利于提高市场效率、提升消费者福利等，因此反垄断势在必行。本章主要从“垄断协议、滥用市场支配地位、经营者集中和行政垄断”展开讲述。

本章考试分值在4分左右，考题以选择题为主。备考学习时切忌咬文嚼字，把握关键词表述，通过历年真题巩固记忆即可。

本章内容与去年相比，对经营者承诺制度进行了调整，对持续性垄断行为的诉讼时效抗辩进行了调整，增加了最长诉讼时效，修订了公平竞争审查制度的相关内容。

考点地图

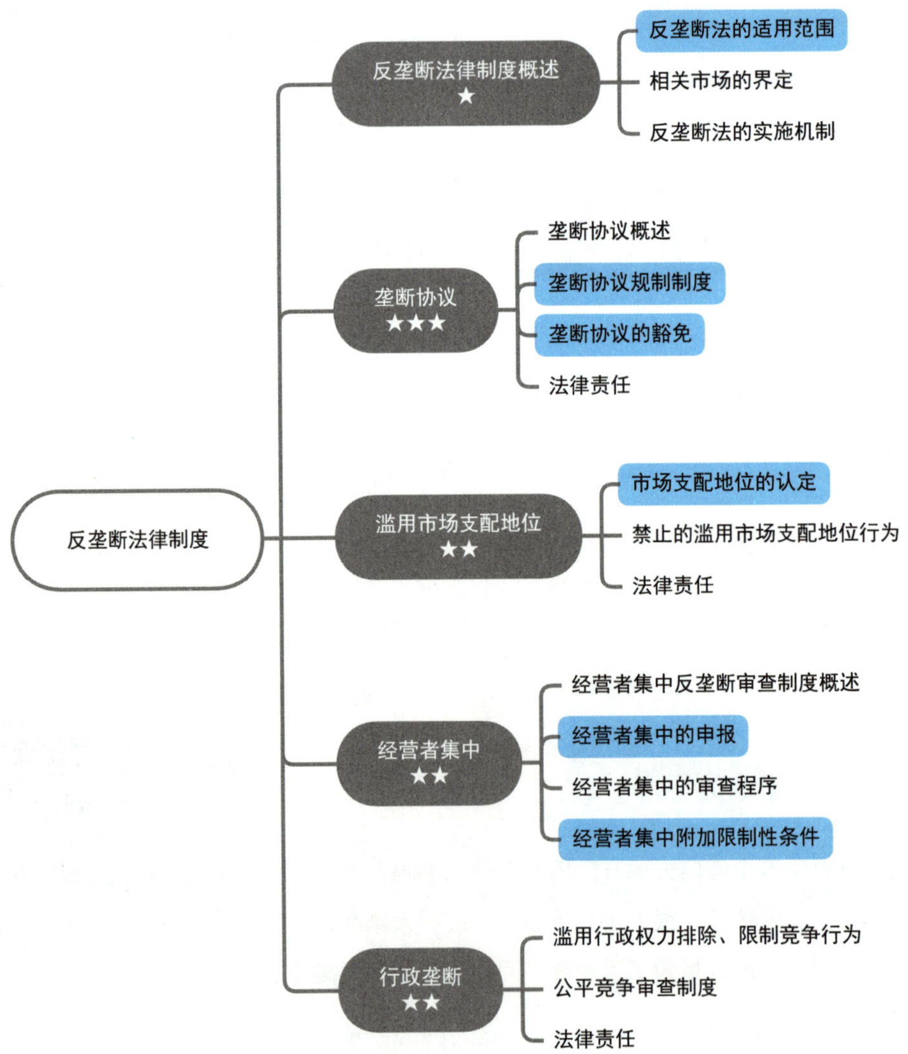

考点1 反垄断法的适用范围（见表11－1）（★★）

表11－1

<table>
<tr><td>地域范围</td><td colspan="2">①境内经济活动中的垄断行为（属地原则）；
②境外的垄断行为，对境内市场竞争产生排除、限制影响的（效果原则）</td></tr>
<tr><td rowspan="3">主体和行为</td><td>经营者为主体的垄断行为</td><td>①经营者达成垄断协议；
②经营者滥用市场支配地位；
③具有或者可能具有排除、限制竞争效果的经营者集中</td></tr>
<tr><td colspan="2">行业协会参与的垄断行为</td></tr>
<tr><td colspan="2">滥用行政权力排除、限制竞争行为</td></tr>
<tr><td>适用除外</td><td colspan="2">①知识产权的正当行使：
经营者依照有关知识产权的法律、行政法规规定行使知识产权的行为，不适用《反垄断法》；但经营者滥用知识产权，排除、限制竞争的行为，不可排除《反垄断法》的适用。
②农业生产中的联合或者协同行为：
农业生产者及农村经济组织在农产品生产、加工、销售、运输、储存等经营活动中实施的联合或者协同行为排除适用。
③对于铁路、石油、电信、电网、烟草等重点行业，国家通过立法赋予国有企业以垄断性经营权，但如果这些国有垄断企业从事垄断协议、滥用市场支配地位行为，或者从事可能排除、限制竞争的经营者集中行为，同样应受《反垄断法》的规制</td></tr>
</table>

【例题11－1·多选题·2017年】下列关于《反垄断法》适用范围的表述中，正确的有（　　）。

A. 只要垄断行为发生在境内，无论该行为是否对境内市场竞争产生排除、限制影响，均应适用《反垄断法》

B. 只要行为人是我国公民或境内企业，无论该行为是否对境内市场竞争产生排除、限制影响，均应适用《反垄断法》

C. 只要行为人是我国公民或境内企业，无论该行为是否发生在境内，均应适用《反垄断法》

D. 只要垄断行为对境内市场竞争产生排除、限制影响，无论该行为是否发生在境内，均应适用《反垄断法》

【答案】AD

【解析】选项AD，中华人民共和国境内经济活动中的垄断行为，适用《反垄断法》；中华人民共和国境外的垄断行为，对境内市场竞争产生排除、限制影响的，适用《反垄断法》。

【例题11－2·单选题·2020年】下列关于《反垄断法》适用范围的表述中，正确的是（　　）。

A. 所有行使知识产权的行为，均不适用《反垄断法》

B. 农业生产中的协同行为，不适用《反垄断法》

C. 国家机关的行为，不适用《反垄断法》

D. 石油、电信等特殊行业的国有企业的行为，不适用《反垄断法》

【答案】B

【解析】选项B，农业生产者及农村经济组织在农产品生产、加工、销售、运输、储存等经营活动中实施的联合或者协同行为排除适用。

考点2 相关市场的界定（★）

1. 相关市场的概念及维度

（1）相关市场是经营者在一定时期内就特定商品或者服务（统称商品）进行竞争的商品范围和地域范围。

（2）界定相关市场涉及的维度包括**时间、商品和地域**等三个维度。但大部分反垄断分析中，相关市场**只需从商品和地域两个维度**进行界定。

2. 界定相关市场的基本标准

判断商品之间是否具有竞争关系、是否在同一相关市场的基本标准，是商品间的**“较为紧密的相互替代性”**。

3. 界定相关市场的分析视角（见表11－2）

表11－2

分析视角	具体内容
需求替代	需求替代是主要分析视角，根据需求者对商品功能用途的需求、质量的认可、价格的接受以及获取的难易程度等因素，对商品之间相互替代程度进行分析
供给替代	供给替代是指当一种商品的需求增加时，其他经营者转产该种商品以进入市场、增加供给的可能性

4. 相关市场及其界定（见表11－3）

表11－3

市场种类	从需求角度	从供给角度
相关商品市场	①需求者因商品价格或其他竞争因素变化，转向或考虑转向购买其他商品的证据； ②商品的外形、特性、质量和技术特点等总体特征和用途； ③商品之间的价格差异； ④商品的销售渠道； ⑤其他，需求者偏好、需求者依赖程度	①经营者的生产流程和工艺； ②转产的难易程度，转产需要的时间，转产的额外费用和风险； ③转产后所提供商品的市场竞争力，营销渠道等

续表

市场种类	从需求角度	从供给角度
相关地域市场	①需求者因商品价格或者其他竞争因素变化，转向或者考虑转向其他地域购买商品的证据。 ②商品的运输成本和运输特征。相对于商品价格来说，运输成本越高，相关地域市场的范围越小，如水泥等商品；商品的运输特征也决定了商品的销售地域，如需要管道运输的工业气体等商品。 ③多数需求者选择商品的实际区域和主要经营者商品的销售分布。 ④地区间的贸易壁垒，包括关税、地方性法规、环保因素、技术因素等。如关税相对商品的价格来说占比较高时，则相关地域市场很可能是一个区域性市场。 ⑤其他重要因素，如特定区域需求者偏好；商品运进和运出该地域的数量	其他地域的经营者供应或者销售相关商品的即时性和可行性，如将订单转向其他地域经营者的转换成本等
相关时间市场	不是确定相关市场的主要维度	

【例题 11－3·单选题·2014 年】根据反垄断法律制度的规定，下列各项中，属于从供给角度界定相关商品市场时所应考虑的因素是（　　）。

A. 商品的功能及用途
B. 其他经营者的转产成本
C. 消费者的消费偏好
D. 商品间的价格差异

【答案】B

【解析】选项 ACD，属于从需求角度界定相关商品市场考虑的因素；选项 B，从供给角度界定相关商品市场时，一般应考虑的因素包括：经营者的生产流程和工艺，转产的难易程度，转产需要的时间，转产的额外费用和风险，转产后所提供商品的市场竞争力，营销渠道等。

考点 3　反垄断法的实施机制（★）

（一）反垄断法律责任（见表 11－4）

表 11－4

	《反垄断法》	其他立法
实施垄断行为	行政责任、民事责任。 《反垄断法》未对垄断行为规定刑事责任	《政府采购法》《招标投标法》《刑法》均对情节严重的串通招投标行为规定了刑事责任
妨碍垄断执法	《反垄断法》对以下妨碍垄断执法的行为规定了刑事责任： ①对阻碍、拒绝反垄断执法机构审查、调查行为； ②反垄断执法机构的工作人员滥用职权、玩忽职守、徇私舞弊或者泄露执法过程中知悉的商业秘密	—

【例题 11－4·多选题·2012 年】根据反垄断法律制度的规定，经营者因实施垄断行为可能承担的法律责任类型有（　　）。

A. 行政责任　　B. 民事责任

C. 刑事责任　　D. 宪法责任

【答案】AB

【解析】我国《反垄断法》并未对反垄断行为规定刑事责任，仅对阻碍、拒绝反垄断执法机构审查、调查行为以及反垄断执法机构工作人员滥用职权、玩忽职守、徇私舞弊或者泄露执法过程中知悉的商业秘密两种情形，规定了刑事责任。

（二）反垄断机构及执法权

反垄断机构（双层制模式）见图 11－1。

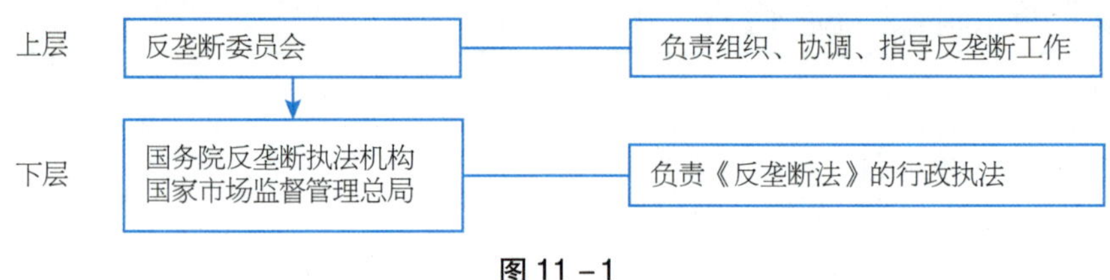

图 11－1

（1）国务院反垄断委员会下设办公室，办公室设在**国家市场监督管理总局**。

（2）国家市场监督管理总局**概括授权**各省、自治区、直辖市人民政府市场监督管理部门负责本行政区域内有关反垄断执法工作。

（3）省级市场监督管理部门负责本行政区域内垄断协议、滥用市场支配地位、滥用行政权力排除限制竞争案件反垄断执法工作，以本机关的名义依法作出处理。

（4）国家市场监督管理总局在案件审查和调查过程中，可以委托省级市场监督管理部门开展相应的调查；省级市场监督管理部门可以委托其他省级市场监督管理部门或者下级市场监督管理部门开展调查；受委托的市场监督管理部门在委托范围内，以委托机关的名义实施调查，不得再委托其他行政机关、组织或者个人实施调查。

（三）反垄断调查措施

（1）进入被调查的经营者的营业场所或者其他有关场所进行检查；

（2）询问被调查的经营者、利害关系人或者其他有关单位或者个人，要求其说明有关情况；

（3）查阅、复制被调查的经营者、利害关系人或者其他有关单位或者个人的有关单证、协议、会计账簿、业务函电、电子数据等文件、资料；

（4）查封、扣押相关证据；

（5）查询经营者的银行账户。

（四）经营者承诺（见表11－5）

表11－5

适用范围	在以下两种情形下，反垄断执法机构不接受经营者提出承诺： ①反垄断执法机构对涉嫌垄断行为调查核实后，认为构成违法垄断行为的，应当依法作出处理决定，不再接受经营者提出承诺； ②涉嫌固定或变更商品价格、限制商品的生产数量或销售数量、分割销售市场或原材料采购市场等三类严重限制竞争的横向垄断协议的，反垄断执法机构不应接受经营者提出承诺
承诺措施	经营者承诺的措施可以是结构性措施、行为性措施和综合性措施： ①行为性措施：调整定价策略、取消或者更改各类交易限制措施、开放网络或者平台等基础设施，许可专利、技术秘密或者其他知识产权等； ②结构性措施：剥离有形资产、知识产权等无形资产或者相关权益等
	执法机构在对经营者的承诺进行审查时，可以综合考虑以下因素： ①经营者实施涉嫌垄断行为的主观态度； ②经营者实施涉嫌垄断行为的性质、持续时间、后果及社会影响； ③经营者承诺的措施及其预期效果
中止调查	决定中止调查的，反垄断执法机构应当对经营者履行承诺的情况进行监督。经营者应当在规定的时限内向反垄断执法机构书面报告承诺履行情况
终止调查	经营者履行承诺的
恢复调查	①经营者未履行或者未完全履行承诺的； ②作出中止调查决定所依据的事实发生重大变化的； ③中止调查的决定是基于经营者提供的不完整或者不真实的信息作出的
法律后果	①执法机构的中止调查及终止调查决定，不是对经营者的行为是否构成垄断行为作出认定； ②执法机构仍然可以依法对其他类似行为实施调查并作出行政处罚； ③中止调查及终止调查决定不应作为认定该行为是否构成垄断行为的相关证据

（五）反垄断民事诉讼（见表11－6）

表11－6

原告资格	受到损失及发生争议的自然人、法人或者其他组织（包括受损的消费者）	
受理	人民法院受理反垄断民事纠纷案件，不以执法机构对相关垄断行为进行查处作为前提条件	
专家作用	出庭说明	①当事人可以向人民法院申请1～2名具有相应专门知识的人员出庭，就案件的专门性问题进行说明； ②专家在法庭上提供的意见并不属于民诉法上的证据形式，而是作为法官判案的参考依据
	分析报告	当事人可以向人民法院申请委托专业机构或者专业人员就案件的专门性问题作出市场调查或者经济分析报告，应当视为鉴定意见，为民诉法上证据类型之一

续表

诉讼时效	起算	因垄断行为产生的损害赔偿请求权，诉讼时效期间从**原告知道或者应当知道权益受侵害之日起**计算
	中断	原告向反垄断执法机构举报被诉垄断行为的，诉讼时效从其**举报之日起**中断
		反垄断执法机构决定不立案、撤销案件或者决定终止调查的，诉讼时效期间从原告知道或者应当知道不立案、撤销案件或者终止调查之日起**重新计算**
		认定构成垄断行为的，诉讼时效期间从原告知道或者应当知道反垄断执法机构认定构成垄断行为的处理决定发生法律效力之日起**重新计算**
诉讼时效抗辩	原告知道或应当知道权益受到损害以及义务人之日起超过3年，如果起诉时被诉垄断行为仍然持续，被告提出诉讼时效抗辩的，损害赔偿应当自原告向人民法院起诉之日起向前推算3年计算	
最长诉讼时效	自权利受到损害之日起超过20年的，人民法院不予保护；有特殊情况的，人民法院可以根据权利人的申请决定延长	

【例题11－5·多选题·2014年】根据反垄断法律制度的规定，反垄断执法机构调查涉嫌垄断行为时可以采取必要的调查措施，下列各项中，属于此类措施的有（　　）。

A. 查阅、复制被调查经营者的有关单证、协议、会计账簿等文件和资料

B. 查封、扣押相关证据

C. 进入被调查经营者的营业场所进行检查

D. 冻结被调查经营者的银行账户

【答案】ABC

【解析】选项D，反垄断执法机构有权“查询”（而非冻结）经营者的银行账户。

【例题11－6·单选题·2018年改编】甲公司在相关市场中具有市场支配地位，从2012年3月1日起，甲公司凭借其市场支配地位，持续从事不公平的垄断高价行为。2016年3月1日，该滥用行为的受害人乙公司向人民法院提起民事诉讼，要求判令甲公司赔偿损失。甲公司提出，其滥用行为始于2012年，开始之时，乙公司即知情，直至今日才提出损害赔偿，2年诉讼时效已过，下列关于本案损害赔偿的表述中，符合反垄断法律制度规定的是（　　）。

A. 诉讼时效已过，甲公司有权拒绝赔偿乙公司损失

B. 甲公司应赔偿乙公司全部经济损失的50%

C. 甲公司应赔偿乙公司自2013年3月1日以来的经济损失

D. 甲公司应赔偿乙公司全部经济损失

【答案】C

【解析】原告起诉时被诉垄断行为已经持续超过3年，被告提出诉讼时效抗辩的，损害赔偿应当自原告向人民法院起诉之日起向前推算3年计算（自2013年3月1日以来的经济损失）。

【例题 11-7·单选题·2019 年】下列关于反垄断民事诉讼的表述中，符合反垄断法律制度规定的是（ ）。

A. 作为间接购买人的消费者，不能作为垄断民事案件的原告

B. 因垄断行为产生的损害赔偿请求权，诉讼时效期间从原告知道或者应当知道权益受侵害之日起计算

C. 原告提起反垄断民事诉讼，须以反垄断执法机构认定相关垄断行为违法为前提

D. 在反垄断民事诉讼中，具有相应专门知识的人员出庭就案件专门性问题所作的说明，属于《民事诉讼法》上的证人证言

【答案】B

【解析】选项 A，消费者只要因垄断行为受损，也可以作为垄断民事案件原告；选项 C，人民法院受理垄断民事纠纷案件，是不以执法机构已对相关垄断行为进行了查处为前提条件的；选项 D，在反垄断民事诉讼中，当事人可以向人民法院申请 1～2 名具有相应专门知识的人员出庭，就案件的专门性问题进行说明。专家在法庭上提供的意见并不属于《民事诉讼法》上的证据形式，而是作为法官判案的参考依据。

考点 4 垄断协议（★★★）

（一）垄断协议的概念（见表 11-7）

表 11-7

概念	垄断协议是指两个或两个以上的经营者排除、限制竞争的协议、决定或者其他协同行为
	其他协同行为（实质上存在协调一致的行为）。 认定其他协同行为，应当考虑下列因素： ①经营者的市场行为是否具有一致性； ②经营者之间是否进行过意思联络或者信息交流； ③经营者能否对行为的一致性作出合理解释； ④相关市场的结构情况、竞争状况、市场变化等情况

（二）垄断协议的分类及举证责任（见表 11-8）

表 11-8

分类	概念	举证责任
横向垄断协议	具有竞争关系的经营者达成的联合限制竞争协议	横向垄断协议的排除、限制竞争效果的举证责任倒置（被告承担举证责任）
纵向垄断协议	同一产业中处于不同市场环节而具有买卖关系的企业通过共谋达成的联合限制竞争协议	纵向垄断协议的排除、限制竞争效果的证明仍应按“谁主张，谁举证”（原告承担举证责任）

【例题 11－8·单选题·2020 年】根据反垄断法律制度的规定，下列关于我国反垄断民事诉讼举证责任的表述中，正确的是（　　）。

A. 对于纵向垄断协议的排除、限制竞争效果的证明，适用举证责任倒置

B. 对于横向垄断协议的排除、限制竞争效果，由人民法院直接认定，原、被告均不承担举证责任

C. 对于横向垄断协议的排除、限制竞争效果，适用“谁主张，谁举证”原则

D. 对于纵向垄断协议的排除、限制竞争效果，适用“谁主张，谁举证”原则

【答案】D

【解析】选项 D，纵向垄断协议的排除、限制竞争效果的证明仍应按“谁主张，谁举证”的基本原则，由原告承担举证责任。

（三）垄断协议规制制度（见表 11－9）

表 11－9

分类	主体	反垄断法禁止的垄断协议
横向垄断	生产和销售同类商品的经营者	固定或者变更商品价格的协议（价格卡特尔）： ①固定或者变更价格水平、价格变动幅度、利润水平或者折扣、手续费等其他费用； ②约定采用据以计算价格的标准公式； ③限制参与协议的经营者的自主定价权
		限制商品的生产数量或者销售数量的协议（限制数量协议）
		分割销售市场或者原材料采购市场的协议（划分市场协议）
		限制购买新技术、新设备或者限制开发新技术、新产品的协议
		联合抵制交易： ①联合拒绝向特定经营者供应或者销售商品； ②联合拒绝采购或者销售特定经营者的商品； ③联合限定特定经营者不得与其具有竞争关系的经营者进行交易
纵向垄断	上下游经营者	①固定向第三人转售商品的价格； ②限定向第三人转售商品的最低价格。 【提示】纵向垄断反对的是限定向第三人转售商品的“最低”价格，因为这损害了消费者的利益，如果限定“最高”价格则不限制

禁止行业协会从事的行为：

①制定、发布含有排除、限制竞争内容的行业协会章程、规则、决定、通知、标准等；

②召集、组织或者推动本行业的经营者达成含有排除、限制竞争内容的协议、决议、纪要、备忘录等。

【例题 11－9·多选题·2013 年】经营者与其交易相对人达成的下列协议中，被我国反垄断法律制度明确禁止的有（　　）。

A. 固定向第三人转售商品的价格

B. 限定向第三人转售商品的最低价格

C. 限定向第三人转售商品的最高价格

D. 限定向第三人转售商品的地域范围

【答案】 AB

【解析】“经营者与其交易相对人”属于上下游经营者关系，其违反的反垄断法禁止协议应只是纵向垄断协议。(1) 选项ABC，我国《反垄断法》明确禁止的纵向垄断协议包括：①固定向第三人转售商品的价格；②限定向第三人转售商品的“最低价格”（而非最高价格）；(2) 选项D，“具有竞争关系的经营者”就“分割销售市场或者原材料采购市场”达成的垄断协议，属于我国《反垄断法》明确禁止的横向垄断协议，在上下游经营者之间签订，并不违法。

【例题11－10·多选题·2018年】根据反垄断法律制度的规定，下列具有竞争关系的经营者之间的约定中，属于横向垄断协议的有（　　）。

A. 联合拒绝销售特定经营者的商品　　B. 划分销售商品的种类

C. 采用据以计算价格的标准公式　　D. 拒绝使用新技术

【答案】 ABCD

【解析】选项A，属于“联合抵制交易”；选项B，属于“分割销售市场或者原材料采购市场”；选项C，属于“固定或者变更商品价格”；选项D，属于“限制购买新技术、新设备或者限制开发新技术、新产品”。

【例题11－11·单选题·2014年】下列行为中，涉嫌违反我国《反垄断法》的是（　　）。

A. 经国家有关部门批准，中石油、中石化等石油企业联合上调成品油价格

B. 某行业协会召集本行业经营者，共同制定本行业产品的定价公式

C. 中国移动、中国联通等少数几家国有电信企业共同占据我国电信基础运营业务市场的全部份额

D. 某生产企业通过协议，限制分销商转售商品的最高价格

【答案】 B

【解析】选项AC，对于铁路、石油、电信、电网、烟草等重点行业，国家通过立法赋予其垄断性经营权，但是，如果这些国有垄断企业从事垄断协议、滥用市场支配地位行为，或者从事可能排除、限制竞争的经营者集中行为，同样应受《反垄断法》的规制。选项B，根据《禁止垄断协议暂行规定》，禁止行业协会从事下列行为：①制定、发布含有排除、限制竞争内容的行业协会章程、规则、决定、通知、标准等；②召集、组织或者推动本行业的经营者达成含有排除、限制竞争内容的协议、决议、纪要、备忘录等。选项D，限制分销商转售商品的“最高价格”（而非最低价格）不属于法律禁止的纵向垄断协议。

（四）垄断协议的豁免

垄断协议可被《反垄断法》豁免的条件：

（1）豁免是指对违反《反垄断法》的行为，由于其满足一定的条件，而不受《反垄断法》禁止。可被《反垄断法》豁免的垄断协议类型如表 11－10 所示。

表 11－10

豁免情形	具体内容	附加条件
技术性卡特尔	为改进技术、研究开发新产品的	①要求经营者应当证明所达成的协议不会严重限制市场竞争并且能够使消费者分享由此产生的利益。否则，也不能获得豁免。 ②反垄断执法机构认定消费者能否分享协议产生的利益，应当考虑消费者是否因协议的达成、实施在商品价格、质量、种类等方面获得利益
标准化卡特尔、专业化卡特尔	为提高产品质量、降低成本、增进效率，统一产品规格、标准或者实行专业化分工的	
中小企业合作卡特尔	为提高中小经营者经营效率，增强中小经营者竞争力的	
为社会公共利益	为实现节约能源、保护环境、救灾救助等社会公共利益的	
不景气卡特尔	因经济不景气，为缓解销售量严重下降或生产明显过剩的	
出口卡特尔	为保障对外贸易和对外经济合作中的正当利益的	无须证明

（2）反垄断执法机构认定被调查的垄断协议是否属于上述情形时，应当考虑以下因素：

①协议实现该情形的具体形式和效果；

②协议与实现该情形之间的因果关系；

③协议是否是实现该情形的必要条件；

④其他可以证明协议属于相关情形的因素。

【例题 11－12·多选题·2016 年】下列行为中，违反我国《反垄断法》的有（　　）。

A. 国有经济占控制地位的关系国民经济命脉行业的国有企业之间达成垄断协议的行为

B. 为保障对外贸易中的正当利益，具有竞争关系的境内企业就固定商品出口价格达成的垄断协议

C. 外国企业在中国境外实施的对中国境内市场竞争产生排除或限制效果的垄断行为

D. 农业生产者在农产品生产、加工、销售、运输、储存等经营活动中实施的联合行为

【答案】AC

【解析】选项B，属于出口卡特尔，予以豁免；选项D，《反垄断法》对农业生产者及农村经济组织在农产品生产、加工、销售、运输、储存等经营活动中实施的联合或者协同行为排除适用。

（五）法律责任（见表 11－11）

表 11－11

<table>
<tr><td>民事责任</td><td colspan="2">经营者因达成并实施垄断协议给他人造成损失的，依法承担民事责任</td></tr>
<tr><td rowspan="2">行政责任</td><td>经营者</td><td>①达成并实施垄断协议：
责令停止违法行为，没收违法所得，并处上一年度销售额 1% ～10% 的罚款。
②尚未实施所达成的垄断协议：
可以处 50 万元以下的罚款</td></tr>
<tr><td>行业协会</td><td>①可以处 50 万元以下的罚款；
②情节严重的，社会团体登记管理机关可以依法撤销登记</td></tr>
<tr><td rowspan="2">宽大制度</td><td colspan="2">参与垄断协议的经营者主动报告达成垄断协议有关情况并提供重要证据的，可以申请依法减轻或免除处罚</td></tr>
<tr><td colspan="2">①对于第一个申请者，反垄断执法机构可以免除处罚或者按照不低于 80% 的幅度减轻罚款；
②对于第二个申请者，可以按照 30% ～50% 的幅度减轻罚款；
③对于第三个申请者，可以按照 20% ～30% 的幅度减轻罚款</td></tr>
</table>

彬哥解读

经营者承诺的效果是中止调查，事由是“知错能改”；
宽恕制度的效果是减免处罚，事由是“戴罪立功”。

考点 5 滥用市场支配地位（★★）

（一）市场支配地位的法律界定

市场支配地位是指经营者在相关市场内具有能够控制商品价格、数量或者其他交易条件，或者能够阻碍、影响其他经营者进入相关市场能力的市场地位。

1. 其他交易条件

其他交易条件是指除商品价格、数量之外能够对市场交易产生实质影响的其他因素，包括商品品种、商品品质、付款条件、交付方式、售后服务、交易选择、技术约束等。

2. 能够阻碍、影响其他经营者进入相关市场

包括排除其他经营者进入相关市场，或者延缓其他经营者在合理时间内进入相关市场，或者导致其他经营者虽能够进入该相关市场但进入成本大幅提高，无法与现有经营者开展有效竞争等情形。

（二）市场支配地位的含义

（1）具有市场支配地位的经营者未必是“独占”者。

（2）具有市场支配地位的经营者可以是一个，也可以是多个经营者共同具有市场支配地位。

（3）市场支配地位是一种市场结构状态。

【例题 11－13·多选题·2019 年】根据反垄断法律制度的规定，下列关于经营者市场支配地位的理解中，正确的有（　　）。

A. 具有市场支配地位的经营者能够阻碍、影响其他经营者进入相关市场

B. 经营者具有市场支配地位这一状态本身并不违法

C. 具有市场支配地位的经营者未必是"独占"者

D. 市场支配地位可能由多个经营者共同具有

【答案】ABCD

【解析】选项 A，市场支配地位是指经营者在相关市场内具有能够控制商品价格、数量或者其他交易条件，或者能够阻碍、影响其他经营者进入相关市场能力的市场地位；选项 B，反垄断法对经营者合法取得的市场支配地位并不视为非法；选项 C，具有市场支配地位的经营者未必是"独占"者；选项 D，具有市场支配地位的经营者可以是一个，也可以是多个经营者共同具有市场支配地位。

（三）市场支配地位的认定（见表 11－12）

表 11－12

<table>
<tr><td rowspan="2">认定标准</td><td>①经营者在相关市场的市场份额，以及相关市场的竞争状况；
②经营者控制销售市场或者原材料采购市场的能力；
③经营者的财力和技术条件；
④其他经营者对该经营者在交易上的依赖程度；
⑤其他经营者进入相关市场的难易程度；
⑥认定互联网等新经济业态经营者具有市场支配地位考虑的特殊因素；
⑦认定共同市场支配地位考虑的特殊因素</td></tr>
<tr><td>以互联网企业为代表的平台经营者是否具有市场支配地位，可以考虑的具体因素：
①经营者的市场份额以及相关市场竞争状况；
②经营者控制市场的能力；
③经营者的财力和技术条件；
④其他经营者对该经营者在交易上的依赖程度；
⑤其他经营者进入相关市场的难易程度；
⑥其他因素</td></tr>
<tr><td rowspan="2">推定标准</td><td>①一个经营者在相关市场的市场份额达到 1/2 的；
②两个经营者在相关市场的市场份额合计达到 2/3 的；
③三个经营者在相关市场的市场份额合计达到 3/4 的；
④对于多个经营者被推定为共同占有市场支配地位时，其中有的经营者市场份额不足 10% 的，不具有市场支配地位</td></tr>
<tr><td>市场份额不是认定市场支配地位的唯一的和绝对的标准，因此被"推定"具有市场支配地位的经营者，如有证据证明不具有市场支配地位的，不应当"认定"其具有市场支配地位</td></tr>
</table>

（四）禁止的滥用市场支配地位行为（见表11－13）

表11－13

以不公平的高价销售商品或者以不公平的低价购买商品（低买高卖）	认定不公平的高价或者不公平的低价，可以考虑下列因素： ①销售价格或购买价格是否明显高于或者低于其他经营者在相同或者相似市场条件下销售或者购买同种商品或者可比较商品的价格； ②销售价格或购买价格是否明显高于或者低于同一经营者在其他相同或者相似市场条件区域销售或者购买商品的价格； ③在成本基本稳定的情况下，是否超过正常幅度提高商品的销售价格或者降低购买价格； ④销售商品的提价幅度是否明显高于成本增长幅度，或者购买商品的降价幅度是否明显高于交易相对人成本降低的幅度
没有正当理由，以低于成本的价格销售商品（倾销）	以低于成本的价格销售商品的正当理由： ①降价处理鲜活商品、季节性商品、有效期限即将到期的商品和积压商品的； ②因清偿债务、转产、歇业降价销售商品的； ③在合理期限内为推广新产品进行促销的； ④能够证明行为具有正当性的其他理由
没有正当理由，拒绝与交易相对人进行交易（拒绝交易）	下列没有正当理由、以间接方式拒绝交易的行为同样受到禁止： ①实质性削减与交易相对人的现有交易数量； ②拖延、中断与交易相对人的现有交易； ③拒绝与交易相对人进行新的交易； ④设置限制性条件，使交易相对人难以与其进行交易； ⑤拒绝交易相对人在生产经营活动中以合理条件使用其必需设施
	能构成否认拒绝交易行为违法性的正当理由包括： ①因不可抗力等客观原因无法进行交易； ②交易相对人有不良信用记录，或者出现经营状况持续恶化等情况，影响交易安全； ③与交易相对人进行交易将使经营者利益发生不当减损； ④能够证明行为具有正当性的其他理由
没有正当理由，限定交易相对人只能与其进行交易或只能（或不得）与其指定的经营者进行交易（限定交易）	限定交易行为的正当理由包括： ①为满足产品安全要求所必须； ②为保护知识产权所必须； ③为保护针对交易进行的特定投资所必须； ④能够证明行为具有正当性的其他理由
没有正当理由搭售商品，或者在交易时附加其他不合理的交易条件（搭售）	此类行为的正当理由包括： ①符合正当的行业惯例和交易习惯； ②为满足产品安全要求所必须； ③为实现特定技术所必须； ④能够证明行为具有正当性的其他理由
没有正当理由，对条件相同的交易相对人在交易价格等交易条件上实行差别待遇（差别待遇）	具体表现包括： ①实行不同的交易价格、数量、品种、品质等级； ②实行不同的数量折扣等优惠条件； ③实行不同的付款条件、交付方式； ④实行不同的保修内容和期限、维修内容和时间、零配件供应、技术指导等售后服务条件

【例题 11－14·多选题·2018 年】根据反垄断法律制度的规定，认定具有市场支配地位的经营者以不公平的高价销售商品，应当主要考虑的因素有（　　）。

A. 商品的销售价格是否明显高于其他经营者在相同或者相似市场条件下销售同种商品的价格

B. 在成本基本稳定的情况下，是否超过正常幅度提高销售价格

C. 销售商品的提价幅度是否明显高于成本增长幅度

D. 销售价格是否明显高于同一经营者在其他相同或者相似市场条件区域销售商品的价格

【答案】ABCD

【解析】选项 ABCD 均符合题意。

（五）法律责任

经营者滥用市场支配地位的，由反垄断执法机构责令停止违法行为，没收违法所得，并处**上一年度销售额 1% 以上 10% 以下的罚款**。

考点 6　经营者集中（★★）

（一）经营者集中反垄断审查制度概述（见表 11－14）

表 11－14

概念	经营者之间通过合并、取得股份或者资产、委托经营或联营以及人事兼任等方式形成的控制与被控制状态
情形	①合并； ②通过取得股权或者资产的方式取得对其他经营者的控制权； ③通过合同等方式取得对其他经营者的控制权或者能够对其他经营者施加决定性影响

（二）经营者集中的申报

1. 经营者集中申报标准

经营者集中达到下列标准之一的，经营者应当事先向反垄断执法机构（市场监管总局）申报，**未申报的不得实施集中**，如表 11－15 所示。

表 11－15

申报标准	上年营业额	
	所有经营者	且至少两个经营者
标准一	全球范围内合计超过 100 亿元人民币	中国境内均超过 4 亿元人民币
标准二	中国境内合计超过 20 亿元人民币	中国境内均超过 4 亿元人民币

经营者集中未达到上述规定的申报标准，但按照规定程序收集的事实和证据表明该经营者集中具有或者可能具有排除、限制竞争效果的，**市场监管总局**应当依法进行调查。

2. 申报材料

应当提交下列文件资料，资料不完备的应限期内补交，否则视为未申报。

（1）申报书；

（2）集中对相关市场竞争状况影响的说明；

（3）集中协议；

（4）参与集中的经营者经会计师事务所审计的**上一会计年度财务会计报告**。

经营者提交的文件、资料不完备的，应当在规定的期限内补交文件、资料；经营者逾期未补交文件、资料的，**视为未申报**。

3. 申报豁免

经营者集中有下列情形之一的，可以不向国务院反垄断执法机构申报：

（1）参与集中的一个经营者拥有其他每个经营者 **50% 以上**有表决权的股份或者资产的；

（2）参与集中的每个经营者 **50% 以上**有表决权的股份或者资产**被同一个未参与集中的经营者拥有的**。

（三）经营者集中的审查程序

1. 两阶段审查（见表 11－16）

表 11－16

审查程序	审查时间	延期	审查期间	可以实施集中情形	必要性
第一阶段（初步审查）	收到经营者提交的资料之日起 **30 日内**	不得延期	经营者**不得实施集中**	①反垄断执法机构作出不实施进一步审查的决定；②逾期未作出决定	必要阶段
第二阶段	执法机构作出实施进一步审查决定之日起 **90 日内**	**最长不得超过 60 日**		反垄断执法机构逾期未作出决定	由执法机构决定是否实施

2. 经营者集中审查的实体标准

审查经营者集中，应当综合考虑下列因素：

（1）参与集中的经营者在相关市场的市场份额及其对市场的控制力；

（2）相关市场的市场集中度；

（3）经营者集中对市场进入、技术进步的影响；

（4）经营者集中对消费者和其他有关经营者的影响；

（5）经营者集中对国民经济发展的影响；

（6）应当考虑的影响市场竞争的其他因素。

3. 审查决定

（1）禁止集中决定；

（2）不予禁止决定；

（3）附条件的不予禁止决定。

对于禁止集中决定和附条件的不予禁止决定，应当及时向社会公布。

（四）经营者集中附加限制性条件（见表11-17）

表11-17

<table>
<tr><td>概念</td><td colspan="2">在经营者集中反垄断审查中，为了消除集中对竞争造成的不利影响，由参与集中的经营者向执法机构提出消除不利影响的解决办法，执法机构附条件批准该项集中的制度</td></tr>
<tr><td rowspan="3">分类</td><td>结构性条件</td><td>剥离有形资产、知识产权等无形资产或相关权益等</td></tr>
<tr><td>行为性条件</td><td>开放网络或平台等基础设施、许可关键技术（包括专利、专有技术或其他知识产权）、终止排他性协议等</td></tr>
<tr><td>综合性条件</td><td>结构性条件和行为性条件相结合</td></tr>
<tr><td rowspan="4">限制性条件的确定</td><td>承诺方案</td><td>为减少集中具有或者可能具有的排除、限制竞争的效果，参与集中的经营者可以向市场监管总局提出附加限制性条件承诺方案</td></tr>
<tr><td>评估方案</td><td>市场监管总局应当对承诺方案的有效性、可行性和及时性进行评估，并及时将评估结果通知申报人</td></tr>
<tr><td>磋商方案</td><td>市场监管总局认为承诺方案不足以减少集中对竞争的不利影响的，可以与参与集中的经营者就限制性条件进行磋商，要求其在合理期限内提出其他承诺方案</td></tr>
<tr><td>备选方案</td><td>承诺方案存在不能实施的风险的，参与集中的经营者可以提出备选方案。备选方案应当在首选方案无法实施后生效，并且比首选方案的条件更为严格</td></tr>
</table>

（五）限制性条件的履行监督、解除与变更（见表11-18）

表11-18

<table>
<tr><td colspan="2">履行监督</td><td>①义务人应当严格履行审查决定规定的义务，并按规定报告履行情况。
②市场监管总局可以自行或通过受托人对义务人监督检查；通过受托人监督检查的，市场监管总局应当在审查决定中予以明确</td></tr>
<tr><td rowspan="2">解除</td><td>自动解除</td><td>①根据审查决定，限制性条件到期自动解除的，经市场监管总局核查，义务人未违反审查决定的，限制性条件自动解除；义务人违反审查决定的，市场监管总局可以适当延长期限，并及时向社会公布。
②限制性条件为业务剥离的，经市场监管总局核查，义务人履行完成所有义务的，限制性条件自动解除</td></tr>
<tr><td>申请解除</td><td>根据审查决定，限制性条件到期后义务人需要申请解除的，应当提交书面申请并说明理由。市场监管总局评估后，决定解除限制性条件的，应当及时向社会公布</td></tr>
<tr><td colspan="2">变更</td><td>①市场监管总局可以主动或者应义务人申请对限制性条件重新审查，变更或解除限制性条件。
②变更或解除限制性条件时，应考虑下列因素：
第一，集中交易方是否发生重大变化；
第二，相关市场竞争状况是否发生实质性变化；
第三，实施限制性条件是否无必要或者不可能</td></tr>
</table>

【例题11-15·多选题·2019年】下列关于我国经营者集中申报制度的表述中，符合反垄断法律制度规定的有（　　）。

A. 我国对经营者集中实行强制的事前申报制度

B. 参与集中的每个经营者30%以上有表决权的股份或者资产被同一未参与集中的经营者拥有的，可以免于申报

C. 参与集中的所有经营者上一会计年度在全球范围内的营业额合计达到100亿元，并且其中至少两个经营者上一会计年度在中国境内的营业额均达到4亿元的经营者集中，应当申报

D. 经营者在国家市场监督管理总局规定的期限内未补交应当补交的申报材料的，视为未申报

【答案】 AD

【解析】 选项B，参与集中的每个经营者50%以上有表决权的股份或者资产被同一个未参与集中的经营者拥有的，可以免于申报；选项C，参与集中的所有经营者上一会计年度在全球范围内的营业额合计超过100亿元人民币，并且其中至少两个经营者上一会计年度在中国境内的营业额均超过4亿元人民币。

【例题11－16·多选题·2020年】 根据反垄断法律制度的规定，下列经营者集中附加的限制性条件中，属于行为性条件的有（　　）。

A. 剥离知识产权　　B. 许可关键技术

C. 开放平台等基础设施　　D. 终止排他性协议

【答案】 BCD

【解析】 选项BCD，开放网络或平台等基础设施、许可关键技术（包括专利、专有技术或其他知识产权）、终止排他性协议等属于行为性条件。

考点7　行政垄断（★★）

（一）滥用行政权力排除、限制竞争行为（见表11－19）

表11－19

行政强制交易	①以明确要求、暗示、拒绝或者拖延行政审批、重复检查、不予接入平台或者网络等方式，限定或者变相限定经营、购买、使用特定经营者提供的商品； ②通过限制投标人所在地、所有制形式、组织形式等方式，限定或者变相限定经营、购买、使用特定投标人提供的商品； ③没有法律、法规依据，通过设置项目库、名录库等方式，限定或者变相限定经营、购买、使用特定经营者提供的商品； ④限定或者变相限定单位或者个人经营、购买、使用其指定的经营者提供的商品的其他行为
地区封锁	①对外地商品设定歧视性收费项目、实行歧视性收费标准，或者规定歧视性价格、实行歧视性补贴政策； ②对外地商品规定与本地同类商品不同的技术要求、检验标准，或者对外地商品采取重复检验、重复认证等措施，阻碍、限制外地商品进入本地市场； ③没有法律、法规依据，采取专门针对外地商品的行政许可、备案，或者对外地商品实施行政许可、备案时，设定不同的许可或者备案条件、程序、期限等，阻碍、限制外地商品进入本地市场； ④没有法律、法规依据，设置关卡、通过软件或者互联网设置屏蔽等手段，阻碍、限制外地商品进入本地市场或者本地商品运往外地市场； ⑤妨碍商品在地区之间自由流通的其他行为

A. 责令行为人改正违法行为

B. 对直接负责的主管人员和其他直接责任人员给予处分

C. 对行为人处以罚款

D. 向有关上级机关提出依法处理的建议

【答案】D

【解析】反垄断执法机构可以向有关上级机关提出依法处理的建议。

恭喜你，

已完成第十一章的学习

扫码免费进 >>>
2022年CPA带学群

现在你应该高兴，因为你很是健康，不像一些人在经历病痛。现在你应该庆幸，因为你还活着，还可以去享受活着的美好。现在你应该开心，因为即使谁也不懂你，但是在这个世界还有那么多人陪着你。你，不曾一个人。

CHAPTER TWELVE

第十二章 涉外经济法律制度

考情雷达

涉外投资和对外贸易是涉外经济的主要内容。本章主要从“涉外投资、对外贸易和外汇管理”展开讲述。

本章考试分值在6分左右，考题以选择题为主，但备考难度较大。学习时切忌咬文嚼字，把握关键词表述，通过历年真题巩固记忆即可。最后三章的内容，基础阶段勿过多花费精力，精做习题，达到能应试程度即可。

本章内容与去年相比，删除了《外商投资法》的部分内容，对“合格境外投资者制度”和《合格境内投资者制度》进行了调整更新。

考点地图

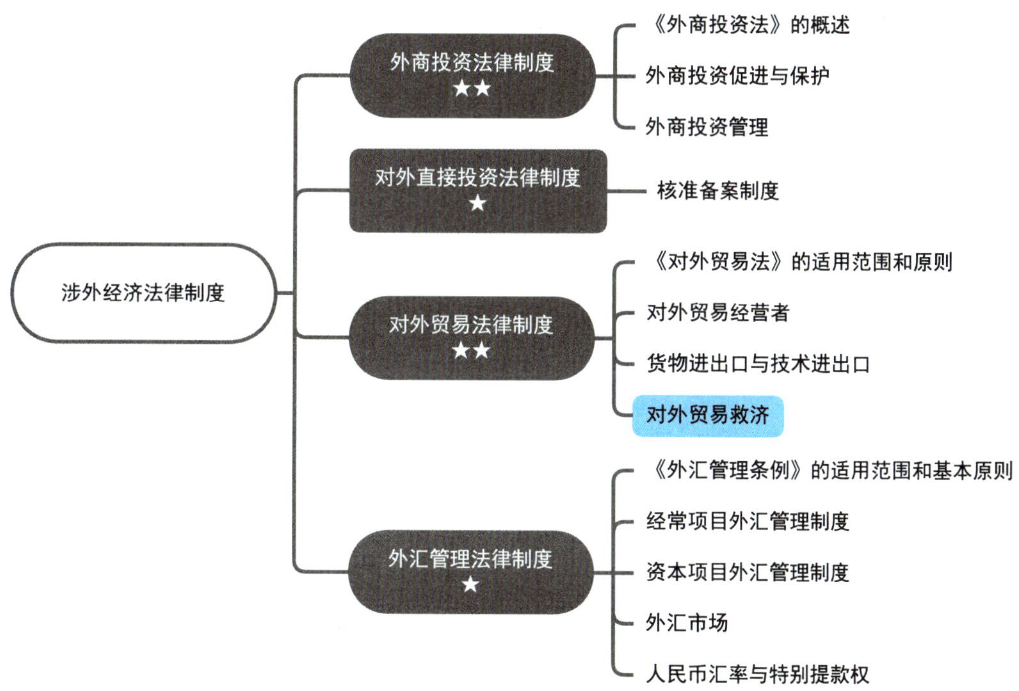

考点1 外商投资法律制度（★★）

（一）《外商投资法》的特色与创新

（1）从企业组织法转型为投资行为法；

（2）强调对外商投资的促进与保护；

（3）全面落实国民待遇原则；

（4）更加周延地覆盖外商投资实践。

（二）关于外商投资的界定

外商投资是指外国的自然人、企业或者其他组织（以下统称“外国投资者”）直接或间接在中国境内进行的投资活动，包括表 12－1 所示情形。

表 12－1

开办企业	外国投资者单独或者与其他投资者共同在中国境内设立外商投资企业
入股企业	外国投资者取得中国境内企业的股份、股权、财产份额或者其他类似权益
投资项目	外国投资者单独或者与其他投资者共同在中国境内投资新建项目
	在中国境内投资新建项目，是指外国投资者在中国境内对特定项目建设进行投资，但不设立外商投资企业，不取得中国境内企业的股份、股权、财产份额或者其他类似权益。例如，外国投资者以服务费、特许经营费或其他约定方式获取投资收益

【彬哥提醒】

“其他投资者”包括中国的自然人在内。这意味着中国自然人也可以同外国自然人、企业或其他组织在中国境内设立外商投资企业或者投资新建项目。

（三）关于外商投资促进

（1）提高外商投资政策的透明度；

（2）保障外商投资企业平等参与市场竞争；

（3）加强外商投资服务；

（4）依法依规鼓励和引导外商投资。

①鼓励外商投资产业目录由国务院投资主管部门会同国务院商务主管部门等有关部门拟订，报国务院批准后由国务院投资主管部门、商务主管部门发布；

②外国投资者以其在中国境内的投资收益在中国境内扩大投资的，依法享受相应的优惠待遇。

（四）关于外商投资保护（见表 12－2）

表 12－2

国家征收政策	①国家对外国投资者的投资**原则上不实行征收**； ②特殊情况下、为了公共利益的需要，可以依照法律规定对外国投资者的投资实行征收或者征用，但应当依照法定程序、以非歧视性的方式进行，并按照被征收投资的市场价值及时给予补偿； ③外国投资者对征收决定不服的，可以依法申请**行政复议或提起行政诉讼**
所得自由汇出	①外国投资者在中国境内的出资、利润、资本收益、资产处置所得、取得的知识产权许可使用费、依法获得的补偿或者赔偿、清算所得等，可以依法以人民币或者外汇自由汇入、汇出，任何单位和个人**不得**违法对币种、数额以及汇入、汇出的频次等进行限制； ②外商投资企业的外籍职工和中国香港、中国澳门、中国台湾职工的工资收入和其他合法收入，**可以依法自由汇出**
知识产权保护	①国家保护外国投资者和外国投资企业的知识产权，保护知识产权权利人和相关权利人的合法权益，鼓励在外商投资过程中基于自愿原则和商业规则开展技术合作，合作条件由投资各方遵循公平原则平等协商确定。 ②行政机关及其工作人员**不得**利用实施行政许可、行政检查、行政处罚、行政强制以及其他行政手段，**强制或者变相强制外国投资者、外商投资企业转让技术**

续表

强化对制定涉及外商投资规范性文件的约束	①没有法律、行政法规依据的，不得减损外商投资企业的合法权益或者增加其义务，不得设置市场准入和退出条件，不得干预外商投资企业的正常生产经营活动； ②外国投资者、外商投资企业认为行政行为所依据的国务院部门和地方人民政府及其部门制定的规范性文件不合法，在依法对行政行为申请行政复议或者提起行政诉讼时，可以一并请求对该规范性文件进行审查
促使地方政府守约践诺	①地方各级人民政府及其有关部门应当履行向外国投资者、外商投资企业依法作出的政策承诺以及依法订立的各类合同，不得以行政区划调整、政府换届、机构或者职能调整以及相关责任人更替等为由违约毁约； ②因国家利益、社会公共利益需要改变政策承诺、合同约定的，应当依照法定权限和程序进行，并依法对外国投资者、外商投资企业因此受到的损失予以补偿
建立健全投诉机制	国务院商务主管部门会同国务院有关部门建立外商投资企业投诉工作部际联席会议制度
行业自律组织	外商投资企业可以依法成立商会、协会，除法律、法规另有规定外，外商投资企业有权自主决定参加或者退出商会、协会，任何单位和个人不得干预

（五）关于外商投资管理

1. 准入前国民待遇加负面清单管理制度（见表 12－3）

表 12－3

准入前国民待遇	准入前国民待遇是指在投资准入阶段给予外国投资者及其投资不低于本国投资者及其投资的待遇。 【提示】外商投资在整个投资阶段（准入阶段和准入后的运营阶段）均享有国民待遇	
负面清单	负面清单是指国家规定在特定领域对外商投资实施的准入特别管理措施： ①禁止。 负面清单规定禁止投资的领域，外国投资者不得投资。 ②限制。 负面清单规定限制投资的领域，外国投资者进行投资应当符合负面清单规定的股权要求、高级管理人员要求等限制性准入特别管理措施。 ③内外一致。 负面清单外的领域，给予国民待遇，按照内外一致的原则实施监督管理；我国缔结或者参加的国际条约协定对外国投资者准入待遇有更优惠规定的，可以按照相关规定执行	
	负面清单由国务院投资主管部门会同国务院商务主管部门等有关部门提出，报国务院发布或者报国务院批准后由国务院投资主管部门、商务主管部门发布	
配套制度	按照内外资一致的原则对外商投资实施监督管理	①外商投资企业的登记注册，由市场监督管理部门依法办理；注册资本可以用人民币或可自由兑换货币表示； ②外商投资需要办理投资项目核准备案的，负责实施许可的有关部门应当按照与内资一致的条件和程序审核，不得设置歧视性要求； ③外商投资企业的组织形式，组织机构，适用公司法、合伙企业法等法律规定。 【提示】《外商投资法》施行后 5 年内（2025 年 1 月 1 日前），可依照《公司法》《合伙企业法》等法律的规定调整其组织形式、组织机构等，并依法办理变更登记，也可以继续保留原企业组织形式、组织机构等
	建立健全外商投资信息报告制度	①外商应当通过企业登记系统以及国家企业信用信息公示系统向商务主管部门报送投资信息； ②商务部负责统筹和指导全国范围内外商投资信息报告工作，建立外商投资信息报告系统

2. 外商投资安全审查制度（见表12－4）

表12－4

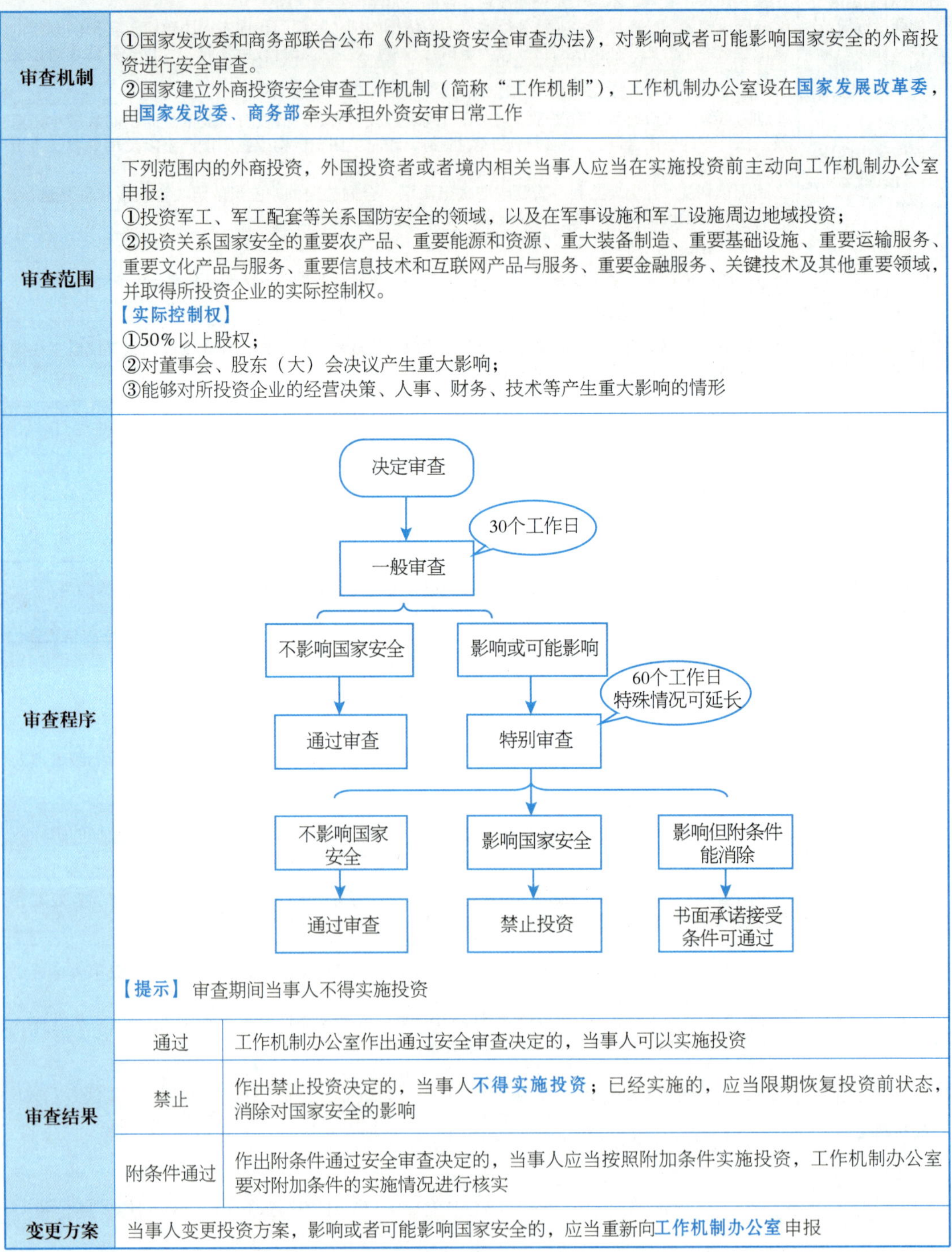

审查机制	①国家发改委和商务部联合公布《外商投资安全审查办法》，对影响或者可能影响国家安全的外商投资进行安全审查。 ②国家建立外商投资安全审查工作机制（简称“工作机制”），工作机制办公室设在**国家发展改革委**，由**国家发改委、商务部**牵头承担外资安审日常工作	
审查范围	下列范围内的外商投资，外国投资者或者境内相关当事人应当在实施投资前主动向工作机制办公室申报： ①投资军工、军工配套等关系国防安全的领域，以及在军事设施和军工设施周边地域投资； ②投资关系国家安全的重要农产品、重要能源和资源、重大装备制造、重要基础设施、重要运输服务、重要文化产品与服务、重要信息技术和互联网产品与服务、重要金融服务、关键技术及其他重要领域，并取得所投资企业的实际控制权。 **【实际控制权】** ①50%以上股权； ②对董事会、股东（大）会决议产生重大影响； ③能够对所投资企业的经营决策、人事、财务、技术等产生重大影响的情形	
审查程序	决定审查 → 一般审查（30个工作日） 一般审查 → 不影响国家安全 → 通过审查 一般审查 → 影响或可能影响 → 特别审查（60个工作日 特殊情况可延长） 特别审查 → 不影响国家安全 → 通过审查 特别审查 → 影响国家安全 → 禁止投资 特别审查 → 影响但附条件能消除 → 书面承诺接受条件可通过 **【提示】** 审查期间当事人不得实施投资	
审查结果	通过	工作机制办公室作出通过安全审查决定的，当事人可以实施投资
	禁止	作出禁止投资决定的，当事人**不得实施投资**；已经实施的，应当限期恢复投资前状态，消除对国家安全的影响
	附条件通过	作出附条件通过安全审查决定的，当事人应当按照附加条件实施投资，工作机制办公室要对附加条件的实施情况进行核实
变更方案	当事人变更投资方案，影响或者可能影响国家安全的，应当重新向**工作机制办公室**申报	

3. 外商投资合同效力的认定

（1）对于外商投资准入负面清单**之外的领域**形成的投资合同，当事人以合同未经有关行政主管部门批准、登记为由主张合同无效或者未生效的，人民法院**不予支持**。

（2）外国投资者投资外商投资准入负面清单规定禁止投资的领域，当事人主张投资合同无效的，人民法院**应予支持**。

（3）外国投资者投资外商投资准入负面清单规定限制投资的领域，当事人以违反限制性准入特别管理措施为由，主张投资合同无效的，人民法院应予支持。但是，在人民法院作出生效裁判前，当事人采取必要措施满足准入特别管理措施的要求，并据此主张所涉投资合同有效的，人民法院应予支持。

（4）在生效裁判作出前，因外商投资准入负面清单调整，外国投资者投资不再属于禁止或者限制投资的领域，当事人主张投资合同有效的，人民法院应予支持。

考点收纳盒

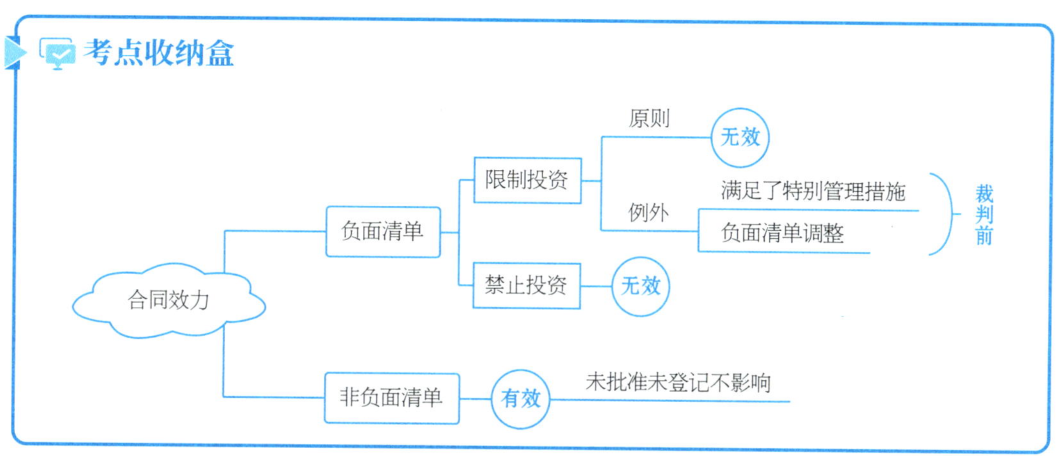

【**例题 12－1·多选题·2020 年**】根据涉外投资法律制度的规定，下列关于外商投资保护的表述中，正确的有（　　）。

A. 外国投资者在中国境内的利润，可以依法以人民币或者外汇自由汇出

B. 国家对于外国投资者的投资，原则上可以实行征收

C. 外国投资者、外商投资企业认为行政行为所依据的国务院部门和地方人民政府及其部门制定的规范性文件不合法，在依法对行政行为申请行政复议或者提起行政诉讼时，可以一并请求对该规范性文件进行审查

D. 行政机关及其工作人员不得利用行政手段强制或者变相强制外国投资者、外商投资企业转让技术

【**答案**】ACD

【**解析**】选项 B，国家对外国投资者的投资原则上不实行征收。

【**例题 12－2·单选题·2019 年**】根据外商投资法律制度的规定，下列关于准入前国民待遇加负面清单管理模式的表述中，正确的是（　　）。

A. 准入前国民待遇是指在投资运营阶段给予外国投资者及其投资不低于本国投资者及其投资的待遇

B. 准入前国民待遇加负面清单管理模式目前在我国仅适用于自由贸易试验区

C. 负面清单由商务部发布或者批准发布

D. 负面清单是指国家规定在特定领域对外商投资实施的准入特别管理措施

【答案】 D

【解析】 选项A，准入前国民待遇是指在投资准入阶段给予外国投资者及其投资不低于本国投资者及其投资的待遇；选项B，准入前国民待遇加负面清单的管理模式目前在全国范围内适用；选项C，负面清单由国务院投资主管部门会同国务院商务主管部门等有关部门提出，报国务院发布或者报国务院批准后由国务院投资主管部门、商务主管部门发布。

考点2 对外直接投资法律制度（★）

（一）对外直接投资概述

（1）中国对外直接投资（以下简称“对外直接投资”）是指中国境内投资者以现金、实物、无形资产等方式在国外及港澳台地区设立或购买境外企业，并控制企业经营管理权的投资活动。

（2）对外直接投资的形式包括**新设、并购、参股、增资、再投资**等。

（3）与外商直接投资区分。

①在外商直接投资中，中国是资金输入国，是投资者的东道国；

②在对外直接投资中，中国是资金输出国，是投资者的母国。

（4）法律适用。

①中国境内投资者对外直接投资，需要遵守投资所在国即**东道国**的法律和政策，以及**中国与有关东道国签订的双边投资保护协定**和双方共同缔结或参加的多边条约中的相关规定；

②作为投资者的母国，**中国国内法**中的相关规定当然也要予以适用。

所依据的法律规范主要是国家发展改革委、商务部、国资委、国家外汇管理局等部委发布的部门规章。

（二）对外直接投资核准备案制度

1. 商务部门的核准与备案（见图12－1）

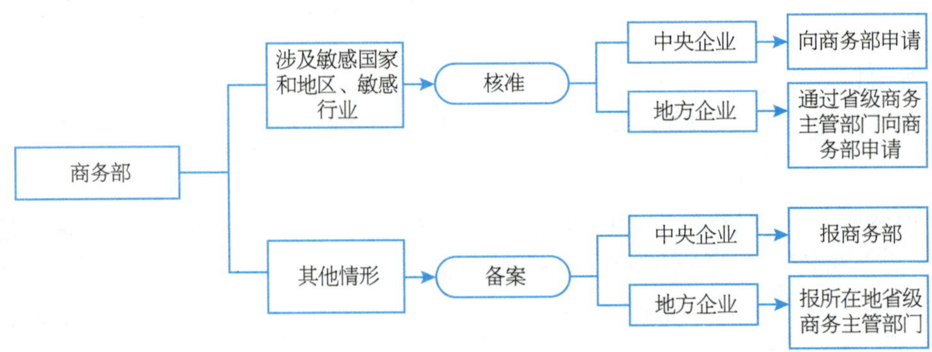

图12－1

2. 发展改革部门的核准与备案（见图 12-2）

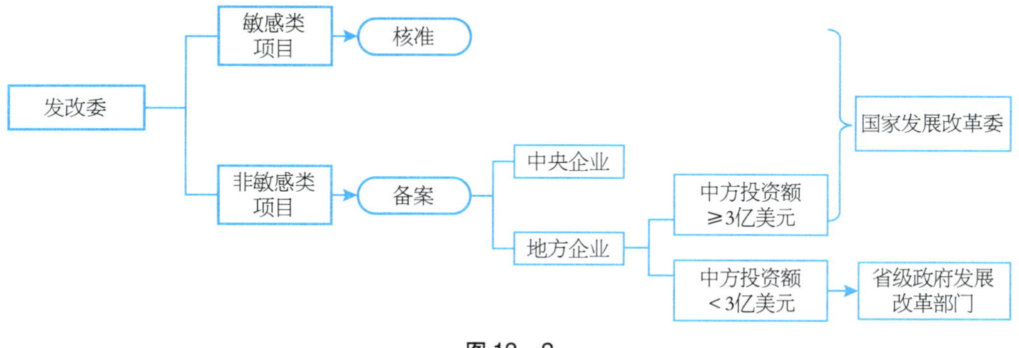

图 12-2

【**例题 12-3·单选题·2016 年**】某省属企业拟实施一项境外投资项目，中方投资额2.5亿美元，项目所在国家系敏感国家。下列表述中，符合对外直接投资法律制度规定的是（　　）。

A. 该项目应报国家发展改革委备案　　B. 该项目应报国家发展改革委核准

C. 该项目应报该省发展改革部门备案　　D. 该项目应报该省发展改革部门核准

【**答案**】B

【**解析**】涉及敏感国家和地区、敏感行业的境外投资项目，由国家发展改革委核准。敏感行业目录由国家发展改革委发布。

【**例题 12-4·单选题·2020 年**】某非敏感类境外投资项目，投资主体为地方企业，中方投资额为2亿美元。根据涉外投资法律制度的规定，下列表述中，正确的是（　　）。

A. 该项目应由国家发展改革委备案

B. 该项目应由国家发展改革委核准

C. 该项目应由投资主体注册地的省级政府发展改革部门核准

D. 该项目应由投资主体注册地的省级政府发展改革部门备案

【**答案**】D

【**解析**】地方企业实施的中方投资额3亿美元以下境外投资项目，由投资主体注册地的省级政府发展改革部门备案。

考点 3 《对外贸易法》的适用范围和原则（见表 12-5）（★★）

表 12-5

适用范围	①适用对象：我国对外贸易法律制度适用于货物进出口、技术进出口、国际服务贸易以及与此相关的知识产权保护； ②地域范围：我国《对外贸易法》**仅适用于中国内地**，不适用于香港特别行政区、澳门特别行政区和台湾地区； ③《对外贸易法》规定，中华人民共和国的单独关税区不适用该法

续表

原则	①统一管理原则（**商务部**主管全国对外贸易工作）； ②公平自由原则； ③平等互利原则； ④区域合作原则； ⑤非歧视原则，包括**最惠国待遇原则和国民待遇原则**； ⑥互惠对等原则

【例题12-5·单选题·2018年】《中华人民共和国政府和加拿大政府关于促进和相互保护投资的协定》规定："任一缔约方给予另一缔约方投资者在设立、购买、扩大、管理、经营、运营和销售或其他处置其领土内投资方面的待遇，不得低于在类似情形下给予非缔约方投资者的待遇。"该规定体现的待遇是（　　）。

A. 最惠国待遇　B. 国民待遇　C. 公平公正待遇　D. 最低限度待遇

【答案】A

【解析】最惠国待遇是指一国（给惠国）给予另一国（受惠国）的个人、企业、商品等的待遇不低于给惠国给予任何第三国（最惠国）的相应待遇。

考点4　对外贸易经营者（见表12-6）（★★）

表12-6

概述	①对外贸易经营者包括**法人、其他组织或者个人**； ②对外贸易经营**无须专门许可**。 《对外贸易法》取消了外贸特许制，规定依法办理了工商登记或其他执业手续的单位和个人均可从事外贸经营	
对外贸易经营者的管理	备案登记	从事货物进出口或者技术进出口的对外贸易经营者，应当向商务部或者其委托的机构办理**备案**登记；但是，法律、行政法规和商务部规定不需要备案登记的除外
	国营贸易	①国营贸易企业是享有专营权或特许权的政府企业和非政府企业。判断一个企业是不是国营贸易企业，关键是看该企业是否在国际贸易中享有专营权或特许权，**与该企业的所有制形式并无必然联系**。 ②国营贸易是指国家设立的国有企业以及国家给予排他性特权的私营企业所进行贸易，亦即国家通过授予对外贸易经营者在特定贸易领域内的专营权或特许权的方式，对特定产品的进出口实施的管理。 ③我国可以对**部分**货物的进出口实行**国营贸易管理**；实行国营贸易管理货物的进出口业务**只能**由经授权的企业经营，但国家允许部分数量的国营贸易管理货物的进出口业务由非授权企业经营的除外。 ④实行国营贸易管理的货物和经授权经营企业的目录，由**商务部**会同国务院其他有关部门确定、调整并公布

【例题12-6·单选题·2018年】根据对外贸易法律制度的规定，下列关于国营贸易和国营贸易企业的表述中，正确的是（　　）。

A. 实行国营贸易管理的货物的目录，由海关总署会同其他有关部门确定

B. 实行国营贸易管理的货物的进出口业务一概由授权企业经营

C. 国营贸易是世界贸易组织明文允许的贸易制度

D. 判断一个企业是不是国营贸易企业，关键是看该企业的所有制形式

【答案】C

【解析】选项A，实行国营贸易管理的货物和经授权经营企业的目录，由商务部会同国务院其他有关部门确定、调整并公布；选项B，实行国营贸易管理货物的进出口业务只能由经授权的企业经营，但国家允许部分数量的国营贸易管理货物的进出口业务由非授权企业经营的除外；选项D，判断一个企业是不是国营贸易企业，关键是看该企业是否在国际贸易中享有专营权或特许权，与该企业的所有制形式并无必然联系。

考点5 货物进出口与技术进出口（见表12－7、图12－3）（★★）

表12－7

货物进出口自动许可制度	①商务部基于监测进出口情况的需要，可以对部分自由进出口的货物实行进出口自动许可并公布其目录。 ②实行自动许可的进出口货物，收货人、发货人在办理海关报关手续前提出自动许可申请的，商务部应当予以许可；未办理自动许可手续的，海关不予放行
技术进出口备案登记制度	①进出口属于自由进出口的技术，应当向商务部或其委托的机构办理合同备案登记。合同自依法成立时生效，不以登记作为合同生效的条件。 ②技术进出口合同包括专利权转让合同、专利申请权转让合同、专利实施许可合同、技术秘密许可合同、技术服务合同和含有技术进出口的其他合同
配额和许可证制度	①国家对限制进口或者出口的货物，实行配额、许可证等方式管理。国家规定有数量限制的限制进出口货物，实行配额管理；其他限制进出口货物，实行许可证管理。 ②我国对限制进出口的技术实行许可证管理，技术进出口合同自许可证颁发之日起生效

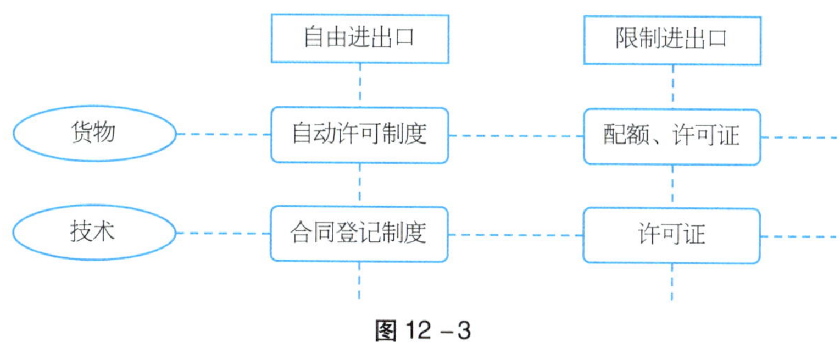

图12－3

【例题12－7·单选题·2016年】根据涉外经济法律制度的规定，对于国家规定有数量限制的进出口货物，我国实行的管理方式是（　　）。

A. 配额管理

B. 自由进出口管理

C. 备案登记管理

D. 许可证管理

【答案】A

【解析】国家规定有数量限制的进出口货物，实行配额管理；其他限制进出口货物，实行许可证管理。

考点6 对外贸易救济（★★）

（一）反倾销措施（见表12－8）

表12－8

倾销		指在正常贸易过程中进口产品以低于其正常价值的出口价格进入中国市场
反倾销调查	调查主体	①对损害的调查和确定，由**商务部**负责； ②涉及农产品的反倾销国内产业损害调查，由**商务部会同农业部**进行
	申请调查	国内产业或者代表国内产业的自然人、法人或者有关组织，向商务部提出反倾销调查的书面申请： ①在表示支持申请或反对申请的国内产业中，支持者的产量占支持者和反对者的总产量的**50%以上**的，可以启动反倾销调查； ②表示支持申请的国内生产者的产量<国内同类产品总产量的**25%**的，不得启动反倾销调查
	立案调查	①商务部自收到申请书及有关证据之日起**60日内决定**立案调查或者不立案调查； ②商务部虽未收到反倾销调查的书面申请，但有充分证据认为存在倾销和损害以及二者之间有因果关系的，**可以自行决定立案调查**
	调查期限	反倾销调查应当自立案调查决定公告之日起**12个月内**结束； 特殊情况下可以延长，但延长期**不得超过6个月**
	调查终止	①申请人撤销申请的； ②没有足够证据证明存在倾销、损害或者二者之间有因果关系的； ③倾销幅度**低于2%的**； ④倾销进口产品实际或者潜在的进口量或者损害属于可忽略不计的； ⑤商务部认为不适宜继续进行反倾销调查的
反倾销措施	临时措施	①征收**临时反倾销税**； ②要求提供**保证金、保函**或者其他形式的担保
	实施程序	①征收临时反倾销税，由**商务部**提出建议，**国务院关税税则委员会**根据商务部的建议作出决定，由商务部予以公告； ②要求提供保证金、保函或者其他形式的担保，由**商务部**作出决定并予以公告
	临时措施实施期限	①自临时反倾销措施决定公告规定实施之日起，**不超过4个月**； **②在特殊情形下，可以延长至9个月**； ③自反倾销立案调查决定**公告之日起60天内**，不得采取临时反倾销措施
	价格承诺	倾销进口产品的**出口经营者**在反倾销调查期间，可以向商务部作出改变价格或者停止以倾销价格出口的价格承诺。 ①商务部可以向出口经营者提出价格承诺的建议，但**不得强迫**出口经营者作出价格承诺； ②商务部对倾销以及由倾销造成的损害作出肯定的**初裁决定前，不得寻求**或者**接受价格承诺**； ③商务部认为出口经营者作出的价格承诺能够接受并符合公共利益的，**可以决定**中止或者终止反倾销调查，不采取临时反倾销措施或者征收反倾销税

续表

反倾销措施	价格承诺	出口经营者不作出价格承诺或者不接受价格承诺的建议的，不妨碍对反倾销案件的调查和确定
	反倾销税	“终裁”决定确定倾销成立，并由此对国内产业造成损害的，可以征收反倾销税： ①反倾销税原则上仅适用于终裁决定公告之日以后进口的产品； ②反倾销税的纳税人为倾销进口产品的进口经营者； ③在任何情形下，反倾销税税额不超过终裁决定确定的倾销幅度； ④反倾销税的征收期限不超过5年，但经商务部复审可以适当延长

（二）反补贴措施

（1）“补贴”是指出口国（地区）政府或者其任何公共机构提供的并为接受者带来利益的财政资助以及任何形式的收入或者价格支持。

（2）反补贴调查在申请、启动、实施、终止等方面的条件和程序与反倾销调查基本相同（见表12－9）。

表12－9 反补贴措施与反倾销措施的不同

	反倾销	反补贴
调查的终止情形	幅度低于2%	补贴金额为微量补贴
措施	①临时反倾销措施； ②价格承诺； ③反倾销税	①临时反补贴措施； ②取消、限制补贴或者其他有关措施的承诺； ③反补贴税
临时措施实施时间	不超过4个月，可延长至9个月	不超过4个月，不得延长

（三）保障措施

反倾销和反补贴措施针对的是倾销和补贴这样的不公平贸易行为，而保障措施针对的则是公平贸易条件下的特殊情形（见表12－10）。

表12－10

保障措施调查	申请	国内产业或者代表国内产业的自然人、法人或者有关组织，向商务部提出采取保障措施的书面申请
	立案调查	①商务部收到申请书后及时审查，决定立案调查或者不立案调查； ②商务部虽未收到采取保障措施的书面申请，但有充分证据认为国内产业因进口产品数量增加而受到损害的，也可以决定立案调查
	决定	可以作出初裁决定，也可以直接作出终裁决定
保障措施	临时保障措施	①采取提高关税的形式，海关自公告规定实施之日起执行； ②自临时保障措施决定公告规定实施之日起，不超过200天
	最终保障措施	①终裁决定确定进口产品数量增加，并由此对国内产业造成损害的，可以采取保障措施：保障措施可以采取提高关税、数量限制等形式。 ②实施时间不超过4年，可以适当延长，但最长不得超过10年

考点收纳盒

表 12 – 11　　　　“两反一保”的比较

	反倾销	反补贴	保障措施
性质	不公平贸易行为		公平贸易
主动立案调查	√	√	√
临时措施	①征收临时反倾销（补贴）税； ②要求提供保证金、保函或其他形式的担保；		提高关税
临时措施的期限	4 个月，最长 9 个月	4 个月/不得延长	200 天
最终措施	反倾销税	反补贴税	提高关税、数量限制
最终措施的期限	5 年，可适当延长		4 年/最长 10 年
措施的决定机构	跟“征税”有关的由国务院关税税则委员会作出决定，其他由商务部作出决定		

【例题 12 – 8 · 单选题 · 2016 年】根据涉外经济法制度的规定，有权作出征收反倾销税决定的机构是（　　）。

A. 商务部　　B. 海关总署

C. 国家税务总局　　D. 国务院关税税则委员会

【答案】D

【解析】征收反倾销税，由商务部提出建议，国务院关税税则委员会根据商务部的建议作出决定，由商务部予以公告。

【例题 12 – 9 · 单选题 · 2019 年】根据对外贸易法律制度的规定，反倾销调查应当自立案调查决定公告之日起一定期限内结束。该期限最长可以是（　　）个月。

A. 6　　B. 24　　C. 12　　D. 18

【答案】D

【解析】反倾销调查应当自立案调查决定公告之日起 12 个月内结束；特殊情况下可以延长，但延长期不得超过 6 个月。

考点 7　《外汇管理条例》的适用范围和基本原则（见表 12 – 12）（★）

表 12 – 12

外汇	①外币现钞（纸币和铸币）； ②外币支付凭证或者支付工具（票据、银行存款凭证、银行卡等）； ③外币有价证券（债券、股票等）； ④特别提款权及其他外汇资产。 本身不是货币，但可用于成员国与基金组织之间的官方结算，并可基于基金组织指定机制或者成员国之间的协议，用于换取（“提取”）等量的可自由使用货币

续表

适用范围	①属人主义与属地主义相结合的原则； ②境内机构和境内个人的外汇收支或者外汇经营活动，不论其发生在境内或者境外，均适用该条例； ③对于境外机构和境外个人而言，仅在中国境内的外汇收支和外汇经营活动适用该条例
	①境内机构是指境内的国家机关、企业、事业单位、社会团体、部队等，外国驻华外交领事机构和国际组织驻华代表机构除外； ②境内个人是指中国公民和在中国境内连续居住满 1 年的外国人，外国驻华外交人员和国际组织驻华代表除外
基本原则	经常项目与资本项目区别管理原则，即经常项目开放（可自由兑换），资本项目部分管制

【例题 12－10·多选题·2012 年】下列各项中，属于我国《外汇管理条例》所规定的外汇的有（　　）。

A. 中国银行开出的欧元本票
B. 境内机构持有的纳斯达克上市公司股票
C. 中国政府持有的特别提款权
D. 中国公民持有的日元现钞

【答案】ABCD

【解析】外汇包括外币现钞、外币支付凭证或者支付工具、外币有价证券、特别提款权及其他外汇资产。

【例题 12－11·单选题·2011 年】根据外汇管理法律制度的规定，下列外汇收支活动中，应当适用《外汇管理条例》的是（　　）。

A. 美国驻华大使洪某在华任职期间的薪酬
B. 最近 2 年一直居住在上海的美国公民汤姆，出租其在美国的住房获得的租金
C. 美国花旗银行伦敦分行在中国香港的营业所得
D. 正在中国短期旅行的美国人彼得，得知其在美国购买的彩票中了 300 万美元的大奖

【答案】B

【解析】选项 A，外国驻华外交人员属于“境外个人”，仅在中国境内的外汇收支和外汇经营活动适用该条例，而美国驻华大使馆不属于中国的领土，不属于“境内”；选项 B，在境内连续居住满 1 年的外国人，属于“境内个人”，境内个人的外汇收支或者外汇经营活动，不论其发生在境内或者境外，均适用该条例；选项 C，美国花旗银行属于“境外机构”，仅在中国境内（不包括中国香港）的外汇收支和外汇经营活动适用该条例；选项 D，在中国短期旅行的彼得属于“境外个人”，仅在中国境内的外汇收支和外汇经营活动适用该条例。

考点 8　经常项目外汇管理制度（见表 12－13）（★）

表 12－13

范围	经常项目是指一个国家或地区对外交往中经常发生的交易项目，包括贸易收支、服务收支、收益（包括职工报酬和股息、红利等投资收益）和经常转移（单方面转移，如援助、赠与、赔款等）

续表

一般规定	①经常项目外汇收入。 经常项目外汇收入实行**意愿结汇制（而非强制结汇制）**。经常项目外汇收入，可以按照国家有关规定保留或者卖给经营结汇、售汇业务的金融机构。 ②经常项目外汇支出。 经常项目外汇支出凭有效单证，**无须审批**。 ③经常项目外汇收支需有真实、合法的交易基础。 人民币经常项目可兑换后，对企业和个人经常项目下用汇的管理，主要体现在对外汇收支及汇兑环节的**真实性审核**
个人外汇管理制度	①目前，对于个人结汇和境内个人购汇实行**年度总额管理**，年度总额为**每人每年等值5万美元**，国家外汇管理局根据国际收支状况对年度总额进行调整。 ②个人经常项目项下外汇收支分为经营性外汇收支和非经营性外汇收支，对于个人开展对外贸易产生的**经营性**外汇收支，视同机构按照货物贸易的有关原则进行管理

【例题12－12·多选题·2015年】根据外汇法律制度的规定，下列各项中，属于外汇经常性项目的有（　　）。

A. 贸易收支　　B. 对外借款　　C. 投资收益　　D. 单方面转移

【答案】ACD

【解析】选项B，属于资本项目。

【例题12－13·单选题·2014年】下列关于经常项目外汇收支管理的表述中，符合外汇管理法律制度规定的是（　　）。

A. 我国对经常项目外汇收支实行有限度的自由兑换

B. 经营外汇业务的金融机构应当对经常项目外汇收支的真实性进行审核

C. 境内个人购汇额度为每人每年等值5万美元，应凭相关贸易单证办理

D. 经常项目外汇收入实行强制结汇制

【答案】B

【解析】选项A，目前经常项目可自由兑换；选项C，对于个人的非经营性外汇收支，无须提供贸易单证；选项D，经常项目外汇收入实行意愿结汇制（而非强制结汇制）。

考点9　资本项目外汇管理制度（见表12－14）（★）

表12－14

范围	是指国际收支中引起对外资产和负债水平发生变化的交易项目，包括**资本转移、非生产及非金融资产的收买或放弃、直接投资、证券投资、衍生产品投资及贷款**等
一般规定	①资本项目外汇**收入**。 资本项目外汇收入保留或卖给经营结汇、售汇业务的金融机构，应当经外汇管理机关批准，但国家规定无须批准的除外。 ②资本项目外汇**支出**。 资本项目外汇支出应按照国务院外汇管理部门关于付汇与购汇的管理规定，凭有效单证以自有外汇支付或向经营结汇、售汇业务的金融机构购汇支付。国家规定应当经外汇管理机关批准的，应当在外汇支付前办理**批准手续**。 ③资本项目外汇及结汇资金，应当按照有关主管部门及外汇管理机关**批准的用途使用**

续表

直接投资项下的外汇管理	外商直接投资	①对外商境内直接投资的外汇实行登记管理制度；外国投资者应先在外汇局办理登记。 ②境内直接投资所涉主体（外商投资企业）在办理登记后，可根据实际需要到银行开立前期费用账户、资本金账户及资产变现账户等境内直接投资账户。 ③外汇局根据国家相关规定对外商投资企业实行年检
	境外直接投资	①境内机构可以使用自有外汇资金、符合规定的国内外汇贷款、人民币购汇或者实物、无形资产及经外汇局核准的其他外汇资产进行境外直接投资（自有外汇资金包括经常项目外汇账户、外商投资企业资本金账户等账户内的外汇资金）； ②境内机构境外直接投资所得利润也可留存境外用于其境外直接投资； ②外汇局对境内机构境外直接投资及其形成的资产和相关权益实行外汇登记备案制度； ③境内机构将其所得的境外直接投资利润汇回境内的，可以保存在其经常项目外汇账户或者办理结汇
间接投资项下的外汇管理	合格境外机构投资者（QFII）制度	①中国证监会、中国人民银行依法对合格境外投资者的境内证券期货投资实施监督管理； ②中国人民银行、国家外汇管理局依法对合格境外投资者境内银行账户、资金汇兑等实施监督管理； ③合格境外投资者可参与的金融衍生品等交易品种和交易方式，由中国证监会会商中国人民银行、国家外汇管理局同意后公布
	合格境内机构投资者（QDII）制度	①银保监会、证监会分别负责各自监管范围内金融机构境外投资业务的市场准入，包括资格审批、投资品种确定以及相关风险管理。 ②国家外汇管理局负责 QDII 机构境外投资额度、账户及资金汇兑管理等
外债管理	范围	境内机构对非居民承担的以外币表示的债务，包括境外借款、发行债券、国际融资租赁等
	资金的使用	①外商投资企业借用的外债资金可以结汇使用。 ②除另有规定外，境内金融机构和中资企业借用的外债资金不得结汇使用。 ③债务人借款合同中约定的外债资金用途应当符合外汇管理规定。 ④短期外债原则上只能用于流动资金，不得用于固定资产投资等中长期用途
	外保内贷	境内非金融机构从境内金融机构借用贷款或获得授信额度，在同时满足以下条件的前提下，可以接受境外机构或个人提供的担保，并自行签订外保内贷合同： ①债务人为在境内注册经营的非金融机构； ②债权人为在境内注册经营的金融机构； ③担保标的为金融机构提供的本外币贷款（不包括委托贷款）或有约束力的授信额度； ④担保形式符合境内外法律法规

【例题 12－14·多选题·2020 年】根据外汇管理法律制度的规定，下列外汇资金中，境内机构可以用于境外直接投资的有（　　）。

A. 符合规定的国内外汇贷款

B. 自有外汇资金

C. 人民币购汇

D. 该机构留存境外的境外直接投资所得利润

【答案】ABCD

【解析】（1）选项ABC，境内机构可以使用自有外汇资金、符合规定的国内外汇贷款、人民币购汇或者实物、无形资产及经外汇局核准的其他外汇资产进行境外直接投资；（2）选项D，境内机构境外直接投资所得利润也可留存境外用于其境外直接投资。

【例题12－15·多选题·2014年】下列关于资本项目外汇收支管理的表述中，符合外汇管理法律制度规定的有（　　）。

A. 外商直接投资的汇入和汇出均须在外汇局办理登记

B. 境内机构境外直接投资所获利润可以留存境外继续用于直接投资，也可汇回境内

C. 合格境内机构投资者（QDII）的境外投资额度由国家外汇管理局负责审定

D. 境内机构向境外直接投资，须由外汇局对外汇资金的来源进行审核

【答案】ABC

【解析】选项D，对于境内机构境外直接投资，已经取消了原来对外汇资金的来源审核，改为登记备案制度。

考点10　外汇市场（见表12－15）（★）

表12－15

外汇零售市场	外汇零售市场是指**银行与企业、银行与个人之间**进行柜台式外汇买卖所形成的市场
外汇批发市场	①外汇批发市场，是指以银行业金融机构为主、以非银行金融机构和非金融企业为辅的机构间外汇买卖市场，也称**银行间**外汇市场； ②银行间外汇市场提供**集中竞价、双边询价**和**撮合交易**三种交易模式

考点11　人民币汇率与特别提款权（见表12－16）（★★）

表12－16

人民币汇率制度	我国实行以市场供求为基础，参考“一篮子”货币进行调节、有管理的**浮动汇率**制度
特别提款权	①特别提款权**本身不是货币**，但可用于成员国与基金组织之间的官方结算，并可基于基金组织指定机制或者成员国之间的协议，用于换取（“提取”）等量的可自由使用货币； ②特别提款权货币篮组成货币：**美元、欧元、日元、英镑和人民币**

【例题12－16·多选题·2018年】根据外汇管理法律制度的规定，下列关于当前人民币汇率制度的表述中，正确的有（　　）。

A. 参考“一篮子”货币进行调节

B. 有管理的浮动汇率制

C. 以市场供求为基础

D. 官方汇率与调剂市场汇率并存

【答案】ABC

【解析】我国目前实行的是以市场供求为基础（选项C正确），参考“一篮子”货币进行调节（选项A正确）、有管理的浮动汇率制度（选项B正确）。

【例题12－17·多选题·2016年】根据涉外经济法律制度的规定，下列关于特别提款权的表述中，正确的有（　　）。

A. 特别提款权是一种货币

B. 加入特别提款权“货币篮”标志着人民币完全实现了可自由兑换

C. 特别提款权的“货币篮”由5种货币组成

D. 特别提款权本身具有价值

【答案】CD

【解析】选项A，特别提款权本身不是货币；选项B，目前人民币尚未完全实现可自由兑换，资本项目下还存在限制。

以大多数人的努力程度之低，根本轮不到去拼天赋。我们生活中能够遇到的高人，他们的天赋，还远远达不到可以和执行力、意志力抗衡的地步。人世间最可怕的就是，你不但孑然一身，还自我设限，一靠近舒适区边缘就畏首畏尾，最终碌碌无为。

BT 教育——陪伴奋斗年华

致敬这个时代最有梦想的人

有时候会觉得自己很孤单，哪怕并不缺少亲人朋友关切的眼神。因为没有处在相同的境地，没有面临等同的压力，没有殊途同归的共同目标，所以有口难言，情绪都烂在心里。想要与志同道合的朋友喝酒聊天，想要在他们眼里找回激情和梦想，想要与保持着同一份初心的人一路前行。

陪伴，是最温暖的情怀，是最长情的告白，而BT教育就想要送你这一份温暖，陪伴奋斗年华。

学习知识固然重要，可是陪伴或许才是教育的本质。有“效率”的陪伴，应该是“双向沟通”，就像高效的学习不应当只是“单向传输”一样。老师懂你的困惑，你也能跟上老师的节奏，及时的互通和反馈才是陪伴的真谛！信息时代里，我们缺少的绝对不是那堆冷冰冰的知识，而是能有良师在授业解惑之余不断引导你培养终身受益的学习方法，也是益友持续鼓励你不渝前行，这或许就是教育的本质。这样的经历在我们学生时代也许并不陌生，只是多年之后再回首，那些坚定又充实的学习时光竟然是那般遥远。在BT教育里，我们想要给你陪伴，带你再回那段时光。

纵然无线Wi-Fi不能传递热能，可是陪伴却可以带来无限温情。直播间里，老师说“懂得了就扣1”，一连串的1111让我们透过屏幕感受到你们的欣喜和雀跃；班级群里，助教说“复习完了要打卡”，同学们较着劲儿地报进度，互相鼓励着去坚持，真切地觉得在奋斗的不只是自己。

纵使我们来自全国各地，可是有着相同的奋斗心情。我们在一群素未谋面的陌生人中嗅到了至真至纯的人情味儿，让早读成为了习惯，拼搏至凌晨成为了常态。助教的督促，老师的答疑，同学的鼓励，让汗水终将换来理想成绩的感动。正是对这份温暖的向往，对目标的矢志不渝，让你在最美的年华，选择了奋斗在BT教育。一个人走得很快，一群人相伴可以走得更远。

熹微晨光中，鸟鸣和BT教育陪你，静谧的夜里，咖啡和BT教育陪你；没有休息的周六日，没有旅行的假期，BT教育一直陪你，陪你！陪你遥望真理无穷，陪你感受每进一寸的欢喜，陪你平缓坎坷心情，陪你度过奋斗年华！

BT教育—陪伴奋斗年华。BestTime，最美的年华，奋斗在BT教育！

使用说明

CPA 知识涉及面广，知识点零散，记忆强度大，但其逻辑非常连贯，像一棵大树，从树干伸展到树枝再到树叶，体系严谨。学习过程中若能沿着考点脉络不断延伸，再不断消化拓展，即可事半功倍，这便是通关的捷径。

思维框架图的作用就是调动鲜活的思考力，梳理你脑中的知识，并形成完整的体系。这样不仅可以避免混淆知识之间的关系，出现丢三落四、张冠李戴的情况，还可以有效地帮助你巩固记忆，将整本书越背越薄、越背越快。

所以思维框架图绝不是简单地将教材目录和各级标题抄一抄即可，而应该运用归纳整理能力提炼知识要点，接着理清知识点之间的逻辑脉络，进而重组内容架构。为贯彻 BT 教育高效应试的特色，我们在 CPA 思维框架图独创如下特点：

1. 根据考点分割，进行考情分析

我们整理了近 10 年真题，并统计了每个考点的考查频次。除此之外，每章的知识点我们都配置了考情分析、考频、分值、命题形式，重点内容一目了然。只有知道考什么、怎么考，我们才能有的放矢地分配好精力，高效学习。

2. 重点标记、一目了然

我们对每一科的考点都标注了星级，★的数量代表考频高低，一星为低频考点，若时间紧张，可适度选择放弃；但若想追求高分则尽量全部掌握。

3. 内容精简、考点全面

我们对每个考点都进行了深度提炼加工，在全面覆盖考点的基础上，减少了 95% 以上的文字量，极大减轻了学习负担。

思维框架图的使用方法

针对不同的学习阶段，巧妙地使用思维框架图，可以达成不同的效果，框架图可以贯穿你的备考全程，真正做到一册在手，学习不愁。

【预习阶段——内容提要】

在脑海中对章节建立整体模块布局，重要的考点还需进行额外标注，大概扫一下前三级内容标题。

【复习阶段——学霸笔记】

使用思维框架图，复习刚刚学完的章节，能将散装概念再次梳理，并形成结构性极强的体系，帮助自己加深理解、巩固记忆。

打开对应章节的思维框架图，从上到下，从左到右，出声朗读，完成初步梳理。再采用费曼学习法用自己的语言把知识点讲给自己听，若能够流畅地讲述下去，则证明本章内容已基本掌握；若某个地方卡住了，说明知识消化存在问题，则标记疑惑点，再次学习直至掌握。

对于时间较充裕的同学，这时候需要你拿出一张白纸自己画思维框架图，再与我们的思维框架图进行对比，查漏补缺；对于时间紧张的同学，则画出大体框架，在脑海中不断填充细节。

【背诵阶段——通关手册】

CPA 的备考过程其实是与遗忘作斗争的过程，这份自带考点考频分析表、做题技巧的思维框架图，就是你冲刺背诵最好的笔记，相比满满文字的讲义，思维框架图更清晰，且有助于你点、线、面地逐步复述知识点，查漏补缺，再搭配语音微课，利用碎片化时间不断重复巩固记忆，可以有效将书越背越薄、越背越牢！

目 录

CONTENTS

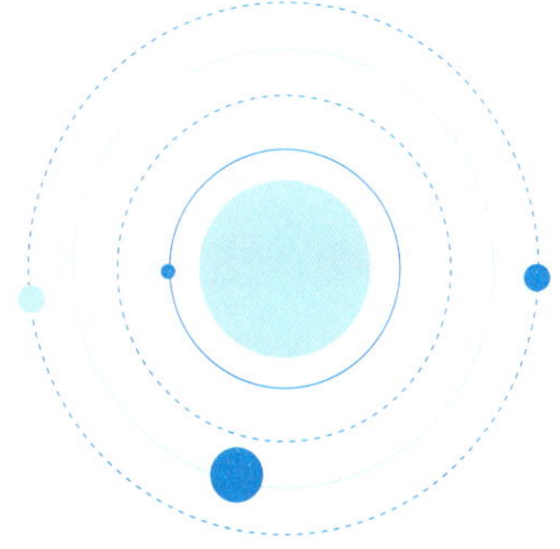

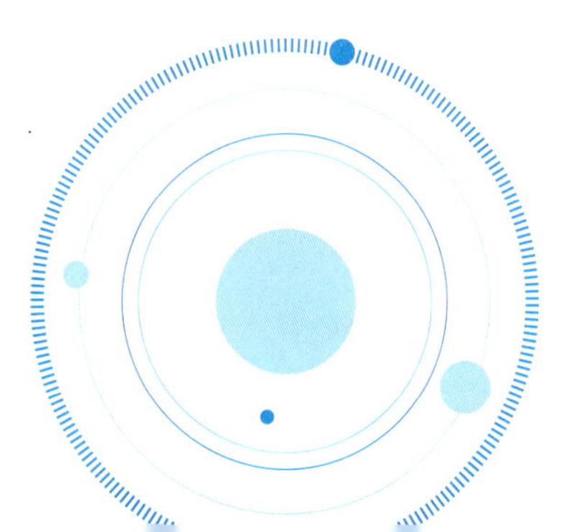

第一章

法律基本原理

分值比重：2.5分左右

命题形式：选择题

★ 核心考点：法律渊源、法律关系的基本构成

法律基本原理

法律基本概念★★

法律渊源

种类		制定机关	地位和效力	示例
宪法		全国人民代表大会	根本大法（**最高效力**）	《中华人民共和国宪法》 《中华人民共和国选举法》 《香港特别行政区基本法》
法律	基本法律	全国人民代表大会	仅次于宪法	《中华人民共和国刑法》 《中华人民共和国民法典》
	一般法律	全国人大常委会		《中华人民共和国公司法》
法规	**行政法规**	国务院	仅次于宪法和法律	《证券公司监督管理条例》
	地方性法规	地方人民代表大会及其常委会	不得与宪法、法律和行政法规相抵触；只在本辖区内适用	《XX 地方 XX 条例》
规章	**部门规章**	国务院各部委、人民银行、审计署和具有行政管理职能的直属机构	不得与宪法、法律和行政法规相抵触	财政部发布的《企业会计准则——基本准则》 中国证监会发布的《上市公司信息披露管理办法》等
	地方政府规章	有权制定规章的**地方人民政府**	不得与宪法、法律和地方性法规相抵触	《XX 地方 XX 办法》
司法解释		最高人民法院、最高人民检察院	——	《关于适用 < 中华人民共和国民法典 > 物权编的解释（一）》等
国际条约和协定		国家之间	——	——

法律规范

- 授权性规范&义务性规范
- 强制性规范&任意性规范
- 确定性规范&非确定性规范

...接下页

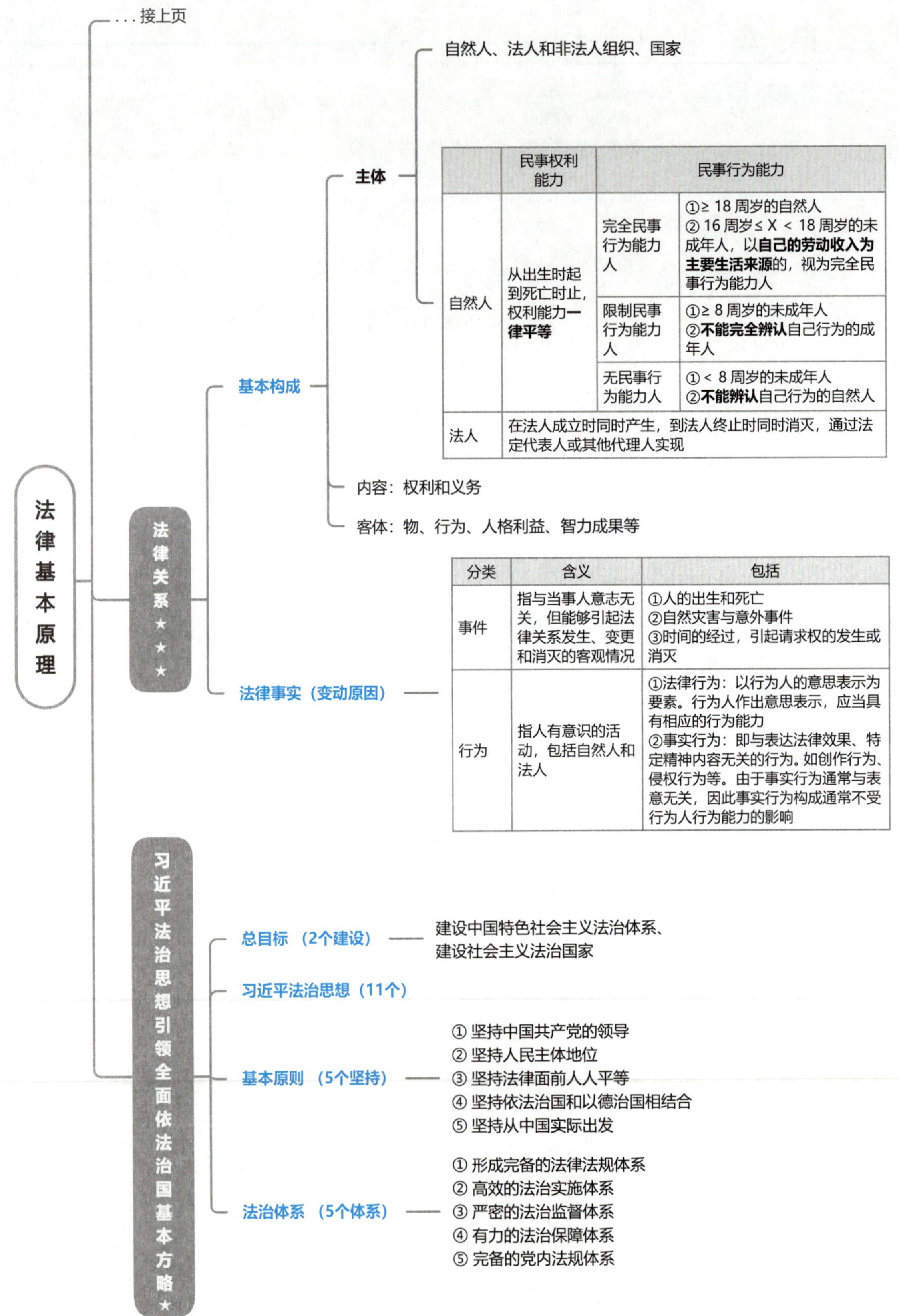

...接上页

法律基本原理

法律关系★★★

基本构成

- 主体
  - 自然人、法人和非法人组织、国家

	民事权利能力	民事行为能力	
自然人	从出生时起到死亡时止，权利能力**一律平等**	完全民事行为能力人	①≥ 18 周岁的自然人 ② 16 周岁≤ X ＜ 18 周岁的未成年人，以**自己的劳动收入为主要生活来源**的，视为完全民事行为能力人
		限制民事行为能力人	①≥ 8 周岁的未成年人 ②**不能完全辨认**自己行为的成年人
		无民事行为能力人	①＜ 8 周岁的未成年人 ②**不能辨认**自己行为的自然人
法人	在法人成立时同时产生，到法人终止时同时消灭，通过法定代表人或其他代理人实现		

- 内容：权利和义务
- 客体：物、行为、人格利益、智力成果等

法律事实（变动原因）

分类	含义	包括
事件	指与当事人意志无关，但能够引起法律关系发生、变更和消灭的客观情况	①人的出生和死亡 ②自然灾害与意外事件 ③时间的经过，引起请求权的发生或消灭
行为	指人有意识的活动，包括自然人和法人	①法律行为：以行为人的意思表示为要素。行为人作出意思表示，应当具有相应的行为能力 ②事实行为：即与表达法律效果、特定精神内容无关的行为。如创作行为、侵权行为等。由于事实行为通常与表意无关，因此事实行为构成通常不受行为人行为能力的影响

习近平法治思想引领全面依法治国基本方略★

- 总目标（2个建设）—— 建设中国特色社会主义法治体系、建设社会主义法治国家
- 习近平法治思想（11个）
- 基本原则（5个坚持）——
  ① 坚持中国共产党的领导
  ② 坚持人民主体地位
  ③ 坚持法律面前人人平等
  ④ 坚持依法治国和以德治国相结合
  ⑤ 坚持从中国实际出发
- 法治体系（5个体系）——
  ① 形成完备的法律法规体系
  ② 高效的法治实施体系
  ③ 严密的法治监督体系
  ④ 有力的法治保障体系
  ⑤ 完备的党内法规体系

第二章

基本民事法律制度

分值比重：4分左右

命题形式：选择题

★ 核心考点：民事法律行为的效力、诉讼时效

基本民事法律制度

民事法律行为★★★

- 分类
  - ①单方民事法律行为（撤销权的行使、解除权的行使、效力待定行为的追认、债务的免除等）
  - ②双方民事法律行为（合同）
  - ③多方民事法律行为（决议）
  - 有偿民事法律行为和无偿民事法律行为
  - 负担行为和处分行为
  - 要式民事法律行为和不要式民事法律行为
  - 主民事法律行为和从民事法律行为
- 意思表示（有相对人）
  - **对话方式**——知道
  - **非对话方式**
    - 一般：到达
    - 数据电文：进入系统
    - 公告：发布
- 生效要件
  - **实质要件（同时满足）**
    - ①主体合格——具有相应的民事行为能力
    - ②表意真实——意思表示真实
    - ③内容合法——不违反法律和公序良俗
  - **形式要件**——口头、书面、推定、沉默
- 无效民事法律行为
  - **特征**——自始无效、当然无效、绝对无效
  - **种类**
    - 主体不合格——无行为能力人独立实施
    - 表意不真实——虚假意思表示
    - 内容违法
      - 恶意串通损害他人利益
      - 违反强制性规定或公序良俗
- ...接下页

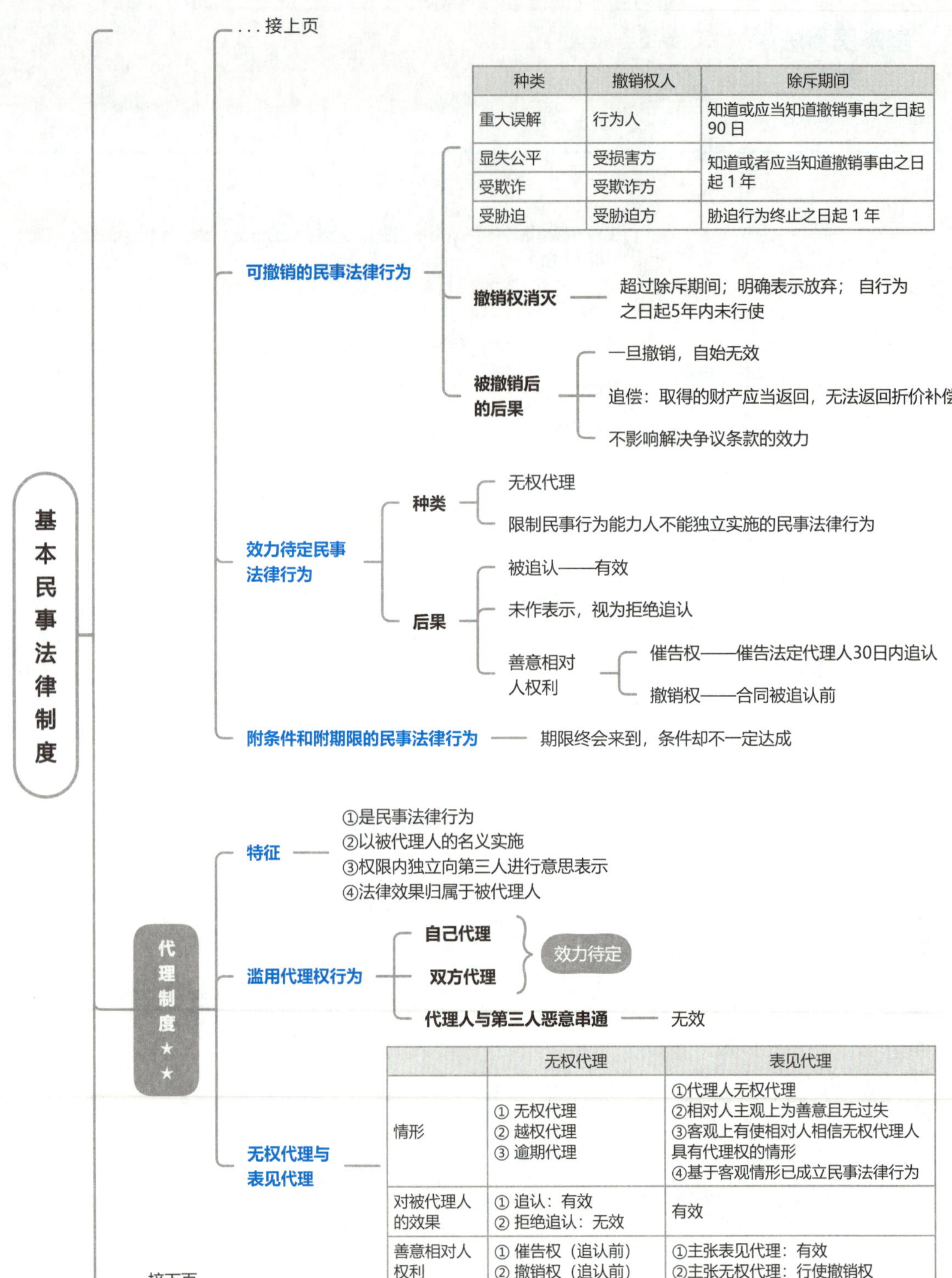

种类	撤销权人	除斥期间
重大误解	行为人	知道或应当知道撤销事由之日起90日
显失公平	受损害方	知道或者应当知道撤销事由之日起1年
受欺诈	受欺诈方	
受胁迫	受胁迫方	胁迫行为终止之日起1年

	无权代理	表见代理
情形	① 无权代理 ② 越权代理 ③ 逾期代理	①代理人无权代理 ②相对人主观上为善意且无过失 ③客观上有使相对人相信无权代理人具有代理权的情形 ④基于客观情形已成立民事法律行为
对被代理人的效果	① 追认：有效 ② 拒绝追认：无效	有效
善意相对人权利	① 催告权（追认前） ② 撤销权（追认前）	①主张表见代理：有效 ②主张无权代理：行使撤销权

基本民事法律制度

……接上页

诉讼时效制度★★★

基本理论

- 诉讼时效届满不丧失起诉权，只是债务人产生抗辩权
- **不适用情形**
  - 请求停止侵害、排除妨碍、消除危险
  - 不动产物权和登记的动产物权的权利人请求返还财产
  - 请求支付抚养费、赡养费或者扶养费
  - 支付存款本金及利息请求权
  - 兑付国债、金融债券以及向不特定对象发行的企业债券本息请求权
  - 基于投资关系产生的缴付出资请求权

诉讼时效与除斥期间

	诉讼时效	除斥期间
适用对象	债权请求权	形成权（追认权、解除权、撤销权）
运用主体	当事人主张，人民法院不得主动援用	人民法院均可主动审查
法律效力	期间届满，只是让债务人取得抗辩权，实体权利不消灭	期间届满，实体权利消灭

种类

种类	适用情形	期间	起算时间	适用情形
普通诉讼时效	常规适用	**3 年**	从权利人知道或者应当知道权利被侵害及义务人之时起算	中止、中断
长期诉讼时效	涉外货物买卖合同、技术进出口合同	4 年		
最长诉讼时效	所有纠纷	20 年	从**权利被侵害时**计算	不适用中断、中止，可延长

起算

一般情况：权利人知或应知权利受到损害及义务人之日

情形		起算时间
附条件或附期限之债		条件成就或期限届满之日
确定履行期限之债		清偿期届满之日
分期履行		**最后一期履行期限届满之日**
未约定履行期限的合同	确定履行期限	履行期限届满之日
	不能确定履行期限	**宽限期届满之日**，但债务人在债权人第一次向其主张权利之时明确表示不履行义务的，从债务人**明确表示不履行义务之日起计算**
无或限制民事行为能力人对其法定代理人的请求权		法定代理终止之日
未成年人遭受性侵害		受害人**年满 18 周岁**之日
请求他人不作为		权利人知道义务人违反不作为义务时
国家赔偿		**知或应知**被侵犯之日，但被限制人身自由期间不计算在内

中止与中断

	中止	中断
事由	①不可抗力 ②其他障碍（债权人出事）	①提起诉讼或者申请仲裁 ②权利人向义务人提出履行请求 ③义务人同意履行义务
时间	诉讼时效期间的最后 6 个月内	诉讼时效期间
法律效力	暂停——中止事由发生前已经经过的时效期间仍然有效；原因消除后，诉讼时效始终剩下 6 个月	重新计算——中断没有次数限制，但不得超过 20 年最长诉讼时效的限制

第三章

物权法律制度

分值比重：8分左右

命题形式：选择题、案例分析题

★ 核心考点：物权变动、共有、善意取得制度、抵押权

物权法律制度

物权法律制度概述★★

- **特点** —— 支配权、排他性、绝对权（对世权）
- **基本原则**
  - 物权法定
  - 物权客体特定（一物一权）
  - 物权公示

物权变动★★

- **取得方式**
  - 原始取得
  - 继受取得
- **动产物权变动的公示**
  - 原则——**交付生效**

现实交付	将物直接交由对方占有	
交付替代	简易交付	转让前，已经依法占有，物权自法律行为生效时发生效力
	指示交付	转让前，第三人占有，转让向第三人请求返还原物的权利
	占有改定	转让时，约定由出让人继续占有，物权自约定时生效

- **不动产物权变动公示**
  - 原则——**登记生效**
  - **更正登记与异议登记**
    - 登记事项有错，可申请更正登记
    - 权利人不同意更正，利害关系人可申请异议登记
    - 异议登记15日，不起诉，异议登记失效
  - **预告登记**
    - ①预购商品房
    - ②预购商品房设定抵押
    - ③房屋所有权转让、抵押
    - 预告登记后，自可以登记之日起，90日内未申请登记，预告登记失效

...接下页

...接上页

物权法律制度

所有权★★★

共有

- **共有形态确定** —— 约定→除具有家庭关系外，为按份共有

		共同共有	按份共有
对内关系	重大修缮、变更性质或用途	约定→**全体**共有人同意	约定→经**占份额 2/3 以上**（含 2/3）的按份共有人同意
	管理费用	约定→共同共有人**共同负担**	约定→按份共有人按照其**份额负担**
	共有物分割	共有人约定不得分割，以维持共有关系的，应当按照约定，但共有人有重大理由需要分割的，可请求分割	
		因分割对其他共有人造成损害的，应当给予赔偿	
		没有约定的或约定不明时，共同共有人在**共有基础丧失或者重大理由需要分割时**，可以请求分割	没有约定的或约定不明时，可**随时请求**分割
	债权债务	约定→共有人**共同**享有债权、承担债务	约定→共有人按照**份额**享有债权、承担债务
对外关系	物的处分	约定→征得**全体同意**	约定→经占份额 **2/3 以上**（含 2/3）的按份共有人同意
	份额的处分	——	可以随时转让，其他共有人在同等条件下享有优先购买的权利
	债权债务	都应对债权债务承担连带责任	

- **共有人的无权处分**
  - 债权行为——合同有效
  - 物权行为——效力待定

善意取得制度

- **条件（同时满足）**
  - 受让人善意
  - 合理价格转让
  - 转让的动产已交付或不动产已登记
- **不适用** —— ①非因法律行为而发生的物权变动不适用 ②占有改定不适用 ③遗失物、盗窃物等不适用 ④转让合同无效或被撤销
- **动产法律后果** —— ①所有权发生转移，受让人取得所有权 ②真正权利人有赔偿请求权
- **不动产特别法律后果** —— 不消除不动产上已经登记的其他物权

动产的特殊取得

- 先占、拾得遗失物、发现埋藏物、添附
- **拾得遗失物的处理**
  - 1 年无人认领，归国家
  - 拾得人享有费用偿还请求权

...接下页

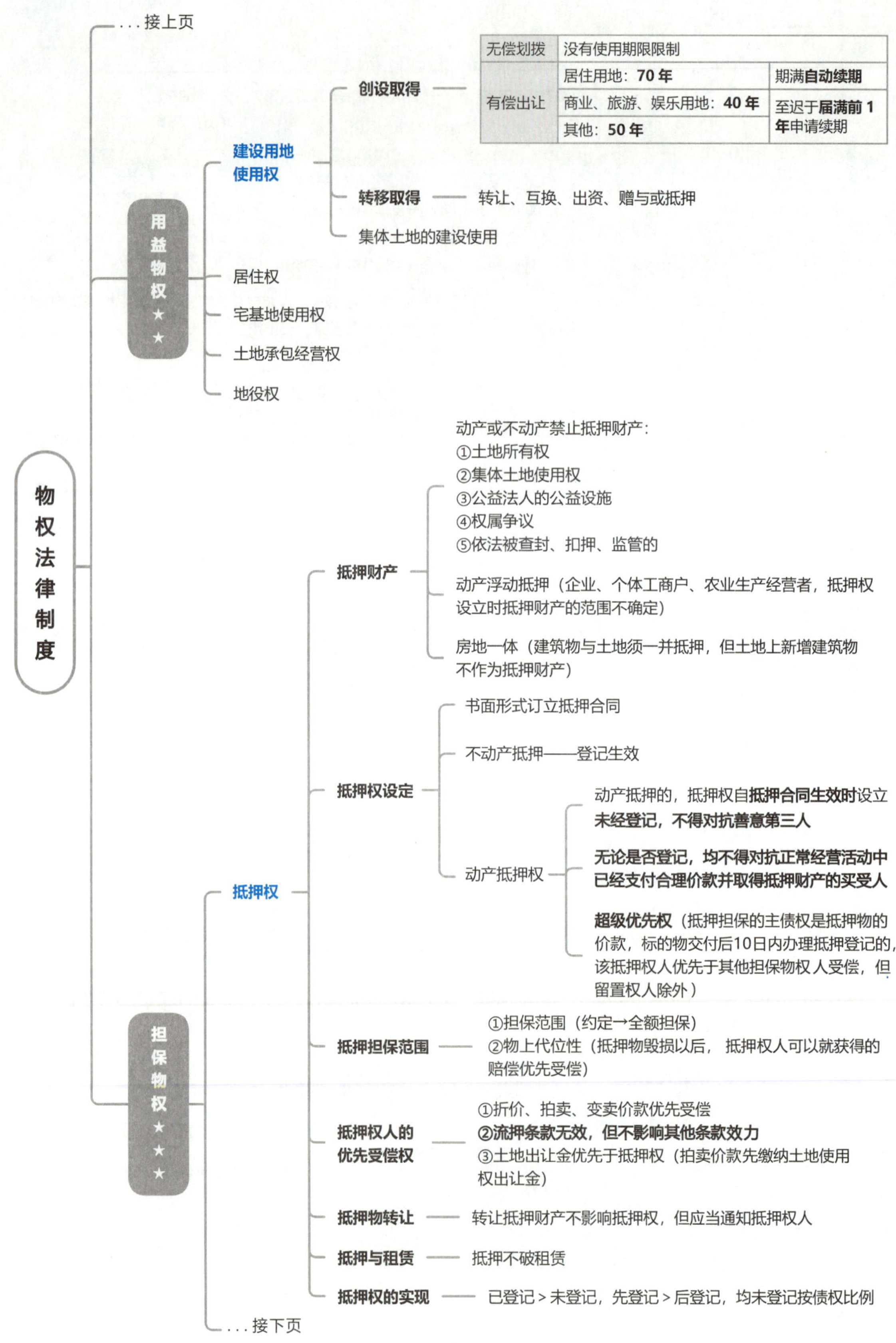

...接上页
物权法律制度
用益物权★★
建设用地使用权
创设取得
无偿划拨
没有使用期限限制
有偿出让
居住用地：70 年
商业、旅游、娱乐用地：40 年
其他：50 年
期满自动续期
至迟于届满前 1 年申请续期
转移取得
转让、互换、出资、赠与或抵押
集体土地的建设使用
居住权
宅基地使用权
土地承包经营权
地役权
担保物权★★★
抵押权
抵押财产
动产或不动产禁止抵押财产：
①土地所有权
②集体土地使用权
③公益法人的公益设施
④权属争议
⑤依法被查封、扣押、监管的
动产浮动抵押（企业、个体工商户、农业生产经营者，抵押权设立时抵押财产的范围不确定）
房地一体（建筑物与土地须一并抵押，但土地上新增建筑物不作为抵押财产）
抵押权设定
书面形式订立抵押合同
不动产抵押——登记生效
动产抵押权
动产抵押的，抵押权自抵押合同生效时设立
未经登记，不得对抗善意第三人
无论是否登记，均不得对抗正常经营活动中已经支付合理价款并取得抵押财产的买受人
超级优先权（抵押担保的主债权是抵押物的价款，标的物交付后10日内办理抵押登记的，该抵押权人优先于其他担保物权人受偿，但留置权人除外）
抵押担保范围
①担保范围（约定→全额担保）
②物上代位性（抵押物毁损以后，抵押权人可以就获得的赔偿优先受偿）
抵押权人的优先受偿权
①折价、拍卖、变卖价款优先受偿
②流押条款无效，但不影响其他条款效力
③土地出让金优先于抵押权（拍卖价款先缴纳土地使用权出让金）
抵押物转让
转让抵押财产不影响抵押权，但应当通知抵押权人
抵押与租赁
抵押不破租赁
抵押权的实现
已登记 > 未登记，先登记 > 后登记，均未登记按债权比例
...接下页

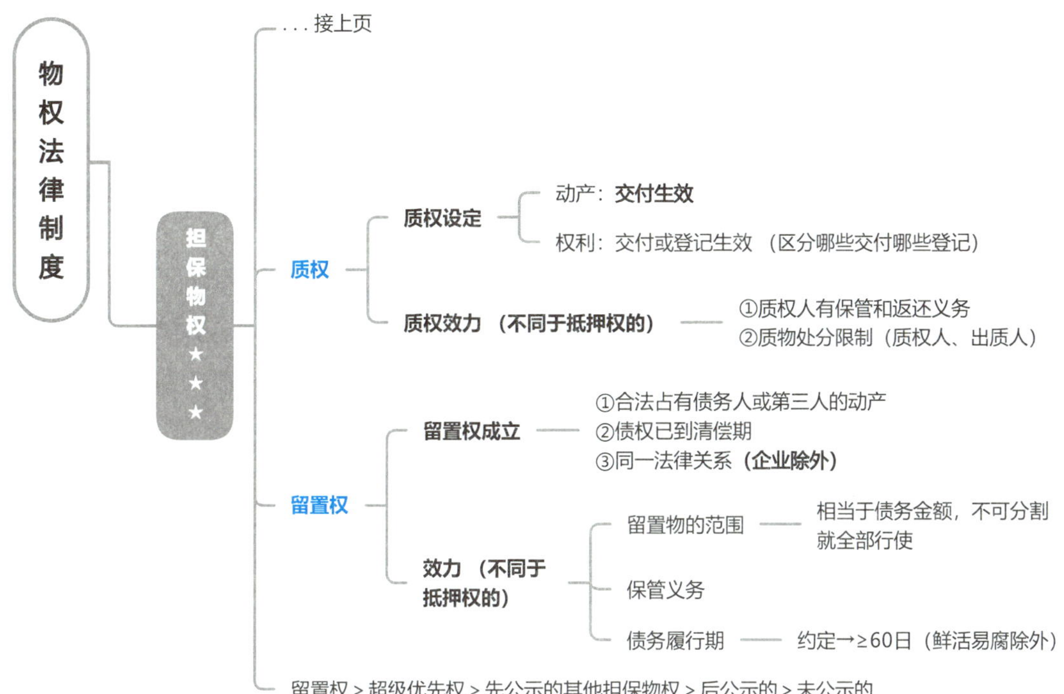
物权法律制度
担保物权★★★
...接上页
质权
质权设定
动产：交付生效
权利：交付或登记生效 （区分哪些交付哪些登记）
质权效力 （不同于抵押权的）
①质权人有保管和返还义务
②质物处分限制（质权人、出质人）
留置权
留置权成立
①合法占有债务人或第三人的动产
②债权已到清偿期
③同一法律关系（企业除外）
效力 （不同于抵押权的）
留置物的范围
相当于债务金额，不可分割
就全部行使
保管义务
债务履行期
约定→≥60日（鲜活易腐除外）
留置权＞超级优先权＞先公示的其他担保物权＞后公示的＞未公示的

第四章

合同法律制度

分值比重：14分左右

命题形式：选择题、案例分析题

★ 核心考点：合同的履行、合同的保证、合同权利义务的终止、违约责任、买卖合同、租赁合同、融资租赁合同、建设工程合同

合同法律制度

合同的基本理论★

- 合同的分类
  - ①有名合同与无名合同
  - ②单务合同与双务合同
  - ③诺成合同与实践合同（保管合同、自然人之间的借贷合同、定金合同）
- 合同的相对性
  - 主体的相对性；内容的相对性；责任的相对性
  - **例外**
    - 债的保全（代位权、撤销权）
    - 买卖不破租赁

合同的订立★★

- 订立程序
  - 要约
    - 要约与要约邀请的区别
    - 要约的生效时间
      - ①对话方式：知道生效
      - ②非对话方式：到达生效（一般情形）
    - 要约的撤回与撤销

	要约的撤回	要约的撤销
时间	发出后、要约生效前	要约生效后、受要约人承诺前
目的	阻止要约的生效	①撤销要约的意思表示以对话方式作出：该意思表示的内容应当在受要约人作出承诺之前为受要约人所知道 ②以非对话方式作出：应当在受要约人作出承诺之前到达
条件	撤回要约的通知应当在要约到达受要约人之前或者与要约同时到达受要约人（即要约生效前）	撤销要约的通知应当在受要约人发出承诺通知之前到达受要约人（即承诺发出前）
限制	不限制	下列情形的要约不得撤销： ①要约人以确定承诺期限或者以其他形式明示要约不可撤销； ②受要约人有理由认为要约是不可撤销的，并已经为履行合同作了合理准备工作

    - 要约的失效
      - 要约被拒绝；要约被依法撤销
      - 承诺期满，未作出承诺；受要约人对内容作出实质性变更
  - 承诺
    - 承诺的期限
    - 生效时间 —— **到达生效**
    - 撤回 —— 承诺不存在撤销，只存在撤回
    - 迟延与迟到
      - 除要约人通知有效外，迟延承诺应视为新要约
      - 除要约人通知不接受该承诺外，迟到承诺为有效承诺
    - 承诺内容
      - 作出实质性变更（视为新要约，原要约失效）
      - 作出非实质性变更（该承诺有效，合同内容以承诺的内容为准）

...接下页

合同法律制度

...接上页

合同成立的时间与地点

情形	合同成立的时间	合同成立的地点
一般情况	**承诺生效时**合同成立	承诺生效的地点
合同书形式	**最后一方**签名、盖章或按指印的时间	约定→**最后**签名、盖章或按指印的地点
信件、数据电文形式	**签订确认书时**	约定→收件人的主营业地→住所地

未采用法定形式，一方实际履行对方接受时，该合同成立

特殊条款

格式条款使用限制
- 告知义务
- 显失公平的条款无效
- 双方出现争议时，按照字面含义及通常理解、不利于提供格式条款一方解释

无效的免责条款
- ①造成对方人身伤害的
- ②因故意或者重大过失造成对方财产损失的

缔约过失责任

适用情形
- ①假借订立合同，恶意进行磋商
- ②故意隐瞒与订立合同有关的重要事实或提供虚假情况
- ③泄露或不正当地使用在订立合同过程中知悉的商业秘密或其他应当保密信息
- ④其他违背诚实信用原则的行为

区别	违约责任	缔约过失责任
产生时间	合同生效之后	合同**成立之前**
适用范围	生效合同	合同未成立、未生效、无效等
赔偿范围	赔偿损失、支付违约金等可期待利益损失	**信赖利益的损失**

合同的效力★

合同的生效
- 诺成合同——成立时生效
- 实践合同——交付时生效
- 附生效条件的合同——条件成就时
- 附生效期限的合同——期限届至时

合同的履行★★★

合同履行规则

约定不明时合同内容的确定规则

项目	规则
质量	强制性国家标准→推荐性国家标准→行业标准→通常标准或符合合同目的的标准
价款或报酬	按照**订立**合同**时**履行地的市场价格
履行地点	给付货币的，在**接受货币一方**所在地
	交付不动产的，在**不动产所在地**
	其他标的，在**履行义务一方**所在地
履行期限	随时履行 + 准备时间
履行方式	**有利于**实现合同目的的方式
履行费用的负担	由**履行义务一方**负担； 因债权人原因增加的，由债权人负担

...接下页

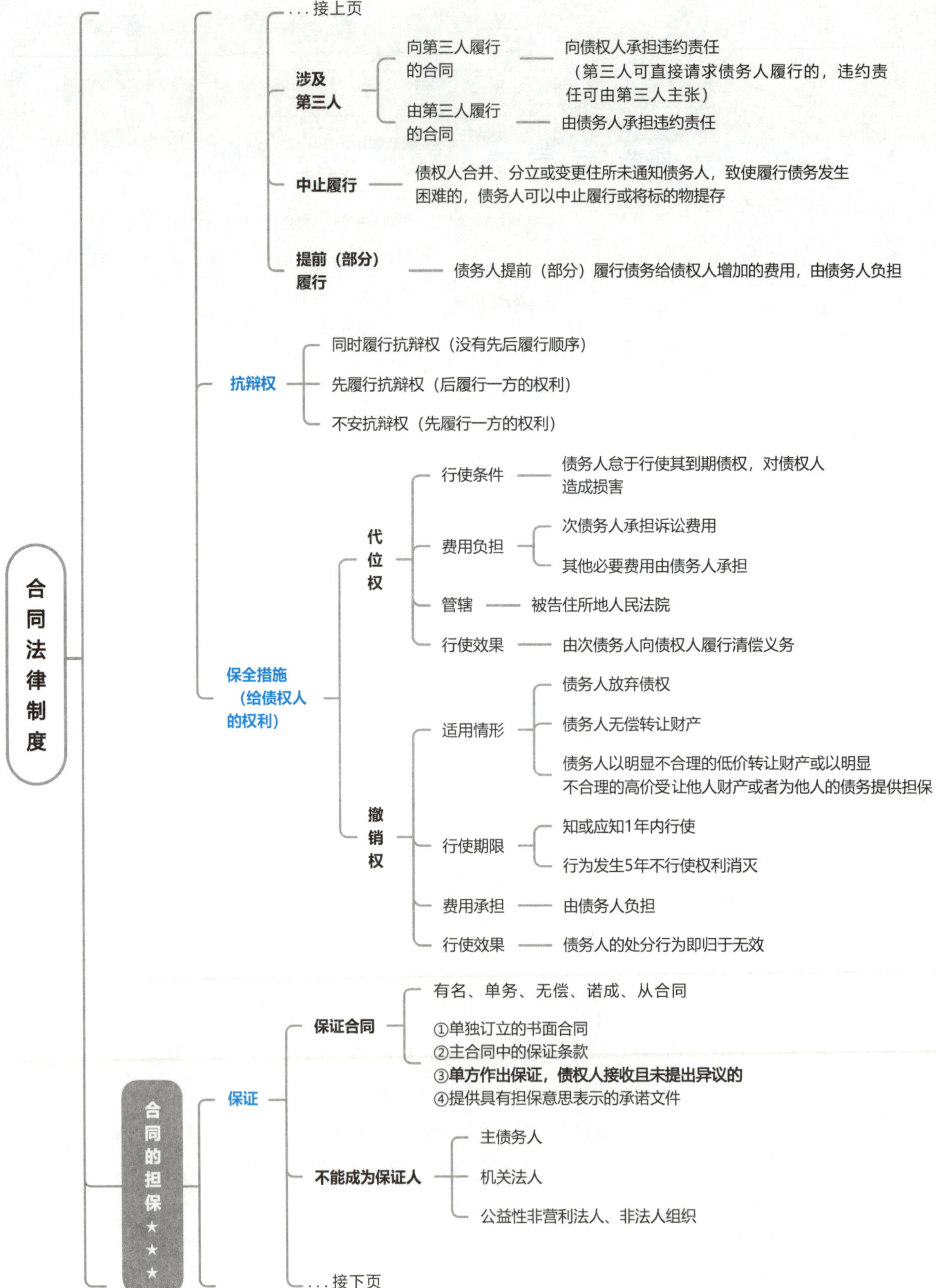
合同法律制度
...接上页
涉及第三人
向第三人履行的合同
向债权人承担违约责任（第三人可直接请求债务人履行的，违约责任可由第三人主张）
由第三人履行的合同
由债务人承担违约责任
中止履行
债权人合并、分立或变更住所未通知债务人，致使履行债务发生困难的，债务人可以中止履行或将标的物提存
提前（部分）履行
债务人提前（部分）履行债务给债权人增加的费用，由债务人负担
抗辩权
同时履行抗辩权（没有先后履行顺序）
先履行抗辩权（后履行一方的权利）
不安抗辩权（先履行一方的权利）
保全措施（给债权人的权利）
代位权
行使条件
债务人怠于行使其到期债权，对债权人造成损害
费用负担
次债务人承担诉讼费用
其他必要费用由债务人承担
管辖
被告住所地人民法院
行使效果
由次债务人向债权人履行清偿义务
撤销权
适用情形
债务人放弃债权
债务人无偿转让财产
债务人以明显不合理的低价转让财产或以明显不合理的高价受让他人财产或者为他人的债务提供担保
行使期限
知或应知1年内行使
行为发生5年不行使权利消灭
费用承担
由债务人负担
行使效果
债务人的处分行为即归于无效
合同的担保★★★
保证
保证合同
有名、单务、无偿、诺成、从合同
①单独订立的书面合同
②主合同中的保证条款
③单方作出保证，债权人接收且未提出异议的
④提供具有担保意思表示的承诺文件
不能成为保证人
主债务人
机关法人
公益性非营利法人、非法人组织
...接下页

合同法律制度

- ...接上页
  - **保证方式**
    - 一般保证——一般保证人享有先诉抗辩权
    - 连带保证
    - 没有约定或约定不明确视为一般保证
  - **保证责任**
    - 保证范围——**约定→全部债务（主债权及利息、违约金、损害赔偿金和实现债权的费用）**
    - 债权转让——应通知保证人，否则对保证人无效（另有约定除外）
    - 债务转让——不再承担，除非保证人书面同意
    - 债务减轻——同时减轻（除非保证人书面同意）
    - 债务加重——不加重（除非保证人书面同意）
    - 履行期限变更——保证期限不变
    - 物保+人保：约定→分情况
      - 物保是“主债务人”提供的——**有先后顺序**
      - 物保是“第三人”提供的——**无先后顺序**
    - 保证期间
      - 有约定，按约定
      - 没有约定或约定不明：6个月
  - 定金（当事人双方之间）
    - **定金罚则**
      - 给付方违约：不退定金
      - 收受方违约：双倍返还定金
    - **最高限额**——20%
    - **定金与违约金**——两金只能择一金
- **合同的变更和转让★**
  - 变更（主体不变，内容变）——仅对变更后未履行的部分有效，对已履行的部分无溯及力
  - 转让（主体变，内容不变）
    - **债权转让**——①无须债务人同意，应当通知债务人 ②未通知债务人，该转让对债务人不发生效力
    - **债务转让**——应当经债权人同意
    - **债务加入**——债权人未在合理期限内明确拒绝，新老债务人连带
    - 债权债务一起转让
- **合同的权利义务终止★★**
  - 因履行而终止（清偿）
  - 因抵销而终止
    - 法定抵销——债务标的物种类、品质相同
    - 约定抵销
  - ...接下页

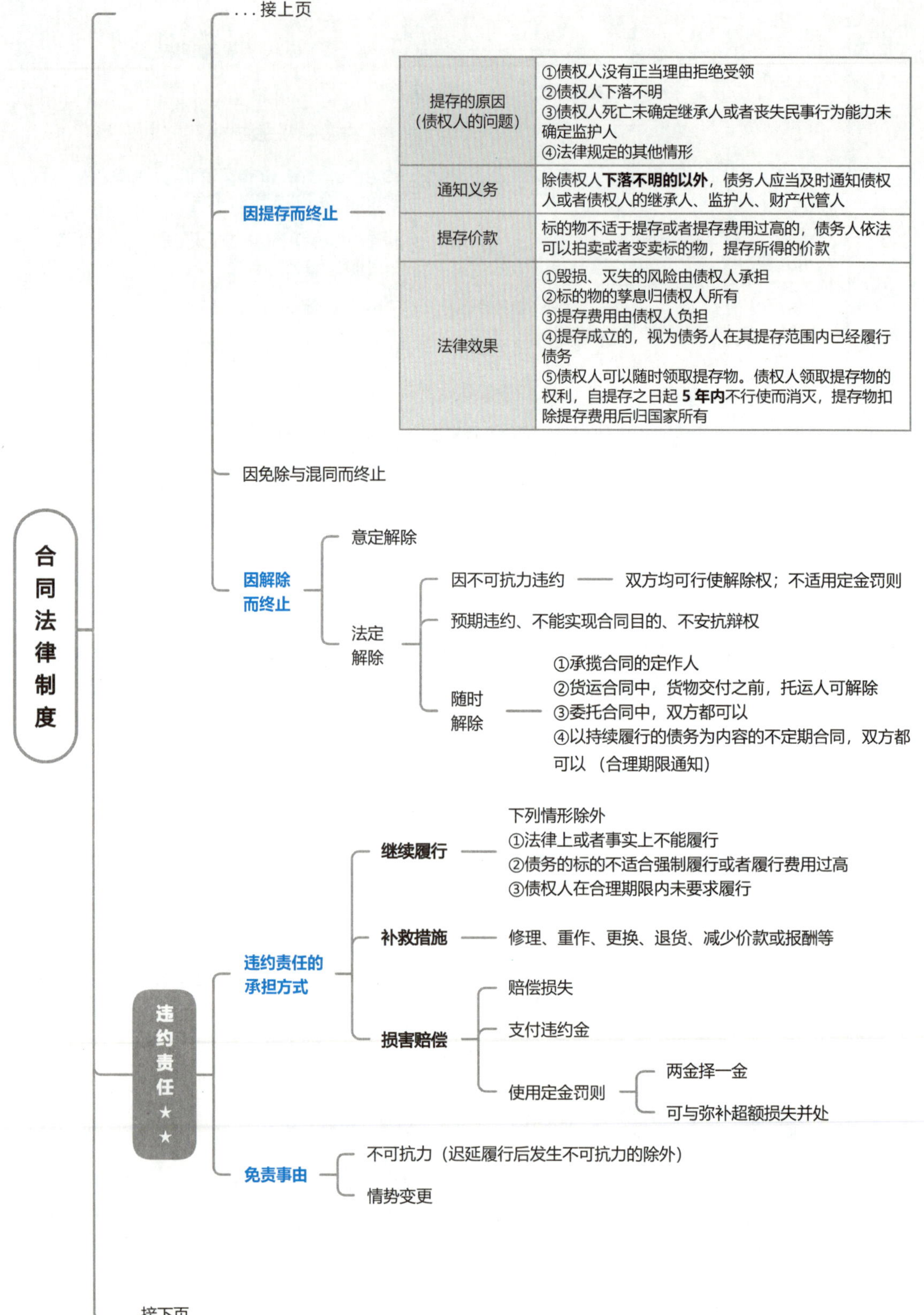

合同法律制度

...接上页

- **因提存而终止**

提存的原因（债权人的问题）	①债权人没有正当理由拒绝受领 ②债权人下落不明 ③债权人死亡未确定继承人或者丧失民事行为能力未确定监护人 ④法律规定的其他情形
通知义务	除债权人**下落不明的以外**，债务人应当及时通知债权人或者债权人的继承人、监护人、财产代管人
提存价款	标的物不适于提存或者提存费用过高的，债务人依法可以拍卖或者变卖标的物，提存所得的价款
法律效果	①毁损、灭失的风险由债权人承担 ②标的物的孳息归债权人所有 ③提存费用由债权人负担 ④提存成立的，视为债务人在其提存范围内已经履行债务 ⑤债权人可以随时领取提存物。债权人领取提存物的权利，自提存之日起 **5 年内**不行使而消灭，提存物扣除提存费用后归国家所有

- 因免除与混同而终止
- **因解除而终止**
  - 意定解除
  - 法定解除
    - 因不可抗力违约 —— 双方均可行使解除权；不适用定金罚则
    - 预期违约、不能实现合同目的、不安抗辩权
    - 随时解除
      - ①承揽合同的定作人
      - ②货运合同中，货物交付之前，托运人可解除
      - ③委托合同中，双方都可以
      - ④以持续履行的债务为内容的不定期合同，双方都可以（合理期限通知）

违约责任★★

- **违约责任的承担方式**
  - **继续履行** —— 下列情形除外
    - ①法律上或者事实上不能履行
    - ②债务的标的不适合强制履行或者履行费用过高
    - ③债权人在合理期限内未要求履行
  - **补救措施** —— 修理、重作、更换、退货、减少价款或报酬等
  - **损害赔偿**
    - 赔偿损失
    - 支付违约金
    - 使用定金罚则
      - 两金择一金
      - 可与弥补超额损失并处
- **免责事由**
  - 不可抗力（迟延履行后发生不可抗力的除外）
  - 情势变更

...接下页

...接上页

合同法律制度

有名合同★★★

买卖合同
- ①**标的物所有权转移、标的物风险**承担、**标的物检验、特别解除规则**
- ②分期付款买卖合同的认定、未支付价款达到全部20%的处理
- ③商品房买卖合同（销售广告性质认定、预售合同的效力、法定解除条件）

赠与合同
- ①赠与合同的任意撤销和法定撤销
- ②赠与人或赠与人的继承人等的撤销权

借款合同
- ①金融机构的贷款合同**（利息及利息的支付期限）**
- ②民间借款合同**（利息与利率的规定）**
- ③自然人之间的借贷合同（实践合同、**合同成立时间**）

租赁合同
- ①**合同期限、不定期合同的处理、双方当事人的权利义务**（维修、转租、租金支付、**买卖不破租赁**）
- ②房屋租赁合同（合同无效的情形、**承租人优先购买权的适用情形**、房屋租赁中同住人的权利）

融资租赁合同
- ①当事人是三方；租赁物所有权
- ②双方当事人的权利义务；合同的解除

承揽合同
- ①主要工作、辅助工作交付第三人的处理
- ②随时解除合同的损失赔偿

建设工程合同
- ①无效合同的界定和处理
- ②分包转包的规定
- ③承包人垫付资金、优先受偿权的规定（18个月）
- ④竣工日期的确定（3种）

委托合同
- ①转委托的处理（同意或不同意）
- ②隐名代理（第三人知道或不知道）
- ③损失赔偿（有偿或无偿）

运输合同
- 客运、货运合同（托运人、承运人权利义务）

行纪合同
- ①行纪人以自己名义与第三人订立合同
- ②有偿合同
- ③行纪人处理委托事务的支出，除另有约定外，由行纪人自己承担

技术合同
- ①技术合同的种类（5种）
- ②职务技术成果的界定；使用权转让权的归属

第五章 合伙企业法律制度

分值比重：7分左右

命题形式：选择题

★ 核心考点：合伙企业的设立条件、合伙企业财产份额的出质与转让、合伙事务执行、合伙企业与第三人的关系、退伙

合伙企业法律制度

普通合伙企业★★★

- **设立**
  - **合伙人**
    - 2个以上，且全部为普通合伙人
    - ①可以是自然人，也可以是法人或其他组织
    - ②自然人合伙人应具有完全民事行为能力
    - ③国有独资公司、国有企业、上市公司及公益性的事业单位、社会团体不得成为普通合伙人，可以成为有限合伙人
  - **合伙协议**
    - 全体合伙人签名、盖章后生效
    - 修改或补充，全体合伙人一致同意，另有约定除外
  - **合伙人出资**
    - ①财产权利都可以出资
    - **②普通合伙人可以劳务出资**
  - **企业名称**
    - ①普通合伙企业标明“普通合伙”
    - ②特殊的普通合伙企业标明“特殊普通合伙”
    - ③有限合伙企业标明“有限合伙”
- **合伙企业财产**
  - **构成**
    - ①合伙人出资（认缴）
    - ②以合伙企业名义取得的收益
    - ③依法取得的其他财产
  - **性质**
    - ①财产主体是合伙企业
    - ②合伙人私自转移或处分合伙企业财产的，合伙企业不得以此对抗善意第三人。合伙企业的损失只能向合伙人进行追偿
  - **份额出质与转让**
    - 对外转让 —— 约定→一致同意
    - 对内转让 —— 通知其他合伙人
    - 出质 —— **一致同意**
- **事务执行**
  - **形式**
    - 全体合伙人共同执行
    - 委托一个或数个合伙人执行
    - 约定 → 一致同意
      - ①改名称
      - ②改经营范围、主要经营场所的地点
      - ③处分不动产
      - ④转让或处分知识产权和其他财产权利
      - ⑤以合伙企业名义为他人提供担保
      - **⑥聘任合伙人以外的人担任经营管理人员**
  - ...接下页

合伙企业法律制度

普通合伙企业★★★

...接上页

权利义务
- ①竞业禁止：不得自营或同他人合作经营与本企业相竞争的业务（绝对禁止）
- ②交易禁止：除合伙协议另有约定或经全体合伙人一致同意外，合伙人不得同本合伙企业进行交易（相对禁止）
- ③损害禁止：不得从事损害本合伙企业的利益活动

决议办法——约定→一人一票并经全体合伙人过半数通过

损益分配
- ①约定
- ②约定不明→协商→实缴出资→平均分配
- ③不得约定将全部利润分配给"部分"合伙人或由"部分"合伙人承担全部亏损（绝对不可）

非合伙人参与经营管理
- 约定→一致同意
- 授权范围内履行，超越职权，依法承担赔偿责任

合伙人与第三人关系

合伙企业债务清偿——合伙企业财产清偿→合伙人清偿
- 对外：连带
- 对内：超过分担比例可追偿

合伙人债务清偿

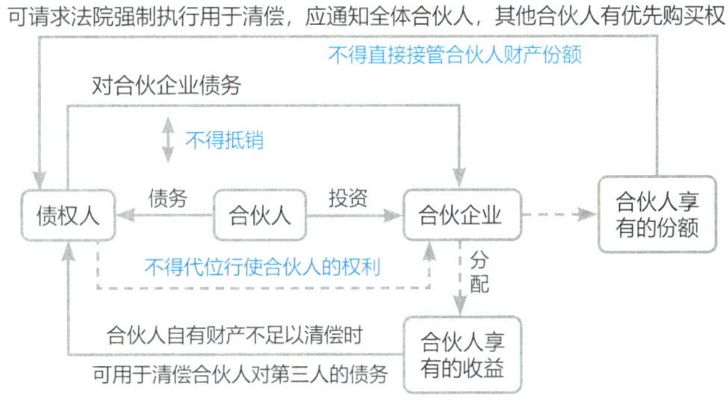

入伙和退伙

入伙——约定→一致同意

退伙
- 自愿
  - 协议退伙
  - 通知退伙（提前30日通知）
- 强制
  - 当然退伙
    - ①死亡或者被依法宣告死亡
    - ②个人丧失偿债能力
    - ③被吊销营业执照、责令关闭、撤销，或被宣告破产
    - ④必须具有相关资格而丧失该资格
    - ⑤在合伙企业中的全部财产份额被强制执行
  - 除名
    - 一致同意，接到除名通知则生效
    - ①未履行出资义务（不包括未完全履行出资义务）
    - ②因故意或重大过失给合伙企业造成损失
    - ③执行合伙事务时有不正当行为
    - ④发生合伙协议约定的事由

...接下页

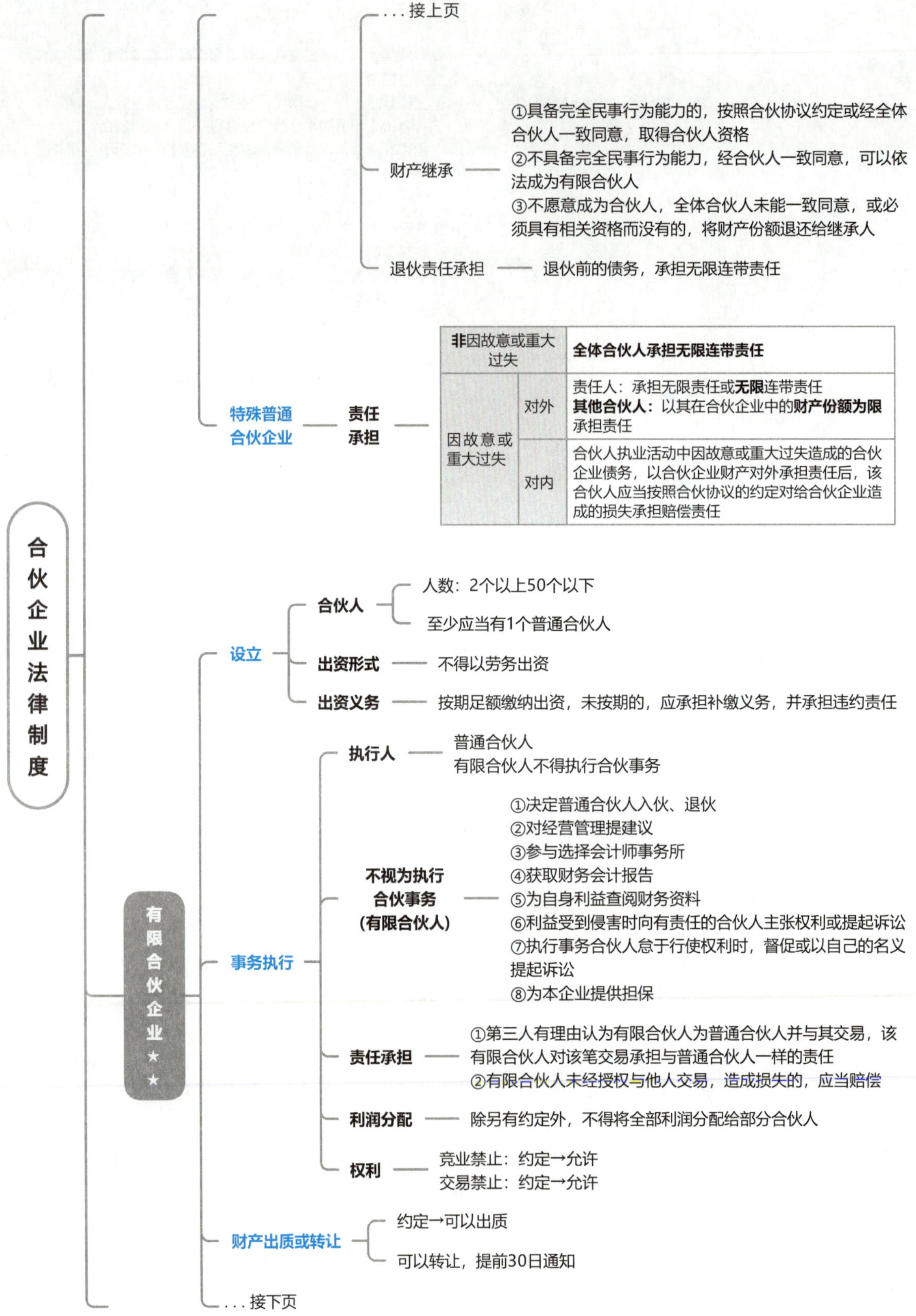
合伙企业法律制度
...接上页
财产继承
①具备完全民事行为能力的，按照合伙协议约定或经全体合伙人一致同意，取得合伙人资格
②不具备完全民事行为能力，经合伙人一致同意，可以依法成为有限合伙人
③不愿意成为合伙人，全体合伙人未能一致同意，或必须具有相关资格而没有的，将财产份额退还给继承人
退伙责任承担
退伙前的债务，承担无限连带责任
特殊普通合伙企业
责任承担
非因故意或重大过失
全体合伙人承担无限连带责任
因故意或重大过失
对外
责任人：承担无限责任或无限连带责任
其他合伙人：以其在合伙企业中的财产份额为限承担责任
对内
合伙人执业活动中因故意或重大过失造成的合伙企业债务，以合伙企业财产对外承担责任后，该合伙人应当按照合伙协议的约定对给合伙企业造成的损失承担赔偿责任
有限合伙企业★★
设立
合伙人
人数：2个以上50个以下
至少应当有1个普通合伙人
出资形式
不得以劳务出资
出资义务
按期足额缴纳出资，未按期的，应承担补缴义务，并承担违约责任
事务执行
执行人
普通合伙人
有限合伙人不得执行合伙事务
不视为执行合伙事务（有限合伙人）
①决定普通合伙人入伙、退伙
②对经营管理提建议
③参与选择会计师事务所
④获取财务会计报告
⑤为自身利益查阅财务资料
⑥利益受到侵害时向有责任的合伙人主张权利或提起诉讼
⑦执行事务合伙人怠于行使权利时，督促或以自己的名义提起诉讼
⑧为本企业提供担保
责任承担
①第三人有理由认为有限合伙人为普通合伙人并与其交易，该有限合伙人对该笔交易承担与普通合伙人一样的责任
②有限合伙人未经授权与他人交易，造成损失的，应当赔偿
利润分配
除另有约定外，不得将全部利润分配给部分合伙人
权利
竞业禁止：约定→允许
交易禁止：约定→允许
财产出质或转让
约定→可以出质
可以转让，提前30日通知
...接下页

合伙企业法律制度

...接上页

- 入伙和退伙
  - **入伙** —— 认缴的出资额为限承担责任
  - **退伙** ——
    - ①当然退伙（没有丧失偿债能力的要求）
    - ②有限合伙人丧失偿债能力，其他合伙人不得要求退伙
    - ③有限合伙人死亡，继承人可以依法取得有限合伙人资格
    - ④退伙后，对退伙前债务以退伙时取回的财产承担责任
- 合伙人性质转变 —— 有限转无限和无限转有限，对**转变之前**的债务都承担**无限连带责任**

合伙企业的解散和清算★

- 解散 ——
  - ①期限届满决定不再经营
  - ②协议约定的解散事由出现
  - ③全体合伙人决定解散
  - ④合伙人已不具备法定人数满30天
  - ⑤约定的合伙目的已经实现或无法实现
  - ⑥被吊销营业执照、责令关闭或被撤销
  - ⑦法律、行政法规规定的其他原因
- 清算
  - 确定清算人（全体合伙人→指定/委托→申请法院指定）
  - 通知和公告债权人（10/60、30/45）
  - 合伙企业依法被宣告破产的，“普通合伙人”对合伙企业债务仍应承担**无限连带责任**

第六章

公司法律制度

分值比重：10分左右

命题形式：选择题、案例分析题

核心考点：股东出资制度、股东权利和义务、股东（大）会、董事会决议制度、公司的组织机构、股份有限公司的股份转让和回购

- 公司法律制度
  - 公司法人资格★★
    - 法人财产权限制
      - 对外投资
        - 总额和单项金额不得超过章程限额
        - 董事会或股东（大）会决议
      - 担保
        - 为他人
          - 金额章程有限额
          - 董事会或股东（大）会决议
        - 为股东或实际控制人 —— ①必须经股东（大）会决议 ② 回避+出席表决权＞1/2
      - 借款
        - 出借人 —— 董事会或股东（大）会决议→董高不得将公司资金借贷给他人
        - 借款人 —— 公司不得直接或通过子公司向董监高提供借款
    - 法人人格 —— 不得滥用，否则对公司债务承担连带责任
  - 公司设立制度★★
    - 合同之债
      - 以发起人名义签订合同 —— 选择该发起人或成立后公司承担债务
      - 以设立中公司名义签订合同
        - 公司成立后自动承担
        - 公司未成立 —— ①全体发起人承担连带清偿责任 ②部分发起人承担后可请求其他人分担（约定→出资比例→均等）
    - 侵权之债
      - 公司成立后自动承受
      - 公司未成立：发起人承担连带责任
      - （以上两项）可以向有过错的发起人追偿
  - 股东出资制度★★★
    - 不得作为出资 —— 不得以劳务、信用、自然人姓名、商誉、特许经营权或设定担保的财产等作价出资
    - 股权出资（权利完整）
    - 非货币财产的评估作价 —— 评估作价低于章程所定价格，认定为未全面履行出资义务（市场变化或其他客观因素导致的除外）
    - 无处分权的财产出资 —— ①满足善意取得——视为履行 ②不符合善意取得——视为未履行
    - . . . 接下页

公司法律制度

...接上页

公司运行★★★

违反出资义务的责任

- **未履行或未全面履行**
  - ①设立时：发起人与被告股东承担连带责任（可追偿）
  - ②增资时：董事、高管承担相应责任（可追偿）
- **抽逃出资**
  - 可以抽回股本
    - ①未按期募足股份
    - ②发起人未按期召开创立大会或创立大会决议不设公司
  - 抽逃行为
    - ①虚构债权债务将其出资转出
    - ②制作虚假财务会计报表虚增利润进行分配
    - ③利用关联交易将出资转出
  - 责任承担
    - 股东抽逃出资，股东权利要合理限制
    - 股东抽逃全部出资，在合理期限未返还，解除该股东资格（股东会议决议）
    - 协助抽逃出资的其他股东、董高或实控承担连带责任

股东资格

- **资格认定** —— 记载于股东名册时生效，登记对抗
- **名义股东与实际出资人**
  - 实际出资人显名，要经其他股东半数以上同意
  - 名义股东处分名下股权
    - ①受让方善意：受让方取得股权，名义股东赔偿实际出资人
    - ②受让方非善意：实际股东可请求处分无效

股东权利与义务

	股份有限公司股东	有限责任公司股东
表决权	按照**持股比例**行使表决权	按照**出资比例**行使表决权，但公司章程另有规定的除外
查阅权	①股东有权 **“查阅”** 公司章程、股东名册、公司债券存根、股东大会会议记录、董事会会议决议、监事会会议决议、财务会计报告； ②**不得“查阅”** 公司会计账簿	①股东有权 **“查阅、复制”** 公司章程、股东会会议记录、董事会会议决议、监事会会议决议和财务会计报告； ②股东可以要求 **“查阅”** 公司会计账簿
增资优先认购权	没有新股优先认购权，除非股东大会在发行新股时通过向原股东配售新股的决议	新增资本时，股东有权优先按照实缴的出资比例认缴出资；但是，全体股东可以事先约定不按照出资比例优先认缴出资
股利分配请求权	按照股东持有的**股份比例**分配，但股份有限公司章程规定不按持股比例分配的除外	股东按照实缴的**出资比例**分取红利；但是，全体股东可以事先约定不按照出资比例分取红利
异议股东股份回购请求权	仅限于股东大会作出的公司 **“合并、分立”** 决议持有异议	①公司连续 **5 年**不向股东分配利润，而公司该 **5 年**连续盈利，并且符合法律规定的分配利润条件； ②公司合并、分立、转让主要财产的； ③公司章程规定的**营业期限届满或者章程规定的其他解散事由出现**，股东会会议通过决议修改章程使公司存续的

...接下页

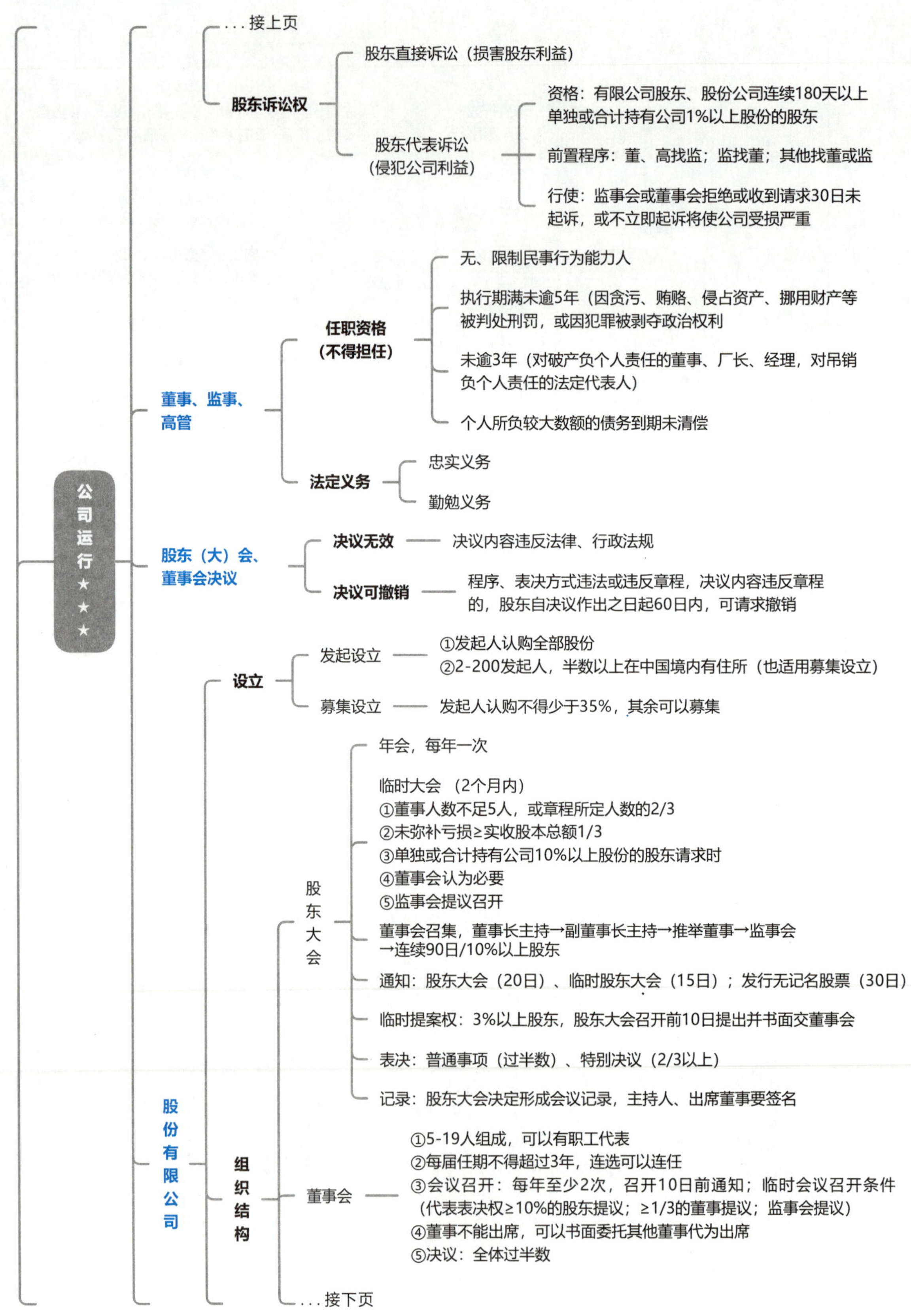
公司运行★★★
...接上页
股东诉讼权
股东直接诉讼（损害股东利益）
股东代表诉讼（侵犯公司利益）
资格：有限公司股东、股份公司连续180天以上单独或合计持有公司1%以上股份的股东
前置程序：董、高找监；监找董；其他找董或监
行使：监事会或董事会拒绝或收到请求30日未起诉，或不立即起诉将使公司受损严重
董事、监事、高管
任职资格（不得担任）
无、限制民事行为能力人
执行期满未逾5年（因贪污、贿赂、侵占资产、挪用财产等被判处刑罚，或因犯罪被剥夺政治权利
未逾3年（对破产负个人责任的董事、厂长、经理，对吊销负个人责任的法定代表人）
个人所负较大数额的债务到期未清偿
法定义务
忠实义务
勤勉义务
股东（大）会、董事会决议
决议无效 —— 决议内容违反法律、行政法规
决议可撤销 —— 程序、表决方式违法或违反章程，决议内容违反章程的，股东自决议作出之日起60日内，可请求撤销
股份有限公司
设立
发起设立 —— ①发起人认购全部股份
②2-200发起人，半数以上在中国境内有住所（也适用募集设立）
募集设立 —— 发起人认购不得少于35%，其余可以募集
组织结构
股东大会
年会，每年一次
临时大会 （2个月内）
①董事人数不足5人，或章程所定人数的2/3
②未弥补亏损≥实收股本总额1/3
③单独或合计持有公司10%以上股份的股东请求时
④董事会认为必要
⑤监事会提议召开
董事会召集，董事长主持→副董事长主持→推举董事→监事会→连续90日/10%以上股东
通知：股东大会（20日）、临时股东大会（15日）；发行无记名股票（30日）
临时提案权：3%以上股东，股东大会召开前10日提出并书面交董事会
表决：普通事项（过半数）、特别决议（2/3以上）
记录：股东大会决定形成会议记录，主持人、出席董事要签名
董事会
①5-19人组成，可以有职工代表
②每届任期不得超过3年，连选可以连任
③会议召开：每年至少2次，召开10日前通知；临时会议召开条件（代表表决权≥10%的股东提议；≥1/3的董事提议；监事会提议）
④董事不能出席，可以书面委托其他董事代为出席
⑤决议：全体过半数
...接下页

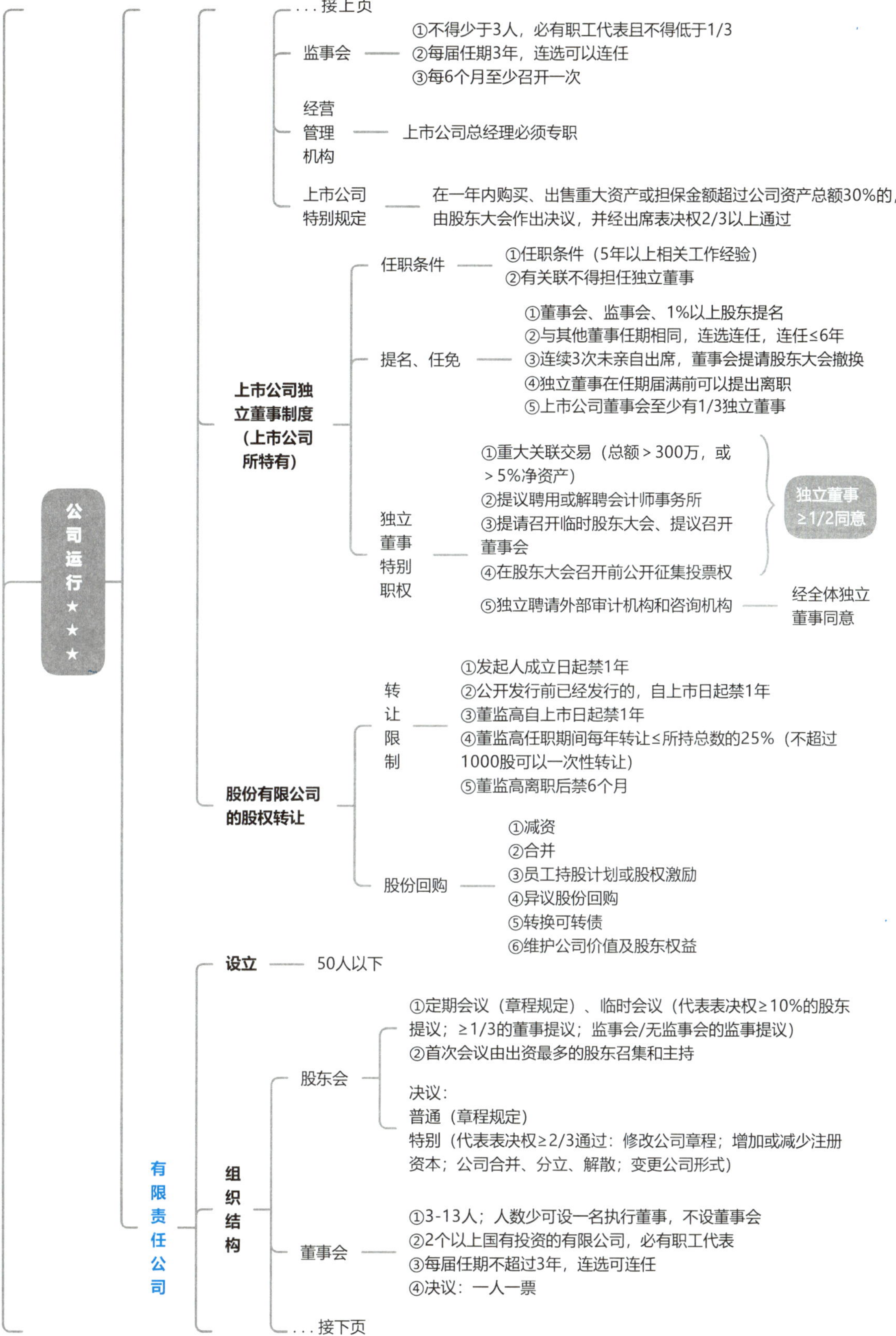
公司运行★★★
...接上页
监事会
①不得少于3人，必有职工代表且不得低于1/3
②每届任期3年，连选可以连任
③每6个月至少召开一次
经营管理机构
上市公司总经理必须专职
上市公司特别规定
在一年内购买、出售重大资产或担保金额超过公司资产总额30%的，由股东大会作出决议，并经出席表决权2/3以上通过
上市公司独立董事制度（上市公司所特有）
任职条件
①任职条件（5年以上相关工作经验）
②有关联不得担任独立董事
提名、任免
①董事会、监事会、1%以上股东提名
②与其他董事任期相同，连选连任，连任≤6年
③连续3次未亲自出席，董事会提请股东大会撤换
④独立董事在任期届满前可以提出离职
⑤上市公司董事会至少有1/3独立董事
独立董事特别职权
①重大关联交易（总额＞300万，或＞5%净资产）
②提议聘用或解聘会计师事务所
③提请召开临时股东大会、提议召开董事会
④在股东大会召开前公开征集投票权
独立董事≥1/2同意
⑤独立聘请外部审计机构和咨询机构
经全体独立董事同意
股份有限公司的股权转让
转让限制
①发起人成立日起禁1年
②公开发行前已经发行的，自上市日起禁1年
③董监高自上市日起禁1年
④董监高任职期间每年转让≤所持总数的25%（不超过1000股可以一次性转让）
⑤董监高离职后禁6个月
股份回购
①减资
②合并
③员工持股计划或股权激励
④异议股份回购
⑤转换可转债
⑥维护公司价值及股东权益
有限责任公司
设立
50人以下
组织结构
股东会
①定期会议（章程规定）、临时会议（代表表决权≥10%的股东提议；≥1/3的董事提议；监事会/无监事会的监事提议）
②首次会议由出资最多的股东召集和主持
决议：
普通（章程规定）
特别（代表表决权≥2/3通过：修改公司章程；增加或减少注册资本；公司合并、分立、解散；变更公司形式）
董事会
①3-13人；人数少可设一名执行董事，不设董事会
②2个以上国有投资的有限公司，必有职工代表
③每届任期不超过3年，连选可连任
④决议：一人一票
...接下页

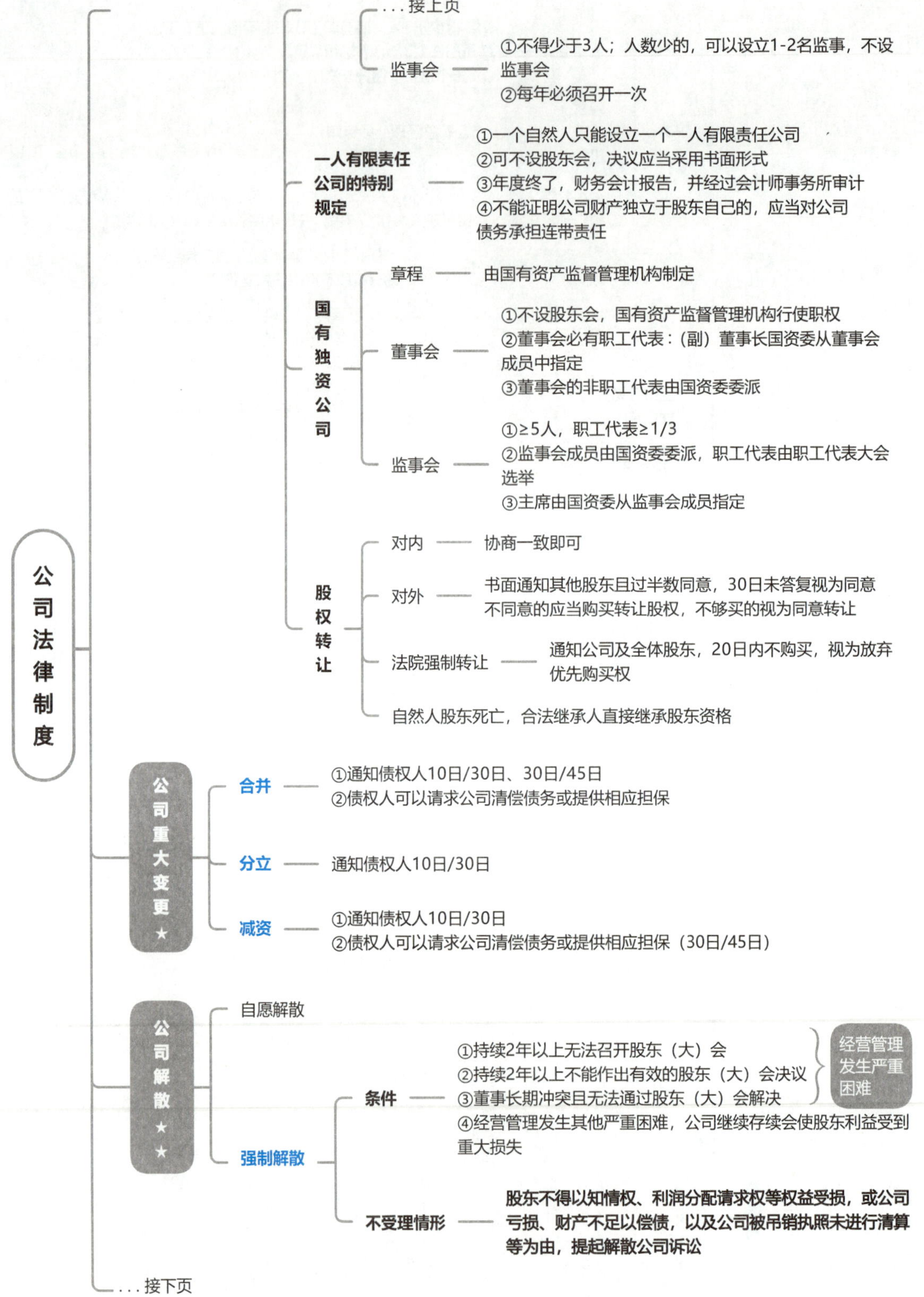

公司法律制度
...接上页
监事会
①不得少于3人；人数少的，可以设立1-2名监事，不设监事会
②每年必须召开一次
一人有限责任公司的特别规定
①一个自然人只能设立一个一人有限责任公司
②可不设股东会，决议应当采用书面形式
③年度终了，财务会计报告，并经过会计师事务所审计
④不能证明公司财产独立于股东自己的，应当对公司债务承担连带责任
国有独资公司
章程
由国有资产监督管理机构制定
董事会
①不设股东会，国有资产监督管理机构行使职权
②董事会必有职工代表：（副）董事长国资委从董事会成员中指定
③董事会的非职工代表由国资委委派
监事会
①≥5人，职工代表≥1/3
②监事会成员由国资委委派，职工代表由职工代表大会选举
③主席由国资委从监事会成员指定
股权转让
对内
协商一致即可
对外
书面通知其他股东且过半数同意，30日未答复视为同意
不同意的应当购买转让股权，不够买的视为同意转让
法院强制转让
通知公司及全体股东，20日内不购买，视为放弃优先购买权
自然人股东死亡，合法继承人直接继承股东资格
公司重大变更★
合并
①通知债权人10日/30日、30日/45日
②债权人可以请求公司清偿债务或提供相应担保
分立
通知债权人10日/30日
减资
①通知债权人10日/30日
②债权人可以请求公司清偿债务或提供相应担保（30日/45日）
公司解散★★
自愿解散
强制解散
条件
①持续2年以上无法召开股东（大）会
②持续2年以上不能作出有效的股东（大）会决议
③董事长期冲突且无法通过股东（大）会解决
经营管理发生严重困难
④经营管理发生其他严重困难，公司继续存续会使股东利益受到重大损失
不受理情形
股东不得以知情权、利润分配请求权等权益受损，或公司亏损、财产不足以偿债，以及公司被吊销执照未进行清算等为由，提起解散公司诉讼
...接下页

...接上页

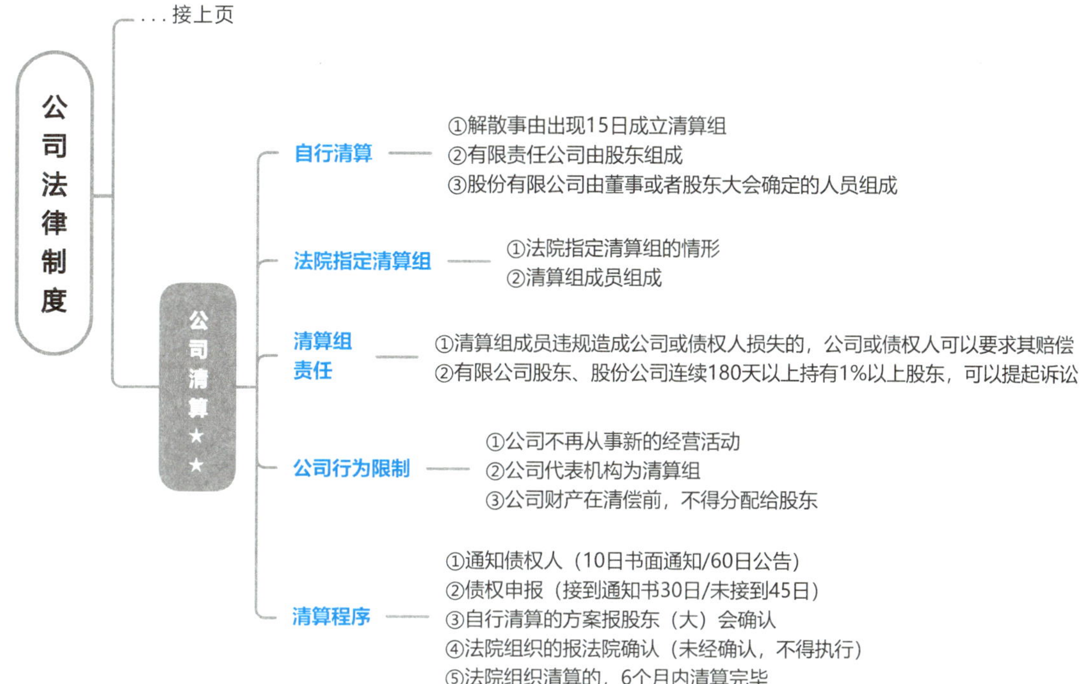
公司法律制度
公司清算★★
自行清算
①解散事由出现15日成立清算组
②有限责任公司由股东组成
③股份有限公司由董事或者股东大会确定的人员组成
法院指定清算组
①法院指定清算组的情形
②清算组成员组成
清算组责任
①清算组成员违规造成公司或债权人损失的，公司或债权人可以要求其赔偿
②有限公司股东、股份公司连续180天以上持有1%以上股东，可以提起诉讼
公司行为限制
①公司不再从事新的经营活动
②公司代表机构为清算组
③公司财产在清偿前，不得分配给股东
清算程序
①通知债权人（10日书面通知/60日公告）
②债权申报（接到通知书30日/未接到45日）
③自行清算的方案报股东（大）会确认
④法院组织的报法院确认（未经确认，不得执行）
⑤法院组织清算的，6个月内清算完毕

第七章

证券法律制度

分值比重：18分左右

命题形式：选择题、案例分析题

★ 核心考点：信息披露制度、非上市公众公司、股票的发行与交易、公司债券的发行、上市公司收购、上市公司重大资产重组、证券欺诈的法律责任

- 证券法律制度
  - 证券法律制度概述★★
    - 强制信息披露制度
      - 招股说明书中引用的财务报表在其最近一期截止日后6个月内有效，延长不超过3个月
      - **定期报告** —— 年度（年度结束4个月内）、中期（上半年结束2个月内）
      - **临时报告**
        - 股票发行公司（部分）—— ①董事、1/3以上监事或经理变动；董事长或经理无法履行职责 ②持股≥5%的股东或实际控制人，其持有股份或控制公司的情况发生变化 ③一年内购买、出售重大资产超过资产总额30%
        - 债券上市交易公司（部分）—— ①新增借款或对外担保超过上年末净资产的20% ②发生超过上年末净资产10%的重大损失 ③放弃债权或财产超过上年末净资产的10%
      - **重大事件的披露**
        - 常规披露 —— 最先发生的以下任一时点（2个交易日内）①董事会或监事会就该重大事件形成决议时 ②签署意向书或协议时 ③董监高知悉该重大事件发生并报告时
        - 提前披露 —— 难以保密、已经泄露或市场出现传闻、出现异常交易情况
    - 信息披露的事务管理
      - **关联交易** —— ①回避表决制度 ②上市公司董监高、持股5%以上的股东及一致行动人、实际控制人及时报送
      - **股东、实际控制人** —— 主动告知上市公司董事会 ①持有5%以上股份的股东或实际控制人，持股情况发生变化 ②法院裁决禁止控股股东转让股份，任何一个股东所持5%以上股份被质押、冻结、司法拍卖、托管、设定信托或被依法限制表决权的 ③拟对上市公司进行重大资产或业务重组的
      - **投资者保护制度** —— 对普通投资者的特殊保护、投资者保护机构、先行赔付
  - 股票的发行与交易★★★
    - 非上市公众公司
      - **概念** —— 股票未上市但 ①股票向特定对象发行或转让导致股东＞200人 ②股票公开转让
      - ...接下页

证券法律制度

股票的发行与交易★★★

...接上页

核准

- 非公众公司
  - 发行 → 非公开发行（定向发行）
    - **发行后≤200人** → 豁免核准
    - 发行后>200人 → 核准
  - 转让
    - 非公开转让（定向转让）
      - 转让后>200人 → 核准
      - **3个月内降至≤200人** → 豁免核准
    - 公开转让
      - 转让前>200人 → 核准
      - **转让前≤200人** → 豁免核准
- 公众公司
  - 非上市公众公司
    - 非公开发行（定向发行）
      - **发行后≤200人** → 豁免核准
      - 发行后>200人 → 核准
    - 公开发行
      - 向不特定合格投资者的公开发行（在北交所发行并上市） → 注册
      - 首次公开发行股票并上市（面向社会公众） → 注册/核准
  - 上市公司 → 发行新股 → 注册/核准

股票定向发行

- 发行对象
  - ①公司股东
  - ②董监高、核心员工（董事会提名，股东大会审议批准）
  - ③符合投资者适当性管理规定的自然人、法人投资者及其他经济组织（≤35名）
- ①出席表决权≥2/3通过
- ②一次核准，分期发行
- ③3个月内完成首发，剩余在12个月完毕；首期发行量不得少于50%

信息披露

- ①定期报告：年度报告、中期报告
- ②临时报告：重大事件
- ③董高签署书面确认意见；监事会审核并提出书面审核意见

首次公开发行股票并上市

一般条件

- ①具备健全且运行良好的组织机构
- ②具有持续经营能力
- ③最近3年财务会计报告被出具无保留意见审计报告
- ④发行人及控股股东、实际控制人最近3年不存在贪污、贿赂、侵占财产或破坏社会主义市场经济秩序的刑事犯罪

主板

- ①持续经营3年以上
- ②近3年内主营业务和董高没有发生重大变化，实际控制人没有发生变更
- ③不存在影响持续盈利能力的情形（最近1年对关联方存在重大依赖、净利润主要来自合并报表外的投资收益）
- ④无保留意见审计报告；最近36个月不存在违法行为
- 财务指标良好
  - ①3年净利润均>0且累计超过3000万元
  - ②3年现金流量净额累计超过人民币5000万元；或营业收入累计超过3亿元
  - ③发行前股本总额不少于人民币3000万元
  - ④最近一期末无形资产占净资产的比例不高于20%
  - ⑤最近一期期末不存在未弥补亏损

...接下页

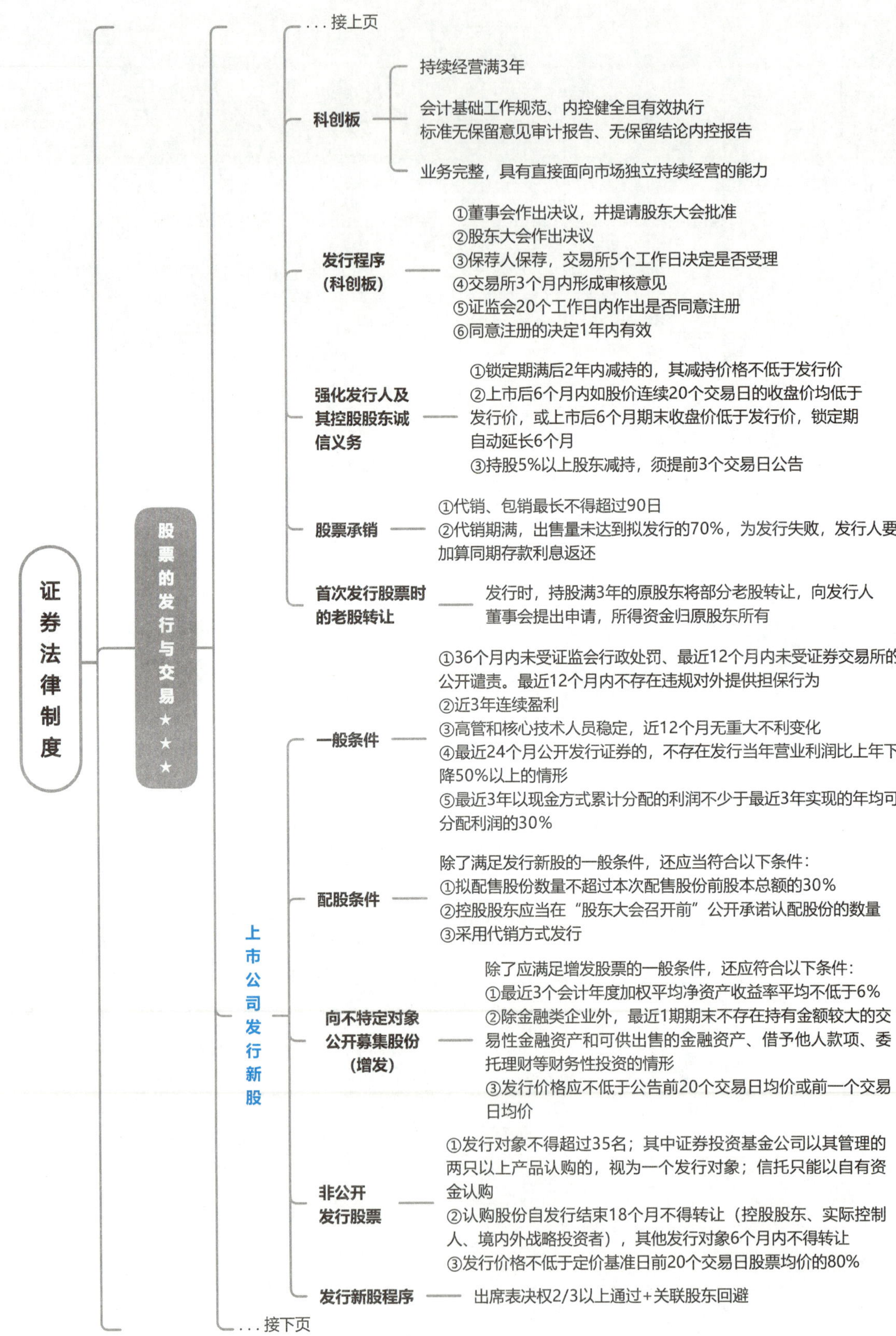

...接上页

证券法律制度

股票的发行与交易★★★

科创板
- 持续经营满3年
- 会计基础工作规范、内控健全且有效执行
- 标准无保留意见审计报告、无保留结论内控报告
- 业务完整，具有直接面向市场独立持续经营的能力

发行程序（科创板）
- ①董事会作出决议，并提请股东大会批准
- ②股东大会作出决议
- ③保荐人保荐，交易所5个工作日决定是否受理
- ④交易所3个月内形成审核意见
- ⑤证监会20个工作日内作出是否同意注册
- ⑥同意注册的决定1年内有效

强化发行人及其控股股东诚信义务
- ①锁定期满后2年内减持的，其减持价格不低于发行价
- ②上市后6个月内如股价连续20个交易日的收盘价均低于发行价，或上市后6个月期末收盘价低于发行价，锁定期自动延长6个月
- ③持股5%以上股东减持，须提前3个交易日公告

股票承销
- ①代销、包销最长不得超过90日
- ②代销期满，出售量未达到拟发行的70%，为发行失败，发行人要加算同期存款利息返还

首次发行股票时的老股转让
- 发行时，持股满3年的原股东将部分老股转让，向发行人董事会提出申请，所得资金归原股东所有

上市公司发行新股

一般条件
- ①36个月内未受证监会行政处罚、最近12个月内未受证券交易所的公开谴责。最近12个月内不存在违规对外提供担保行为
- ②近3年连续盈利
- ③高管和核心技术人员稳定，近12个月无重大不利变化
- ④最近24个月公开发行证券的，不存在发行当年营业利润比上年下降50%以上的情形
- ⑤最近3年以现金方式累计分配的利润不少于最近3年实现的年均可分配利润的30%

配股条件
- 除了满足发行新股的一般条件，还应当符合以下条件：
- ①拟配售股份数量不超过本次配售股份前股本总额的30%
- ②控股股东应当在“股东大会召开前”公开承诺认配股份的数量
- ③采用代销方式发行

向不特定对象公开募集股份（增发）
- 除了应满足增发股票的一般条件，还应符合以下条件：
- ①最近3个会计年度加权平均净资产收益率平均不低于6%
- ②除金融类企业外，最近1期期末不存在持有金额较大的交易性金融资产和可供出售的金融资产、借予他人款项、委托理财等财务性投资的情形
- ③发行价格应不低于公告前20个交易日均价或前一个交易日均价

非公开发行股票
- ①发行对象不得超过35名；其中证券投资基金公司以其管理的两只以上产品认购的，视为一个发行对象；信托只能以自有资金认购
- ②认购股份自发行结束18个月不得转让（控股股东、实际控制人、境内外战略投资者），其他发行对象6个月内不得转让
- ③发行价格不低于定价基准日前20个交易日股票均价的80%

发行新股程序
- 出席表决权2/3以上通过+关联股东回避

...接下页

证券法律制度

...接上页

优先股

- 发行人
  - 公开发行——上市公司
  - 非公开发行——上市公司和非上市公众公司
- 发行数额
  - **已发行的优先股≤普通股股份总数的50%，且筹资金额≤发行前净资产50%**
- 公开发行特殊要求
  - ①采取固定股息率；股息可累积
  - ②有可分配税后利润，必须向优先股股东分配股息
  - ③优先股股东按约定分配股息后，不再享有剩余利润分配

股票上市与退市★

- 股票上市——证券交易所审核
- 股票终止上市
  - 主动退市
    - ①上市公司主动申请退市或转市（2/3+2/3）
    - ②通过要约收购实施的退市
    - ③通过合并、解散实施的退市
  - 强制退市
    - 重大违法类强制退市、交易类强制退市、财务类强制退市、规范类强制退市等
  - 退市整理期
    - 退市整理期不适用于主动退市公司、交易类强制退市公司

公司债券的发行与交易★★★

公司债券的发行

- 公开发行
  - ①具备健全且运行良好的组织机构
  - **②最近3年平均可分配利润足以支付公司债券1年的利息**
- 公开发行的特殊条件
  - ①最近3年无债务违约或迟延支付本息
  - ②最近3个会计年度实现的年均可分配利润不少于债券1年利息的1.5倍
  - ③最近一期末净资产规模不少于250亿元
  - ④最近36个月内公开发行债券不少于3期，发行规模不少于100亿元
- 非公开发行
  - ①向专业投资者发行，发行对象每次不得超过200人
  - ②转让后，持有同次发行债券的人数也不得超过200人

可转换公司债券的发行

- （主板）公开发行不可分离交易可转债
  - 除满足发行新股一般条件外，还应符合：
  - ①最近3年加权平均净资产收益率平均不低于6%
  - ②最近3年实现的年均可分配利润≥公司债券1年的利息
  - ③本次发行后累计公司债券余额不超过最近一期末净资产额的40%
- （主板）公开发行可分离交易的可转债
  - 除满足发行新股的一般条件还应当符合：
  - ①最近一期期末经审计的净资产≥人民币15亿元
  - ②近3年经营现金流量净额平均≥公司债券1年利息，但最近3年加权平均净资产收益率不低于6%除外
- 科创板和创业板上市公司发行可转债
  - ①具备健全且运行良好的组织机构
  - ②最近3年平均可分配利润，足以支付公司债券1年的利息
  - ③具有合理的资产负债结构和正常的现金流量

...接下页

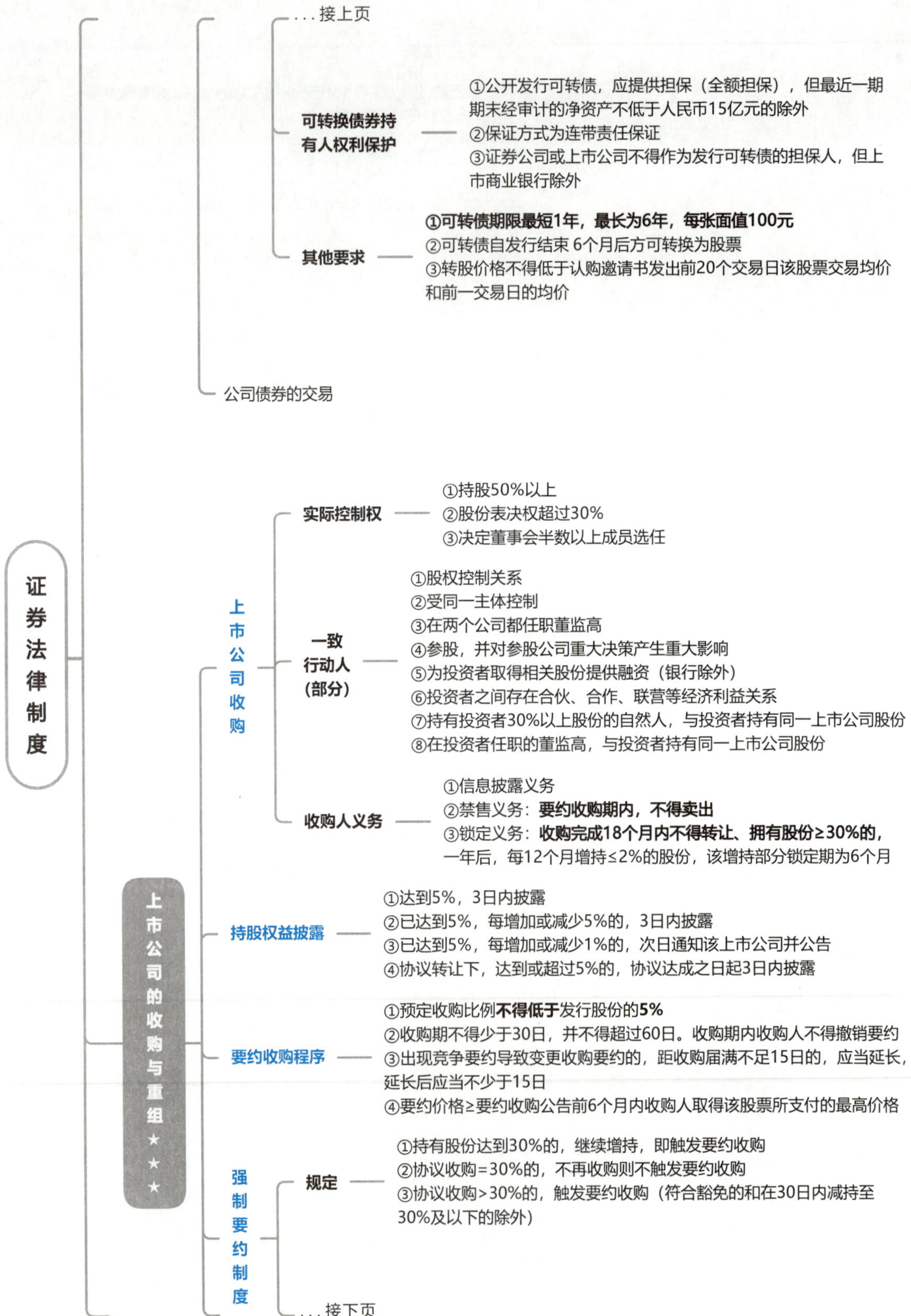
证券法律制度
...接上页
可转换债券持有人权利保护
①公开发行可转债，应提供担保（全额担保），但最近一期期末经审计的净资产不低于人民币15亿元的除外
②保证方式为连带责任保证
③证券公司或上市公司不得作为发行可转债的担保人，但上市商业银行除外
其他要求
①可转债期限最短1年，最长为6年，每张面值100元
②可转债自发行结束 6个月后方可转换为股票
③转股价格不得低于认购邀请书发出前20个交易日该股票交易均价和前一交易日的均价
公司债券的交易
上市公司的收购与重组★★★
上市公司收购
实际控制权
①持股50%以上
②股份表决权超过30%
③决定董事会半数以上成员选任
一致行动人（部分）
①股权控制关系
②受同一主体控制
③在两个公司都任职董监高
④参股，并对参股公司重大决策产生重大影响
⑤为投资者取得相关股份提供融资（银行除外）
⑥投资者之间存在合伙、合作、联营等经济利益关系
⑦持有投资者30%以上股份的自然人，与投资者持有同一上市公司股份
⑧在投资者任职的董监高，与投资者持有同一上市公司股份
收购人义务
①信息披露义务
②禁售义务：要约收购期内，不得卖出
③锁定义务：收购完成18个月内不得转让、拥有股份≥30%的，一年后，每12个月增持≤2%的股份，该增持部分锁定期为6个月
持股权益披露
①达到5%，3日内披露
②已达到5%，每增加或减少5%的，3日内披露
③已达到5%，每增加或减少1%的，次日通知该上市公司并公告
④协议转让下，达到或超过5%的，协议达成之日起3日内披露
要约收购程序
①预定收购比例不得低于发行股份的5%
②收购期不得少于30日，并不得超过60日。收购期内收购人不得撤销要约
③出现竞争要约导致变更收购要约的，距收购届满不足15日的，应当延长，延长后应当不少于15日
④要约价格≥要约收购公告前6个月内收购人取得该股票所支付的最高价格
强制要约制度
规定
①持有股份达到30%的，继续增持，即触发要约收购
②协议收购=30%的，不再收购则不触发要约收购
③协议收购>30%的，触发要约收购（符合豁免的和在30日内减持至30%及以下的除外）
...接下页

证券法律制度

...接上页

- **豁免事项**
  - 免于要约（要申请豁免）
    - ①股份转让是在同一实际控制人控制不同的主体间进行的
    - ②财务困难，重组方案取得股东大会批准且承诺3年内不转让股份
  - 免于发出要约（无需申请豁免）
    - ①经批准进行国有资产无偿划转、变更、合并
    - ②按股东大会批准的确定价格向特定股东回购而减少股本
    - ③购买新股，承诺3年不转让，且股东大会同意免于要约
    - ④已持有30%的1年后，每12个月增持不超过2%的股份
    - ⑤已持有50%的
    - ⑥继承
    - ⑦约定购回式证券交易协议的、优先股表决权依法恢复的
    - ⑧金融机构从事承销、贷款等业务导致其持股超过30%

上市公司重大资产重组

- **普通重大资产重组** —— 满足其一
  - 购买出售**资产总额**占近1年期末资产总额的50%以上
  - 购买出售资产近1年所产生的**营收**占同期营收比例50%以上
  - 购买出售**资产净额**占近1年期末净资产额的比例50%以上，且超过5000万元人民币
- **特殊重大资产重组（借壳上市）** —— 股份比例达到100%
- **发行股份购买资产**
  - **①发行股份价格不得低于市场参考价的90%**
  - **②市场参考价为公告前20日、60日或120日的交易均价之一**
  - ③以资产认购而取得上市公司股份的，发行结束后12个月内不得转让
  - ④以资产认购而取得上市公司股份的，36个月不得转让（控股股东、实际控制人、认购股份的资产拥有时间不足12个月）

证券欺诈的法律责任★★★

虚假陈述行为

- 行政责任、刑事责任
- **民事责任**
  - 存在因果关系
    - ①信息披露义务人实施了虚假陈述
    - ②原告交易的是与虚假陈述直接关联的证券
    - ③原告在虚假陈述实施日之后、揭露日或更正日之前实施了相应的交易行为
  - 责任承担
    - 无过错责任：信息披露义务人
    - 过错推定责任：控股股东、实际控制人、董监高、其他直接责任人、保荐人、承销的证券公司、证券服务机构
  - 赔偿金额 —— 投资差额损失及其佣金、印花税

内幕交易行为

- **知情人员** —— 董监高、持有上市公司5%以上股份的股东等
- **短线交易** —— 上市公司董监高，5%以上的股东，将其持有股票在买入后6个月内卖出，或卖出后6个月内买入，由此获得收益，归公司所有，由董事会收回

操纵市场行为

- 利用各种手段影响证券市场价格

第八章 企业破产法律制度

- 分值比重：11分左右
- 命题形式：选择题、案例分析题
- ★ 核心考点：破产申请与受理、管理人制度、债务人财产、破产债权、重整程序

企业破产法律制度

破产申请★★★

- 原因 —— 不能清偿到期债务
  - 资不抵债
  - 明显缺乏清偿能力
  - 相关当事人以对债务人的债务负有连带责任的人未丧失清偿能力为由，主张债务人不具备破产原因的，人民法院不支持
- 提出
  - 申请类型：破产、重整、和解
  - 当事人
    - 债务人 —— 不能清偿到期债务且资不抵债
    - 债权人
      - 债务人不能清偿到期债务并且明显缺乏清偿能力
      - 不能提出和解申请
  - 破产案件的管辖 —— 债务人住所地
  - 在人民法院受理前，申请人可以撤回申请

破产受理★★★

- 受理的效力
  - 破产企业的义务 ——
    - ①列席债权人会议并如实回答询问
    - ②未经人民法院许可，不得离开住所地
    - ③不得新任其他企业的董监高
  - 个别清偿无效 —— 但债务人以其财产提供物权担保的，其在担保物市场价值内向债权人所作的清偿有效
  - 破产企业债务人的义务 —— 人民法院受理后，应当向管理人清偿债务或交付财产
  - 均未履行完毕的合同
    - 继续履行 —— 形成的债务属于共益债务；应当征得人民法院的许可
    - 视为解除
      - 管理人自受理日起2个月内未通知对方的，或自收到催告30日未答复的，视为解除合同
      - 管理人决定继续履行，对方当事人应当履行，但可以要求提供担保，不提供担保的，视为解除合同
    - 不得解除 ——
      - ①为他人提供担保的合同
      - ②对外出租不动产的合同，不得随意解除，可带租约出售
  - 保全与执行 —— 保全解除，执行中止
  - 诉讼影响 —— 民事诉讼或仲裁应当中止

...接下页

企业破产法律制度

...接上页

执行案件的移送破产审查

- **条件**
  - 被执行人为企业法人
  - 被执行人或任一申请执行人书面同意
  - 被执行人满足破产原因
- **管辖**——被执行人住所地人民法院
- **决定送达时间**——五日内送达申请执行人和被执行人（对决定有异议,可在受移送法院破产审查期间提出，由受移送法院一并处理）
- **执行法院裁定终结执行**——受移送法院裁定宣告被执行人破产或裁定终止和解程序、重整程序的，应当自裁定作出之日起5日内送交执行法院，执行法院应当裁定终结对被执行人的执行

管理人制度★★

- **资格**
  - **有资格**
    - 机构（律师、会计师、破产清算事务所）
    - 个人（相关中介机构中有能力的个人）
  - **无资格**
    - 因故意犯罪受过刑事处罚
    - 曾被吊销相关专业执业证书
    - 与本案有利害关系
      - ①有未了结的债权债务关系
      - ②受理前 3 年内，为债务人提供相对固定的中介服务
      - ③现在或受理前 3 年内，是债务人、债权人财务、法律顾问，控股股东或实际控制人
      - ④现在或受理前 3 年内，担任过债务人、债权人的董监高
      - ⑤与债务人、债权人的控股股东、董监高存在夫妻、直系血亲、三代以内旁系血亲或近姻亲关系
- **指定**
  - 人民法院指定
  - 管理人“不能依法、公正执行职务或有其他不能胜任职务”的情形，债权人会议可申请更换
- **报酬**
  - 由人民法院确定，债权人会议无权直接调整
  - ①是纯报酬，不包括执行职务需要支付的其他费用
    ②例外：律师、会计师事务所聘用的本专业人员、破产清算事务所聘用的其他人员协助履行管理人职责的，所需费用从其报酬中支付
    ③担保权人优先受偿的担保物价值，不计入“债务人最终清偿的财产价值总额”
    ④参与的政府工作人员，不支付报酬
  - 根据债务人最终清偿的财产价值总额，确定报酬金额
- **职责与责任**——决定内部事务；代表参加诉讼；管理和处分债务人的财产；提议召开债权人会议，造成损失的，要依法承担责任

...接下页

...接上页

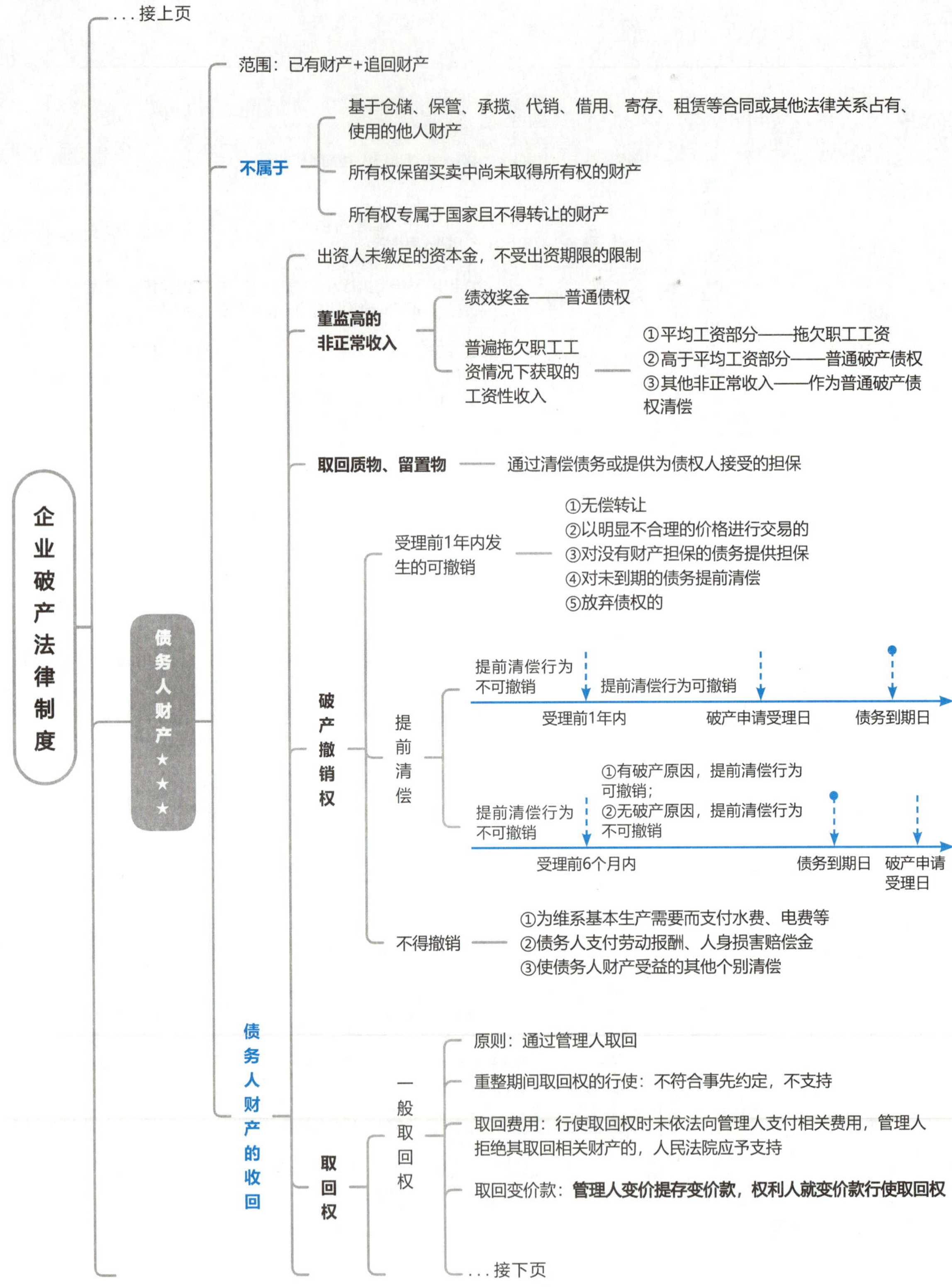
企业破产法律制度
债务人财产★★★
范围：已有财产+追回财产
不属于
基于仓储、保管、承揽、代销、借用、寄存、租赁等合同或其他法律关系占有、使用的他人财产
所有权保留买卖中尚未取得所有权的财产
所有权专属于国家且不得转让的财产
债务人财产的收回
出资人未缴足的资本金，不受出资期限的限制
董监高的非正常收入
绩效奖金——普通债权
普遍拖欠职工工资情况下获取的工资性收入
①平均工资部分——拖欠职工工资
②高于平均工资部分——普通破产债权
③其他非正常收入——作为普通破产债权清偿
取回质物、留置物
通过清偿债务或提供为债权人接受的担保
破产撤销权
受理前1年内发生的可撤销
①无偿转让
②以明显不合理的价格进行交易的
③对没有财产担保的债务提供担保
④对未到期的债务提前清偿
⑤放弃债权的
提前清偿
提前清偿行为不可撤销
提前清偿行为可撤销
受理前1年内
破产申请受理日
债务到期日
①有破产原因，提前清偿行为可撤销；
②无破产原因，提前清偿行为不可撤销
提前清偿行为不可撤销
受理前6个月内
债务到期日
破产申请受理日
不得撤销
①为维系基本生产需要而支付水费、电费等
②债务人支付劳动报酬、人身损害赔偿金
③使债务人财产受益的其他个别清偿
取回权
一般取回权
原则：通过管理人取回
重整期间取回权的行使：不符合事先约定，不支持
取回费用：行使取回权时未依法向管理人支付相关费用，管理人拒绝其取回相关财产的，人民法院应予支持
取回变价款：管理人变价提存变价款，权利人就变价款行使取回权
...接下页

企业破产法律制度

债务人财产★★★

债务人财产的收回

取回权

...接上页

- 违法转让（原物被违法转让）
  - 取得财产所有权
    - 受理前——普通破产债权
    - 受理后——共益债务
  - 未取得财产所有权
    - 受理前——普通破产债权
    - 受理后——共益债务
  - 第三人“善意取得”
- 代偿取回权
  - 适用——保险金、赔偿金、代偿物尚未交付给债务人，或已经交付但能区分的
  - 不适用（不能区分）——破产受理前损失——普通债权；破产受理后损失——共益债务
- 因故意或者重大过失而不当转让的：作为共益债务

出卖人取回权

- 受理时，出卖人已经发运，债务人尚未收到且未付清全部价款，可以取回
- 破产申请受理日 → 取回权可发生效力 → 买卖标的物到达管理人 → 取回权不发生效力

所有权保留买卖合同

- 出卖人破产
  - 继续履行
    - 买方继续按原约定履行
    - 买方违约
      - 买方已付价款＜75% → 卖方可以取回
      - 买方已付价款≥75% → 卖方不能取回
      - 第三人善意取得 → 卖方不能取回
  - 解除合同 → 买方无条件退货 → 买方的损失
    - 买方有违约 → 普通债权
    - 买方无违约 → 共益债务
- 买受人破产
  - 继续履行
    - 视为到期及时付款
    - 买方违约
      - 买方已付价款＜75% → 卖方可以取回
      - 买方已付价款≥75% → 卖方不能取回 → 共益债务
      - 第三人善意取得 → 卖方不能取回 → 共益债务
  - 解除合同 → 卖方可以取回 → 买方已付款不足弥补货物损失 → 共益债务

...接下页

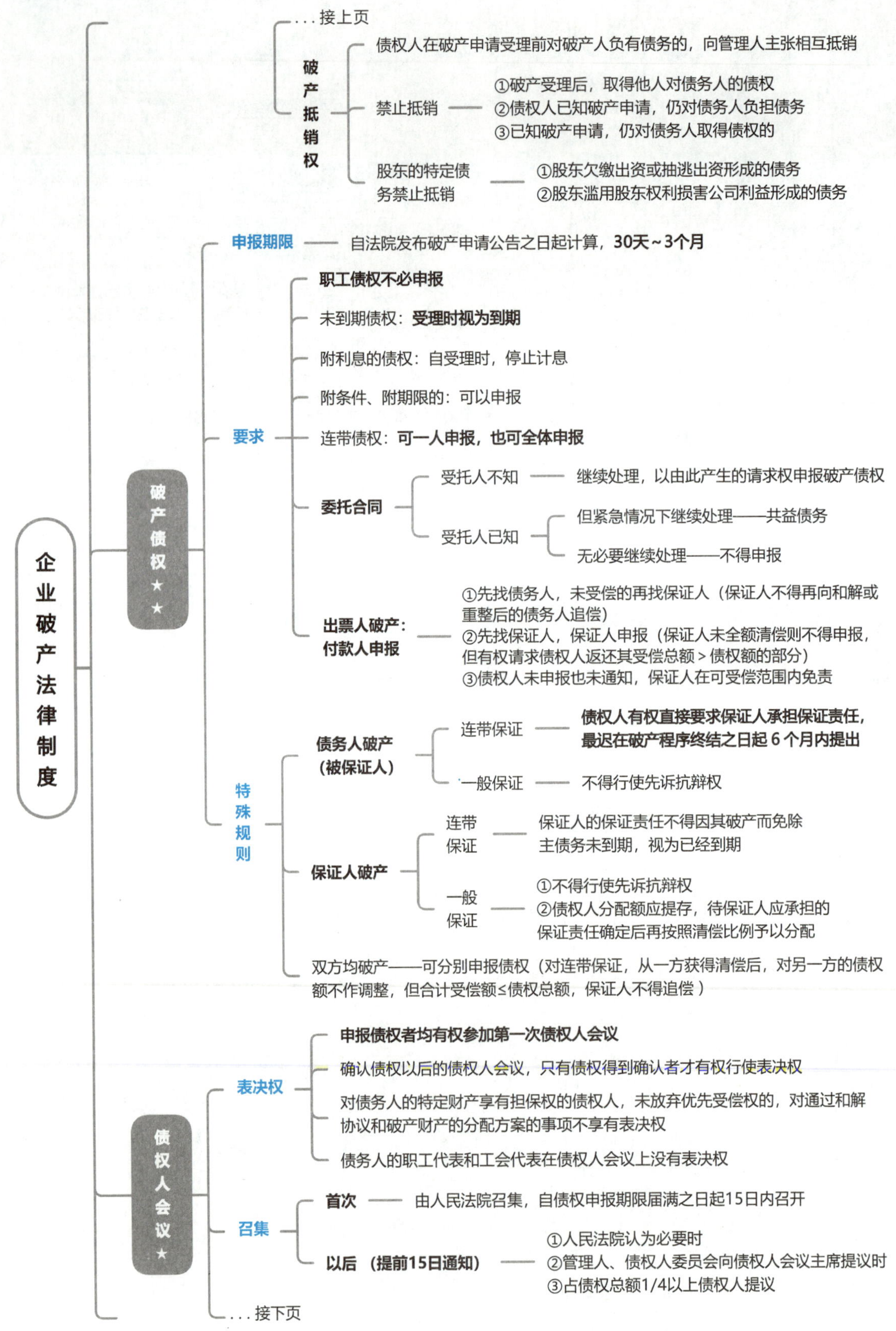
企业破产法律制度
...接上页
破产抵销权
债权人在破产申请受理前对破产人负有债务的，向管理人主张相互抵销
禁止抵销
①破产受理后，取得他人对债务人的债权
②债权人已知破产申请，仍对债务人负担债务
③已知破产申请，仍对债务人取得债权的
股东的特定债务禁止抵销
①股东欠缴出资或抽逃出资形成的债务
②股东滥用股东权利损害公司利益形成的债务
破产债权★★
申报期限
自法院发布破产申请公告之日起计算，30天~3个月
要求
职工债权不必申报
未到期债权：受理时视为到期
附利息的债权：自受理时，停止计息
附条件、附期限的：可以申报
连带债权：可一人申报，也可全体申报
委托合同
受托人不知
继续处理，以由此产生的请求权申报破产债权
受托人已知
但紧急情况下继续处理——共益债务
无必要继续处理——不得申报
出票人破产：付款人申报
①先找债务人，未受偿的再找保证人（保证人不得再向和解或重整后的债务人追偿）
②先找保证人，保证人申报（保证人未全额清偿则不得申报，但有权请求债权人返还其受偿总额＞债权额的部分）
③债权人未申报也未通知，保证人在可受偿范围内免责
特殊规则
债务人破产（被保证人）
连带保证
债权人有权直接要求保证人承担保证责任，最迟在破产程序终结之日起6个月内提出
一般保证
不得行使先诉抗辩权
保证人破产
连带保证
保证人的保证责任不得因其破产而免除
主债务未到期，视为已经到期
一般保证
①不得行使先诉抗辩权
②债权人分配额应提存，待保证人应承担的保证责任确定后再按照清偿比例予以分配
双方均破产——可分别申报债权（对连带保证，从一方获得清偿后，对另一方的债权额不作调整，但合计受偿额≤债权总额，保证人不得追偿）
债权人会议★
表决权
申报债权者均有权参加第一次债权人会议
确认债权以后的债权人会议，只有债权得到确认者才有权行使表决权
对债务人的特定财产享有担保权的债权人，未放弃优先受偿权的，对通过和解协议和破产财产的分配方案的事项不享有表决权
债务人的职工代表和工会代表在债权人会议上没有表决权
召集
首次
由人民法院召集，自债权申报期限届满之日起15日内召开
以后（提前15日通知）
①人民法院认为必要时
②管理人、债权人委员会向债权人会议主席提议时
③占债权总额1/4以上债权人提议
...接下页

企业破产法律制度

...接上页

- **职权**
  - ①决定继续或停止债务人的营业
  - ②通过重整计划、和解协议、债务人财产的管理方案、破产财产的变价和分配方案
  - ③核查债权
  - ④申请法院更换管理人，审查管理人的费用和报酬、监督管理人
  - ⑤选任和更换债权人委员会成员
- **决议规则**
  - 和解协议、重整计划——1/2+2/3
  - 其他决议——1/2+1/2
- **决议的撤销**——债权人认为决议违法，损害其利益的，可以决议作出之日起15日内，请求撤销
- **表决未通过的处理**
  - 财产管理方案和变价方案未通过的，由人民法院裁定
对裁定不服的，自裁定宣布之日或收到通知之日起15日内向该人民法院申请复议
  - 破产财产的分配方案，两次表决仍未通过，法院裁定
债权额占无担保债权总额1/2以上的债权人不服的，可以申请复议
- **债权人委员会（破产监督人）**——债权人代表和1名债务人的职工代表或工会代表组成，成员不得超过9人

重整程序★★★

- **申请人**
  - **受理前**——债务人或债权人
  - **受理后**——债务人或出资额占债务人注册资本 1/10 以上的出资人
- **重整期间**
  - 不包括重整计划得到批准后的执行期间
  - 经营管理：债务人或管理人
  - 担保权：**特定财产享有的担保物权暂停行使**
  - 取回权：符合事先约定的条件可以取回
  - 收益分配：**出资人不得请求投资收益分配**
  - 股权转让：董监高不得向第三人转让其持有的债务人股权（人民法院同意的除外）
  - **终止重整**
    - ①债务人缺乏挽救可能
    - ②有欺诈、恶意减少财产或其他显著不利于债权人的行为
    - ③债务人致使管理人无法执行职务
- **制定重整计划**
  - **制定人**
    - 债务人自行管理——债务人
    - 管理人负责管理——管理人
  - **制定期间**——一般情况 6 个月，可延期 3 个月，逾期终止
- **重整草案的表决与批准**
  - **分组表决**
  - **批准**
    - 正常批准——同一表决组1/2+债权额占2/3
    - 强制批准
    - 未批准——人民法院裁定“终止”重整程序，并宣告债务人破产
- **重整计划**
  - **执行**——债务人负责执行、管理人负责监督
特殊情况，债务人或管理人可以申请变更
  - ...接下页

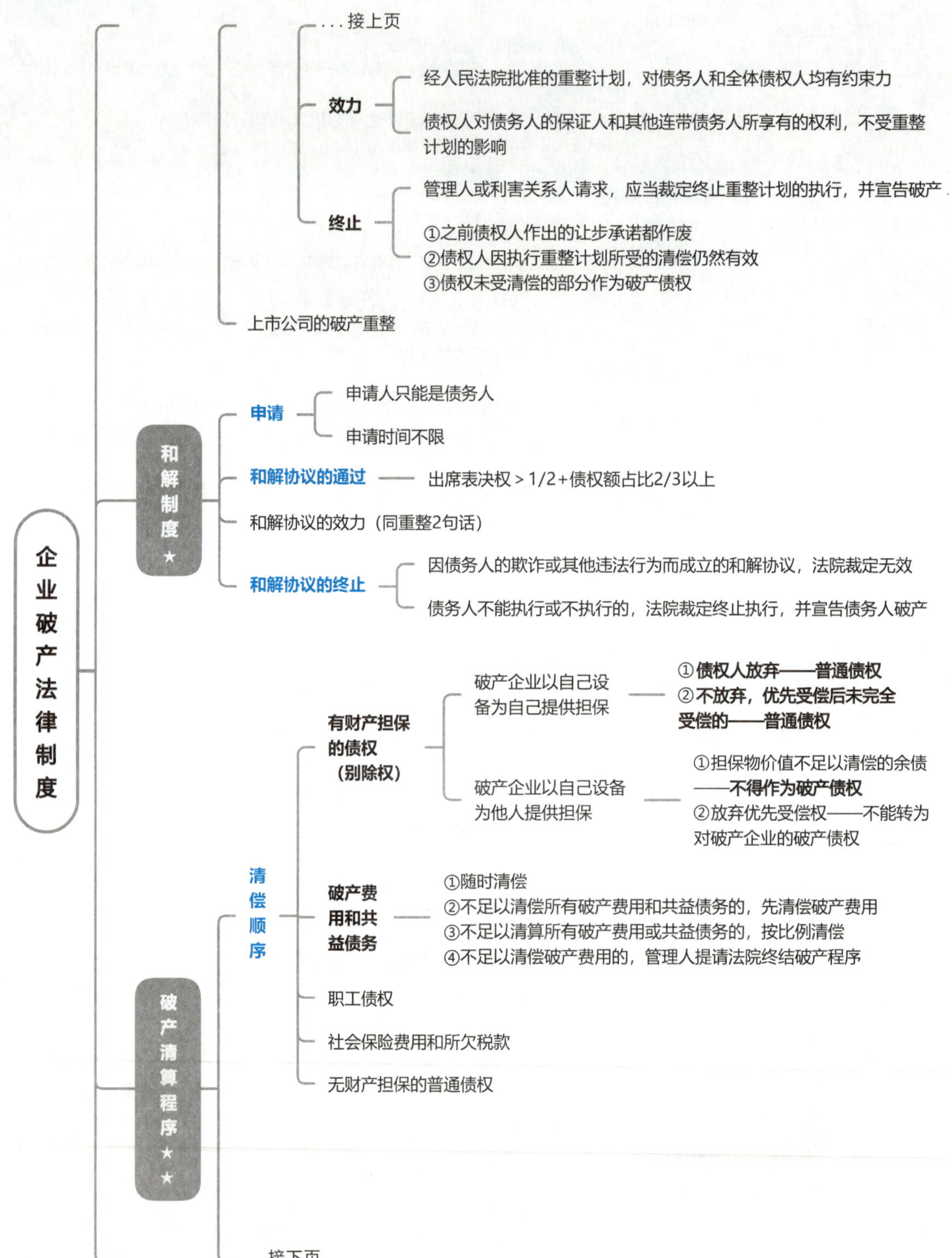

企业破产法律制度
...接上页
效力
经人民法院批准的重整计划，对债务人和全体债权人均有约束力
债权人对债务人的保证人和其他连带债务人所享有的权利，不受重整计划的影响
终止
管理人或利害关系人请求，应当裁定终止重整计划的执行，并宣告破产
①之前债权人作出的让步承诺都作废
②债权人因执行重整计划所受的清偿仍然有效
③债权未受清偿的部分作为破产债权
上市公司的破产重整
和解制度★
申请
申请人只能是债务人
申请时间不限
和解协议的通过
出席表决权＞1/2+债权额占比2/3以上
和解协议的效力（同重整2句话）
和解协议的终止
因债务人的欺诈或其他违法行为而成立的和解协议，法院裁定无效
债务人不能执行或不执行的，法院裁定终止执行，并宣告债务人破产
破产清算程序★★
清偿顺序
有财产担保的债权（别除权）
破产企业以自己设备为自己提供担保
①债权人放弃——普通债权
②不放弃，优先受偿后未完全受偿的——普通债权
破产企业以自己设备为他人提供担保
①担保物价值不足以清偿的余债——不得作为破产债权
②放弃优先受偿权——不能转为对破产企业的破产债权
破产费用和共益债务
①随时清偿
②不足以清偿所有破产费用和共益债务的，先清偿破产费用
③不足以清算所有破产费用或共益债务的，按比例清偿
④不足以清偿破产费用的，管理人提请法院终结破产程序
职工债权
社会保险费用和所欠税款
无财产担保的普通债权
...接下页

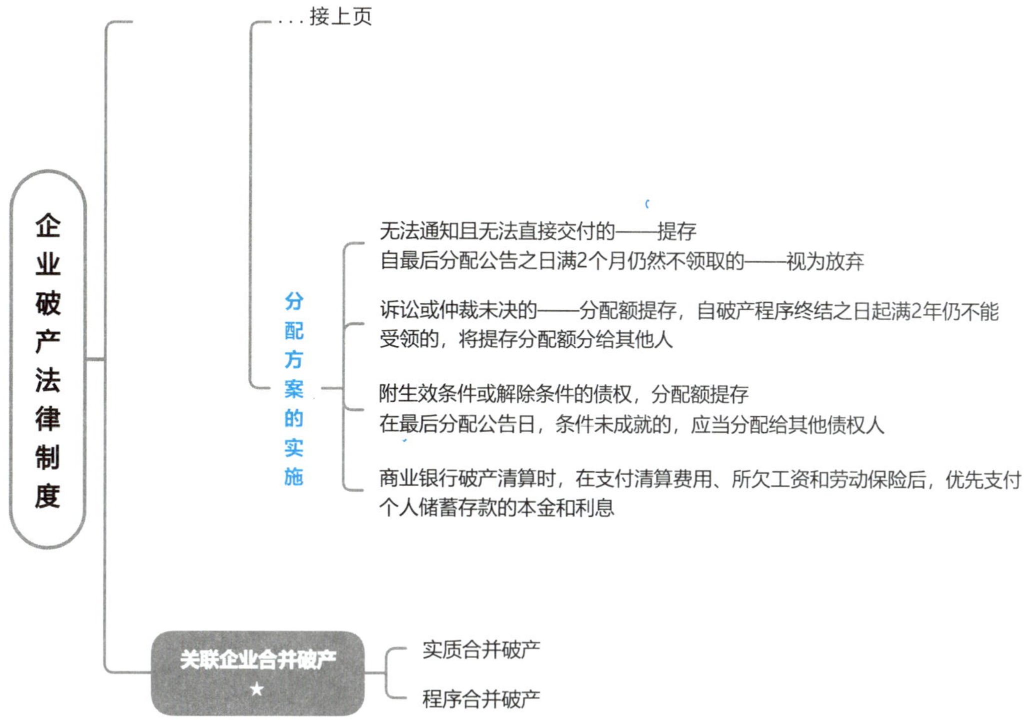
企业破产法律制度
. . . 接上页
分配方案的实施
无法通知且无法直接交付的——提存
自最后分配公告之日满2个月仍然不领取的——视为放弃
诉讼或仲裁未决的——分配额提存，自破产程序终结之日起满2年仍不能受领的，将提存分配额分给其他人
附生效条件或解除条件的债权，分配额提存
在最后分配公告日，条件未成就的，应当分配给其他债权人
商业银行破产清算时，在支付清算费用、所欠工资和劳动保险后，优先支付个人储蓄存款的本金和利息
关联企业合并破产
★
实质合并破产
程序合并破产

第九章

票据与支付结算法律制度

分值比重：12.5分左右

命题形式：选择题、案例分析题

★ 核心考点：票据权利、票据的伪造和变造、票据抗辩、汇票的出票、背书、保证

票据与支付结算法律制度

- **银行结算账户★★**
  - 单位只能开一个基本存款账户
  - 一般存款账户，不得办理现金支取
  - 临时存款账户的有效期，最长不得超过2年
  - 存款人主体终止，要先撤销其他账户，最后撤销基本存款账户
- **票据法律制度★★★**
  - **票据关系**
    - 票据关系
    - **非票据关系**
      - 票据法上的 —— 利益返还请求权关系，如追索权
      - 民法上的 —— 票据基础关系，如票据签发
  - **票据行为的种类** —— 出票、背书、承兑（汇票专有）、保证
  - **票据行为的生效要件**
    - **形式要件**
      - 票据金额：中文大写+数字同时记载，二者一致，否则票据无效
      - 不得更改：金额、日期、收款人名称，否则票据无效
      - 签章不合规后果 —— 出票人，票据无效；背书人、承兑人、保证人，其签章无效，不影响其他签章的效力
    - **实质要件** —— ①无、限制民事行为签章无效，但不影响其他签章；②背书人不享有处分权，背书行为无效，但符合善意取得制度，背书有效
  - **票据行为的代理**
    - **生效要件** —— 明示本人的名义，并表明代理意思；代理人签章；代理人有代理权
    - **无权代理**
      - 满足表见代理的，相对人取得票据权利，被代理人承担票据责任
      - 不符合表见代理的，代理行为不生效（除非本人事后追认）
      - 代理人超越代理权，就其超越部分承担责任
  - ...接下页

票据与支付结算法律制度

票据法律制度★★★

...接上页

票据权利

- **种类**
  - 付款请求权
  - 追索权
- **取得**
  - 依票据行为——出票、让与、保证、质押
  - 依法律规定——①被追索人偿还后取得 ②继承、法人合并或分立、税收等
  - 善意取得
    - 要件——①转让人是“形式上”的票据权利人 ②转让人实质上没有处分权 ③受让人基于背书转让取得票据 ④受让人善意且无重大过失 ⑤受让人付出相当对价（因税收、继承、赠与依法无偿取得票据，所享有的票据权利不得优于其前手）
    - 法律后果——受让人取得票据权利；原权利人丧失票据权利
- **票据权利的消灭**
  - 付款
  - 未遵期提示或未依法取证

票据类型		提示**承兑**期限	提示付款期限	票据权利的消灭时效		
				对出票人（承兑人）	对前手的追索权	对前手的再追索权
汇票	见票即付	×	出票日起1个月	出票日起2年	自被拒绝承兑或者被拒绝付款之日起**6个月**	自清偿日或者被提起诉讼之日起**3个月**
	定日付款	到期日前提示承兑	**到期日**起10日	**到期日**起2年		
	出票后定期付款	到期日前提示承兑				
	见票后定期付款	出票日起1个月				
本票		×	自出票日起不得超过2个月	出票日起2年		
支票		×	出票日起10日	出票日起6个月		

票据的伪造和变造

- **伪造**——①在虚构他人名义的情形下，被伪造人不承担票据责任 ②伪造人并未以自己的名义签章，不承担票据责任 ③不影响其他真实签章的效力
- **变造**——①变造前在票据上签章的，依照原记载负责 ②变造后签章的，依照变造后的记载负责 ③变造人也是签章人的，变造人视为在变造后签章 ④无法辨别签章在变造前还是后，视同在变造之前签章

票据抗辩

- **物的抗辩（绝对）**——可对任何持票人主张抗辩 ①出票行为因为法定形式要件欠缺而无效 ②票据权利已经消灭 ③票据上记载的“特定债务人”的债务不存在 ④票据权利的行使不符合债的内容

...接下页

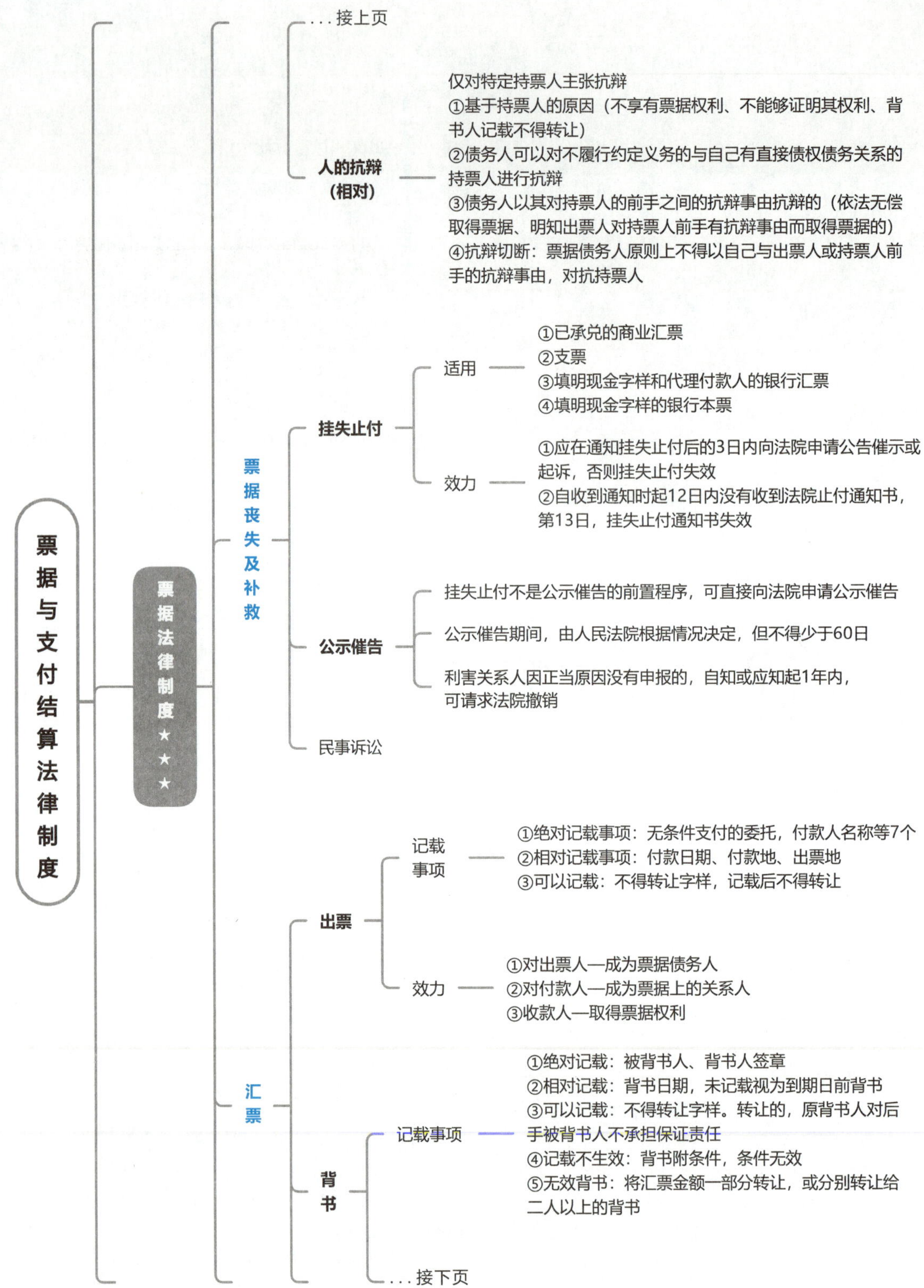
票据与支付结算法律制度
票据法律制度★★★
...接上页
人的抗辩（相对）
仅对特定持票人主张抗辩
①基于持票人的原因（不享有票据权利、不能够证明其权利、背书人记载不得转让）
②债务人可以对不履行约定义务的与自己有直接债权债务关系的持票人进行抗辩
③债务人以其对持票人的前手之间的抗辩事由抗辩的（依法无偿取得票据、明知出票人对持票人前手有抗辩事由而取得票据的）
④抗辩切断：票据债务人原则上不得以自己与出票人或持票人前手的抗辩事由，对抗持票人
票据丧失及补救
挂失止付
适用
①已承兑的商业汇票
②支票
③填明现金字样和代理付款人的银行汇票
④填明现金字样的银行本票
效力
①应在通知挂失止付后的3日内向法院申请公告催示或起诉，否则挂失止付失效
②自收到通知时起12日内没有收到法院止付通知书，第13日，挂失止付通知书失效
公示催告
挂失止付不是公示催告的前置程序，可直接向法院申请公示催告
公示催告期间，由人民法院根据情况决定，但不得少于60日
利害关系人因正当原因没有申报的，自知或应知起1年内，可请求法院撤销
民事诉讼
汇票
出票
记载事项
①绝对记载事项：无条件支付的委托，付款人名称等7个
②相对记载事项：付款日期、付款地、出票地
③可以记载：不得转让字样，记载后不得转让
效力
①对出票人—成为票据债务人
②对付款人—成为票据上的关系人
③收款人—取得票据权利
背书
记载事项
①绝对记载：被背书人、背书人签章
②相对记载：背书日期，未记载视为到期日前背书
③可以记载：不得转让字样。转让的，原背书人对后手被背书人不承担保证责任
④记载不生效：背书附条件，条件无效
⑤无效背书：将汇票金额一部分转让，或分别转让给二人以上的背书
...接下页

票据与支付结算法律制度

票据法律制度★★★

汇票

...接上页

- 禁止背书
  - ①出票人在汇票上记载不得转让字样
  - ②填明现金字样的银行汇票
- 背书效力
  - ①背书应当连续
  - ②非经背书转让，其他合法方式取得汇票的，**要依法举证，证明其汇票权利**
- 委托收款背书
  - ①不导致票据权利转移，只是被背书人取得代理权
  - ②必须记载委托收款字样，未记载的，为转让背书
  - ③委托收款人可以再对他人进行委托收款背书
- 质押背书
  - ①必须记载质押或设质、担保的字样，未记载为转让背书
  - ②只记载质押字样而**未签章**的，或**未记载质押字样**而另行签订合同或条款的，**不构成票据质押**
  - ③质押背书的被背书人再转让背书或质押背书的，背书行为无效
- 票据贴现
  - 只有经批准的金融机构才有资格从事
  - 其他组织与个人从事，票据贴现行为无效，贴现款和票据应当相互返还

承兑（汇票特有）

- 提示承兑
  - ①未按期提示承兑，丧失对出票人以外前手的追索权
  - ②见票即付的汇票，无需承兑
- 承兑时间 —— 3日
- 提示付款 —— 未在规定时间提示付款的，丧失对“出票人、承兑人”以外的前手的追索权
- 记载事项
  - ①必须记载承兑字样
  - ②相对记载：承兑日期未记载的，以收到提示承兑汇票之日起第3日承兑
  - ③承兑附条件，视为拒绝承兑
- 效力
  - 付款人成为票据债务人
  - 持票人取得对承兑人的付款请求权
  - **【注意】承兑人不得以其与出票人之间的资金关系来对抗持票人，拒绝支付**

保证

- 生效条件 —— 保证人未在票据或粘单上记载“保证”，而**另行签订保证合同或条款的，不属于票据保证**
- 记载事项
  - ①绝对记载：保证字样、保证人名称和住所、保证人签章
  - ②相对记载：被保证人名称、保证日期
  - ③保证不得附条件，附条件的，不影响保证责任
- 保证效力
  - ①保证人不享有先诉抗辩权
  - ②保证人之间承担连带责任，保证人与被保证人对持票人承担连带责任
  - ③被再追索的票据债务人，不得以其与被保证人或被保证人的前手之间的抗辩事由对抗善意的保证人

...接下页

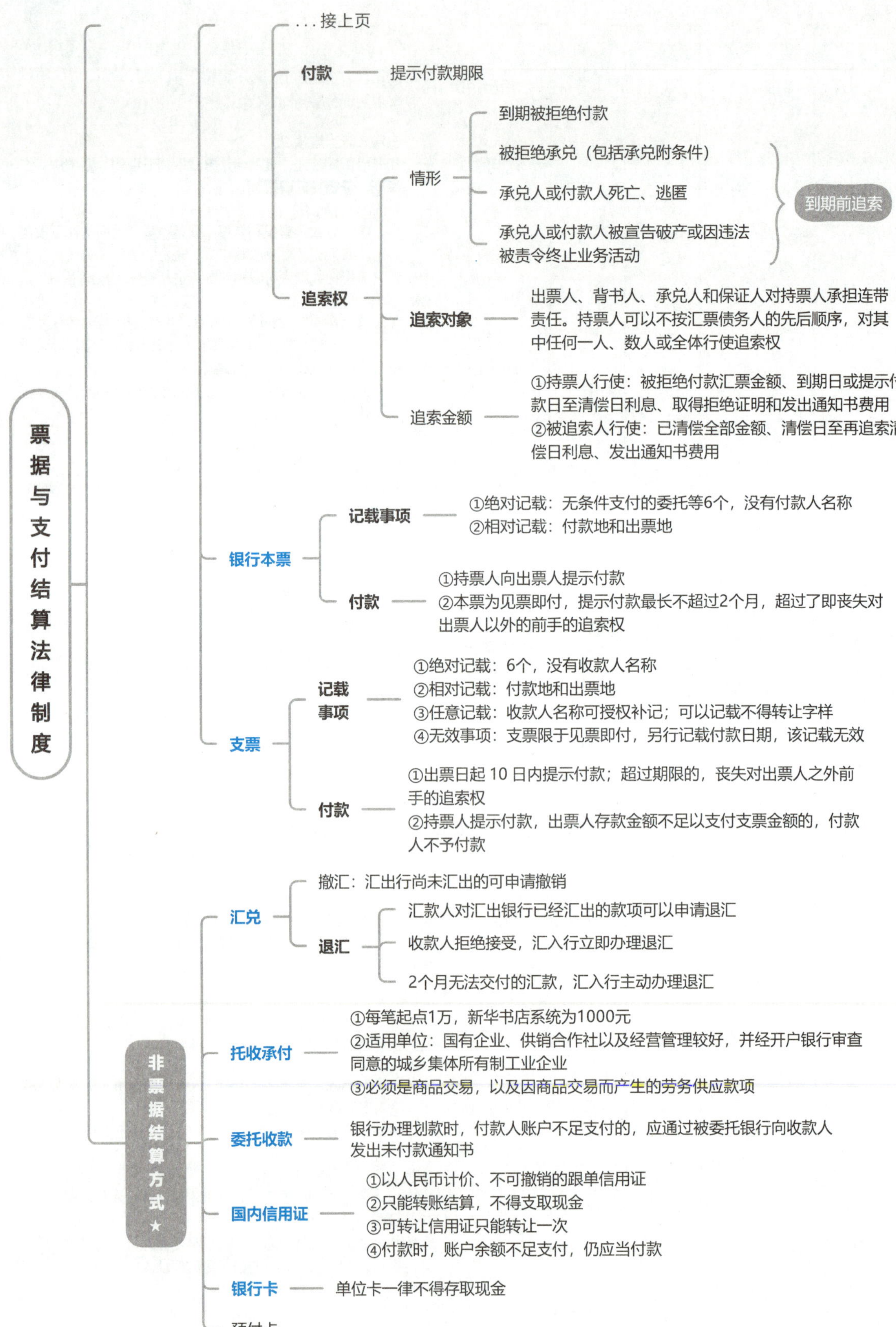
票据与支付结算法律制度
...接上页
付款
提示付款期限
追索权
情形
到期被拒绝付款
被拒绝承兑（包括承兑附条件）
承兑人或付款人死亡、逃匿
承兑人或付款人被宣告破产或因违法被责令终止业务活动
到期前追索
追索对象
出票人、背书人、承兑人和保证人对持票人承担连带责任。持票人可以不按汇票债务人的先后顺序，对其中任何一人、数人或全体行使追索权
追索金额
①持票人行使：被拒绝付款汇票金额、到期日或提示付款日至清偿日利息、取得拒绝证明和发出通知书费用
②被追索人行使：已清偿全部金额、清偿日至再追索清偿日利息、发出通知书费用
银行本票
记载事项
①绝对记载：无条件支付的委托等6个，没有付款人名称
②相对记载：付款地和出票地
付款
①持票人向出票人提示付款
②本票为见票即付，提示付款最长不超过2个月，超过了即丧失对出票人以外的前手的追索权
支票
记载事项
①绝对记载：6个，没有收款人名称
②相对记载：付款地和出票地
③任意记载：收款人名称可授权补记；可以记载不得转让字样
④无效事项：支票限于见票即付，另行记载付款日期，该记载无效
付款
①出票日起 10 日内提示付款；超过期限的，丧失对出票人之外前手的追索权
②持票人提示付款，出票人存款金额不足以支付支票金额的，付款人不予付款
非票据结算方式★
汇兑
撤汇：汇出行尚未汇出的可申请撤销
退汇
汇款人对汇出银行已经汇出的款项可以申请退汇
收款人拒绝接受，汇入行立即办理退汇
2个月无法交付的汇款，汇入行主动办理退汇
托收承付
①每笔起点1万，新华书店系统为1000元
②适用单位：国有企业、供销合作社以及经营管理较好，并经开户银行审查同意的城乡集体所有制工业企业
③必须是商品交易，以及因商品交易而产生的劳务供应款项
委托收款
银行办理划款时，付款人账户不足支付的，应通过被委托银行向收款人发出未付款通知书
国内信用证
①以人民币计价、不可撤销的跟单信用证
②只能转账结算，不得支取现金
③可转让信用证只能转让一次
④付款时，账户余额不足支付，仍应当付款
银行卡
单位卡一律不得存取现金
预付卡

第十章 企业国有资产法律制度

分值比重：3分左右

命题形式：选择题

★ 核心考点：企业国有资产的监督管理体制、履行出资人职责的机构、国家出资企业

企业国有资产法律制度

企业国有资产法律制度概述★★

履行出资人职责的机构

①国务院国有资产监督管理机构

②地方人民政府按照国务院的规定设立的国有资产监督管理机构

③国务院和地方人民政府根据需要，授权的其他部门、机构

国家出资企业 —— 国有独资公司/企业、国有资本控股/参股公司

国家出资企业管理者

任免范围

企业类型	任免人员
国有独资企业	经理、副经理、财务负责人和其他高级管理人员
国有独资公司	董事长、副董事长、董事、监事会主席和监事（非职工代表）
国有资本**控股、参股**公司	向股东会、股东大会**提出**董事、监事人选

兼职限制

①未经履行出资人职责的机构同意，国有独资企业/公司的董高不在其他企业兼职，国有独资公司的董事长不得兼任经理

②未经股东（大）会同意，国有资本控股/参股公司的董高不得在经营同类业务的其他企业兼职，国有资本控股公司的董事长不得兼任经理

③董高不得兼任监事

企业改制

- 由履行出资人职责的机构决定或由公司股东（大）会决定
- 重要的国有独资企业/公司、国有资本控股公司的改制，履行出资人职责的机构在作出决定或向其委派参加国有资本控股公司股东（大）会会议的股东代表作出指示前，应当将改制方案报请本级人民政府批准
- 企业改制涉及重新安置企业职工的，应当制定职工安置方案并经职工代表大会或职工大会审议通过
- 对企业改制时解除劳动合同且不再继续留用的职工，要支付经济补偿金

企业国有资产产权登记制度★

- 登记机关是各级履行出资人职责的机构
- 金融类企业国有资产产权登记和管理机关为同级财政部门

...接下页

……接上页

企业国有资产法律制度

企业国有资产评估管理制度★

评估范围

事项	非金融企业	金融企业
应当评估	①整体或部分改建为有限公司或股份公司 ②以非货币资产对外投资； ③合并、分立、破产、解散； ④非上市公司国有股东股权比例变动； ⑤产权转让； ⑥资产转让、置换； ⑦整体或部分资产租赁给非国有单位； ⑧以非货币资产偿还债务； ⑨资产涉讼； ⑩收购非国有单位的资产； ⑪接受非国有单位以非货币资产出资、抵债；	比非金融企业多以下情形： ①资产拍卖 ②债权转股权、债务重组 ③接受非货币性资产抵押或质押 ④处置不良资产
可以不评估	①经各级人民政府或其履行出资人职责的机构批准的无偿划转 ②国有独资企业与其下属独资企业（事业单位）之间或其下属独资企业（事业单位）之间的合并、资产（产权）置换和无偿划转	比非金融企业多以下情形： ①发生多次同类型的经济行为时，同一资产在评估报告使用有效期内，并且资产、市场状况未发生重大变化的 ②上市公司可流通的股权转让

企业国有资产交易管理制度★

- 产权转让
- 企业增资
- 资产转让
- 企业国有产权无偿划转

上市公司国有股权变动管理★★

- **国有股东所持上市公司股份的方式**
  - 通过证券交易系统转让
  - 公开征集转让
  - 非公开协议转让
  - 股份无偿划转
  - 股份间接转让
- 国有股东受让上市公司股份
- **国有股东发行可交换公司债券** —— 价格：不低于债券募集说明书公告日前1个交易日、前20个交易日、前30个交易日股票均价中的最高者
- 国有股东所控股上市公司发行证券
- 国有股东所控股上市公司吸收合并
- 国有股东与上市公司进行资产重组

第十一章

反垄断法律制度

分值比重：4分左右

命题形式：选择题

★ 核心考点：反垄断法的适用范围、垄断协议规制制度、滥用市场支配地位、经营者集中

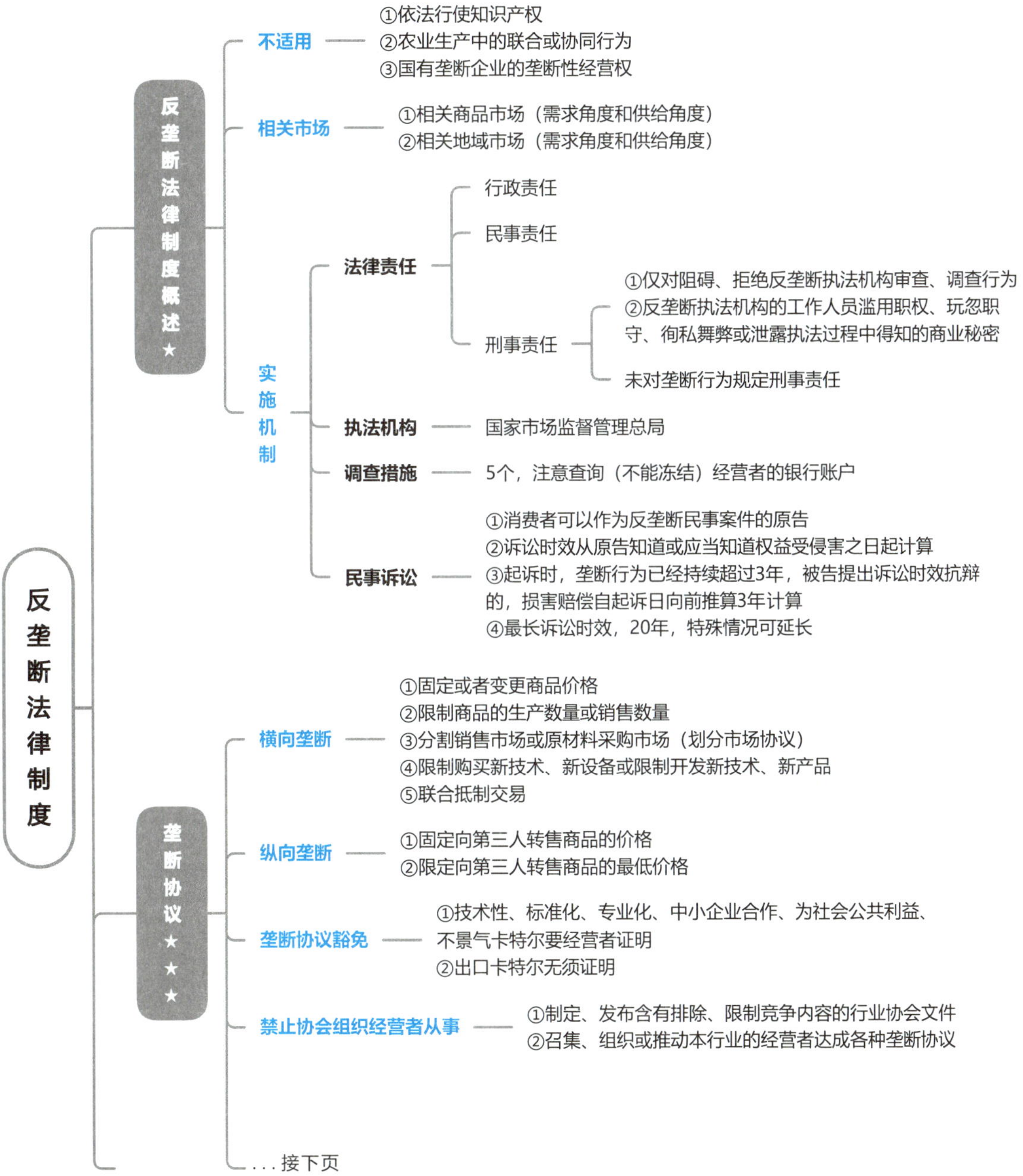

反垄断法律制度

反垄断法律制度概述★

- 不适用
  - ①依法行使知识产权
  - ②农业生产中的联合或协同行为
  - ③国有垄断企业的垄断性经营权
- 相关市场
  - ①相关商品市场（需求角度和供给角度）
  - ②相关地域市场（需求角度和供给角度）
- 实施机制
  - 法律责任
    - 行政责任
    - 民事责任
    - 刑事责任
      - ①仅对阻碍、拒绝反垄断执法机构审查、调查行为
      - ②反垄断执法机构的工作人员滥用职权、玩忽职守、徇私舞弊或泄露执法过程中得知的商业秘密
      - 未对垄断行为规定刑事责任
  - 执法机构 —— 国家市场监督管理总局
  - 调查措施 —— 5个，注意查询（不能冻结）经营者的银行账户
  - 民事诉讼
    - ①消费者可以作为反垄断民事案件的原告
    - ②诉讼时效从原告知道或应当知道权益受侵害之日起计算
    - ③起诉时，垄断行为已经持续超过3年，被告提出诉讼时效抗辩的，损害赔偿自起诉日向前推算3年计算
    - ④最长诉讼时效，20年，特殊情况可延长

垄断协议★★★

- 横向垄断
  - ①固定或者变更商品价格
  - ②限制商品的生产数量或销售数量
  - ③分割销售市场或原材料采购市场（划分市场协议）
  - ④限制购买新技术、新设备或限制开发新技术、新产品
  - ⑤联合抵制交易
- 纵向垄断
  - ①固定向第三人转售商品的价格
  - ②限定向第三人转售商品的最低价格
- 垄断协议豁免
  - ①技术性、标准化、专业化、中小企业合作、为社会公共利益、不景气卡特尔要经营者证明
  - ②出口卡特尔无须证明
- 禁止协会组织经营者从事
  - ①制定、发布含有排除、限制竞争内容的行业协会文件
  - ②召集、组织或推动本行业的经营者达成各种垄断协议

...接下页

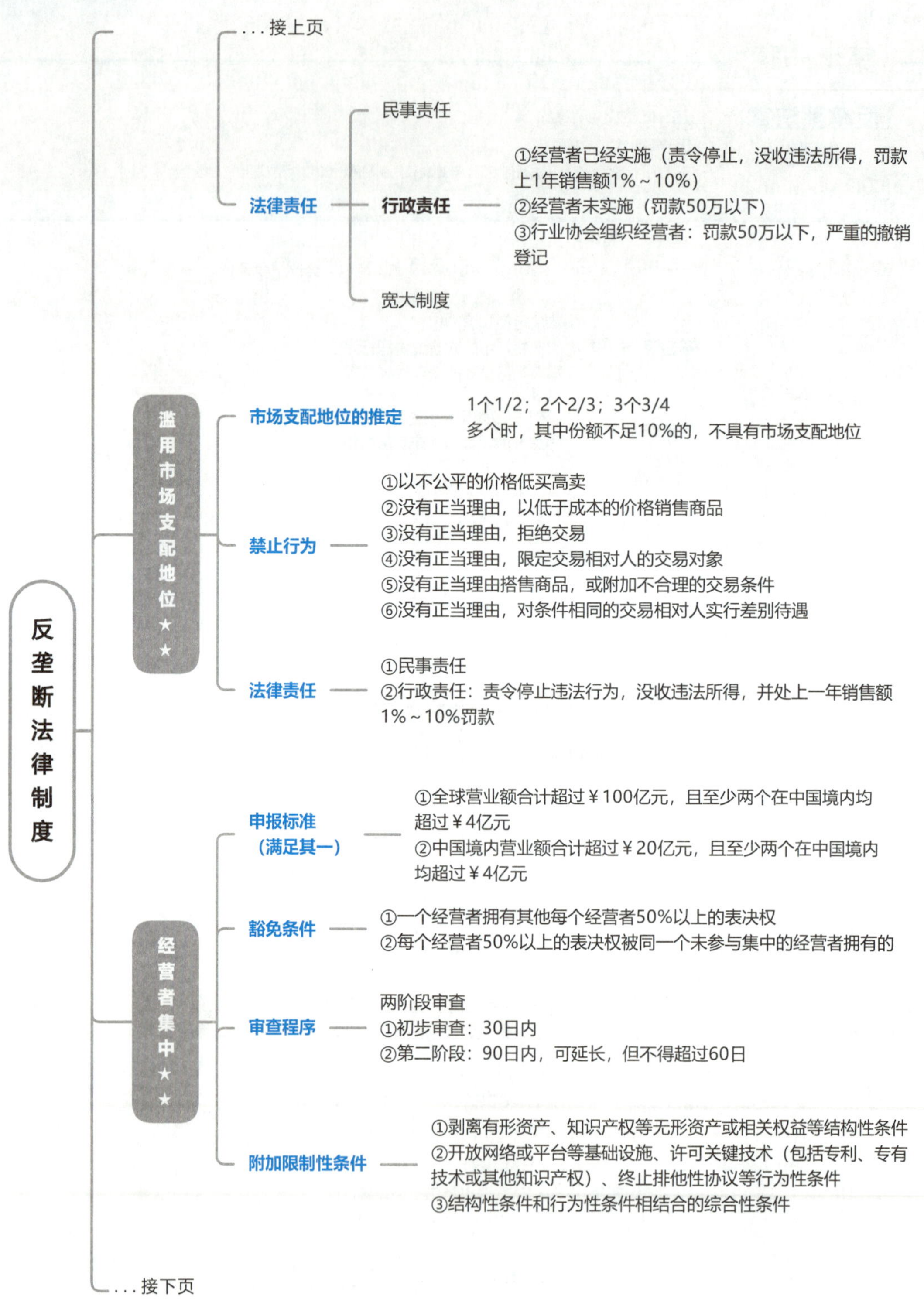
反垄断法律制度
...接上页
法律责任
民事责任
行政责任
①经营者已经实施（责令停止，没收违法所得，罚款上1年销售额1%~10%）
②经营者未实施（罚款50万以下）
③行业协会组织经营者：罚款50万以下，严重的撤销登记
宽大制度
滥用市场支配地位★★
市场支配地位的推定
1个1/2；2个2/3；3个3/4
多个时，其中份额不足10%的，不具有市场支配地位
禁止行为
①以不公平的价格低买高卖
②没有正当理由，以低于成本的价格销售商品
③没有正当理由，拒绝交易
④没有正当理由，限定交易相对人的交易对象
⑤没有正当理由搭售商品，或附加不合理的交易条件
⑥没有正当理由，对条件相同的交易相对人实行差别待遇
法律责任
①民事责任
②行政责任：责令停止违法行为，没收违法所得，并处上一年销售额1%~10%罚款
经营者集中★★
申报标准（满足其一）
①全球营业额合计超过￥100亿元，且至少两个在中国境内均超过￥4亿元
②中国境内营业额合计超过￥20亿元，且至少两个在中国境内均超过￥4亿元
豁免条件
①一个经营者拥有其他每个经营者50%以上的表决权
②每个经营者50%以上的表决权被同一个未参与集中的经营者拥有的
审查程序
两阶段审查
①初步审查：30日内
②第二阶段：90日内，可延长，但不得超过60日
附加限制性条件
①剥离有形资产、知识产权等无形资产或相关权益等结构性条件
②开放网络或平台等基础设施、许可关键技术（包括专利、专有技术或其他知识产权）、终止排他性协议等行为性条件
③结构性条件和行为性条件相结合的综合性条件
...接下页

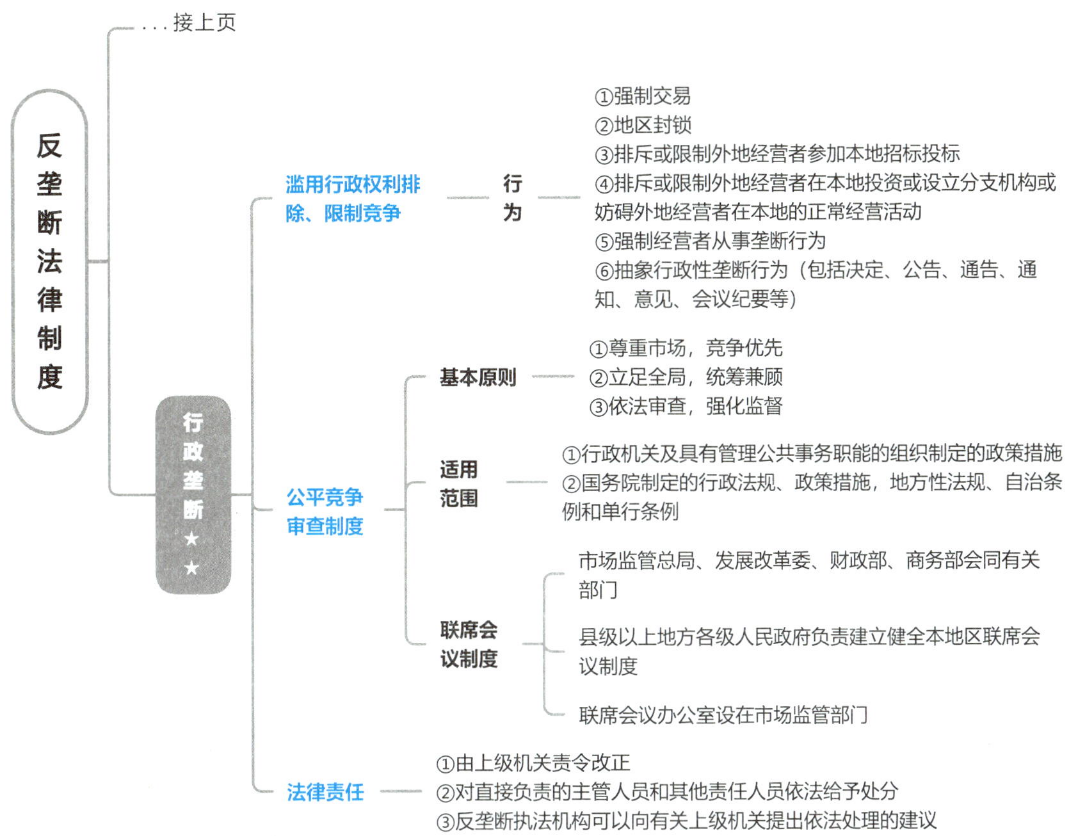

...接上页
反垄断法律制度
行政垄断★★
滥用行政权利排除、限制竞争
行为
①强制交易
②地区封锁
③排斥或限制外地经营者参加本地招标投标
④排斥或限制外地经营者在本地投资或设立分支机构或妨碍外地经营者在本地的正常经营活动
⑤强制经营者从事垄断行为
⑥抽象行政性垄断行为（包括决定、公告、通告、通知、意见、会议纪要等）
公平竞争审查制度
基本原则
①尊重市场，竞争优先
②立足全局，统筹兼顾
③依法审查，强化监督
适用范围
①行政机关及具有管理公共事务职能的组织制定的政策措施
②国务院制定的行政法规、政策措施，地方性法规、自治条例和单行条例
联席会议制度
市场监管总局、发展改革委、财政部、商务部会同有关部门
县级以上地方各级人民政府负责建立健全本地区联席会议制度
联席会议办公室设在市场监管部门
法律责任
①由上级机关责令改正
②对直接负责的主管人员和其他责任人员依法给予处分
③反垄断执法机构可以向有关上级机关提出依法处理的建议

第十二章

涉外经济法律制度

- 分值比重：6分左右
- 命题形式：选择题
- ★ 核心考点：外商投资管理、对外贸易救济、外汇管理制度

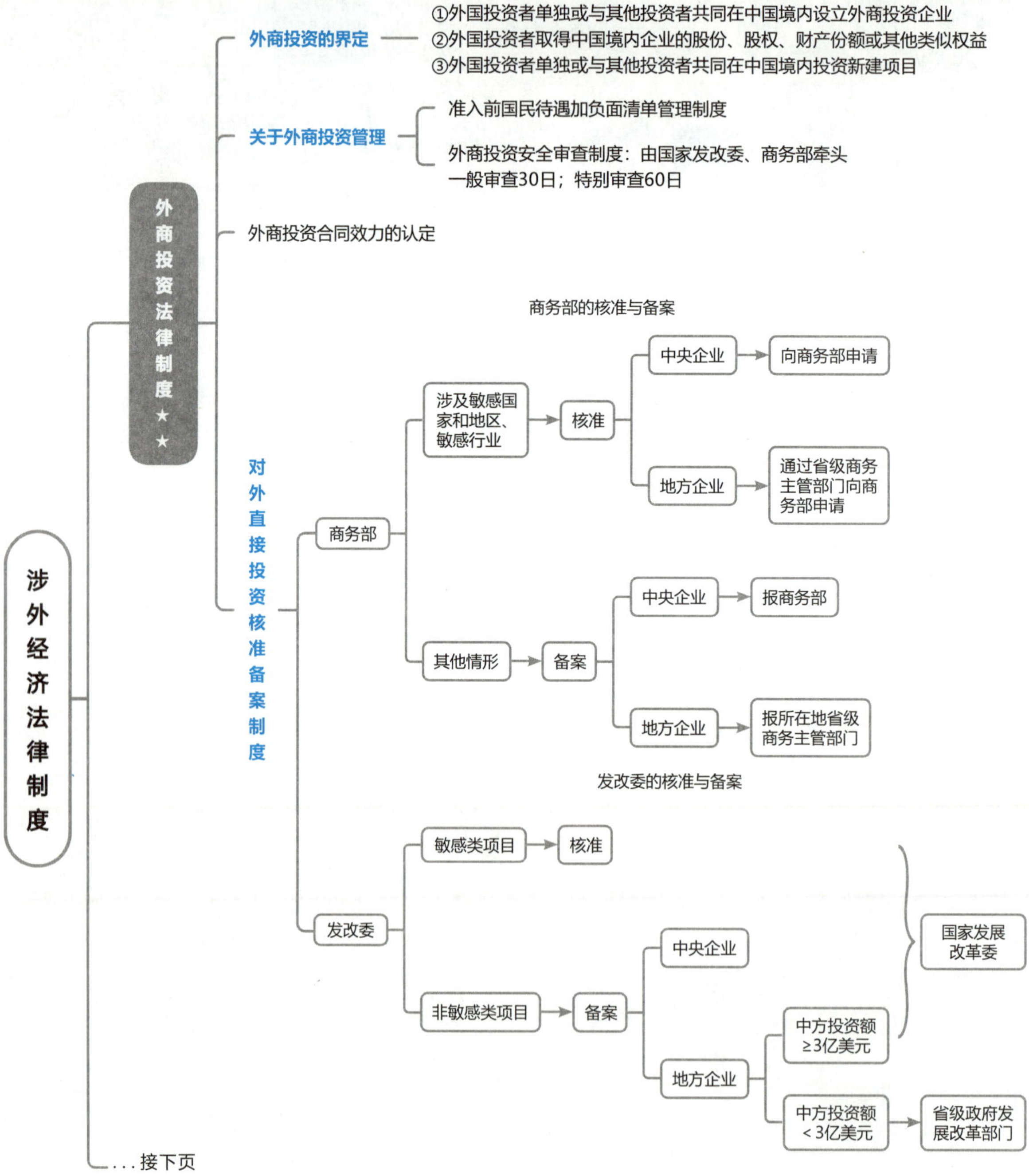

- 涉外经济法律制度
  - 外商投资法律制度★★
    - **外商投资的界定**
      - ①外国投资者单独或与其他投资者共同在中国境内设立外商投资企业
      - ②外国投资者取得中国境内企业的股份、股权、财产份额或其他类似权益
      - ③外国投资者单独或与其他投资者共同在中国境内投资新建项目
    - **关于外商投资管理**
      - 准入前国民待遇加负面清单管理制度
      - 外商投资安全审查制度：由国家发改委、商务部牵头 一般审查30日；特别审查60日
    - 外商投资合同效力的认定
    - **对外直接投资核准备案制度**
      - 商务部（商务部的核准与备案）
        - 涉及敏感国家和地区、敏感行业 → 核准
          - 中央企业 → 向商务部申请
          - 地方企业 → 通过省级商务主管部门向商务部申请
        - 其他情形 → 备案
          - 中央企业 → 报商务部
          - 地方企业 → 报所在地省级商务主管部门
      - 发改委（发改委的核准与备案）
        - 敏感类项目 → 核准（国家发展改革委）
        - 非敏感类项目 → 备案
          - 中央企业（国家发展改革委）
          - 地方企业
            - 中方投资额≥3亿美元（国家发展改革委）
            - 中方投资额＜3亿美元 → 省级政府发展改革部门
  - ……接下页

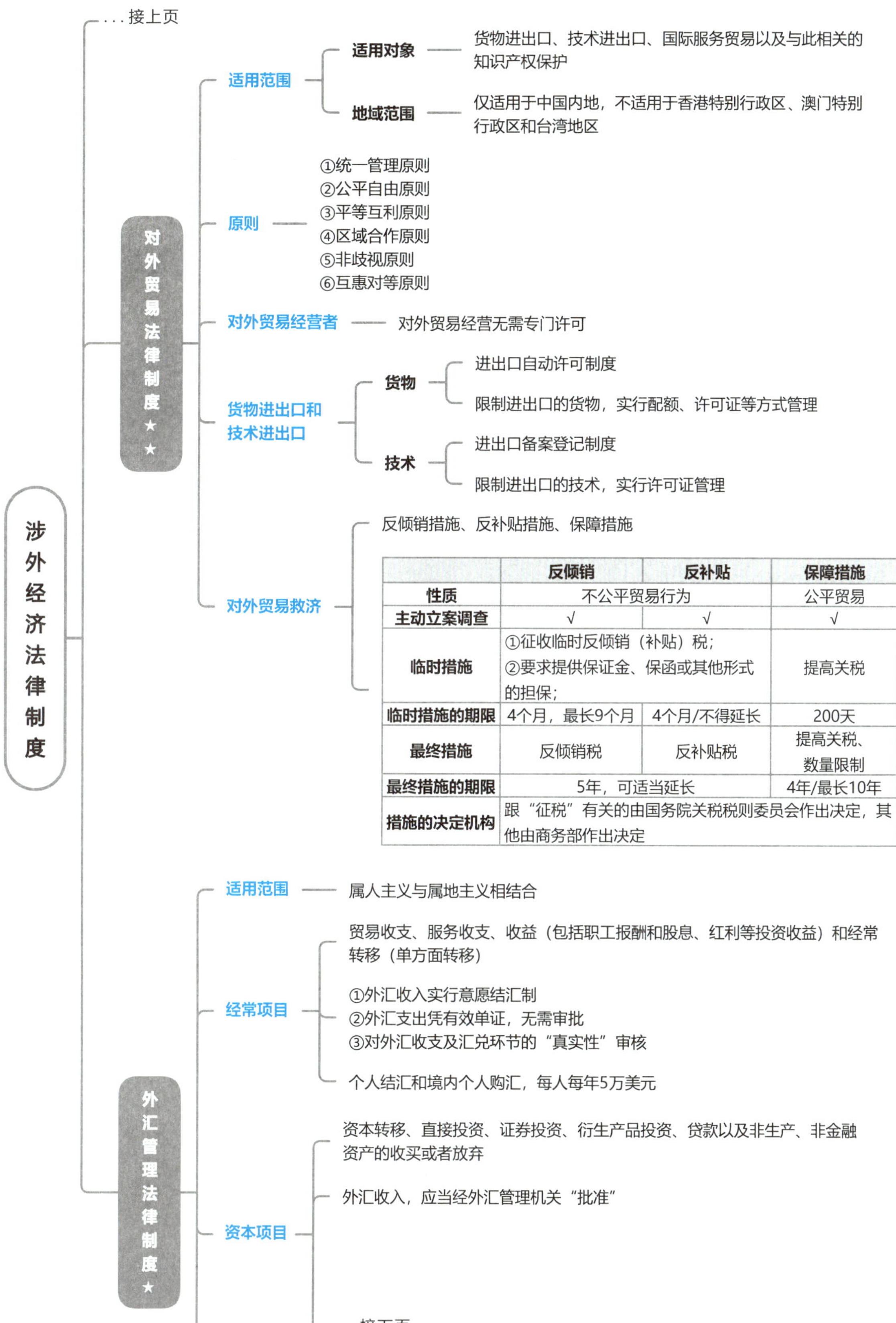

...接上页

涉外经济法律制度

对外贸易法律制度★★

- 适用范围
  - 适用对象 —— 货物进出口、技术进出口、国际服务贸易以及与此相关的知识产权保护
  - 地域范围 —— 仅适用于中国内地，不适用于香港特别行政区、澳门特别行政区和台湾地区
- 原则 ——
  ①统一管理原则
  ②公平自由原则
  ③平等互利原则
  ④区域合作原则
  ⑤非歧视原则
  ⑥互惠对等原则
- 对外贸易经营者 —— 对外贸易经营无需专门许可
- 货物进出口和技术进出口
  - 货物
    - 进出口自动许可制度
    - 限制进出口的货物，实行配额、许可证等方式管理
  - 技术
    - 进出口备案登记制度
    - 限制进出口的技术，实行许可证管理
- 对外贸易救济
  - 反倾销措施、反补贴措施、保障措施

	反倾销	反补贴	保障措施
性质	不公平贸易行为		公平贸易
主动立案调查	√	√	√
临时措施	①征收临时反倾销（补贴）税； ②要求提供保证金、保函或其他形式的担保；		提高关税
临时措施的期限	4个月，最长9个月	4个月/不得延长	200天
最终措施	反倾销税	反补贴税	提高关税、数量限制
最终措施的期限	5年，可适当延长		4年/最长10年
措施的决定机构	跟“征税”有关的由国务院关税税则委员会作出决定，其他由商务部作出决定		

外汇管理法律制度★

- 适用范围 —— 属人主义与属地主义相结合
- 经常项目
  - 贸易收支、服务收支、收益（包括职工报酬和股息、红利等投资收益）和经常转移（单方面转移）
  - ①外汇收入实行意愿结汇制
    ②外汇支出凭有效单证，无需审批
    ③对外汇收支及汇兑环节的“真实性”审核
  - 个人结汇和境内个人购汇，每人每年5万美元
- 资本项目
  - 资本转移、直接投资、证券投资、衍生产品投资、贷款以及非生产、非金融资产的收买或者放弃
  - 外汇收入，应当经外汇管理机关“批准”
  - ...接下页

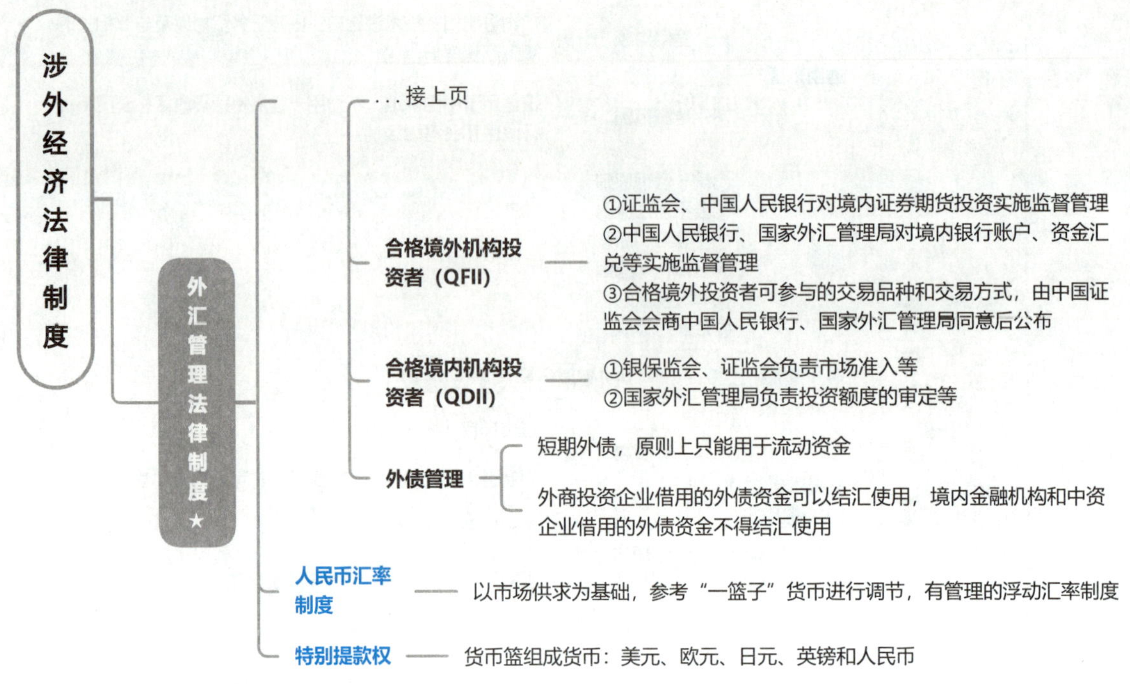
涉外经济法律制度
外汇管理法律制度★
...接上页
合格境外机构投资者（QFII）
①证监会、中国人民银行对境内证券期货投资实施监督管理
②中国人民银行、国家外汇管理局对境内银行账户、资金汇兑等实施监督管理
③合格境外投资者可参与的交易品种和交易方式，由中国证监会会商中国人民银行、国家外汇管理局同意后公布
合格境内机构投资者（QDII）
①银保监会、证监会负责市场准入等
②国家外汇管理局负责投资额度的审定等
外债管理
短期外债，原则上只能用于流动资金
外商投资企业借用的外债资金可以结汇使用，境内金融机构和中资企业借用的外债资金不得结汇使用
人民币汇率制度
以市场供求为基础，参考“一篮子”货币进行调节，有管理的浮动汇率制度
特别提款权
货币篮组成货币：美元、欧元、日元、英镑和人民币

2022

21天突破

CPA

注册会计师全国统一考试应试指导

李彬教你考注会®

ECONOMIC LAWS

经济法

习题册

李彬 编著　BT教育 组编

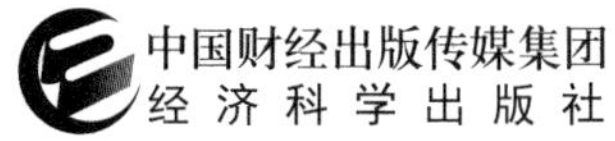
中国财经出版传媒集团
经济科学出版社

解题能力是应试的核心，虽然这么多年来考生们已达成了“真题为王”的共识，但面对如何刷题、如何掌握命题规律、如何切实提升考试成绩，这些问题仍然一脸茫然。

为此，我们进行了反复的内测试验，最终凝结成了新版习题册，该书与BT教育21天突破主教材的考点制接轨，将前十年真题全部按照考点进行专项整合，考生可根据做题情况直接定位自身的薄弱环节，查漏补缺。

除此之外，我们还一改传统“只言片语”的题目解析形式，将解析进行了全面翔实的补充，彻底解决大家看不懂、做不会的困扰。2022年我们还增添了【抢分技巧】【审题思路】等实用性超强的板块，助大家彻底消化每道真题，迅速提分。

1. 考点制分割，重点分级

为了凸显应试理念，帮考生快速、高效地完成通关目标，我们一改官方教材的章/节格局，一律以「考点」为任务单元进行全面重组，对每个考点进行了专门解读，并将该考点所对应的历年真题按此类目悉数列入。

此外，我们还根据真题考频对考点重要性进行了标星分级，★越多，代表其重要性越强，轻重缓急，一目了然。

2. 解析更为详细

与传统习题册的简略版解析不同，为了让同学们对真题有更深入独到的见解，充分提升得分能力，我们将解析进行了丰富优化，对每道题的解读都追求精深而细致，彻底吃透解题原理。

历年真题中，对于相同考点的考查方法往往趋于一致，我们将类似的考法还进行了延伸总结，帮助大家一通百通，全面躲避出题人埋下的各类陷阱。

3. 主观题审题思路

主观题是绝大多数考生的重灾区，尤其是纯文字题，在海量的案例材料中，很难做到精准定位，继而掌握正确的做题思路。为此我们在每段主观题题干旁都给出了破题指导，完善大家的审题思路，规范大家的做题过程。

4. 题码检索

除了纸质真题册外，我们还有线上题库App，考生可追踪刷题数据，智能组卷练习，还能对往日错题进行打包回顾。建议大家先下载“BT教育”App，以后遇到不会的题目，直接在题库中搜索该题的【题码】，就能找到对应的答案和解析，而且还能查看每道题目的名师视频解析，帮你彻底吃透真题。

5. 拓展真题

本书已收录了近五年的精华真题，实乃每章必刷真题，如果考生们想追求更扎实的训练效果，请扫码获取近十年拓展真题，对知识点进行进一步消化。

扫码免费领取题库＋随书附送讲义资料

目 录
CONTENTS

习题

答案

习题

01 第一章　法律基本原理

「考情分析」

考点	星级	近十年考频	2012年	2013年	2014年	2015年	2016年	2017年	2018年	2019年	2020年	2021年
1. 法的概念与特征	★	2							√		√	
2. 法律渊源	★★	6	√		√	√	√		√		√	
3. 法律规范	★★	4				√		√	√			√
4. 法律关系的概念与种类	★	1					√					
5. 法律关系的基本构成	★★★	7		√		√		√	√	√	√	√
6. 法律关系的变动原因——法律事实	★★	2			√						√	
7. 习近平法治思想引领全面依法治国基本方略	★	2								√		√

「考点 1」法的概念与特征（★）

1.「2020 年・单选题・题码 145387」

“君主们在任何时候都不得不服从经济条件，并且从来不能向经济条件发号施令。”马克思的这句名言所体现的法的特征是（　　）。

A. 法受物质生活条件的制约

B. 法是统治阶级意志的体现

C. 法是国家意志的体现

D. 法是由国家强制力保障实施的行为规范

2.「2020 年・多选题・题码 145388」

下列关于法律与道德的关系的表述中，正确的有（　　）。

A. 法律规范和道德规范的调整范围相互交叉

B. 法律属于社会制度，道德属于社会意识形态

C. 法律规定的是权利，道德强调的是义务

D. 法律由国家强制力保证实施，道德主要靠舆论、内心信仰和宣传教育等手段实现

3.「2018 年・多选题・题码 145389」

下列关于法的规范属性的表述中，正确的有（　　）。

A. 法是行为规范　　　　B. 法是社会规范

C. 法是技术规范　　　　D. 法是道德规范

「考点2」法律渊源（★★）

1.「2020 年・多选题・题码 145403」

根据全国人大常委会有关文件的规定，中国特色社会主义法律体系包括七个法律部门。下列各项中，属于民商法部门的有（　　）。

A. 民法　B. 商法　C. 知识产权法　D. 经济法

2.「2018 年・多选题・题码 145404」

下列各项中，属于我国法律渊源的有（　　）。

A.《支付结算办法》

B.《最高人民法院关于适用若干问题的解释（一）》

C.《中华人民共和国立法法》

D.《上市公司信息披露管理办法》

3.「2016 年・单选题・题码 145399」

下列关于法律渊源的表述中，正确的是（　　）。

A. 全国人大常委会有权部分修改由全国人大制定的基本法律

B. 除最高人民法院外，其他国家机关无权解释法律

C. 地方性法规是指地方人民政府对地方性事务制定的规范性法律文件的总称

D. 部门规章可以设定减损公民、法人和其他组织权利或者增加其义务的规范

「考点3」法律规范（★★）

1.「2021 年・单选题・题码 145400」

属于法律构成的基本单位，并具体体现法律属性，实现法律功能的是（　　）。

A. 法律制度　B. 法律文件　C. 法律规范　D. 法律条文

2.「2018 年・单选题・题码 145401」

下列各项法律规范中，属于确定性规范的是（　　）。

A. 供用水、供用气、供用热力合同，参照供用电合同的有关规定

B. 法律、行政法规禁止或者限制转让的标的物，依照其规定

C. 国务院反垄断委员会的组成和工作规则由国务院规定

D. 因正当防卫造成损害的，不承担民事责任

3.「2017 年・单选题・题码 145402」

下列关于法律规范与法律条文关系的表述中，正确的是（　　）。

A. 法律规范是法律条文的表现形式

B. 法律规范等同于法律条文

C. 法律规范与法律条文一一对应

D. 法律条文的内容除法律规范外，还包括法律原则等法律要素

「考点4」法律关系的概念与种类（★）

「2016年·多选题·题码145405」

甲、乙均为完全民事行为能力人。甲、乙之间的下列约定中，能够产生法律上的权利义务的有（　　）。

A. 甲将房屋出租给乙　　B. 甲送给乙一部手机

C. 二人共进晚餐　　D. 二人此生不离不弃

「考点5」法律关系的基本构成（★★★）

1.「2021年·单选题·题码145407」

某国际高中的学生现年17周岁。根据《民法典》的规定，该学生是（　　）。

A. 无民事行为能力人　　B. 限制民事行为能力人

C. 视为完全民事行为能力人　　D. 完全民事行为能力人

2.「2020年·单选题·题码145408」

下列关于法人权利能力与行为能力的表述中，正确的是（　　）。

A. 法人终止时，权利能力和行为能力同时消灭

B. 法人先取得权利能力，后取得行为能力

C. 所有法人都有权利能力，但并非所有法人都有行为能力

D. 法人的行为能力只能通过其法定代表人实现

3.「2019年·单选题·题码145409」

根据民事法律制度的规定，下列各项中，属于无权利能力的是（　　）。

A. 刚出生的婴儿　　B. 植物人

C. 病理性醉酒的人　　D. 智能机器人

4.「2018年·单选题·题码145410」

下列关于法律主体权利能力的表述中，正确的是（　　）。

A. 权利能力以行为能力为前提，无行为能力即无权利能力

B. 权利能力是指权利主体能够通过自己的行为取得权利和承担义务的能力

C. 自然人的权利能力可分为完全权利能力、限制权利能力与无权利能力

D. 营利法人、非营利法人与特别法人均具有权利能力

5.「2018年·单选题·题码145411」

根据民事法律制度的规定，下列主体中，具有完全民事行为能力的是（　　）。

A. 刚出生的甲　　B. 8周岁的乙

C. 15周岁的少年天才丙　　D. 18周岁的大学生丁

6.「2017年·多选题·题码145413」

下列各项中，属于法人的有（　　）。

A. 北京大学　　B. 中华人民共和国最高人民法院

C. 中国人民保险集团股份有限公司　　D. 中国注册会计师协会

7.「2015 年 · 单选题 · 题码 145412」

下列关于法律关系主体的表述中，正确的是（　　）。

A. 法律关系主体必须同时具备权利能力和行为能力
B. 作为法律关系主体的自然人不包括外国人
C. 合伙企业不具有法人资格，不能以自己的名义从事民事活动
D. 法律关系主体既包括权利人，也包括义务人

8.「2015 年 · 多选题 · 题码 145414」

下列各项中，属于民事法律关系主体的有（　　）。

A. 有限责任公司的分公司　　B. 国家
C. 无国籍人士　　D. 公立医院

「考点 6」法律关系的变动原因——法律事实（★★）

1.「2020 年 · 多选题 · 题码 145418」

根据民事法律制度的规定，下列各项中，属于法律事实中的事件的有（　　）。

A. 侵权行为　　B. 人的死亡　　C. 时间的经过　　D. 自然灾害

2.「2014 年 · 多选题 · 题码 145419」

下列各项中，能导致一定法律关系产生、变更或消灭的有（　　）。

A. 人的出生　　B. 自然灾害　　C. 时间的经过　　D. 侵权行为

「考点 7」习近平法治思想引领全面依法治国基本方略（★）

1.「2021 年 · 单选题 · 题码 145415」

推进全面依法治国的根本保证是（　　）。

A. 坚持党的领导　　B. 坚持人民主体地位
C. 坚持从中国实际出发　　D. 坚持中国特色社会主义道路

2.「2021 年 · 单选题 · 题码 145416」

推进全面依法治国的根本目的是（　　）。

A. 坚持中国特色社会主义法治道路
B. 建设中国社会主义法治体系
C. 推进国家治理体系和治理能力现代化
D. 依法保障人民权益

3.「2019 年 · 单选题 · 题码 145417」

全面推进依法治国的总目标是（　　）。

A. 坚持中国共产党的领导，坚持人民主体地位
B. 建设中国特色社会主义法治体系，建设社会主义法治国家
C. 依法治国和以德治国相结合
D. 法律面前人人平等

02 第二章　基本民事法律制度

「考情分析」

考点	星级	近十年考频	2012年	2013年	2014年	2015年	2016年	2017年	2018年	2019年	2020年	2021年
1. 民事法律行为理论	★★	5	√						√	√	√	√
2. 民事法律行为的效力	★★★	7	√	√	√	√		√	√			√
3. 代理的基本理论	★	1								√		
4. 委托代理	★★	3		√		√			√			
5. 诉讼时效基本理论	★★	2	√									√
6. 诉讼时效的种类与起算	★★	3		√	√					√		
7. 诉讼时效的中止与中断	★★★	7	√	√	√		√	√		√		√

「考点1」民事法律行为理论（★★）

1.「2021 年 · 单选题 · 题码 145468」

根据基本民事法律制度的规定，下列关于决议的表述中，正确的是（　　）。

A. 决议是指多个主体根据表决规则作出的决定

B. 决议中的意思表示主要针对发出表示的成员

C. 决议当事人的意思表示对不同意的成员没有拘束力

D. 决议为双方民事法律行为

2.「2021 年 · 单选题 · 题码 145469」

根据基本民事法律制度的规定，下列关于意思表示的表述中，正确的是（　　）。

A. 以对话方式作出的意思表示，相对人知道其内容时生效

B. 沉默只有在法律规定的情形下才可视为意思表示

C. 有相对人的意思表示也称对话的意思表示

D. 以公告方式作出的意思表示，到达相对人时生效

3.「2021 年 · 多选题 · 题码 145475」

根据基本民事法律制度的规定，下列关于意思表示的表述中，正确的有（　　）。

A. 撤销权的行使属于无相对人的意思表示

B. 授予代理权属于有相对人的意思表示

C. 抛弃动产属于无相对人的意思表示

D. 遗嘱行为属于有相对人的意思表示

4.「2021 年 · 多选题 · 题码 145476」

下列各项中，属于单方法律行为的有（　　）。

A. 债务免除　　B. 效力待定行为的追认
C. 撤销权的行使　　D. 赠与

5.「2020 年 · 单选题 · 题码 145470」
根据《民法典》的规定，下列关于负担行为与处分行为的表达中，正确的是（　　）。
A. 民事主体根据负担行为所负担的义务不包括不作为义务
B. 负担行为直接导致既有权利的变动
C. 负担行为产生的是债法上的法律效果
D. 处分行为中的权利人享有履行请求权

6.「2020 年 · 单选题 · 题码 145471」
根据《民法典》规定，下列关于民事法律行为概念的表述中，正确的是（　　）。
A. 民事法律行为包括事实行为
B. 民事法律行为以意思表示为要素
C. 民事法律行为包括侵权行为
D. 民事法律行为的目的是指行为人实施行为的动机

7.「2019 年 · 单选题 · 题码 145472」
根据《民法典》的规定，下列关于意思表示的表述中，正确的是（　　）。
A. 要约不属于意思表示
B. 以公告方式发出的意思表示，公告发布时生效
C. 非对话的意思表示属于无相对人的意思表示
D. 继承开始后，继承人没有作出表示的，视为放弃继承

8.「2019 年 · 多选题 · 题码 145477」
根据《民法典》的规定，下列各项中，属于单方民事法律行为的有（　　）。
A. 赠与　　B. 借贷　　C. 追认　　D. 撤销

9.「2018 年 · 单选题 · 题码 145473」
根据《民法典》的规定，下列各项中，属于双方民事法律行为的是（　　）。
A. 委托代理的撤销　　B. 债务的免除　　C. 无权代理的追认　　D. 房屋的赠与

10.「2018 年 · 单选题 · 题码 145474」
根据《民法典》的规定，下列各项中，属于民事法律行为中的处分行为的是（　　）。
A. 租赁合同　　B. 所有权转让　　C. 买卖合同　　D. 拆除房屋

11.「2018 年 · 多选题 · 题码 145478」
根据民事法律制度的规定，下列各项中，属于无相对人的意思表示的有（　　）。
A. 抛弃动产　　B. 授予代理权　　C. 设立遗嘱　　D. 行使解除权

12.「2018 年 · 多选题 · 题码 145479」
根据民事法律制度的规定，下列情形中，沉默可以视为行为人的意思表示的有（　　）。
A. 法律有明文规定　　B. 当事人有约定
C. 符合当事人之间的交易习惯　　D. 当事人纯获利益

「考点 2」民事法律行为的效力（★★★）

1.「2021 年 · 单选题 · 题码 145488」

根据基本民事法律制度的规定，下列民事法律行为中，属于效力待定的是（　　）。

A. 孙某和李某订立演出合同，为了逃税，将实际金额为 1 亿元人民币的演出报酬记载为 1 千万元

B. 周某丧失代理权后，仍以原被代理人万某的名义与吴某订立钢材买卖合同

C. 郑甲将其手机赠与其 15 周岁的孙子郑丙

D. 7 周岁的赵某从小卖部老板钱某处购买书包一个

2.「2021 年 · 多选题 · 题码 145502」

根据民事法律制度规定，可以撤销的合同有（　　）。

A. 受欺诈订立的合同　　B. 受胁迫订立的合同

C. 存在重大误解订立的合同　　D. 存在虚假意思表示订立的合同

3.「2018 年 · 单选题 · 题码 145489」

根据民事法律制度的规定，下列关于可撤销民事法律行为的表述中，正确的是（　　）。

A. 行为在撤销前已经生效　　B. 撤销权可由司法机关主动行使

C. 撤销权的行使不受时间限制　　D. 被撤销行为在撤销之前的效力不受影响

4.「2017 年 · 单选题 · 题码 145490」

下列关于附条件民事法律行为所附条件的表述中，正确的是（　　）。

A. 既可以是将来事实，也可以是过去事实

B. 既可以是人的行为，也可以是自然现象

C. 既可以是确定发生的事实，也可以是不确定发生的事实

D. 既包括约定事实，也包括法定事实

5.「2015 年 · 多选题 · 题码 145503」

根据民事法律制度的规定，下列关于无效民事行为特征的表述中，正确的有（　　）。

A. 不能通过当事人的行为进行补正　　B. 其无效须以当事人的主张为前提

C. 从行为开始时起就没有法律约束力　　D. 其无效须经人民法院或仲裁机构确认

「考点 3」代理的基本理论（★）

1.「2019 年 · 单选题 · 题码 145491」

根据民事法律制度的规定，下列关于传达的表述中，正确的是（　　）。

A. 单方意思表示不能传达　　B. 传达人以自己的名义为意思表示

C. 传达人需具备完全民事行为能力　　D. 身份行为的意思表示可以传达

2.「单选题 · 题码 145492」

根据《民法典》的规定，下列行为中，可以适用代理制度的是（　　）。

A. 缔结买卖合同　　B. 结婚　　C. 订立遗嘱　　D. 整理学术资料

「考点 4」委托代理（★★）

1.「2015 年 · 多选题 · 题码 145504」

根据民事法律制度的规定，下列行为中，属于滥用代理权的有（　　）。

A. 代理人甲以被代理人乙的名义将乙的一台塔吊卖给自己

B. 代理人甲以被代理人乙的名义卖出一台塔吊，该塔吊由甲以丙的名义买入

C. 代理人甲与买受人丁串通，将被代理人乙的一台塔吊低价卖给丁

D. 代理人甲在被代理人乙收回代理权后，仍以乙的名义将乙的塔吊卖给戊

2.「2013 年 · 单选题 · 题码 145493」

甲为乙公司业务员，负责某小区的订奶业务多年，每月月底在小区摆摊，更新订奶户并收取下月订奶款。2013 年 5 月 29 日，甲从乙公司辞职。5 月 30 日，甲仍照常前往小区摆摊收取订奶款。订奶户不知内情，照例交款，甲亦如常开出盖有乙公司公章的订奶款收据。之后甲携款离开，下落不明。根据民事法律制度的规定，下列表述中，正确的是（　　）。

A. 甲的行为与乙公司无关，应由甲向订奶户承担合同履行义务

B. 甲的行为构成无权处分，应由乙公司向订奶户承担损害赔偿责任后，再向甲追偿

C. 甲的行为构成狭义无权代理，应由甲向订奶户承担损害赔偿责任

D. 甲的行为构成表见代理，应由乙公司向订奶户承担合同履行义务

3.「2011 年 · 单选题 · 题码 145494」

2007 年 3 月，甲公司聘用乙为业务经理，委托其负责与丙公司的业务往来。2008 年 4 月，甲公司将乙解聘，但未收回乙所持盖有甲公司公章的空白合同书，亦未通知丙公司。同年 5 月，乙以甲公司业务经理的身份，持盖有甲公司公章的空白合同书，与丙公司签订了一份买卖合同。下列说法中，不正确的是（　　）。

A. 丙公司有权根据无权代理制度撤销该合同

B. 甲公司有权根据无权代理制度撤销该合同

C. 丙公司有权根据表见代理制度主张该合同有效，甲公司应当履行该合同

D. 如果丙公司根据表见代理制度主张该合同有效，甲公司不得以乙的行为属于无权代理为由进行抗辩

「考点 5」诉讼时效基本理论（★★）

1.「2021 年 · 单选题 · 题码 145495」

出国访学的甲回国后，发现邻居乙的房屋外墙摇摇欲坠，随时可能倒向自己的房屋，更发现乙存在擅自入住自己房屋、在自己房屋门口随意倾倒垃圾、毁坏自己房屋门窗等不当行为，遂向乙提出若干请求。根据基本民事法律制度的规定，下列请求权中，适用诉讼时效的是（　　）。

A. 请求乙返还房屋

B. 请求乙赔偿毁坏的门窗损失

C. 请求乙加固其随时可能倒塌的房屋外墙

D. 请求乙停止在自己房屋门口倾倒垃圾

2.「2012 年改编・单选题・题码 145496」

甲向乙借 10 万元，至约定的还款期限 2009 年 5 月 1 日仍未偿还。2012 年 7 月 1 日，乙起诉要求甲还款。在诉讼中，甲仅表示其无力还款。根据诉讼时效法律制度的规定，下列表述正确的是（　　）。

A. 人民法院应判决支持乙的诉讼请求

B. 人民法院应以诉讼时效期间届满为由，判决驳回乙的诉讼请求

C. 人民法院应要求甲就是否存在诉讼时效中止、中断、延长的事由进行举证

D. 人民法院应要求乙就是否存在诉讼时效中止、中断、延长的事由进行举证

3.「2011 年・单选题・题码 145497」

下列关于除斥期间的说法中，正确的是（　　）。

A. 除斥期间届满，实体权利并不消灭

B. 除斥期间为可变期间

C. 撤销权可适用于除斥期间

D. 如果当事人未主张除斥期间届满，人民法院不得主动审查

「考点 6」诉讼时效的种类与起算（★★）

1.「2019 年・单选题・题码 145498」

根据诉讼时效法律制度的规定，下列关于诉讼时效期间起算的表述中，正确的是（　　）。

A. 附条件或者附期限的合同的债权请求权，从合同成立之日起算

B. 当事人约定同一债务分期履行的，从最后一期履行期限届满之日起算

C. 请求他人不作为的，自义务人违反不作为义务时起算

D. 国家赔偿的，自国家机关及其工作人员实施违法行为时起算

2.「2014 年・单选题・题码 145499」

甲公司于2010 年3 月1 日将一台机器寄存于乙公司。2010 年4 月1 日，机器因乙公司保管不善受损。甲公司于 2011 年 3 月 1 日提取机器时发现机器受损，但考虑到两公司之间的长期合作关系，未要求赔偿。后两公司交恶，甲公司遂于 2013 年 9 月 1 日要求乙公司赔偿损失。下列关于甲公司要求乙公司赔偿损失的诉讼时效期间的表述中，正确的是（　　）。

A. 适用 2 年的普通诉讼时效期间，尚未届满

B. 适用 3 年的普通诉讼时效期间，已经届满

C. 适用 3 年的普通诉讼时效期间，尚未届满

D. 适用 4 年的长期诉讼时效期间，尚未届满

3.「单选题・题码 145500」

根据《民法典》的规定，下列关于最长诉讼时效的表述中，正确的是（　　）。

A. 最长诉讼时效期间为 20 年

B. 最长诉讼时效期间从权利人知道或者应当知道权利被侵害时起算

C. 最长诉讼时效期间可中断、中止

D. 最长诉讼时效期间不可延长

「考点7」诉讼时效的中止与中断（★★★）

1.「2021年·多选题·题码145505」

根据基本民事法律制度的规定，下列各项中，致使诉讼时效中断的有（　　）。

A. 义务人同意履行义务　　B. 权利人提起诉讼

C. 权利人申请仲裁　　D. 权利人向义务人提出履行请求

2.「2019年·多选题·题码145506」

根据民事法律制度的规定，下列各项中，属于诉讼时效中断事由的有（　　）。

A. 债权人发送催收信件到达债务人　　B. 债务人向债权人请求延期履行

C. 债权人申请诉前财产保全　　D. 债务人向债权人承诺提供担保

3.「2017年·多选题·题码145507」

根据《民法典》的规定，提起诉讼是中断诉讼时效的法定事由。下列各项中。与提起诉讼具有同等效力、导致诉讼时效中断的有（　　）。

A. 申请强制执行　　B. 申请仲裁

C. 在诉讼中主张抵销　　D. 申请追加当事人

4.「2016年·单选题·题码145501」

根据民事法律制度的规定，下列各项中，属于诉讼时效中止法定事由的是（　　）。

A. 申请仲裁

B. 申请支付令

C. 申请宣告义务人死亡

D. 权利被侵害的无民事行为能力人没有法定代理人

03 第三章　物权法律制度

「考情分析」

考点	星级	近十年考频	2012年	2013年	2014年	2015年	2016年	2017年	2018年	2019年	2020年	2021年
1. 物的概念与种类	★	5		√				√	√	√		√
2. 物权的概念与种类	★★	2						√		√		
3. 物权法律制度的基本原则	★	2				√						√
4. 物权变动	★★	6		√	√	√		√			√	√
5. 所有权	★★★	9	√	√	√	√	√	√		√	√	√
6. 用益物权	★★	6		√	√		√	√		√		√
7. 抵押权	★★★	8	√	√	√	√	√	√	√			√
8. 质权	★★	4	√	√	√				√			

「考点1」物的概念与种类（★）

1.「**2021年·单选题·题码145548**」

根据物权法律制度的规定，下列关于物的种类的表述中，正确的是（　　）。

A. 汽车属于可分物

B. 消费物与非消费物的分类仅限于动产

C. 可替代物与不可替代物的分类仅限于不动产

D. 文物属于禁止流通物

2.「**2019年·单选题·题码145549**」

根据物权法律制度的规定，下列各项中，属于物权法上物的是（　　）。

A. 太阳　　B. 月亮　　C. 星星　　D. 海域

3.「**2018年·单选题·题码145550**」

根据《民法典》的规定，下列各项中，属于动产的是（　　）。

A. 房屋　　B. 林木　　C. 海域　　D. 船舶

4.「**2017年·单选题·题码145551**」

根据《民法典》的规定，下列关于物的种类的表述中，正确的是（　　）。

A. 海域属于不动产　　B. 文物属于禁止流通物

C. 金钱属于非消耗物　　D. 牛属于可分割物

「考点2」物权的概念与种类（★★）

1.「2019年·多选题·题码145553」

根据物权法律制度的规定，下列权利中，可以设定在动产之上的有（　　）。

A. 抵押权　B. 质押权　C. 留置权　D. 所有权

2.「2017年·单选题·题码145552」

根据物权法律制度的规定，下列各项中，属于独立物权的是（　　）。

A. 地役权　B. 建设用地使用权　C. 质权　D. 抵押权

「考点3」物权法律制度的基本原则（★）

1.「2021年·多选题·题码145565」

下列各项中，属于物权法律制度的基本原则的有（　　）。

A. 物权法定原则　B. 物权优先原则　C. 物权相对原则　D. 物权公示原则

2.「2015年·多选题·题码145566」

根据《民法典》的规定，下列属于物权法基本原则的有（　　）。

A. 物权相对原则　B. 物权法定原则　C. 物权公示原则　D. 物权客体特定原则

「考点4」物权变动（★★）

1.「2021年·多选题·题码145570」

根据物权法律制度的规定，下列物权变动中，以公示为生效要件的有（　　）。

A. 在建房屋上设定抵押权　B. 在生产设备上设定抵押权

C. 在土地上设定地役权　D. 在已建成房屋上设定抵押权

2.「2020年·单选题·题码145567」

物权法律制度规定："动产物权转让时，双方又约定由出让人继续占有该动产的，物权自该约定生效时发生效力。"本条规定的交付形式是（　　）。

A. 现实交付　B. 简易交付　C. 占有改定　D. 指示交付

3.「2020年·单选题·题码145568」

根据《民法典》的规定，下列物权变动中，须经登记方可生效的是（　　）。

A. 设定地役权　B. 转让土地承包经营权

C. 在生产设备上设定抵押权　D. 设立建设用地使用权

4.「2015年·单选题·题码145569」

根据《民法典》的规定，下列关于更正登记与异议登记的表述中，正确的是（　　）。

A. 更正登记的申请人可以是权利人，也可以是利害关系人

B. 提起更正登记之前，须先提起异议登记

C. 异议登记之日起10日内申请人不起诉的，异议登记失效

D. 异议登记不当造成权利人损害的，登记机关应承担损害赔偿责任

「考点5」所有权（★★★）

1.「2021 年・单选题・题码 145571」

根据物权法律制度的规定，下列关于共有的表述中，正确的是（　　）。

A. 按份共有的共有人对外债务，由各共有人按照各自份额对债权人负责，但法律另有规定或者共有人另有约定的除外

B. 按份共有的共有人按照约定管理共有物，没有约定时，由占多数份额的共有人管理

C. 共有人对共有物没有约定为按份共有或者共同共有的，视为共同共有

D. 共同共有关系存续期间，原则上禁止分割共有物

2.「2020 年・多选题・题码 145574」

添附是所有权取得的特殊方式。根据物权法律制度的规定，下列各项中，属于添附的有（　　）。

A. 加工　　B. 先占　　C. 附合　　D. 混合

3.「2019 年・多选题・题码 145575」

乙拾得甲丢失的手机，以市场价 500 元出让给不知情的旧手机经销商丙。根据物权法律制度的规定，下列表述中，正确的有（　　）。

A. 乙拾得手机后，甲即失去手机所有权

B. 乙将手机出让给丙的行为属于无权处分

C. 甲有权请求乙给予损害赔偿

D. 甲有权请求丙返还手机，但应向丙支付 500 元

4.「2017 年・单选题・题码 145572」

朋友 6 人共同出资购买一辆小汽车，未约定共有形式，且每人的出资额也不能确定。部分共有人欲对外转让该车。为避免该转让成为无权处分，在没有其他约定的情况下，根据物权法律制度的规定，同意转让的共有人至少应当达到的人数是（　　）人。

A. 4　　B. 3　　C. 6　　D. 5

5.「2016 年・单选题・题码 145573」

甲、乙、丙三兄弟共同继承一幅古董字画，由甲保管。甲擅自将该画以市场价出卖给丁并已交付，丁对该画的共有权属关系并不知情。根据物权法律制度的规定，下列表述中，正确的是（　　）。

A. 丁取得该画的所有权，但须以乙和丙均追认为前提

B. 经乙和丙中一人追认，丁即可取得该画的所有权

C. 无论乙和丙追认与否，丁均可取得该画的所有权

D. 无论乙和丙追认与否，丁均不能取得该画的所有权

「考点6」用益物权（★★）

1.「2021 年・单选题・题码 145576」

以有偿出让方式取得工业建设用地使用权，出让最高年限是（　　）年。

A. 40　　B. 50　　C. 60　　D. 70

2.「2019 年 · 单选题 · 题码 145577」

根据物权法律制度的规定，下列关于建设用地使用权的表述中，正确的是（　　）。

A. 建设用地使用权自登记时设立

B. 以划拨方式取得的建设用地使用权，非经国务院审批不得转让

C. 建设用地使用权期间届满自动续期

D. 以划拨方式取得的建设用地使用权，最高使用年限为 70 年

3.「2017 年 · 多选题 · 题码 145578」

根据《民法典》的规定，下列关于建设用地使用权的表述中，正确的有（　　）。

A. 工业用地的建设用地使用权期限为 40 年

B. 住宅建设用地使用权期间届满的，自动续期

C. 建设用地使用权出让，优先考虑双方协议的方式，协议不成，则采取拍卖、招标方式

D. 用于商业开发的建设用地，不得以划拨方式取得建设用地使用权

4.「2016 年 · 多选题 · 题码 145579」

根据物权法律制度的规定，以出让方式取得土地使用权的，转让房地产时，应当符合的条件有（　　）。

A. 按照出让合同约定已经支付全部土地使用权出让金，并取得土地使用权证书

B. 按照出让合同约定投资开发，属于房屋建设工程的，完成开发投资总额的 20% 以上的

C. 转让房地产时房屋已经建成的，应当持有房屋所有权证书

D. 按照出让合同约定投资开发，属于成片开发土地的，形成工业用地或其他建设用地条件

「考点 7」抵押权（★★★）

1.「2021 年 · 单选题 · 题码 145634」

根据物权法律制度规定，下列选项中属于禁止抵押的财产是（　　）。

A. 土地所有权　　B. 正在建造的建筑物

C. 海域使用权　　D. 生产设备

2.「2010 年 · 多选题 · 题码 145636」

甲公司向乙银行借款，同意以自己现有以及将有的全部生产设备、原材料、产品、半成品进行抵押。根据《民法典》的规定，下列关于该抵押的表述中，正确的有（　　）。

A. 甲公司与乙银行协商一致时，抵押权设立

B. 甲公司与乙银行协商一致，并达成书面协议时，抵押权设立

C. 该抵押权非经登记不得对抗善意第三人

D. 如第三人已向甲公司支付了合理价款并取得抵押财产的，则抵押权不得对抗该第三人

3.「单选题 · 题码 145635」

同一抵押物上设有两项皆有效的抵押权，不符合规定的是（　　）。

A. 已登记的，按照登记的先后顺序清偿

B. 已登记的优先于未登记的受偿

C. 抵押权人可以放弃抵押权或者抵押权的顺位，但抵押权的变更，未经其他抵押权人书面同意，不得对其他抵押权人产生不利影响

D. 抵押权均未登记的，按照抵押合同成立的时间先后顺序清偿

4.「**多选题·题码 145637**」

根据《民法典》的规定，下列财产中，可以作为抵押物的有（　　）。

A. 机动车　　B. 正在制造的生产设备

C. 建筑物　　D. 通过招标方式取得的荒地的土地承包经营权

「考点 8」质权（★★）

1.「**2018 年·多选题·题码 145593**」

根据物权法律制度的规定，下列各项中，可以出质的有（　　）。

A. 存款单　　B. 仓单　　C. 支票　　D. 股权

2.「**2014 年·单选题·题码 145591**」

根据物权法律制度的规定，以下列权利出质时，质权自权利凭证交付时设立的是（　　）。

A. 仓单　　D. 股票　　B. 基金份额　　C. 应收账款

3.「**2013 年·单选题·题码 145592**」

甲向乙借款，为担保债务履行，将一辆汽车出质给乙。乙不慎将汽车损坏。根据物权及合同法律制度的规定，下列表述中，正确的是（　　）。

A. 甲有权要求乙立即赔偿损失，或在借款到期时在损失赔偿额范围内相应抵销其对乙所负的债务

B. 甲有权拒绝归还借款并要求乙赔偿损失

C. 甲有权要求解除质押合同

D. 甲有权要求延期还款

「考点 9」留置权（★★）

1.「**2011 年·单选题·题码 145594**」

根据《民法典》的规定，下列情形中，甲享有留置权的是（　　）。

A. 甲为乙修理汽车，乙拒付修理费，待乙前来提车时，甲将该汽车扣留

B. 甲为了迫使丙偿还欠款，强行将丙的一辆汽车拉走

C. 甲为丁有偿保管某物，保管期满，丁取走保管物却未付保管费。于是，甲谎称丁取走的保管物有误，要求丁送回调换。待丁送回该物，甲即予以扣留，要求丁支付保管费

D. 甲为了确保对戊的一项未到期债权能够顺利实现，扣留戊交其保管的某物不还

2.「**单选题·题码 145595**」

李某向陈某借款 10 万元，将一辆卡车抵押给陈某。抵押期间，卡车因车祸严重受损，李某将卡车送到某修理厂大修。后李某无力支付 2 万元修理费，修理厂遂将卡车留置。经催告，李某在约定的债务履行期间内仍未支付修理费。此时，李某亦无法偿还欠陈某的到期借款，陈某要求修理厂将卡车交给自己依法进行拍卖，修理厂拒绝。下列关于该争议如何处理的

表述中，符合《民法典》规定的是（　　）。

A. 修理厂应将卡车交给陈某依法拍卖，修理费只能向李某主张

B. 陈某应当向修理厂支付修理费，其后修理厂应向陈某交付卡车

C. 修理厂应将卡车交给陈某依法拍卖，拍卖所得资金优先偿付借款，剩余部分修理厂有优先受偿权

D. 修理厂可将卡车依法拍卖，所得资金优先偿付修理费，剩余部分陈某有优先受偿权

04 第四章　合同法律制度

「考情分析」

考点	星级	近十年考频	2012年	2013年	2014年	2015年	2016年	2017年	2018年	2019年	2020年	2021年
1. 合同的订立	★★	6	√		√		√		√		√	√
2. 合同的效力	★	1						√				
3. 合同的履行	★★★	4	√		√		√	√				
4. 保全措施	★★★	1				√						
5. 合同的担保	★★★	7	√		√	√		√		√	√	√
6. 合同的变更和转让	★	4					√	√		√		√
7. 合同的权利义务终止	★★	4	√		√	√		√				
8. 违约责任	★★	3					√	√			√	
9. 买卖合同	★★★	6		√	√	√		√			√	√
10. 赠与合同	★★	6	√		√		√	√			√	√
11. 借款合同	★★★	1										√
12. 租赁合同	★★★	6		√	√		√		√	√	√	
13. 融资租赁合同	★★★	3			√				√		√	
14. 承揽合同	★	2		√								√
15. 建设工程合同	★★	5	√	√	√		√		√			
16. 委托合同	★	2				√			√			
17. 运输合同	★	1									√	
18. 行纪合同	★	1										√

「考点1」合同的订立（★★）

1.「2021年·单选题·题码145702」

根据合同法律制度的规定，下列关于承诺的表述中，正确的是（　　）。

A. 迟到承诺视为新要约

B. 承诺自承诺通知到达要约人时生效

C. 承诺人发出承诺后，不得反悔

D. 受要约人超过承诺期限发出承诺，属于迟到承诺

2.「2020 年 · 单选题 · 题码 145703」

根据合同法律制度的规定，下列关于承诺的表述中，正确的是（　　）。

A. 承诺人可以撤回承诺，但撤回承诺的通知不得晚于承诺通知到达要约人

B. 要约以对话方式作出的，承诺应当在合理期限内到达

C. 受要约人超过承诺期限发出承诺的，除要约人表示反对外，该承诺有效

D. 承诺的内容应与要约的内容一致，否则视为新要约

3.「2018 年 · 单选题 · 题码 145704」

根据合同法律制度的规定，下列各项中，应当承担缔约过失责任的是（　　）。

A. 丙未按时履行支付租金的义务

B. 丁驾驶机动车违反交通规则撞伤行人

C. 甲假借订立合同，恶意与乙进行磋商

D. 戊辞职后违反竞业禁止约定从事同业竞争

4.「2016 年 · 单选题 · 题码 145705」

根据合同法律制度的规定，下列情形中，构成有效承诺的是（　　）。

A. 受要约人向要约人发出承诺函后，随即又发出一份函件表示收回承诺，两封函件同时到达要约人

B. 受要约人向要约人回函表示："若价格下调 5%，我司即与贵司订立合同"

C. 受要约人发出表示承诺的函件时已超过要约人规定的承诺期限，要约人收到后未作任何表示

D. 受要约人在承诺期内发出承诺，正常情形下可如期到达要约人，但因连日暴雨致使道路冲毁，承诺通知到达要约人时已超过承诺期限，要约人收到承诺通知后未作任何表示

「考点 2」合同的履行（★★★）

1.「2017 年 · 单选题 · 题码 145706」

甲、乙双方签订买卖合同，约定甲支付货款一周后乙交付货物。甲未在约定日期付款，却请求乙交货。根据《民法典》的规定，对于甲的请求，乙可行使的抗辩权是（　　）。

A. 不安抗辩权　　B. 先诉抗辩权

C. 不履行抗辩权　　D. 先履行抗辩权

2.「2014 年 · 单选题 · 题码 145707」

甲、乙两公司的住所地分别位于北京和海口。甲向乙购买一批海南产香蕉，3 个月后交货。但合同对于履行地点以及价款均无明确约定，双方也未能就有关内容达成补充协议，依照合同其他条款及交易习惯也无法确定。根据《民法典》的规定，下列关于合同履行价格的表述中，正确的是（　　）。

A. 按合同订立时海口的市场价格履行

B. 按合同履行时海口的市场价格履行

C. 按合同履行时北京的市场价格履行

D. 按合同订立时北京的市场价格履行

3.「2012 年・单选题・题码 145708」

甲、乙双方签订一份煤炭买卖合同，约定甲向乙购买煤炭 1 000 吨，甲于 4 月 1 日向乙支付全部煤款，乙于收到煤款半个月后装车发煤。3 月 31 日，甲调查发现，乙的煤炭经营许可证将于 4 月 15 日到期，目前煤炭库存仅剩 700 余吨，且正加紧将库存煤炭发往别处。甲遂决定暂不向乙付款，并于 4 月 1 日将暂不付款的决定及理由通知了乙。根据合同法律制度的规定，下列表述中，正确的是（　　）。

A. 甲无权暂不付款，因为在乙的履行期届至之前，无法确知乙将来是否会违约

B. 甲无权暂不付款，因为甲若怀疑乙届时不能履行合同义务，应先通知乙提供担保，只有在乙不能提供担保时，甲方可中止履行己方义务

C. 甲有权暂不付款，因为甲享有先履行抗辩权

D. 甲有权暂不付款，因为甲享有不安抗辩权

「考点 3」保全措施（★★★）

1.「2015 年・单选题・题码 145709」

甲对乙的债务清偿期已届满却未履行，乙欲就甲对他人享有的债权提起代位权诉讼，根据《民法典》的规定，甲享有的下列债权中，乙可代位行使的是（　　）。

A. 抚恤金请求权

B. 劳动报酬请求权

C. 人身伤害赔偿请求权

D. 财产损害赔偿请求权

2.「单选题・题码 145710」

甲对乙享有 50 000 元债权，已到清偿期限，但乙一直宣称无能力清偿欠款。甲经调查发现，乙在半年前发生交通事故，因事故中的人身伤害对丙享有 10 000 元债权，因事故中的财产损失对丙享有 5 000 元债权，另外，丁因赌博欠乙 8 000 元；乙对戊享有 1 个月后到期的 10 000 元债权。乙无其他可供执行的财产，乙对其享有的债权都怠于行使。根据《民法典》的规定，下列各项中，甲可以代位行使的债权是（　　）。

A. 乙对丙的 10 000 元债权

B. 乙对丙的 5 000 元债权

C. 乙对丁的 8 000 元债权

D. 乙对戊的 10 000 元债权

「考点 4」合同的担保（★★★）

1.「2020 年・多选题・题码 145716」

担保有约定担保和法定担保之分。根据《民法典》的规定，下列各项中，属于约定担保的有（　　）。

A. 抵押　　B. 保证　　C. 留置　　D. 定金

2.「2019 年・单选题・题码 145713」

甲向乙借款 200 万元，期限自 2017 年 1 月 1 日起至 2019 年 12 月 31 日止，丙为保证人。2019 年 6 月 5 日，甲向乙追加借款 100 万元，双方约定全部借款于 2020 年 12 月 31 日清偿。丙对甲向乙追加借款与首期借款期限延长之事不知情。根据合同法律制度的规定，下列关于丙的保证责任的表述中，正确的是（　　）。

A. 保证责任范围是 200 万元，保证期间从 2020 年 12 月 31 日开始计算

B. 保证责任范围是300万元，保证期间从2020年12月31日开始计算

C. 保证责任范围是200万元，保证期间从2019年12月31日开始计算

D. 保证责任范围是300万元，保证期间从2019年12月31日开始计算

3.「2012年·单选题·题码145714」

甲餐厅承接乙的婚宴。双方约定：婚宴共办酒席20桌，每桌2 000元；乙先行向甲餐厅支付定金1万元；任何一方违约，均应向对方支付违约金5 000元。合同订立后，乙未依约向甲支付定金。婚宴前一天，乙因故通知甲取消婚宴。甲要求乙依约支付1万元定金与5 000元违约金。根据《民法典》的规定，下列表述中，正确的是（　　）。

A. 甲餐厅应在1万元定金与5 000元违约金之间择一向乙主张，因为定金与违约金不能同时适用

B. 甲餐厅仅有权请求乙支付8 000元定金，因为定金不得超过合同标的额的20%

C. 因为乙未实际交付定金，定金条款尚未生效

D. 甲餐厅无权请求乙支付定金，因为定金数额超过合同标的额的20%，定金条款无效

4.「2012年·单选题·题码145715」

甲、乙两公司签订一份买卖合同，约定甲公司向乙公司购买机床一台，价格为300万元。同时，丙公司向乙公司出具一份内容为“丙公司愿为甲公司应付乙公司300万元机床货款承担保证责任”的保函，并加盖了丙公司公章。之后，由于市场变化，甲、乙双方协商同意将机床价格变更为350万元，但未通知丙。乙公司向甲公司交付机床后，甲公司无力按期支付货款，乙公司遂要求丙公司代为清偿。根据合同法律制度的规定，下列表述中，正确的是（　　）。

A. 丙公司出具保函是其单方行为，因此保证不成立

B. 在乙公司未就甲公司财产依法强制执行用于清偿债务之前，丙公司有权拒绝乙公司代为清偿的要求

C. 丙公司应在350万元范围内承担保证责任

D. 丙公司应承担保证责任，保证期间适用6个月短期诉讼时效期间，自主债务履行期届满之日起计算

「考点5」合同的变更和转让（★）

1.「2019年·多选题·题码145718」

根据合同法律制度的规定，下列关于债权转让的表述中，正确的有（　　）。

A. 债权转让无须债务人同意

B. 债权转让应当通知债务人

C. 债务人可与债权人约定债权不得转让

D. 债权转让后，受让人不能取得债权的从权利

2.「单选题·题码145717」

甲公司欠乙公司500万元货款未付。丙公司是甲公司的母公司。甲公司与丙公司订立协议，约定将甲公司欠乙公司的该笔债务转移给丙公司承担。下列关于甲公司和丙公司之间债务

承担协议效力的表述中，正确的是（　　）。

A. 经乙公司同意才能生效

B. 通知乙公司即可生效

C. 直接生效

D. 直接生效，且甲公司和丙公司对乙公司承担连带清偿责任

「考点 6」合同的权利义务终止（★★）

1.「2017 年·单选题·题码 145719」

根据合同法律制度的规定，下列关于法定抵销权性质的表述中，正确的是（　　）。

A. 支配权　　B. 请求权　　C. 抗辩权　　D. 形成权

2.「2015 年·单选题·题码 145720」

债权人甲下落不明，为履行到期债务，债务人乙将标的物提存。根据合同法律制度的规定，下列表述中，正确的是（　　）。

A. 提存费用由乙负担

B. 标的物提存后，毁损、灭失的风险由乙承担

C. 甲领取提存物的权利，自提存之日起 5 年内不行使则消灭

D. 若甲自提存之日起 5 年内不领取提存物，提存物归乙所有

3.「2014 年·多选题·题码 145722」

根据合同法律制度的规定，下列情形中，买受人可以取得合同解除权的有（　　）。

A. 因不可抗力导致标的物在交付前灭失，合同目的已无法实现

B. 因出卖人过错导致标的物在交付前灭失，合同目的已无法实现

C. 出卖人在履行期限届满前明确表示拒绝交付标的物

D. 出卖人在履行期限届满后明确表示拒绝交付标的物

4.「2014 年·单选题·题码 145721」

根据《民法典》的规定，下列关于提存的法律效果的表述中，正确的是（　　）。

A. 标的物提存后，毁损、灭失的风险由债务人承担

B. 提存费用由债权人负担

C. 债权人提取提存物的权利，自提存之日起 2 年内不行使则消灭

D. 提存期间，标的物孳息归债务人所有

「考点 7」违约责任（★★）

1.「多选题·题码 145724」

根据《民法典》的规定，下列情形中，属于不可抗力的有（　　）。

A. 海啸　　B. 地震　　C. 台风　　D. 洪水

2.「单选题·题码 145723」

甲公司向乙公司订购一台生产设备，乙公司委托其控股的丙公司生产该设备并交付给甲公司。甲公司在使用该设备时发现存在严重的质量问题。下列关于甲公司权利的表述中，正

确的是（　　）。

A. 甲公司有权请求乙公司承担违约责任

B. 甲公司有权请求丙公司承担违约责任

C. 甲公司有权请求乙、丙公司连带承担违约责任

D. 甲公司有权请求乙、丙公司按照责任大小按份承担违约责任

「考点 8」买卖合同（★★★）

1. 「2021 年・单选题・题码 145725」

根据合同法律制度的规定，下列关于特种买卖合同的表述中，正确的是（　　）。

A. 分期付款的买受人未支付到期价款的金额达到全部价款的 1/5 的，出卖人可以直接解除合同

B. 凭样品买卖的当事人应当封存样品，并对样品质量予以说明

C. 以招标投标方式订立买卖合同的，投标人投标为要约

D. 试用买卖的当事人未约定试用期限，并且依照法律有关规定仍不能确定的，由买受人确定

2. 「2021 年・多选题・题码 145726」

根据合同法律制度的规定，下列关于买卖合同解除规则的表述中，正确的有（　　）。

A. 因标的物的主物不符合约定而解除合同的，解除效力及于从物

B. 出卖人分批交付标的物的，不交付其中一批致使今后其他各批交付不能实现合同目的的，买受人可以就该批及今后其他各批标的物解除合同

C. 出卖人分批交付标的物的，其中一批标的物不符合约定时，买受人不得单就该批标的物解除合同

D. 标的物为数物，其中一物不符合约定的，买受人可以就该物解除合同

3. 「2013 年・多选题・题码 145727」

根据合同法律制度的规定，下列情形中，买受人应当承担标的物灭失风险的有（　　）。

A. 出卖人依约为买受人代办托运，货交第一承运人后意外灭失

B. 买卖双方未约定交付地点，出卖人将标的物交由承运人运输，货物在运输途中意外灭失

C. 约定在出卖人营业地交货，买受人未按约定时间前往提货，后货物在地震中灭失

D. 买受人下落不明，出卖人将标的物提存后意外灭失

「考点 9」赠与合同（★★）

1. 「2021 年・多选题・题码 145939」

根据合同法律制度的规定，下列关于赠与合同撤销规则的表述中，正确的有（　　）。

A. 赠与人因受赠人的侵害行为而死亡的，赠与人的继承人行使撤销权的期间为自撤销原因发生之日起 6 个月

B. 赠与人的撤销权，自知道或应当知道撤销原因之日起 1 年内行使

C. 当受赠人有法律规定的忘恩行为时，赠与人可以撤销赠与，但赠与具有救灾性质的除外

D. 受赠人严重侵害赠与人的近亲属的合法权益，赠与人可以此为由撤销赠与

2.「2020 年・单选题・题码 145728」

根据《民法典》的规定，下列关于赠与合同撤销的表述中，正确的是（　　）。

A. 受赠人严重侵害赠与人的近亲属的合法权益，赠与人不得以此为由撤销赠与

B. 受赠人有法律规定的忘恩行为时，即使赠与具有救灾性质，赠与人也可以撤销赠与

C. 赠与人的撤销权，须从撤销原因发生之日起 1 年内行使

D. 赠与人因受赠人的侵害行为而死亡的，赠与人的继承人行使撤销权的期间是自知道或者应当知道撤销原因之日起 1 年

3.「2017 年・多选题・题码 145730」

赠与合同履行后，受赠人有特定忘恩行为时，赠与人有权撤销赠与合同。根据《民法典》的规定，下列各项中，属于此类忘恩行为的有（　　）。

A. 受赠人严重侵害赠与人近亲属的合法权益

B. 受赠人严重侵害赠与人的合法权益

C. 受赠人不履行赠与合同约定的义务

D. 受赠人对赠与人有扶养义务而不履行

4.「2016 年・多选题・题码 145731」

甲为庆祝好友乙 60 岁生日，拟赠与其古董瓷瓶一只。但双方约定，瓷瓶交付乙后，甲可以随时借用该瓷瓶。根据合同法律制度的规定，下列表述中，正确的有（　　）。

A. 瓷瓶交付乙前，甲不得撤销赠与

B. 瓷瓶交付乙前，若甲的经济状况显著恶化，严重影响其生活，可不再履行赠与义务

C. 瓷瓶交付乙后，若甲请求借用时被乙拒绝，甲可以撤销赠与

D. 瓷瓶交付乙后，若被鉴定为赝品，乙有权以欺诈为由撤销赠与

「考点 10」租赁合同（★★★）

1.「2016 年・单选题・题码 145734」

乙承租甲的房屋，约定租赁期间为 2015 年 1 月 1 日至 2016 年 12 月 31 日。经甲同意，乙将该房屋转租给丙，租赁期间为 2015 年 6 月 1 日至 2016 年 5 月 31 日。根据合同法律制度的规定，下列表述中，正确的是（　　）。

A. 甲有权直接向丙收取租金

B. 若丙对房屋造成损害，甲有权向乙主张赔偿

C. 甲有权解除乙和丙之间的转租合同

D. 甲和乙之间的租赁合同在转租期内失效

2.「2011 年・多选题・题码 145735」

甲承租乙的住房，租期未满，乙有意将该住房出售。根据《民法典》的规定，下列表述中，正确的有（　　）。

A. 乙应在出售之前的合理期限内通知甲，甲在同等条件下享有优先购买权

B. 如果乙对甲隐瞒情况，将房屋出售给丙，甲可以主张乙、丙之间的房屋买卖合同无效

C. 如果甲放弃优先购买权，当丙购得该住房成为新所有人后，即使租期未满，也有权要求

甲立即迁出该住房

D. 如果乙的哥哥丁想要购买该住房，则甲不得主张优先购买权

「考点 11」融资租赁合同（★★★）

「2011 年 · 多选题 · 题码 145862」

甲公司欲购乙公司生产的塔吊，因缺乏资金，遂由丙公司提供融资租赁。由于塔吊存在质量问题，吊装的物品坠落并砸伤行人丁，甲公司被迫停产修理。根据《民法典》的规定，下列各项中，正确的有（　　）。

A. 甲公司无权请求丙公司赔偿修理塔吊的费用

B. 甲公司不得以塔吊存在质量问题并发生事故为由，延付或拒付租金

C. 丙公司应当对甲公司承担违约责任

D. 丁可以请求丙公司赔偿损失

「考点 12」承揽合同（★）

1.「2021 年 · 单选题 · 题码 145864」

根据合同法律制度的规定，下列关于承揽合同的表述中，正确的是（　　）。

A. 承揽人有权留存工作成果的复制品或者技术资料

B. 定作人在承揽人完成工作前可以随时解除承揽合同

C. 承揽人应当以自己的设备、技术和劳力，完成全部工作

D. 承揽合同是双务、有偿、实践合同

2.「2013 年 · 单选题 · 题码 145865」

甲、乙订立承揽合同，甲提供木料，乙为其加工家具。在乙已完成加工工作的 50% 时，甲通知乙解除合同。根据《民法典》的规定，下列表述中，正确的是（　　）。

A. 甲有权解除合同，但应赔偿乙的损失

B. 甲有权解除合同，但应按约定金额向乙支付报酬

C. 甲有权解除合同，且无须赔偿乙的损失

D. 甲无权解除合同，并应依约向乙支付报酬

「考点 13」建设工程合同（★★）

1.「2016 年 · 单选题 · 题码 145867」

根据合同法律制度的规定，建设工程合同当事人对工程实际竣工日期有争议时，下列处理规则中，正确的是（　　）。

A. 工程竣工验收合格的，以工程转移占有之日为竣工日期

B. 承包人已提交竣工验收报告，发包人拖延验收的，以承包人提交验收报告之日为竣工日期

C. 工程未经竣工验收，发包人擅自使用的，以工程封顶之日为竣工日期

D. 工程未经竣工验收，发包人擅自使用的，以开始使用之日为竣工日期

2.「2014 年·单选题·题码 145868」

建设工程监理是指工程监理人代表发包人对承包人的工程建设情况进行监督，发包人与监理人之间的权利、义务以及法律责任应当依照特定类型的有名合同处理，该有名合同是（　　）。

A. 技术服务合同　B. 建设工程合同　C. 委托合同　D. 承揽合同

「考点 14」委托合同（★）

1.「2015 年·单选题·题码 145870」

根据合同法律制度的规定，下列关于委托合同的表述中，正确的是（　　）。

A. 无偿的委托合同，因受托人的一般过失给委托人造成损失的，委托人可以要求赔偿损失

B. 原则上受托人有权转委托，不必征得委托人的同意

C. 有偿的委托合同，因不可归责于受托人的事由，委托事务不能完成的，委托人有权拒绝支付报酬

D. 两个以上的受托人共同处理委托事务的，对委托人承担连带责任

2.「单选题·题码 145871」

甲委托乙销售一批首饰并交付，乙经甲同意转委托给丙。丙以其名义与丁签订买卖合同，丙依约向丁交付首饰，但丁拒绝向丙支付首饰款。根据《民法典》的规定，下列表述中，正确的是（　　）。

A. 乙的转委托行为无效

B. 丙与丁签订的买卖合同直接约束甲和丁

C. 丙应向甲披露丁，甲可以行使丙对丁的权利

D. 丙应向丁披露甲，丁可以行使丙对甲的权利

「考点 15」运输合同（★）

「多选题·题码 145872」

甲委托乙运输一批货物到北京，在运输途中，突遇洪水暴发，导致该批货物全部毁损。甲委托乙运输时已向乙支付运费。根据《民法典》的规定，下列表述中正确的有（　　）。

A. 乙应当向甲赔偿因货物毁损而造成的损失

B. 甲应当自行承担因货物毁损而造成的损失

C. 甲无权请求乙返还运费

D. 甲有权请求乙返还运费

「考点 16」行纪合同（★）

1.「2021 年·单选题·题码 145873」

根据合同法律制度的规定，下列关于行纪的表述中，正确的是（　　）。

A. 行纪人处理委托事务产生的费用，由委托人承担

B. 行纪人与第三人订立合同的，委托人直接享有该合同的权利

C. 行纪人以低于委托人指定的价格卖出货物的，应当经委托人同意

D. 行纪人未完成全部委托事务的，不得请求报酬

2.「单选题·题码145874」

下列不属于行纪合同与委托合同的区别的是（　　）。

A. 行纪合同仅适用于贸易活动，委托合同适用范围广泛

B. 行纪人以自己名义与第三人订立合同，委托合同的受托人可以以委托人或自己的名义订立合同

C. 委托合同为有偿合同，行纪合同可以有偿也可以无偿

D. 行纪人处理委托事务的支出费用自行承担，委托合同的受托人的费用由委托人承担

05 第五章　合伙企业法律制度

「考情分析」

考点	星级	近十年考频	2012年	2013年	2014年	2015年	2016年	2017年	2018年	2019年	2020年	2021年
1. 合伙企业法律制度概述	★	1							√			
2. 合伙企业的设立	★★	8			√	√	√	√	√	√	√	√
3. 合伙企业财产与合伙人份额	★★★	7	√		√		√	√	√	√		√
4. 合伙企业的事务执行与损益分配	★★★	8	√		√	√		√	√	√	√	√
5. 合伙企业与第三人的关系	★★	4	√			√			√	√		
6. 入伙和退伙	★★★	9	√		√	√	√	√	√	√	√	√
7. 特殊的普通合伙企业	★	3	√	√			√					
8. 合伙人的性质转变	★★	2		√	√							
9. 合伙企业的解散和清算	★	4					√			√	√	√

「考点 1」合伙企业法律制度概述（★）

1.「**2021 年 · 单选题 · 题码 146014**」

根据合伙企业法律制度的规定，与其他合同关系相比，合伙关系的最关键特征是（　　）。

A. 合伙人共同出资　　B. 合伙人共担风险

C. 合伙人共享收益　　D. 合伙人共同经营

2.「**2021 年 · 多选题 · 题码 146015**」

根据合伙企业法律制度的规定，下列关于合伙企业特征的表述中，正确的有（　　）。

A. 合伙企业缴纳企业所得税

B. 合伙企业具有法人资格

C. 合伙企业的内部治理高度灵活

D. 合伙企业的信用基础最终取决于普通合伙人的偿付能力

3.「**2018 年 · 单选题 · 题码 146016**」

2017 年，甲有限合伙企业实现利润 300 万元。2018 年初，合伙企业向普通合伙人乙、丙及有限合伙人丁各分配利润 100 万元。根据合伙企业法律制度的规定，就上述可分配利润应缴纳所得税的主体是（　　）。

A. 乙和丙　　B. 乙、丙和丁　　C. 丁　　D. 甲、乙、丙和丁

「考点2」合伙企业的设立（★★）

1.「2021 年 · 单选题 · 题码 146021」

根据合伙企业法律制度的规定，下列关于普通合伙企业设立条件的表述中，不正确的是（　　）。

A. 有合伙企业的名称和生产经营场所　　B. 有书面或口头的合伙协议

C. 有 2 个以上合伙人　　D. 有合伙人认缴或者实际缴付的出资

2.「2021 年 · 单选题 · 题码 146143」

根据合伙企业法律制度的规定，下列主体中，可以成为有限合伙企业普通合伙人的是（　　）。

A. 上市公司　　B. 国有独资公司

C. 公益性事业单位　　D. 一人有限责任公司

3.「2020 年 · 单选题 · 题码 146023」

甲、乙、丙、丁四人拟成立一家普通合伙企业。合伙协议约定，甲以货币出资，乙以国有土地使用权出资，丙以技术专利出资，丁以劳务出资。合伙协议对出资的评估办法和缴纳方法未作约定。根据合伙企业法律制度的规定，下列关于各合伙人出资的表述中，正确的是（　　）。

A. 甲的货币出资不得分期支付

B. 乙可以自行委托评估机构评估土地使用权价值

C. 丁的劳务出资价值评估办法应由全体合伙人协商确定，并在合伙协议中载明

D. 丙的技术专利出资可以由全体合伙人协商确定价值，也可以由丙自行委托法定评估机构评估

4.「2020 年 · 单选题 · 题码 146024」

根据合伙企业法律制度的规定，下列主体中，可以成为普通合伙人的是（　　）。

A. 创业板上市的某民营企业　　B. 某公益性事业单位

C. 某大型国有企业　　D. 某个人独资企业

5.「2019 年 · 单选题 · 题码 146025」

根据合伙企业法律制度的规定，合伙人以劳务出资的，确定评估办法的主体应当是（　　）。

A. 全体合伙人　　B. 合伙企业事务执行人

C. 法定评估机构　　D. 合伙企业登记机关

6.「2018 年 · 单选题 · 题码 146026」

根据合伙企业法律制度的规定，下列关于有限合伙企业的表述中，错误的是（　　）。

A. 除法律另有规定外，有限合伙人人数不得超过 200 人

B. 国有独资公司及公益性的事业单位，不得担任普通合伙人

C. 法人及其他组织均可依照法律规定设立有限合伙企业

D. 有限合伙企业仅剩普通合伙人的，应当转为普通合伙企业

7.「2017 年・单选题・题码 146027」

根据合伙企业法律制度的规定，下列关于普通合伙企业合伙人的表述中，正确的是（　　）。

A. 非法人组织不能成为合伙人

B. 国有企业不能成为合伙人

C. 限制民事行为能力的自然人可以成为合伙人

D. 公益性社会团体可以成为合伙人

8.「2016 年・单选题・题码 146028」

根据合伙企业法律制度的规定，下列出资形式中，只能由全体合伙人协商确定价值评估办法的是（　　）。

A. 实物　　B. 劳务　　C. 知识产权　　D. 土地使用权

「考点 3」合伙企业财产与合伙人份额（★★★）

1.「2021 年・单选题・题码 146029」

根据合伙企业法律制度的规定，有限合伙人按照合伙协议约定向合伙人以外的人转让其在有限合伙企业中的财产份额，应当提前一定期限通知其他合伙人。该期限是（　　）日。

A. 30　　B. 10　　C. 15　　D. 20

2.「2021 年・多选题・题码 146037」

根据合伙企业法律制度的规定，下列各项中，构成合伙企业财产的有（　　）。

A. 合伙企业未分配的盈余　　B. 合伙人的出资

C. 合伙企业的债权　　D. 合伙企业合法取得的赠与财产

3.「2021 年・多选题・题码 146038」

甲、乙、丙共同出资设立某普通合伙企业，合伙协议对于合伙人财产份额转让没有约定，在企业存续期间，甲欲转让其部分财产份额给合伙人乙和非合伙人丁。根据合伙企业法律制度的规定，下列表述中，不正确的有（　　）。

A. 丙对于甲向丁转让的财产份额无优先购买权

B. 甲向乙转让部分财产份额需要经过丙同意

C. 甲向丁转让财产份额需要经过乙、丙同意

D. 丙对于甲向乙转让的财产份额有优先购买权

4.「2019 年・单选题・题码 146030」

普通合伙人甲、乙、丙、丁分别持有某合伙企业 18%、20%、27% 和 35% 的财产份额。合伙协议约定：合伙人对外转让财产份额应当经持有 3/5 以上合伙财产份额的合伙人同意。现甲欲将其持有的 10% 财产份额转让给非合伙人戊，并将剩余 8% 的财产份额转让给合伙人丙。根据合伙企业法律制度的规定，下列表述中，正确的是（　　）。

A. 未经乙、丙、丁一致同意，甲不得将其财产份额转让给戊

B. 经丙、丁同意，甲即可将其财产份额转让给戊

C. 未经乙同意，甲不得将其财产份额转让给丙

D. 未经丁同意，甲不得将其财产份额转让给丙

5. **「2019 年 · 单选题 · 题码 146031」**

甲为某有限合伙企业的有限合伙人，欲将其财产份额出质。合伙协议对该类事项的批准方式未作约定。下列关于该事项批准方式的表述中，符合合伙企业法律制度规定的是（　　）。

A. 其他合伙人一致同意

B. 普通合伙人一致同意

C. 有限合伙人一致同意

D. 无须其他合伙人同意

6. **「2018 年 · 单选题 · 题码 146032」**

某普通合伙企业合伙人甲拟对外转让其持有的合伙财产份额，合伙协议对于转让程序未作约定。根据合伙企业法律制度的规定，下列关于该转让的表述中，正确的是（　　）。

A. 须经全体合伙人 2/3 以上同意

B. 须经甲以外的其他合伙人 2/3 以上同意

C. 须经全体合伙人 1/2 以上同意

D. 须经甲以外的其他合伙人一致同意

7. **「2018 年 · 单选题 · 题码 146033」**

甲为某普通合伙企业的执行合伙事务的合伙人。甲为清偿其对合伙企业以外的第三人乙的 20 万元个人债务，私自将合伙企业的一台工程机械以 25 万元的市价卖给善意第三人丙并交付。甲用所获价款中的 20 万元清偿了对乙的债务，剩余 5 万元被其挥霍一空。根据合伙企业法律制度的规定，下列表述中，正确的是（　　）。

A. 合伙企业有权从丙处取回工程机械

B. 乙应将 20 万元款项直接返还给合伙企业

C. 甲与丙的工程机械买卖合同不成立

D. 合伙企业有权就企业所受损失向甲追偿

8. **「2017 年 · 单选题 · 题码 146034」**

某普通合伙企业合伙人甲因个人借款，拟将其合伙财产份额质押给债权人乙。根据合伙企业法律制度的规定，为使该质押行为有效，同意质押的合伙人人数应当是（　　）。

A. 超过全体合伙人的 2/3

B. 超过全体合伙人的 1/2

C. 全体合伙人

D. 超过全体合伙人的 3/4

9. **「2016 年 · 单选题 · 题码 146035」**

甲、乙、丙、丁拟共同投资设立一有限合伙企业，甲、乙为普通合伙人，丙、丁为有限合伙人。四人草拟了一份合伙协议。该合伙协议的下列内容中，符合合伙企业法律制度规定的是（　　）。

A. 丙任执行事务合伙人

B. 甲以房屋作价 30 万元出资，乙以专利技术作价 15 万元出资，丙以劳务作价 20 万元出资，丁以现金 50 万元出资

C. 丙、丁可以将其在合伙企业中的财产份额出质

D. 合伙企业名称为“环宇商贸有限公司”

10. **「2016 年 · 单选题 · 题码 146036」**

某普通合伙企业的一名合伙人拟将其合伙财产份额转让给合伙企业以外的人，但合伙协议

对该事项的决定规则未作约定。根据合伙企业法律制度的规定，下列关于该事项决定规则的表述中，正确的是（　　）。

A. 须其他合伙人半数以上同意　　B. 须其他合伙人过半数同意

C. 须其他合伙人 2/3 以上同意　　D. 须其他合伙人一致同意

「考点 4」合伙企业的事务执行与损益分配（★★★）

1.「2021 年 · 单选题 · 题码 146054」

有限合伙企业可以约定的事项是（　　）。

A. 分配全部利润给部分合伙人　　B. 有限合伙人执行合伙事务

C. 有限合伙人对外代表合伙企业　　D. 合伙人不承担责任

2.「2020 年 · 单选题 · 题码 146055」

根据合伙企业法律制度的规定，下列关于有限合伙企业合伙事务执行人的表述中，正确的是（　　）。

A. 合伙协议无约定的情况下，全体普通合伙人是合伙事务的共同执行人

B. 合伙协议可以约定由有限合伙人担任合伙事务执行人

C. 合伙事务执行人执行合伙事务造成合伙财产损失的，应向合伙企业或其他合伙人承担赔偿责任

D. 合伙事务执行人不得要求合伙企业就执行事务的劳动付出支付报酬

3.「2020 年 · 多选题 · 题码 146059」

甲、乙、丙三人共同出资成立某普通合伙企业，合伙协议约定甲担任合伙事务执行人，但并未约定其执行事务的权限。根据合伙企业法律制度的规定，下列事项中，甲无权单独决定的有（　　）。

A. 变更该企业的名称　　B. 变更该企业的经营范围

C. 变更该企业主要经营场所的地点　　D. 聘任丁担任该合伙企业总经理

4.「2020 年 · 多选题 · 题码 146060」

根据合伙企业法律制度的规定，下列各项中，属于有限合伙人可以从事的行为的有（　　）。

A. 对外代表企业

B. 在合伙协议无相反约定的情况下，同本企业进行交易

C. 以劳务向合伙企业出资

D. 在合伙协议无相反约定的情况下，经营与本企业相竞争的业务

5.「2019 年 · 单选题 · 题码 146056」

根据合伙企业法律制度的规定，下列关于合伙事务执行的表述中，正确的是（　　）。

A. 普通合伙人对执行合伙事务享有同等权利

B. 有限合伙人不得监督合伙事务执行情况

C. 法人不得担任合伙事务执行人

D. 合伙事务应由出资最多的合伙人执行

6.「2019 年 · 多选题 · 题码 146061」
根据合伙企业法律制度的规定，下列事项中，除合伙协议另有约定外，须经全体合伙人一致同意方能通过的有（　　）。
A. 普通合伙人向合伙人以外的人转让其合伙份额
B. 合伙企业聘任合伙人以外的人担任企业经营管理人员
C. 合伙企业分配利润
D. 合伙企业处分其不动产

7.「2018 年 · 单选题 · 题码 146057」
2017 年 6 月，自然人甲、乙、丙设立某合伙企业。合伙协议约定：甲、乙各出资 30 万元，丙出资 90 万元，均应于合伙企业成立之日起 2 年内缴清。合伙协议未约定利润分配事项。2018 年 6 月，合伙企业拟分配利润，此时甲、乙已完全履行出资义务，丙已向合伙企业出资 60 万元，在甲、乙、丙未能就此次利润分配方案达成一致意见的情形下，下列关于此次利润应如何分配的表述中，正确的是（　　）。
A. 甲、乙、丙应按 1∶1∶1 的比例分配
B. 甲、乙、丙应按 1∶1∶2 的比例分配
C. 甲、乙、丙应按 1∶1∶3 的比例分配
D. 甲、乙、丙应按各自对合伙企业的贡献度分配

8.「2017 年 · 多选题 · 题码 146062」
根据合伙企业法律制度的规定，下列有限合伙人的行为中，视为执行合伙事务的有（　　）。
A. 参与决定普通合伙人退伙　　B. 参与决定转让合伙企业的知识产权
C. 参与决定合伙企业为第三人提供担保　　D. 对合伙企业的经营管理提出建议

9.「2015 年 · 单选题 · 题码 146058」
某合伙企业举行合伙人会议表决对外投资事项，但合伙协议对该事项的表决办法未作约定。根据合伙企业法律制度的规定，下列关于合伙企业表决办法的表述中，正确的是（　　）。
A. 须经持有过半数财产份额的合伙人同意
B. 须经全体合伙人一致同意
C. 须经过半数合伙人同意
D. 须经 2/3 以上合伙人同意

「考点 5」合伙企业与第三人的关系（★★）

1.「2019 年 · 单选题 · 题码 146215」
某普通合伙企业有甲、乙、丙、丁四位合伙人，合伙协议约定，合伙企业债务由各合伙人平均承担。现该合伙企业无力清偿到期债务 12 万元，甲向债权人清偿了 9 万元，乙向债权人清偿了 3 万元。根据合伙企业法律制度的规定，下列关于合伙企业债务内部追偿的表述中，正确的是（　　）。
A. 甲无权向丙或丁追偿　　B. 甲可以向乙追偿 3 万元

C. 甲可以向丙追偿 6 万元　　D. 甲可以向丁追偿 3 万元

2.「2018 年・多选题・题码 146072」

甲为普通合伙企业合伙人，因个人原因欠合伙企业以外的第三人乙 10 万元。乙欠合伙企业货款 15 万元。现甲无力以个人财产清偿欠乙的债务，乙的下列主张中，符合合伙企业法律制度规定的有（　　）。

A. 以其对甲的债权部分抵销其欠合伙企业的债务

B. 以甲从合伙企业中分得的利润偿付债务

C. 代位行使甲在合伙企业中的各项权利

D. 以甲在合伙企业中的财产份额偿付债务

「考点 6」入伙和退伙（★★★）

1.「2021 年・单选题・题码 146073」

普通合伙人甲和有限合伙人乙出资设立某有限合伙企业，该企业经营 1 年后丙以普通合伙人身份入伙，丁以有限合伙人身份入伙。此时，该合伙企业负债 20 万元。根据合伙企业法律制度的规定，下列关于新合伙人对该 20 万元债务责任承担的表述中，正确的是（　　）。

A. 丁不承担责任　　B. 丁以其实缴的出资额为限承担有限责任

C. 丙承担无限连带责任　　D. 丙不承担责任

2.「2021 年・单选题・题码 146074」

甲、乙设立某有限合伙企业。甲为普通合伙人，乙为有限合伙人。该企业经营一年后产生债务 20 万元。现乙退伙，丙以有限合伙人身份入伙。根据合伙企业法律制度的规定，下列关于乙、丙对该 20 万元债务责任承担的表述中，正确的是（　　）。

A. 丙以其实缴的出资额为限承担责任

B. 丙不承担责任

C. 乙以其认缴的出资额为限承担责任

D. 乙以其退伙时从有限合伙企业中取回的财产承担责任

3.「2020 年・单选题・题码 146075」

根据合伙企业法律制度的规定，下列情形中，属于普通合伙人当然退伙事由的是（　　）。

A. 合伙人个人丧失偿债能力

B. 合伙人未履行出资义务

C. 合伙人执行合伙事务时有不正当行为

D. 合伙人因故意或重大过失给合伙企业造成损失

4.「2020 年・多选题・题码 146078」

根据合伙企业法律制度的规定，下列各项中，属于合伙人通知退伙应当满足的条件的有（　　）。

A. 合伙协议未约定合伙企业的经营期限

B. 退伙不给合伙企业事务执行造成不利影响

C. 提前 30 日通知其他合伙人

D. 其他合伙人一致同意

5.「2019 年 · 多选题 · 题码 146079」

根据合伙企业法律制度的规定，合伙企业存续期间内出现特定情形时，合伙人可以退伙。该情形包括（　　）。

A. 发生合伙协议约定的退伙事由
B. 其他合伙人严重违反合伙协议约定的义务
C. 全体合伙人一致同意退伙
D. 发生合伙人难以继续参加合伙的事由

6.「2018 年 · 单选题 · 题码 146076」

根据合伙企业法律制度的规定，合伙协议未约定合伙期限的，在不给合伙企业事务执行造成不利影响的情况下，合伙人可以退伙，但应当提前一定期限通知其他合伙人。该期限是（　　）日。

A. 7　B. 10　C. 15　D. 30

7.「2018 年 · 多选题 · 题码 146080」

根据合伙企业法律制度的规定，下列各项中，属于普通合伙企业合伙人当然退伙的情形有（　　）。

A. 法人合伙人被吊销营业执照
B. 因重大过失给合伙企业造成损失
C. 自然人合伙人被宣告死亡
D. 未履行出资义务

8.「2017 年 · 单选题 · 题码 146077」

某普通合伙企业合伙人甲死亡，其未成年子女乙、丙是其全部合法继承人。根据合伙企业法律制度的规定，下列表述中，正确的是（　　）。

A. 乙、丙因继承甲的财产份额自动取得合伙人资格
B. 经全体合伙人一致同意，乙、丙可以成为有限合伙人
C. 乙、丙可以继承甲的财产份额，但不能成为合伙人
D. 应解散合伙企业，清算后向乙、丙退还甲的财产份额

9.「2017 年 · 多选题 · 题码 146081」

甲、乙和丙设立某普通合伙企业，从事餐饮服务，2017 年 6 月 5 日，甲退伙。6 月 10 日，丁入伙。6 月 9 日，合伙企业经营的餐厅发生卡式燃气炉灼伤顾客戊的事件，需要支付医疗费用等总计 45 万元。经查，该批燃气炉系当年 4 月合伙人共同决定购买，其质量不符合相关国家标准。该合伙企业支付 30 万元赔偿后已无赔偿能力。现戊请求合伙人承担其余 15 万元赔偿责任。根据合伙企业法律制度的规定，应承担赔偿责任的合伙人有（　　）。

A. 甲　B. 乙　C. 丙　D. 丁

10.「2016 年 · 多选题 · 题码 146082」

某普通合伙企业经营期间，吸收甲入伙。甲入伙前合伙企业已负债 20 万元。甲入伙 1 年后退伙，在此期间合伙企业新增负债 10 万元。甲退伙后半年，合伙企业解散，以企业全部财产清偿债务后，尚有 80 万元债务不能清偿，根据合伙企业法律制度的规定，下列关于甲承担清偿责任的表述中，正确的有（　　）。

A. 甲对入伙前合伙企业的 20 万元债务承担无限连带责任
B. 甲对担任合伙人期间合伙企业新增的 10 万元债务承担无限连带责任

C. 甲对合伙企业解散后尚未清偿的全部80万元债务承担无限连带责任
D. 甲对入伙后至合伙企业解散时新增的60万元债务承担无限连带责任

「考点7」特殊的普通合伙企业（★）

1.「2016年·多选题·题码146084」
根据合伙企业法律制度的规定，下列关于特殊的普通合伙企业执业风险防范措施的表述中，正确的有（　　）。
A. 企业可以选择建立执业风险基金或者办理职业保险
B. 执业风险基金用于偿付合伙人执业活动造成的债务
C. 执业风险基金应当单独立户管理
D. 企业应当从其经营收益中提取相应比例资金作为执业风险基金

2.「2013年·单选题·题码146083」
注册会计师甲、乙、丙共同出资设立一特殊的普通合伙制会计师事务所。因甲、乙在某次审计业务中故意出具不实审计报告，人民法院判决会计师事务所赔偿当事人50万元。根据合伙企业法律制度的规定，下列关于该赔偿责任承担的表述中，正确的是（　　）。
A. 以该会计师事务所的全部财产为限承担责任
B. 甲、乙、丙均承担无限连带责任
C. 甲、乙、丙均以其在会计师事务所中的财产份额为限承担责任
D. 甲、乙承担无限连带责任，丙以其在会计师事务所中的财产份额为限承担责任

3.「2012年·多选题·题码146085」
甲、乙、丙共同出资设立一特殊普通合伙制的律师事务所。2010年5月，乙从事务所退出，丁加入事务所成为新合伙人。2010年8月，法院认定甲在2009年的某项律师业务中存在重大过失，判决事务所向客户赔偿损失。根据合伙企业法律制度的规定，下列关于赔偿责任承担的表述中，正确的有（　　）。
A. 甲应以其全部个人财产承担无限责任
B. 乙应以其退出时在事务所中的实际财产份额为限承担赔偿责任
C. 丙应以其在事务所中的财产份额为限承担赔偿责任
D. 丁无须承担赔偿责任

「考点8」合伙人的性质转变（★★）

1.「2014年·多选题·题码146087」
甲、乙分别为某有限合伙企业的普通合伙人和有限合伙人。后甲变更为有限合伙人，乙变更为普通合伙人。下列关于甲、乙对其合伙人性质互换前的企业债务承担的表述中，符合合伙企业法律制度规定的有（　　）。
A. 甲对其作为普通合伙人期间的企业债务承担无限连带责任
B. 甲对其作为普通合伙人期间的企业债务承担有限责任
C. 乙对其作为有限合伙人期间的企业债务承担无限连带责任
D. 乙对其作为有限合伙人期间的企业债务承担有限责任

2.「2013 年 · 单选题 · 题码 146086」

甲、乙、丙、丁设立一有限合伙企业，其中甲、乙为普通合伙人，丙、丁为有限合伙人。1 年后，甲转为有限合伙人，同时丙转为普通合伙人。合伙企业设立之初，企业欠银行 50 万元，该债务直至合伙企业被宣告破产仍未偿还。下列关于该 50 万元债务清偿责任的表述中，符合合伙企业法律制度规定的是（　　）。

A. 甲、乙承担无限连带责任，丙、丁以其出资额为限承担责任
B. 乙、丙承担无限连带责任，甲、丁以其出资额为限承担责任
C. 甲、乙、丙承担无限连带责任，丁以其出资额为限承担责任
D. 乙承担无限连带责任，甲、丙、丁以其出资额为限承担责任

「考点 9」合伙企业的解散和清算（★）

1.「2021 年 · 单选题 · 题码 146088」

根据合伙企业法律制度的规定，下列各项中，属于合伙企业应当解散的法定情形是（　　）。

A. 合伙人已不具备法定人数满 15 天
B. 过半数合伙人提议解散
C. 合伙企业严重亏损
D. 合伙期限届满，合伙人决定不再经营

2.「2020 年 · 单选题 · 题码 146089」

根据合伙企业法律制度的规定，合伙企业解散的，应当进行清算。下列各项中，应当以合伙企业财产优先支付的是（　　）。

A. 清算费用　B. 所欠税款　C. 职工工资　D. 所欠债务

3.「2019 年 · 单选题 · 题码 146090」

根据合伙企业法律制度的规定，合伙企业清算时，企业财产在支付清算费用后，应当最先支付的是（　　）。

A. 法定补偿金　B. 职工工资　C. 社会保险费用　D. 所欠税款

4.「2016 年 · 单选题 · 题码 146091」

根据合伙企业法律制度的规定，合伙企业解散清算时，企业财产首先应当清偿或者支付的是（　　）。

A. 所欠税款　B. 清算费用　C. 所欠职工工资　D. 所欠银行借款

06 第六章　公司法律制度

「考情分析」

考点	星级	近十年考频	2012年	2013年	2014年	2015年	2016年	2017年	2018年	2019年	2020年	2021年
1. 公司法人资格与股东有限责任	★★★	1										√
2. 公司设立制度	★★	5			√		√	√		√		√
3. 股东出资制度	★★★	6	√		√			√	√		√	√
4. 股东资格	★	4	√	√	√							√
5. 股东权利和义务	★★★	8	√			√	√	√	√	√	√	√
6. 董事、监事、高级管理人员制度	★★	2				√						√
7. 公司的组织机构	★★★	10	√	√	√	√	√	√	√	√	√	√
8. 上市公司独立董事制度	★★★	2			√				√			
9. 股东大会、股东会和董事会决议制度	★★★	2							√	√		
10. 股份有限公司的股份转让和回购	★★★	6	√	√			√		√	√		√
11. 有限责任公司的股权移转	★★	3			√				√	√		
12. 一人有限责任公司的特别规定	★★	2	√				√					
13. 公司的财务会计	★★	5	√			√		√		√	√	
14. 公司重大变更	★	3							√	√		√
15. 公司解散和清算	★★	3					√	√				√

「考点1」公司法人资格与股东有限责任（★★★）

1.「2021年·单选题·题码146263」

根据公司法律制度的规定，公司法定代表人未经授权擅自以公司名义为他人提供担保的行为属于（　　）。

A. 越权代表　　B. 无权代理　　C. 无因管理　　D. 无权处分

2.「单选题·题码 146264」

李某为甲股份公司的董事长。赵某为乙股份公司的董事长。甲公司持有乙公司 60% 的股份。甲、乙公司的下列行为可行的是（　　）。

A. 乙公司向李某提供 200 万元购房借款
B. 甲公司向赵某提供 200 万元购房借款
C. 甲公司向李某提供 200 万元购房借款
D. 乙公司向赵某提供 200 万元购房借款

3.「单选题·题码 146265」

法人的法定代表人或者非法人组织的负责人超越权限订立的合同，除相对人知道或者应当知道其超越权限外，该代表行为效力为（　　）。

A. 无效　　B. 效力待定　　C. 可撤销　　D. 有效

「考点 2」公司设立制度（★★）

1.「2021 年·多选题·题码 146274」

根据公司法律制度的规定，下列各项中，属于创立大会职权范围的有（　　）。

A. 审核发起人以外的认购人用于抵作股款的财产的评估作价
B. 发生不可抗力直接影响公司设立的，可以作出不设立公司的决议
C. 审核公司的设立费用
D. 选举监事会成员

2.「2019 年·单选题·题码 146272」

甲、乙拟共同投资设立丙公司，约定由乙担任法定代表人。在公司设立过程中，甲以丙公司名义与丁公司签订房屋租赁合同。后丙公司因故未成立，尚欠丁公司房租 20 万元。根据公司法律制度的规定，下列关于该租金清偿责任的表述中，正确的是（　　）。

A. 由甲承担全部责任　　B. 由乙承担全部责任
C. 由甲、乙承担连带责任　　D. 由甲、乙依出资比例按份承担责任

3.「2017 年·单选题·题码 146273」

甲、乙、丙三人拟设立一有限责任公司。在公司设立过程中，甲在搬运为公司购买的办公家具时，不慎将丁撞伤。根据公司法律制度的规定，下列关于对丁的侵权责任承担的表述中，正确的是（　　）。

A. 若公司未成立，丁仅能请求甲承担该侵权责任
B. 若公司成立，则由公司自动承受该侵权责任
C. 若公司未成立，丁应先向甲请求赔偿，不足部分再由乙、丙承担
D. 无论公司是否成立，该侵权责任都应由甲、乙、丙共同承担

4.「2016 年改编·多选题·题码 146275」

甲、乙、丙、丁拟设立一家贸易公司，委派丙负责租赁仓库供公司使用，因公司尚未成立，丙以自己的名义与戊签订仓库租赁合同。根据公司法律制度的规定，下列关于仓库租赁合同义务承担的表述中，正确的有（　　）。

A. 贸易公司成立后，戊不可请求丙承担合同义务
B. 贸易公司成立后，戊不可请求贸易公司承担合同义务
C. 贸易公司成立后，戊可请求该公司承担合同义务
D. 贸易公司成立后，戊仍可请求丙承担合同义务

「考点3」股东出资制度（★★★）

1.「2021 年·多选题·题码 146280」
根据公司法律制度的规定，下列各项中，公司股东可以用于出资的有（　　）。
A. 土地使用权　B. 劳务　C. 商誉　D. 知识产权

2.「2020 年·单选题·题码 146276」
甲有限责任公司的股东乙未履行出资义务，经公司催告在合理期间内仍拒绝缴纳。根据公司法律制度的规定，有权作出决议解除乙股东资格的公司机构是（　　）。
A. 董事会　B. 监事会　C. 股东会　D. 职工代表大会

3.「2018 年·单选题·题码 146277」
根据公司法律制度的规定，下列各项中，不得作为出资的是（　　）。
A. 知识产权　B. 债权　C. 特许经营权　D. 股权

4.「2017 年·单选题·题码 146278」
甲有限责任公司成立于 2017 年 1 月 5 日。公司章程规定，股东乙以其名下的一套房产出资。乙于 1 月 7 日将房产交付公司，但未办理权属变更手续。5 月 9 日，股东丙诉至人民法院，要求乙履行出资义务。5 月 31 日，人民法院责令乙于 10 日内办理权属变更手续。6 月 6 日，乙完成办理权属变更手续。根据公司法律制度的规定，乙享有股东权利的起始日期是（　　）。
A. 1 月 5 日　B. 6 月 6 日　C. 1 月 7 日　D. 5 月 31 日

5.「2017 年·单选题·题码 146279」
甲盗用乙的身份证，以乙的名义向丙公司出资。乙被记载于丙公司股东名册，并进行了工商登记，但直至出资期限届满仍未履行出资义务。根据公司法律制度的规定，下列关于出资责任承担的表述中，正确的是（　　）。
A. 乙承担出资责任
B. 甲承担出资责任
C. 乙首先承担出资责任，不足部分再由甲补足
D. 甲、乙对出资承担连带责任

「考点4」股东资格（★）

1.「2021 年·单选题·题码 146281」
甲有限责任公司股东名册记载有赵某、钱某、孙某和李某 4 名股东。其中，李某为名义股东，实际出资人为周某。现周某要求公司变更股东名册，将其登记为正式股东。根据公司法律制度的规定，应当满足的条件是（　　）。

A. 须4名股东一致同意

B. 除李某外的其余3名股东半数以上同意

C. 仅需李某本人同意

D. 除李某外的其余3名股东所持表决权半数以上同意

2.「2021年·单选题·题码146282」

陈某与曾某就投资星星有限公司订立一份合作出资协议，约定陈某为实际出资人，曾某为名义股东；曾某行使股东权利并每年从陈某处获得固定报酬，投资收益归属于陈某。合作出资协议不存在违法情形。根据公司法律制度的规定，下列表述中，正确的是（　　）。

A. 曾某可以以其是名义股东为由不履行对公司的出资义务

B. 星星公司可依其股东名册记载否认陈某的股东资格

C. 陈某可以以其履行了出资义务为由要求星星公司其他股东承认其股东资格

D. 曾某可以以其是星星公司股东名册记载的股东为由对抗陈某的投资收益请求

「考点5」股东权利和义务（★★★）

1.「2021年·单选题·题码146288」

甲是某有限责任公司股东。在公司章程没有特别规定时，下列情形中，构成公司以股东会决议解除甲股东资格事由的是（　　）。

A. 甲未履行出资义务，经公司催告，在合理期间内仍未缴纳出资

B. 甲滥用表决权，导致公司长期不分配利润

C. 甲与其他股东长期不和，导致公司僵局

D. 甲与公司进行关联交易，损害公司利益

2.「2021年·多选题·题码146292」

根据公司法律制度规定，下列主体中，可以辅助股东行使公司文件资料查阅权的有（　　）。

A. 会计师　　B. 律师

C. 税务机关工作人员　　D. 检察官

3.「2020年·单选题·题码146289」

甲有限责任公司的股东乙起诉公司请求分配利润。该公司另一股东丙得知后，在一审法庭辩论终结前，基于同一分配方案也提出分配利润的请求并申请参加诉讼。根据公司法律制度的规定，丙在本案中的诉讼地位是（　　）。

A. 共同被告　　B. 共同原告

C. 无独立请求权的第三人　　D. 有独立请求权的第三人

4.「2020年·多选题·题码146293」

根据公司法律制度的规定，下列关于有限责任公司股东增资优先认缴权的表述中，正确的有（　　）。

A. 股东享有优先认缴权须以公司决议为前提

B. 股东的优先认缴权只能依其实缴出资比例行使

C. 股东可以放弃优先认缴权
D. 股东可以将其优先认缴权转让给其他股东

5.「2019 年 · 多选题 · 题码 146294」
根据公司法律制度的规定，下列各项中，股份有限公司的所有股东均有权查阅的有（　　）。
A. 股东名册　　B. 董事会会议记录
C. 监事会会议记录　　D. 股东大会会议记录

6.「2018 年 · 单选题 · 题码 146290」
根据公司法律制度的规定，在股东起诉请求公司分配利润的案件中，应当列为被告的是（　　）。
A. 公司　　B. 反对分配利润的董事
C. 反对分配利润的股东　　D. 公司及反对分配利润的股东

7.「2018 年 · 多选题 · 题码 146295」
根据公司法律制度的规定，下列各项中，属于有限责任公司股东义务的有（　　）。
A. 经营管理公司的义务　　B. 善意行使股权的义务
C. 出资义务　　D. 公司出现解散事由后，组织清算的义务

8.「2016 年 · 单选题 · 题码 146291」
某有限责任公司有甲、乙、丙三名股东，甲、乙各持 8% 的股权，丙持 84% 的股权。丙任执行董事，乙任监事。甲发现丙将公司资产以极低价格转让给其妻开办的公司，严重损害了本公司利益，遂书面请求乙对丙提起诉讼。乙碍于情面予以拒绝。下列表述中，正确的是（　　）。
A. 甲可以提议召开临时股东会，要求丙对相关事项作出说明
B. 甲可以请求公司以合理价格收购其股权，从而退出公司
C. 甲可以以公司内部监督机制失灵、公司和股东利益严重受损为由，请求人民法院判决解散公司
D. 甲可以以自己的名义对丙提起诉讼，要求其赔偿公司损失

9.「2016 年 · 多选题 · 题码 146296」
根据公司法律制度的规定，股份有限公司的下列文件中，股东有权查阅的有（　　）。
A. 公司债券存根　　B. 公司会计账簿　　C. 董事会会议决议　　D. 股东名册

「考点 6」董事、监事、高级管理人员制度（★★）

1.「2021 年 · 多选题 · 题码 146298」
根据公司法律制度的规定，下列主体中，属于公司高级管理人员的有（　　）。
A. 总经理　　B. 财务负责人　　C. 董事　　D. 监事

2.「2015 年 · 单选题 · 题码 146297」
根据公司法律制度的规定，公司董事的下列行为中，涉嫌违反勤勉义务的是（　　）。
A. 擅自披露公司商业秘密　　B. 将公司资金以个人名义开立账户存储

C. 无正当理由长期不出席董事会会议　　D. 篡夺公司商业机会

「考点7」公司的组织机构（★★★）

1.「2021年·单选题·题码146300」

某有限责任公司董事姚某在任期内辞职，导致董事会成员低于法定人数。根据公司法律制度的规定，在改选出的董事就任前，应当填补董事职位空缺，依法履行董事职务的主体是（　　）。

A. 总经理王某　　B. 监事会主席周某或其指定的人

C. 董事长吴某指定的人　　D. 原董事姚某

2.「2020年·单选题·题码146301」

根据公司法律制度的规定，有限责任公司董事长和副董事长均不能或者不履行职务时，下列主体中，有权召集和主持董事会会议的是（　　）。

A. 总经理　　B. 监事会主席

C. 半数以上监事共同推举的一名董事　　D. 半数以上董事共同推举的一名董事

3.「2020年·多选题·题码146304」

根据公司法律制度的规定，股份有限公司可以实行累积投票制的情形有（　　）。

A. 股东大会选举董事　　B. 股东大会选举监事

C. 监事会选举监事会主席　　D. 董事会选举董事长

4.「2019年·单选题·题码146302」

根据公司法律制度的规定，下列各项中，有权制定公司年度财务预算、决算方案的是（　　）。

A. 总经理　　B. 董事会　　C. 监事会　　D. 股东大会

5.「2019年·单选题·题码146303」

根据公司法律制度的规定，上市公司在1年内出售重大资产超过公司资产总额一定比例的，应当由股东大会作出决议，并经出席会议的股东所持表决权的2/3以上通过。该比例是（　　）。

A. 30%　　B. 70%　　C. 50%　　D. 60%

6.「2018年·多选题·题码146305」

根据公司法律制度的规定，下列各项中，应当由上市公司股东大会作出决议的有（　　）。

A. 单笔担保额超过最近一期经审计净资产10%的担保

B. 为资产负债率超过70%的非关联方提供的担保

C. 公司对外担保总额达到最近一期经审计净资产的50%以后提供的担保

D. 为公司实际控制人及其关联方提供的担保

7.「2017年·多选题·题码146306」

甲有限责任公司未设董事会，股东乙为执行董事。根据公司法律制度的规定，在公司章程无特别规定的情形下，乙可以行使的职权有（　　）。

A. 决定公司的投资计划　　B. 召集股东会会议

C. 决定公司的利润分配方案　　D. 决定聘任公司经理

8. 「2016 年・多选题・题码 146307」

根据公司法律制度的规定，有限责任公司股东会会议的下列决议中，须经代表 2/3 以上表决权的股东通过的有（　　）。

A. 修改公司章程　　B. 增加注册资本

C. 对外提供担保　　D. 决定利润分配方案

「考点 8」上市公司独立董事制度（★★★）

1. 「2018 年・单选题・题码 146308」

根据公司法律制度的规定，下列主体中，有资格提出上市公司独立董事候选人的是（　　）。

A. 持有上市公司已发行股份 1% 以上的股东

B. 上市公司的董事长

C. 上市公司的职工代表大会

D. 上市公司的监事会主席

2. 「2014 年・单选题・题码 146309」

某上市公司拟聘任独立董事一名，甲为该公司人力资源总监的大学同学，乙为该公司中持股 7% 的某国有企业的负责人，丙曾任该公司财务部经理，半年前离职，丁为某大学法学院教授、兼职担任该公司子公司的法律顾问，根据公司法律制度的规定，可以担任该公司独立董事的是（　　）。

A. 甲　　B. 乙　　C. 丙　　D. 丁

「考点 9」股东大会、股东会和董事会决议制度（★★★）

1. 「2019 年・单选题・题码 146310」

根据公司法律制度的规定，确认董事会决议无效之诉的被告是（　　）。

A. 公司　　B. 董事会

C. 对该决议投赞成票的董事　　D. 出席会议的董事

2. 「2019 年・多选题・题码 146312」

根据公司法律制度的规定，下列情形中，人民法院应当确认董事会决议不成立的有（　　）。

A. 公司未召开董事会会议作出该决议

B. 公司召开了董事会会议，但未表决该决议事项

C. 董事会会议表决结果未达到公司法或公司章程规定的通过比例

D. 公司召开董事会会议时，到会董事人数不符合公司法或公司章程规定

3. 「2018 年・单选题・题码 146311」

某有限责任公司有甲、乙两名股东，分别持有 70% 和 30% 的股权。2018 年 3 月，乙发现，该公司基于股东会 2017 年 2 月作出的增资决议增加了注册资本，乙的持股比例被稀释。经

查，该公司2017年2月并未召开股东会作出增资决议。根据公司法律制度的规定，如果乙拟提起诉讼推翻增资决议，其诉讼请求应当是（　　）。

A. 撤销决议　　B. 确认决议不成立　C. 确认决议无效　　D. 确认决议效力待定

「考点10」股份有限公司的股份转让和回购（★★★）

1.「2019年·多选题·题码146334」

根据公司法律制度的规定，在公司章程没有特别规定时，优先股股东可以出席股东大会会议并参与表决的事项有（　　）。

A. 公司合并　　B. 公司解散

C. 变更公司形式　　D. 累计减少公司注册资本超过10%

2.「2018年·单选题·题码146332」

根据公司法律制度的规定，股份有限公司发起人持有的本公司股份，自公司成立之日起一定期限内不得转让。该期限是（　　）。

A. 6个月　　B. 1年　　C. 2年　　D. 3年

3.「2016年·单选题·题码146333」

某股份有限公司于2016年3月7日首次公开发行股份并在上海证券交易所上市交易。2016年4月8日，该公司召开股东大会，拟审议的有关董事、高级管理人员（简称"高管"）持股事项的议案中包含下列内容，其中，符合公司法律制度规定的是（　　）。

A. 董事、高管离职后半年内，不得转让其所持有的本公司股份

B. 董事、高管持有的本公司股份，自决议通过之日起6个月后可以对外自由转让

C. 董事、高管持有的本公司股份，自决议通过之日起3个月后可以内部自由转让

D. 董事、高管在任职期间每年转让的股份不得超过其所持有的本公司股份总数的50%

「考点11」有限责任公司的股权转移（★★）

1.「2019年·单选题·题码146344」

甲有限公司章程规定，股东优先购买权的行使期间是收到书面转让通知之日起60日。股东赵某拟对外转让股权并书面通知其他股东；欲行使优先购买权者，请自收到通知之日起20日内提出。根据公司法律制度的规定，其他股东优先购买权的行使期间是（　　）。

A. 自收到赵某书面通知之日起20日内　　B. 自收到赵某书面通知之日起30日内

C. 自收到赵某书面通知之日起60日内　　D. 自收到赵某书面通知之日起80日内

2.「2018年·单选题·题码146345」

某有限责任公司的自然人股东甲死亡。公司章程对于股权继承无特别规定。根据公司法律制度的规定，甲的合法继承人享有的权利是（　　）。

A. 继承甲的股东资格，并享有全部股东权利

B. 继承甲的股东资格，但表决权受一定限制

C. 继承甲所持股权的财产利益，但不得继承股东资格

D. 继承甲所持股权的财产利益，但继承股东资格须经其他股东过半数通过

3.「2014 年·单选题·题码 146346」

某有限责任公司共有甲、乙、丙三名股东。因甲无法偿还个人到期债务，人民法院拟依照强制执行程序变卖其股权偿债。根据公司法律制度的规定，下列表述中，正确的是（　　）。

A. 人民法院应当征得乙、丙同意，乙、丙在同等条件下有优先购买权

B. 人民法院应当通知公司及全体股东，乙、丙在同等条件下有优先购买权

C. 人民法院应当征得公司及乙、丙同意，乙、丙在同等条件下有优先购买权

D. 人民法院应当通知乙、丙，乙、丙在同等条件下有优先购买权

「考点 12」一人有限责任公司的特别规定（★★）

1.「2016 年·单选题·题码 146347」

根据公司法律制度的规定，下列关于一人有限责任公司（简称“一人公司”）的表述中，正确的是（　　）。

A. 一个自然人只能投资设立一个一人公司，但该一人公司可以再投资设立新的一人公司

B. 一人公司的股东应当对公司债务承担连带清偿责任

C. 一人公司设立时，股东应当一次缴足公司章程规定的出资额

D. 一人公司应当在公司登记中注明自然人独资或者法人独资

2.「2012 年改编·单选题·题码 146348」

根据公司法律制度的规定，下列关于一人有限责任公司的表述中，正确的是（　　）。

A. 一人有限责任公司应设股东会

B. 一人有限责任公司应在每一会计年度终了时编制财务会计报告，但不必经会计师事务所审计

C. 一人有限责任公司的股东可以是自然人，也可以是法人

D. 公司债权人要求股东对公司债务承担连带责任的，有义务证明该公司的财产不独立于股东自己的财产

「考点 13」国有独资公司的特别规定（★★）

「2011 年·单选题·题码 146350」

下列关于国有独资公司的表述中，符合公司法律制度规定的是（　　）。

A. 国有独资公司不设股东会，由国有资产监督管理机构行使股东会职权

B. 国有独资公司的董事会获得国有资产监督管理机构授权，可以决定公司合并事项

C. 国有独资公司监事会的职工代表由国有资产监督管理机构委派

D. 国有独资公司的董事会成员全部由国有资产监督管理机构委派

「考点 14」公司的财务会计（★★）

1.「2020 年·单选题·题码 146353」

根据公司法律制度的规定，下列事项中，属于禁止使用公司资本公积金的情形是（　　）。

A. 转增公司资本　　　　B. 扩大生产经营

C. 弥补公司亏损 D. 长期股权投资

2.「2017 年 · 单选题 · 题码 146354」

根据公司法律制度的规定，股份有限公司以超过股票票面金额的价格发行股份所得的溢价款，应当列为（ ）。

A. 盈余公积金 B. 未分配利润 C. 法定公积金 D. 资本公积金

3.「2015 年 · 单选题 · 题码 146355」

股份有限公司召开股东大会年会时，应当提前将财务会计报告置备于公司。根据公司法律制度的规定，该提前置备财务会计报告的时限是（ ）日。

A. 10 B. 20 C. 30 D. 60

「考点 15」公司重大变更（★）

1.「2021 年 · 单选题 · 题码 146356」

美丽公司股东会作出分立决议，拟分立为美美公司和丽丽公司，飞和公司是美丽公司的债权人，与美丽公司就分立后债务清偿未达成协议。根据公司法律制度的规定，下列表述中，正确的是（ ）。

A. 飞和公司可选择向美美公司或丽丽公司请求履行全部债务

B. 飞和公司有权要求美丽公司提供相应担保

C. 飞和公司有权要求美丽公司提前清偿债务

D. 美丽公司应在作出分立决议之日起 60 日内在报纸上公告

2.「2019 年 · 单选题 · 题码 146357」

甲公司分立成乙、丙两公司。根据分立协议，乙公司承继甲公司 20% 净资产，丙公司承继甲公司 80% 净资产以及所有负债。甲公司的到期债权人丁公司接到分立通知后，要求上述相关公司立即清偿债务。下列关于丁公司债务清偿请求的表述中，符合公司法律制度规定的是（ ）。

A. 丁公司仅能请求乙公司对该债务承担 20% 的责任

B. 丁公司可请求乙、丙公司对该债务承担连带责任

C. 丁公司仅能请求丙公司对该债务承担 80% 的责任

D. 丁公司仅能请求丙公司对该债务承担责任，不能请求乙公司对该债务承担责任

3.「2018 年 · 多选题 · 题码 146358」

根据公司法律制度的规定，下列各项中，属于公司减少注册资本可以采取的方式有（ ）。

A. 向股东返还出资或股款 B. 减免股东的出资或购股义务

C. 股东对外转让股权 D. 缩减股权或股份

「考点 16」公司解散和清算（★★）

1.「2021 年 · 单选题 · 题码 146359」

根据公司法律制度的规定，股份有限公司非破产清算程序的清算义务人是（ ）。

A. 控股股东和主要债权人
B. 董事和控股股东
C. 董事和主要债权人
D. 董事和监事

2. **「2021 年 · 单选题 · 题码 146360」**

根据公司法律制度的规定，公司经营管理发生严重困难，继续存续会使股东利益受到重大损失，通过其他途径不能解决的，持有全部股东表决权一定比例以上的股东有权请求人民法院判决解散该公司。该比例是（ ）。

A. 3%
B. 5%
C. 10%
D. 15%

3. **「2017 年 · 多选题 · 题码 146362」**

根据公司法律制度的规定，清算组在清算期间可以行使的职权有（ ）。

A. 清理公司财产，分别编制资产负债表和财产清单

B. 处理公司清偿债务后的剩余财产

C. 通知、公告债权人

D. 代表公司参与民事诉讼

4. **「2016 年 · 单选题 · 题码 146361」**

根据公司法律制度的规定，下列情形中，构成股东要求司法解散公司的正当理由的是（ ）。

A. 公司最近 3 年未开股东会，无法形成股东会决议，经营管理严重困难，继续存续会使股东利益严重受损，且无其他途径解决

B. 公司连续 3 年亏损，累计亏损达到实收股本总额的 1/2

C. 公司连续 5 年盈利，并符合法律规定的利润分配条件，但不分红

D. 公司无故拒绝股东查询公司会计账簿

07 第七章 证券法律制度

「考情分析」

考点	星级	近十年考频	2012年	2013年	2014年	2015年	2016年	2017年	2018年	2019年	2020年	2021年
1. 证券法律制度的基本原理	★	2									√	√
2. 强制信息披露制度	★★★	4	√					√		√	√	
3. 投资者保护制度	★★	1										√
4. 非上市公众公司	★★	4			√	√		√	√			
5. 首次公开发行股票并上市	★	5	√					√		√	√	√
6. 上市公司发行新股	★★★	4	√		√					√		√
7. 优先股的发行与交易	★★★	3			√				√			√
8. 股票上市与退市	★	2						√		√		
9. 股票交易与结算	★	1						√				
10. 公司债券的发行	★★★	6	√	√	√	√		√	√			
11. 可转换公司债券的发行	★★★	3	√	√								√
12. 上市公司收购概述	★★★	4	√		√	√	√					
13. 持股权益披露	★★★	2			√		√					
14. 要约收购制度	★★★	6	√		√				√	√	√	√
15. 特殊类型收购	★	1							√			
16. 上市公司重大资产重组	★★★	4				√	√		√			√
17. 虚假陈述行为	★★★	6	√	√	√		√				√	√
18. 内幕交易行为	★★★	4	√		√				√	√		
19. 操纵市场行为	★	3				√					√	√

「考点1」证券法律制度的基本原理（★）

1.「2021 年 · 多选题 · 题码 146456」

根据证券法律制度的规定，下列各项中，属于公开发行证券的交易场所的有（　　）。

A. 区域性股权市场　　B. 证券交易所

C. 全国中小企业股份转让系统　　D. 各地产权交易所

2.「2020 年 · 单选题 · 题码 146455」

根据证券法律制度的规定，下列关于区域性股权市场相关规则的表述中，正确的是（　　）。

A. 可采用协议转让的方式进行交易

B. 可将权益拆分为均等份额公开发行

C. 可将权益按照标准化交易单位持续挂牌交易

D. 权益持有人累计可超过 200 人

3.「2020 年 · 多选题 · 题码 146457」

根据证券法律制度的规定，在我国境内发行下列证券时，应当适用《中华人民共和国证券法》的有（　　）。

A. 公司债券　　B. 股票　　C. 政府债券　　D. 存托凭证

「考点 2」强制信息披露制度（★★★）

1.「2020 年 · 单选题 · 题码 146458」

根据证券法律制度的规定，上市公司应当在每个会计年度结束之日起一定期限内编制年度报告并披露。该期限是（　　）个月内。

A. 3　　B. 1　　C. 4　　D. 6

2.「2017 年 · 单选题 · 题码 146459」

甲上市公司上一期经审计的净资产额为 50 亿元人民币。甲公司拟为乙公司提供保证担保，担保金额为 6 亿元，并经董事会会议决议通过。甲公司章程规定，单笔对外担保额超过公司最近一期经审计净资产 10% 的担保须经公司股东大会批准。根据证券法律制度的规定，甲公司披露该笔担保的最早时点应当是（　　）。

A. 甲公司股东大会就该笔担保形成决议时

B. 甲公司董事会就该笔担保形成决议时

C. 甲公司与乙公司的债权人签订保证合同时

D. 证券交易所核准同意甲公司进行担保时

3.「2012 年改编 · 单选题 · 题码 146460」

根据证券法律制度的规定，下列关于招股说明书中引用的财务报表的有效期的表述中，正确的是（　　）。

A. 招股说明书中引用的财务报表在其最近一期截止日后 3 个月内有效，特别情况下发行人可申请适当延长，但至多不超过 1 个月

B. 招股说明书中引用的财务报表在其最近一期截止日后 3 个月内有效，特别情况下发行人可申请适当延长，但至多不超过 6 个月

C. 招股说明书中引用的财务报表在其最近一期截止日后 6 个月内有效，特别情况下发行人可申请适当延长，但至多不超过 3 个月

D. 招股说明书中引用的财务报表在其最近一期截止日后 6 个月内有效，特别情况下发行人可申请适当延长，但至多不超过 1 个月

「考点3」投资者保护制度（★★）

1.「2021 年・单选题・题码 146462」

根据证券法律制度的规定，普通投资者与证券公司发生纠纷时，对证券公司行为是否存在误导、欺诈等情形负证明责任的是（　　）。

A. 普通投资者　　B. 投资者保护机构　　C. 证券公司　　D. 相关证券交易所

2.「2021 年・多选题・题码 146463」

根据证券法律制度规定，下列可以作为征集人，自行或者委托证券公司、证券服务机构，公开请求上市公司股东委托其代为出席股东大会，并代为行使提案权、表决权等股东权利的有（　　）。

A. 董事会　　B. 监事会

C. 持有 1% 以上有表决权股份的股东　　D. 投资者保护机构

3.「2021 年・多选题・题码 146464」

根据证券法律制度的规定，下列因素中，可用于区分普通投资者和专业投资者的有（　　）。

A. 财产状况　　B. 金融资产状况　　C. 投资知识和经验　　D. 专业能力

「考点4」非上市公众公司（★★）

1.「2018 年・单选题・题码 146465」

甲股份有限公司为非上市公众公司，拟向 5 名战略投资者发行股票，募集资金。根据证券法律制度的规定，甲公司应当向证监会履行的手续是（　　）。

A. 申请备案　　B. 申请核准　　C. 事后知会　　D. 申请注册

2.「2015 年・多选题・题码 146467」

根据证券法律制度的规定，股份有限公司的下列股份发行或者转让情形中，可以豁免向中国证监会申请核准的有（　　）。

A. 在全国中小企业股份转让系统挂牌的非上市公众公司拟向特定对象定向发行股份，发行后股东预计达到 195 人

B. 因向公司核心员工转让股份导致股东累计达到 220 人，但在 1 个月内降至 195 人

C. 股东累计已达 195 人的公司拟公开转让股份

D. 公司获得定向核准后第 13 个月，拟使用未完成的核准额度继续发行

「考点5」首次公开发行股票并上市（★）

1.「2021 年・多选题・题码 146471」

根据证券法律制度的规定，下列各项中，属于公司首次公开发行新股应当符合的条件的有（　　）。

A. 具备健全且运行良好的组织机构

B. 具有持续经营能力

C. 发行人及其控股股东、实际控制人最近 3 年不存在贪污、贿赂、侵占财产、挪用财产或者破坏社会主义市场经济秩序的刑事犯罪

D. 最近 3 年财务会计报告被出具无保留意见审计报告

2.「2020 年 · 单选题 · 题码 146468」

根据证券法律制度的规定，公司首次公开发行股份时，原股东可以公开发售其持有时间达到一定期限的股份，该期限至少应当是（　　）年。

A. 1　　B. 2　　C. 4　　D. 3

3.「2019 年 · 单选题 · 题码 146469」

根据证券法律制度的规定，对于申请在科创板公开发行股票并上市的公司，作出同意或者不同意股票公开发行并上市的审核意见的是（　　）。

A. 保荐人　　B. 证监会

C. 证券交易所　　D. 证券业协会

4.「2019 年改编 · 单选题 · 题码 146470」

根据证券法律制度的规定，公司申请在主板公开发行股票并上市的，最近一期期末无形资产（扣除土地使用权、水面养殖权和采矿权等后）占净资产的比例不高于（　　）。

A. 10%　　B. 20%　　C. 30%　　D. 40%

「考点 6」上市公司发行新股（★★★）

1.「2021 年 · 单选题 · 题码 146472」

根据证券法律制度的规定，上市公司拟配售股份数量不得超过本次配售股份前股本总额的一定比例，该比例为（　　）。

A. 20%　　B. 10%　　C. 5%　　D. 30%

2.「2019 年改编 · 多选题 · 题码 146473」

根据证券法律制度的规定，下列情形中，应当经中国证监会核准的有（　　）。

A. 甲股份有限公司向特定对象发行股票，发行后股东人数为 200 人

B. 在证券交易所主板上市的乙公司公开发行新股

C. 股东人数为 201 人的丙股份有限公司申请股票在全国中小企业股份转让系统公开转让

D. 丁股份有限公司首次在科创板公开发行股票并上市

3.「2014 年改编 · 多选题 · 题码 146474」

根据证券法律制度的规定，下列情形中，须经中国证监会核准的有（　　）。

A. 在交易所主板上市的甲公司向某战略投资者定向增发股票

B. 有 30 名股东的丙股份有限公司拟将其股票公开转让

C. 有 199 名股东的丁股份有限公司拟通过增资引入 3 名风险投资人

D. 在交易所主板上市的乙公司向所有现有股东配股

「考点7」优先股的发行与交易（★★★）

1.「2021年·单选题·题码146475」

根据证券法律制度的规定，下列各项中，公开发行优先股的上市公司须在公司章程中予以明确规定的是（　　）。

A. 有可分配税后利润时，普通股股东与优先股股东同时分配

B. 优先股股东按约定股息率分配股息之后，同普通股股东一起参加剩余利润分配

C. 未向优先股股东足额派发股息的差额部分累积到下一会计年度

D. 浮动股息率的浮动范围

2.「2018年·多选题·题码146476」

根据证券法律制度的规定，公开发行优先股的公司必须在公司章程中规定的事项有（　　）。

A. 在有可分配税后利润的情况下必须向优先股股东分配股息

B. 未向优先股股东足额派发股息的差额部分应当累积到下一个会计年度

C. 采取固定股息率

D. 优先股股东按照约定的股息率分配股息后，不再同普通股股东一起参加剩余利润分配

「考点8」股票上市与退市（★）

「2020年·多选题·题码146477」

根据证券法律制度的规定，下列情形中，属于上市公司主动退市的有（　　）。

A. 上市公司股份被要约收购，不再具备上市条件

B. 上市公司向证券交易所主动提出退市申请

C. 上市公司被吸收合并，丧失法人资格

D. 上市公司股东大会决议解散公司

「考点9」股票交易与结算（★）

「2017年改编·多选题·题码146478」

根据证券法律制度的规定，下列关于证券大宗交易系统的表述中，正确的有（　　）。

A. 深圳证券交易所的大宗交易分为协议大宗交易和盘后定价大宗交易

B. 目前只有上海证券交易所建立了大宗交易系统

C. 协议大宗交易本质上属于集中交易

D. 盘后定价大宗交易属于集中交易

「考点10」公司债券的发行（★★★）

1.「2018年·多选题·题码146480」

根据证券法律制度的规定，下列可交易公开发行的公司债券的有（　　）。

A. 证券公司柜台市场　　　　B. 中国金融期货交易所

C. 证券交易所　　D. 全国中小企业股份转让系统

2.「2017 年 · 多选题 · 题码 146481」
根据证券法律制度的规定，下列各项中，属于债券受托管理人应当召集债券持有人会议的情形有（　　）。
A. 发行人不能按期支付本息　　B. 拟变更债券募集说明书的约定
C. 发行人拟增加注册资本　　D. 担保物发生重大变化

「考点 11」可转换公司债券的发行（★★★）

1.「2013 年 · 多选题 · 题码 146483」
根据证券法律制度的规定，下列关于可转换公司债券的表述中，正确的有（　　）。
A. 上市公司可以公开发行认股权和债券分离交易的可转换公司债券
B. 股票公开转让的非上市公众公司不得发行可转换公司债券
C. 在转股期限内，可转换公司债券持有人有权决定是否将债券转换为股票
D. 上市公司公开发行可转换公司债券必须提供担保

2.「2010 年 · 单选题 · 题码 146482」
根据证券法律制度的规定，下列关于上市公司公开发行可转换公司债券的表述中，正确的是（　　）。
A. 所有上市公司公开发行可转换公司债券均应由第三方提供担保
B. 上市商业银行可以作为上市公司公开发行可转换公司债券的担保人
C. 证券公司可以作为上市公司公开发行可转换公司债券的担保人
D. 为债券提供的担保不包括违约金

「考点 12」上市公司收购概述（★★★）

「2015 年 · 多选题 · 题码 146485」
根据证券法律制度的规定，下列情形中，构成对上市公司实际控制的有（　　）。
A. 投资者为上市公司持股 56% 的股东
B. 投资者可以实际支配上市公司股份表决权的 40%
C. 投资者通过实际支配上市公司股份表决权能够决定公司董事会 1/3 成员选任
D. 投资者依其可实际支配的上市公司股份表决权足以对公司股东大会的决议产生重大影响

「考点 13」持股权益披露（★★★）

「单选题 · 题码 146486」
根据证券法律制度的规定，下列关于持股权益披露的说法中，错误的是（　　）。
A. 投资者及其一致行动人拥有权益的股份达到一个上市公司已发行的有表决权的股份 5% 时，应当在该事实发生之日起 3 日内编制权益变动报告书，向中国证监会、证券交易所提交书面报告，通知该上市公司，并予公告
B. 投资者及其一致行动人拥有权益的股份达到一个上市公司已发行的有表决权的股份 5%

之后，每增加或者减少 5%，应当在该事实发生之日起 2 日内编制权益变动报告书，向中国证监会、证券交易所提交书面报告，通知该上市公司，并予公告

C. 投资者及其一致行动人拥有权益的股份达到一个上市公司已发行的有表决权的股份 5% 之后，每增加或者减少 1%，应当在该事实发生之日起次日通知该上市公司，并予公告

D. 违反规定买入上市公司有表决权的股份的，在买入后的 36 个月内，对该超过规定比例部分的股份不得行使表决权

「考点 14」要约收购制度（★★★）

「单选题 · 题码 146487」

下列关于上市公司收购人权利和义务的表述中，不符合上市公司收购法律制度规定的是（　　）。

A. 收购人在要约收购期内，不得卖出被收购公司的股票

B. 收购人变更收购要约降低收购价格

C. 收购人在收购要约期限届满前 15 日内，不得变更其收购要约，除非出现竞争要约

D. 收购人在收购要约确定的承诺期限内，不得撤销其收购要约

「考点 15」上市公司重大资产重组（★★★）

1. 「2021 年 · 单选题 · 题码 146488」

根据证券法律制度的规定，上市公司发行股份购买资产时，资产出让方为该上市公司控股股东的，此次发行的股份自发行结束之日起一定期限内不得转让，该期限是（　　）个月。

A. 24　　B. 48　　C. 12　　D. 36

2. 「2016 年 · 单选题 · 题码 146489」

根据证券法律制度的规定，上市公司进行重大资产重组须由股东大会作出决议。下列关于该股东大会会议召开和表决规则的表述中，正确的是（　　）。

A. 股东大会会议应当以现场会议或通讯方式举行

B. 决议经出席会议股东所持表决权过半数同意即可通过

C. 与重组事项有关联关系的股东应当回避表决

D. 持有上市公司股份不足 5% 的股东的投票情况无须单独统计或披露

「考点 16」虚假陈述行为（★★★）

1. 「2021 年 · 单选题 · 题码 146490」

根据证券法律制度的规定，投资者保护机构受一定数量以上的投资者委托，可以作为代表人参加虚假陈述等证券民事赔偿诉讼，该数量为（　　）名。

A. 10　　B. 50　　C. 20　　D. 15

2. 「2016 年 · 单选题 · 题码 146491」

证券监管部门调查发现，一年前在证券交易所挂牌上市的甲公司在首次公开发行股票的过程中存在虚假陈述行为，并给投资者造成经济损失，乙系甲公司董事长。根据证券法律制

度的规定，下列关于乙就甲公司虚假陈述行为所致投资者损失承担赔偿责任的表述中，正确的是（ ）。

A. 无论乙有无过错，均须承担赔偿责任

B. 只有当投资者证明乙有过错时，乙才承担赔偿责任

C. 乙须承担赔偿责任，除非能证明自己没有过错

D. 无论乙有无过错，均不承担赔偿责任

「考点 17」内幕交易行为（★★★）

1.「2018 年·单选题·题码 146492」

甲为某上市公司董事。2018 年 1 月 8 日和 22 日，甲通过其配偶的证券账户，以 20 元/股和 21 元/股的价格，先后买入本公司股票 2 万股和 4 万股，2018 年 7 月 9 日，甲以 22 元/股的价格将 6 万股全部卖出。根据证券法律制度的规定，甲通过上述交易所得收益中，应当归入公司的金额是（ ）万元。

A. 0　　B. 2　　C. 4　　D. 6

2.「2014 年·单选题·题码 146493」

甲为乙上市公司董事，并持有乙公司股票 10 万股。2013 年 3 月 1 日和 3 月 8 日，甲以每股 25 元的价格先后卖出其持有的乙公司股票 2 万股和 3 万股。2013 年 9 月 3 日，甲以每股 15 元的价格买入乙公司股票 5 万股。根据证券法律制度的规定，甲通过上述交易所获收益中，应当收归公司所有的金额是（ ）万元。

A. 20　　B. 30　　C. 50　　D. 75

「考点 18」操纵市场行为（★）

1.「2021 年·单选题·题码 146494」

根据证券法律制度的规定，任何人不得事先约定证券交易价格、时间和方式进行证券交易，影响证券交易量和交易价格，否则属于（ ）违法行为。

A. 编造传播虚假信息　　B. 内幕交易

C. 操纵市场　　D. 虚假陈述

2.「2020 年·单选题·题码 146495」

根据证券法律制度的规定，对证券、发行人公开作出评价、预测或者投资建议并进行反向证券交易，影响或者意图影响证券交易价格的行为是（ ）。

A. 内幕交易行为　　B. 虚假陈述行为

C. 操纵市场行为　　D. 编造、传播虚假信息的行为

3.「2015 年·单选题·题码 146496」

汪某为某知名证券投资咨询公司的负责人，该公司经常在重要媒体和互联网平台免费公开发布咨询报告，并向公众推荐股票，已经买入的股票在公司咨询报告中予以推荐，咨询报告发布后将股票卖出。根据证券法律制度的规定，汪某的行为构成（ ）。

A. 内幕交易　　B. 虚假陈述　　C. 操纵市场　　D. 欺诈客户

08 第八章 企业破产法律制度

「考情分析」

考点	星级	近十年考频	2012年	2013年	2014年	2015年	2016年	2017年	2018年	2019年	2020年	2021年
1. 破产申请与受理	★★★	9	√	√	√	√	√	√	√	√		√
2. 管理人制度	★★	5	√	√	√					√		√
3. 债务人财产	★★★	8	√	√	√	√	√		√	√		√
4. 破产债权	★★	4	√	√				√	√			
5. 债权人会议	★	2	√									√
6. 重整程序	★★★	4					√			√	√	√
7. 破产清算程序	★★	5	√	√	√	√	√					

「考点1」破产申请与受理（★★★）

1.「2016年·单选题·题码146613」

根据企业破产法律制度的规定，下列关于破产案件诉讼费用承担的表述中，正确的是（　　）。

A. 由破产申请人预先支付　　B. 由全体债权人按比例分担

C. 从债务人财产中随时拨付　　D. 由债权人和债务人分担

2.「2015年·单选题·题码146614」

2014年11月3日，人民法院受理了甲公司的破产申请。根据企业破产法律制度的规定，下列已经开始、尚未终结的与甲公司有关的民事诉讼中，属于就债务人财产提起的个别清偿诉讼的是（　　）。

A. 股东乙以甲公司董事长决策失误导致公司损失为由，对其提起的诉讼

B. 甲公司以拖欠货款为由，对丙公司提起的诉讼

C. 债权人丁公司以甲公司股东戊与甲公司法人人格严重混同为由，主张戊直接承担责任的诉讼

D. 甲公司以总经理庚违反竞业禁止为由，主张其返还不当利益的诉讼

「考点2」管理人制度（★★）

1.「2019年·单选题·题码146615」

根据企业破产法律制度的规定，下列主体中，可以担任管理人的是（　　）。

A. 因盗窃行为受过刑事处罚的赵某

B. 正在担任债务人财务顾问的李某

C. 因违法行为被吊销执业证书的钱某

D. 破产申请受理前根据有关规定成立的行政清算组

2.「2014 年 · 多选题 · 题码 146616」

甲破产清算事务所被人民法院指定为乙企业破产案件中的管理人，甲向债权人会议报告的有关报酬方案的下列内容中，符合企业破产法律制度规定的有（　　）。

A. 将乙为他人设定抵押权的财产价值计入计酬基数

B. 对受当地政府有关部门指派参与破产企业清算工作的政府官员不发放报酬

C. 甲聘用外部专家协助履行管理人职责所需费用从其报酬中支付

D. 甲就自己为将乙的抵押财产变现而付出的合理劳动收取适当报酬

「考点 3」债务人财产（★★★）

1.「2013 年 · 单选题 · 题码 146618」

根据企业破产法律制度的规定，人民法院受理破产申请前 6 个月内，涉及债务人财产的下列行为中，管理人有权请求人民法院予以撤销的是（　　）。

A. 向他人无偿转让企业财产

B. 支付职工劳动报酬

C. 支付人身损害赔偿金

D. 在设定债务的同时，并为该债务提供财产担保

2.「2012 年 · 单选题 · 题码 146619」

人民法院于 2012 年 5 月 16 日受理了债权人甲公司申请债务人乙公司破产案。管理人在对乙公司的债权债务进行清理时发现，乙公司曾于 2011 年 9 月 11 日为所欠丙公司的一笔原本没有财产担保的到期债务提供抵押担保。根据企业破产法律制度的规定，下列表述中，正确的是（　　）。

A. 若管理人能够证明丙公司知悉乙公司在为其债权提供担保时已濒临破产，则有权请求人民法院撤销该抵押担保行为

B. 管理人无须证明丙公司知悉乙公司在为其债权提供担保时已濒临破产，即可请求人民法院撤销该抵押担保行为

C. 若甲公司能够证明丙公司知悉乙公司在为其债权提供担保时已濒临破产，则有权请求人民法院撤销该抵押担保行为

D. 甲公司无须证明丙公司知悉乙公司在为其债权提供担保时已濒临破产，即可请求人民法院撤销该抵押担保行为

「考点 4」破产债权（★★）

1.「2018 年 · 单选题 · 题码 146620」

根据企业破产法律制度的规定，管理人依法编制的债权登记表，应当提交特定主体核查。该特定主体是（　　）。

A. 债权人委员会　　B. 债权人会议主席

C. 人民法院　　D. 第一次债权人会议

2.「2017 年 · 单选题 · 题码 146621」

根据企业破产法律制度的规定，下列各项中，免于申报的破产债权是（　　）。

A. 社会保障债权

B. 税收债权

C. 对债务人特定财产享有担保权的债权

D. 职工劳动债权

「考点 5」债权人会议（★）

1.「2021 年 · 单选题 · 题码 146622」

根据企业破产法律制度的规定，债权人会议的下列职权中，债权人会议可以决定委托债权人委员会行使的是（　　）。

A. 通过债务人财产的管理方案　　B. 核查债权

C. 决定继续债务人的营业　　D. 通过和解协议

2.「2021 年 · 单选题 · 题码 146623」

根据企业破产法律制度的规定，下列主体中，第一次债权人会议的召集人是（　　）。

A. 债权占债权总额 1/4 以上的债权人　　B. 人民法院

C. 债权人委员会　　D. 管理人

「考点 6」重整程序（★★★）

1.「2019 年 · 单选题 · 题码 146624」

根据企业破产法律制度的规定，下列各项中，负责执行重整计划的是（　　）。

A. 债务人　　B. 债权人会议的普通债权组

C. 管理人　　D. 人民法院

2.「单选题 · 题码 146625」

根据企业破产法律制度的规定，下列关于重整申请人的表述中，错误的是（　　）。

A. 人民法院受理破产申请后宣告债务人破产前，破产管理人不得向人民法院申请重整

B. 进入破产程序前，出资额占债务人注册资本 5% 以上的出资人可以直接向人民法院申请重整

C. 人民法院受理债权人提出的破产申请后、宣告债务人破产前，出资额占债务人注册资本 10% 以上的出资人，可以向人民法院申请重整

D. 人民法院受理债权人提出的破产申请后、宣告债务人破产前，债务人可以向人民法院申请重整

3.「多选题 · 题码 146626」

根据企业破产法律制度的规定，下列情形中，人民法院应当裁定终止重整程序的有（　　）。

A. 在重整期间，债务人的行为致使管理人无法执行职务，管理人请求人民法院终止重整程序

B. 债务人或管理人未按期提出重整计划草案
C. 债权人会议通过的重整计划未获得人民法院的批准
D. 重整计划草案未获得债权人会议通过且未获得人民法院的批准

「考点7」和解制度（★）

「单选题·题码146628」

下列有关和解协议效力的表述中，不符合《企业破产法》规定的是（　　）。

A. 按照和解协议减免的债务，自和解协议执行完毕时起，债务人不再承担清偿责任
B. 经人民法院裁定认可的和解协议，对全体和解债权人有约束力
C. 和解协议对债务人的保证人和其他连带债务人无效
D. 债务人不履行人民法院裁定认可的和解协议的，债权人可以请求人民法院强制执行

「考点8」破产清算程序（★★）

1.「2014年·单选题·题码146629」

破产企业甲公司在破产案件受理前因欠缴税款产生滞纳金，下列关于该滞纳金在破产程序中清偿顺位的表述中，符合破产法律制度规定是（　　）。

A. 该滞纳金与欠缴税款处于相同受偿顺位
B. 该滞纳金属于普通债权，受偿顺位劣后于欠缴税款
C. 该滞纳金劣后于普通债权受偿
D. 该滞纳金不属于破产债权，在破产程序中不予清偿

2.「2014年·单选题·题码146630」

根据企业破产法律制度的规定，甲商业银行破产清算时，已支付清算费用、所欠职工工资和劳动保险费用，其尚未清偿的下列债务中，应当优先偿还的是（　　）。

A. 购买办公设备所欠货款　　B. 企业账户中的存款本金及利息
C. 个人储蓄存款的本金及利息　　D. 欠缴监管机构的罚款

「考点9」关联企业合并破产（★）

「多选题·题码146631」

根据企业破产法律制度的规定，下列关于关联企业合并破产的表述中，正确的有（　　）。

A. 相关利害关系人对受理法院作出的实质合并审理裁定不服的，可以自裁定书送达之日起7日内向受理法院的上一级人民法院申请复议
B. 采用实质合并方式审理关联企业破产案件的，应由关联企业中的核心控制企业住所地人民法院管辖
C. 人民法院裁定采用实质合并方式审理破产案件的，各关联企业成员之间的债权债务归于消灭
D. 人民法院裁定采用实质合并方式审理破产案件的，各成员的财产作为合并后统一的破产财产，由各成员的债权人在同一程序中按照法定顺序公平受偿

主观题部分

1.「2021 年·案例分析题·题码 146983」

2020 年 10 月 15 日，甲公司因无法偿还到期债务向人民法院提出破产申请。前一周，甲公司的员工李某因被拖欠工资数月，遂向人民法院请求甲公司破产「1」。

11 月 10 日人民法院受理破产申请「2」并指定 A 会计师事务所为破产管理人，B 律师事务所为 A 会计师事务所的接替人选。A 会计师事务所曾经在 2016 年 9 月 1 日担任甲公司财务顾问，聘用期 1 年「3」。

管理人清理账务时发现：

❶ 甲公司 2020 年 5 月 8 日提前向乙公司清偿 100 万元，该债务应于 2020 年 10 月 10 日到期「4」。

❷ 甲公司与丙公司在 2020 年 9 月 1 日签订生产设备买卖合同，约定货到付款，丙公司于 2020 年 11 月 9 日发货，11 月 12 日得知法院受理甲公司破产申请，于是请求承运人和管理人返还生产设备，未能实现「5」。设备于 11 月 13 日抵达管理人。

❸ 管理人还发现，公司章程约定股东王某在 2021 年 5 月 31 日前以实物 50 万元向公司出资「6」，王某已经实缴 35 万元货物，还有 15 万元未缴纳，管理人要求王某履行出资义务，王某以出资期限没有届满为由拒绝。

【审题要点】

「1」李某申请企业破产的个人意思，不能代表全体职工。

「2」关键时点：人民法院受理破产申请的时间。

「3」考察不得担任管理人的情形，该情形不能担任管理人的时间是在受理破产申请前 3 年内。

「4」考察撤销权。先判断偿还的债务在破产申请受理日是否到期；已到期的，注意是否发生在破产申请受理前 6 个月内。

「5」考察出卖人取回权。能不能在设备到达后主张取回权，就看在运途中有没有主张权利。

「6」虽然未到出资期限，但是法院已受理破产申请，如不缴纳出资，企业可能都要没有了，所以此时不受出资期限限制。

「要求」根据上述内容，分别回答下列问题。

（1）人民法院是否应当受理甲公司职工李某提出的破产申请？并说明理由。

（2）A 会计师事务所与本案是否存在影响其忠实履行管理人职责的利害关系？并说明理由。

（3）管理人是否有权要求撤销甲公司向乙公司的提前清偿行为？并说明理由。

（4）管理人是否应当准许丙公司取回生产设备？并说明理由。

（5）王某以出资期限没有届满为由拒绝管理人请求是否合理？并说明理由。

2.「2021 年·案例分析题·题码 147001」

❶ 2020 年 10 月，甲上市公司（以下简称“甲公司”）向乙市中级人民法院提出重整申请。在受理重整申请前，乙市中级人民法院按规定向上级人民法院报送材料进行审查。经审查后，乙市中级人民法院裁定受理甲公司的破产重整申请，并指定丙会计师事务所为管理人。之后，乙市中级人民法院又批准了甲公司自行管理财产和营业事务的申请「1」。

❷ 由于甲公司控股股东违规占用公司资产是造成公司陷入重整困境的重要原因，重整计划草案中有相应调减控股股东

【审题要点】

「1」重整期间，债务人的财产管理和营业事务执行，可以由管理人或债务人负责。债务人经批准自行管理的，管理人起监督作用。

「2」注意出资人组是按出资比例行使表决权，而不是人数。

「3」考察重整计划草案的分组表决，分组的类别要准确记忆。

「4」调整后，对哪个组别不利，就要经过哪个组别表决同意。

股权的内容。债权人会议审议重整计划草案时，设置出资人组对该草案进行表决。现场出席会议和通过网络表决的出资人共300人，共计持有有表决权的股份3亿股；其中赞成重整计划草案的有90人，共计持有有表决权的股份2.5亿股「2」。控股股东因回避未参加表决。

❸ 重整计划草案表决前，对甲公司的特定财产享有担保权的债权人也要求单独分组表决重整计划草案「3」。

❹ 重整计划获得乙市中级人民法院批准后，由于国家相关政策调整，原重整计划的部分内容无法执行。经乙市中级人民法院同意，甲公司对重整计划作了相应调整，并将变更后的重整计划提请表决「4」。

「要求」根据上述内容，分别回答下列问题。

（1）乙市中级人民法院裁定受理甲公司重整申请前，应由何级人民法院对报送材料进行审查？

（2）乙市中级人民法院批准甲公司自行管理财产和营业事务后，管理人丙会计师事务所应当履行哪些义务？

（3）根据表决结果，重整计划草案是否获得出资人组的通过？并说明理由。

（4）对甲公司的特定财产享有担保权的债权人是否应当单独分组表决？

（5）变更后的甲公司重整计划应提交哪些主体表决通过？

3. **「2020年·案例分析题·题码147241」**

2015年，甲公司经A市B县工商行政管理机关登记设立。此后，甲公司以A市C县为主要办事机构所在地开展经营活动。2019年5月15日，因甲公司不能清偿到期债务且明显缺乏清偿能力，债权人向人民法院提出对甲公司的破产申请。

2019年6月12日，人民法院受理破产案件「1」，并指定管理人。管理人在履行职责过程中发现下列情形：

❶ 甲公司股东王某认缴出资50万元，出资期限为公司设立后5年内。王某已向甲公司实缴出资10万元。管理人要求王某缴纳剩余40万元出资，王某先以出资缴纳期限尚未届满为由拒绝「2」，后又向管理人提出以甲公司欠其40万元借款本息抵销其欠缴出资「3」。

❷ 2019年3月，乙公司与甲公司签订仓储合同，将一批红木交由甲公司保管「4」。2019年4月，甲公司擅自将该批红木以市场价格售予不知情的第三人丙公司并已交付「5」，得款80万元。破产案件受理后，乙公司了解到相关情况，遂要求丙公司返还红木。遭到丙公司拒绝后，乙公司又向管理人主张就甲公司出售红木所得80万元货款行使取回权。

【审题要点】

「1」关键时点：2019年6月12日，人民法院受理甲公司破产案件。

「2」法院已经受理了破产申请，管理人要求缴纳出资就不再受出资期限限制。

「3」股东出资必须全额缴纳。“甲公司欠王某40万元借款本息”是破产债权，破产债权往往只能得到部分清偿或得不到清偿，所以两者不能抵销。

「4」说明红木的所有权并不属于甲公司。

「5」善意取得制度属于高频考点，虽甲公司在破产申请受理前无权处分该批红木，但丙公司“不知情”“以市场价格购买并已交付”，符合善意取得条件，因此取得红木所有权。

「要求」根据上述内容，分别回答下列问题。

（1）甲公司破产案件应由何地基层人民法院管辖？并说明理由。

（2）王某拒绝缴纳剩余 40 万元出资的理由是否成立？并说明理由。

（3）王某以甲公司欠其 40 万元借款本息抵销其欠缴出资的主张是否成立？并说明理由。

（4）乙公司是否有权要求丙公司返还红木？并说明理由。

（5）对于甲公司出售红木所得 80 万元货款，乙公司是否享有取回权？并说明理由。

4. 「2020 年 · 案例分析题 · 题码 147247」

2019 年 9 月 5 日，人民法院受理债权人针对债务人甲公司提出的破产申请。随后，甲公司及甲公司股东张某（出资额占甲公司注册资本的比例为 15%）[1]均向人民法院提出重整申请，甲公司同时提出自行管理财产和营业事务的申请。9 月 18 日，人民法院裁定甲公司重整，批准甲公司自行管理财产和营业事务[2]，并指定乙会计师事务所为管理人。

❶ 重整计划草案调减了甲公司出资人的相应权益，需债权人会议出资人组对此进行表决。甲公司共有股东 20 人，其中 10 名股东赞成重整计划草案，合计出资比例为 45%；4 名股东反对重整计划草案，合计出资比例为 15%[3]；其余股东未参加表决。

❷ 重整期间，甲公司所欠丙银行一笔借款到期，该笔借款以甲公司正在使用的一台生产设备作为抵押担保。丙银行要求将该设备变卖以实现其抵押权[4]。

❸ 重整期间，甲公司擅自将存放于公司仓库的一批贵重原材料转移给其关联企业。部分债权人将此情况报告了管理人乙会计师事务所。乙会计师事务所认为，人民法院已批准甲公司自行管理财产和营业事务，因此管理人不再负有义务[2]。

【审题要点】

「1」张某出资额占比 15%，大于出资人提出破产申请的 10% 比例要求。

「2」重整期间，债务人的财产管理和营业事务执行，可以由管理人或债务人负责。债务人自行管理的，管理人要进行监督。

「3」对重整计划草案表决时，参与表决的出资比例为 60%（45% +15%），赞成的达到 2/3 以上（45% ÷60% =75%）。

「4」重整目的在于让破产企业起死回生，若担保权继续行使，债务人甲公司就没有生产设备继续生产了，则不利于实现重整目的，因此对担保权暂停行使。

「要求」根据上述内容，分别回答下列问题。

（1）张某是否有资格向人民法院提出重整申请？并说明理由。

（2）重整计划草案是否通过了出资人组表决？并说明理由。

（3）重整期间，丙银行能否就甲公司抵押的设备实现抵押权？并说明理由。

（4）乙会计师事务所关于“人民法院已批准甲公司自行管理财产和营业事务，因此管理人不再负有义务”的观点是否正确？并说明理由。

（5）对于甲公司擅自转移财产的行为债权人可以通过何种途径获得法律救济？并说明理由。

5. 「2019 年 · 案例分析题 · 题码 147253」

2018 年 9 月 3 日，债务人甲公司出现不能清偿到期债务且明显缺乏清偿能力的情况[1]。

10 月 15 日，债权人乙公司向人民法院提出针对甲公司的破产

【审题要点】

「1」破产原因：不能清偿 + 明显缺乏清偿能力。债务人提出异议且不成立的情形，属于

申请。甲公司对破产申请提出异议，理由是：

❶ 甲公司的账面资产大于负债，只是难以变现，不构成明显缺乏清偿能力[2]。

❷ 乙公司未预先缴纳诉讼费用，不予立案[3]。

11 月 1 日，人民法院受理甲公司破产案件[4]，并指定管理人。管理人调查甲公司财产状况时发现：

当年 8 月，甲公司向丙公司购买起重机 5 台，总金额 50 万元，约定分两期付款，第二期付款日为 2018 年 12 月 31 日；在甲公司付清价款前，丙公司保留起重机的所有权[5]。至人民法院指定管理人之时，甲公司已经收到 5 台起重机并投入使用，甲公司已经支付价款总计 40 万元[6]。11 月 3 日，管理人决定继续履行起重机买卖合同并通知丙公司，丙公司立即要求管理人支付剩余 10 万元起重机价款。管理人以第二期付款期限尚未届至为由拒绝，丙公司遂要求收回起重机[6]。

此外，当年 8 月，甲公司与丁公司签订购买原材料合同，约定交货时间为 11 月 30 日之前。10 月 20 日，丁公司发货，甲公司于 11 月 5 日收到货物。11 月 8 日，丁公司向甲公司催收货款时发现，甲公司破产案件已为人民法院受理，遂要求取回该批货物[7]。

高频考点。

「2」难以变现，属于明显缺乏清偿能力。

「3」诉讼费用无须预交，所以异议不成立。

「4」关键时间点：人民法院 11 月 1 日受理甲公司破产案件。

「5」考察所有权保留。买受人破产，付款期限在破产申请受理时视为到期。

「6」总价款 50 万元，甲公司已支付 40 万元（超过总价款 75%），出卖人丙公司无权收回。

「7」注意出卖人主张取回标的物的时间点。在货物到达买受人前可以主张取回，到达后无权主张取回。

「要求」根据上述资料，分别回答下列问题，并说明理由。

（1）甲公司关于“其账面资产大于负债，只是难以变现，不构成明显缺乏清偿能力”的异议是否成立？

（2）甲公司关于“乙公司未预先缴纳诉讼费用，人民法院不应立案”的异议是否成立？

（3）管理人是否有权以付款期限尚未届至为由拒绝支付甲公司所欠丙公司剩余 10 万元起重机价款？

（4）在管理人以第二期付款期限尚未届至为由拒绝付款的情况下，丙公司是否有权收回起重机？

（5）丁公司是否有权要求取回已交付的原材料？

6.「2019 年·案例分析题·题码 147259」

❶ 2018 年 9 月 5 日，债务人 A 公司向人民法院申请破产重整，提交了破产申请书等材料。人民法院于 9 月 18 日裁定受理，并指定 B 会计师事务所担任管理人，负责管理 A 公司的财产和营业事务[1]。债务人 A 公司认为，重整申请由其提出，因此，重整计划草案亦应由其制作。

❷ 重整期间，管理人确认：A 公司存在欠税、拖欠职工工资及补偿金、无法支付供应商货款、无法向预付费客户返还押金和未消费储值金等情况。管理人提议按照普通债权组、职工债权组和税收债权组的分类，对重整计划草案进行分

【审题要点】

「1」谁负责管理公司财产和营业事务，就由谁制作重整计划草案。

「2」可以根据具体情况设置法定以外的其他债权分组。

「3」出资人组注意是按出资比例行使表决权。

「4」已经进入重整计划执行期间，未申报债权的债权人不会因此丧失债权，可以继续进

组表决。但预付费押金储值金债权人表示异议，认为消费者权益应当受到重视，要求在普通债权组中分设小额债权组对重整计划草案进行表决[2]。

❸ 重整计划草案经过多轮调整后提交表决。由于重整计划草案涉及A公司出资人权益调整事项，表决时又设立了出资人组。该组对重整计划草案表决的相关情况如下：出席表决会议的出资人28人，占A公司出资人人数的70%；出席会议出资人持有的出资额占A公司全部出资额的80%；对重整计划草案投赞成票的出资人为15人，持有出资额占A公司全部出资额的60%[3]。重整计划执行期间[4]，又有数名预付费客户提出，其刚知晓A公司重整，要求继续申报债权，立即退还押金。

行申报。但是在重整计划执行完毕后，才可以行使权利。

「要求」根据上述资料，分别回答下列问题。

（1）破产申请书应当记载哪些事项？

（2）A公司关于重整计划草案应由其制作的主张是否成立？并说明理由。

（3）预付费押金储值金债权人关于分设小额债权组的要求有无法律依据？是否设立小额债权组由谁决定？

（4）根据会议表决情况，A公司重整计划草案涉及出资人权益调整事项的表决是否获得通过？说明理由。

（5）对于数名预付费客户提出“继续申报债权，立即退还押金”的要求，应当如何处理？

7.「2018年·案例分析题·题码147265」

❶ 2017年9月以来，债务人A公司出现不能清偿到期债务且明显缺乏清偿能力的情形[1]。同年10月23日，债权人B公司向人民法院提出对A公司进行破产清算的申请。A公司向人民法院提出异议，认为所欠B公司债务有C公司提供的连带保证担保且C公司有能力承担保证责任[2]，人民法院不应受理破产申请。

❷ 2017年11月2日，人民法院裁定受理A公司破产案件[3]。在选择管理人时，D会计师事务所和E律师事务所参与投标，其中D会计师事务所曾于2013年1月至2014年10月担任A公司财务顾问，E律师事务所曾于2014年度担任B公司法律顾问[4]。

❸ 清理债务人财产时，管理人发现：A公司自2017年9月起即存在普遍拖欠职工工资的情形，截至2017年底，A公司董事仍正常领取工资[5]，但未领取2016年、2017年度的绩效奖金。确定破产债权时，管理人对A公司所欠职工工资和医疗、伤残补助、抚恤费用，以及应当列入职工个人账户的基本养老和医疗保险费用等列出清单，进行公示。A公司职工对清单记载的所欠基本养老保险等费用提出异

【审题要点】

「1」A公司出现破产原因：不能清偿＋明显缺乏清偿能力。

「2」只要债务人A公司出现破产原因，其他人有钱与否和它无关。

「3」关键时间点：人民法院2017年11月2日受理A公司破产案件。

「4」不能担任管理人的时间是在受理破产申请前三年内。

「5」在普遍拖欠职工工资的情况下，董事仍正常领取的工资属于非正常收入，应予追回。

议，要求管理人予以更正，但管理人既未更正，也未作出合理的解释和说明。

❹ 破产宣告前，由于A公司的一项土地使用权市场价值大幅上升，公司资产价值整体超过负债总数，因此A公司请求人民法院裁定驳回破产申请。

「要求」根据上述资料，分别回答下列问题。

（1）A公司对破产申请提出的异议是否成立？并说明理由。

（2）D会计师事务所和E律师事务所，谁不得担任本案的破产管理人？并说明理由。

（3）对于A公司董事领取的2017年9月以后的工资，管理人应如何处理？并说明理由。

（4）A公司职工对管理人列出的职工债权清单提出异议并要求更正后，管理人未予更正，对此，有何法律救济途径？

（5）对于A公司基于公司资产价值整体超过负债总数这一情况提出的驳回破产申请的请求，人民法院应否支持？并说明理由。

8.「**2018年·案例分析题·题码147271**」

2017年4月，B公司向甲地级市乙县人民法院提出申请，请求执行A公司（住所地为丙地级市丁县）位于乙县的X房产。乙县人民法院在执行中发现A公司存在破产原因[1]。后经A公司书面同意，该执行案件移送破产审查。同年5月，受移送人民法院确定受理A公司破产案件[2]，并指定了破产管理人。

在破产案件审理中，查明存在下列情况：

❶ 2016年2月，A公司在X房产上办理了抵押登记，担保其所欠B公司的300万元债务。抵押时，X房产的市场价值约为350万元，现该房产市场价值约为400万元。除上述抵押外，该房产上没有其他权利负担。

❷ 2016年8月，A公司因生产经营的需要与C公司约定：A公司从当年9月开始每月从C公司采购原材料，货款按季度结算，A公司以其专用存款账户做质押担保[3]。之后，A公司依约提供了质押担保。破产案件审理过程中，其他债权人提出，A公司为C公司提供质押担保的行为发生于破产申请受理前1年内，因此，管理人应请求人民法院予以撤销。

❸ 在破产案件审理期间，因国家税收政策调整，不动产市场价格上涨，A公司资产超过负债，A公司认为破产原因消失[4]，希望通过变卖部分不动产清偿债务，遂向人民法院提出终止破产程序的申请。

【审题要点】

「1」被执行人是A公司，在执行中发现破产原因，就涉及执行案件移送破产审查。

「2」关键时点：2017年5月，人民法院受理A公司破产案件。

「3」考核撤销权。注意区分担保是和债务同时设定的，还是先成立债务后补充设置担保。同时设定担保，属于对价行为，不能撤销。

「4」在破产案件审理期间，出现破产原因消失情形，不影响案件继续审理。债务人可以通过申请和解、重整等方式清偿债务、结束破产程序。

「要求」根据上述内容，分别回答下列问题。

（1）乙县人民法院移送的A公司破产案件，根据级别管辖和地域管辖的规则，应当由哪个人民法院管辖？并说明理由。

（2）乙县人民法院在作出执行案件移送破产审查决定前，应当履行何种审核程序？

（3）X房产应以多少财产价值计入管理人报酬的计酬基数？并说明理由。

（4）A公司为C公司提供质押担保的行为应否撤销？并说明理由。

（5）对于A公司提出的终止破产程序的申请，人民法院应否支持？并说明理由。

9.「2017年·案例分析题·题码147277」

A公司是一家拥有200多名职工的中型企业。自2015年底开始，A公司生产经营停滞，无力偿还银行贷款本息，并持续拖欠职工工资，2017年1月，A公司20名职工联名向人民法院提出对A公司的破产申请，人民法院认为该20名职工无破产申请权，作出不予受理的裁定[1]。

2017年2月，A公司的债权人B银行向人民法院申请A公司破产，A公司提出异议称，A公司账面资产总额超过负债总额，并未丧失清偿能力[2]。在此情形下，人民法院召集A公司和B银行代表磋商偿还贷款事宜，但A公司坚持要求B银行再给其半年还款缓冲期，争取恢复生产，收回货款后再清偿贷款，B银行则要求A公司立即清偿债务，双方谈判破裂。

人民法院认为，A公司的抗辩异议不成立，于5日后作出受理破产申请的裁定，并指定了破产管理人。在管理人接管A公司、清理财产和债权债务期间[3]，发生如下事项：

❶ C公司欠A公司的20万元货款到期，C公司经理在得知A公司进入破产程序的情况下[4]，因被A公司经理收买，直接将货款交付A公司财务人员。A公司财务人员收到货款后，迅速转交给A公司的股东。

❷ A公司未经管理人同意，擅自向其债权人D公司清偿10万元债务，A公司此前为担保该笔债务而以市值50万元的机器设备设定抵押[5]，也因此解除。管理人清理债权债务时还发现，A公司的部分财产已在破产申请受理前发生的多宗民事诉讼案件中被人民法院采取保全措施或者已进入强制执行程序。

【审题要点】

「1」20名职工只占200多名职工的少数，无权单独申请破产。

「2」结合下文，A公司无力立即清偿债务，属于明显缺乏清偿能力。

「3」人民法院已受理破产申请，管理人接管A公司，后续关于A公司的债权债务通过管理人处理。

「4」关键信息：C公司经理“得知”A公司进入破产程序，仍违规直接向债务人清偿债务，这笔钱被转交给股东损害了债权人的利益。

「5」A公司对个别债权人D公司进行了清偿，联想到破产企业对个别债权人的债务清偿无效。但是该笔债务此前已“设定抵押”，对担保债务进行的清偿不受上述限制。

「要求」根据上述内容，分别回答下列问题。

（1）人民法院认为A公司20名职工无破产申请权，是否符合企业破产法律制度的规定？说明理由。

（2）人民法院驳回A公司的抗辩异议，是否符合企业破产法律制度的规定？并说明理由。

（3）根据企业破产法律制度的规定，C公司向A公司财务人员交付20万元货款的行为是否产生债务清偿效果？并说明理由。

（4）根据企业破产法律制度的规定，A公司向D公司的清偿行为是否应当认定为无效？并说明理由。

（5）根据企业破产法律制度的规定，A公司破产申请受理前人民法院对其部分财产所采取的保全措施以及强制执行程序，应如何处理？

10.「2017 年・案例分析题・题码 147283」

2016 年 6 月 3 日，人民法院裁定受理债务人甲公司的破产申请[1]。同日，人民法院发布受理甲公司破产申请的公告，并指定了管理人，确定了债权人申报债权的期限。在此期限内，管理人收到以下债权申报：

❶ A 公司曾为甲公司的 50 万元银行借款提供连带保证。2016 年 3 月，因甲公司无力偿还借款，A 公司依法承担了连带保证责任，向银行支付了 50 万元借款本息。A 公司因此向管理人申报 50 万元借款本息的债权[2]。

❷ 甲公司欠 B 信用社 60 万元借款未还，C 公司为此提供连带保证，但尚未承担保证责任。B 信用社向管理人申报 60 万元借款本息的债权后，C 公司也提出相同金额债权的申报[3]。

❸ 甲公司的关联企业乙公司也进入破产程序。甲公司和乙公司对 D 公司负有 70 万元的连带债务。D 公司向乙公司管理人申报 70 万元债权后，又向甲公司管理人申报该 70 万元债权[4]。

❹ 甲公司长期拖欠 E 公司货款，累计 20 万元。E 公司向管理人申报了 20 万元货款本息的债权。

甲公司管理人收到上述申报后，审查了 A、B、C、D、E 五家债权人的相关资料，认为 E 公司主张的债权已经超过诉讼时效期间，故未将 E 公司申报的债权编入债权登记表。

【审题要点】

「1」明确破产企业为甲公司，受理破产申请时间为 6 月 3 日。

「2」A 公司是保证人，破产企业甲公司为被保证人。A 公司替破产企业甲公司偿还债务后，获得对甲公司的求偿权。

「3」C 公司是保证人，债权人 B 信用社先向管理人申报债权，C 公司再进行申报就相当于 60 万元的债权一共申报了 120 万元，所以不能重复进行申报。

「4」注意和「3」区分，此处是连带债务人均进入破产程序，为了维护债权人权益，可以分别申报债权。

「要求」根据上述内容，分别回答下列问题。

（1）根据企业破产法律制度的规定，债权人申报债权的最短期限和最长期限分别是多少？

（2）甲公司管理人对 A 公司申报的 50 万元借款本息债权应否确认？并说明理由。

（3）甲公司管理人对 C 公司申报的 60 万元借款本息债权应否确认？并说明理由。

（4）甲公司管理人对 D 公司申报的 70 万元债权应否确认？并说明理由。

（5）甲公司管理人不将 E 公司债权编入债权登记表的理由是否成立？并说明理由。

11.「2016 年・案例分析题・题码 147289」

人民法院于 2015 年 11 月 5 日受理了债权人提出的针对 A 公司的破产申请。法院向 A 公司送达受理裁定，并要求其在 15 日内提交财产状况说明、债务清册、债权清册等有关资料，A 公司以企业管理不善、资料保存不全为由拒绝。

管理人在调查债务人财产状况时发现下述情况：

❶ 2015 年 1 月，A 公司向 B 公司出售一台机床，B 公司验货后，将机床暂存于 A 公司库房。双方约定，在 B 公司付清全部价款前，A 公司保留机床所有权[1]。2015 年 10 月，B 公司付清全部价款但尚未提货[2]。

❷ 2015 年 2 月，A 公司向 C 银行借款 20 万元，由 D 公司承担连带保证责任。借款到期后 A 公司未能清偿，C 银行已

【审题要点】

「1」要确认机床所有权，先寻找 B 公司有没有付清全部价款的信息。

「2」“B 公司付清全部价款但尚未提货”，说明所有权已经属于 B 公司。

「3」D 公司是保证人，债权人 C 银行先向管理人申报债权，D 公司不能再重复进行申报。

「4」对“变价方案”进行表决，通过表决需要满足的条件必须准确记忆：出席人数 >1/2 通过 + 无财产担保总额≥1/2 通过。

「5」社会保险机构不能对重整作出贡献，无

就20万元借款及利息向管理人申报了债权[3]，同时要求D公司承担连带保证责任，D公司遂向管理人预先申报此笔债权，遭到拒绝。

在债权人会议对破产财产的变价方案进行表决时[4]，出席会议并参与表决的债权人共计30人（全体债权人人数为45人），债权额占全部无财产担保债权总额的60%，其中赞成的为28人，代表债权额占全部无财产担保债权总额的45%。

在人民法院对本案作出破产宣告前，当地社会保险机构以债权人名义提出对A公司进行重整的申请[5]。

权提出重整。

「要求」根据上述内容，分别回答下列问题：

（1）A公司拒不提交相关材料，人民法院可对其采取何种处罚措施？

（2）A公司销售给B公司的机床是否属于债务人财产？并说明理由。

（3）管理人拒绝D公司预先申报债权，是否符合企业破产法律制度的规定？并说明理由。

（4）债权人会议关于破产财产变价方案的表决结果，是否达到通过表决方案的法定最低比例要求？并说明理由。

（5）当地社会保险机构是否有权提出重整申请？并说明理由。

12.「2016年·案例分析题·题码147295」

❶ A公司因不能清偿到期债务，且明显缺乏清偿能力，主动向人民法院申请破产。2016年4月1日，人民法院裁定受理A公司的破产申请，并指定某会计师事务所为管理人。

管理人在清理A公司资产的过程中发现，A公司的股东甲于2014年3月认缴增资200万元，根据公司章程的规定，甲应于2014年4月至2017年4月底，至多分4次缴足出资、每次不低于50万元。截至2016年4月1日，甲已经实缴100万元出资。2016年4月6日管理人要求甲缴纳剩余出资100万元，甲以其出资义务尚未到期为由拒绝[1]。

❷ 2016年4月7日，B公司获悉A公司申请破产的消息后，要求取回其委托A公司加工定做的一套高档古典家具，由于B公司尚未支付加工费，管理人以此为由拒绝其取回家具[2]。

❸ 2016年4月11日，C公司申报债权。管理人认为，C公司所主张的对A公司的50万元债权，未得到A公司原负责人的认可，故以该债权有争议为由拒绝将之编入债权登记表[3]。C公司对此提出异议，管理人研究后提出如下处理方案：先将C公司主张的债权列入债权登记表[4]，交由第一次债权人会议核查是否成立，但C公司不得参加第一次债权人会议。债权申报工作结束后，管理人指定本所一名资深注册会计师担任债权人会议主席[5]。

【审题要点】

「1」甲还有100万元出资尚未缴纳，再不缴纳企业可能都要没有了，所以此时不受出资期限限制。

「2」考察一般取回权。未依法支付相关费用的，管理人可以拒绝其取回。

「3」债权登记后后续会进行核查确认，此时必须将申报的债权全部登记。

「4」将C公司债权“列入债权登记表”，也就是C公司申报了债权，是债权人，理应参加第一次债权人会议。

「5」债权人会议主席由人民法院指定。

「要求」根据上述内容，分别回答下列问题，并说明理由。

(1) 甲拒绝缴纳剩余 100 万元出资的理由是否成立?

(2) 管理人拒绝 B 公司取回家具的理由是否成立?

(3) 管理人拒绝将 C 公司主张的债权编入债权登记表的理由是否成立?

(4) 管理人拒绝 C 公司参加第一次债权人会议是否符合企业破产法律制度的规定?

(5) 管理人指定本所注册会计师为债权人会议主席是否符合企业破产法律制度的规定?

09 第九章　票据与支付结算法律制度

「考情分析」

考点	星级	近十年考频	2012年	2013年	2014年	2015年	2016年	2017年	2018年	2019年	2020年	2021年
1. 支付结算概述	★★	1										√
2. 票据关系	★★	2									√	√
3. 票据权利	★★	9	√	√	√	√		√	√	√	√	√
4. 票据的伪造和变造	★★★	4		√	√			√			√	
5. 票据抗辩	★★★	6	√	√			√		√	√		√
6. 票据丧失及补救	★	1			√							
7. 汇票	★★★	10	√	√	√	√	√	√	√	√	√	√
8. 本票	★	1								√		
9. 支票	★	1								√		
10. 非票据结算方式	★	3		√		√		√				

「考点1」支付结算概述（★★）

1.「2021 年 · 多选题 · 题码 146658」

根据支付结算法律制度的规定，下列关于银行结算账户的表述中，正确的有（　　）。

A. 一般存款账户可以办理现金缴存和支取

B. 银行结算账户分为单位银行结算账户和个人银行结算账户

C. 一般存款账户是存款单位的主办账户

D. 临时存款账户的有效期最长不得超过 2 年

2.「2021 年 · 多选题 · 题码 146659」

根据票据法律制度的规定，下列关于票据特征的表述中，正确的有（　　）。

A. 票据是设权证券　　B. 票据是债权证券

C. 票据是文义证券　　D. 票据是金钱证券

「考点2」票据关系（★★）

1.「2021 年 · 单选题 · 题码 146660」

根据票据法律制度的规定，下列主体中，属于汇票主债务人的是（　　）。

A. 保证人　　B. 承兑人　　C. 背书人　　D. 出票人

2.「2020 年 · 单选题 · 题码 146661」

根据票据法律制度的规定，下列主体中，属于票据上主债务人的是（　　）。

A. 支票出票人　　B. 汇票承兑人　　C. 汇票出票人　　D. 支票付款人

「考点 3」票据权利（★★）

1.「2021 年 · 单选题 · 题码 146662」

根据票据法律制度的规定，下列票据行为人中，其签章不符合票据法规定可导致票据无效的是（　　）。

A. 出票人　　B. 保证人　　C. 背书人　　D. 承兑人

2.「2019 年 · 单选题 · 题码 146663」

甲公司向乙公司签发一张金额为 35 万元的银行承兑汇票，用于支付购买设备的价款。乙公司随即将汇票背书转让给丙公司，用于支付工程款。在丙公司提示付款前，甲、乙公司之间的设备买卖合同因乙公司欺诈而被人民法院撤销。甲公司的下列主张中，符合票据法律制度规定的是（　　）。

A. 请求乙公司返还汇票　　B. 请求乙公司返还 35 万元价款

C. 请求承兑银行对丙公司拒绝付款　　D. 请求丙公司返还汇票

3.「2018 年 · 单选题 · 题码 146664」

根据票据法律制度的规定，下列票据记载事项中，可以更改的是（　　）。

A. 出票日期　　B. 付款人名称　　C. 票据金额　　D. 收款人名称

4.「2015 年 · 单选题 · 题码 146665」

甲公司签发的支票上，中文大写记载的金额为“壹万玖仟捌佰元整”，而阿拉伯数字（数码）记载的金额为“19 810 元”。根据票据法律制度的规定，下列关于该支票效力的表述中，正确的是（　　）。

A. 支票无效

B. 经甲公司将金额更改为一致并签章后，支票有效

C. 支票有效，以中文记载为准

D. 支票有效，以阿拉伯数字（数码）记载为准

「考点 4」票据的伪造和变造（★★★）

「2020 年 · 多选题 · 题码 146668」

根据票据法律制度的规定，下列关于票据变造的法律效果的表述中，正确的有（　　）。

A. 变造前在票据上签章的票据行为人，依照原记载事项负责

B. 变造后在票据上签章的票据行为人，依照变造后的记载事项负责

C. 若变造人也是票据上的签章人，变造人应被视为在变造之后签章

D. 不能辨别是在票据变造之前还是之后签章的，视同在变造之后签章

「考点5」汇票（★★★）

1.「2020 年·单选题·题码 146672」
根据票据法律制度的规定，下列各项中，属于汇票相对必要记载事项的是（　　）。
A. 票据金额　　B. 背书记载的条件
C. 票据到期日　　D. 承兑记载的条件

2.「2020 年·多选题·题码 146675」
根据票据法律制度的规定，下列各项中，属于汇票到期日记载方式的有（　　）。
A. 见票即付　　B. 定日付款
C. 出票后定期付款　　D. 见票后定期付款

3.「2017 年改编·单选题·题码 146673」
A 公司因急需资金，将其作为收款人的一张已获银行承兑的商业汇票背书转让给 B 公司，汇票金额为 50 万元，B 公司向 A 公司支付现金 42 万元作为取得该汇票的对价。根据票据法律制度的规定，下列关于 A 公司背书行为效力及其理由的表述中，正确的是（　　）。
A. 背书行为有效，因为该汇票已获银行承兑
B. 背书行为有效，因为 A 公司是票据权利人
C. 背书行为无效，因为 B 公司不具有票据贴现的资格
D. 背书行为无效，因为 B 公司支付的对价过低

4.「2016 年·多选题·题码 146676」
根据票据法律制度的规定，下列各项中，属于汇票上的绝对必要记载事项的有（　　）。
A. 汇票金额　　B. 收款人名称　　C. 付款日期　　D. 出票日期

5.「2014 年·单选题·题码 146674」
票据权利人为将票据权利出质给他人而进行背书时，如果未记载“质押”“设质”或者“担保”字样，只是签章并记载被背书人名称，则该背书行为的效力是（　　）。
A. 票据转让　　B. 票据质押　　C. 票据承兑　　D. 票据贴现

6.「2014 年·多选题·题码 146677」
根据票据法律制度的规定，汇票持票人可以期前追索的情形有（　　）。
A. 承兑附条件　　B. 承兑人被宣告破产
C. 付款人被责令终止业务活动　　D. 出票人被宣告破产

7.「2014 年·多选题·题码 146678」
根据票据法律制度的规定，下列关于票据质押背书的表述中，正确的有（　　）。
A. 被背书人可以行使付款请求权
B. 被背书人可以再进行转让背书
C. 被背书人可以再进行委托收款背书
D. 被背书人可以行使追索权

「考点 6」本票（★）

「2018 年·多选题·题码 146680」

根据票据法律制度的规定，下列关于本票的表述中，符合票据法律制度规定的有（　　）。

A. 本票为见票即付的票据

B. 本票的收款人名称可以授权补记

C. 我国现行法律规定的本票仅为银行本票

D. 本票未记载付款地的，出票人的营业场所为付款地

「考点 7」支票（★）

「2019 年·多选题·题码 146682」

根据票据法律制度的规定，支票的下列记载事项中，可以由出票人授权补记的有（　　）。

A. 出票日期　　B. 付款人名称　　C. 收款人名称　　D. 票据金额

「考点 8」非票据结算方式（★）

1.「2017 年·多选题·题码 146705」

根据支付结算法律制度的规定，下列关于国内信用证（以下简称“信用证”）的表述中，正确的有（　　）。

A. 企业间的金融贸易可使用信用证结算　　B. 信用证与作为其依据的买卖合同相互独立

C. 可以将信用证的部分权利转让给他人　　D. 开证行可以单方修改或撤销信用证

2.「2015 年·多选题·题码 146710」

根据支付结算法律制度的规定，下列关于国内信用证的表述中，正确的有（　　）。

A. 不可转让　　B. 不可撤销　　C. 不可取现　　D. 不可跟单

3.「2013 年·单选题·题码 146712」

根据支付结算法律制度的规定，开证行收到受益人开户行寄交的委托收款凭证、单据等材料，并与信用证条款核对无误后，若发现开证申请人交存的保证金和存款账户余额不足以支付信用证金额的，开证行应采取的正确做法是（　　）。

A. 在规定付款时间内全额付款

B. 在规定付款时间内，在保证金以及申请人存款账户余额范围内付款

C. 拒绝付款并将有关材料退还受益人开户行

D. 在征得开证申请人同意后全额付款

主观题部分

1.「2021 年·案例分析题·题码 147312」

❶ A 公司向 B 公司采购一批货物，为支付货款，A 公司向 B 公司签发一张以甲银行为承兑人的汇票，并在买卖合同中约定“A 公司向 B 公司签发的汇票不得转让”[1]，甲银行

【审题要点】

「1」判断“不得转让”的效力，一看在哪里记载，二看由谁记载。“在买卖合同中约

承兑并签章。B公司将汇票背书给C公司，并注明“不得转让”「2」。C公司转让给D公司，D公司向E公司购买货物，将汇票转让给E公司「3」。后E公司未向D公司交付约定质量的货物，构成合同违约「4」。由于当地山洪暴发，E公司为捐款赈灾，把汇票背书给红十字会「5」。

❷ 汇票到期后，红十字会找甲承兑，甲银行以A公司账户余额不足为由拒绝承兑，红十字会向前手行使追索权。A、B公司以汇票不得转让为由拒付、D公司以E公司违约为由拒付，E公司偿付后找D公司追索。

定”，未记载在票据上，不具有票据上的效力。

「2」B公司记载“不得转让”，后手的被背书人不能向B公司追索。

「3」理出票据关系图，带着问题找关键信息。

「4」D、E之间存在直接债权债务关系，E履约有瑕疵，D可主张对人的抗辩。

「5」红十字会无偿取得票据，票据权利不得优于前手E公司。

「要求」根据上述内容，分别回答下列问题。

（1）A公司“以汇票不得转让为由拒绝向红十字会承担票据责任”是否合理？并说明理由。

（2）B公司以“汇票不得转让为由拒绝红十字会的追索”是否合理？并说明理由。

（3）D公司以“E公司违约为由拒绝红十字会的追索”是否合理？并说明理由。

（4）D公司是否应当向E公司履行票据责任？并说明理由。

2.「2021年·案例分析题·题码147317」

❶ A公司向B公司购买一批医疗物资，合同金额为600万元。为支付货款，A公司向B公司签发了一张银行承兑汇票，但因工作人员疏忽，将汇票金额记载为900万元「1」。甲银行与A公司签署承兑协议后，作为承兑人在票据上签章；后该承兑协议因重大误解而被人民法院撤销「2」。

❷ B公司收到汇票后，将其背书转让给C公司，用于偿还房屋租金，但未在被背书人栏内记载C公司的名称。C公司欠D公司一笔装修费用，遂直接将D公司记载为B公司的被背书人，并将汇票交给D公司「3」。D公司随后将汇票背书转让给E公司，用于支付咨询费，并在汇票上注明“不得转让”「4」。E公司随即又将汇票背书转让给F公司，用于支付在线办公系统开发费用。

❸ F公司于汇票到期日向银行提示付款，甲银行以其与A公司之间的承兑协议已被撤销为由拒付。F公司遂向前手行使追索权。A公司辩称，票据金额900万元系错误记载，其仅在合同金额600万元范围内承担票据责任。D公司辩称，其已在汇票上明确记载“不得转让”字样，E公司仍擅自转让，故D公司无须向F公司承担票据责任。

【审题要点】

「1」合同金额与汇票记载金额不一致，应按票面金额900万元承担票据责任。

「2」甲银行已签章承兑，承兑协议被撤销不影响承兑效力。

「3」C公司实际未在票据上进行任何记载，不承担票据责任。

「4」D公司注明“不得转让”，后手的被背书人不得向D公司追索。

「要求」根据上述内容，分别回答下列问题。

（1）甲银行拒绝向F公司付款的理由是否成立？并说明理由。

（2）A公司关于其仅应在600万元合同金额范围内承担票据责任的主张是否成立？并说明理由。

（3）D公司关于其无须向F公司承担票据责任的主张是否成立？并说明理由。

（4）C公司是否应当承担票据责任？并说明理由。

3. 「2020 年・案例分析题・题码 147322」

❶ 甲公司向乙公司购买一批原材料，为支付货款向乙公司签发了一张以 A 银行为承兑人、金额为 300 万元的银行承兑汇票。A 银行作为承兑人在票面上签章。乙公司财务人员楚某与丙公司合谋[1]，利用职务之便将该汇票盗出，并伪造乙公司财务专用章和法定代表人签章，将该汇票背书转让给丙公司[2]。丙公司又将该汇票背书转让给丁公司，用于偿付拖欠丁公司的工程款。丁公司对于汇票伪造一事不知情[3]。

❷ 后丁公司被戊公司吸收合并，戊公司于汇票到期日向 A 银行提示付款。A 银行以戊公司不是汇票上的被背书人为由拒付[4]，戊公司遂向乙、丙公司追索。乙公司以“票据转让背书系楚某与丙公司合谋伪造，丙公司和丁公司均未取得票据权利”为由拒绝。

【审题要点】

「1」“合谋”，说明丙公司是恶意持票人，不享有票据权利。

「2」“伪造”乙公司签章，说明乙公司并未在票据上进行真实签章，被伪造人不承担票据责任。

「3」丁公司对于汇票伪造“不知情”，说明丁公司是善意的。

「4」吸收合并的是取得票据的合法方式，戊公司基于合并取得票据权利。

「要求」根据上述内容，分别回答下列问题。

（1）乙公司是否应当承担票据责任？并说明理由。

（2）丙公司是否取得票据权利？并说明理由。

（3）丙公司是否应当承担票据责任？并说明理由。

（4）丁公司是否取得票据权利？并说明理由。

4. 「2019 年・案例分析题・题码 147327」

❶ A 公司为结清欠款，向 B 公司签发一张金额为 50 万元的支票[1]，交付给 B 公司销售经理甲。甲偶然获知 B 公司拟将其辞退，心生愤懑。甲知悉 B 公司拖欠 C 公司一笔 50 万元的货款，且与 C 公司负责人乙熟识，于是伪造 B 公司签章[2]，加盖于背书人栏，并将支票交付给乙，但未在被背书人栏记载 C 公司名称。C 公司欠 D 公司一笔货款，遂直接将 D 公司记载为 B 公司的被背书人并将支票交付给 D 公司[3]。

❷ D 公司在提示付款期限内向支票记载的付款银行请求付款，银行发现支票上的 B 公司财务专用章及其财务负责人名章系伪造，遂予拒绝。D 公司向 A、B、C 公司追索，三公司均以票据系甲伪造为由拒绝。D 公司遂要求甲承担票据责任。

【审题要点】

「1」题目主要考核票据责任，特别注意与各当事人有关的关键信息。A 公司是出票人，要承担票据责任。

「2」甲“伪造”B 公司签章，B 公司是被伪造人，不承担票据责任。同时甲自己也并未签章，也不用承担票据责任。

「3」C 公司实际未在票据上进行任何记载，不承担票据责任。

「要求」根据上述内容，分别回答下列问题。

（1）A 公司是否应当承担票据责任？并说明理由。

（2）B 公司是否应当承担票据责任？并说明理由。

（3）C 公司是否应当承担票据责任？并说明理由。

（4）甲是否应当承担票据责任？并说明理由。

5. 「2019 年 · 案例分析题 · 题码 147337」

❶ A 公司向 B 公司购买一批生产设备。为支付货款，A 公司向 B 公司签发一张以甲银行为承兑人、金额为 500 万元的银行承兑汇票，甲银行作为承兑人在票面上签章[1]。B 公司收到汇票后背书转让给 C 公司，用于偿还其所欠 C 公司的专利使用费，但未在被背书人栏内记载 C 公司的名称。

❷ C 公司欠 D 公司一笔货款，遂直接将 D 公司记载为 B 公司的被背书人，并将汇票交给 D 公司[2]。D 公司随即将汇票背书转让给 E 公司，用于偿付工程款，并在汇票上注明："工程验收合格则转让生效"[3]。E 公司随即又将汇票背书转让给 F 公司，用于支付办公楼装修费用。后 D 公司与 E 公司因工程存在严重安全隐患、未能验收合格而发生纠纷。

❸ B 公司未在约定期间内向 A 公司发货，经催告后仍未发货。A 公司遂向 B 公司主张解除合同、退还货款。F 公司于汇票到期日向银行提示付款，甲银行以 A 公司资信状况不佳、账户余额不足为由拒绝。F 公司遂向前手行使追索权，A 公司辩称，因 B 公司根本违约，其已向 B 公司主张解除合同、退还货款，故不应承担任何票据责任[4]。D 公司辩称，根据其在汇票上注明的条件，D 公司对 E 公司的背书转让并未生效，故 D 公司无须向 F 公司承担票据责任。

【审题要点】

「1」甲银行是承兑人，承担到期付款的责任。

「2」从形式上看相当于 B 公司直接将票据背书转让给 D 公司，C 公司未进行任何记载，不承担票据责任。

「3」属于附条件背书，背书有效，条件无效。

「4」A 公司是出票人，其抗辩事由可以对抗与其有直接债权债务关系的 B 公司，此时持票人是不知情的 F 公司，A 公司仍应承担票据责任。

「要求」根据上述内容，分别回答下列问题。

（1）甲银行拒绝向 F 公司付款的理由是否成立？并说明理由。

（2）A 公司拒绝向 F 公司承担票据责任的理由是否成立？并说明理由。

（3）D 公司对 E 公司的背书转让是否生效？并说明理由。

（4）C 公司是否应当承担票据责任？并说明理由。

6. 「2018 年 · 案例分析题 · 题码 147343」

❶ 2018 年 3 月 5 日，A 公司为支付货款，向 B 公司签发一张 200 万元的银行承兑汇票，汇票到期日为 2018 年 9 月 4 日。甲银行与 A 公司签署承兑协议后，作为承兑人在票面上签章。后甲银行以对该承兑协议有重大误解为由向人民法院提起诉讼，请求人民法院撤销该承兑协议[1]。

❷ B 公司收到汇票后背书转让给 C 公司，用于支付房屋租金，但未在被背书人栏内记载 C 公司的名称。C 公司欠 D 公司一笔应付账款，遂直接将 D 公司记载为 B 公司的被背书人，并将汇票交给 D 公司[2]。

❸ 6 月 5 日，D 公司财务人员李某将其负责保管的该汇票盗出，并伪造 D 公司相关签章[3]，将该汇票背书转让给与其相互串通的 E 公司[4]。

❹ 7 月 5 日，E 公司将该汇票背书转让给 F 公司，用于支付货

【审题要点】

「1」甲银行已签章承兑，承兑协议撤销与否不影响承兑效力，仍应承担票据责任。

「2」从形式上看相当于 B 公司直接将票据背书转让给 D 公司，C 公司未进行任何记载，不承担票据责任。

「3」D 公司签章系"伪造"，被伪造人 D 公司不承担票据责任。

「4」"相互串通"，说明 E 公司恶意取得票据。

「5」"知道详情"说明 F 公司是恶意持票人，不享有票据权利。

「6」"均不知情"，说明 G 公司是善意取得的。

款。F 公司知道 E 公司获得该汇票的详情，但仍予接受[5]。F 公司随即将该汇票背书转让给 G 公司，用于支付装修工程款。G 公司对李某的行为及 E 公司、F 公司获取该汇票的经过均不知情[6]。

❺ 9 月 4 日，G 公司持该汇票向甲银行提示付款，甲银行以其与 A 公司之间的承兑协议已被撤销为由拒付。

「要求」根据上述内容，分别回答下列问题。

（1）甲银行拒绝向 G 公司付款的理由是否成立？并说明理由。

（2）F 公司是否取得票据权利？并说明理由。

（3）G 公司是否取得票据权利？并说明理由。

（4）G 公司是否有权向 C 公司追索？并说明理由。

7. **「2018 年・案例分析题・题码 147351」**

❶ A 公司为支付向 B 公司购买钢材的价款，向 B 公司签发了一张以甲银行为承兑人、金额为 100 万元的银行承兑汇票，甲银行作为承兑人在汇票上签章[1]，B 公司收到汇票后背书转让给 C 公司，用于偿还所欠租金，C 公司为履行向 D 中学捐资助学的承诺，将该汇票背书转让给 D 中学，并在汇票上注明“不得转让”字样[2]。

❷ D 中学将该汇票背书转让给 F 公司，用于偿付工程款，应 F 公司的要求，D 中学请 E 公司出具了担保函，承诺就 D 中学对 F 公司的票据债务承担保证责任，但未在票据上作任何记载[3]。

❸ A 公司收到钢材后，发现存在重大质量瑕疵，完全不符合买卖合同约定及行业通行标准，无法使用。

❹ F 公司于汇票到期日向甲银行提示付款，甲银行以 A 公司未在该行存入足够资金为由拒绝付款。

❺ F 公司遂向 A、B、C、E 公司追索，A 公司称，因钢材存在重大质量瑕疵，B 公司构成根本违约，已向 B 公司主张解除合同，退还货款，故不应承担任何票据责任[4]；C 公司以汇票上记载有“不得转让”字样为由拒绝承担票据责任。

【审题要点】

「1」甲银行是承兑人，承担到期付款的责任。

「2」C 公司记载“不得转让”，后手的被背书人不得向 C 公司追索。

「3」“未在票据上作任何记载”，没有产生票据保证的效力。票据保证必须在票据上记载“保证”字样并签章。

「4」A 公司是出票人，其抗辩事由可以对抗与其有直接债权债务关系的 B 公司，此时持票人是不知情的 F 公司，A 公司仍应承担票据责任。

「要求」根据上述内容，分别回答下列问题。

（1）甲银行拒绝向 F 公司付款的理由是否成立？并说明理由。

（2）A 公司拒绝向 F 公司承担票据责任的理由是否成立？并说明理由。

（3）C 公司拒绝向 F 公司承担票据责任的理由是否成立？并说明理由。

（4）E 公司应否承担票据保证责任？并说明理由。

8. 「2017 年 · 案例分析题 · 题码 147360」

❶ 甲公司为支付货款，向乙公司签发一张以 A 银行为承兑人、金额为 100 万元的银行承兑汇票。A 银行作为承兑人在汇票票面上签章，甲公司的股东郑某在汇票上以乙公司为被保证人，进行了票据保证的记载并签章。甲公司将汇票交付给乙公司工作人员孙某。

❷ 孙某将该汇票交回乙公司后，利用公司财务管理制度的疏漏，将汇票暗中取出，并伪造乙公司财务专用章和法定代表人签章「1」，将汇票背书转让给与其相互串通的丙公司「2」。丙公司随即将该汇票背书转让给丁公司，用于支付房屋租金，丁公司对于孙某伪造汇票之事不知情「3」。

❸ 丁公司于汇票到期日向 A 银行提示付款。A 银行在审核过程中发现汇票上的乙公司签章系伪造，故拒绝付款。丁公司遂向丙公司、乙公司和 B 公司追索，均遭拒绝。后丁公司知悉孙某伪造汇票之事，遂向其追索，亦遭拒绝。

【审题要点】

「1」乙公司签章系“伪造”，被伪造人不承担票据责任。孙某并未在票据上签章，也不承担票据责任。

「2」“相互串通”，说明丙公司是恶意持票人，不享有票据权利。

「3」丁公司对于伪造之事“不知情”，说明丁公司善意取得票据。

「要求」根据上述内容，分别回答下列问题。

（1）丁公司能否因丙公司的背书转让行为而取得票据权利？并说明理由。

（2）乙公司是否应当向丁公司承担票据责任？并说明理由。

（3）郑某是否应当向丁公司承担票据责任？并说明理由。

（4）孙某是否应当向丁公司承担票据责任？并说明理由。

9. 「2017 年 · 案例分析题 · 题码 147365」

❶ 2017 年 2 月 10 日，甲公司向乙公司签发一张金额为 50 万元的商业汇票，以支付所欠货款。汇票到期日为 2017 年 8 月 10 日。A 银行作为承兑人在汇票票面上签章。

❷ 3 月 10 日，乙公司将该汇票背书转让给丙公司，用于支付装修工程款，并在汇票上注明：“票据转让于工程验收合格后生效”「1」。后丙公司施工的装修工程因存在严重质量问题未能通过验收。

❸ 4 月 10 日，丙公司将该汇票背书转让给丁公司，用于支付房屋租金。丁公司随即将该汇票背书转让给戊公司，用于购买办公设备，并在汇票票面上记载“不得转让”字样「2」。

❹ 5 月 10 日，戊公司将该汇票背书转让给庚公司，用于支付咨询服务费用，但未在汇票被背书人栏内记载庚公司名称「3」。

❺ 8 月 15 日，庚公司持该汇票向 A 银行提示付款。A 银行以庚公司名称未记载于汇票被背书人栏内为由拒绝支付。庚公司在汇票被背书人栏内补记本公司名称后「4」，再次向 A 银行提示付款。A 银行以自行补记不具效力为由再次拒付。庚公司于是向乙、丙、丁、戊公司追索，均遭拒绝。

【审题要点】

「1」属于附条件背书，背书有效，条件无效。

「2」记载“不得转让”字样的是丁公司，戊公司的被背书人不得向丁公司追索。

「3」被背书人名称是绝对必要记载事项，是持票人享有票据权利的证明，未记载银行有权拒付。

「4」被背书人名称可以补记，补记后这张票据就完整了，庚公司享有票据权利。

其中，乙公司的拒绝理由是丙公司的装修工程未通过验收，不符合乙公司在汇票上注明的转让生效条件；丙公司的拒绝理由是丁公司在汇票背书人栏内记载有“不得转让”字样。

「要求」根据上述内容，分别回答下列问题。

（1）A银行第一次拒付的理由是否成立？并说明理由。

（2）A银行第二次拒付的理由是否成立？并说明理由。

（3）乙公司拒绝庚公司追索的理由是否成立？并说明理由。

（4）丙公司拒绝庚公司追索的理由是否成立？并说明理由。

10.「**2016年·案例分析题·题码147382**」

❶ 2016年3月1日，为支付工程款项，A公司向B公司签发一张以甲银行为承兑人、金额为150万元的银行承兑汇票，汇票到期日为2016年9月1日，甲银行作为承兑人在汇票票面上签章[1]。

❷ 4月1日，B公司将该汇票背书转让给C公司，用于支付买卖合同价款。后因C公司向B公司出售的合同项下货物存在严重质量问题，双方发生纠纷。

❸ 5月1日，C公司为支付广告费，将该汇票背书转让给D公司。D公司负责人知悉B、C公司之间合同纠纷的详情[2]，对该汇票产生疑虑，遂要求C公司的关联企业E公司与D公司签订了一份保证合同。保证合同约定，E公司就C公司对D公司承担的票据责任提供连带责任保证。但E公司未在汇票上记载有关保证事项，亦未签章[3]。6月1日，D公司将该汇票背书转让给F公司，以偿还所欠F公司的租金。

❹ 9月2日，F公司持该汇票向甲银行提示付款，甲银行以A公司资信状况不佳、账户余额不足为由拒付。F公司遂向B、D公司追索。B公司以C公司违反买卖合同为由，对F公司的追索予以拒绝[4]，D公司向F公司承担票据责任后，分别向B、E公司追索，B公司仍以C公司违反买卖合同为由，对D公司的追索予以拒绝[2]，E公司亦拒绝。

【审题要点】

「1」甲银行签章承兑，承担到期付款的责任。

「2」关键信息：D公司知悉B、C公司之间的合同纠纷，仍然受让了票据。B公司可以其与C公司之间的抗辩事由对抗D公司。

「3」只有在票据上记载“保证”字样并签章才能产生票据保证的效力，此处没有产生票据保证的效力。

「4」B公司的抗辩事由可以对抗与其有直接债权债务关系的C公司，此时持票人是不知情的F公司，B公司应承担票据责任。

「要求」根据上述内容，分别回答下列问题。

（1）甲银行的拒付理由是否成立？并说明理由。

（2）B公司拒绝F公司追索的理由是否成立？并说明理由。

（3）B公司拒绝D公司追索的理由是否成立？并说明理由。

（4）D公司能否要求E公司承担票据责任？能否依保证合同要求E公司承担保证责任？说明理由。

10 第十章　企业国有资产法律制度

「考情分析」

考点	星级	近十年考频	2012年	2013年	2014年	2015年	2016年	2017年	2018年	2019年	2020年	2021年
1. 企业国有资产的概念和监督管理体制	★★	5		√			√	√	√	√		
2. 国家出资企业	★★	5				√	√	√	√			√
3. 企业国有资产产权登记制度	★	2									√	√
4. 企业国有资产评估管理制度	★	5					√		√	√	√	√
5. 企业国有资产交易管理制度	★	3	√			√		√				
6. 上市公司国有股权变动管理	★★	3		√					√	√		

「考点1」企业国有资产的概念和监督管理体制（★★）

1. 「2019年·单选题·题码146761」

根据企业国有资产法律制度的规定，代表国家行使企业国有资产所有权的是（　　）。

A. 国务院　　B. 中国人民银行

C. 国有资产监督管理委员会　　D. 财政部

2. 「2019年·多选题·题码146765」

根据企业国有资产法律制度的规定，下列关于我国企业国有资产监督管理体制的表述中，正确的有（　　）。

A. 履行出资人职责应当坚持政企分开、社会公共管理职能与企业国有资产出资人职能分开、不干预企业依法自主经营原则

B. 企业国有资产属于国家所有，国务院代表国家对国家出资企业履行出资人职责

C. 地方人民政府无权代表国家对国家出资企业履行出资人职责

D. 国有资本投资、运营公司可对授权范围内的国有资本履行出资人职责

3. 「2018年·单选题·题码146762」

根据企业国有资产法律制度的规定，下列关于企业国有资产的表述中，正确的是（　　）。

A. 企业国有资产是指国家对企业各种形式的出资所形成的权益

B. 国家作为出资人对所出资企业的法人财产享有所有权

C. 企业国有资产即国家出资企业的法人财产

D. 国家对企业出资所形成的厂房、机器设备等固定资产的所有权属于国家

4.「2018 年 · 单选题 · 题码 146763」
根据企业国有资产法律制度的规定，金融企业国有资产的监督管理部门是（ ）。
A. 国资委 B. 中国人民银行 C. 财政部门 D. 银保监会

5.「2017 年 · 多选题 · 题码 146766」
根据企业国有资产法律制度的规定，下列各项中，属于国务院和地方人民政府依法履行出资人职责时应遵循的原则有（ ）。
A. 保护消费者合法权益
B. 政企分开
C. 社会公共管理职能与企业国有资产出资人职能分开
D. 不干预企业依法自主经营

6.「2016 年 · 单选题 · 题码 146764」
根据企业国有资产法律制度的规定，代表国家行使企业国有资产所有权的是（ ）。
A. 全国人民代表大会 B. 国有资产监督管理委员会
C. 国家主席 D. 国务院

「考点 2」国家出资企业（★★）

1.「2021 年 · 单选题 · 题码 146767」
根据企业国有资产法律制度的规定，下列关于国有独资企业的表述中，正确的是（ ）。
A. 国有独资企业包括国有独资公司和企业全部注册资本均属国有的非公司制企业
B. 国有独资企业设立的法律依据为《公司法》
C. 国有独资企业对国家授予其经营管理的财产不享有处分权
D. 国有独资企业的企业财产属于全民所有

2.「2021 年 · 多选题 · 题码 146770」
根据企业国有资产法律制度的规定，国有独资公司的下列人员中，除国务院和地方人民政府规定由本级人民政府任免的外，应由履行出资人职责的机构依法任免的有（ ）。
A. 财务负责人 B. 总经理 C. 监事会主席 D. 董事长

3.「2018 年 · 单选题 · 题码 146768」
根据企业国有资产法律制度的规定，下列国有独资公司的人员中，应当由履行出资人职责的机构任免的是（ ）。
A. 副董事长 B. 副总经理 C. 总经理 D. 财务负责人

4.「2017 年 · 单选题 · 题码 146769」
根据企业国有资产法律制度的规定，在选择国有资本控股公司的企业管理者时，履行出资人职责的机构所享有的权限是（ ）。
A. 任免企业的董事长、副董事长、董事和监事
B. 任免企业的经理、副经理
C. 任免企业的财务负责人和其他高级管理人员

D. 向企业的股东会或股东大会提出董事、监事人选

5.「2016 年 · 多选题 · 题码 146771」

根据企业国有资产法律制度的规定，下列各项中，属于国家出资企业的有（　　）。

A. 国有独资企业　　B. 国有资本参股公司

C. 国有资本控股公司　　D. 国有独资公司

「考点 3」企业改制（★）

「2009 年 · 多选题 · 题码 146772」

根据有关规定，国有企业实施改制时应当明确企业与职工的相关责任。下列有关国有企业改制时企业与职工关系问题的表述中，正确的有（　　）。

A. 改制企业应当制订职工安置方案，职工安置方案须经职工代表大会或职工大会审议通过

B. 企业实施改制时，必须向职工公布企业主要财务指标的财务审计、资产评估结果

C. 对企业改制时解除劳动合同且不再继续留用的职工，应当支付经济补偿金

D. 企业改制时，对确认的拖欠职工工资、医疗费等，原则上应当一次付清

「考点 4」企业国有资产产权登记制度（★）

1.「2021 年 · 单选题 · 题码 146784」

根据企业国有资产法律制度的规定，县级地方人民政府出资的金融类企业的国有资产产权登记和管理机关是（　　）。

A. 同级国有资产监督管理机构　　B. 上级财政部门

C. 同级财政部门　　D. 上级国有资产监督管理机构

2.「2020 年 · 多选题 · 题码 146785」

根据企业国有资产法律制度的规定，下列各项中，属于企业国有资产产权登记内容的有（　　）。

A. 企业的现金流　　B. 出资人名称、住所

C. 企业的实收资本　　D. 企业的投资情况

「考点 5」企业国有资产评估管理制度（★）

1.「2021 年 · 多选题 · 题码 146789」

根据企业国有资产法律制度的规定，国家出资企业及其各级子企业的下列行为中，必须对相关国有资产进行评估的有（　　）。

A. 整体资产或部分资产租赁给非国有单位

B. 非上市公司国有股东股权比例变动

C. 国有独资企业与其下属独资企业之间的合并

D. 资产转让、置换

2.「2020 年 · 单选题 · 题码 146786」

根据企业国有资产法律制度的规定，国有金融企业经批准进行改组改制涉及资产评估的，

资产评估项目应经特定部门核准。该特定部门是（　　）。

A. 财政部门　　B. 国有资产监督管理部门

C. 市场监督管理部门　　D. 证券监督管理部门

3.「**2019 年 · 单选题 · 题码 146787**」

根据企业国有资产法律制度的规定，国家出资企业及其各级子企业发生特定行为时，应当对相关资产进行评估。下列各项中，属于此类特定行为的是（　　）。

A. 国家出资企业整体或部分改制为有限责任公司或股份有限公司

B. 经各级人民政府或其国有资产监督管理机构批准，对企业整体实施无偿划转

C. 经各级人民政府或其国有资产监督管理机构批准，对企业部分实施无偿划转

D. 国有独资企业与其下属独资企业之间的资产置换

4.「**2018 年 · 多选题 · 题码 146790**」

根据企业国有资产法律制度的规定，国家出资企业及其各级子企业发生特定行为时，应当对相关资产进行评估。下列应当评估的有（　　）。

A. 合并、分立、破产、解散　　B. 产权转让

C. 以货币资产对外投资　　D. 资产转让、置换

5.「**2016 年 · 单选题 · 题码 146788**」

根据企业国有资产法律制度的规定，金融企业发生下列情形时，对相关资产应当进行资产评估的是（　　）。

A. 整体改建为有限责任公司

B. 县级人民政府批准其所属企业实施无偿划转

C. 国有独资企业与其下属的独资企业之间的合并

D. 上市公司可流通的股权转让

「考点 6」企业国有资产交易管理制度（★）

1.「**2017 年 · 单选题 · 题码 146792**」

国有资产监督管理机构负责审核国家出资企业的增资行为。其中，因增资致使国家不再拥有所出资企业控股权的，须由国有资产监督管理机构报特定主体批准。该特定主体是（　　）。

A. 上级人民政府　　B. 本级人民政府

C. 国家出资企业所在地省级人民政府　　D. 上级国有资产监督管理机构

2.「**2015 年 · 单选题 · 题码 146793**」

在企业国有产权转让中，受让方可以采取分期付款的方式向转让方支付价款。下列有关受让方采取分期付款方式支付价款的表述中，符合企业国有产权转让规定的是（　　）。

A. 受让方首次付款不得低于总价款的 20%，并在合同生效之日起 5 个工作日内支付；其余款项应当提供合法的担保，并应当按同期银行贷款利率向转让方支付延期付款期间利息，付款期限不得超过 1 年

B. 受让方首次付款不得低于总价款的 30%，并在合同生效之日起 5 个工作日内支付；其余

款项应当提供合法的担保，并应当按同期银行贷款利率向转让方支付延期付款期间利息，付款期限不得超过1年

C. 受让方首次付款不得低于总价款的20%，并在合同生效之日起5个工作日内支付；其余款项应当提供合法的担保，并应当按同期银行贷款利率向转让方支付延期付款期间利息，付款期限不得超过2年

D. 受让方首次付款不得低于总价款的30%，并在合同生效之日起5个工作日内支付；其余款项应当提供合法的担保，并应当按同期银行贷款利率向转让方支付延期付款期间利息，付款期限不得超过2年

「考点7」上市公司国有股权变动管理（★★）

1.「2019年·单选题·题码146795」

根据企业国有资产法律制度的规定，国有参股股东拟于一个会计年度内通过证券交易系统累计净转让的上市公司股份达到该上市公司总股本特定比例及以上的，应报国有资产监督管理机构审核批准，该特定比例是（　　）。

A. 5%　　B. 15%　　C. 8%　　D. 10%

2.「2018年、2013年·多选题·题码146796」

根据企业国有资产法律制度的规定，国有股东转让所持上市公司股份的方式有（　　）。

A. 协议转让　　B. 无偿划转

C. 证券交易系统转让　　D. 间接转让

11 第十一章　反垄断法律制度

「考情分析」

考点	星级	近十年考频	2012年	2013年	2014年	2015年	2016年	2017年	2018年	2019年	2020年	2021年
1. 反垄断法的适用范围	★★	3						√			√	√
2. 相关市场的界定	★	4			√				√	√		√
3. 反垄断法的实施机制	★	8	√		√	√	√		√	√	√	√
4. 垄断协议	★★★	6		√	√		√		√		√	√
5. 滥用市场支配地位	★★	4		√	√				√	√		
6. 经营者集中	★★	4		√						√	√	√
7. 行政垄断	★★	3	√		√							√

「考点 1」反垄断法的适用范围（★★）

1.「2021 年 · 单选题 · 题码 146831」

《反垄断法》规定："中华人民共和国境外的垄断行为，对境内市场竞争产生排除、限制影响的，适用本法。"该规定所确定的适用原则是（　　）。

A. 属地原则　　B. 属人原则　　C. 普遍原则　　D. 效果原则

2.「2020 年 · 单选题 · 题码 146832」

下列关于《反垄断法》适用范围的表述中，正确的是（　　）。

A. 行使知识产权的行为，不适用《反垄断法》

B. 农业生产中的协同行为，不适用《反垄断法》

C. 国家机关的行为，不适用《反垄断法》

D. 电信、石油等特殊行业的国有企业的行为，不适用《反垄断法》

3.「2020 年 · 多选题 · 题码 146833」

下列主体中，属于《反垄断法》规制对象的有（　　）。

A. 行业协会　　B. 经营者

C. 行政机关　　D. 具有管理公共事务职能的组织

4.「2017 年 · 多选题 · 题码 146834」

下列关于《反垄断法》适用范围的表述中，正确的有（　　）。

A. 只要垄断行为发生在境内，无论该行为是否对境内市场竞争产生排除、限制影响，均应适用《反垄断法》

B. 只要行为人是我国公民或境内企业，无论该行为是否发生在境内，均应适用《反垄断法》

C. 只要行为人是我国公民或境内企业，无论该行为是否对境内市场竞争产生排除、限制影响，均应适用《反垄断法》

D. 只要垄断行为对境内市场竞争产生排除、限制影响，无论该行为是否发生在境内，均应适用《反垄断法》

「考点2」相关市场的界定（★）

1.「2021年·多选题·题码146837」

根据反垄断法律制度的规定，界定相关市场时，从供给替代的角度需考虑的因素有（　　）。

A. 改造生产设施的投入　　B. 对商品质量的认可程度

C. 转产需承担的风险　　D. 进入目标市场的时间

2.「2019年·单选题·题码146835」

下列关于相关市场界定的表述中，符合反垄断法律制度规定的是（　　）。

A. 界定相关市场的基本标准是商品间“较为紧密的相互替代性”

B. 只有滥用市场支配地位案件，才需要界定相关市场

C. 供给替代是界定相关市场的主要分析视角

D. 任何反垄断案件的分析中，相关市场均应从商品、地域和时间三个维度界定

3.「2018年·单选题·题码146836」

下列各项中属于界定相关商品市场的基本标准的是（　　）。

A. 商品的外形、特性、质量和技术特点等总体特征和用途

B. 商品的运输成本和运输特征

C. 商品间较为紧密的相互替代性

D. 商品的使用期限和季节性

「考点3」反垄断法的实施机制（★）

1.「2021年·单选题·题码146838」

根据反垄断法律制度的规定，现阶段我国的反垄断执法机构是（　　）。

A. 国务院反垄断委员会　　B. 国家市场监督管理总局

C. 商务部　　D. 国家发展和改革委员会

2.「2021年·多选题·题码146842」

根据反垄断法律制度的规定，下列关于反垄断民事诉讼的表述中，正确的有（　　）。

A. 人民法院受理反垄断民事案件，应以执法机构对相关垄断行为进行调查为前提条件

B. 因行业协会章程违反反垄断法而发生争议的经营者，可以向人民法院提起反垄断民事诉讼

C. 经人民法院同意，反垄断民事诉讼当事人可以协商确定专业机构就案件专门性问题作出经济分析报告

D. 反垄断民事诉讼双方当事人都有权向人民法院申请专家出庭，经人民法院准许，双方聘请的专家都可以出庭并发表专业意见

3.「2020 年 · 多选题 · 题码 146843」

根据反垄断法律制度的规定，下列各项中，属于反垄断执法机构调查涉嫌垄断行为时可采取的措施的有（　　）。

A. 复制被调查的有关单位的会计账簿和电子数据

B. 进入被调查的经营者的营业场所或者其他有关场所进行检查

C. 要求被调查的经营者的利害关系人说明有关情况

D. 查封、扣押相关证据

4.「2019 年 · 单选题 · 题码 146839」

下列关于反垄断民事诉讼制度的表述中，符合反垄断法律制度规定的是（　　）。

A. 原告起诉时，被诉垄断行为已经持续超过 3 年，被告提出诉讼时效抗辩的，损害赔偿应当自原告向人民法院起诉之日起向前推算 3 年计算

B. 作为间接购买人的消费者，不能作为垄断民事案件的原告

C. 在反垄断民事诉讼中，具有相应专门知识的人员出庭就案件专门性问题所作说明，属于《民事诉讼法》上的证人证言

D. 原告提起反垄断民事诉讼，须以反垄断执法机构认定相关垄断行为违法为前提

5.「2019 年 · 多选题 · 题码 146844」

根据反垄断法律制度的规定，下列各项中，属于反垄断执法机构在调查涉嫌垄断行为时可以采取的措施的有（　　）。

A. 进入被调查经营者的营业场所进行检查　B. 查询、冻结经营者账户

C. 复制被调查经营者的有关电子数据　D. 查封、扣押相关证据

6.「2018 年 · 单选题 · 题码 146840」

根据反垄断法律制度的规定，反垄断民事诉讼的当事人可以向人民法院申请具有相应专门知识的人员出庭，就案件的专门性问题进行说明。此类说明是（　　）。

A. 鉴定意见　B. 当事人陈述　C. 证人证言　D. 法官判案的参考依据

7.「2016 年 · 单选题 · 题码 146841」

甲公司在相关市场中具有市场支配地位，从 2012 年 3 月 1 日起，甲公司凭借其市场支配地位，持续从事不公平的垄断高价行为。2016 年 3 月 1 日，该滥用行为的受害人乙公司向人民法院提起民事诉讼，要求判令甲公司赔偿损失。甲公司提出，其滥用行为始于 2012 年，开始之时，乙公司即知情，直至今日才提出损害赔偿，3 年诉讼时效已过。下列关于本案损害赔偿的表述中，符合规定的是（　　）。

A. 诉讼时效已过，甲公司有权拒绝赔偿乙公司损失

B. 甲公司应赔偿乙公司全部经济损失的 50%

C. 甲公司应赔偿乙公司自 2013 年 3 月 1 日以来的经济损失

D. 甲公司应赔偿乙公司全部经济损失

8.「2016 年 · 多选题 · 题码 146845」

下列关于我国反垄断民事诉讼制度的表述中，正确的有（　　）。

A. 因垄断行为受损的消费者，可以作为垄断民事案件的原告

B. 人民法院受理垄断民事纠纷案件，以执法机构已对相关垄断行为进行查处为前提

C. 在反垄断民事诉讼中，当事人聘请具有相应专门知识的人员出庭，就案件的专门性问题发表的专业意见，不属于《民事诉讼法》上的证据

D. 在反垄断民事诉讼中，经人民法院同意或指定的专业人员就案件的专门性问题做出的市场调查或者经济分析报告，视为鉴定意见

「考点4」垄断协议（★★★）

1.「2021 年 · 单选题 · 题码 146846」

在反垄断执法机构查处某横向价格垄断协议案件的过程中，作为垄断协议当事人之一的甲企业因主动向执法机构报告达成垄断协议的有关情况并提供重要证据，被免除处罚。根据反垄断法律制度的规定，甲企业被免除处罚的依据是（　　）。

A. 豁免制度　　B. 宽大制度　　C. 适用除外制度　　D. 经营者承诺制度

2.「2021 年 · 多选题 · 题码 146848」

根据反垄断法律制度的规定，涉嫌垄断行为的经营者在被调查期间可以提出中止调查申请，承诺在一定期限内采取措施消除行为影响，但对特定类型的垄断行为，反垄断执法机构不接受中止调查申请。下列各项中，属于此类型的垄断行为有（　　）。

A. 涉嫌分割原材料采购市场的横向垄断协议

B. 涉嫌固定价格的横向垄断协议

C. 涉嫌采用新技术的横向垄断协议

D. 涉嫌限制商品销售数量的横向垄断协议

3.「2020 年 · 单选题 · 题码 146847」

根据反垄断法律制度的规定，下列关于我国反垄断民事诉讼举证责任的表述中，正确的是（　　）。

A. 对于纵向垄断协议的排除、限制竞争效果的证明，适用举证责任倒置

B. 对于横向垄断协议的排除、限制竞争效果，由人民法院直接认定，原、被告均不承担举证责任

C. 对于横向垄断协议的排除、限制竞争效果，适用“谁主张，谁举证”原则

D. 对于纵向垄断协议的排除、限制竞争效果，适用“谁主张，谁举证”原则

4.「2018 年 · 多选题 · 题码 146849」

根据反垄断法律制度的规定，下列具有竞争关系的经营者之间的约定中，属于横向垄断协议的有（　　）。

A. 联合拒绝销售特定经营者的商品　　B. 划分销售商品的种类

C. 采用据以计算价格的标准公式　　D. 拒绝采用新的技术标准

5.「2016 年 · 多选题 · 题码 146850」

根据反垄断法律制度的规定，执法机构认定其他协同行为时，应考虑的因素包括（　　）。

A. 经营者的市场行为是否具有一致性

B. 相关市场的结构情况、竞争状况、市场变化情况、行业情况

C. 经营者能否对一致行为作出合理解释
D. 经营者之间是否进行过意思联络或者信息交流

6.「2016 年 · 多选题 · 题码 146851」
下列行为中，违反我国《反垄断法》的有（　　）。
A. 国有经济占控制地位的关系国民经济命脉行业的国有企业之间达成垄断协议的行为
B. 具有竞争关系的境内企业就固定商品出口价格达成的垄断协议
C. 外国企业在中国境外实施的对中国境内市场竞争产生排除或者限制效果的垄断行为
D. 农业生产者在农产品生产、加工、销售、运输、储存等经营活动中实施的联合行为

「考点 5」滥用市场支配地位（★★）

1.「2019 年 · 多选题 · 题码 146852」
根据反垄断法律制度的规定，下列关于经营者市场支配地位的理解中，正确的有（　　）。
A. 具有市场支配地位的经营者能够阻碍、影响其他经营者进入相关市场
B. 经营者具有市场支配地位这一状态本身并不违法
C. 具有市场支配地位的经营者未必是“独占”者
D. 市场支配地位可能由多个经营者共同具有

2.「2018 年 · 多选题 · 题码 146853」
根据反垄断法律制度的规定，市场支配地位是指经营者在相关市场内具有能够控制商品价格、数量或者其他交易条件，或者能够阻碍、影响其他经营者进入相关市场能力的市场地位。下列各项中，属于“其他交易条件”的有（　　）。
A. 付款条件　　B. 交付方式　　C. 商品品质　　D. 售后服务

3.「2018 年 · 多选题 · 题码 146854」
根据反垄断法律制度的规定，认定具有市场支配地位的经营者以不公平的高价销售商品，应当主要考虑的因素有（　　）。
A. 商品的销售价格是否明显高于其他经营者销售同种商品的价格
B. 在成本基本稳定的情况下，是否超过正常幅度提高商品的销售价格
C. 商品的销售价格是否明显高于成本
D. 商品销售价格的提价幅度是否明显高于成本增长幅度

「考点 6」经营者集中（★★）

1.「2021 年 · 多选题 · 题码 146857」
根据反垄断法律制度的规定，下列各项中，属于经营者集中审查附加限制性条件中的结构性条件的有（　　）。
A. 剥离知识产权等无形资产　　B. 许可关键技术
C. 剥离有形资产　　D. 开放平台等基础设施

2.「2020 年 · 单选题 · 题码 146856」
下列经营者集中附加的限制性条件中，属于结构性条件的是（　　）。

A. 许可关键技术　B. 剥离知识产权　C. 终止排他性协议　D. 开放平台等基础设施

3.「2020 年 · 多选题 · 题码 146858」

下列经营者集中附加的限制性条件中，属于行为性条件的有（　　）。

A. 剥离知识产权　B. 许可关键技术

C. 开放平台等基础设施　D. 终止排他性协议

4.「2019 年 · 多选题 · 题码 146859」

下列关于我国经营者集中申报制度的表述中，符合反垄断法律制度规定的有（　　）。

A. 我国对经营者集中实行强制的事前申报制

B. 经营者在国务院反垄断执法机构规定的期限内未补交应当补交的申报材料的，视为未申报

C. 参与集中每个经营者 30% 以上有表决权的股份或资产被同一未参与集中的经营者拥有的可免于申报

D. 参与集中的所有经营者上一会计年度在全球范围内的营业额合计达到 100 亿元，并且其中至少两个经营者上一会计年度在中国境内的营业额均达到 4 亿元的经营者集中，应当申报

「考点 7」行政垄断（★★）

「2014 年 · 多选题 · 题码 146861」

某行业协会组织本行业 7 家主要企业的领导人召开“行业峰会”，并就共同提高本行业产品价格及提价幅度形成决议，与会企业领导人均于决议上签字。会后，决议以行业协会名义下发全行业企业。与会 7 家企业的市场份额合计达 85%。根据反垄断法律制度的规定，下列表述中，正确的有（　　）。

A. 行业协会实施了组织本行业经营者达成垄断协议的行为

B. 行业协会实施了行政性限制竞争行为

C. 7 家企业实施了滥用市场支配地位行为

D. 7 家企业实施了达成垄断协议的行为

12 第十二章　涉外经济法律制度

「考情分析」

考点	星级	近十年考频	2012年	2013年	2014年	2015年	2016年	2017年	2018年	2019年	2020年	2021年
1. 外商投资法律制度	★★	4				√				√	√	√
2. 对外直接投资法律制度	★	5				√	√			√	√	√
3. 《对外贸易法》的适用范围和原则	★★	3			√				√			√
4. 对外贸易经营者	★★	4		√					√	√	√	
5. 货物进出口与技术进出口	★★	2		√			√					
6. 对外贸易救济	★★	4				√	√	√		√		
7. 《外汇管理条例》的适用范围和基本原则	★	3	√	√						√		
8. 经常项目外汇管理制度	★	4	√		√	√					√	
9. 资本项目外汇管理制度	★	4			√		√	√			√	
10. 外汇市场	★	1								√		
11. 人民币汇率与特别提款权	★★	3				√	√		√			

「考点1」外商投资法律制度（★★）

1.「2021年·单选题·题码146867」

根据涉外投资法律制度的规定，下列关于地方各级人民政府向外国投资者、外商投资企业所作政策承诺的表述中，正确的是（　　）。

A. 行政区划调整可以作为不履行政策承诺的合理理由

B. 政府换届后可以不再履行上届政府作出的政策承诺

C. 政策承诺包括书面承诺和口头承诺

D. 因国家利益、社会公共利益需要可以依照法定权限和程序改变政策承诺

2.「2021年·单选题·题码146868」

根据涉外投资法律制度的规定，下列关于我国对外商投资和外国投资者的保护及待遇的表述中，正确的是（　　）。

A. 负面清单是指国家规定在特定领域对外商投资实施的准入特别管理措施

B. 国家对外商投资一律给予国民待遇

C. 国家为了公共利益的需要，可以依法对外国投资者的投资实行征收或征用，并根据实际

情况决定是否给予补偿

D. 准入前国民待遇是指给予外国投资者的国民待遇仅限于准入前，准入后不再给予

3. 「2021 年 · 单选题 · 题码 146869」

根据涉外投资法律制度的规定，下列关于外商投资安全审查制度的表述中，正确的是（　　）。

A. 外商投资安全审查分为一般审查和特别审查

B. 外商投资安全审查不适用于中国台港澳地区投资者的投资

C. 外商投资安全审查制度系中国首创

D. 外商投资安全审查工作机制由公安部牵头

4. 「2021 年 · 多选题 · 题码 146873」

根据涉外投资法律制度的规定，下列各项中，属于外商投资的有（　　）。

A. 外国投资者在中国境内投资新建项目

B. 外国投资者取得中国境内合伙企业的财产份额

C. 外国投资者在中国境内设立外商投资企业

D. 外国投资者取得中国境内公司的股份

5. 「2021 年 · 多选题 · 题码 146874」

下列关于涉外经济法律制度的表述中，正确的有（　　）。

A. 一国的涉外经济法律制度属于其国内法

B. 一国缔结或参加的双边或多边国际条约、协定，对其涉外经济法律制度有重要影响

C. 涉外经济法律制度是调整涉外经济关系的法律规范的总称

D. 外商投资法律制度和对外投资法律制度同属涉外投资法律制度

6. 「2021 年 · 多选题 · 题码 146875」

根据涉外投资法律制度的规定，下列外商投资中，外国投资者或者境内相关当事人应当在实施投资前主动向外商投资安全审查工作机制办公室申报的有（　　）。

A. 投资军工配套领域

B. 投资关系国家安全的重要基础设施并取得所投资企业的实际控制权

C. 在军事设施周边地域投资

D. 在军工设施周边地域投资

7. 「2020 年 · 单选题 · 题码 146870」

下列关于《外商投资法》的特色与创新的表述中，正确的是（　　）。

A. 全面落实外商投资国民待遇原则

B. 从投资行为法转型为企业组织法

C. 仅适用于外商直接投资，不适用于间接投资

D. 相比外商投资促进和保护，更加强调对外商投资的管理

8. 「2020 年 · 单选题 · 题码 146871」

为保持制度稳定性和连续性、保护投资者合理预期，根据《中华人民共和国外商投资法》规定，依照“外资三法”已经设立的外商投资企业，在该法施行后一定年限内可以继续保

留原企业组织形式。该年限是（　　）年。

A. 1　　B. 3　　C. 10　　D. 5

9.「2020 年 · 多选题 · 题码 146876」

根据涉外投资法律制度的规定，下列关于外商投资保护的表述中，正确的有（　　）。

A. 国家对于外国投资者的投资，原则上可以实行征收

B. 外国投资者在中国境内的利润，可以依法以人民币或者外汇自由汇出

C. 行政机关及其工作人员不得利用行政手段强制或者变相强制外国投资者、外商投资企业转让技术

D. 外国投资者、外商投资企业认为行政行为所依据的国务院部门和地方人民政府及其部门制定的规范性文件不合法，在依法对行政行为申请行政复议或者提起行政诉讼时，可以一并请求对该规范性文件进行审查

10.「2019 年 · 单选题 · 题码 146903」

根据外商投资法的规定，下列关于准入前国民待遇加负面清单管理模式的表述中，正确的是（　　）。

A. 负面清单由商务部发布或批准发布

B. 准入前国民待遇是指在企业设立阶段给予外资国民待遇，不包括企业设立后的经营阶段

C. 准入前国民待遇加负面清单管理模式目前在我国仅适用于自由贸易试验区

D. 负面清单是指国家规定的准入特别管理措施

「考点 2」对外直接投资法律制度（★）

1.「2021 年 · 单选题 · 题码 146907」

根据涉外投资法律制度的规定，下列关于对外直接投资的表述中，正确的是（　　）。

A. 我国境内投资者对外直接投资不属于国际直接投资

B. 我国境内投资者对外直接投资不适用我国国内法

C. 我国对外直接投资的形式仅包括新设和并购，参股和增资不属于对外直接投资

D. 我国按照对外直接投资的不同情形，实行核准或备案管理

2.「2020 年 · 单选题 · 题码 146909」

某非敏感类境外投资项目，投资主体为地方企业，中方投资额为 2 亿美元。根据涉外投资法律制度的规定，下列表述中，正确的是（　　）。

A. 该项目应由国家发展改革委备案

B. 该项目应由国家发展改革委核准

C. 该项目应由投资主体注册地的省级政府发展改革部门核准

D. 该项目应由投资主体注册地的省级政府发展改革部门备案

3.「2019 年 · 多选题 · 题码 146910」

根据涉外投资法律制度的规定，中国境内投资者对外直接投资时需要遵守的法律规则包括（　　）。

A. 中国与投资所在国共同缔结或参加的多边条约
B. 中国法律
C. 投资所在国法律
D. 中国与投资所在国签订的双边投资保护协定

4.「2016 年 · 单选题 · 题码 146912」
某省属企业拟实施一项境外投资项目，中方投资额 2.5 亿美元，项目所在国家系敏感国家。下列表述中，符合涉外经济法律制度规定的是（　　）。
A. 该项目应报国家发展改革委备案　　B. 该项目应报该省投资主管部门核准
C. 该项目应报该省投资主管部门备案　　D. 该项目应报国家发展改革委核准

「考点 3」《对外贸易法》的适用范围和原则（★★）

1.「2021 年 · 多选题 · 题码 146883」
下列各项中，属于《对外贸易法》适用对象的有（　　）。
A. 国际服务贸易　　B. 货物进出口
C. 与对外贸易有关的知识产权保护　　D. 技术进出口

2.「2019 年 · 单选题 · 题码 146881」
《中华人民共和国对外贸易法》第七条规定："任何国家或地区在贸易方面对中华人民共和国采取歧视性的禁止、限制或者其他类似措施的，中华人民共和国可以根据实际情况对该国或者该地区采取相应的措施。"该条款体现的原则是（　　）。
A. 统一管理原则　　B. 平等互利原则　　C. 公平自由原则　　D. 互惠对等原则

3.「2018 年 · 单选题 · 题码 146882」
《中华人民共和国政府和加拿大政府关于促进和相互保护投资的协定》规定："任一缔约方给予另一缔约方投资者在设立、购买、管理、经营、运营和销售或其他处置其领土内投资方面的待遇，不得低于在类似情形下给予非缔约方投资者的待遇。"该规定体现的是（　　）。
A. 国民待遇　　B. 公平公正待遇　　C. 最惠国待遇　　D. 最低限度待遇

「考点 4」对外贸易经营者（★★）

1.「2020 年 · 单选题 · 题码 146884」
根据对外贸易法律制度的规定，下列关于国营贸易的表述中，正确的是（　　）。
A. 国家可以对全部货物的进出口实行国营贸易管理
B. 实行国营贸易管理的货物和经授权经营企业的目录，由海关总署会同国务院其他有关部门规定，调整并公布
C. 国家可以根据具体情况，允许部分数量的国营贸易管理货物的进出口业务由非授权企业经营
D. 国营贸易企业就是我国过去所称的国营企业

2.「2019 年 · 单选题 · 题码 146885」
下列关于我国国营贸易制度的表述中，符合对外贸易法律制度规定的是（　　）。

A. 国家可以对全部货物的进出口实行国营贸易管理
B. 实行国营贸易管理的货物和经授权经营企业的目录由商务部会同国务院其他部门确定、调整并公布
C. 实行国营贸易管理的货物进出口业务只能由经授权的企业专属经营，一律不得由其他企业经营
D. 判断一个企业是不是国营贸易企业，关键是看该企业的所有制形式

3.「2018 年 · 单选题 · 题码 146886」
根据对外贸易法律制度的规定，下列关于国营贸易和国营贸易企业的表述中，正确的是（　　）。
A. 实行国营贸易管理的货物的目录，由海关总署会同其他有关部门确定
B. 实行国营贸易管理的货物的进出口业务一概由授权企业经营
C. 国营贸易是世界贸易组织明文允许的贸易制度
D. 判断一个企业是不是国营贸易企业，关键是看该企业的所有制形式

「考点 5」货物进出口与技术进出口（★★）

「2016 年 · 单选题 · 题码 146887」
根据规定，对于国家规定有数量限制的进出口货物，我国实行的管理方式是（　　）。
A. 配额管理　　B. 自由进出口管理　C. 备案登记管理　　D. 许可证管理

「考点 6」对外贸易救济（★★）

1.「2019 年 · 单选题 · 题码 146888」
根据对外贸易法律制度的规定，反倾销调查应当自立案调查决定公告之日起一定期限内结束。该期限最长可以是（　　）个月。
A. 6　　B. 12　　C. 18　　D. 24

2.「2017 年、2016 年 · 单选题 · 题码 146889」
根据对外贸易法律制度的规定，负责决定征收反倾销税的机构是（　　）。
A. 财政部　　B. 商务部　　C. 国家税务总局　　D. 国务院关税税则委员会

3.「2015 年 · 单选题 · 题码 146890」
根据对外贸易法律制度的规定，针对公平贸易条件下的特殊情形，可以采取特定的贸易救济措施，该措施是（　　）。
A. 反补贴税　　B. 反倾销税　　C. 价格承诺　　D. 保障措施

「考点 7」《外汇管理条例》的适用范围和基本原则（★）

「2019 年 · 单选题 · 题码 146891」
我国《外汇管理条例》在适用范围上采取属人主义与属地主义相结合的原则，对于特定主体，仅对其发生在中国境内的外汇收支和外汇经营活动适用该条例。下列各项中属于此类主体的是（　　）。

A. 到广州旅游1个月的美国公民甲　　B. 在北京设立的中德合资经营企业乙
C. 已在上海连续居住3年的法国公民丙　　D. 持中华人民共和国居民身份证的中国公民丁

「考点8」经常项目外汇管理制度（★）

1.「2020年·单选题·题码146892」

根据外汇管理法律制度的规定，下列关于经常项目外汇管理制度的表述中，正确的是（　　）。

A. 经常项目外汇收入实行强制结汇制

B. 经常项目包括贸易收支、服务收支和经常转移，但不包括投资收益

C. 经常项目外汇支出凭有效单证进行审批

D. 经常项目外汇收支需有真实、合法的交易基础

2.「2015年·多选题·题码146893」

根据外汇法律制度的规定，下列各项中，属于外汇经常性项目的有（　　）。

A. 贸易收支　　B. 对外借款　　C. 投资收益　　D. 单方转移

「考点9」资本项目外汇管理制度（★）

1.「2020年·多选题·题码146895」

根据外汇管理法律制度的规定，下列外汇资金中，境内机构可以用于境外直接投资的有（　　）。

A. 符合规定的国内外汇贷款　　B. 自有外汇资金
C. 人民币购汇　　D. 该机构留存境外的境外直接投资所得利润

2.「2017年改编·多选题·题码146896」

根据外汇管理法律制度的规定，下列各项中，纳入外债管理的有（　　）。

A. 境外发债　　B. 境外借款
C. 外保内贷的担保履约　　D. 国际融资租赁

3.「2016年·单选题·题码146894」

根据外汇管理法律制度的规定，负责对合格境内机构投资者（QDII）的境外投资额度进行管理的机构是（　　）。

A. 财政部　　B. 国家外汇管理局
C. 国家发展改革委　　D. 证监会

「考点10」外汇市场（★）

「2019年·多选题·题码146897」

根据外汇管理法律制度的规定，外汇市场可以划分为外汇零售市场和外汇批发市场。下列市场参与者之间进行的外汇买卖中，形成外汇批发市场的有（　　）。

A. 银行与企业之间进行的柜台式外汇买卖

B. 银行与个人客户之间进行的外汇买卖

C. 银行与其他金融机构之间进行的外汇买卖

D. 银行与银行之间进行的外汇买卖

「考点 11」人民币汇率与特别提款权（★★）

1.「2018 年 · 多选题 · 题码 146899」

根据外汇管理法律制度的规定，下列关于当前人民币汇率制度的表述中，正确的有（　　）。

A. 参考“一篮子”货币进行调节　　B. 有管理的浮动

C. 以市场供求为基础　　D. 官方汇率与调剂市场汇率并存

2.「2018 年 · 多选题 · 题码 146900」

根据外汇管理法律制度的规定，下列货币中，属于特别提款权货币篮组成货币的有（　　）。

A. 日元　　B. 人民币　　C. 美元　　D. 加拿大元

3.「2016 年 · 单选题 · 题码 146898」

根据涉外经济法律制度的规定，下列关于人民币汇率制度的表述中，正确的是（　　）。

A. 固定汇率制　　B. 双重汇率制　　C. 自由浮动汇率制　D. 有管理的浮动汇率制

4.「2016 年 · 多选题 · 题码 146901」

根据涉外经济法律制度的规定，下列关于特别提款权的表述中，正确的有（　　）。

A. 特别提款权是一种货币

B. 特别提款权本身具有价值

C. 特别提款权的“货币篮”目前由 5 种货币组成

D. 加入特别提款权“货币篮”标志着人民币完全实现了可自由兑换

专题一　物权法律制度、合同法律制度

1.「2021 年·案例分析题·题码 147387」

❶ 2021 年 1 月 5 日，赵某向钱某表示希望借款 100 万元。钱某同意借款，但要求先扣除 5 万元利息[1]，并且须为该笔借款提供抵押担保与保证担保。

❷ 赵某愿以自有房屋 A 提供抵押，朋友孙某则愿提供保证[2]。

❸ 1 月 11 日，赵某与钱某签订书面借款合同，约定借款金额 100 万元，借期 6 个月，利率 5%，届期一次性偿还。同日，孙某与钱某签订书面保证合同，约定孙某就赵某届期未能偿还的全部借款本息承担保证责任，但未约定保证方式[3]；同时，赵某与钱某就房屋 A 签订书面抵押合同。次日，钱某扣除 5 万元利息后，向赵某汇款 95 万元。1 月 15 日，赵某与钱某就房屋 A 办理抵押登记。

❹ 2021 年 5 月 25 日，赵某欲将房屋以市价卖与李某并将此事通知钱某，钱某未作回复[4]。

❺ 2021 年 6 月 2 日，赵某与李某签订书面房屋买卖合同，并于当日办理过户登记[5]。

❻ 赵某届期未能偿还钱某借款。钱某要求就房屋 A 实现抵押权，遭李某拒绝。钱某转而要求保证人孙某承担保证责任，孙某以享有先诉抗辩权为由予以拒绝[6]。

❼ 经赵某劝说，孙某同意承担保证责任，但在计算作为保证责任范围的本息金额时，各方发生分歧。分歧解决后，孙某将所有欠款偿还给钱某。事后，孙某向李某追偿，遭李某拒绝。

【审题要点】

「1」扣除 5 万元利息，实际发放借款 95 万元，那就只能按 95 万元计算利息。

「2」债务人赵某用自己的财产做了担保，孙某也提供了保证，这笔借款既有物保又有人保。

「3」"未约定保证方式"，为一般保证。

「4」房屋仍属于赵某，赵某转让房屋已通知钱某，钱某未作回复不影响转让。

「5」李某以市价购买抵押房屋并已登记，取得所有权。

「6」根据「3」，为一般保证，享有先诉抗辩权。

「要求」根据上述资料，分别回答下列问题。

（1）赵某和钱某的合同什么时间成立？并说明理由。

（2）钱某是否有权就房屋 A 实现抵押权？并说明理由。

（3）钱某对赵某出售房屋的通知未作回复是否影响李某取得房屋 A 所有权？并说明理由。

（4）什么是先诉抗辩权？孙某是否享有先诉抗辩权？并说明理由。

（5）孙某须承担多少金额的保证责任？并说明理由。

（6）孙某是否有权向李某追偿？并说明理由。

2.「2021 年·案例分析题·题码 147393」

❶ 2021 年 1 月 5 日，赵某与钱某订立书面借款合同[1]。次日，赵某按照约定向钱某提供借款 220 万元。钱某的朋友孙某和李某分别为该笔借款提供担保。其中，孙某以其自

【审题要点】

「1」常考的实践合同：保管合同、自然人之间的借贷合同、定金合同，现实给付才生效。

「2」抵押物是不动产且已登记，抵押权设立。

有房屋提供抵押担保，双方于1月5日签订房屋抵押合同，于1月10日办理抵押登记「2」；李某则为之提供连带责任保证「3」，保证合同还约定赵某对钱某的债权不得转让「5」。孙某和李某之间未对担保责任的承担顺序作出约定「4」。

❷ 借款债权到期后，钱某无力偿还。赵某要求孙某承担担保责任，孙某拒绝，理由是，自己所提供的抵押属于第三人物的担保，赵某应先向李某主张连带保证责任。赵某转而要求李某承担保证责任，李某拒绝，理由是，自己只是保证人，赵某不应当在未起诉债务人钱某并强制执行的情况下要求自己承担保证责任。

❸ 先后遭到孙某和李某的拒绝后，赵某将对钱某的债权转让给周某「5」，并通知钱某「6」。钱某未作回复。周某要求钱某偿还债务，钱某拒绝，理由是，债权转让未得到自己的同意，该转让无效。

❹ 周某不想与之纠缠，转而要求李某承担保证责任，李某再次拒绝，除重申之前对赵某的拒绝理由外，并进一步提出，保证合同明确约定赵某对钱某的债权不得转让，赵某违反约定，自己不再承担保证责任。

「3」李某是连带保证人，债务人不履行到期债务，债权人既可以找债务人，也可以找连带保证人。

「4」属于第三人物保＋人保的情形，且无特殊约定，先以物保或人保清偿都可以。

「5」保证合同明确约定债权不得转让，赵某擅自转让债权，保证人李某不再承担保证责任。

「6」此处是债权转让，无须债务人钱某同意，通知即可。

「要求」根据上述资料，分别回答下列问题。

（1）赵某与钱某的借款合同何时成立？并说明理由。

（2）赵某何时取得房屋抵押权？并说明理由。

（3）孙某对赵某提出的“自己所提供的抵押属于第三人物的担保，赵某应先向李某主张连带保证责任”的理由是否成立？并说明理由。

（4）李某对赵某提出的“自己只是保证人，赵某不应当在未起诉债务人钱某并强制执行的情况下要求自己承担保证责任”的理由是否成立？并说明理由。

（5）钱某对周某提出的“债权转让未得到自己的同意，该转让无效”理由是否成立？并说明理由。

（6）李某对周某提出的“保证合同明确约定赵某对钱某的债权不得转让，赵某违反约定，自己不再承担保证责任”的理由是否成立？并说明理由。

3.「2020年·案例分析题·题码147400」

❶ 2018年10月12日，甲医院向乙公司承租呼吸机10台、双方签订书面合同约定：租期3个月，每台租金12 000元，全部租金12万元于租期届满时一次性支付，双方未约定租赁期间的维修事项「1」。

❷ 2018年11月11日，1台呼吸机在正常使用的情况下出现故障，无法继续使用。甲医院要求乙公司维修，乙公司提出：呼吸机由医院使用，应当由甲医院负责维修。此后，该故障因未得到维修一直处于闲置状态「2」。

【审题要点】

「1」关键信息：未约定。租赁合同如无特殊约定，维修义务由出租人承担。

「2」由于乙公司不履行维修义务，导致这1台呼吸机使用一个月后就处于闲置状态，甲医院有权不支付闲置期间租金。

「3」甲转租未经乙同意，乙可以解除合同。由于擅自转租造成的损坏，乙不承担维修义务。

❸ 2018 年 11 月 25 日，甲医院将其承租乙公司的 2 台呼吸机转租给丙医院，租期 1 个月。乙公司于次日知悉，当即表示呼吸机不得转租，并要求甲医院取回，否则将收回这 2 台呼吸机。为避免纷争，甲医院不得不从丙医院将转租的呼吸机取回，但是，因丙医院操作不当，其中 1 台损坏「3」。甲医院将损坏的呼吸机修好后，又要求乙公司支付维修费，乙公司拒绝。

❹ 2018 年 11 月 28 日，甲医院向丁公司以融资租赁方式承租呼吸机 5 台，租期 1 年。双方未约定租赁期间的维修以及租期届满呼吸机的归属等事项「4」。

❺ 2019 年 1 月 11 日，甲医院与乙公司的租赁合同期间届满，但乙公司未与甲医院联系，甲医院遂继续使用呼吸机。2019 年 2 月 11 日「5」，乙公司要求甲医院返还呼吸机并要求支付 4 个月的租金。2019 年 1 月 15 日，丁公司租给甲医院的 2 台呼吸机在正常使用的情况下出现故障。甲医院要求丁公司维修，丁公司拒绝。2019 年 3 月 29 日，丙医院再次要求甲医院支援呼吸机，甲医院遂将丁公司的 2 台呼吸机以市价出售给丙医院并交付。2019 年 11 月 27 日，融资租赁期届满，丁公司要求甲医院返还呼吸机。

「4」融资租赁合同如无特殊约定，维修义务由承租人甲医院承担。未约定租期届满的归属事项，租赁物所有权归出租人。

「5」期满继续租，租赁合同继续有效，视为不定期租赁，甲医院继续使用了 1 个月，应正常支付租金。

「要求」根据上述内容，分别回答下列问题。

（1）乙公司是否有义务维修出现故障的呼吸机？并说明理由。

（2）乙公司知悉甲医院向丙医院转租 2 台呼吸机后，是否有权收回？并说明理由。

（3）丙医院损坏 1 台呼吸机。甲医院维修后，是否有权要求乙公司支付维修费？并说明理由。

（4）2019 年 2 月 11 日，甲医院应向乙公司支付多少租金？并说明理由。

（5）丁公司是否有义务维修出现故障的呼吸机？并说明理由。

（6）融资租赁期满后，丁公司是否有权要求甲医院返还呼吸机？并说明理由。

4.「2019 年 · 案例分析题 · 题码 147416」

❶ 甲、乙两人是在某技校结识的朋友「1」。2017 年 10 月 12 日，两人共同出资购买一台价格为 50 万元的挖掘机，甲出资 10 万元、乙出资 40 万元，双方约定按出资比例共有「2」。

❷ 2018 年 7 月 9 日，挖掘机出现故障，无法正常工作。乙在未征得甲同意的情况下请丙维修，维修费 3 万元。乙要求甲分担 20% 的维修费用，甲以维修未征得自己同意为由拒绝「3」。丙要求乙支付全部维修费，乙拒绝「4」。乙不想再与甲合作，欲将其份额对外转让「5」。

❸ 2018 年 8 月 2 日，乙发函征询丁的购买意向，同时告知甲：正在寻找份额买主，甲须在接到通知之日起 15 日内决定是否行使优先购买权「6」。

❹ 甲认为，份额转让须经其同意，况且乙尚在寻找份额买主，

【审题要点】

「1」家庭关系中的共有为共同共有，朋友的共有属于按份共有。

「2」份额：甲 20%，乙 80%（大于 2/3）。

「3」对共有物作重大修缮，需 2/3 以上按份共有人同意。甲占比 80% 可以自行决定。

「4」对外关系上，共有人承担连带债权、连带债务，否则会损害第三人丙的利益。

「5」乙对外转让自己的份额，自己决定就可以。

「6」甲应告知乙具体交易条件，乙才能决定是否行使同等条件下的优先购买权。

「7」甲占比 20%，构成无权处分。戊不知

在未告知任何交易条件的情况下，要求自己接到通知之日起 15 日内决定是否行使优先购买权，不符合法律规定，故对乙的通知置之不理。

❺ 2018 年 8 月 3 日，甲在未告知乙的情况下，将挖掘机以市价卖给不知情的戊，约定 3 日后交付[7]。

❻ 2018 年 8 月 4 日，丁向乙回函称，对乙所占挖掘机份额不感兴趣，想要整台挖掘机。由于甲对乙之前的通知置之不理，乙也不再告知甲，于 8 月 4 日当天将挖掘机转让给丁，并同时交付[8]。

❼ 2018 年 8 月 6 日，戊要求甲交付挖掘机时，发现挖掘机已被乙交付给了丁，遂要求丁交出挖掘机，丁拒绝。

情、以市价购买，但此时未交付，不构成善意取得。

「8」乙占比 80%，属于有权处分，且已经交付，丁取得挖掘机所有权。

「要求」根据上述内容，分别回答下列问题。

（1）挖掘机维修是否需要征得甲的同意？乙是否有权要求甲分担 20% 的维修费用？并分别说明理由。

（2）乙是否有权拒绝向丙支付全部维修费用？并说明理由。

（3）乙的份额转让是否需要征得甲的同意？并说明理由。

（4）乙在寻找份额买主时要求甲在接到通知之日起 15 日内决定是否行使优先购买权，是否符合法律规定？并说明理由。

（5）丁是否取得了挖掘机的所有权？并说明理由。

（6）甲与戊之间买卖挖掘机的行为是否有效？并说明理由。

（7）丁是否有权拒绝戊交出挖掘机的请求？并说明理由。

5.「**2019 年・案例分析题・题码 147428**」

❶ 2018 年 6 月 18 日，甲向乙银行借款 70 万元，借期 1 年。同时，甲以其市价 100 万元的挖掘机作抵押，并约定：借款到期，若甲不能偿还，则挖掘机归乙所有[1]。双方签订了抵押合同，但未办理抵押登记[2]。

❷ 7 月 17 日，甲、丙口头约定，甲将挖掘机出租给丙，租期为 7 个月[3]，双方对租赁物的维修义务未作约定。

❸ 9 月 20 日，挖掘机出现故障，无法正常工作。于是丙要求甲维修，甲以租赁合同未作约定为由拒绝[4]。丙只能自行维修，共花费维修费 3 万元。丙要求甲支付该笔维修费，甲依然拒绝。

❹ 11 月 2 日，甲电话通知丙解除租赁合同，要求丙在 15 日内返还挖掘机，但未给出任何理由，丙表示拒绝。

❺ 11 月 5 日，丙将挖掘机出售给丁，丁对于丙并非挖掘机所有权人的事实毫不知情。同日，丁向丙支付 100 万元，双方约定于 11 月 16 日交付挖掘机。

❻ 11 月 15 日，丁得知挖掘机的所有权人是甲而不是丙，并且甲不知晓自己与丙的交易。当晚，丁在未通知甲、丙的

【审题要点】

「1」甲到期不能偿还只能拍卖抵押物进行清偿，不能直接取得抵押物。借款 70 万元，若不能偿还直接以 100 万元的挖掘机抵债，明显不合理。

「2」挖掘机是动产，签订了抵押合同，抵押权已设立。“未登记”，说明不能对抗善意第三人。

「3」关键信息：租期 7 个月，6 个月以上应签书面合同，此处为口头约定，应视为不定期租赁，出租人可以随时解除租赁合同。

「4」未作约定，维修义务应由出租人甲承担。

「5」“丁自行开走挖掘机”，并不是正常交付，无法善意取得挖掘机所有权。

情况下，自行将挖掘机开走[5]。

❼ 11 月 16 日，丁将挖掘机以 110 万元出售给戊。当日，戊依约付款，丁亦依约交付挖掘机。戊不了解挖掘机之前的交易情况，亦不知道丁并非挖掘机所有权人。

❽ 11 月 17 日，甲要求丙返还挖掘机，发现挖掘机已辗转至戊手，甲遂请求戊返还挖掘机。甲和乙之间的借款到期后，甲未能偿还借款本息，乙诉至法院，主张根据抵押合同的约定直接取得该挖掘机所有权。

「要求」根据上述资料，分别回答下列问题。

（1）乙对挖掘机的抵押权是否已设立？并说明理由。

（2）甲和乙之间“借款到期若甲不能偿还，则挖掘机归乙所有”的约定是否有效？并说明理由。

（3）丙是否有权要求甲支付维修费？并说明理由。

（4）甲与丙之间的租赁合同是否因甲的解约通知而解除？并说明理由。

（5）甲是否有权要求戊返还挖掘机？并说明理由。

6.「2018 年 · 案例分析题 · 题码 147437」

❶ 2015 年 4 月，甲公司与乙建筑公司签订写字楼建筑工程总承包合同，约定：工程造价 4 000 万元，工期 1 年。合同签订后，甲公司依约先行支付 2 000 万元工程款，剩余 2 000万元拟在工程竣工验收合格后一次付清。

❷ 2015 年 5 月，乙公司从丙融资租赁公司租赁塔吊一台[1]。双方约定：租金共计 48 万元，从当年 6 月开始，按月分 12 期支付，每期 4 万元。双方未就乙公司拖欠租金时如何处理以及塔吊在租赁期满后的归属作出约定[2]。

❸ 2015 年 8 月，因遭受强台风袭击，塔吊损坏。乙公司为修复塔吊花去维修费 3 万元[3]。乙公司要求丙公司承担维修费，丙公司拒绝。为此，乙公司从 2015 年 9 月开始停止支付租金。

❹ 经多次催告[4]，乙公司仍未在合理期限内支付到期租金。2016 年 1 月，丙公司通知乙公司：由于欠交 4 个月租金[4]，乙公司须在 2016 年 2 月的租金支付日支付全部剩余租金，否则解除合同。乙公司无奈，在 2016 年 2 月将剩余租金一次性全部交清。租赁期满后，丙公司要求乙公司返还塔吊，乙公司拒绝。

❺ 2015 年 10 月[5]，甲公司以在建写字楼抵押向 A 银行借款 3 亿元，借期 1 年，双方办理了抵押登记。2016 年 4 月[5]，甲公司从丁公司借款 5 000 万元，借期 1 个月。甲公司仍以在建写字楼为抵押，并为丁公司办理第二顺位抵押登记。

【审题要点】

「1」考查融资租赁合同。

「2」融资租赁合同中“对租赁期满后的归属未作出约定”，到期归出租人所有。

「3」注意和普通租赁区分，融资租赁中，维修费由承租人乙公司承担。

「4」关键信息：已拖欠 4 个月租金且已进行催告。

「5」2015 年 10 月，A 银行抵押权登记，2016 年 4 月，丁公司抵押权登记。都办理了抵押登记，A 银行顺位在先。

「6」乙公司一级资质取得时间在工程竣工之前。

❻ 2016 年 4 月[6]，乙公司如期完成工程建设，要求甲公司验收，并支付剩余 2 000 万元工程款。甲公司验收合格，但拒绝支付剩余工程款，理由是：根据相关规定，承接该工程需具备一级总承包资质，但乙公司在签订建设工程总承包合同时仅有二级资质，一级资质直到 2016 年 1 月才取得[6]，故合同无效。

❼ 2016 年 6 月，甲公司无力偿还丁公司借款。丁公司诉至人民法院，请求拍卖甲公司写字楼，偿还所欠其借款本金 5 000万元及利息。2016 年 6 月，写字楼拍得价款 3.5 亿元。乙公司要求首先清偿其工程款债权 2 000 万元，A 银行要求提存 3 亿元及利息以确保其债权到期后能获清偿。

「要求」根据上述内容，回答下列问题。

（1）甲公司关于乙公司签订建设工程总承包合同时仅有二级资质，合同因而无效的主张是否成立？并说明理由。

（2）丙公司是否有权拒绝承担塔吊的维修费用？并说明理由。

（3）丙公司是否有权要求乙公司在 2016 年 2 月支付全部剩余租金？并说明理由。

（4）租赁期满后，塔吊应归属于谁？并说明理由。

（5）乙公司关于写字楼拍得价款首先清偿其工程款债权的主张是否成立？并说明理由。

（6）A 银行要求提存 3 亿元及利息，以确保其债权到期后能获清偿的主张是否成立？并说明理由。

7.「2018 年 · 案例分析题 · 题码 147453」

---

❶ 2016 年 6 月 6 日，甲与乙签订委托合同[1]，委托乙出租自有房屋一套并代收租金，委托期间为 2016 年 6 月 6 日至 2018 年 7 月 31 日。2016 年 7 月 4 日，甲为乙出具了授权委托书，载明乙有权代理甲处理房屋出租及租金收取事宜，代理权期间为 2016 年 7 月 4 日至 2018 年 7 月 31 日。

❷ 2016 年 8 月 1 日，乙以甲的名义与丙签订书面房屋租赁合同，租期为 2016 年 8 月 1 日至 2018 年 7 月 31 日，租金每月 2 万元。2017 年 6 月，该房屋卫生间管道严重漏水，丙请求甲维修，甲以租赁合同中未约定由其承担维修义务为由拒绝[2]，丙自行维修，花费 2 000 元。

❸ 2018 年 2 月，甲欲出售该房屋，遂通知丙解除租赁合同[3]，丙以甲无权任意解除合同为由拒绝。2018 年 3 月 5 日，甲在未告知丙的情况下，与丁签订买卖合同，以 800 万元的价格将房屋出售于丁。为支付房款，2018 年 3 月 11 日，丁与戊、庚签订借款合同，分别自戊、庚处借款 500 万元和 300 万元，借款期限均为 3 个月。同时，丁还分别与戊、庚约定以房屋作为借款抵押。次日，丁向甲支付了房款。2018 年 3 月 20 日，甲和丁办理了房屋过户登记。随

【审题要点】

「1」明确合同性质——委托合同，属于诺成合同，双方意思表示一致就生效。对比记忆常考的实践合同：保管合同、自然人之间的借贷合同、定金合同，现实给付才生效。

「2」未约定，租赁合同中出租人承担维修义务。

「3」2018 年 2 月在租赁期内，承租人丙无违约行为，甲肯定不能任意解除合同。

「4」该房屋出租在前，出售在后。牢记“买卖不破租赁”。损害了承租人的优先购买权只能要求赔偿损失，不能主张合同无效。

「5」戊、庚都办理了抵押登记且顺位相同，按比例清偿。

后，丁为戊、庚办理了顺位相同的房屋抵押登记[5]。

❹ 2018年4月2日，丁以其为房屋所有权人为由，要求丙搬离，丙拒绝，并以承租人享有优先购买权为由，主张甲与丁的买卖合同无效[4]。

❺ 因丁无力偿还戊、庚的借款，2018年7月12日，戊、庚主张实现抵押权。房屋拍卖所得价款为720万元，戊、庚均要求就拍卖所得价款全额实现自己的债权[5]。

「要求」根据上述内容，分别回答下列问题。

（1）甲与乙的委托合同何时生效？乙何时取得代理权？并分别说明理由。

（2）卫生间管道严重漏水的维修费用2 000元应当由谁承担？并说明理由。

（3）甲是否有权解除与丙的租赁合同？并说明理由。

（4）丁是否有权要求丙搬离？并说明理由。

（5）丙是否有权主张甲与丁的买卖合同无效？并说明理由。

（6）戊和庚应如何就房屋拍卖所得价款实现各自的抵押权？并说明理由。

8.「2018年·案例分析题·题码147462」

❶ 2016年4月4日，甲公司从乙银行借款80万元，用于购置A型号自行车1 000辆，借款期限自2016年4月4日至2016年6月4日，并以价值90万元的自有房屋一套为乙银行设定抵押，同时，乙银行与丙公司签订书面保证合同，约定丙公司为甲公司的借款承担连带保证责任[1]。

❷ 因自行车价格上调，甲公司于4月5日又向乙银行追加借款20万元，期限自2016年4月5日至2016年6月4日。丙公司对追加借款事项并不知情[2]。

❸ 4月7日，甲公司与自行车生产商丁公司正式签署买卖合同，合同约定："丁公司为甲公司提供A型号自行车1 000辆，总价100万元，甲公司应于4月9日、4月20日分别支付价款50万元，丁公司应于4月16日、4月27日分别交付A型号自行车500辆[5]。"双方未就自行车质量问题作出约定[3]。

❹ 4月9日，甲公司向丁公司支付第一期自行车价款50万元。4月16日，丁公司交付A型号自行车500辆。甲公司在验货时发现该批自行车存在严重质量瑕疵，非经维修无法符合使用要求[4]。4月18日，甲公司表示同意收货，但要求丁公司减少价款，被丁公司拒绝。理由是：

第一，双方未就自行车的质量要求作出约定；

第二，即使自行车存在质量问题，甲公司也只能就质量问题导致的损失要求赔偿。

❺ 4月20日，丁公司请求甲公司支付第二期自行车价款50万元，甲公司调查发现，丁公司经营状况严重恶化，可能

【审题要点】

「1」既有物保又有人保，无特殊约定且物保是债务人自己提供的，债务人不履行到期债务时应以抵押物优先清偿。

「2」丙公司是保证人，对追加借款20万元不知情，丙公司对这部分不承担保证责任。

「3」即便对质量问题没有约定，也应符合基本质量标准，未达标属于违约行为。

「4」丁公司交付的自行车质量有问题，应当承担违约责任。

「5」甲、丁约定的合同义务履行顺序是先甲后丁。先履行的甲未履行但有正当理由，甲享有不安抗辩权。

「6」结合「5」，甲中止履行，告知了丁，丁未予理会，并且丁的经营状况在继续恶化，甲有权解除合同。

「7」甲隐瞒质量瑕疵签订合同属欺诈行为，因而被欺诈的一方戊享有撤销权，而不是欺诈方甲。

没有能力履行合同，遂告知丁暂不履行合同并要求丁在15日内提供具有足够履约能力的保证，丁公司未予理会[5]。

❻ 5月6日，丁公司发函告知甲公司：如果再不付款，将向人民法院起诉甲公司违约。甲公司收到函件后，了解到丁公司经营状况继续恶化，便通知丁公司解除未交付的500辆自行车买卖合同[6]。

❼ 5月20日，甲公司隐瞒已受领的500辆自行车的质量瑕疵，将该批自行车以30万元卖与戊公司，约定6月30日付款交货。

❽ 5月25日，庚公司告知甲公司，愿以35万元购买上述500辆自行车。

❾ 5月30日，甲公司以自己隐瞒质量瑕疵为由，主张撤销与戊公司之间的买卖合同[7]。

❿ 6月4日，甲公司无力偿还乙银行两笔贷款，乙银行考虑到拍卖抵押房屋比较烦琐，遂直接要求丙公司还贷，被丙公司拒绝。

「要求」根据上述内容，分别回答下列问题。

（1）甲公司是否取得已受领自行车的所有权？并说明理由。

（2）甲公司是否有权要求减少价款？并说明理由。

（3）甲公司中止履行向丁公司支付第二期自行车价款的义务，是否构成违约？并说明理由。

（4）甲公司是否有权就未交付的自行车解除合同？并说明理由。

（5）甲公司是否有权撤销与戊公司的买卖合同？并说明理由。

（6）乙银行是否有权要求丙公司偿还第一笔贷款？并说明理由。

（7）乙银行是否有权要求丙公司偿还第二笔贷款？并说明理由。

9.「2017年改编·案例分析题·题码147470」

❶ 2016年3月，甲公司因业务需要分别向乙公司和丙公司购买绒布面料和丝质面料。为筹措面料采购资金，甲公司与丁银行签订借款合同，约定借款50万元。借款合同签订当日，丁银行预先扣除相应利息后发放贷款48万元[1]。戊公司为甲公司的借款提供保证，双方未约定保证方式[2]。

❷ 甲公司和乙公司在绒布面料买卖合同中约定：面料总价40万元，甲公司应在乙公司交付绒布面料后3日内一次付清；合同签订次日，甲公司给付定金10万元[3]。合同签订后，甲公司如数给付定金。后因绒布面料价格上涨，乙公司要求提高价格，被甲公司拒绝，最终，乙公司比约定的交货日期迟延了10日才向甲公司交货。

❸ 此时，甲公司因无原料投产，不能向买方按时交货，订单已被原买方取消。甲公司为此遭受损失19万元[4]。鉴于乙公司的履行已无意义，甲公司拒绝接受乙公司履行，通知

【审题要点】

「1」扣除2万元利息，实际发放借款48万元，就只能按48万元计算利息。

「2」“未约定保证方式”，为一般保证，有先诉抗辩权。

「3」面料总价40万元，给付定金10万元。定金不能超过合同标的额的20%，即只有8万元（40×20%）是有效定金，超过的2万元属无效定金。

「4」遭受损失19万元，说明获得的赔偿不能高于这个金额。

「5」乙延迟交货导致无法实现合同目的，甲可以解除合同。根据「3」有效定金为8万元，剩余2万元视为预付款，应退还双倍定金16万元+预付款2万元，共18万元。

乙公司解除合同，要求适用定金罚则由乙公司双倍返还定金共20万元，并赔偿全部损失19万元[5]。乙公司不同意解除合同，拒绝赔偿19万元损失，要求甲公司收货并支付货款。

❹ 甲公司和丙公司在丝质面料买卖合同中约定：甲公司向丙公司购买丝质面料100匹；甲公司应在收货后10日内检验面料质量并通知丙公司，并于质量检验后3日内支付价款。甲公司收货后，由于业务繁忙，至收货后的第12日才开箱验货[6]，发现面料质量存在问题，不能正常使用，遂通知丙公司解除合同，丙公司拒绝。验货次日，甲公司所在地山洪暴发，丝质面料全部毁损[7]。

❺ 甲公司未能按期偿还丁银行借款。丁银行要求戊公司承担保证责任，戊公司拒绝，理由为丁银行应先就甲公司财产强制执行。[2]

全部损失19万元，适用定金罚则后获得8万元赔偿，剩下最多可以要求19－8＝11（万元）的赔偿。

「6」约定在10日内检验，甲公司在收货后12日才开始验货，甲在约定的检验期限内未提出异议，视为面料质量符合约定。

「7」标的物毁损灭失风险，原则看“交付”。

「要求」根据上述内容，分别回答下列问题：

（1）甲公司是否有权解除与乙公司的绒布面料买卖合同？并说明理由。

（2）根据定金罚则，甲公司能否要求乙公司返还20万元？并说明理由。

（3）适用定金罚则后，甲公司能否要求乙公司赔偿全部损失19万元？并说明理由。

（4）甲公司是否有权解除与丙公司的丝质面料买卖合同？并说明理由。

（5）丝质面料遭山洪毁损的损失由谁承担？并说明理由。

（6）戊公司关于“丁银行应先就甲公司财产强制执行”的理由是否成立？并说明理由。

10.「2016年·案例分析题·题码147482」

❶ 2014年3月5日，机床生产商甲公司向乙公司出售机床20台，每台20万元。乙公司因资金周转困难，欲向丙银行贷款400万元，并与甲公司约定：“仅在乙公司的400万元银行借款于2014年6月2日前到账时，机床买卖合同开始生效[1]。”

❷ 2014年4月2日，乙公司与丙银行签订借款合同，并以其自有房屋一套为丙银行设定抵押，双方签订了书面抵押合同，但未办理抵押登记[2]。直至6月16日[3]，乙公司始获得丙银行发放的3个月短期贷款400万元。6月17日，乙公司请求甲公司履行机床买卖合同，甲公司以合同未生效为由拒绝。

❸ 2014年5月20日，甲公司与丁公司签订买卖合同。双方约定：“甲公司向丁公司出售机床5台，每台21万元；甲公司应于2014年7月11日前交付机床，交付机床的同时[4]，丁公司支付货款。”6月20日，丁公司与乙公司签订买卖合同，将拟从甲公司购入的5台机床以每台22万元的价格转售给乙公司。双方约定于7月12日交货付款。

【审题要点】

「1」属于附生效条件的合同，条件为“银行借款于2014年6月2日前到账”。

「2」房屋是不动产，抵押权自登记时设立，未登记说明抵押权未设立。

「3」6月16日获得贷款，由「1」可知，生效条件未达成，合同未生效。

「4」甲、丁约定双方同时履行合同义务。

「5」甲转让债权，已通知债务人丁，无须取得丁同意，戊取得债权。

「6」由「4」可知，双方约定同时履行，丁拒绝付款，甲可以停止交付。

「7」属于违约，应赔偿损失。

❹ 6 月 5 日，甲公司的债权人戊公司要求其清偿到期债务 100 万元。甲公司遂将对丁公司的合同债权让与戊公司用于抵债，并通知丁公司，丁公司表示反对「5」。7 月 11 日，甲公司欲向丁公司交付机床，同时要求丁公司将货款支付给戊公司。丁公司拒绝向戊公司付款，甲公司遂停止交付机床「6」。

❺ 7 月 12 日，乙公司请求丁公司交付机床，丁公司无货可交「7」。7 月 20 日，乙公司另行购得机床 5 台，共计花费 120 万元。7 月 28 日，乙公司请求丁公司赔偿其另行购买机床多花费的 10 万元。

❻ 9 月 16 日，乙公司无法偿还丙银行到期贷款，丙银行要求实现在乙公司房屋上设定的抵押权。

「要求」根据上述内容，分别回答下列问题。

（1）甲公司是否有义务向乙公司交付机床？并说明理由。

（2）乙公司与丙银行之间的抵押合同是否有效？并说明理由。

（3）丁公司反对甲公司将债权转让给戊公司，该债权转让是否有效？并说明理由。

（4）丁公司拒绝向戊公司付款，甲公司是否有权停止向丁公司交付机床？并说明理由。

（5）乙公司是否有权请求丁公司赔偿其另行购买机床多花费的 10 万元？并说明理由。

（6）丙银行要求实现抵押权的主张能否得到支持？并说明理由。

11. **「2016 年 · 案例分析题 · 题码 147502」**

❶ 甲将其位于某住宅楼顶层的一套住房出租给乙，租期 2 年，月租金 9 000 元，但未约定租金支付方式，书面租赁合同签订当日，乙向甲支付了 1 年的租金。

❷ 租期第 2 个月，房屋天花板严重漏雨。乙通知甲维修，甲以合同未约定维修条款为由拒绝「1」。乙只好自己找人维修，花去维修费 8 000 元，维修期间房屋无法居住，乙全家住酒店 10 日，住宿费用 3 000 元。

❸ 租期第 5 个月，乙全家出国半年。行前，乙经甲同意将房屋转租给丙「2」，租期半年，月租金 10 000 元。丙租住期间，因使用不当，将甲的洗衣机损坏。乙回国后，甲要求乙赔偿洗衣机损坏的损失，乙提出洗衣机系由丙损坏，甲应向丙索赔「3」。

❹ 租期第 14 个月，乙在未告知甲的情况下「4」，在客厅造了一个壁炉。甲知悉后，要求乙拆除。

❺ 租期第 16 个月，甲在未通知乙的情况下，将房屋出卖给自己的姐姐丁并于 3 日后办理了房屋转让登记「5」。乙以优先购买权受到侵害为由，要求甲承担赔偿责任，丁则通知乙 1 个月内搬出「6」。

【审题要点】

「1」未约定，租赁合同中出租人承担维修义务。

「2」乙将房屋转租获得了丙的同意。

「3」根据合同的相对性，甲是和乙建立的租赁关系，甲应要求乙赔偿损失，乙可再向丙追偿。

「4」“未告知甲”，说明乙私自对房屋改造，甲可要求恢复原状。

「5」注意甲将房子卖给自己的姐姐（近亲属），乙不享有优先购买权。

「6」该房屋出租在前，出售在后。牢记“买卖不破租赁”。

「要求」根据上述内容，分别回答下列问题，并说明理由。

(1) 甲是否有义务维修房屋天花板?

(2) 乙是否有权要求甲支付天花板维修费用并减免维修期间相当于酒店住宿费用的租金?

(3) 甲是否有权要求乙赔偿洗衣机损坏的损失?

(4) 甲是否有权要求乙拆除壁炉?

(5) 丁是否取得房屋所有权?

(6) 乙关于其优先购买权受到侵害的主张是否成立?

(7) 丁是否有权要求乙 1 个月内搬出?

专题二　公司法律制度、证券法律制度

1. 「2021 年 · 案例分析题 · 题码 147516」

星美公司是上市公司，股本总额 10 亿元，控股股东晨亮集团持有该公司 53% 的股份。星美公司最近一期期末经审计的净资产为 2.8 亿元。

2019 年 1 月 21 日，星美公司计划通过公开发行优先股筹资 1.5 亿元「1」，制订了优先股发行方案草案：第一年采取 5% 的固定股息率，第二年起股息率参考银行同期贷款利率在 3% 至 6% 之间浮动「2」。但该方案未获董事会表决通过。

2020 年 3 月 26 日，为整合行业资源，星美公司拟购买海蓝集团的全资子公司河瀚公司的全部股权。此前经双方审计报告确认，河瀚公司与星美公司最近一个会计年度的合并财务会计报告期末资产总额比为 51%「3」，营业收入比为 21%，资产净额比为 44%。

2021 年 6 月，星美公司面临严重财务困难。豪鑫公司拟收购星美公司部分股份，并提出挽救星美公司的重组方案。该重组方案主要涉及星美公司出售部分资产以及豪鑫公司受让晨亮集团持有的星美公司 33% 的股份等事宜。

2021 年 6 月 16 日，星美公司临时股东大会审议通过前述部分资产出售方案。持股 0.1% 的自然人股东张某在表决时投了反对票，并在会后以此为由请求星美公司按照市场价格回购其所持有的公司全部股份「4」，星美公司拒绝。

相关材料初稿显示：豪鑫公司拟免于以要约收购的方式受让晨亮集团持有的星美公司 33% 的股份，且承诺 1 年内不转让其在星美公司中所拥有的权益「5」；如不符合免于以要约方式增持股份的规定，豪鑫公司拟向星美公司全体股东发出收购其部分股份的要约「6」。

【审题要点】

「1」优先股筹资金额不得超过发行前净资产的 50%，筹资金额最多是 2.8 × 50% = 1.4 亿元。

「2」发行优先股必须采用固定股息率。

「3」资产总额、营业收入、资产净额任意一个符合条件，即构成重大资产重组。

「4」股东张某对出售方案持有异议，判断是否属于异议股东股份回购请求权的情形。

「5」收购人承诺 3 年内不转让，才可以提出免于以要约方式增持股份的申请。

「6」豪鑫公司拟收购股份 33%（超过 30%），由「5」可知不符合豁免发出要约条件，故只能发出全面收购要约。

「要求」根据上述内容，分别回答下列问题。

（1）星美公司优先股发行方案草案中确定的筹资 1.5 亿元的计划，是否符合证券法律制度的规定？并说明理由。

（2）星美公司优先股发行方案草案中确定的股息率是否符合证券法律制度的规定？并说明理由。

（3）星美公司购买海蓝集团的全资子公司河瀚公司的全部股权是否构成重大资产重组？并说明理由。

（4）星美公司拒绝张某的股份回购请求是否符合证券法律制度的规定？并说明理由。

（5）申请材料初稿中的“豪鑫公司拟承诺 1 年内不转让其在星美公司中所拥有的权益”内容，是否符合证券法律制度的规定？并说明理由。

（6）豪鑫公司向星美公司全体股东发出的部分股份收购要约是否符合证券法律制度的规定？并说明理由。

2.「2021 年·案例分析题·题码 147523」

上市公司华赢公司拟公开发行可转换债券，公司相关部门草拟了债券发行初步方案（以下简称“初步方案”），主要内容如下：

❶ 仅面向专业投资者发行「1」。

❷ 以协议交易的方式回购股份，将股份用于拟发行的可转换债券的转股「2」。

❸ 偿债保障措施是以公司自有房产、设备等资产作抵押「3」，担保范围包括债券本金及利息，但不包括违约金、损害赔偿金和实现债权的费用「4」。

❹ 可转换债券发行后，在交易所集中竞价系统面向普通投资者交易「5」。

上述初步方案经修订后，由华赢公司董事会决议通过。

2020 年 5 月，华赢公司发布公告称公司将于 6 月 24 日召开临时股东大会，审议有关董事选举、股权激励计划和公开发行债券等事宜。连续持股 60 日、持股 0.5% 的股东刘某随后请求华赢公司为其发布公告，就其所拟新增董事候选人事项向公司全体股东征集提案权委托「6」。

在公司作出回应前，刘某通过某投资者论坛自行联系了华赢公司 3 名股东。4 人于 6 月 15 日共同向公司董事会书面提出新增董事候选人的临时提案，刘某等 4 名股东合计持股比例为 2.9%「7」。

另外，公司独立董事赵某拟作为征集人，就 6 月 24 日临时股东大会将要审议的股权激励相关议案，向单独持有 1% 以上有表决权股份的股东征集投票权委托「8」。

【审题要点】

「1」属于向特定对象发行。

「2」回购股份用于可转换债券必须以公开的集中交易方式进行。

「3」华赢公司是上市公司，不得作为发行可转债的担保人。

「4」可转债的担保为全额担保，违约金、损害赔偿金和实现债权的费用也属于担保范围。

「5」结合「1」判断此做法是否符合规定。

「6」考察表决权征集。上市公司董事会、独立董事、持有 1% 以上有表决权股份的股东、投资者保护机构，可作为征集人。

「7」考察临时提案权：10 日 +3%。

「8」赵某仅向部分股东进行了征集。

「要求」根据上述内容，分别回答下列问题。

（1）根据华赢公司的初步方案，公司拟“以协议交易的方式回购股份，将股份用于转换拟发行的可转换债券”，该回购事由和回购方式是否符合公司法律制度的规定？并分别说明理由。

（2）华赢公司初步方案中的偿债保障措施和担保范围，是否符合证券法律制度的规定？并分别说明理由。

（3）华赢公司可转换债券拟“发行后在交易所集中竞价系统面向普通投资者交易”，该交易场所和交易对象是否符合证券法律制度的规定？并分别说明理由。

（4）根据证券法律制度的规定，刘某是否具有公开征集提案权委托的资格？并说明理由。

（5）刘某等 4 名股东向公司提出新增董事候选人临时提案的做法，是否符合公司法律制度的规定？并说明理由。

（6）独立董事赵某拟作为征集人向单独持有 1% 以上有表决权股份的股东征集投票权委托的做法，是否符合证券法律制度的规定？并说明理由。

3.「2020 年・案例分析题・题码 147542」

恒发公司是主板上市公司，明方公司持有恒发公司 30% 的股份，是其控股股东「1」。2018 年 8 月，明方公司管理层与朱亚集团接触，拟将其持有的恒发公司全部股份转让给朱亚集团「2」。8 月 16 日，市场出现传闻，称明方公司拟将其持有的恒发公司股份售出以偿还质押融资款，恒发公司股价发生波动。恒发公司就市场传闻向明方公司发函问询，明方公司认为股价波动与明方公司无关，故未作回复。

10 月 8 日，明方公司与朱亚集团签署“股份转让框架协议”并通知了恒发公司，同日，恒发公司发布提示性公告。11 月 6 日，明方公司与朱亚集团签署“股份转让协议”「2」。恒发公司在准备公告文件过程中发现：

❶ 朱亚集团的权益变动报告书表明了未来 12 个月内继续增持的意图，但拒绝提供未来 12 个月内对恒发公司的业务、人员等是否进行调整的后续计划且未说明理由。恒发公司要求朱亚集团补充相关内容，朱亚集团则认为自己没有义务披露是否调整恒发公司业务等后续计划「3」。

❷ 明方公司的权益变动报告书中未说明其是否了解朱亚集团的诚信情况和收购意图。朱亚集团要求明方公司在股份过户之前「4」将恒发公司董事会半数以上成员更换为朱亚集团委派的人员。明方公司表示拒绝。

朱亚集团拟在本次协议收购恒发公司股份之后再通过集中竞价的交易方式继续增持恒发公司股份，预计最终持股比例为 35%「5」。

2019 年 6 月，明方公司与朱亚集团无法就股份收购事项达成最终一致意见。8 月 6 日，恒发公司发布“股份转让协议之终止协议的公告”。朱亚集团董事张某的丈夫刘某是月环基金的产品经理，“月环 1 号”是刘某负责管理的基金产品。“月环 1 号”自 2018 年 12 月 24 日之后大量买入恒发公司的股票，但于 2019 年 7 月 12 日全部卖出「6」。2019 年 12 月，中国证监会对张某、刘某等人涉嫌内幕交易展开调查。张某辩称“月环 1 号”在 7 月 12 日全部卖出恒发公司股票的投资决策与自己无关，朱亚集团收购恒发公司的消息于 2018 年 10 月 8 日就已经公开，之后并不存在内幕消息，因此不存在内幕交易。证监会在调查中还发现，月环基金投研部门的研发人员王某在工作中获知“月环 1 号”的投资信息，遂利用他人股票账户，与“月环 1 号”几乎同步买入，卖出恒发公司的股票，但没有证据证明王某与刘某之间存在关于朱亚集团终止收购的信息交流。稽查人员认为，王某与“月环 1 号”的趋同交易虽然不构成内幕交易，但仍然违反了证券法律制度。

【审题要点】

「1」理清主体关系，明方公司是恒发公司的控股股东。

「2」明方公司向朱亚集团协议转让其所持有的恒发公司全部股份，朱亚集团受让股份后持有恒发公司 30% 的股份。

「3」结合「2」，判断朱亚集团是否应进行相关信息披露。

「4」“股份过户之前”尚处于收购过渡期内，考核此期间对改选董事会的限制。

「5」注意朱亚集团受让股份后已持有恒发公司 30% 股份，拟继续增持。

「6」2019 年 6 月，双方无法就股份收购事项达成最终一致意见的信息已形成，此信息在 8 月 6 日才对外公告，而“月环 1 号”在 2019 年 7 月 12 日（敏感期内）将恒发公司股票全部卖出。

「要求」根据上述内容，分别回答下列问题。

（1）明方公司对恒发公司问询函不予回复，是否符合证券法律制度的规定？并说明理由。

（2）朱亚集团拒绝披露未来 12 个月内对恒发公司业务、人员等是否进行后续调整的行为，是否符合证券法律制度的规定？并说明理由。

（3）明方公司的权益变动报告书中未说明其是否了解朱亚集团的诚信情况和收购意图，是否符合证券法律制度的规定？并说明理由。

（4）朱亚集团在股份过户之前就要求改选恒发公司半数以上董事会成员，是否符合证券法律制度的规定？并说明理由。

（5）朱亚集团拟在协议收购后再通过集中竞价交易方式继续增持恒发公司股份至 35% 的计划，是否符合证券法律制度的规定？并说明理由。

（6）张某关于“2018 年 10 月 8 日之后不存在内幕消息”的辩解是否成立？并说明理由。

（7）王某与“月环 1 号”的趋同交易行为是否违反证券法律制度的规定？并说明理由。

4.「2020 年改编 · 案例分析题 · 题码 147555」

春明公司为主板上市公司，最近一期期末经审计的净资产为 10 亿元，最近 3 个会计年度实现可分配利润合计为 1 170 万元。春明公司拟发行可转换公司债券，公司相关部门拟订“初步发行方案”如下：

❶ 拟发行 4 亿元人民币可转债，债券期限为自发行之日起 6 年；

❷ 债券票据利率头三年为每年 1%[1]，第四年为 1.5%，第五年为 2%，第六年为 2.5%；

❸ 转股期自可转债发行之日结束起满 3 个月后的第一个交易日至可转债到期日止[2]；

❹ 该可转债为无担保债券[3]。

经公司法务和中介机构修改“初步发行方案”后，春明公司董事会、股东大会通过了发行可转债决议。

2018 年 8 月，春明公司向合格投资者公开发行可转债，根据公告的债券募集说明书，在本次发行的可转债存续期间，当公司股票在任意连续 30 个交易日中至少有 15 个交易日的收盘价低于当期转股价格的 80% 时，公司可以修正转股价格。

2019 年 5 月，春明公司召开临时股东大会。就董事会根据债券募集说明书约定的情形所提出的转股价格向下修正方案进行表决，出席本次临时股东大会的股东共持有 5.8 亿有表决权的股票，转股价格向下修正方案的议案获得 3 亿赞同票[4]。

持有公司 2018 年 8 月发行的可转债的股东王某，被公司告知不能就此次转股价格向下修正方案进行表决。王某向公司提出：转股价格向下修正方案属于关乎债券持有人重大权益的事项，排除债券持有人的表决不符合法律规定[5]。

2019 年 8 月，春明公司未能按期完成公司债券的回售和利息兑付，受托管理人利勤证券及时召集了债券持有人会议。根据

【审题要点】

「1」公司债券的利息要和最近 3 年平均可分配利润比较。

「2」注意转股时间，要 6 个月后。

「3」要不要提供担保得看公司的净资产，如果≥15 亿元可以不用，否则要提供担保，且为全额担保。此处净资产为 10 亿元（ <15 亿元），应当提供担保。

「4」转股价格向下修正涉及增资，属于股东大会的特别决议事项。

「5」王某持有公司发行的可转债，转股价格向下修正方案涉及其自身利益，关联股东要回避表决。

「6」考点为受托管理人的职责。

「7」持有本期债券总额≥10% 的有权自行召集，500 万元/4 亿元 =1.25%，不足 10%。

债券持有人会议的决议，拟由利勤证券以受托管理人的名义代表债券持有人向春明公司提起民事诉讼[6]。

王某对利勤证券不满，欲更换受托管理人，遂以本人持有公司500万元可转债为由，自行召集债券持有人会议[7]。

「要求」根据上述内容，分别回答下列问题。

（1）春明公司的财务状况与其“初步发行方案”设定的债券票据利率，是否符合可转债发行条件？并说明理由。

（2）“初步发行方案”的转股期限是否符合证券法律制度的规定？并说明理由。

（3）“初步发行方案”中无担保债券的设置，是否符合证券法律制度的规定？并说明理由。

（4）根据2019年5月临时股东大会会议的表决权情况，转股价格向下修正方案是否获得通过？并说明理由。

（5）春明公司排除王某对转股价格向下修正方案的表决，是否符合证券法律制度的规定？并说明理由。

（6）根据证券法律制度的规定，利勤证券能否以自己的名义代表债券持有人向春明公司提起民事诉讼？并说明理由。

（7）王某自行召集债券持有人会议，是否符合证券法律制度的规定？并说明理由。

5.「**2020年·案例分析题·题码147569**」

❶ 甲公司为上市公司。2019年5月，以甲公司董事长为首的8名董事和高管所持公司股票的限售期到期。

❷ 2019年5月底，农业农村部向社会通报猪瘟疫情。6月5日，财经媒体大同财经[1]发布新闻报道称，甲公司正在与某科研机构合作研发“可有效预防非洲猪瘟的疫苗”；当日，甲公司股票交易价格明显上涨。

❸ 6月18日，甲公司发布重大合同公告，声称公司研发的兽用疫苗注射液将投入产业化生产，对猪瘟的预防率达到100%，并将给公司带来显著业绩增长；当日，甲公司股票涨停，交易量显著增多[2]，8名董事和高管各自售出部分股票。

❹ 6月19日，农业农村部发布公告称“目前尚未有任何猪瘟商品化疫苗获批或上市，且目前尚无预防率为100%的猪瘟疫苗”。证券交易所亦于同日就甲公司6月18日披露的公告向甲公司发出问询函。甲公司回复称，6月18日的公告误将“兽用注射液”写成“兽用疫苗注射液”。当日，甲公司股票跌停[3]。

❺ 2020年2月4日，甲公司发布公告称：因公司涉嫌证券违法行为，证监会决定对甲公司立案调查。

投资者李某于2019年6月5日买入甲公司股票，于2019年6月19日卖出。

投资者赵某于2019年6月18日买入甲公司股票，并一直

【审题要点】

「1」财经媒体不是信息披露义务人，不构成虚假陈述，6月5日也不是虚假陈述实施日。

「2」后文可知目前尚无对猪瘟的预防率达到100%的疫苗，甲公司发布的是虚假信息，该信息对投资者产生了误导。6月18日，公司发布公告为虚假陈述实施日。

「3」农业农村部发布公告，证券交易所发出问询函导致甲公司股票跌停，说明已经起到澄清作用，可以确定6月19日为揭露日。

「4」赵某的买入行为（6月18日）在虚假陈述实施日（6月18日）和揭露日（6月19日）之间，并一直持有该股票而发生亏损，损失与虚假陈述之间存在因果关系。

「5」与发行人承担连带赔偿责任，证明自己没有过错的除外。

「6」袁某明知新闻是假的，依旧散布虚假信息造成严重后果，肯定要承担责任。

持有[4]。

投资者孙某于2019年6月3日买入甲公司股票，于2020年3月陆续卖出。

❻ 2020年5月，李某、赵某和孙某分别向人民法院提起虚假陈述民事赔偿诉讼，要求甲公司及其董事、高管赔偿投资损失。

李某向人民法院主张：虚假陈述实施日为2019年6月5日。

孙某向人民法院主张：虚假陈述揭露日为2020年2月4日证监会立案调查公告之日。

人民法院查明：公司股票价格自2019年6月19日跌停后，一直处于相对低位；2020年2月4日公司股价没有明显下跌。人民法院将2019年6月19日认定为虚假陈述揭露日，并驳回李某和孙某的起诉。

❼ 在赵某提起的诉讼中，甲公司董事长等人提出：虚假陈述行为人是甲公司，公司董事和高管不应该作为虚假陈述民事赔偿诉讼的共同被告[5]。

证监会在调查中发现：甲公司8名董事和高管在6月初向交易所报备减持计划的同时，授意大同财经记者袁某发布公司研发“非洲猪瘟疫苗”的新闻，有证据表明袁某应当知道该新闻是不真实的[6]。

❽ 稽查人员认为：甲公司8名董事和高管的行为构成操纵市场；袁某也违反了《证券法》的相关规定。袁某辩称：他不是信息披露义务人，其作为记者有权进行财经新闻报道，没有义务核实信息的真实性，因此没有违反《证券法》。

「**要求**」根据上述内容，分别回答下列问题：

（1）甲公司6月18日的公告构成哪些类型的信息披露违法行为？并分别说明理由。

（2）甲公司董事长关于“公司董事和高管不应该作为共同被告”的主张是否成立？并说明理由。

（3）李某关于“虚假陈述实施日为2019年6月5日”的主张是否成立？并说明理由。

（4）法院将2019年6月19日认定为虚假陈述揭露日，是否符合证券法律制度的规定？并说明理由。

（5）法院认可投资者赵某的原告资格，是否符合证券法律制度的规定？并说明理由。

（6）甲公司董事和高管的行为是否构成操纵市场？并说明理由。

（7）袁某关于“他不是信息披露义务人”“没有义务核实信息的真实性”的辩解是否成立？并说明理由。

6.「2019年·案例分析题·题码147580」

❶ 福明公司为A股上市公司。2018年1月25日，福明公司实际控制人、董事长李某根据公司2017年度业绩情况，向董事会秘书赵某提出在当期实施股票“高送转”的利润分配决议[1]。赵某起草了《高送转预期利润分配预案》等文

【审题要点】

「1」分配股利计划属于内幕信息。2018年1月25日为内幕信息形成之时。

「2」赵某属于内幕信息知情人员，泄露了内

件提交董事会审议，但由于董事会对具体实施方案存在较大分歧，未能形成有效决议，该方案未予披露。

❷ 孙某为赵某好友。2018 年 1 月底，孙某在一次商业宴会上向赵某打听福明公司 2017 年度业绩和利润分配情况。赵某告知孙某“业绩不错，可能会做‘高送转’[2]，但董事会还没通过，具体还不好说”。得此答复后，孙某于 2018 年 2 月 2 日买入福明公司股票[3]。

❸ 2018 年 2 月 5 日，赵某根据董事会意见修改了利润分配方案。2018 年 2 月 26 日（星期一），福明公司召开董事会通过了修改后的利润分配方案。根据该方案，以盈余公积金向全体股东每 10 股转增 10 股，并派发 2 元红利。3 月 1 日，福明公司公告董事会决议[4]。

❹ 赵某将“高送转”信息告知妻子程某。随后，程某又将该信息转告福明公司股东王某。王某遂通过其控制的越野投资有限公司（以下简称“越野投资”）于 2018 年 2 月中旬多次买入福明公司股票[5]。此前，王某已持有福明公司 2% 的股份，越野投资不持有福明公司股份[6]。

❺ 2019 年 3 月，中国证监会对福明公司内幕交易案立案调查。孙某在内幕交易调查中抗辩：福明公司的“高送转”方案在 2018 年 1 月底时董事会尚未通过，赵某于 2 月 5 日才修改“高送转”方案，孙某在 2 月 2 日买入股票时内幕信息尚未形成，故其买入行为不构成内幕交易。

❻ 调查期间，中国证监会认定王某与越野投资在 2018 年 2 月购入福明公司股票时，构成一致行动人，购入后二者合计持股比例为 5.9%[6]，未按规定履行重大持股信息披露义务。王某在内幕交易调查中未对自己的买入行为给出正当理由，但辩称：其于 2018 年 2 月的股票买入行为，属于相关司法解释中规定的“持有或者通过协议、其他安排与他人共同持有上市公司 5% 以上股份的自然人、法人或者其他组织收购该上市公司股份”的情形，不构成内幕交易。

幕信息，构成内幕交易。

「3」孙某得知内幕信息，买入福明公司股票，构成内幕交易。

「4」注意时间点，福明公司于 2018 年 2 月 26 日形成决议，在 3 月 1 日进行公告。

「5」赵某将内幕信息告知妻子程某，程某又将该信息告知王某，王某因此购买了福明公司股票，属于内幕交易。

「6」王某在 2 月购买股票前持股比例仅为 2%，购入后与越野投资合计持股比例才达到 5% 以上。

「要求」根据上述内容，分别回答下列问题。

（1）本案“高送转”的利润分配方案是否构成内幕信息？并说明理由。

（2）赵某告知孙某“可能会做‘高送转’”的行为是否构成内幕交易？并说明理由。

（3）福明公司以盈余公积金转增股本的做法是否符合公司法律制度的规定？并说明理由。

（4）福明公司于 2018 年 3 月 1 日公告董事会决议，是否符合证券法律制度的规定？并说明理由。

（5）孙某关于其“在 2 月 2 日买入股票时内幕信息尚未形成”的抗辩是否成立？并说明理由。

（6）程某告知王某“福明公司将做‘高送转’”的行为是否构成内幕交易？并说明理由。

（7）王某所称“其于 2018 年 2 月的股票买入行为属于收购，不构成内幕交易”的抗辩理由是否成立？并说明理由。

7. 「2019 年 · 案例分析题 · 题码 147591」

❶ 新银公司为 A 股上市公司，股本总额为 2 亿股，2015 年 5 月 22 日，新银公司召开临时股东大会，审议通过了《非公开发行股票议案》。该议案确定本次非公开发行对象为公司股东物灵公司、宝华公司与元基公司，股票发行数量不超过 5 000 万股；物灵公司认购 4 000 万股，宝华公司和元基公司共认购 1 000 万股，发行价格为 7. 5 元/股。

❷ 5 月 26 日，新银公司与三个股东正式签订非公开发行股票认购协议，协议签订前，物灵公司持有新银公司的股份比例为 28%，宝华公司和元基公司签订有一致行动人协议，合计持股比例为 10%；新银公司董事、监事、高级管理人员及其一致行动人合计持股比例为 12%，宝华公司和元基公司承诺此次非公开发行实施完毕前，不以任何形式增持新银公司股份。

❸ 自 2015 年 6 月起，宝华公司旗下管理的基金账户通过场内交易增持新银公司股份，截至 2015 年 12 月 8 日，宝华公司和元基公司合计持股比例达到 29%「3」。物灵公司认为，宝华公司和元基公司不属于“社会公众股东”，在宝华公司通过证券交易所增持后，新银公司如仍按议案约定增资扩股，将导致新银公司股份分布不符合证券法规定。董事会决定调整非公开发行议案，2015 年 12 月 16 日，新银公司发布公告称，证监会已同意公司暂停非公开发行股票的申请。

❹ 新银公司董事会经与物灵公司协商，形成如下意见：鉴于宝华公司和元基公司的失信行为，不再将其作为本次非公开发行的认购对象，调整后的股票发行数量为 3 000 万股，由物灵公司全额认购。物灵公司认购后，所持新银公司的股份比例将超过 30%，会触发强制要约收购义务。物灵公司认为，因其已承诺 3 年内不转让本次非公开发行的股票，所以只需新银公司股东大会的非关联股东豁免其要约收购，可以免于发出要约「1」。

❺ 根据以上意见，2016 年 2 月 1 日，新银公司董事会审议通过《关于调整非公开发行股票发行对象、发行数量及募集资金数额的议案》（以下简称“议案 1”）「2」。次日，新银公司发布公告，公司将于 2 月 19 日召开临时股东大会审议该议案，物灵公司、宝华公司和元基公司应对该议案表决予以回避。2016 年 2 月 5 日「3」，宝华公司和元基公司向新银公司董事会提交《关于调整非公开发行股票方案的议案》（以下简称“议案 2”），提议宝华公司和元基公司全额认购拟非公开发行的 3 000 万股股票「4」。同时，对上述关于回避表决的要求提出异议。

【审题要点】

「1」考核可以免于发出要约的情形。

「2」“议案 1”发行对象是物灵公司，物灵公司是关联股东。

「3」2 月 19 日召开临时股东大会，2 月 5 日，宝华公司和元基公司提出临时提案且双方合计持股比例达到 29%。

「4」“议案 2”发行对象是宝华公司和元基公司，宝华公司和元基公司是关联股东，要回避表决。

「5」注意请求撤销决议的期限限制。2 月 19 日作出决议，4 月 29 日提出撤销之诉，间隔时间超过 60 日。

❻ 2016 年 2 月 19 日，宝华公司和元基公司参加临时股东大会进行表决，对议案 1 投了反对票，对议案 2 投了赞成票。议案 2 获得出席股东大会的股东所持表决权过半数通过，议案 1 未获得通过。物灵公司未参与此次股东大会表决，但在会后向董事会提出质疑，宝华公司和元基公司无权提出临时提案，更无权参与此次股东大会并对议案 1 和议案 2 进行表决。

❼ 物灵公司认为关联股东未回避表决属于股东大会决议撤销之诉的事由，故而于 2016 年 4 月 29 日向法院提起诉讼，请求撤销 2 月 19 日新银公司临时股东大会对议案 2 的决议「5」。

「要求」根据上述内容，分别回答下列问题。

（1）物灵公司关于“因其已承诺 3 年内不转让本次非公开发行的股票，所以只需新银公司股东大会非关联股东豁免要约收购，可以免于发出要约”的观点，是否符合证券法律制度的规定？并说明理由。

（2）宝华公司和元基公司参加新银公司临时股东大会并对议案 1 进行表决，是否符合证券法律制度的规定？并说明理由。

（3）宝华公司和元基公司参加新银公司临时股东大会并对议案 2 进行表决，是否符合证券法律制度的规定？并说明理由。

（4）物灵公司关于“宝华公司和元基公司无权提出临时提案”的观点，是否符合公司法律制度的规定？并说明理由。

（5）物灵公司提起股东大会决议撤销之诉的日期是否符合公司法律制度的规定？并说明理由。

8.「2018 年 · 案例分析题 · 题码 147601」

2017 年 4 月，甲上市公司与乙有限责任公司达成合并意向。甲公司董事会初步拟订的合并及配套融资方案（以下简称“方案初稿”）包括以下要点：

❶ 甲公司吸收合并乙公司，合并完成后，甲公司存续，并承接乙公司全部资产和负债；乙公司注销，乙公司原股东获得现金补偿。

❷ 根据合并双方审计报告，截至 2016 年年底，乙公司资产总额占甲公司同期经审计资产总额的比例超过 50%「1」，但该年度乙公司营业收入占甲公司同期经审计营业收入的比例不足 50%，故本次合并不构成甲公司重大资产重组。

❸ 出席股东大会并对合并方案投反对票的股东，享有异议股东股份回购请求权，有权要求甲公司以合理价格回购其股票。

❹ 为筹集实施合并所需资金，甲公司拟向本公司控股股东 A 公司非公开发行股票，发行价不低于定价基准日前 20 个交

【审题要点】

「1」资产总额比、营业收入比和资产净额比只要有一个达到标准就构成重大资产重组。

「2」发行价格要与定价基准日前 20 个交易日公司股票均价的 80% 作比较。

「3」注意转股时间，要 18 个月后。

「4」合并中，债权人可以要求提前清偿债务或提供担保。

「5」虽未按照章程规定发送电子邮件通知，但股东均出席了股东会，对作出决议未产生不利影响。

「6」周某对合并持有异议，但是未参与表决，行使异议股东股份回购请求权的前提是对相关决议投反对票。

「7」考察短线交易的认定，就看哪一笔交易的买入和卖出时间在 6 个月内。

易日公司股票均价的70%[2]。具体发行价格由董事会决议确定，并经股东大会批准，此次发行A公司认购的股份自发行结束之日起12个月内不得转让[3]。

甲公司董事会根据中介机构的意见修订方案初稿后，予以公告。

2017年6月1日，甲公司召开临时股东大会，会议通过了合并决议和非公开发行股票的融资决议。同日，乙公司临时股东会也通过了合并决议。6月15日，证监会批准甲公司的合并与配套融资方案。

甲公司曾向B银行借款一笔，到期日为2018年6月底，接到甲公司合并通知后，B银行于6月20日向甲公司提出偿债请求。甲公司以债务未到期为由，予以拒绝[4]。

2017年6月22日，乙公司股东贾某以"股东会召集程序违反公司章程"为由提起诉讼，请求人民法院撤销乙公司股东会6月1日通过的合并决议。经查，乙公司章程规定，召开股东会应当以电子邮件方式通知股东，但乙公司是以手机短信方式通知的贾某，而并未向其发送电子邮件。贾某及其他股东均出席了[5]6月1日召开的股东会会议并参与了表决。人民法院认为，乙公司股东会召集程序确有不符合公司章程之处，但仍然驳回了贾某的诉讼请求。

甲公司股东周某反对甲、乙公司合并，于2017年5月底向甲公司董事会邮寄了书面反对意见，但周某并未出席甲公司6月1日召开的临时股东大会，也未委托他人表决。6月6日，周某向甲公司提出行使异议股东股份回购请求权[6]，遭甲公司拒绝，理由是：只有出席股东大会并对合并投反对票的股东，才享有异议股东股份回购请求权。

2017年10月7日，证监会接到举报称，甲公司董事雷某涉嫌内幕交易。经查，雷某于2017年2月1日、2月10日及3月2日先后购入甲公司股票10万股、20万股、40万股，并于2017年8月25日全部卖出[7]，获利100余万元。根据以上事实，证监会认定雷某的行为违反证券法，构成短线交易。

「要求」根据上述内容，分别回答下列问题。

（1）基于方案初稿所述情况，本次合并是否构成甲公司的重大资产重组？并说明理由。

（2）方案初稿中关于非公开发行股票的内容，是否符合证券法律制度的规定？并说明理由。

（3）甲公司拒绝B银行偿债请求的理由是否成立？并说明理由。

（4）人民法院认为乙公司股东会召集程序确有不符合章程之处，但仍然驳回贾某的诉讼请求，是否符合公司法律制度的规定？并说明理由。

（5）甲公司拒绝周某异议股东股份回购请求的理由是否成立？并说明理由。

（6）计算雷某因短线交易所获利润时，应当以多少股份数为基础？并说明理由。

（7）雷某短线交易所获利润应当归谁所有？并说明理由。

9.「2018 年·案例分析题·题码 147610」

❶ 林森木业是在深圳证券交易所挂牌的上市公司。林木集团系林森木业控股股东，持股比例为 45%「1」。

❷ 2016 年 10 月 27 日，人民法院裁定受理林木集团的破产重整申请。2017 年 5 月「2」，林木集团第一大股东赵某与新民投资开始实质性磋商，由新民投资以向林木集团注资的方式参与重整。2017 年 9 月 18 日，新民投资与赵某等林木集团股东签署重组框架协议。9 月 21 日，林森木业对该重组框架协议签订事宜予以公告。

❸ 2017 年 12 月 26 日，人民法院裁定批准林木集团的破产重整计划草案。根据该破产重整计划，新民投资向林木集团注资后，将持有重整后的林木集团 85% 的股权「3」。

❹ 2018 年 2 月 12 日，新民投资公布要约收购报告书「4」，向林森木业除林木集团以外的所有股东发出收购其所持全部无限售流通股的要约。新民投资发布的要约收购报告书摘要的提示性公告显示：此次要约收购有效期为 2018 年 2 月 14 日至 2018 年 4 月 10 日「5」；预定收购股份数量为 6 亿股；收购价格为每股 9. 77 元；提示性公告日前 6 个月内，新民投资未买入林森木业任何股票。2 月 12 日前 30 个交易日内，林森木业每日加权平均价格的算术平均值为每股 9. 76 元。

❺ 2018 年 3 月「5」，林森木业独立董事钱某因个人健康原因向董事会提出辞职。

❻ 2018 年 4 月 9 日，林森木业董事会发布《致全体股东报告书》「6」，对股东是否接受新民投资的要约提出建议。

❼ 持有林森木业股票的孙某于 2018 年 3 月 30 日委托其开户的证券公司办理接受前述收购要约的预受手续。4 月 9 日，孙某反悔前述预受承诺，并委托证券公司撤回预受「7」。

❽ 2018 年 5 月，中国证监会因新民投资副董事长李某涉嫌内幕交易对其立案调查。经查，李某于 2017 年 9 月 15 日以每股 7. 8 元的价格买入林森木业 10 万股「8」，并于要约收购有效期内接受了要约。李某辩称：其买入林森木业股票时，不仅重组框架协议尚未签署，林木集团重整计划草案能否获得通过也不确定，故新民投资向林木集团注资一事尚未形成内幕信息。李某对其买入行为未给出其他理由。

【审题要点】

「1」关键信息“持股比例 45%”。

「2」内幕信息形成之时。

「3」结合「1」，新民投资向林木集团注资后，可实际支配林森木业的表决权为 85%×45%=38. 25%。

「4」收购人公布要约收购报告书的时间是 2018 年 2 月 12 日。

「5」“要约收购有效期为 2018 年 2 月 14 日至 2018 年 4 月 10 日”，2018 年 3 月在要约收购期内，被收购公司董事不得辞职。

「6」2018 年 4 月 9 日林森木业董事会发布报告书，根据「4」，计算距离收购人公告要约收购报告书的时间。

「7」4 月 10 日要约收购期限届满，判断此时孙某能否反悔。

「8」李某是内幕信息知情人，由「2」可知，其在内幕信息敏感期内买入林森木业股票。

「要求」根据上述内容，分别回答下列问题：

（1）新民投资按照重整计划向林木集团注资，是否构成对林森木业的收购？并说明理由。

（2）新民投资按照重整计划向林木集团注资，是否必须向林森木业其他所有股东发出收购要约？并说明理由。

（3）新民投资对林森木业的要约收购价格是否符合证券法律制度的规定？并说明理由。

(4) 钱某能否辞去独立董事职务？并说明理由。

(5) 林森木业发布《致全体股东报告书》的时间是否符合证券法律制度的规定？并说明理由。

(6) 孙某能否撤回预受？并说明理由。

(7) 李某关于其购买股票时内幕信息尚未形成的主张是否成立？李某的行为是否构成内幕交易？并分别说明理由。

10. 「2017 年改编·案例分析题·题码 147618」

❶ 2011 年 11 月，甲股份有限公司（以下简称“甲公司”）拟向中国证监会（以下简称“证监会”）提交首次公开发行并上市（简称“IPO”）的申请。为解决公司应收账款余额过大的问题，顺利实现上市目标，甲公司董事长赵某决定通过外部借款「1」、伪造银行单据等方式冲减应收账款。2011 年 12 月至 2013 年 6 月，甲公司通过上述方式虚构回收应收账款共计 1.5 亿元。

❷ 2014 年 1 月，甲公司取得证监会《关于核准甲公司首次公开发行股票并上市的批复》。同年 3 月，甲公司发布招股说明书，其中包含上述 2011 ~2013 年应收账款回收情况的虚假财务数据「2」。乙会计师事务所为甲公司 IPO 提供审计服务并开具了无保留意见的审计报告书「3」。

❸ 丙律师事务所为甲公司的招股说明书出具法律意见书，其中载明“根据上市申请人提供的相关文件、乙会计师事务所出具的审计报告及本所律师核查，…… 上市申请人在最近三年财务会计报告中无虚假记载……”「4」。

❹ 2014 年 4 月 1 日，甲公司股票在深圳证券交易所（以下简称“深交所”）上市交易。2014 年 12 月 22 日，投资者钱某以每股 16.5 元的价格买入甲公司股票 1 万股「5」。2015 年 7 月，证监会启动对甲公司违法行为的调查「6」。经查，乙会计师事务所在对甲公司 2012 年财务报表中的应收账款进行审计时，向甲公司 46 家客户发出询证函，有 30 家客户未回函，会计师仅对其中 4 家进行了替代测试；丙律师事务所未对甲公司的多份重大借款合同进行核查、验证。

❺ 证监会还查明，赵某存在假借其他员工名义从公司借款供个人使用的情形「1」。截至 2013 年 12 月 31 日，累计借款金额达 6 000 万元；招股说明书中未披露该事项。另外，在接受证监会调查过程中，甲公司董事孙某称：“公司都由董事长赵某说了算，我平时对公司事务不怎么关注，对公司会议只是例行参加，只负责签字。”

❻ 2016 年 7 月 7 日，证监会对甲公司出具行政处罚决定书，认定甲公司在 IPO 申请文件中提供虚假财务数据，构成欺

【审题要点】

「1」赵某是甲公司董事长，根据下文，公司为董事提供借款不符合规定。

「2」2014 年 3 月甲公司发布包含虚假财务数据的招股说明书，为虚假陈述实施日。

「3」存在虚假财务数据，而乙会计师事务所出具了无保留意见。

「4」根据下文，丙律师事务所也为甲公司隐瞒了真相。

「5」注意钱某买入、卖出股票的时间点。与虚假陈述实施日、揭露日比较，从而判断其损失是否与虚假陈述行为存在因果关系。

「6」2015 年 7 月，证监会立案调查，为虚假陈述揭露日。

「7」李某买入股票的时间点 2016 年 7 月 14 日，在虚假陈述揭露日之后。

诈发行。

❼ 投资者李某于7月14日以每股3.5元的价格买入甲公司股票2万股[7]，之后甲公司股价持续下跌。李某于7月22日以每股2.5元的价格将持有的2万股股票全部卖出。

❽ 投资者钱某于7月25日以每股2.3元的价格卖出其持有的1万股甲公司股票[5]。

「要求」根据上述内容，分别回答下列问题。

（1）赵某应否对招股说明书中的虚假财务数据承担行政法律责任？并说明理由。

（2）乙会计师事务所应否对招股说明书中的虚假财务数据承担行政法律责任？并说明理由。

（3）丙律师事务所应否对招股说明书中的虚假财务数据承担行政法律责任？并说明理由。

（4）赵某从公司借款的行为是否符合公司法律制度的规定？并说明理由。

（5）孙某“平时对公司事务不怎么关注，对公司会议只是例行参加，只负责签字”的行为是否符合公司法律制度的规定？并说明理由。

（6）投资者李某能否要求甲公司赔偿其投资损失？并说明理由。

（7）投资者钱某能否要求甲公司赔偿其投资损失？并说明理由。

11.「2016年·案例分析题·题码147670」

甲股份有限公司（以下简称“甲公司”）为A股上市公司。2015年8月3日，乙有限责任公司（以下简称“乙公司”）向中国证监会、证券交易所提交书面报告，称其自2015年7月20日开始持有甲公司股份[5]，截至8月1日，已经通过公开市场交易持有该公司已发行股份达到5%[1]。乙公司同时也将该情况通知了甲公司并予以公告。8月16日和9月3日，乙公司连续两次公告其所持甲公司股份分别增加5%。

截至9月3日，乙公司已经成为甲公司的第一大股东，持股15%。甲公司原第一大股东丙有限责任公司（以下简称“丙公司”）持股13%，退居次位。

2015年9月15日，甲公司公告称因筹划重大资产重组事项，公司股票停牌3个月。

2015年11月1日，甲公司召开董事会会议审议丁有限责任公司（以下简称“丁公司”）与甲公司的资产重组方案，方案主要内容如下：

❶ 甲公司拟向丁公司发行新股，购买丁公司价值60亿元的软件业务资产。

❷ 股份发行价格拟定为本次董事会决议公告前20个交易日交易均价的85%[2]。

❸ 丁公司因该次重组取得的甲公司股份自发行结束之日起6个月后方可自由转让[3]。

该项交易完成后，丁公司将持有甲公司12%的股份，但尚未取得甲公司的实际控股权[3]；乙公司和丙公司的持股比例分

【审题要点】

「1」8月1日，乙公司持有甲公司股份已达到5%。

「2」考察发行股份购买资产的发行价格标准。要和市场参考价的90%作比较。

「3」注意转股时间，此处丁公司未取得实际控制权，是12个月内不得转让。

「4」考核董事会会议制度，需全体董事过半数出席，全体（而非到会）董事过半数通过。

「5」7月20日乙公司开始持有甲公司股份，至11月5日，其持股期限不足180日，无权提起股东代表诉讼。

「6」说明三者构成一致行动人，其所持有的股份应合并计算。

「7」由「1」可知，截至8月1日，乙公司已持有甲公司股份达到5%，结合「6」，8月1~3日戊公司和辛公司购入甲公司股票不符合规定。

别降至10%和8%。

甲公司董事会共有董事11人，其中7人到会「4」。在讨论上述重组方案时，2名非执行董事认为，该重组方案对购入资产定价过高，同时严重稀释老股东权益，在与其他董事激烈争论之后，这2名非执行董事离席，未参加表决，其余5名董事均对重组方案投了赞成票「4」，并决定于2015年12月25日召开临时股东大会审议该重组方案。

2015年11月5日，乙公司书面请求甲公司监事会起诉投票通过上述重组方案的5名董事违反忠实和勤勉义务，遭到拒绝。乙公司遂以自己的名义直接向人民法院起诉该5名董事「5」。

2015年11月20日，甲公司向中国证监会举报乙公司在收购上市公司过程中存在违反信息披露义务的行为，证监会经调查发现：2015年8月1~3日，戊公司和辛公司通过公开市场交易分别购入甲公司2%和3%的股份「7」；戊、辛两公司事先均向乙公司出具书面承诺，同意无条件按照乙公司指令行使各自所持甲公司股份的表决权「6」。戊、辛、乙三公司均未对上述情况予以披露。

「要求」根据上述内容，分别回答下列问题。

（1）乙、戊、辛公司在收购甲公司股份时，是否构成一致行动人？并说明理由。

（2）乙公司在收购甲公司股份时，存在哪些不符合证券法律制度的行为？并说明理由。

（3）丁公司与甲公司的资产重组方案中，哪些不符合证券法律制度的规定？并说明理由。

（4）2015年11月1日董事会会议的到会人数是否符合公司法律制度的规定？并说明理由。

（5）2015年11月1日董事会作出的决议是否获得通过？并说明理由。

（6）人民法院应否受理乙公司的起诉？并说明理由。

12.「2016年·案例分析题·题码147678」

风顺科技是一家在深圳证券交易所上市的网络技术服务公司。2015年7月初，风顺科技拟与A公司签订一项技术服务合同，合同金额约3.5亿元。经过谈判，双方于7月15日就合同主要条款达成一致并签署合作意向书。

7月8日，市场出现关于风顺科技即将签署重大交易合同的传闻。7月9日，风顺科技股票开盘即涨停「1」，之后又一个交易日涨停。7月10日，证券交易所就股价异动向风顺科技提出问询，要求其发布澄清公告。7月10日晚间，风顺科技发布公告称，公司没有需要披露的信息「2」。7月16日，风顺科技发布临时公告，披露已与A公司签订重大技术服务合同合作意向书「3」。

2015年10月底，监管机构根据举报，对风顺科技股票交易异常情况立案调查，并查明如下事实：

❶ 孙某系风顺科技董事长王某的表弟，2015年7月8日市场开始出现传闻后，孙某于当日向王某之妻了解情况，王妻

【审题要点】

「1」市场出现传闻引起股票涨停，该公司应当及时履行信息披露义务。

「2」虚假陈述实施日。

「3」虚假陈述更正日。

「4」王某是内幕信息知情人，孙某通过王某之妻获取了内幕信息后进行风顺科技的股票买卖。

「5」注意张某买入、卖出股票的时间点。与虚假陈述实施日、更正日比较，从而判断其损失是否与虚假陈述行为存在因果关系。

「6」受到公司实际控制人控制不得单独作为不予处罚情形。

「7」判断有权提议召开董事会临时会议的情形。

「8」股东代表诉讼：180日+1%。

向孙某确认风顺科技正与 A 公司商谈合作事宜，且签约可能性较大，孙某遂于 7 月 9 日买入风顺科技股票，并于 7 月 15 日卖出，获利 30 万元。[4]

❷ 投资者张某于 2014 年 2 月高价买入风顺科技股票，并一直持有，市场出现传闻后，张某担心有人以虚假信息操纵股价，遂于 2015 年 7 月 10 日卖出所持有的全部风顺科技股票[5]，亏损 10 万元。张某主张，其亏损系风顺科技虚假陈述所致。

在中国证监会调查过程中，负责公司信息披露事务的董事会秘书郑某辩称，公司未正确披露重大技术服务合同的相关信息，是公司实际控制人授意而为，自己仅是遵照指令行事，不应受到处罚[6]。

投资者刘某持有风顺科技 11% 的股份。刘某认为风顺科技董事长王某对这场股市风波负有直接责任，提议召开董事会会议罢免王某的董事长职务[7]。

投资者钱某自 2014 年 3 月起一直持有风顺科技的股票，持股比例为 0.1%。钱某认为，董事长王某对公司信息披露不及时负主要责任，同时造成信息泄露，违反忠实和勤勉义务，损害了公司利益。2015 年 10 月 7 日，钱某书面请求公司监事会起诉王某，遭到拒绝。次日，钱某以个人名义直接向法院提起诉讼[8]，要求王某赔偿公司损失。

「要求」根据上述内容，分别回答下列问题，并说明理由。

（1）风顺科技于 7 月 10 日发布公告称没有需要披露的信息，是否符合证券法律制度的规定?

（2）孙某买卖风顺科技股票的行为是否构成内幕交易?

（3）人民法院能否推定投资者张某的有关亏损系风顺科技虚假陈述所致?

（4）公司董事会秘书郑某主张其本人不应受处罚的抗辩是否成立?

（5）刘某是否具有提议召开董事会临时会议的资格?

（6）人民法院应否受理钱某提起的诉讼?

答案

01 第一章 法律基本原理·答案

「考点 1」法的概念与特征（★）

1.【答案】A

【解析】法具有以下特征：

① 法是由一定物质生活条件所决定的统治阶级意志的体现，马克思所说的“君主们在任何时候都不得不服从经济条件，并且从来不能向经济条件发号施令”，即表明统治阶级的意志必须服从于社会的物质生活条件（选项 A 正确）；

② 法是由国家制定或认可的行为规范；

③ 法是由国家强制力保证实施的行为规范；

④ 法是调整人的行为和社会关系的行为规范；

⑤ 法是确定社会关系参加者的权利和义务的规范。

2.【答案】ABD

【解析】

① 选项 A 正确，法律规范与道德规范的调整范围相互交叉、相互包容。

② 选项 B 正确，法律属于社会制度的范畴，道德属于社会意识形态的范畴。

③ 选项 C 错误，法律规范的主要内容是权利与义务（不只是权利），并且强调两者之间的平衡；道德则强调对他人、对社会集体履行义务、承担责任。

④ 选项 D 正确，法律规范是由国家强制力保证实施的，而道德规范则主要依靠社会舆论、人的内心信念以及宣传教育等手段来实现。

3.【答案】AB

【解析】

① 选项 A 正确，法是调整人的行为和社会关系的行为规范。

② 选项 B 正确、选项 C 错误，行为规范分为社会规范和技术规范：第一，社会规范调整人与人之间的关系，约束人的行为，法属于社会规范；第二，技术规范调整人与自然、人与劳动工具之间的关系，如度量衡等，这些规范一般不属于法的范畴。

③ 选项 D 错误，法并非道德规范，法是由国家强制力保证实施的，而道德规范则主要依靠社会舆论、人的内心信念以及宣传教育等手段来实现。

「考点 2」法律渊源（★★）

1.【答案】ABC

【解析】

① 选项 AB 正确，民商法包括民法（选项 A）和商法（选项 B）。

② 选项 C 正确，民法主要包括物权法、债权法、人身权法、侵权行为法、知识产权法（选项 C）、婚姻家庭法、继承法等；商法主要包括公司法、证券法、保险法、票据法、破产

法、海商法等。

③ 选项 D 错误，经济法不属于民商法部门。

2. 【答案】ABCD

【解析】

① 我国的法律渊源有宪法、法律、法规、规章、司法解释以及国际条约和协定。

② 选项 AD 正确，《支付结算办法》和《上市公司信息披露管理办法》属于部门规章。

③ 选项 B 正确，《最高人民法院关于适用若干问题的解释（一）》属于司法解释。

④ 选项 C 正确，《中华人民共和国立法法》属于法律。

3. 【答案】A

【解析】

① 选项 A 正确，在全国人大闭会期间，全国人大常委会可对基本法律进行部分补充和修改，但是不得同该法律的基本原则相抵触。

② 选项 B 错误，全国人大常委会享有立法解释权，“最高人民法院、最高人民检察院”只享有司法解释权。

③ 选项 C 错误，地方性法规是由地方人民代表大会及其常委会制定，而非地方人民政府。

④ 选项 D 错误，没有法律或者国务院的行政法规、决定、命令的依据，部门规章不得设定减损公民、法人和其他组织权利或者增加其义务的规范。

「考点3」法律规范（★★）

1. 【答案】C

【解析】

① 选项 A 错误，法律制度是指一个国家或地区的所有法律原则和规则的总称。

② 选项 B 错误，法律文件是指具有法律效力的文件，如当事人所订的合同，国家机关发布的法律、条例等都属于法律文件的范围。

③ 选项 C 正确，为原文表述。

④ 选项 D 错误，法律条文是法律规范的表现形式。法律规范是法律条文的内容，但法律条文的内容还可能包含其他法律要素，如法律原则等。

2. 【答案】D

【解析】

① 选项 A 错误，非确定性规范是指没有明确具体的行为模式或者法律后果，需要引用其他法律规范来说明或补充的规范，具体包括委任性规范和准用性规范；“参照……有关规定”属于非确定性规范中的准用性规范，不属于确定性规范。

② 选项 B 错误，“依照其规定”属于非确定性规范中的准用性规范，不属于确定性规范。

③ 选项 C 错误，“由……规定”属于非确定性规范中的委任性规范，不属于确定性规范。

④ 选项 D 正确，所述法律规范内容完备，属于确定性规范。

3.【答案】D

【解析】

① 选项 A 错误，法律条文是法律规范的文字表现形式。

② 选项 B 错误、选项 D 正确，法律规范不同于法律条文，法律规范是法律条文的内容，但法律条文的内容还可能包含其他法律要素，如法律原则等。

③ 选项 C 错误，法律规范与法律条文不是一一对应的，一项法律规范的内容可以表现在不同法律条文和不同的规范性法律文件中，一个法律条文也可以反映若干法律规范的内容。

「考点 4」法律关系的概念与种类（★）

【答案】AB

【解析】选项 AB 正确，法律关系是特定主体之间的具体的权利义务关系。法律关系与其他社会关系的重要区别，就在于它是法律化的权利义务，是一种明确的、特定的权利义务关系。这种权利和义务可以是由法律明确规定的，也可以是由法律授权当事人在法律规定的范围内自行约定的。

选项 CD 错误，友谊关系（选项 C）、爱情关系（选项 D）、政党或社会团体的内部关系等，通常不涉及法律调整，不存在相应的法律规范，也就不存在相应的法律关系，无从产生法律上的权利义务。

「考点 5」法律关系的基本构成（★★★）

1.【答案】B

【解析】根据《民法典》的规定，自然人的民事行为能力分三种：

① 无民事行为能力人：

a. 不满 8 周岁（<8 周岁）的未成年人；

b. 不能辨认自己行为的成年人和未成年人。

② 限制民事行为能力人：

a. 8 周岁以上的未成年人（≥8 周岁，<18 周岁）；

b. 不能完全辨认自己行为的成年人。

③ 完全民事行为能力人：

a. 18 周岁以上（≥18 周岁）的成年人；

b. 16 周岁以上（≥16 周岁）的未成年人，以自己的劳动收入为主要生活来源的，视为完全民事行为能力人。

17 周岁的学生属于限制民事行为能力人，因此选项 B 正确。

2.【答案】A

【解析】选项 A 正确、选项 BC 错误，法人的权利能力和行为能力在法人成立时同时产生，终止时同时消灭。

选项 D 错误，法人的行为能力通过法定代表人或其他代理人来实现。

3.【答案】D

【解析】

① 权利能力是指权利主体享有权利和承担义务的能力，反映了权利主体取得权利和承担义务的资格。

② 选项 ABC 错误，自然人从出生时起到死亡时止，具有民事权利能力。刚出生的婴儿、植物人、病理性醉酒的人都属于自然人。

③ 选项 D 正确，机器人不属于法律关系的主体，无权利能力。

4.【答案】D

【解析】

① 选项 A 错误，行为能力必须以权利能力为前提，无权利能力就谈不上行为能力。

② 选项 B 错误，行为能力是指权利主体能够通过自己的行为取得权利和承担义务的能力。

③ 选项 C 错误，自然人的民事权利能力一律平等，行为能力分为完全民事行为能力、限制民事行为能力和无民事行为能力。

④ 选项 D 正确，营利法人、非营利法人与特别法人均具有权利能力，其权利能力从法人成立时产生，法人终止时消灭。

5.【答案】D

【解析】根据《民法典》的规定，自然人的民事行为能力分三种：

① 无民事行为能力人：

a. 不满 8 周岁（<8 周岁）的未成年人（选项 A）；

b. 不能辨认自己行为的成年人和未成年人。

② 限制民事行为能力人：

a. 8 周岁以上的未成年人（≥8 周岁，<18 周岁）（选项 BC）；

b. 不能完全辨认自己行为的成年人。

③ 完全民事行为能力人：

a. 18 周岁以上（≥18 周岁）的成年人（选项 D）；

b. 16 周岁以上（≥16 周岁）的未成年人，以自己的劳动收入为主要生活来源的，视为完全民事行为能力人。

因此，选项 D 正确。

6.【答案】ABCD

【解析】法人分为营利法人（选项 C）、非营利法人（选项 AD）和特别法人（选项 B）。

7.【答案】D

【解析】

① 选项 A 错误，法律关系主体自己独立实施民事法律行为时，才需要具备相应的民事行为能力。

② 选项 B 错误，法律关系主体中的自然人既包括本国公民，也包括居住在一国境内或者在境内活动的外国公民和无国籍人。

③ 选项 C 错误，合伙企业虽然不具有法人资格，但是能够依法以自己的名义从事民事活动。

④ 选项 D 正确，法律关系的主体，是指参加法律关系、依法享有权利和承担义务的当事人。

8.【答案】ABCD

【解析】法律关系的主体包括：

① 自然人（包括本国公民、外国公民和无国籍人）（选项 C 正确）；

② 法人和非法人组织（选项 AD 正确）；

③ 国家（选项 B 正确）。

「考点 6」法律关系的变动原因——法律事实（★★）

1.【答案】BCD

【解析】

① 法律事实可以分为事件和行为两类，两者的区别为是否以人的意志为转移。

② 事件是指与当事人意志无关，但能够引起法律关系发生、变更和消灭的客观情况，常见的有：人的出生与死亡（选项 B）、自然灾害与意外事件（选项 D）、时间的经过（选项 C）。

③ 行为是指以权利主体的意志为转移、能够引起法律后果的法律事实。根据人的行为是否属于表意行为，可以分为两类：法律行为，即以行为人的意思表示为要素的行为，如合同行为；事实行为，即与表达法律效果、特定精神内容无关的行为，如创作行为、侵权行为（选项 A）等。

本题问的是属于事件的，因此选项 BCD 正确。

2.【答案】ABCD

【解析】

① 引起法律关系变化（法律关系产生、变更或消灭）的原因是法律事实。

② 法律事实可以分为两类：事件（选项 ABC）和行为（选项 D），两者区别为是否以人的意志为转移。

③ 行为又可以分为事实行为（选项 D）和法律行为，主要看是否以意思表示为要素。

因此，选项 ABCD 均正确。

「考点 7」习近平法治思想引领全面依法治国基本方略（★）

1.【答案】A

【解析】

① 选项 A 正确，党的领导是推进全面依法治国的根本保证。

② 选项 BC 错误，均为全面推进依法治国的基本原则，并非根本保证。

③ 选项 D 错误，“坚持中国特色社会主义道路”是习近平法治思想的内容，但不是根本保证。

2.【答案】D

【解析】习近平法治思想的核心要义主要有：

① 坚持党对全面依法治国的领导。党的领导是推进全面依法治国的根本保证。

② 坚持以人民为中心。推进全面依法治国，根本目的是依法保障人民权益（选项 D 正确）。

③ 坚持中国特色社会主义法治道路。中国特色社会主义法治道路本质上是中国特色社会主义道路在法治领域的具体体现（选项 A）。

④ 坚持依宪治国、依宪执政。

⑤ 坚持在法治轨道上推进国家治理体系和治理能力现代化（选项 C）。

⑥ 坚持建设中国特色社会主义法治体系（选项 B）。

⑦ 坚持依法治国、依法执政、依法行政共同推进，法治国家、法治政府、法治社会一体建设。

⑧ 坚持全面推进科学立法、严格执法、公正司法、全民守法。

⑨ 坚持统筹推进国内法治和涉外法治。

⑩ 坚持建设德才兼备的高素质法治工作队伍。

⑪ 坚持抓住领导干部这个“关键少数”。

因此，选项 ABC 错误，均为习近平法治思想内容之一，并非根本目的；选项 D 正确，推进全面依法治国，根本目的是依法保障人民权益。

3.【答案】B

【解析】选项 B 正确，全面推进依法治国的总目标是建设中国特色社会主义法治体系、建设社会主义法治国家。

选项 ACD 错误，“坚持中国共产党的领导，坚持人民主体地位”“法律面前人人平等”“依法治国和以德治国相结合”均属于全面推进依法治国的基本原则。

02 第二章 基本民事法律制度·答案

「考点1」民事法律行为理论（★★）

1.【答案】A

【解析】

① 选项A正确，选项D错误，决议是典型的多方民事法律行为（非双方），即多个主体根据表决规则作出的决定。

② 选项B错误，决议中的意思表示不仅针对发出表示的成员，而且主要针对表示者共同代表的法人。

③ 选项C错误，决议当事人的意思表示可以多数决的方式作出，而且决议结果对没有表示同意的成员也具有拘束力。

2.【答案】A

【解析】

① 选项A正确，以对话方式作出的意思表示，相对人知道其内容时生效。以非对话方式作出的意思表示，到达相对人时生效。

② 选项B错误，沉默只有在法律规定、当事人约定或者符合当事人之间的交易习惯时，才可以视为意思表示，不只是法律规定才可以。

③ 选项C错误，有相对人的意思表示分为对话的意思表示和非对话的意思表示。

④ 选项D错误，以公告方式作出的意思表示，公告发布时生效。

3.【答案】BC

【解析】选项A错误、选项B正确，撤销权的行使（选项A）、授予代理权（选项B），虽然属于单方民事法律行为，但是有相对人的意思表示，不需要对方同意，但要让对方知道。选项C正确、选项D错误，无相对人的意思表示不存在意思表示所针对的相对人，如遗嘱行为（选项D）、抛弃动产（选项C）等单方民事法律行为。

4.【答案】ABC

【解析】选项ABC正确，单方法律行为是根据一方当事人的意思表示而成立的民事法律行为，无须他方的同意即可发生法律效力，如撤销权的行使（选项C）、解除权的行使、效力待定行为的追认（选项B）、债务的免除（选项A）等。

选项D错误，“赠与”的合同行为需双方当事人意思表示一致方能成立，赠与人将自己的财产无偿给予受赠人，且受赠人表示接受赠与，赠与有效成立。故属于双方法律行为。

5.【答案】C

【解析】

① 选项A错误，负担行为是使一方相对于他方承担一定给付义务的法律行为。这种给付义务既可以是作为的，也可以是不作为的。

② 选项B错误，处分行为才能直接使权利发生变动。

③ 选项C正确，负担行为是使一方相对于他方承担一定给付义务的法律行为。这种给付义

务既可以是作为，也可以是不作为。因此负担行为产生的是债法上的法律效果。

④ 选项 D 错误，负担行为中的权利人可以享有要求履行的请求权，义务人的履行行为是请求权实现的重要前提；处分行为则直接使权利发生变动，并不需要义务人积极履行给付义务。

6. 【答案】B

【解析】选项 B 正确、选项 AC 错误，法律事实分为事件与行为，其中行为分为法律行为与事实行为：法律行为以行为人的意思表示为要素（选项 B）；事实行为是与表达法律效果、特定精神内容无关的行为，如创作行为、侵权行为等（选项 AC）。

选项 D 错误，民事法律行为以设立、变更或终止权利义务为目的。

7. 【答案】B

【解析】

① 选项 A 错误，要约属于有相对人的意思表示。

② 选项 B 正确，意思表示若采用公告形式，则公告发布时生效。

③ 选项 C 错误，有相对人的意思表示分为对话的意思表示和非对话的意思表示。

④ 选项 D 错误，继承属于法定沉默，没有表示的，视为接受继承。

8. 【答案】CD

【解析】选项 AB 错误，双方或多方法律行为需要两个或以上当事人的意思表示一致而成立，如合同、赠与、借贷均属于双方法律行为。

选项 CD 正确，单方法律行为是根据一方当事人的意思表示而成立，如撤销权的行使（选项 D）、解除权的行使、效力待定行为的追认（选项 C）、债务的免除等。

9. 【答案】D

【解析】选项 ABC 错误，单方民事法律行为是根据一方当事人的意思表示而成立，如撤销权的行使（选项 A）、解除权的行使、效力待定行为的追认（选项 C）、债务的免除（选项 B）等。

选项 D 正确，双方民事法律行为需要两个当事人的意思表示一致，如合同。房屋的赠与属于双方民事法律行为，但其为单务合同。

10. 【答案】B

【解析】

① 选项 B 正确，处分行为是直接导致权利发生变动的法律行为。物权变动就是典型的处分行为。

② 选项 AC 错误，均属于负担行为。负担行为是使一方相对于他方承担一定给付义务的法律行为，最典型的是合同行为。

③ 选项 D 错误，属于事实行为，非法律行为。

11. 【答案】AC

【解析】选项 AC 正确，无相对人的意思表示不存在意思表示所针对的相对人，如遗嘱行为（选项 C）、抛弃动产（选项 A）等单方民事法律行为。

选项 BD 错误，授予代理权和行使解除权虽是单方民事法律行为，但是属于有相对人的意思表示，不用对方同意，但要通知对方。

12.【答案】ABC

【解析】沉默只有在有法律规定（选项A正确）、当事人约定（选项B正确）或者符合当事人之间的交易习惯（选项C正确）时，才可以视为意思表示。

「考点2」民事法律行为的效力（★★★）

1.【答案】B

【解析】

① 选项A错误，该行为属于以虚假意思表示实施的民事法律行为，是无效的民事法律行为。

② 选项B正确，该行为属于无权代理，无权代理人实施的民事法律行为是效力待定的民事法律行为。

③ 选项C错误，该行为属于限制民事行为能力人纯获利益，是有效的民事法律行为。

④ 选项D错误，不满8周岁的自然人属于无民事行为能力人，无民事行为能力人独立实施的民事法律行为无效。

2.【答案】ABC

【解析】可撤销民事法律行为的种类有：

① 因重大误解而为的民事法律行为（选项C正确）；

② 受欺诈而为的民事法律行为（选项A正确）；

③ 受胁迫而为的民事法律行为（选项B正确）；

④ 显失公平的民事法律行为。

以虚假意思表示实施的民事法律行为无效，选项D错误。

因此，选项ABC正确。

3.【答案】A

【解析】

① 选项A正确，可撤销的民事法律行为在撤销前已经生效，在被撤销之前，其法律效果可以对抗除撤销权人以外的任何人。

② 选项B错误，可撤销的民事法律行为的撤销，应由撤销权人申请，人民法院不主动干预。

③ 选项C错误，可撤销的民事法律行为，其撤销权的行使有时间限制。

④ 选项D错误，当事人行使撤销权，其效力溯及至行为开始，该民事法律行为因撤销而自行为开始时无效。

4.【答案】B

【解析】

① 选项A错误，所附条件必须是将来发生的事实。作为条件的事实，必须是在进行民事法律行为时尚未发生的。过去的事实，不得作为条件。

② 选项B正确，民事法律行为所附条件，既可以是自然现象、事件，也可以是人的行为。

③ 选项C错误，所附条件必须是将来不确定的事实。如果在民事法律行为成立时，该事实是将来必然发生的，则该事实应当作为民事法律行为的期限而非条件。

④ 选项 D 错误，民事法律行为中所附条件，必须是双方当事人约定，并以意思表示的形式表现出来。条件如果是法律规定的，如民事法律行为的成立条件、生效条件，不属于此处所谓的“条件”。

5.【答案】AC

【解析】无效民事法律行为的特征是：

① 自始无效。从行为开始时起就没有法律约束力（选项 C 正确）。

② 当然无效。不论当事人是否主张，是否知道，也不论是否经过人民法院或者仲裁机构确认，该民事法律行为当然无效（选项 BD 错误）。

③ 绝对无效。绝对不发生法律效力，不能通过当事人的行为进行补正（选项 A 正确）。

「考点 3」代理的基本理论（★）

1.【答案】D

【解析】

① 选项 A 错误，单方意思表示也可以传达，比如甲让乙向丙传达要免除丙的债务。

② 选项 B 错误，传达人自己不进行意思表示。

③ 选项 C 错误，传达人是忠实传递委托人的意思表示，不以具有民事行为能力为条件。

④ 选项 D 正确，身份行为可以借助传达人传达意思表示。

2.【答案】A

【解析】

① 选项 A 正确，代理行为以意思表示为核心，能够在被代理人与第三人之间设立、变更和终止民事权利和民事义务，因此代理行为表现为民事法律行为，如订立合同（选项 A）、履行债务等。

② 选项 BC 错误，根据《民法典》的规定，依照法律规定、当事人约定或者民事法律行为的性质，应当由本人亲自实施的民事法律行为，不得代理。如立遗嘱（选项 C）、结婚（选项 B）等民事法律行为不得代理。

③ 选项 D 错误，代理属于民事法律行为的一种，而整理学术资料不是民事法律行为，因此不适用代理制度。

「考点 4」委托代理（★★）

1.【答案】ABC

【解析】选项 ABC 正确，滥用代理权的行为包括：自己代理（选项 A）、双方代理（选项 B）、代理人与第三人恶意串通，损害被代理人的利益（选项 C）。

选项 D 错误，该行为属于无权代理。

2.【答案】D

【解析】

① 行为人没有代理权、超越代理权或者代理权终止后，仍然实施代理行为，相对人有理由相信行为人有代理权的，构成表见代理，代理行为有效。

② 题目已知“甲从乙公司辞职”，代理人无代理权；“订奶户不知内情”，相对人主观上为善意且无过失；“负责某小区的订奶业务多年”“甲仍照常前往小区摆摊收取订奶款”，客观上有使相对人相信无权代理人具有代理权的情形；“甲亦如常开出盖有乙公司公章的订奶款收据”，相对人与无权代理人成立民事法律行为。

③ 所以甲的行为构成表见代理，应由乙公司向订奶户承担合同履行义务。因此，选项 D 正确。

3. **【答案】** B

【解析】

① 本题中甲公司将乙解聘，却并未收回乙所持盖有甲公司公章的空白合同书，亦未通知丙公司，从而足以让相对人（丙）有理由相信行为人有代理权，故构成表见代理。

② 选项 A 正确，若相对人（丙）主张无权代理，则其作为善意相对人，有权撤销合同。

③ 选项 B 错误，在表见代理中，甲作为被代理人，无权主张无权代理，只能由相对人（丙）主张。

④ 选项 CD 正确，若相对人（丙）主张表见代理，则合同有效，甲应履行合同，不得以无权代理作为抗辩事由，主张代理行为无效。

本题问的是“不正确”的，故选项 B 当选。

「考点 5」诉讼时效基本理论（★★）

1. **【答案】** B

【解析】 当事人可以对请求权提出诉讼时效抗辩，但以下情形人民法院不予支持（即不适用诉讼时效）：

① 请求停止侵害、排除妨碍、消除危险（选项 CD）；

② 不动产物权和登记的动产物权的权利人请求返还财产（选项 A）；

③ 请求支付抚养费、赡养费或者扶养费；

④ 支付存款本金及利息请求权；

⑤ 兑付国债、金融债券以及向不特定对象发行的企业债券本息请求权；

⑥ 基于投资关系产生的缴付出资请求权；

⑦ 依法不适用诉讼时效的其他请求权。

因此，选项 ACD 均不适用诉讼时效，选项 ACD 错误，选项 B 正确。

2. **【答案】** A

【解析】 选项 A 正确，“甲仅表示其无力还款”，并未提出诉讼时效抗辩，人民法院应支持乙的诉讼请求。

选项 BCD 错误，当事人未提出诉讼时效抗辩，人民法院不应对诉讼时效问题进行释明及主动适用诉讼时效的规定进行裁判。主张诉讼时效抗辩是债务人的权利，法院不应当主动对诉讼时效问题进行审查。

3.【答案】C

【解析】

① 选项 A 错误，除斥期间届满，实体权利消灭；诉讼时效期间届满，只是让债务人取得抗辩权，债权人实体权利不消灭。

② 选项 B 错误，除斥期间是不变期间，不适用诉讼时效的中断、中止和延长的规定；诉讼时效是可变期间，可以因主客观原因中断、中止或延长。

③ 选项 C 正确，除斥期间一般适用于形成权，如追认权、解除权、撤销权等；诉讼时效适用于债权请求权。

④ 选项 D 错误，除斥期间无论当事人是否主张，人民法院均可主动审查；主张诉讼时效抗辩，是债务人的权利，法院不应当主动对诉讼时效问题进行审查。

「考点 6」诉讼时效的种类与起算（★★）

1.【答案】B

【解析】

① 选项 A 错误，附条件或者附期限的债的请求权，从条件成就或者期限届满之日起算。

② 选项 B 正确，当事人约定同一债务分期履行的，诉讼时效期间自最后一期履行期限届满之日起算。

③ 选项 C 错误，请求他人不作为的债权请求权，应当自权利人知道义务人违反不作为义务时起算。

④ 选项 D 错误，国家赔偿的诉讼时效的起算，自赔偿请求人知道或者应当知道国家机关及其工作人员行使职权时的行为侵犯其人身权、财产权之日起计算，但被羁押等限制人身自由期间不计算在内。

2.【答案】C

【解析】向人民法院请求保护民事权利的诉讼时效期间为 3 年，自当事人知道或应当知道权利被侵害时起计算。在本题中，甲公司于 2011 年 3 月 1 日知道其权利被侵害，开始起算诉讼时效，至 2013 年 9 月 1 日，未满 3 年。

因此，选项 C 正确。

3.【答案】A

【解析】

① 选项 A 正确，最长诉讼时效是指期间为 20 年的诉讼时效期间。权利被损害超过 20 年的，人民法院不予保护。

② 选项 B 错误，最长诉讼时效从权利人被侵害发生之日起算，并非知道或应当知道之日。

③ 选项 CD 错误，最长诉讼时效期间可以适用诉讼时效期间的延长，但不适用诉讼时效期间的中止、中断。

「考点 7」诉讼时效的中止与中断（★★★）

1.【答案】ABCD

【解析】诉讼时效中断的法定事由：

① 权利人向义务人提出履行请求（选项 D 正确）；
② 义务人同意履行义务（选项 A 正确）；
③ 提起诉讼或者申请仲裁（选项 BC 正确）。

2. 【答案】ABCD
【解析】诉讼时效中断的法定事由：
① 权利人向义务人提出履行请求（选项 A 正确）；
② 义务人同意履行义务（选项 BD 正确）；
③ 提起诉讼或者申请仲裁。
下列事项均与提起诉讼或者申请仲裁具有同等效力：
① 申请支付令；
② 申请破产、申报破产债权；
③ 为主张权利而申请宣告义务人失踪或死亡；
④ 申请诉前财产保全、诉前临时禁令等诉前措施（选项 C 正确）；
⑤ 申请强制执行；
⑥ 申请追加当事人或者被通知参加诉讼；
⑦ 在诉讼中主张抵销。
因此，选项 ABCD 均正确。

3. 【答案】ABCD
【解析】提起诉讼或申请仲裁（选项 B 正确），以及如下类似行为均会导致诉讼时效中断：
① 申请支付令；
② 申请破产、申报破产债权；
③ 为主张权利而申请宣告义务人失踪或死亡；
④ 申请诉前财产保全、诉前临时禁令等诉前措施；
⑤ 申请强制执行（选项 A 正确）；
⑥ 申请追加当事人或者被通知参加诉讼（选项 D 正确）；
⑦ 在诉讼中主张抵销（选项 C 正确）。

4. 【答案】D
【解析】根据《民法典》的规定，中止诉讼时效的事由包括：
① 不可抗力；
② 无民事行为能力人或者限制民事行为能力人没有法定代理人，或者法定代理人死亡、丧失民事行为能力、丧失代理权（选项 D 正确）；
③ 继承开始后未确定继承人或者遗产管理人；
④ 权利人被义务人或者其他人控制；
⑤ 其他导致权利人不能行使请求权的障碍。
选项 ABC 均属于诉讼时效中断的法定事由，选项 ABC 错误，选项 D 正确。

03 第三章　物权法律制度·答案

「考点1」物的概念与种类（★）

1.【答案】B

【解析】

①选项A错误，汽车属于不可分物。

②选项B正确、选项C错误，消费（耗）物与非消费（耗）物、可替代物与不可替代物的分类仅限于动产。

③选项D错误，文物属于限制流通物。

2.【答案】D

【解析】物权法上的物具有如下特点：

①有体性。

②可支配性，能为人力所支配并满足人的需要。不能为人力所支配或不为人所需之物，因其不具有交易价值而不属于物权法上的物，前者如太阳（选项A）、月亮（选项B）、星星（选项C）等，后者则如汽车尾气。

③在人的身体之外。

因此，选项ABC错误，选项D正确。

3.【答案】D

【解析】不动产包括土地、海域（选项C）、房屋（选项A）、林木（选项B）等地上定着物；其余为动产。

因此，选项D正确。

4.【答案】A

【解析】

①选项A正确，不动产包括土地、海域、房屋、林木等地上定着物。

②选项B错误，文物属于限制流通物。

③选项C错误，金钱属于消耗物。

④选项D错误，牛属于不可分物。

「考点2」物权的概念与种类（★★）

1.【答案】ABCD

【解析】抵押权、所有权、质押权、留置权均可以设定在动产之上。

因此，选项ABCD均正确。

2.【答案】B

【解析】选项B正确，能够独立存在的物权称独立物权，如所有权、土地使用权（选项B）。选项ACD错误，自身并无独立价值，只能从属于其他权利存在的物权为从物权，如担保物权（选项CD）、地役权（选项A）。

「考点3」物权法律制度的基本原则（★）

1. 【答案】AD

【解析】物权法的基本原则体现了物权与债权的基本区别，基本原则如下：

① 物权法定原则，种类和内容法定（选项 A 正确）。

② 物权客体特定原则，一物一权，即物权只存在于确定的一物之上。

③ 物权公示原则，指物权以法定方式公之于外（选项 D 正确）。

因此，选项 AD 正确，选项 BC 错误。

2. 【答案】BCD

【解析】物权法的基本原则体现了物权与债权的基本区别，基本原则如下：

① 物权法定原则，种类和内容法定（选项 B 正确）。

② 物权客体特定原则，一物一权，即物权只存在于确定的一物之上（选项 D 正确）。

③ 物权公示原则，指物权以法定方式公之于外（选项 C 正确）。

「考点4」物权变动（★★）

1. 【答案】AD

【解析】依物权公示原则，动产物权变动的公示方式为“交付”，不动产物权变动的公示方式为“登记”。

① 选项 AD 正确，不动产抵押权的设立，非经登记，不发生效力。

② 选项 B 错误，在生产设备上设定抵押权（以动产抵押），抵押权自抵押合同生效时设立，未经登记，不得对抗善意第三人。

③ 选项 C 错误，在土地上设定地役权，地役权自地役权合同生效时设立，未经登记，不得对抗善意第三人。

2. 【答案】C

【解析】占有改定是观念交付的一种。财产出让人将其特定财产让与他人，同时又与受让人约定债权关系并依此仍保留对该财产实际占有的复合法律行为。

因此，选项 C 正确。

3. 【答案】D

【解析】选项 ABC 错误，均自合同生效时设立，未经登记，不得对抗善意第三人。

选项 D 正确，建设用地使用权自登记时设立。

4. 【答案】A

【解析】

① 选项 A 正确，“权利人、利害关系人”认为不动产登记簿记载的事项错误的，可以申请更正登记。

② 选项 B 错误，不动产登记簿记载的权利人不同意更正的，利害关系人可以申请异议登记，即先申请更正登记，而后才是异议登记。

③ 选项 C 错误，申请人在异议登记之日起 15 日内不起诉，异议登记失效。

④ 选项 D 错误，异议登记不当，造成权利人损害的，权利人可以向“申请人”（而非登记机关）请求损害赔偿。

「考点 5」所有权（★★★）

1.【答案】D

【解析】

① 选项 A 错误，因共有物产生的债权债务，在对外关系上，共有人享有连带债权、承担连带债务，但法律另有规定或者第三人知道共有人不具有连带债权债务关系的除外。

② 选项 B 错误，共有人按照约定管理共有的不动产或者动产；没有约定或者约定不明的，各共有人都有管理的权利和义务。

③ 选项 C 错误，共有人对共有的不动产或者动产没有约定为按份共有或者共同共有，或者约定不明的，除共有人具有家庭关系等外，视为按份共有。

④ 选项 D 正确，共同共有关系存续期间，原则上禁止分割共有物，但共同共有人在共有基础丧失或者有重大理由需要分割时，可以请求分割。

2.【答案】ACD

【解析】选项 ACD 正确，添附包括附合（选项 C）、混合（选项 D）与加工（选项 A）。选项 B 错误，先占是先占人基于先占行为取得无主财产所有权，不是添附。

3.【答案】BC

【解析】

① 选项 A 错误、选项 B 正确。拾得人不能取得遗失物的所有权，所以甲未失去手机所有权，乙的行为属于无权处分。

② 选项 C 正确，如果遗失物通过转让为他人所占有时，权利人有权向无处分权人请求损害赔偿。

③ 选项 D 错误，如果遗失物通过转让为他人所占有时，自知道或者应当知道受让人之日起 2 年内有权向受让人请求返还原物，但受让人通过拍卖或者向具有经营资格的经营者购得该遗失物的，权利人请求返还原物时应当支付受让人所付的费用。在本题中，丙直接从乙手中购买手机（而非通过拍卖或向具有经营资格的经营者购得），无权要求甲支付购买手机而支出的费用。

4.【答案】A

【解析】

① 共有人对共有的不动产或者动产没有约定为按份共有或者共同共有的，除共有人具有家庭关系等外，视为按份共有；按份共有人对共有的不动产或者动产享有的份额，可以约定；没有约定或者约定不明确的，按照出资额确定；不能确定出资额的，视为等额享有。

② 按份共有中，处分共有的不动产或者动产，应当经占份额 2/3 以上（≥2/3）的按份共有人同意，但共有人之间另有约定的除外。

③ 朋友 6 人未约定共有形式，且每人的出资额也不能确定，所以 6 人等额享有该汽车，故同意转让的共有人至少应当达到的人数是 6 ×2/3 =4（人）。

因此，选项 A 正确。

5.【答案】C

【解析】

① 首先确定共有类型，共有人对共有的不动产或者动产没有约定为按份共有或者共同共有，或者约定不明的，除共有人具有家庭关系等外，视为按份共有。没有约定，三人是兄弟关系，因此是共同共有。处分共有物，须全体共有人一致同意。

② 如果乙、丙不追认，则甲的行为构成无权处分，但丁基于“善意取得制度”（善意且无重大过失、支付合理对价并完成交付）依法取得该画的所有权。

③ 如果乙、丙追认，则甲的无权处分行为转为有权处分行为，丁基于“交付”取得该画的所有权。故无论乙和丙追认与否，丁均可取得该画的所有权。

因此，选项 C 正确。

「考点 6」用益物权（★★）

1.【答案】B

【解析】以有偿出让方式取得的建设用地使用权，出让最高年限按下列用途确定：

① 居住用地 70 年；

② 工业用地 50 年（选项 B 正确）；

③ 教育、科技、文化、卫生、体育用地 50 年；

④ 商业、旅游、娱乐用地 40 年；

⑤ 综合或者其他用地 50 年。

2.【答案】A

【解析】

① 选项 A 正确，建设用地使用权自登记时设立。

② 选项 B 错误，以划拨方式取得土地使用权的，转让房地产时，应当按照国务院规定，报有批准权的人民政府审批。有批准权的人民政府准予转让的，应当由受让方办理土地使用权出让手续，并依照国家有关规定缴纳土地使用权出让金。

③ 选项 C 错误，住宅建设用地使用权期间届满的，自动续期，并非所有均自动续期。

④ 选项 D 错误，以无偿划拨方式取得的建设用地使用权，除另有规定外，没有使用期限的限制。

3.【答案】BD

【解析】

① 选项 A 错误，工业用地的建设用地使用权期限为 50 年。

② 选项 B 正确，住宅建设用地使用权届满，自动续期。

③ 选项 C 错误，娱乐和商品住宅等经营性用地以及同一土地有两个以上意向用地者的，“应当”以招标、拍卖等公开竞价的方式出让；没有条件，不能采取拍卖、招标方式的，可采取双方协议的方式。

④ 选项 D 正确，用于商业开发的建设用地，不得以划拨方式取得建设用地使用权。

4.【答案】ACD

【解析】以出让方式取得土地使用权的，转让房地产时，应当符合下列条件：

① 按照出让合同约定已经支付全部土地使用权出让金，并取得土地使用权证书（选项 A 正确）；

② 按照出让合同约定进行投资开发，属于房屋建设工程的，完成开发投资总额的 25% 以上，属于成片开发土地的，形成工业用地或者其他建设用地条件（选项 D 正确，选项 B 错误）；

③ 转让房地产时房屋已经建成的，还应当持有房屋所有权证书（选项 C 正确）。

「考点7」抵押权（★★★）

1.【答案】A

【解析】下列财产不得抵押：

① 土地所有权（选项 A 正确）；

② 宅基地、自留地、自留山等集体所有的土地使用权，但法律规定可以抵押的除外；

③ 学校、幼儿园、医院等以公益为目的的非营利法人的教育设施、医疗卫生设施和其他公益设施；

④ 所有权、使用权不明或者有争议的财产；

⑤ 依法被查封、扣押、监管的财产；

⑥ 法律、行政法规规定不得抵押的其他财产。

2.【答案】BCD

【解析】

① 选项 A 错误、选项 B 正确，动产浮动抵押的，抵押权自抵押合同生效时设立，抵押合同应当采取书面形式。

② 选项 C 正确，以动产浮动抵押的，未经登记不得对抗善意第三人。

③ 选项 D 正确，以动产浮动抵押的，不得对抗正常经营活动中已经支付合理价款并取得抵押财产的买受人。

3.【答案】D

【解析】若同一抵押财产为数项债权设定抵押，应按照以下五个原则进行清偿：

① 抵押权已登记的，按照登记的先后顺序清偿（选项 A 正确）。

② 抵押权已登记的先于未登记的受偿（选项 B 正确）。

③ 抵押权均未登记的，按照债权比例清偿（选项 D 错误）。

④ 抵押权人可以放弃抵押权或者抵押权的顺位；同时，抵押权人与抵押人也可以协议变更抵押权顺位以及被担保的债权数额等内容，但抵押权的变更，未经其他抵押权人书面同意，不得对其他抵押权人产生不利影响（选项 C 正确）。

⑤ 除抵押之外还存在其他担保时，若债务人以自己的财产设定抵押，抵押权人放弃该抵押权、抵押权顺位或者变更抵押权的，其他担保人在抵押权人丧失优先受偿权益的范围内免除担保责任。

本题问的是“不符合规定”的，因此选项 D 当选。

4.【答案】ABCD

【解析】债务人或者第三人有权处分的下列财产可以抵押：

① 建筑物和其他土地附着物（选项 C 正确）；

② 建设用地使用权；

③ 海域使用权；

④ 生产设备、原材料、半成品、产品（选项 B 正确）；

⑤ 正在建造的建筑物、船舶、航空器；

⑥ 交通运输工具（选项 A 正确）；

⑦ 法律、行政法规未禁止抵押的其他财产；

⑧ 家庭承包方式取得的土地经营权，以及通过招标、拍卖、公开协商等方式承包农村土地并经依法登记取得权属证书的土地经营权（选项 D 正确）。

因此，选项 ABCD 正确。

「考点 8」质权（★★）

1.【答案】ABCD

【解析】债务人或者第三人有权处分的下列权利可以出质：

① 汇票、支票、本票（选项 C 正确）；

② 债券、存款单（选项 A 正确）；

③ 仓单、提单（选项 B 正确）；

④ 可以转让的基金份额、股权（选项 D 正确）；

⑤ 可以转让的注册商标专用权、专利权、著作权等知识产权中的财产权；

⑥ 应收账款；

⑦ 法律、行政法规规定可以出质的其他财产权利。

2.【答案】A

【解析】以汇票、本票、支票、债券、存款单、仓单（选项 A）、提单出质的，质权自权利凭证交付质权人时设立；没有权利凭证的，质权自有关部门办理出质登记时设立。因此，选项 A 正确。

3.【答案】A

【解析】质权人负有妥善保管质押财产的义务，因保管不善致使质押财产毁损、灭失的，应当承担赔偿责任。因此，选项 A 正确。

「考点 9」留置权（★★）

1.【答案】A

【解析】

① 依物权法律制度之规定，留置权之成立，需具备以下要件：

a. 债权人合法占有债务人或第三人的动产；

b. 债权人留置的动产，应当与债权属于同一法律关系，但企业之间留置的除外；

c. 债务已届清偿期且债务人未按规定期限履行义务。

② 选项 A 正确，符合留置权成立所需的要件。

③ 选项 BC 错误，债权人对债务人动产的占有不合法。

④ 选项 D 错误，债务未届清偿期。

2.【答案】D

【解析】债务人逾期未履行债务的，留置权人可以与债务人协议以留置财产折价，也可以就拍卖、变卖留置财产所得的价款优先受偿。

同一动产上已设立抵押权或者质权，该动产又被留置的，留置权人优先受偿，因此，修理厂优先于抵押权人陈某受偿。

因此，选项 D 正确。

04 第四章 合同法律制度·答案

「考点1」合同的订立（★★）

1.【答案】B

【解析】

① 选项A错误，受要约人在承诺期限内发出承诺，按照通常情况能够及时到达要约人，但因其他原因致使承诺到达要约人时超过承诺期限的，属于承诺的迟到。除要约人及时通知受要约人因承诺超过期限不接受该承诺的以外，迟到承诺为“有效承诺”（而并非视为新要约）。

② 选项B正确，承诺自承诺通知到达要约人时生效。

③ 选项C错误，承诺可以撤回，撤回承诺的通知应当在承诺通知到达要约人之前或者与承诺通知同时到达要约人（注意：承诺只能“撤回”，不能“撤销”）。

④ 选项D错误，受要约人超过承诺期限发出承诺，或者在承诺期限内发出承诺，按照通常情形不能及时到达要约人的，为迟延承诺（不是迟到承诺），除要约人及时通知受要约人该承诺有效的以外，迟延的承诺为新要约。

2.【答案】A

【解析】

① 选项A正确，承诺人发出承诺后反悔的，可以撤回承诺，其条件是撤回承诺的通知应当在承诺通知到达要约人之前或者与承诺通知同时到达要约人，即在承诺生效前到达要约人。

② 选项B错误，承诺应当在要约确定的期限内到达要约人。要约没有确定承诺期限的，承诺应当依照下列规定到达：要约以对话方式作出的，应当即时作出承诺。

③ 选项C错误，受要约人超过承诺期限发出承诺，或者在承诺期限内发出承诺，按照通常情形不能及时到达要约人的，为新要约；但是，要约人及时通知受要约人该承诺有效的除外。

④ 选项D错误，承诺的内容应当与要约的内容一致；受要约人对要约的内容作出实质性变更的为新要约。

3.【答案】C

【解析】当事人在订立合同过程中有下列情形之一的，应当承担缔约过失责任：

① 假借订立合同，恶意进行磋商（选项C正确）；

② 故意隐瞒与订立合同有关的重要事实或者提供虚假情况；

③ 当事人泄露或者不正当地使用在订立合同过程中知悉的商业秘密或者其他应当保密的信息；

④ 有其他违背诚实信用原则的行为。

选项AD为违约责任，选项B为侵权责任。

因此，选项C正确。

4.【答案】D

【解析】

① 选项 A 错误，受要约人依法撤回承诺，撤回承诺的通知应当在承诺通知到达要约人之前或者与承诺通知同时到达要约人，该承诺并未生效。

② 选项 B 错误，受要约人对要约的内容作出实质性变更的，视为新要约。

③ 选项 C 错误，受要约人超过承诺期限发出承诺的，为迟延承诺，除要约人及时通知受要约人该承诺有效以外，迟延承诺应视为新要约。

④ 选项 D 正确，受要约人在承诺期限内发出承诺，按照通常情况能够及时到达要约人，但因其他原因致使承诺到达要约人时超过承诺期限的，为迟到承诺，除要约人及时通知受要约人因承诺超过期限不接受该承诺以外，迟到承诺为有效承诺。

「考点 2」合同的履行（★★★）

1.【答案】D

【解析】先履行抗辩权，是指双务合同的当事人互负债务，有先后履行顺序，先履行一方未履行的，后履行一方有权拒绝其履行要求。先履行一方履行债务不符合约定的，后履行一方有权拒绝其相应的履行要求。本题中，甲应先履行义务，其未履行，却要求乙履行，乙可行使先履行抗辩权。

因此，选项 D 正确。

2.【答案】A

【解析】合同生效后，当事人就质量、价款等内容没有约定或者约定不明确的，可以协议补充；不能达成补充协议的，按照合同有关条款或者交易习惯确定。仍不能确定的，依照下列具体规则确定：

① 价款或者报酬不明确的，按照订立合同时履行地的市场价格履行。

② 履行地点不明确的，给付货币的，在接受货币一方所在地履行；交付不动产的，在不动产所在地履行；其他标的，在履行义务一方所在地履行（应当是海口）。

因此，选项 A 正确。

3.【答案】D

【解析】应当先履行债务的当事人，有确切证据证明对方有丧失或者可能丧失履行债务能力的情形，可以行使不安抗辩权，中止履行合同，并及时通知对方。

本题中，按照约定，甲应当先支付全部款项，乙后发煤。甲调查发现，乙的煤炭经营许可证将于 4 月 15 日到期，目前煤炭库存仅剩 700 余吨，且正加紧将库存煤炭发往别处，所以甲可以行使不安抗辩权，中止履行合同。

因此，选项 D 正确。

「考点 3」保全措施（★★★）

1.【答案】D

【解析】专属于债务人自身的债权，债权人不得行使代位权。专属于债务人自身的债权是指基于扶养关系、抚养关系、赡养关系、继承关系产生的给付请求权和劳动报酬（选项 B）、退休金、养老金、抚恤金（选项A）、安置费、人寿保险、人身伤害赔偿请求权（选项C）等权利。

本题问的是可代位行使的，因此选项D正确。

2. 【答案】B

【解析】代位权行使的条件：

① 债权人对债务人的债权合法（选项C错误，赌债不属于合法债权）；

② 债务人怠于行使其到期债权或者与该债权有关的从权利，影响债权人的到期债权实现的；

③ 债务人的债权已到期（选项D错误）；

④ 债务人的债权不是专属于债务人自身的债权（选项A错误，人身伤害赔偿请求权属于专属于债务人自身的债权）。

选项B满足以上条件，因此选项B正确。

「考点4」合同的担保（★★★）

1. 【答案】ABD

【解析】合同的担保方式一般有五种，即：保证、抵押、质押、留置和定金。其中，保证（选项B）、抵押（选项A）、质押和定金（选项D），都是依据当事人的合同而设立，称为约定担保。留置（选项C）则是直接依据法律的规定而设立，无须当事人之间特别约定，称为法定担保。

因此，选项ABD当选。

2. 【答案】C

【解析】未经保证人同意的主合同变更，如果加重债务人的债务的，保证人对加重的部分不承担保证责任，故保证责任范围是200万元；债权人和债务人变更主债权债务合同的履行期限，未经保证人书面同意的，保证期间不受影响，故保证期间从2019年12月31日开始计算。

因此，选项C正确。

3. 【答案】C

【解析】定金合同从实际交付定金之日起生效，在本题中，乙未依约向甲支付定金，定金合同未生效，甲无权要求乙承担定金责任。

因此，选项C正确。

4. 【答案】B

【解析】

① 选项A错误，第三人单方以书面形式向债权人作出保证，债权人接收且未提出异议的，保证合同成立。

② 选项B正确，当事人在保证合同中对保证方式没有约定或者约定不明确的，应承担一般保证责任。一般保证责任人享有先诉抗辩权。

③ 选项C错误，未经保证人同意的主合同的变更加重债务人的债务的，保证人对加重部分不承担保证责任。

④ 选项 D 错误，保证期间适用 6 个月的除斥期间，这里把诉讼时效期间和除斥期间混为一谈了。

「考点 5」合同的变更和转让（★）

1.【答案】ABC

【解析】

① 选项 AB 正确，债权人转让权利的，无须债务人同意，但应当通知债务人。

② 选项 C 正确，下列情形的债权不得转让：

a. 根据债权性质不得转让；

b. 按照当事人约定不得转让（选项 C）；

c. 依照法律规定不得转让。

③ 选项 D 错误，债权人转让权利的，受让人同时取得与主债权有关的从权利（如抵押权、质权），但该从权利专属于债权人自身的除外。

2.【答案】A

【解析】债务人将合同义务的全部或者部分转移给第三人的，应当经债权人同意。因此，选项 A 正确。

「考点 6」合同的权利义务终止（★★）

1.【答案】D

【解析】法定抵销中的抵销权在性质上属于形成权（选项 D），当事人主张抵销的，应当通知对方，抵销的效果自通知到达对方时生效。因此，选项 D 正确。

2.【答案】C

【解析】

① 选项 A 错误，标的物提存后，提存费用由债权人（甲）负担。

② 选项 B 错误，标的物提存后，毁损、灭失的风险由债权人（甲）承担。

③ 选项 C 正确，选项 D 错误。债权人领取提存物的权利，自提存之日起 5 年内不行使而消灭，提存物扣除提存费用后归国家所有。

3.【答案】ABCD

【解析】在下列情形下，当事人可以单方面解除合同：

① 因不可抗力致使不能实现合同目的（选项 A 正确）。

② 在履行期限届满之前，当事人一方明确表示或者以自己的行为表明不履行主要债务（选项 C 正确）。

③ 当事人一方延迟履行主要债务，经催告后在合理期限内仍未履行。

④ 当事人一方延迟履行债务或者有其他违约行为致使不能实现合同目的（选项 BD 正确）。

4.【答案】B

【解析】

① 选项 A 错误，标的物提存后，毁损、灭失的风险由“债权人”承担。

② 选项 B 正确，标的物提存后，提存费用由债权人负担。

③ 选项 C 错误，债权人领取提存物的权利，自提存之日起“5 年内”不行使而消灭，提存物扣除提存费用后归“国家”所有。

④ 选项 D 错误，提存期间，标的物的孳息归“债权人”所有。

「考点 7」违约责任（★★）

1.【答案】ABCD

【解析】不可抗力是指不能预见、不能避免并不能克服的客观情况，如自然灾害、政府行为、社会异常现象（如罢工骚乱）等。

选项 ABCD 均属于自然灾害，故四个选项均正确。

2.【答案】A

【解析】根据规定，当事人一方因第三人的原因造成违约的，应当向对方承担违约责任，当事人一方和第三人之间的纠纷，依照法律规定或者按照约定解决。

在本案中，买卖合同的当事人是甲公司和乙公司，乙公司因其委托的第三人丙公司的原因对甲公司构成违约的，应当由乙公司向甲公司承担违约责任，乙公司和丙公司之间的纠纷另行依法或依约解决。

因此，选项 A 正确。

「考点 8」买卖合同（★★★）

1.【答案】C

【解析】

① 选项 A 错误，分期付款的买受人未支付到期价款的金额达到全部价款的 1/5 的，经催告后在合理期限内仍未支付到期价款的，出卖人可以请求买受人一并支付到期与未到期的全部价款或者解除合同（要先催告，不能直接解除）。

② 选项 B 错误，凭样品买卖的当事人应当封存样品，并可以（非应当）对样品质量予以说明。

③ 选项 C 正确，招标公告在性质上属于要约邀请。投标人投标为要约，投标时投标人应当根据招标公告的要求作出意思表示。

④ 选项 D 错误，试用买卖的当事人可以约定标的物的使用期限。对使用期限没有约定或者约定不明确，依照《民法典》有关规定仍不能确定的，由出卖人确定。

2.【答案】ABD

【解析】

① 选项 A 正确，因标的物的主物不符合约定而解除合同的，解除合同的效力及于从物；标的物的从物因不符合约定被解除的，解除的效力不及于主物。即从物有瑕疵的，买受人仅可解除与从物有关的合同部分。

② 选项 B 正确，出卖人分批交付标的物的，不交付其中一批致使今后其他各批交付不能实现合同目的的，买受人可以就该批及今后其他各批标的物解除合同。

③ 选项 C 错误，出卖人分批交付标的物的，出卖人对其中一批标的物不交付或者交付不符合

约定，致使该批标的物不能实现合同目的的，买受人"可以就该批标的物"解除合同。

④ 选项 D 正确，标的物为数物，其中一物不符合约定的，买受人可以就该物解除合同，但该物与他物分离使标的物的价值明显受损害的，当事人可以就数物解除合同。

3.【答案】ABCD

【解析】

① 选项 A 正确，出卖人根据合同约定将标的物运送至买受人指定地点并交付给承运人后（出卖人依约代办托运），标的物毁损、灭失的风险由"买受人"负担，但当事人另有约定的除外。

② 选项 B 正确，当事人没有约定交付地点或者约定不明确，标的物需要运输的，出卖人将标的物交付给第一承运人后，标的物毁损、灭失的风险由买受人承担。

③ 选项 C 正确，出卖人按照约定将标的物置于交付地点，买受人违反约定没有收取的，标的物毁损、灭失的风险自违反约定之日起由买受人承担。

④ 选项 D 正确，出卖人将标的物依法提存后，毁损、灭失的风险由"买受人"承担。

「考点 9」赠与合同（★★）

1.【答案】BD

【解析】

① 选项 A 错误，因受赠人的违法行为致使赠与人死亡或者丧失民事行为能力的，赠与人的继承人或者法定代理人可以撤销赠与，应当自知道或者应当知道撤销原因之日（非发生之日）起 6 个月内行使。

② 选项 B 正确，赠与人的撤销权，自知道或应当知道撤销原因之日起 1 年内行使。

③ 选项 C 错误，受赠人有忘恩行为时，无论赠与财产的权利是否转移，赠与是否具有救灾、扶贫等社会公益、道德义务性质或者经过公证，赠与人或者赠与人的继承人、法定代理人可以撤销该赠与。撤销权人撤销赠与的，可以向受赠人要求返还赠与的财产。

④ 选项 D 正确，受赠人有下列情形之一的，赠与人可以行使撤销权：

a. 严重侵害赠与人或其近亲属的合法权益（选项 D）；

b. 对赠与人有扶养义务而不履行；

c. 不履行赠与合同约定的义务。

2.【答案】B

【解析】

① 选项 A 错误，严重侵害赠与人或者赠与人的近亲属的合法权益，赠与人可以行使撤销权。

② 选项 B 正确，受赠人有忘恩行为时，无论赠与财产的权利是否转移，赠与是否具有救灾、扶贫等社会公益、道德义务性质或者经过公证，赠与人或者赠与人的继承人、法定代理人可以撤销该赠与。撤销权人撤销赠与的，可以向受赠人要求返还赠与的财产。

③ 选项 C 错误，赠与人行使撤销权的期间为一年，自知道或者应当知道撤销原因之日起计算。撤销权人如在法律规定的期间内不行使撤销权的，其撤销权归于消灭。

④ 选项 D 错误，因受赠人的违法行为致使赠与人死亡或者丧失民事行为能力的，赠与人的

继承人或者法定代理人可以撤销赠与。赠与人的继承人或者法定代理人的撤销权，自知道或者应当知道撤销事由之日起6个月内行使。

3.【答案】ABCD

【解析】受赠人有下列情形之一的，赠与人可以行使撤销权：

① 严重侵害赠与人或其近亲属的合法权益（选项AB正确）；

② 对赠与人有扶养义务而不履行（选项D正确）；

③ 不履行赠与合同约定的义务（选项C正确）。

4.【答案】BC

【解析】

① 选项A错误，赠与人在赠与财产的权利转移之前可以撤销赠与，但具有救灾、扶贫等社会公益、道德义务性质的赠与合同以及经过公证的赠与合同，不得撤销。

② 选项B正确，赠与人的经济状况显著恶化，严重影响其生产经营或者家庭生活的可以不再履行赠与义务。

③ 选项C正确，受赠人不履行赠与合同约定的义务时，无论赠与财产的权利是否转移，赠与是否具有救灾、扶贫等社会公益、道德义务性质或者经过公证，赠与人均可以撤销该赠与。

④ 选项D错误，如果甲订立赠与合同时并不知道该瓷瓶是赝品，乙无权以欺诈为由撤销赠与。

「考点10」租赁合同（★★★）

1.【答案】B

【解析】

① 选项AC错误，转租合同在乙、丙之间发生效力，根据合同的相对性原理，甲无权解除乙、丙之间的租赁合同，也无权直接向丙收取租金。

② 选项B正确，第三人丙对租赁物造成损失的，承租人乙应当向甲赔偿损失。

③ 选项D错误，承租人经出租人同意，可以将租赁物转租给第三人，承租人与出租人之间的原租赁合同继续有效。

2.【答案】AD

【解析】

① 选项A正确，出租人出卖租赁房屋的，应当在出卖之前的合理期限内通知承租人，承租人享有在同等条件下优先购买的权利。

② 选项B错误，出租人出卖租赁房屋未在合理期限内通知承租人或者存在其他侵害承租人优先购买权的情形，承租人请求出租人承担赔偿责任的，人民法院应予支持，但请求确认出租人与第三人签订的房屋买卖合同无效的，人民法院不予支持。

③ 选项C错误，租赁物在租赁期间发生所有权变动的，不影响租赁合同的效力。

④ 选项D正确，出租人将房屋出卖给近亲属（包括配偶、父母、子女、兄弟姐妹、祖父母、外祖父母、孙子女、外孙子女），承租人主张优先购买房屋的，人民法院不予支持。

「考点 11」融资租赁合同（★★★）

【答案】AB

【解析】

① 选项 A 正确，融资租赁期间，维修义务由承租人（甲）承担。

② 选项 B 正确、选项 C 错误，融资租赁期间，租赁物不符合租赁合同约定或者不符合使用目的的，出租人（丙）不承担责任，但承租人依赖出租人的技能确定租赁物或者出租人干预选择租赁物的除外。

③ 选项 D 错误，融资租赁合同中，承租人占有租赁物期间，租赁物造成第三人的人身伤害或者财产损害的，出租人（丙）不承担责任。

「考点 12」承揽合同（★）

1.【答案】B

【解析】

① 选项 A 错误，承揽人应当妥善保管定作人提供的材料以及完成的工作成果，因保管不善造成毁损、灭失的，应当承担损害赔偿责任。承揽人应当按照定作人的要求保守秘密，未经定作人许可，不得留存复制品或者技术资料。

② 选项 B 正确，定作人在承揽人完成工作前可以随时解除承揽合同，但定作人因此造成承揽人损失的，应当赔偿损失。

③ 选项 C 错误，承揽人应当以自己的设备、技术和劳力完成主要工作（而非全部工作），但是当事人另有约定的除外。承揽人将其承揽的主要工作交由第三人完成的，应当就该第三人完成的工作成果向定作人负责；未经定作人同意的，定作人可以解除合同。承揽人可以将其承揽的辅助工作交由第三人完成，并就该第三人完成的工作成果向定作人负责。因此，承揽人不一定完成全部工作，可以将部分工作交给第三人完成。

④ 选项 D 错误，承揽合同是双务、有偿、诺成合同。

2.【答案】A

【解析】定作人可以随时解除承揽合同，但定作人因此造成承揽人损失的，应当赔偿损失。在本题中，甲为定作人，可以随时解除合同，但应赔偿乙的损失。

因此，选项 A 正确。

「考点 13」建设工程合同（★★）

1.【答案】B

【解析】

① 选项 A 错误，建设工程经竣工验收合格的，以竣工验收合格之日为竣工日期。

② 选项 B 正确，承包人已经提交竣工验收报告，发包人拖延验收的，以承包人提交验收报告之日为竣工日期。

③ 选项 CD 错误，建设工程未经竣工验收，发包人擅自使用的，以转移占有建设工程之日为竣工日期。

2.【答案】C

【解析】发包人与监理人的权利和义务以及法律责任，应当依照《民法典》关于“委托合同”的规定以及其他有关法律、行政法规的规定执行。

因此，选项C正确。

「考点14」委托合同（★）

1.【答案】D

【解析】

① 选项A错误，无偿的委托合同，因受托人的“故意或者重大过失”（不包括“一般过失”）给委托人造成损失的，委托人可以要求赔偿损失。

② 选项B错误，经委托人同意，受托人才可以转委托。

③ 选项C错误，因不可归责于受托人的事由，委托合同解除或者委托事务不能完成的，委托人应当向受托人支付相应的报酬；当事人另有约定的，从其约定。

④ 选项D正确，此处为法律规定。

2.【答案】C

【解析】

① 选项A错误，经委托人同意，受托人可以转委托。乙的转委托行为有效。

② 选项B错误，受托人以自己的名义，在委托人的授权范围内与第三人订立的合同，只有在“第三人在订立合同时知道受托人与委托人之间的代理关系”的情况下，该合同才直接约束委托人和第三人，本题并没有指明第三人丁当时知道委托代理关系。

③ 选项C正确、选项D错误，受托人（丙）因第三人（丁）的原因对委托人（甲）不履行义务，受托人（丙）应当向委托人（甲）披露第三人（丁），委托人（甲）因此可以行使受托人（丙）对第三人（丁）的权利。

「考点15」运输合同（★）

【答案】BD

【解析】选项A错误、选项B正确，承运人对运输过程中货物的毁损、灭失承担损害赔偿责任，但承运人证明货物的毁损、灭失是因不可抗力、货物本身的自然性质或者合理损耗以及托运人、收货人的过错造成的，不承担损害赔偿责任。因此，甲应当自行承担因货物毁损而造成的损失。

选项C错误、选项D正确，货物在运输过程中因不可抗力灭失，未收取运费的，承运人不得要求支付运费；已收取运费的，托运人可以要求返还。故甲有权请求乙返还运费。

「考点16」行纪合同（★）

1.【答案】C

【解析】

① 选项A错误，行纪人处理委托事务产生的费用，由“行纪人”负担，但当事人另有约定的除外。

② 选项 B 错误，行纪人与第三人订立合同的，“行纪人”对该合同直接享有权利、承担义务。第三人不履行义务致使委托人受到损害的，行纪人应当承担损害赔偿责任，但行纪人与委托人另有约定的除外。

③ 选项 C 正确，行纪人在行纪中低于委托人指定的价格卖出或者高于委托人指定的价格买入的应当经委托人同意。未经委托人同意，行纪人补偿其差额的，该买卖对委托人发生效力。

④ 选项 D 错误，行纪人完成或者部分完成委托事务的，委托人应当向其支付相应的报酬。委托人逾期不支付报酬的，行纪人对委托物享有留置权，但当事人另有约定的除外。

2.【答案】C

【解析】行纪合同与委托合同的主要区别在于：

① 行纪合同仅适用于贸易活动，委托合同适用范围广泛（选项 A）；

② 行纪人以自己名义与第三人订立合同，委托合同的受托人可以以委托人或自己的名义订立合同（选项 B）；

③ 行纪合同为有偿合同，委托合同可以有偿也可以无偿；

④ 行纪人处理委托事务的支出费用自行承担，委托合同的受托人的费用由委托人承担（选项 D）。

本题问的是“不属于”的，因此选项 C 当选。

05 第五章 合伙企业法律制度·答案

「考点1」合伙企业法律制度概述（★）

1.【答案】B

【解析】选项B正确，由合伙企业的概念可知，合伙企业是合伙人共同出资、共同经营、共享收益、共担风险的自愿联合。在共同出资、共同经营、共享收益、共担风险四项特征之中，最关键的是共担风险。共担风险指的是合伙人共同承担经营风险，这是合伙关系不同于其他合同关系的最关键之处。

2.【答案】CD

【解析】合伙企业具有如下几个特征：

① 合伙企业是合伙人共同出资、共同经营、共享收益、共担风险的自愿联合。

② 合伙企业属于非法人组织，不具有法人资格，不缴纳企业所得税。合伙企业的生产经营所得和其他所得，按照国家有关税收规定，由合伙人分别缴纳所得税（选项AB错误）。

③ 合伙企业的内部治理高度灵活（选项C正确）。

④ 合伙企业的信用基础最终取决于普通合伙人的偿付能力（选项D正确）。

3.【解析】B

【解析】合伙企业的生产经营所得和其他所得，按照国家有关税收规定，由合伙人分别缴纳所得税。

合伙企业不缴纳企业所得税，故本题中的甲合伙企业不缴纳所得税。

「考点2」合伙企业的设立（★★）

1.【答案】B

【解析】根据合伙企业法律制度的规定，普通合伙企业的设立条件有：

① 有两个以上合伙人，但对于合伙人数的最高限额暂未作出规定（选项C正确）；

② 有书面合伙协议。合伙协议应当依法由全体合伙人协商一致，以书面形式订立，不能口头（选项B错误）；

③ 有合伙人认缴或实际缴付的出资（选项D正确）；

④ 有合伙企业的名称和生产经营场所（选项A正确）；

本题问的是“不正确”，因此选项B当选。

2.【答案】D

【解析】根据合伙企业法律制度的规定，国有独资公司（选项B）、国有企业、上市公司（选项A）、公益性的事业单位（选项C）、社会团体不得成为普通合伙人。

3.【答案】C

【解析】

① 选项A错误，合伙人应当按照合伙协议约定的出资方式、数额和缴付期限履行出资义务。题目中合伙协议对出资的评估办法和缴纳方法未作约定，甲的货币出资可以分期支付。

② 选项 BD 错误，合伙人以实物、知识产权、土地使用权或者其他财产权利出资，需要评估作价的，可以由全体合伙人协商确定，也可以由全体合伙人委托法定评估机构评估（不能自行委托）。

③ 选项 C 正确，合伙人以劳务出资的，其评估办法由全体合伙人协商确定，并在合伙协议中载明。

4. **【答案】** D

【解析】 根据合伙企业法律制度的规定，国有独资公司、国有企业（选项 C）、上市公司（选项 A）、公益性的事业单位（选项 B）、社会团体不得成为普通合伙人。

5. **【答案】** A

【解析】

① 普通合伙人可以用货币、实物、知识产权、土地使用权或者其他财产权利出资，也可以用劳务出资。

② 以实物、土地使用权、知识产权或者其他财产权利出资，需要评估作价的，可以由全体合伙人协商确定，也可以由全体合伙人委托法定评估机构评估（可以 2 选 1）。

③ 以劳务出资的，其评估方法由全体合伙人协商确定，并在合伙协议中载明（只能是全体合伙人协商）。因此，选项 A 正确。

6. **【答案】** A

【解析】

① 选项 A 错误，有限合伙企业由 2 ~50 个合伙人设立，并且其中至少应当有 1 个普通合伙人。

② 选项 B 正确，国有独资公司、国有企业、上市公司以及公益性的事业单位、社会团体不得成为普通合伙人。

③ 选项 C 正确，自然人、法人和其他组织可以依照法律规定在中国境内设立有限合伙企业。

④ 选项 D 正确，有限合伙企业仅剩有限合伙人的应当解散；有限合伙企业仅剩普通合伙人的，应当转为普通合伙企业。

本题问的是“错误”的，因此选项 A 当选。

7. **【答案】** B

【解析】

① 选项 A 错误，合伙人可以是自然人，也可以是法人或者其他组织（如个人独资企业、合伙企业）。

② 选项 C 错误，合伙人为自然人的，应当具有完全民事行为能力。无民事行为能力人和限制民事行为能力人不得成为普通合伙人。

③ 选项 B 正确、选项 D 错误，国有独资公司、国有企业、上市公司及公益性的事业单位、社会团体不得成为普通合伙人。

8. **【答案】** B

【解析】

① 普通合伙人可以用货币、实物、知识产权、土地使用权或者其他财产权利出资，也可以

用劳务出资。

② 选项 ACD 错误，以实物、土地使用权、知识产权或者其他财产权利出资，需要评估作价的，可以由全体合伙人协商确定，也可以由全体合伙人委托法定评估机构评估（可以2选1）。

③ 选项 B 正确，以劳务出资的，其评估方法由全体合伙人协商确定，并在合伙协议中载明（只能由全体合伙人协商）。

「考点3」合伙企业财产与合伙人份额（★★★）

1. **【答案】** A

【解析】《合伙企业法》规定，有限合伙人可以按照合伙协议的约定向合伙人以外的人转让其在有限合伙企业中的财产份额，但应当提前30日通知其他合伙人。

因此，选项 A 正确。

2. **【答案】** ABCD

【解析】 根据规定，合伙企业的财产由以下三部分构成：

① 合伙人的出资（选项 B 正确）。

② 以合伙企业名义取得的收益，主要包括合伙企业的公共积累资金、未分配的盈余（选项 A 正确）、合伙企业债权（选项 C 正确）、合伙企业取得的工业产权和非专利技术等财产权利。

③ 依法取得的其他财产，即根据法律、行政法规的规定合法取得的其他财产，如合法接受的赠与财产（选项 D 正确）等。

3. **【答案】** ABD

【解析】

① 选项 A 错误、选项 C 正确，除合伙协议另有约定外，普通合伙人向合伙人以外的人转让其在合伙企业中的全部或者部分财产份额时，有约定从其约定，没有约定须经其他合伙人一致同意（其他合伙人有优先购买权）。丁是非合伙人，对丁转让属于对外转让，由于合伙协议没有特殊约定，经乙、丙同意，甲即可对外转让财产份额，丙享有优先购买权。

② 选项 BD 错误，根据规定，普通合伙人在内部之间转让其在合伙企业中的全部或者部分财产份额时，应当通知其他合伙人（无须其他合伙人同意）。乙是合伙人之一，对乙转让属于内部转让，不必取得其他合伙人同意，只需通知其他合伙人。

③ 题目要求选择“不正确”的，因此选项 ABD 当选。

4. **【答案】** B

【解析】 选项 A 错误、选项 B 正确，除合伙协议另有约定外，普通合伙人向合伙人以外的人转让其在合伙企业中的全部或者部分财产份额时，须经其他合伙人一致同意。即有约定按照约定，本题中约定对外转让财产份额经持有3/5以上合伙财产份额的合伙人同意即可，因此，经丙、丁（合计62%）同意，甲即可对外转让财产份额。

选项 CD 错误，普通合伙人之间转让在合伙企业中的全部或者部分财产份额时，应当通知其他合伙人，即可以自由转让，通知即可。

5.【答案】D

【解析】有限合伙人可以将其在有限合伙企业中的财产份额出质。但是，合伙协议另有约定的除外。

因此，选项 D 正确。

6.【答案】D

【解析】除合伙协议另有约定外，普通合伙人向合伙人以外的人转让其在合伙企业中的全部或者部分财产份额时，须经其他合伙人一致同意。

因此，选项 D 正确。

7.【答案】D

【解析】选项 AC 错误、选项 D 正确，合伙人在合伙企业清算前私自转移或者处分合伙企业财产的，合伙企业不得以此对抗善意第三人。在确认善意取得的情况下，合伙企业的损失只能向擅自处分企业财产的合伙人甲追偿。

选项 B 错误，甲偿还乙债务是另一个法律关系，按照题意，甲负有还款义务，其对乙的清偿有效，货币转移占有即转移所有权。

8.【答案】C

【解析】普通合伙人以其在合伙企业中的财产份额出质的，须经其他合伙人一致同意。

因此，选项 C 正确。

9.【答案】C

【解析】

① 选项 A 错误，有限合伙人不执行合伙事务，不得对外代表有限合伙企业，有限合伙人丙不得执行合伙事务，这是法律的强制性规定。

② 选项 B 错误，有限合伙人丙不得以劳务出资，这是法律的强制性规定。

③ 选项 C 正确，有限合伙人可以将其在有限合伙企业中的财产份额出质，但是合伙协议另有约定的除外。合伙协议可以约定有限合伙人丙、丁将其财产份额出质。

④ 选项 D 错误，有限合伙企业名称中应当标明“有限合伙”字样，而不能标明“普通合伙”“特殊普通合伙”“有限公司”“有限责任公司”等字样，这是法律的强制性规定。

10.【答案】D

【解析】除合伙协议另有约定外，普通合伙人向合伙人以外的人转让其在合伙企业中的全部或者部分财产份额时，须经其他合伙人一致同意。

因此，选项 D 正确。

「考点 4」合伙企业的事务执行与损益分配（★★★）

1.【答案】A

【解析】

① 选项 A 正确，根据规定，有限合伙企业不得将全部利润分配给部分合伙人；但是，合伙协议另有约定的除外，即可以另行约定。

② 选项 BC 错误，有限合伙企业由普通合伙人执行合伙事务，有限合伙人不执行合伙事务，

不得对外代表有限合伙企业，这是法律强制性规定，不能约定排除。

③ 选项 D 错误，有限合伙企业中，普通合伙人承担无限连带责任，有限合伙人以其认缴的出资额为限对合伙企业债务承担责任，这是法律强制性规定，不能约定排除。

2.【答案】A

【解析】

① 选项 A 正确，合伙协议约定数个普通合伙人执行合伙事务，这些普通合伙人均为合伙事务执行人。如合伙协议无约定，全体普通合伙人是合伙事务的共同执行人。

② 选项 B 错误，有限合伙人不执行合伙事务，不得对外代表有限合伙企业，这是法律强制性规定。

③ 选项 C 错误，合伙事务执行人若因自己的“过错”造成合伙企业财产损失的，应向合伙企业或其他合伙人负赔偿责任。

④ 选项 D 错误，执行事务合伙人可以就执行事务的劳动付出，要求企业支付劳动报酬。

3.【答案】ABCD

【解析】除合伙协议另有约定外，合伙企业的下列事项应当经全体合伙人一致同意：

① 改变合伙企业的名称、经营范围、主要经营场所的地点（选项 ABC 正确）；

② 处分合伙企业的不动产；

③ 转让或者处分合伙企业的知识产权和其他财产权利；

④ 以合伙企业名义为他人提供担保；

⑤ 聘任合伙人以外的人担任合伙企业的经营管理人员（选项 D 正确）。

4.【答案】BD

【解析】

① 选项 A 错误，有限合伙人不执行合伙事务，不得对外代表有限合伙企业，有限合伙企业由普通合伙人执行合伙事务。

② 选项 B 正确，有限合伙人可以同本有限合伙企业进行交易；但是，合伙协议另有约定的除外。

③ 选项 C 错误，有限合伙人可以用货币、实物、知识产权、土地使用权或者其他财产权利作价出资，不得以劳务出资。

④ 选项 D 正确，有限合伙人可以自营或者同他人合作经营与本有限合伙企业相竞争的业务；但是，合伙协议另有约定的除外。

5.【答案】A

【解析】

① 选项 A 正确，此处为原文表述。

② 选项 B 错误，执行事务合伙人怠于行使权利时，有限合伙人有权督促其行使权利或者为了本企业的利益以自己的名义提起诉讼。

③ 选项 CD 错误，合伙协议约定数个普通合伙人执行合伙事务，这些普通合伙人均为合伙事务执行人。如合伙协议无约定，全体普通合伙人是合伙事务的共同执行人。法人如果是普通合伙人，则可以担任合伙事务执行人。执行合伙事务与出资无关。

6.【答案】ABD

【解析】除合伙协议另有约定外，合伙企业的下列事项应当经全体合伙人一致同意：

① 改变合伙企业的名称、经营范围、主要经营场所的地点；

② 处分合伙企业的不动产（选项 D 正确）；

③ 转让或者处分合伙企业的知识产权和其他财产权利；

④ 以合伙企业名义为他人提供担保；

⑤ 聘任合伙人以外的人担任合伙企业的经营管理人员（选项 B 正确）；

⑥ 普通合伙人向合伙人以外的人转让其在合伙企业中的全部或者部分财产份额（选项 A 正确）。

7.【答案】B

【解析】合伙企业的利润分配、亏损分担，按照合伙协议的约定办理；合伙协议未约定或者约定不明确的，由合伙人协商决定；协商不成的，由合伙人按照实缴出资比例分配、分担；无法确定出资比例的，由合伙人平均分配、分担。

本题中，协议未约定，也不能协商解决，所以按合伙人实缴比例进行分配。甲、乙实缴 30 万元，丙实缴 60 万元。

因此，选项 B 正确。

8.【答案】BC

【解析】有限合伙人的下列行为，不视为执行合伙事务：

① 参与决定普通合伙人入伙、退伙（选项 A）；

② 对企业的经营管理提出建议（选项 D）；

③ 参与选择承办有限合伙企业审计业务的会计师事务所；

④ 获取经审计的有限合伙企业财务会计报告；

⑤ 对涉及自身利益的情况，查阅有限合伙企业财务会计账簿等财务资料；

⑥ 在有限合伙企业中的利益受到侵害时，向有责任的合伙人主张权利或者提起诉讼；

⑦ 执行事务合伙人怠于行使权利时，督促其行使权利或者为了本企业的利益以自己的名义提起诉讼；

⑧ 依法为本企业提供担保。

因此，选项 AD 都不视为执行合伙事务，本题问的是“视为执行”，选项 BC 正确。

9.【答案】C

【解析】合伙人对合伙企业有关事项作出决议，首先按照合伙协议约定的表决办法办理。合伙协议未约定或者约定不明确、法律也没有特别规定时，实行合伙人一人一票并经“全体合伙人过半数通过”的表决办法。

因此，选项 C 正确。

「考点 5」合伙企业与第三人的关系（★★）

1.【答案】D

【解析】对于普通合伙企业的债务：

① 合伙企业财产率先用于清偿合伙企业债务。合伙企业对其债务，应先以其全部财产进行清偿。

② 合伙人的无限连带清偿责任。合伙企业不能清偿到期债务的，合伙人承担无限连带责任。

③ 合伙人之间的债务分担和追偿。合伙人由于承担无限连带责任，清偿数额超过规定的亏损分担比例的，有权向其他合伙人追偿。

④ 本题中，合伙企业无力清偿的到期债务为12万元，合伙协议约定，合伙企业债务由各合伙人平均承担，因此每人应负担3万元，乙已经负担了3万元，所以不能再找乙清偿（选项B错误）；而甲负担了9万元，多了6万元，可以向未负担的丙和丁各追偿3万元（选项AC错误、选项D正确）。

2.【答案】BD

【解析】

① 选项AC错误，合伙人发生与合伙企业无关的债务，相关债权人不得以其债权抵销其对合伙企业的债务，也不得代位行使合伙人在合伙企业中的权利。

② 选项B正确，合伙人的自有财产不足以清偿其与合伙企业无关的债务的，该合伙人可以以其从合伙企业中分取的收益用于清偿。

③ 选项D正确，债权人也可以依法请求人民法院强制执行该合伙人在合伙企业中的财产份额用于清偿。

「考点6」入伙和退伙（★★★）

1.【答案】C

【解析】选项AB错误，新入伙的“有限合伙人”对入伙前有限合伙企业的债务，以其认缴（而非实缴）的出资额为限承担责任。

选项C正确、选项D错误，新入伙的“普通合伙人”对入伙前合伙企业的债务承担无限连带责任。

2.【答案】D

【解析】选项AB错误，新入伙的有限合伙人对入伙前有限合伙企业的债务，以其认缴的出资额为限承担责任。

选项C错误、选项D正确，有限合伙人退伙后，对基于其退伙前原因发生的有限合伙企业债务，以其退伙时从有限合伙企业中取回的财产承担责任。

3.【答案】A

【解析】合伙人有下列情形之一的，当然退伙：

① 作为合伙人的自然人死亡或者被依法宣告死亡。

② 个人丧失偿债能力（选项A正确）。

③ 作为合伙人的法人或者其他组织依法被吊销营业执照、责令关闭、撤销或者被宣告破产。

④ 法律规定或者合伙协议约定合伙人必须具有相关资格而丧失该资格。

⑤ 合伙人在合伙企业中的全部财产份额被人民法院强制执行。

⑥ 合伙人被依法认定为无民事行为能力人或者限制民事行为能力人的，经其他合伙人一致

同意，可以依法转为有限合伙人，普通合伙企业依法转为有限合伙企业。其他合伙人未能一致同意的，该无民事行为能力或者限制民事行为能力的合伙人退伙。

4.【答案】ABC

【解析】合伙协议未约定合伙期限的（选项 A 正确），合伙人在不给合伙企业事务执行造成不利影响的情况下（选项 B 正确），可以退伙，但应当提前 30 日通知其他合伙人（选项 C 正确、选项 D 错误）。

5.【答案】ABCD

【解析】关于协议退伙，《合伙企业法》规定，合伙协议约定合伙期限的，在合伙企业存续期间，有下列情形之一的，合伙人可以退伙：

① 合伙协议约定的退伙事由出现（选项 A 正确）；

② 经全体合伙人一致同意（选项 C 正确）；

③ 发生合伙人难以继续参加合伙的事由（选项 D 正确）；

④ 其他合伙人严重违反合伙协议约定的义务（选项 B 正确）。

因此，选项 ABCD 正确。

6.【答案】D

【解析】合伙协议未约定合伙期限的，合伙人在不给合伙企业事务执行造成不利影响的情况下，可以退伙，但应当提前 30 日通知其他合伙人。

因此，选项 D 正确。

7.【答案】AC

【解析】合伙人有下列情形之一的，当然退伙：

① 作为合伙人的自然人死亡或者被依法宣告死亡（选项 C 正确）；

② 个人丧失偿债能力；

③ 作为合伙人的法人或者其他组织依法被吊销营业执照、责令关闭、撤销或者被宣告破产（选项 A 正确）；

④ 法律规定或者合伙协议约定合伙人必须具有相关资格而丧失该资格；

⑤ 合伙人在合伙企业中的全部财产份额被人民法院强制执行；

⑥ 合伙人被依法认定为无民事行为能力人或者限制民事行为能力人的，经其他合伙人一致同意，可以依法转为有限合伙人，普通合伙企业依法转为有限合伙企业。其他合伙人未能一致同意的，该无民事行为能力或者限制民事行为能力的合伙人退伙。

8.【答案】B

【解析】选项 B 正确，普通合伙人的继承人为无民事行为能力人或者限制民事行为能力人的，经全体合伙人一致同意，可以依法成为有限合伙人，普通合伙企业依法转为有限合伙企业。

全体合伙人未能一致同意的，合伙企业应当将被继承合伙人的财产份额退还该继承人。

9.【答案】ABCD

【解析】

① 选项 BC 正确，合伙企业不能清偿到期债务的，普通合伙人承担无限连带责任。在本题

中，乙、丙作为普通合伙人，应当对合伙企业不能清偿的债务承担无限连带责任。

② 选项 A 正确，普通合伙人退伙后，对基于其退伙前的原因发生的合伙企业债务，承担无限连带责任。在本题中，发生事故的燃气炉系当年 4 月合伙人共同决定购买，其质量不符合相关国家标准，此时甲依然是普通合伙人，应当对此承担无限连带责任。

③ 选项 D 正确，普通合伙人入伙，新合伙人对入伙前合伙企业的债务承担无限连带责任，丁也须承担无限连带责任。

10. **【答案】** AB

【解析】

① 选项 A 正确，新入伙的普通合伙人对入伙前合伙企业的债务（20 万元）承担无限连带责任。

② 选项 B 正确，退伙的普通合伙人对基于其退伙前的原因发生的合伙企业债务（10 万元）承担无限连带责任。

③ 选项 CD 错误，退伙的普通合伙人对其退伙后的企业债务不承担责任。

「考点 7」特殊的普通合伙企业（★）

1. **【答案】** BCD

【解析】 选项 A 错误，特殊的普通合伙企业应当建立执业风险基金、办理职业保险。

选项 BCD 正确，此处均为原文表述。

2. **【答案】** D

【解析】 选项 D 正确、选项 ABC 错误，特殊普通合伙企业的一个合伙人或者数个合伙人在执业活动中因故意或者重大过失造成合伙企业债务的，应当承担无限责任或者无限连带责任，其他合伙人以其在合伙企业中的财产份额为限承担责任。

对合伙人在执业活动中非因故意或者重大过失造成的合伙企业债务以及合伙企业的其他债务，全体合伙人承担无限连带责任。

3. **【答案】** ABC

【解析】 选项 A 正确，在特殊的普通合伙企业中，一个合伙人或者数个合伙人在执业活动中因故意或者重大过失造成合伙企业债务的，应当承担无限责任或者无限连带责任。甲应以其全部个人财产承担无限责任。

选项 BC 正确、选项 D 错误，其他合伙人以其在合伙企业中的财产份额为限承担责任。乙应以其退出时在事务所中的实际财产份额为限承担赔偿责任，丙和丁应以其在事务所中的财产份额为限承担赔偿责任。

「考点 8」合伙人的性质转变（★★）

1. **【答案】** AC

【解析】 选项 A 正确、选项 B 错误，普通合伙人转变为有限合伙人的，对其作为普通合伙人期间合伙企业发生的债务承担无限连带责任（甲须承担无限连带责任）。

选项 C 正确、选项 D 错误，有限合伙人转为普通合伙人的，对其作为有限合伙人期间有限合伙企业发生的债务承担无限连带责任（乙也须承担无限连带责任）。

2.【答案】C

【解析】选项 BD 错误，普通合伙人转为有限合伙人的，对其作为普通合伙人期间合伙企业发生的债务承担无限连带责任（甲须承担无限连带责任）。

选项 A 错误、选项 C 正确，有限合伙人转为普通合伙人的，对其作为有限合伙人期间有限合伙企业的债务承担无限连带责任（丙也须承担无限连带责任）。乙一直为普通合伙人，也须承担无限连带责任。丁一直为有限合伙人，只需承担有限责任。

「考点 9」合伙企业的解散和清算（★）

1.【答案】D

【解析】合伙企业有下列情形之一的，应当解散：

① 合伙期限届满，合伙人决定不再经营（选项 D 正确）；

② 合伙协议约定的解散事由出现；

③ 全体合伙人决定解散；

④ 合伙人已不具备法定人数满“30 天”；

⑤ 合伙协议约定的合伙目的已经实现或者无法实现；

⑥ 依法被吊销营业执照、责令关闭或者被撤销；

⑦ 法律、行政法规规定的其他原因。

2.【答案】A

【解析】财产清偿顺序：

清算费用 > 合伙企业职工工资 > 社会保险费用和法定补偿金 > 缴纳所欠税款 > 清偿债务 > 分配财产。

因此，选项 A 正确。

3.【答案】B

【解析】财产清偿顺序：

清算费用 > 合伙企业职工工资 > 社会保险费用和法定补偿金 > 缴纳所欠税款 > 清偿债务 > 分配财产。

因此，选项 B 正确。

4.【答案】B

【解析】财产清偿顺序：

清算费用 > 合伙企业职工工资 > 社会保险费用和法定补偿金 > 缴纳所欠税款 > 清偿债务 > 分配财产。

因此，选项 B 正确。

06 第六章 公司法律制度·答案

「考点1」公司法人资格与股东有限责任（★★★）

1.【答案】A

【解析】根据规定，公司对外担保行为不是法定代表人所能单独决定的事项，必须以公司股东（大）会、董事会等公司机关的决议作为授权的基础和来源。法定代表人未经授权擅自为他人提供担保的，构成“越权代表”。因担保合同效力发生纠纷的，法院应当根据《民法典》关于法定代表人越权代表的规定，区分订立合同时债权人是否善意，分别认定合同效力：债权人善意的，合同有效；反之，合同无效。

本题考查“越权代表”的概念，因此，选项A正确。

2.【答案】B

【解析】

① 公司不得直接或者通过子公司向董事、监事、高级管理人员提供借款。

② 选项CD错误，甲公司向李某提供借款，乙公司向赵某提供借款，属于公司直接向董事、监事、高级管理人员提供借款，是不允许的。

③ 选项A错误，乙公司向李某提供借款，属于公司通过子公司向董事、监事、高级管理人员提供借款，是不允许的。

3.【答案】D

【解析】法人的法定代表人或者非法人组织的负责人超越权限订立的合同，除相对人知道或者应当知道其超越权限外，该代表行为有效，订立的合同对法人或者非法人组织发生效力。因此，选项D正确。

「考点2」公司设立制度（★★）

1.【答案】BCD

【解析】根据规定，创立大会行使下列职权：

① 审议发起人关于公司筹办情况的报告；

② 通过公司章程；

③ 选举董事会成员；

④ 选举监事会成员（选项D正确）；

⑤ 对公司的设立费用进行审核（选项C正确）；

⑥ 对“发起人”用于抵作股款的财产的作价进行审核（选项A错误）；

⑦ 发生不可抗力或者经营条件发生重大变化直接影响公司设立的，可以作出不设立公司的决议（选项B正确）。

因此，选项BCD正确。

2.【答案】C

【解析】发起人为设立公司以设立中公司的名义与他人订立合同，根据相关规定，公司成立后自动承担该合同义务。

公司未成立，则单一发起人独自承担设立所产生的债务；发起人为数人的，连带承担债务。本题公司未成立，所以发起人（甲、乙）须承担连带债务。因此，选项 C 正确。

3.【答案】B

【解析】选项 B 正确、选项 D 错误，发起人如因设立公司而对他人造成损害的，公司成立后应自动承受该侵权责任。

选项 AC 错误，公司未成立的，受害人有权请求全体发起人承担连带责任；公司或者无过错的发起人承担赔偿责任后，可以向有过错的发起人追偿。

4.【答案】CD

【解析】发起人为设立公司以自己的名义与他人订立合同，那么合同的当事人就是发起人和该相对人，根据规定，合同相对人有权选择请求该发起人（丙）或者成立后的公司承担合同义务。

因此，选项 AB 错误、选项 CD 正确。

「考点 3」股东出资制度（★★★）

1.【答案】AD

【解析】选项 AD 正确，股东可以用货币出资，也可以用实物、知识产权、土地使用权等可以用货币估价并可以依法转让的非货币财产作价出资。

选项 BC 错误，不得作为出资的财产包括：劳务、信用、自然人姓名、商誉、特许经营权或者设定担保的财产。

2.【答案】C

【解析】有限公司股东未履行出资义务或者抽逃全部出资，经公司催告缴纳或者返还，其在合理期限内仍未缴纳或者返还出资，公司可以通过股东会决议解除该股东资格。

因此，选项 C 正确。

3.【答案】C

【解析】不得作为出资的财产包括：劳务、信用、自然人姓名、商誉、特许经营权或者设定担保的财产。

因此，选项 C 正确。

4.【答案】C

【解析】出资人以房屋、土地使用权或者需要办理权属登记的知识产权等财产出资，已经交付公司使用但未办理权属变更手续的，当公司、其他股东或者公司债权人主张认定出资人未履行出资义务的，人民法院应当责令当事人在指定的合理期间内办理权属变更手续。

在前述期间内办理了权属变更手续的，人民法院应当认定其已经履行了出资义务；出资人主张自其实际交付财产给公司使用时享有相应股东权利的，人民法院应予支持。乙于 1 月 7 日交付。

因此，选项 C 正确。

5.【答案】B

【解析】选项 ACD 错误、选项 B 正确，冒用他人名义出资并将他人作为股东在公司登记机关登记的，冒名登记行为人（甲）应当承担相应责任。

公司、其他股东或者公司债权人以未履行出资义务为由，请求被冒名登记的股东（乙）承担补足出资责任或者对公司债务不能清偿部分的赔偿责任的，人民法院不予支持。

「考点4」股东资格（★）

1.【答案】B

【解析】实际出资人未经公司其他股东半数以上同意，请求公司变更股东、签发出资证明书、记载于股东名册、记载于公司章程并办理公司登记机关登记的，人民法院不予支持。

在本题中，甲公司股东名册中除李某外还有 3 名股东，故需要除李某外的其余 3 名股东半数以上同意。

因此，选项 B 正确。

2.【答案】B

【解析】

① 选项 A 错误，公司债权人以登记于公司登记机关的股东未履行出资义务为由，请求其对公司债务不能清偿的部分在未出资本息范围内承担补充赔偿责任，股东以其仅为名义股东而非实际出资人为由进行抗辩的，人民法院不予支持。

② 选项 B 正确，记载于股东名册的股东，可以依股东名册主张行使股东权利。星星公司可依其股东名册记载否认陈某的股东资格。

③ 选项 C 错误，实际出资人未经公司其他股东半数以上同意，请求公司变更股东、签发出资证明书、记载于股东名册、记载于公司章程并办理公司登记机关登记的，人民法院不予支持。

④ 选项 D 错误，实际出资人与名义股东因投资权益的归属发生争议，实际出资人有权以其实际履行了出资义务为由向名义股东主张权利。名义股东不得以公司股东名册记载、公司登记机关登记为由否认实际出资人的权利，因此曾某不得对抗陈某的投资收益请求。

「考点5」股东权利和义务（★★★）

1.【答案】A

【解析】根据规定，有限责任公司的股东未履行出资义务或者抽逃全部出资，经公司催告缴纳或者返还，其在合理期限内仍未缴纳或返还出资，公司可以通过股东会决议解除该股东资格。

因此，选项 A 正确。

2.【答案】AB

【解析】选项 AB 正确、选项 CD 错误，因股东可能不具备查账所需的财务知识，根据公司法律制度的相关规定，股东依据生效判决查阅公司文件材料的，在该股东在场的情况下，可以由会计师、律师等依法或者依据执业行为规范负有保密义务的中介机构执业人员辅助进行。

在本题中，税务机关工作人员、检察官均不属于“依法或者依据执业行为规范负有保密义务的中介机构执业人员”。

3.【答案】B

【解析】股东起诉请求公司分配利润的案件，应当列公司为被告。一审法庭辩论终结前，其他股东基于同一分配方案申请参加诉讼的，应列为共同原告。

因此，选项 B 正确。

4.【答案】CD

【解析】

① 选项 A 错误，在股份有限公司中，股东并不当然享有新股优先认购权，除非股东大会在发行新股时作出向原股东优先配售新股的决议。在有限责任公司中，股东当然享有增资优先认缴权，除非全体股东约定放弃或者限制。

② 选项 B 错误，有限公司股东的优先认缴权是法定权利，认购数额以其实缴出资比例为准，除非全体股东约定其他认购比例。全体股东可以事先约定不按照出资比例优先认缴出资。

③ 选项 C 正确，股东可以放弃行使自己的增资优先认缴权，其放弃的认缴份额并不当然成为其他股东行使增资优先认缴权的对象。

④ 选项 D 正确，增资优先认缴权可以在公司原股东之间自由转让，但不得转让给股东以外的人。

5.【答案】AD

【解析】股份有限公司股东有权查阅公司章程、股东名册（选项 A 正确）、公司债券存根、股东大会会议记录（选项 D 正确）、董事会会议决议（而非会议记录，选项 B 错误）、监事会会议决议（而非会议记录，选项 C 错误）、财务会计报告。

因此，选项 AD 正确。

6.【答案】A

【解析】股东起诉请求公司分配利润的案件，应列公司为被告。

因此，选项 A 正确。

7.【答案】BCD

【解析】股东义务主要有三个方面：

① 出资义务（选项 C 正确），即按照法律和公司章程的规定，向公司按期足额缴纳出资。

② 善意行使股权的义务（选项 B 正确）。

③ 公司出现解散事由后，股东有组织清算的义务（选项 D 正确）。

因此，选项 BCD 正确。

8.【答案】D

【解析】

① 选项 A 错误，有限责任公司代表 1/10 以上表决权的股东、1/3 以上的董事、监事会或者不设监事会的公司监事，有权提议召开临时股东会议，甲仅持股 8%。

② 选项 B 错误，本题所述情形不属于有限责任公司的股东可以行使异议股东股份回购请求

权的情形。

③ 选项 C 错误，本题所述情形不属于解散公司的法定事由。

④ 选项 D 正确，董事、高级管理人员侵犯公司利益的，有限责任公司的股东可以书面请求监事会或者不设监事会的有限责任公司的监事向人民法院提起诉讼，如果监事会或者不设监事会的有限责任公司的监事收到股东的书面请求后拒绝提起诉讼，或者自收到请求之日起 30 日内未提起诉讼，或者情况紧急、不立即提起诉讼将会使公司利益受到难以弥补的损害的，股东有权为了公司的利益以自己的名义直接向人民法院提起诉讼。

9. 【答案】ACD

【解析】选项 ACD 正确，股份有限公司股东有权查阅公司章程、股东名册、公司债券存根、股东大会会议记录、董事会会议决议、监事会会议决议、财务会计报告。

选项 B 错误，有限责任公司的股东可以要求查阅公司会计账簿，但股份有限公司的股东并没有该项权利。

「考点 6」董事、监事、高级管理人员制度（★★）

1. 【答案】AB

【解析】选项 AB 正确、选项 CD 错误，高级管理人员，是指公司的经理、副经理、财务负责人，上市公司董事会秘书和公司章程规定的其他人员。

2. 【答案】C

【解析】忠实义务通常有以下情况：

（1）公司董事、监事、高级管理人员不得利用职权收受贿赂或者其他非法收入，不得侵占公司的财产。

（2）公司董事、高级管理人员不得有下列行为：

① 挪用公司资金。

② 将公司资金以其个人名义或者以其他个人名义开立账户存储（选项 B）。

③ 违反公司章程的规定，未经股东会、股东大会或者董事会同意，将公司资金借贷给他人或者以公司财产为他人提供担保。

④ 违反公司章程的规定或者未经股东会、股东大会同意，与本公司订立合同或者进行交易。

⑤ 未经股东会或者股东大会同意，利用职务便利为自己或者他人谋取属于公司的商业机会，自营或者为他人经营与所任职公司同类的业务（选项 D）。

⑥ 接受他人与公司交易的佣金归为己有。

⑦ 擅自披露公司秘密（选项 A）。

⑧ 违反对公司忠实义务的其他行为。公司董事、高级管理人员违反上述规定所得的收入应当归公司所有。

所谓勤勉义务，是指公司管理者应当在执行公司职务时勤勉尽责。换句话说，就是在执行职务时应当尽最大努力为公司或者股东的整体利益服务。

选项 ABD 属于违反忠实义务的行为，选项 ABD 错误，选项 C 正确。

「考点7」公司的组织机构（★★★）

1.【答案】D

【解析】根据规定，董事任期届满未及时改选，或者董事在任期内辞职导致董事会成员低于法定人数的，在改选出的董事就任前，“原董事”仍应当依照法律、行政法规和公司章程的规定，履行董事职务。

因此，选项D正确。

2.【答案】D

【解析】董事会会议由董事长召集和主持，董事长不能或者不履行职务的，由副董事长履行职务。副董事长不能或者不履行职务的，由半数以上董事共同推举一名董事履行职务。

因此，选项D正确。

3.【答案】AB

【解析】累积投票制，是指股东大会选举董事或者监事时，每一股份拥有与应选董事或者监事人数相同的表决权，股东拥有的表决权可以集中使用。

因此，选项AB正确。

4.【答案】B

【解析】董事会行使下列职权：

① 召集股东大会会议，并向股东大会报告工作；

② 执行股东大会的决议；

③ 决定公司的经营计划和投资方案；

④ 制订公司的年度财务预算方案、决算方案（选项B正确）；

⑤ 制订公司的利润分配方案和弥补亏损方案；

⑥ 制订公司增加或者减少注册资本以及发行公司债券的方案；

⑦ 制订公司合并、分立、解散或者变更公司形式的方案；

⑧ 决定公司内部管理机构的设置；

⑨ 决定聘任或者解聘公司经理及其报酬事项，并根据经理的提名决定聘任或者解聘公司副经理、财务负责人及其报酬事项；

⑩ 制定公司的基本管理制度；

⑪ 公司章程规定的其他职权。

因此，选项B正确。

5.【答案】A

【解析】上市公司在1年内购买、出售重大资产或者担保金额超过公司最近一期经审计资产总额30%的，应当由股东大会作出决议，并经出席会议的股东所持表决权的2/3以上通过。

因此，选项A正确。

6.【答案】ABCD

【解析】上市公司股东大会特别职权包括审议批准下列担保行为：

① 本公司及本公司控股子公司的对外担保总额，达到或超过最近一期经审计净资产的50%

以后提供的任何担保（选项C正确）；

② 公司的对外担保总额，达到或超过最近一期经审计总资产的30%以后提供的任何担保；

③ 为资产负债率超过70%的担保对象提供的担保（选项B正确）；

④ 单笔担保额超过最近一期经审计净资产10%的担保（选项A正确）；

⑤ 对股东、实际控制人及其关联方提供的担保（选项D正确）。

因此，选项ABCD均正确。

7. **【答案】** BD

【解析】 选项A错误，决定公司的投资计划属于股东会的职权，董事会可以决定公司的“经营计划”和“投资方案”。

选项C错误，决定公司的利润分配方案属于股东会的职权。

8. **【答案】** AB

【解析】 股东会会议作出修改公司章程（选项A正确）、增加或者减少注册资本的决议（选项B正确）以及公司合并、分立、解散或者变更公司形式的决议，必须经代表（全体股东）2/3以上表决权的股东通过。这类决议属于特别决议。

「考点8」上市公司独立董事制度（★★★）

1. **【答案】** A

【解析】 上市公司董事会、监事会、单独或者合并持有上市公司已发行股份1%以上的股东可以提出独立董事候选人，并经股东大会选举决定。

因此，选项A正确。

2. **【答案】** A

【解析】 下列人员不得担任独立董事：

① 在上市公司或者其附属企业任职的人员及其直系亲属、主要社会关系（直系亲属是指配偶、父母、子女等；主要社会关系是指兄弟姐妹、岳父母、儿媳女婿、兄弟姐妹的配偶、配偶的兄弟姐妹等）（甲不属于主要社会关系，甲可以担任）；

② 直接或间接持有上市公司已发行股份1%以上或者是上市公司前十名股东中的自然人股东及其直系亲属；

③ 在直接或间接持有上市公司已发行股份5%以上的股东单位或者在上市公司前五名股东单位任职的人员及其直系亲属（选项B）；

④ 最近一年内曾经具有前三项所列举情形的人员（选项C）；

⑤ 为上市公司或者其附属企业提供财务、法律、咨询等服务的人员（选项D）；

⑥ 法律、行政法规、部门规章等规定的其他人员；

⑦ 公司章程规定的其他人员；

⑧ 中国证监会认定的其他人员。

因此，选项A正确。

【抢分技巧】 只有任职人员包括主要社会关系，1%自然人股东和5%法人股东只包括本人及直系亲属。

「考点9」股东大会、股东会和董事会决议制度（★★★）

1.【答案】A

【解析】原告请求确认股东（大）会、董事会决议不成立、无效或者撤销决议的案件，应当列公司为被告。

因此，选项A正确。

2.【答案】ABCD

【解析】股东（大）会、董事会决议存在下列情形之一，当事人主张决议不成立的，人民法院应当予以支持：

①公司未召开会议作出该决议，但依据公司法或者公司章程规定可以不召开股东会或者股东大会而直接作出决定，并由全体股东在决定文件上签名、盖章的除外（选项A正确）；

②会议未表决该决议事项的（选项B正确）；

③到会的人数或者股东所持表决权不符合公司法或者公司章程规定的，即不具备表决决议事项的必要条件（选项D正确）；

④会议的表决结果未达到公司法或者公司章程规定的通过比例的（选项C正确）；

⑤其他情形。

因此，选项ABCD均正确。

3.【答案】B

【解析】股东（大）会、董事会决议存在下列情形之一，当事人主张决议不成立的，人民法院应当予以支持：

①公司未召开会议作出该决议的，但依据公司法或者公司章程规定可以不召开股东会或者股东大会而直接作出决定，并由全体股东在决定文件上签名、盖章的除外（选项B正确）；

②会议未表决该决议事项的；

③到会的人数或者股东所持表决权不符合公司法或者公司章程规定的，即不具备表决决议事项的必要条件；

④会议的表决结果未达到公司法或者公司章程规定的通过比例的；

⑤其他情形。

因此，选项B正确。

「考点10」股份有限公司的股份转让和回购（★★★）

1.【答案】ABCD

【解析】优先股股东不出席股东大会，所持股份没有表决权，除以下情况外：

①修改公司章程中与优先股有关的内容；

②一次或累计减资超过10%（选项D正确）；

③公司合并、分立、解散或变更公司形式（选项ABC正确）；

④发行优先股。

因此，选项ABCD均正确。

2.【答案】B

【解析】发起人持有的本公司股份，自公司成立之日起1年内不得转让。因此，选项B正确。

3.【答案】A

【解析】

① 选项A正确，此处为法律规定。

② 选项BC错误，董事、监事和高级管理人员所持本公司股份，自公司股票上市交易之日起1年内不得转让。

③ 选项D错误，公司董事、监事、高级管理人员应当向公司申报所持有的本公司的股份及其变动情况，在任职期间每年转让的股份不得超过其所持有本公司股份总数的25%。

「考点11」有限责任公司的股权转移（★★）

1.【答案】C

【解析】有限责任公司的股东主张优先购买转让股权的，应当在收到通知后，在公司章程规定的行使期间内提出购买请求。公司章程没有规定行使期间或者规定不明确的，以通知确定的期间为准，通知确定的期间短于30日或者未明确行使期间的，行使期间为30日。即首先看章程的规定，本题中章程规定为60日。

因此，选项C正确。

2.【答案】A

【解析】在公司章程没有另外规定的情况下，自然人股东死亡后，其合法继承人可以直接继承股东资格。

因此，选项A正确。

3.【答案】B

【解析】人民法院依照法律规定的强制执行程序移转股东股权的，应当通知公司及全体股东，其他股东在同等条件下有优先购买权。因此，选项B正确。

「考点12」一人有限责任公司的特别规定（★★）

1.【答案】D

【解析】

① 选项A错误，一个自然人只能投资设立一个一人有限责任公司，禁止其设立多个一人有限责任公司，而且该一人有限责任公司不能投资设立新的一人有限责任公司。

② 选项B错误，一人公司属于法人，一般情况下股东只承担有限责任；只有当股东不能证明公司财产独立于股东自己财产的，股东才应对公司债务承担连带责任。

③ 选项C错误，一人公司的股东可以分期缴纳出资。

④ 选项D正确，一人有限责任公司应当在公司登记中注明自然人独资或者法人独资，并在公司营业执照中载明。

2.【答案】C

【解析】

① 选项 A 错误，一人有限责任公司不设股东会。

② 选项 B 错误，一人有限责任公司应当在每一个会计年度结束时编制财务会计报告，并经会计师事务所审计。

③ 选项 C 正确，一个自然人股东或者一个法人股东可以设立有限责任公司。

④ 选项 D 错误，一人有限责任公司的股东不能证明公司财产独立于股东自己财产的，应当对公司债务承担连带责任，股东有义务证明，而不是债权人有义务证明。

「考点 13」国有独资公司的特别规定（★★）

【答案】A

【解析】

① 选项 A 正确，此处为法律规定。

② 选项 B 错误，国有独资公司的合并、分立、解散、增减注册资本和发行公司债券，必须由国有资产监督管理机构决定。

③ 选项 C 错误，国有独资公司监事会中的职工代表由公司职工代表大会选举产生。

④ 选项 D 错误，国有独资公司董事会成员由国有资产监督管理机构委派，但是，董事会成员中的职工代表由公司职工代表大会选举产生。

「考点 14」公司的财务会计（★★）

1.【答案】C

【解析】资本公积金不得用于弥补公司的亏损。因此，选项 C 正确。

2.【答案】D

【解析】股份有限公司以超过股票票面金额的发行价格发行股份所得的溢价款，应当列为公司“资本公积金”。

因此，选项 D 正确。

3.【答案】B

【解析】股份有限公司的财务会计报告应当在召开股东大会年会的 20 日前置备于本公司，供股东查阅；公开发行股票的股份有限公司必须公告其财务会计报告。因此，选项 B 正确。

「考点 15」公司重大变更（★）

1.【答案】A

【解析】

① 选项 A 正确，公司分立前的债务由分立后的公司承担连带责任，但公司在分立前与债权人就债务清偿达成的书面协议另有约定的除外。在本题中，债权人飞和公司与美丽公司就分立后债务清偿未达成协议，因此可选择向美美公司或丽丽公司请求履行全部债务。

② 选项 BC 错误，在公司分立的过程中，并没有赋予债权人请求公司提前清偿债务或提供

相应担保的权利。

③ 选项D错误，公司应当自作出分立决议之日起10日内通知债权人，并于30日内在报纸上公告。

2. 【答案】B

【解析】

① 选项B正确、选项ACD错误，公司分立前的债务由分立后的公司承担连带责任。但是，公司在分立前与债权人就债务清偿达成的书面协议另有约定的除外。

② 企业分立时对原企业的债务承担有约定并经债权人认可的，按照当事人约定处理。

③ 企业分立时对原企业债务承担无约定或者约定不明，或者虽有约定但债权人不予认可的，分立后的企业应当承担连带责任。但是，分立后的企业在承担连带责任后，各分立的企业间对原企业债务承担有约定的，按约定处理，没有约定或约定不明的，按分立时的资产比例分担。

3. 【答案】ABD

【解析】公司减资的方式有：

① 返还出资或股款（选项A正确）；

② 减免出资或者购股义务（选项B正确）；

③ 缩减股权或股份（选项D正确）。

因此，选项ABD正确。

「考点16」公司解散和清算（★★）

1. 【答案】B

【解析】非破产清算指的是公司的“解散清算”程序。清算义务人，是指有义务组织公司清算的人。

如果是有限责任公司，则清算义务人为有限责任公司的股东；

如果是股份有限公司，则清算义务人为股份有限公司的董事和控股股东。

因此，选项B正确。

2. 【答案】C

【解析】公司经营管理发生严重困难，继续存续会使股东利益受到重大损失，通过其他途径不能解决的，持有公司全部表决权10%以上的股东，可以请求人民法院解散公司。

因此，选项C正确。

3. 【答案】ABCD

【解析】根据《公司法》的规定，清算组在清算期间行使下列职权：

① 清理公司财产，分别编制资产负债表和财产清单（选项A正确）；

② 通知、公告债权人（选项C正确）；

③ 处理与清算有关的公司未了结的业务；

④ 清缴所欠税款以及清算过程中产生的税款；

⑤ 清理债权、债务；

⑥ 处理公司清偿债务后的剩余财产（选项 B 正确）；

⑦ 代表公司参与民事诉讼活动（选项 D 正确）。

因此，选项 ABCD 均正确。

4.【答案】A

【解析】

① 选项 A 正确，公司持续 2 年以上无法召开股东会或者股东大会，公司经营管理发生严重困难的，单独或者合计持有公司全部表决权 10% 以上的股东，可向人民法院提起解散公司诉讼。

② 选项 BD 错误，股东不得以知情权、利润分配请求权等权益受到损害，或者公司亏损、财产不足以偿还全部债务，以及公司被吊销企业法人营业执照未进行清算等为由，提起解散公司诉讼。

③ 选项 C 错误，有限责任公司连续 5 年不向股东分配利润，而该公司 5 年连续盈利，并且符合法律规定的分配利润条件的，对股东会决议投反对票的股东可以请求公司按照合理的价格收购其股权，而非解散公司。

07 第七章　证券法律制度·答案

「考点1」证券法律制度的基本原理（★）

1.【答案】BC

【解析】

① 选项AD错误，按照国务院规定设立的区域性股权市场为非公开发行证券（而非“公开发行证券”）的发行、转让提供场所和设施；我国区域性股权市场主要表现为各地的产权交易所。

② 选项BC正确，公开发行的证券，应当在依法设立的证券交易所上市交易或者在国务院批准的其他全国性证券交易场所（全国股转系统）交易。

2.【答案】A

【解析】按照相关规定，区域性股权市场：

① 不得将任何权益拆分为均等份额公开发行（选项B错误）；

② 不得采取集中交易方式进行交易，但是可以采用协议转让、依法进行拍卖的方式（选项A正确）；

③ 不得将权益按照标准化交易单位持续挂牌交易（选项C错误）；

④ 权益持有人累计不得超过200人（选项D错误）；

⑤ 不得以集中交易方式进行标准化合约交易；

⑥ 未经国务院相关金融管理部门批准，不得设立从事保险、信贷、黄金等金融产品交易的交易场所，其他任何交易场所也不得从事保险、信贷、黄金等金融产品交易。

因此，选项A正确。

3.【答案】ABD

【解析】选项ABD正确，在中华人民共和国境内，股票、公司债券、存托凭证和国务院依法认定的其他证券的发行和交易，适用《中华人民共和国证券法》。

选项C错误，我国中央政府债券的发行适用《中华人民共和国国库券条例》，地方政府债券的发行适用《地方政府债券发行管理办法》，只有当政府债券、证券投资基金份额在证券交易所上市交易时才适用《中华人民共和国证券法》。

「考点2」强制信息披露制度（★★★）

1.【答案】C

【解析】定期报告是上市公司和公司债券上市交易的公司进行持续信息披露的主要形式之一，包括年度报告和中期报告：

① 年度报告应当在每一个会计年度结束之日起4个月内编制完成并披露（选项C正确）；

② 中期报告应当在每个会计年度的上半年结束之日起2个月内编制完成并披露。

2.【答案】B

【解析】上市公司对外提供重大担保，构成重大事件，上市公司应当在“最先发生的以下任一时点”，及时履行重大事件的信息披露义务（自起算日起或者触及披露时点的两个交易日内）：

① 董事会或者监事会就该重大事件形成决议时（选项 B）；

② 有关各方就该重大事件签署意向书或者协议时；

③ 董事、监事或者高级管理人员知悉该重大事件发生并报告时。

因此，选项 B 正确。

3. **【答案】** C

【解析】 招股说明书中引用的财务报表在其最近一期截止日后 6 个月内有效，特别情况下发行人可申请适当延长，但至多不超过 3 个月；招股说明书的有效期为 6 个月，自公开发行前招股说明书最后一次签署之日起计算。

因此，选项 C 正确。

「考点 3」投资者保护制度（★★）

1. **【答案】** C

【解析】 普通投资者与证券公司发生纠纷的，证券公司应当证明其行为符合法律、行政法规以及国务院证券监督管理机构的规定，不存在误导、欺诈等情形。“证券公司”不能证明的，应当承担相应的赔偿责任。

因此，选项 C 正确。

2. **【答案】** ACD

【解析】 上市公司董事会（选项 A）、独立董事、持有 1% 以上有表决权股份的股东（选项 C），依照法律、行政法规或者国务院证券监督管理机构的规定设立的投资者保护机构（选项 D），可以作为征集人，自行或者委托证券公司、证券服务机构，公开请求上市公司股东委托其代为出席股东大会，并代为行使提案权、表决权等股东权利。因此，选项 ACD 正确。

3. **【答案】** ABCD

【解析】 根据财产状况（选项 A）、金融资产状况（选项 B）、投资知识和经验（选项 C）、专业能力（选项 D）等因素，投资者可以分为普通投资者和专业投资者。

因此，选项 ABCD 均正确。

「考点 4」非上市公众公司（★★）

1. **【答案】** B

【解析】 已经成为非上市公众公司的，向特定对象定向发行股票时，必须经过中国证监会的核准。

因此，选项 B 正确。

2. **【答案】** ABC

【解析】

① 选项 A 正确，在全国中小企业股份转让系统挂牌公开转让股票的非上市公众公司向特定

对象发行股票后股东累计不超过 200 人的，豁免向中国证监会申请核准。

② 选项 B 正确，股票向特定对象转让导致股东累计超过 200 人的，如果股份有限公司在 3 个月内将股东人数降至 200 人以内的，可以不提出核准申请。

③ 选项 C 正确，申请“公开转让”之前，股东人数未超过 200 人的，中国证监会豁免核准，由全国中小企业股份转让系统进行审查。

④ 选项 D 错误，公司申请定向发行股票，可以申请一次核准，分期发行；自中国证监会予以核准之日起，公司应当在 3 个月内完成首期发行，剩余数量应当在 12 个月内发行完毕。超过核准文件限定的有效期未发行的，必须重新经中国证监会核准后方可发行。

因此，选项 ABC 正确。

「考点 5」首次公开发行股票并上市（★）

1. **【答案】** ABCD

【解析】 公司首次公开发行新股，应当符合下列条件：

① 具备健全且运行良好的组织机构（选项 A 正确）；

② 具有持续经营能力（选项 B 正确）；

③ 最近 3 年财务会计报告被出具无保留意见审计报告（选项 D 正确）；

④ 发行人及其控股股东、实际控制人最近 3 年不存在贪污、贿赂、侵占财产、挪用财产或者破坏社会主义市场经济秩序的刑事犯罪（选项 C 正确）；

⑤ 经国务院批准的国务院证券监督管理机构规定的其他条件。

2. **【答案】** D

【解析】 公司首次公开发行时，公司股东公开发售的股份，其已持有时间应当在 36 个月以上。因此，选项 D 正确。

3. **【答案】** C

【解析】 首次公开发行股票并在科创板上市，应依法经上海证券交易所发行上市审核，并报经中国证监会履行发行注册程序。

因此，选项 C 正确。

4. **【答案】** B

【解析】 发行人发行股票并上市的财务指标应当达到以下要求：

① 最近 3 个会计年度净利润均为正数且累计超过人民币 3 000 万元，净利润以扣除非经常性损益前后较低者为计算依据；

② 最近 3 个会计年度经营活动产生的现金流量净额累计超过人民币 5 000 万元，或者最近 3 个会计年度营业收入累计超过人民币 3 亿元；

③ 发行前股本总额不少于人民币 3 000 万元；

④ 最近一期期末无形资产（扣除土地使用权、水面养殖权和采矿权等后）占净资产的比例不高于 20%（选项 B 正确）；

⑤ 最近一期期末不存在未弥补亏损。

「考点6」上市公司发行新股（★★★）

1.【答案】D

【解析】上市公司向原股东配股应当符合以下条件：

① 拟配售股份数量不超过本次配售股份前股本总额的30%（选项D正确）；

② 控股股东应当在“股东大会召开前”公开承诺认配股份的数量；

③ 配股须采用代销方式发行。

2.【答案】BC

【解析】

① 选项A错误，股份有限公司向特定对象发行股票，发行后股东人数 >200人的，才需要经过中国证监会的核准，刚好200人无须核准；

② 选项B正确，主板上市公司无论是公开发行新股还是非公开发行新股，都必须核准；

③ 选项C正确，申请公开转让之前，股东人数超过200人的公司申请股票公开转让，公司应当向中国证监会申请核准；

④ 选项D错误，在科创板公开发行股票并上市，履行注册程序。

因此，选项BC正确。

3.【答案】ACD

【解析】

① 选项AD正确，主板上市公司无论是公开发行股票还是非公开发行股票，都必须经证监会核准；

② 选项B错误，对于股东人数未超过200人的公司申请其股票公开转让，中国证监会豁免核准；

③ 选项C正确，股份有限公司因向特定对象发行股票导致股东人数累计超过200人的，必须经过中国证监会的核准。

因此，选项ACD正确。

「考点7」优先股的发行与交易（★★★）

1.【答案】C

【解析】上市公司公开发行优先股的，必须在公司章程规定以下事项：

① 采取固定股息率（选项D错误）；

② 在有可分配税后利润的情况下必须向优先股股东分配股息（选项A错误）；

③ 未向优先股股东足额派发股息的差额部分应当累积到下一会计年度（选项C正确）；

④ 优先股股东按照约定的股息率分配股息后，不再同普通股股东一起参加剩余利润分配（选项B错误）。

2.【答案】ABCD

【解析】只有上市公司和非上市公众公司可以发行优先股，其中只有上市公司可以公开发行优先股；公开发行优先股的公司必须在公司章程中规定以下事项：

① 采取固定股息率（选项 C 正确）；
② 在有可分配税后利润的情况下必须向优先股股东分配股息（选项 A 正确）；
③ 未向优先股股东足额派发股息的差额部分应当累积到下一会计年度（选项 B 正确）；
④ 优先股股东按照约定的股息率分配股息后，不再同普通股股东一起参加剩余利润分配（选项 D 正确）。

「考点 8」股票上市与退市（★）

【答案】 ABCD

【解析】 主动退市的情形如下：

① 上市公司向证券交易所主动提出申请（选项 B 正确）；
② 由上市公司、上市公司股东或者其他收购人通过向所有股东发出收购全部股份或者部分股份的要约，导致公司股本总额、股权分布等发生变化不再具备上市条件（选项 A 正确）；
③ 上市公司因新设或者吸收合并，不再具有独立主体资格并被注销，或者上市公司股东大会决议解散（选项 CD 正确）。

因此，选项 ABCD 均正确。

「考点 9」股票交易与结算（★）

【答案】 AD

【解析】

① 选项 A 正确，深圳证券交易所的大宗交易分为协议大宗交易和盘后定价大宗交易；
② 选项 B 错误，上海和深圳两个证券交易所从 2002 年开始建立大宗交易制度；
③ 选项 C 错误、选项 D 正确，协议大宗交易本质上属于协商交易，盘后定价大宗交易属于集中交易。

「考点 10」公司债券的发行（★★★）

1. **【答案】** CD

【解析】 非公开发行公司债券，可以申请在证券交易所、全国股转系统、证券公司柜台转让；

公开发行的公司债券，应当在证券交易所（选项 C）、全国股转系统（选项 D）交易。

因此，选项 CD 正确。

2. **【答案】** ABD

【解析】 以下情形债券受托管理人应召开债券持有人会议：

① 拟变更债券募集说明书的约定（选项 B 正确）；
② 拟修改债券持有人会议规则；
③ 拟变更债券受托管理人或者受托管理协议的主要内容；
④ 发行人不能按期支付本息（选项 A 正确）；
⑤ 发行人减资、合并等可能导致偿债能力发生重大不利变化，需要决定或者授权采取相应措施（选项 C 错误）；

⑥ 发行人分立、被托管、解散、申请破产或者依法进入破产程序；
⑦ 保证人、担保物或者其他偿债保障措施发生重大变化（选项 D 正确）；
⑧ 发行人、单独或者合计持有本期债券总额 10% 以上的债券持有人书面提议召开；
⑨ 发行人管理层不能正常履行职责，导致发行人债务清偿能力面临严重不确定性，需要依法采取行动的；
⑩ 发行人提出债务重组方案的；
⑪ 其他事项。
因此，选项 ABD 正确。

「考点 11」可转换公司债券的发行（★★★）

1. **【答案】** AC
【解析】
① 选项 A 正确，上市公司可以公开发行认股权和债券分离交易的可转换公司债券；
② 选项 B 错误，不论是上市公司还是股票公开转让的非上市公众公司均可发行可转债；
③ 选项 C 正确，债券持有人对转换股票或者不转换股票有选择权，转换股票的于转股的次日成为发行公司的股东；
④ 选项 D 错误，公开发行可转换公司债券，应当提供担保，但最近一期期末经审计的净资产不低于人民币 15 亿元的公司除外。

2. **【答案】** B
【解析】
① 选项 A 错误，公开发行可转换公司债券，应当提供担保，但最近一期期末经审计的净资产不低于人民币 15 亿元的公司除外；
② 选项 B 正确、选项 C 错误，证券公司或上市公司不得作为发行可转债的担保人，但上市商业银行除外；
③ 选项 D 错误，为发行可转债提供担保的，应当为全额担保，担保范围包括债券本金及利息、违约金、损害赔偿金和实现债权的费用。

「考点 12」上市公司收购概述（★★★）

【答案】 ABD
【解析】 有下列情形之一的，表明已获得或者拥有上市公司控制权：
① 投资者为上市公司持股 50% 以上的控股股东（选项 A 正确）；
② 投资者可实际支配上市公司股份表决权超过 30%（选项 B 正确）；
③ 投资者通过实际支配上市公司股份表决权能够决定公司董事会半数以上成员选任（选项 C 错误）；
④ 投资者依其可实际支配的上市公司股份表决权足以对公司股东大会的决议产生重大影响（选项 D 正确）；
⑤ 中国证监会认定的其他情形。
因此，选项 ABD 正确。

「考点 13」持股权益披露（★★★）

【答案】B

【解析】选项 ACD 正确，此处均为原文表述。

选项 B 错误，投资者及其一致行动人拥有权益的股份达到一个上市公司已发行的有表决权的股份"5% 后，每增加或者减少 5%"，应当在该事实发生之日起 3 日内编制权益变动报告书，向中国证监会、证券交易所提交书面报告，通知该上市公司，并予公告。

本题问的是"错误"的，因此选项 B 当选。

「考点 14」要约收购制度（★★★）

【答案】B

【解析】

① 选项 A 正确，采取要约收购方式的，收购人在收购期限内，不得卖出被收购公司的股票，也不得在证券交易所外公开求购被收购公司的股份。

② 选项 B 错误，收购人需要变更收购要约的，需及时公告，载明具体的变更事项，并通知被收购公司；但变更收购要约不得有以下情形：

a. 降低收购价格（选项 B 错误）；

b. 减少预定收购股份数额；

c. 缩短收购期限。

③ 选项 CD 正确，此处均为法律规定。

本题问的是"不符合规定"的，因此选项 B 当选。

「考点 15」上市公司重大资产重组（★★★）

1.【答案】D

【解析】特定对象以资产认购而取得的上市公司股份，自股份发行结束之日起 12 个月内不得转让；属于下列情形之一的，36 个月内不得转让：

① 特定对象为上市公司控股股东、实际控制人或者其控制的关联人；

② 特定对象通过认购本次发行的股份取得上市公司的实际控制权；

③ 特定对象取得本次发行的股份时，对其用于认购股份的资产持续拥有权益的时间不足 12 个月。

因此，选项 D 正确。

2.【答案】C

【解析】

① 选项 A 错误，上市公司就重大资产重组事宜召开股东大会，应当以现场会议形式召开，并应当提供网络投票和其他合法方式为股东参加股东大会提供便利；

② 选项 B 错误，上市公司股东大会就重大资产重组事项作出决议，必须经出席会议的股东所持表决权的 2/3 以上通过；

③ 选项 C 正确，上市公司重大资产重组事宜与本公司股东或者其关联人存在关联关系的，

股东大会就重大资产重组事项进行表决时，关联股东应当回避表决；

④ 选项 D 错误，除上市公司的董事、监事、高级管理人员、单独或者合计持有上市公司 5% 以上股份的股东以外，其他股东的投票情况应当单独统计并予以披露。

「考点 16」虚假陈述行为（★★★）

1.【答案】B

【解析】投资者保护机构受 50 名以上投资者委托，可以作为代表人参加诉讼，并由经证券登记结算机构确认的权利人依照规定向人民法院登记，但投资者明确表示不愿意参加该诉讼的除外。因此，选项 B 正确。

2.【答案】C

【解析】信息披露义务人未按照规定披露信息，或者公告的证券发行文件、定期报告、临时报告及其他信息披露资料存在虚假记载、误导性陈述或者重大遗漏，致使投资者在证券交易中遭受损失的，信息披露义务人应当承担赔偿责任。发行人的控股股东、实际控制人、董事、监事、高级管理人员和其他直接责任人员以及保荐人、承销的证券公司及其直接责任人员，应当与发行人承担连带赔偿责任，但是能够证明自己没有过错的除外。

因此，选项 C 正确。

「考点 17」内幕交易行为（★★★）

1.【答案】C

【解析】上市公司董事、监事、高级管理人员、持有上市公司股份 5% 以上的股东，将其持有的该公司的股票在买入后 6 个月内卖出，或者在卖出后 6 个月内又买入，由此所得收益归该公司所有，公司董事会应当收回其所得收益。

本题中，1 月 8 日买入的 2 万股持有期超过 6 个月，不属于短线交易；1 月 22 日购入的 4 万股因持有期不足 6 个月，存在短线交易行为，由此所得收益归该公司所有，金额 =4 ×（22 −21）=4（万元）。

因此，选项 C 正确。

2.【答案】B

【解析】上市公司董事、监事、高级管理人员、持有上市公司股份 5% 以上的股东，将其持有的该公司的股票在买入后 6 个月内卖出，或者在卖出后 6 个月内又买入，由此所得收益归该公司所有。

甲于 2013 年 9 月 3 日买入的 5 万股中，3 月 1 日卖出的 2 万股距离买入超过 6 个月，故不构成短线交易；3 月 8 日卖出的 3 万股距离买入不足 6 个月，存在短线交易行为，由此所得收益归该公司所有，金额 =3 ×（25 −15）=30（万元）。

因此，选项 B 正确。

「考点 18」操纵市场行为（★）

1.【答案】C

【解析】禁止任何人以下列手段操纵证券市场，影响或者意图影响证券交易价格或者证券交易量（即操纵证券市场行为的认定）：

① 单独或者通过合谋，集中资金优势、持股优势或者利用信息优势联合或者连续买卖，操纵证券交易价格或者证券交易量；
② 与他人串通，以事先约定的时间、价格和方式相互进行证券交易，影响证券交易价格或者证券交易量（选项 C 正确）；
③ 在自己实际控制的账户之间进行证券交易，影响证券交易价格或者证券交易量；
④ 不以成交为目的，频繁或者大量申报并撤销申报；
⑤ 利用虚假或者不确定的重大信息，诱导投资者进行证券交易；
⑥ 对证券、发行人公开作出评价、预测或者投资建议，并进行反向证券交易；
⑦ 利用在其他相关市场的活动操纵证券市场；
⑧ 操纵证券市场的其他手段。

2.【答案】C

【解析】禁止任何人以下列手段操纵证券市场，影响或者意图影响证券交易价格或者证券交易量：

① 单独或者通过合谋，集中资金优势、持股优势或者利用信息优势联合或者连续买卖，操纵证券交易价格或者证券交易量；
② 与他人串通，以事先约定的时间、价格和方式相互进行证券交易，影响证券交易价格或者证券交易量；
③ 在自己实际控制的账户之间进行证券交易，影响证券交易价格或者证券交易量；
④ 不以成交为目的，频繁或者大量申报并撤销申报；
⑤ 利用虚假或者不确定的重大信息，诱导投资者进行证券交易；
⑥ 对证券、发行人公开作出评价、预测或者投资建议，并进行反向证券交易（选项 C）；
⑦ 利用在其他相关市场的活动操纵证券市场；
⑧ 操纵证券市场的其他手段。

因此，选项 C 正确。

3.【答案】C

【解析】操纵市场是指单位或个人以获取利益或减少损失为目的，利用其资金、信息等优势或者滥用职权影响证券市场价格，制造证券市场假象，诱导或致使投资者在不了解事实真相的情况下做出买卖证券的决定，扰乱证券市场秩序。本题中，汪某利用职权优势，向投资者推荐自己已经买入的股票，诱导投资者购买从而获取私利，属于操纵市场的行为。

因此，选项 C 正确。

08 第八章　企业破产法律制度·答案

「考点1」破产申请与受理（★★★）

1.【答案】C

【解析】破产案件的诉讼费用属于破产费用，依法从债务人财产中拨付；相关当事人以申请人未预先交纳诉讼费用为由，对破产申请提出异议的，人民法院不予支持。

因此，选项C正确。

2.【答案】C

【解析】

① 选项A错误，股东代表诉讼虽以股东自己的名义提起，但最终胜诉利益应归属于公司，不涉及个别清偿；

② 选项B错误，胜诉后，丙公司应向甲公司清偿货款，胜诉利益归属于甲公司，不涉及个别清偿；

③ 选项C正确，以债务人的股东（戊）与债务人法人人格严重混同为由，主张债务人的股东（戊）直接向其（丁公司）偿还债务人对其所负债务的，属于就债务人财产提起的个别清偿诉讼；

④ 选项D错误，庚返还的利益归属于甲公司，不涉及个别清偿。

「考点2」管理人制度（★★）

1.【答案】D

【解析】选项D正确，管理人可以由有关部门、机构的人员组成的清算组或者依法设立的律师事务所、会计师事务所、破产清算事务所等社会中介机构担任。

下列人员不得担任管理人：

① 因故意犯罪受过刑事处罚（选项A错误）；

② 曾被吊销相关专业执业证书（选项C错误）；

③ 与本案有利害关系（包括现在担任或者在人民法院受理破产申请前3年内曾经担任债务人、债权人的财务顾问、法律顾问，选项B错误）；

④ 人民法院认为不宜担任管理人的其他情形。

2.【答案】BCD

【解析】

① 选项A错误，担保权人优先受偿的担保物价值原则上不计入管理人报酬的标的额；

② 选项B正确，清算组中有关政府部门派出的工作人员参与工作的，不收取报酬；

③ 选项C正确，破产清算事务所通过聘用其他社会中介机构或者人员协助履行管理人职责的，所需费用从其报酬中支付；

④ 选项D正确，管理人对担保物的维护、变现、交付等管理工作付出合理劳动的，有权向担保权人收取适当的报酬。

「考点3」债务人财产（★★★）

1.【答案】A

【解析】

① 选项A正确，人民法院受理破产申请前一年内，债务人无偿转让财产的，管理人有权请求人民法院予以撤销；

② 选项BC错误，债务人对债权人支付的劳动报酬、人身损害赔偿金，管理人请求撤销的，人民法院不予支持；

③ 选项D错误，对于债务人在可撤销期间内设定债务的同时提供的财产担保，该情形属于对价行为，不能撤销。

2.【答案】B

【解析】人民法院受理破产申请前1年内，债务人对没有财产担保的债务提供财产担保的，管理人有权请求人民法院予以撤销；本题中，2011年9月11日到2012年5月16日不足1年，因此该担保可撤销。

因此，选项B正确。

「考点4」破产债权（★★）

1.【答案】D

【解析】管理人依法编制的债权登记表，应当提交第一次债权人会议核查。因此，选项D正确。

2.【答案】D

【解析】选项ABC错误，税收债权、社会保障债权以及对债务人特定财产享有担保权的债权需依法申报；选项D正确，债务人所欠职工的工资和医疗、伤残补助、抚恤费用，所欠的应当划入职工个人账户的基本养老保险、基本医疗保险费用，以及法律、行政法规规定应当支付给职工的补偿金，不必申报，由管理人调查后列出清单并予以公示。

「考点5」债权人会议（★）

1.【答案】C

【解析】债权人会议可以依法委托债权人委员会行使下列职权，但不得作出概括性授权，委托其行使债权人会议所有职权：

① 申请人民法院更换管理人，审查管理人的费用和报酬；

② 监督管理人；

③ 决定继续或者停止债务人的营业（选项C）。

因此，选项C正确。

2.【答案】B

【解析】根据企业破产法律制度规定，第一次债权人会议由人民法院召集，自债权申报期限届满之日起15日内召开。因此，选项B正确。

「考点6」重整程序（★★★）

1.【答案】A

【解析】重整计划经人民法院批准后由债务人执行。

因此，选项 A 正确。

2.【答案】B

【解析】

① 选项 A 正确，破产管理人不具有破产申请权，不能提出任何一种破产申请；

② 选项 B 错误，“债务人或者债权人”可以直接向人民法院申请对债务人进行重整；

③ 选项 CD 正确，债权人申请对债务人进行破产清算的，在人民法院受理破产申请后、宣告债务人破产前，债务人或者出资额占债务人注册资本 1/10 以上的出资人以及其他债权人，可以向人民法院申请重整。

本题问的是“错误”的，因此选项 B 当选。

3.【答案】ABCD

【解析】

① 选项 A 正确，在重整期间，由于债务人的行为致使管理人无法执行职务的，经管理人或者利害关系人请求，人民法院应当裁定终止重整程序，并宣告债务人破产；

② 选项 B 正确，债务人或者管理人未按期提出重整计划草案的，人民法院应当裁定终止重整程序，并宣告债务人破产；

③ 选项 CD 正确，重整计划草案未获得债权人会议的通过且未获得人民法院的批准，或者债权人会议通过的重整计划未获得人民法院批准的，人民法院应当裁定终止重整程序，并宣告债务人破产。

「考点7」和解制度（★）

【答案】D

【解析】选项 D 错误，债务人不履行和解协议时，债权人只能向法院申请终止和解协议，宣告其破产，依照破产清算程序获得清偿，而“不能提起对和解协议的强制执行程序”，否则又可能出现债务人的财产全部被部分债权人执行完毕，而其他债权人得不到清偿的不公现象。

本题问的是“不符合规定”的，因此选项 D 当选。

「考点8」破产清算程序（★★）

1.【答案】B

【解析】在破产案件“受理前”因欠缴税款产生的滞纳金属于普通破产债权，不享有与欠缴税款相同的优先受偿地位；在破产案件“受理后”，欠缴税款的滞纳金应当停止计算，在破产程序中不得作为破产债权清偿。

因此，选项 B 正确。

2.【答案】C

【解析】商业银行破产清算时，在支付清算费用、所欠职工工资和劳动保险费用后，应当优先支付“个人储蓄存款的本金和利息”。

因此，选项C正确。

「考点9」关联企业合并破产（★）

【答案】BCD

【解析】

① 选项A错误，相关利害关系人对受理法院作出的实质合并审理裁定不服的，可以自裁定书送达之日起15日内向受理法院的上一级人民法院申请复议；

② 选项B正确，采用实质合并方式审理关联企业破产案件的，应由关联企业中的核心控制企业住所地人民法院管辖，核心控制企业不明确的，由关联企业主要财产所在地人民法院管辖，多个法院之间对管辖权发生争议的，应当报请共同的上级人民法院指定管辖；

③ 选项CD正确，此处均为法律规定。

因此，选项BCD正确。

主观题部分

1.【解析】

（1）人民法院不应当受理甲公司职工李某提出的破产申请。根据规定，破产企业职工提出破产申请应经职工代表大会或者全体职工多数决议通过。在本题中，甲公司职工李某单独向人民法院请求甲公司破产，并未经过职工代表大会或者全体职工会议多数决议通过，因此人民法院不应当受理。

（2）A会计师事务所与本案不存在影响其忠实履行管理人职责的利害关系。根据规定，现在担任或在人民法院受理破产申请前3年内曾经担任债务人、债权人的财务顾问、法律顾问，人民法院可以认定为与本案有利害关系。在本题中，A会计师事务所聘期届满时间为2017年8月31日，至2020年11月10日破产案件受理时已满3年，因此与本案不存在利害关系。

（3）管理人无权要求撤销甲公司向乙公司的提前清偿行为。根据规定，破产申请受理前1年内债务人提前清偿的未到期债务，在破产申请受理前已经到期，管理人请求撤销该清偿行为的，人民法院不予支持，该清偿行为发生在破产申请受理前6个月内且债务人有破产原因的除外。在本题中，甲公司对乙公司的债务到期时间在破产受理前，且提前清偿时间并未在破产受理前6个月内，因此管理人无权撤销。

（4）管理人应当准许丙公司取回生产设备。根据规定，出卖人通过通知承运人或者实际占有人中止运输、返还货物、变更到达地，或者将货物交给其他收货人等方式，对在运途中标的物主张了取回权但未能实现，或者在货物未达管理人前已向管理人主张取回在运途中标的物，在买卖标的物到达管理人后，出卖人向管理人主张取回的，管理人应予准许。在本题中，丙公司在运输中积极主张了取回权，虽未能实现，但在买卖标的物到达管理人后，丙公司向管理人主张取回的，管理人应予准许。

（5）王某以出资期限没有届满为由拒绝管理人请求不合理。根据规定，债务人的出资人尚未完全履行出资义务的，管理人应当要求该出资人缴纳所认缴的出资，而不受出资期限的限制。在本题中，即使王某的出资期限尚未届满，但管理人仍然有权要求其缴纳所认缴的出资，王某无权拒绝。

【考点】破产申请与受理、管理人制度、债务人财产

2.**【解析】**

（1）应当由最高人民法院对报送材料进行审查。根据规定，鉴于上市公司破产重整案件较为敏感，不仅涉及企业职工和二级市场众多投资者的利益安排，还涉及与地方政府和证券监管机构的沟通协调，因此人民法院在裁定受理上市公司破产重整申请前，应当将相关材料逐级报送最高人民法院审查。

（2）管理人丙会计师事务所应当履行的主要义务如下：

①向债务人移交财产和营业事务；

②对债务人的自行管理行为进行监督；

③继续行使与债务人存在利益冲突的职权；

④发现债务人存在严重损害债权人利益的行为或者有其他不适宜自行管理情形时，申请人民法院作出终止债务人自行管理的决定，人民法院决定终止的，应当通知管理人接管债务人财产和营业事务。

（3）重整计划草案获得出资人组通过。根据规定，出资人组对上市公司重整计划草案中涉及出资人权益调整事项表决时，经参与表决的出资人所持表决权2/3以上通过的，即为该组通过重整计划草案。在本题中，共计持有有表决权的股份3亿股，其中赞成重整计划草案的共计持有有表决权的股份2.5亿股，大于2/3，因此，该项重整计划草案获得通过。

（4）对甲公司的特定财产享有担保权的债权人应当单独分组表决。根据规定，对债务人的特定财产享有担保权的债权人应当单独分组表决。

（5）变更后的重整计划应提交给因重整计划变更而遭受不利影响的债权人组和出资人组表决。

【抢分技巧】下列各类债权的债权人参加讨论重整计划草案的债权人会议，依照下列债权分类，分组对重整计划草案进行表决：

①对债务人的特定财产享有担保权的债权；

②职工劳动债权（债务人所欠职工的工资和医疗、伤残补助、抚恤费用，所欠的应当划入职工个人账户的基本养老保险、基本医疗保险费用，以及法律、行政法规规定应当支付给职工的补偿金）；

③债务人所欠税款；

④普通债权。

【考点】重整程序

3.**【解析】**

（1）甲公司破产案件应由A市C县基层人民法院管辖。根据规定，破产案件由债务人住所地人民法院管辖。债务人住所地指债务人的主要办事机构所在地。在本题中，甲公司

以A市C县为主要办事机构所在地。

（2）王某拒绝缴纳剩余40万元出资的理由不成立。根据规定，人民法院受理破产申请后，债务人的出资人尚未完全履行出资义务的，管理人应当要求该出资人缴纳所认缴的出资，而不受出资期限的限制。在本题中，2019年6月12日人民法院受理了破产案件，因此王某拒绝缴纳剩余40万元出资的理由不成立。

（3）王某以甲公司欠其40万元借款本息抵销其欠缴出资的主张不成立。根据规定，债务人股东因欠缴债务人的出资对债务人所负的债务与债务人对其负有的债务抵销，债务人管理人提出异议的，人民法院应予支持。

（4）乙公司无权要求丙公司返还红木。根据规定，无处分权人将不动产或者动产转让给受让人的，所有权人有权追回；除法律另有规定外，符合下列情形的，受让人取得该不动产或者动产的所有权：

① 受让人受让该不动产或者动产时是善意的；

② 以合理的价格转让；

③ 转让的不动产或者动产依照法律规定应当登记的已经登记，不需要登记的已经交付给受让人。

在本题中，虽然甲公司处分该红木的行为构成无权处分，但丙公司在受让该红木时对甲公司无权处分不知情，已经支付了合理价款，并完成了交付，故丙公司基于善意取得制度取得该红木的所有权，乙公司丧失其对该红木的所有权，故乙公司无权要求丙公司返还红木。

（5）对于甲公司出售红木所得的80万元货款，乙公司不享有取回权。根据规定，债务人占有的他人财产被违法转让给第三人，依据善意取得制度第三人已善意取得财产所有权，原权利人无法取回该财产的，转让行为发生在破产申请受理前的，原权利人因财产损失形成的债权，作为普通破产债权清偿。本题中，该红木转让行为发生于2019年4月，而人民法院于2019年6月方裁定受理甲公司的破产申请。所以乙公司不享有取回权，只能作为普通破产债权清偿。

【考点】破产申请与受理、债务人财产、所有权

4. **【解析】**

（1）张某有资格向人民法院提出破产重整申请。根据规定，债权人申请对债务人进行破产清算的，在人民法院受理破产申请后、宣告债务人破产前，债务人或者出资额占债务人注册资本1/10以上的出资人，可以向人民法院申请重整。在本题中，张某出资额占甲公司注册资本的比例为15%。

（2）重整计划草案通过了出资人组的表决。根据规定，出资人组对重整计划草案中涉及出资人权益调整事项的表决，经参与表决的出资人所持表决权2/3以上通过的，即为该组通过重整计划草案。在本题中，参加表决股东的合计出资比例为60%，其中投赞成票的股东的合计出资比例为45%，超过了法定比例。

（3）丙银行不能就甲公司抵押的设备实现抵押权。根据规定，重整期间，对债务人的特定财产享有的担保权暂停行使。

（4）乙会计师事务所关于“人民法院已批准甲公司自行管理财产和营业事务，因此管理人

不再负有义务”的观点不正确。根据规定，经人民法院批准由债务人自行管理财产和营业事务的，管理人应当对债务人的自行管理行为进行监督。

（5）债权人可以向人民法院提出申请作出终止债务人自行管理的决定。根据规定，管理人发现债务人存在严重损害债权人利益的行为或者有其他不适宜自行管理情形的，可以申请人民法院作出终止债务人自行管理的决定；人民法院决定终止的，应当通知管理人接管债务人财产和营业事务；债务人有上述行为而管理人未申请人民法院作出终止决定的，债权人等利害关系人可以向人民法院提出申请。

在本题中，甲公司擅自转移财产属于严重损害债权人利益的行为，管理人应当申请人民法院作出终止债务人自行管理的决定，由于管理人怠于履行其监督义务，债权人可以直接向人民法院提出申请。

【考点】重整程序

5.**【解析】**

（1）甲公司的异议不成立。根据规定，债务人账面资产虽大于负债，但因资金严重不足或者财产不能变现等原因，无法清偿债务的，人民法院应当认定其明显缺乏清偿能力。在本题中，甲公司的账面资产大于负债，但是难以变现。

（2）甲公司的异议不成立。根据规定，破产案件的诉讼费用，应计入破产费用，由债务人财产随时清偿，无须预交。相关当事人以申请人未预先缴纳诉讼费用为由，对破产申请提出异议的，人民法院不予支持。在本题中，对乙公司未预先缴纳诉讼费用的异议不成立。

（3）管理人无权以付款期限尚未届至为由拒绝支付剩余 10 万元起重机价款。根据规定，买受人破产，其管理人决定继续履行所有权保留买卖合同的，原买卖合同中约定的买受人支付价款的期限在破产申请受理时视为到期，买受人管理人应当及时向出卖人支付价款。在本题中，管理人决定继续履行起重机买卖合同，丙公司可以要求管理人支付剩余 10 万元起重机价款。

（4）丙公司无权收回起重机。根据规定，买受人破产，管理人决定继续履行所有权保留买卖合同的，买受人的管理人无正当理由未及时支付价款，出卖人有权依法主张取回标的物，但买受人已支付标的物总价款 75% 以上的除外。在本题中，甲公司向丙公司购买 5 台起重机总金额 50 万元，已经支付价款总计 40 万元，因此，丙公司无权收回起重机。

（5）丁公司无权要求取回已交付的原材料。根据规定，人民法院受理破产申请时，出卖人已将买卖标的物向债务人发运，债务人尚未收到且未付清全部价款的，出卖人可以取回在运途中的标的物。但出卖人对在运途中的标的物未及时行使取回权，在标的物到达管理人后向管理人行使在运途中标的物的取回权的，管理人不应准许。在本题中，货物到达甲公司管理人之前，丁公司未采取任何取回措施，货物到达管理人之后无权主张取回。

【考点】破产申请与受理、债务人财产

6.**【解析】**

（1）破产申请书应当载明下列事项：

① 申请人、被申请人的基本情况；
② 申请目的，即申请破产清算还是申请重整或和解；
③ 申请的事实和理由；
④ 人民法院认为应当载明的其他事项。

（2）A 公司关于重整计划草案应由其制作的主张不成立。根据规定，管理人负责管理财产和营业事务的，由管理人制订重整计划草案。在本题中，法院指定 B 会计师事务所担任管理人。

（3）
① 预付费押金储值金债权人关于分设小额债权组的要求有法律依据。根据规定，人民法院在必要时可以决定在普通债权组中设小额债权组对重整计划草案进行表决。
② 是否设立小额债权组由人民法院决定。

（4）A 公司重整计划草案涉及出资人权益调整事项的表决可以获得通过。根据规定，出资人组对重整计划草案涉及出资人权益调整事项的表决，经参与表决的出资人所持表决权的 2/3 以上通过的，即为该组通过重整计划草案。在本题中，出席会议出资人持有的出资额占 A 公司全部出资额的 80%，对重整计划草案投赞成票的出资人持有出资额占 A 公司全部出资额的 60%，达到 2/3 以上，符合规定。

（5）债权人未依照规定申报债权的，可以继续申报债权，但在重整计划执行期间不得行使权利（即无权要求立即退还押金）。

【考点】破产申请与受理、重整程序

7. **【解析】**

（1）A 公司的异议不成立。根据规定，相关当事人以对债务人的债务负有连带责任的人未丧失清偿能力为由，主张债务人不具备破产原因的，人民法院不予支持。在本题中，A 公司所欠 B 公司债务，C 公司提供连带保证，A 公司破产，认为所欠 B 公司债务有 C 公司提供的连带保证担保且 C 公司有能力承担保证责任的异议不成立。

（2）E 律师事务所不得担任本案破产管理人。根据规定，现在担任或者在人民法院受理破产申请前 3 年内曾经担任债务人、债权人的财务顾问、法律顾问的，不得担任债务人破产案件的管理人。在本题中，D 会计师事务所卸任 A 公司财务顾问的时间为 2014 年 10 月，距破产受理 2017 年 11 月 2 日已经超过 3 年，而 E 律师事务所自 2015 年起方卸任 B 公司法律顾问，距破产受理时不足 3 年。

（3）管理人应当予以追回。根据规定，债务人有破产原因、普遍拖欠职工工资情况下，债务人的董事、监事及高级管理人员获取的工资性收入，管理人应当追回。在本题中，A 公司自 2017 年 9 月起即存在普遍拖欠职工工资的情形，A 公司董事仍正常领取工资。

（4）职工可以向人民法院提起债权确认诉讼。职工劳动债权不必申报，由管理人调查后列出清单并予以公示；职工对清单记载有异议的，可以要求管理人更正，管理人不予更正的，职工可以向人民法院提起债权确认诉讼。在本题中，A 公司职工对清单记载的所欠基本养老保险等费用提出异议，要求管理人予以更正，但管理人既未更正，也未作出合理的解释和说明。

（5）人民法院不应支持。根据规定，由于债务人财产的市场价值发生变化导致其在案件受理后破产原因消失的，不影响破产案件的受理与继续审理，人民法院不得裁定驳回申请。在本题中，即使A公司的一项土地使用权市场价值大幅上升，导致公司资产价值整体超过负债总数，也不影响破产案件的受理与继续审理。

【考点】破产申请与受理、管理人制度、债务人财产、破产债权

8. **【解析】**

（1）由被执行人住所地的中级人民法院（即丙市中级人民法院）管辖。根据规定，执行案件移送破产审查，由被执行人住所地人民法院管辖。在级别管辖上，实行以中级人民法院管辖为原则、基层人民法院管辖为例外的管辖制度。在本题中，被执行人住所地的中级人民法院为丙市中级人民法院。

（2）基层人民法院拟将执行案件移送异地中级人民法院进行破产审查的，在做出移送决定前，应先报其所在地中级人民法院执行部门审核同意。在本题中，乙县人民法院在作出执行案件移送破产审查决定前，应先报其所在地中级人民法院执行部门审核同意。

（3）X房产应以100万元计入管理人报酬的计酬基数。根据规定，担保权人优先受偿的担保物价值（300万元），不记入“债务人最终清偿的财产价值总额”（即管理人报酬的计酬基数）。在本题中，担保权人债权是300万元，实现抵押权时担保物价值400万元，所以担保权人优先受偿的部分是300万元，剩余担保物价值100万元可以计入管理人报酬的计酬基数。

（4）A公司为C公司提供质押担保的行为不应撤销。根据规定，人民法院受理破产申请前1年内，对没有财产担保的债务提供财产担保的，管理人有权请求人民法院予以撤销。“对没有财产担保的债务提供财产担保”是指对原来已经成立的债务补充设置物权担保，但债务人在可撤销期间内设定债务的同时提供的财产担保，该情形属于对价行为，不能撤销。在本题中，A公司为C公司提供的质押担保是在设定债务的同时提供的财产担保，即使发生在受理破产申请前1年内，也不应撤销。

（5）A公司提出的终止破产程序的申请，人民法院不予支持。根据规定，由于债务人财产的市场价值发生变化导致其在案件受理后破产原因消失的，不影响破产案件的受理与继续审理，人民法院不得裁定驳回申请。在本题中，在破产案件审理期间，因国家税收政策调整，A公司不动产市场价格上涨，才导致资产超过负债。

【考点】执行案件的移送破产审查、管理人制度、债务人财产、破产申请与受理

9. **【解析】**

（1）人民法院认为A公司20名职工无破产申请权符合规定。根据规定，职工提出破产申请应经职工代表大会或者全体职工会议多数决议通过。在本题中，A公司20名职工联名向人民法院提出对A公司的破产申请不符合“应经职工代表大会或者全体职工会议多数决议通过”的要求。

（2）人民法院驳回A公司的抗辩异议符合规定。根据规定，债务人以其具有清偿能力或资产超过负债为由提出抗辩异议，但又不能立即清偿债务或与债权人达成和解的，其异议不能成立。在本题中，A公司要求延长半年还贷，又与B公司谈判破裂，因此异议不成立。

（3）C 公司向 A 公司财务人员交付 20 万元货款的行为不产生债务清偿的效果。根据规定，人民法院受理破产申请后，债务人的债务人或者财产持有人应当向管理人清偿债务或者交付财产，如其故意违反法律规定向债务人清偿债务或者交付财产，使债权人受到损失的，不免除其清偿债务或者交付财产的义务。在本题中，C 公司应当向管理人清偿，向 A 公司财务人员交付 20 万元货款的行为不产生债务清偿的效果。

（4）A 公司向 D 公司的清偿行为不应当认定为无效。根据规定，人民法院受理破产申请后，债务人对个别债权人的债务清偿无效；但是，债务人以其财产向债权人提供物权担保的，其在担保物市场价值内向债权人所作的债务清偿，不受上述规定限制。在本题中，A 公司此前为担保该笔债务以市值 50 万元的机器设备设定抵押。

（5）人民法院受理破产申请后，有关债务人财产的保全措施应当解除，执行程序应当中止。在本题中，A 公司的部分财产已在破产申请受理前发生的多宗民事诉讼案件中被人民法院采取保全措施或者已进入强制执行程序，人民法院受理破产申请后，保全措施应当解除，执行程序应当中止。

【考点】破产申请与受理

10.**【解析】**

（1）债权人申报债权的期限，最短不得少于 30 日，最长不得超过 3 个月。

（2）管理人对 A 公司申报的 50 万元借款本息债权应予确认。根据规定，债务人的保证人已经代替债务人清偿债务的，以其对债务人的求偿权申报债权。在本题中，甲公司无力偿还借款，A 公司依法承担了连带保证责任，向银行支付了 50 万元借款本息。

（3）管理人对 C 公司申报的 60 万元借款本息债权不应予以确认。根据规定，债权人已向管理人申报全部债权的，保证人不能再申报债权。在本题中，B 信用社已经向管理人申报 60 万元借款本息的债权。

（4）管理人对 D 公司申报的 70 万元债权应予确认。根据规定，连带债务人数人均被裁定适用破产程序的，其债权人有权就全部债权分别在各破产案件中申报债权。在本题中，甲公司的关联企业乙公司也进入破产程序，并且甲公司和乙公司对 D 公司负有 70 万元的连带债务。

（5）管理人不将 E 公司债权编入债权登记表的理由不成立。根据规定，管理人必须将申报的债权全部登记在债权登记表上，不允许以其认为债权超过诉讼时效或者不能成立等为由拒绝编入债权登记表。

【考点】破产债权

11.**【解析】**

（1）人民法院可以对债务人的直接责任人员采取罚款等强制措施。

（2）A 公司销售给 B 公司的机床不属于债务人财产。根据规定，债务人基于仓储、保管等法律关系占有、使用的他人财产，不属于债务人财产。在本题中，双方约定在 B 公司付清全部价款前，A 公司保留机床所有权。2015 年 10 月，B 公司付清全部价款后，B 公司即取得了该机床的所有权；虽然 B 公司尚未提货，但 A 公司仅处于保管人的地位，所以该机床不属于债务人财产。

（3）管理人拒绝 D 公司预先申报债权符合规定。根据规定，对于破产债权，债权人已向管理人申报全部债权的，保证人（D公司）不能再申报债权。在本题中，C银行已就20万元借款及利息向管理人申报了债权，管理人拒绝D公司预先申报债权符合规定。

（4）未达到法定最低比例要求。根据规定，债权人会议对破产财产变价方案作出的决议，应由出席会议的有表决权的债权人过半数通过，并且其所代表的债权额占无财产担保债权总额的1/2以上。在本题中，赞成该决议的人数为28人，超过出席会议的有表决权的债权人的半数；但是其所代表的债权额仅占全部无财产担保债权总额的45%，不足1/2的法定要求。

（5）当地社会保险机构无权提出重整申请。根据规定，社会保险机构只享有对债务人的破产清算申请权，但不享有重整申请权，因为社会保险机构依法定职责不能在重整程序中主动做出债权减免的让步，不能为重整做出实质贡献。

【考点】破产申请与受理、债务人财产、破产债权、债权人会议

12. **【解析】**

（1）甲拒绝缴纳剩余100万元出资的理由不成立。根据规定，人民法院受理破产申请后，债务人的出资人尚未完全履行出资义务的，管理人应当要求该出资人缴纳所认缴的出资而不受出资期限的限制。在本题中，人民法院裁定受理A公司的破产申请，管理人应当要求甲缴纳所认缴的出资而不受出资期限的限制。

（2）管理人拒绝B公司取回家具的理由成立。根据规定，权利人行使取回权时未依法向管理人支付相关的加工等费用，管理人拒绝其取回相关财产的，人民法院应予以支持。在本题中，B公司尚未支付加工费，管理人以此为由拒绝其取回家具，人民法院应予以支持。

（3）管理人拒绝将C公司主张的债权编入债权登记表的理由不成立。根据规定，管理人必须将申报的债权全部登记在债权登记表上，不得以其认为债权超过诉讼时效或不能成立为由拒绝编入债权登记表。

（4）管理人拒绝C公司参加第一次债权人会议不符合规定。根据规定，凡是申报债权者均有权参加第一次债权人会议，有权参加对其债权的核查、确认活动，并可依法提出异议。在本题中，C公司申报债权，有权参加第一次债权人会议。

（5）管理人指定本所注册会计师为债权人会议主席不符合规定。根据规定，债权人会议主席由人民法院在有完全表决权的债权人中指定，管理人无权指定债权人会议主席。

【考点】债务人财产、破产债权、债权人会议

09 第九章　票据与支付结算法律制度·答案

「考点1」支付结算概述（★★）

1.【答案】BD

【解析】

① 选项A错误，一般存款账户可以办理现金缴存，但不得办理现金支取；

② 选项B正确，银行结算账户按存款人不同可分为单位银行结算账户和个人银行结算账户；

③ 选项C错误，基本存款账户是存款单位的主办账户；

④ 选项D正确，临时存款账户的有效期最长不得超过2年。

2.【答案】ABCD

【解析】票据主要具有下列特征：

① 票据是债权证券和金钱证券，持票人可以就票据上所载的金额向特定票据债务人行使其请求一定金钱的权利（选项BD）；

② 票据是设权证券，权利的发生必须首先作成证券（选项A）；

③ 票据是文义证券，票据上一切权利义务都依照票据记载而定（选项C）。

因此，选项ABCD均正确。

「考点2」票据关系（★★）

1.【答案】B

【解析】选项ACD错误，汇票上的出票人、背书人、保证人是次债务人。

选项B正确，票据主债务人是指本票出票人、汇票承兑人（选项B）。

2.【答案】B

【解析】票据上的主债务人是指本票出票人、汇票承兑人（选项B）。

因此，选项B正确。

「考点3」票据权利（★★）

1.【答案】A

【解析】选项A正确，出票人在票据上的签章不符合规定的，票据无效；选项BCD错误，背书人、承兑人、保证人在票据上的签章不符合规定的，其签章无效，但是不影响票据上其他签章的效力。

2.【答案】B

【解析】

① 选项AD错误，基于票据行为的无因性，票据基础关系瑕疵不影响票据行为效力，故该背书转让行为有效，甲公司无权请求乙公司或丙公司返还汇票。

② 选项B正确，一方以欺诈手段，使对方在违背真实意思的情况下实施的民事法律行为，受欺诈方可以撤销合同，并要求返还财产。

③ 选项 C 错误，票据债务人不得以自己与出票人或与持票人的前手之间的抗辩事由对抗持票人。

3.【答案】B

【解析】票据金额、日期、收款人名称不得更改，更改的票据无效。因此，选项 B 正确。

4.【答案】A

【解析】票据和结算凭证金额须以中文大写和阿拉伯数字同时记载，两者必须一致，两者不一致的票据无效；两者不一致的结算凭证，银行不予受理。

因此，选项 A 正确。

「考点 4」票据的伪造和变造（★★★）

【答案】ABC

【解析】

① 选项 A 正确，在变造之前签章的人，对原记载事项负责；

② 选项 B 正确，在变造之后签章的人，对变造之后的记载事项负责；

③ 选项 C 正确，如果变造人也是票据上的签章人，变造人应解释为在变造后的票据行为人；

④ 选项 D 错误，不能辨认是在票据被变造之前或者之后签章的，视同在“变造之前”签章。

「考点 5」汇票（★★★）

1.【答案】C

【解析】相对必要记载事项，如果未记载这类事项，票据行为仍然有效，但须依照法律规定决定相应事项。

① 选项 A 错误，票据金额属于“绝对必要记载事项”之一；

② 选项 B 错误，背书记载条件属于“记载不发生票据法上效力事项”；

③ 选项 C 正确，未记载（到期）付款日期的，为见票即付（记载付款日期可以选择的形式包括“见票即付，定日付款，出票后定期付款和见票后定期付款”）；

④ 选项 D 错误，承兑附有条件的，视为拒绝承兑，承兑行为因此而无效。

2.【答案】ABCD

【解析】汇票到期日的四种记载方式，分别是“见票即付，定日付款，出票后定期付款和见票后定期付款”。

因此，选项 ABCD 均正确。

3.【答案】C

【解析】在我国，票据贴现属于国家特许经营业务，只有经批准的金融机构才有资格从事票据贴现业务；其他组织与个人从事票据贴现业务，可能要承担行政法律责任甚至刑事责任，转让背书行为无效，贴现款和票据应当相互返还；在本题中，B 公司不具有票据贴现的资格，背书行为无效。

因此，选项 C 正确。

4.【答案】ABD

【解析】汇票上必须记载下列事项，否则汇票无效：

① 表明“汇票”的字样；②无条件支付的委托；③ 确定的金额（选项A）；④ 付款人名称；⑤ 收款人名称（选项B）；⑥出票日期（选项D）；⑦出票人签章；⑧ 选项C错误，未记载付款日期的汇票，为见票即付。

因此，选项ABD正确。

5.【答案】A

【解析】质押背书必须记载“质押”（或者“设质”“担保”）字样作为绝对必要记载事项，未做该记载，则形式上构成转让背书。因此，选项A正确。

6.【答案】ABC

【解析】持票人取得期前追索权的情形主要有：

① 被拒绝承兑（承兑附条件的，视为拒绝承兑，选项A正确）；

② 承兑人或者付款人死亡、逃匿；

③ 承兑人或者付款人（不包括出票人）被宣告破产或者因违法被责令终止业务活动（选项BC正确）。

因此，选项ABC正确。

7.【答案】ACD

【解析】选项AD正确，经质押背书，被背书人即取得票据质权，票据质权人有权以相当于票据权利人的地位行使票据权利，包括行使付款请求权、追索权。

选项B错误、选项C正确，票据质权人进行转让背书或者质押背书的，背书行为无效；但被背书人可以再进行委托收款背书。

「考点6」本票（★）

【答案】ACD

【解析】

① 选项A正确，现行的本票均为见票即付；

② 选项B错误，收款人名称，属于本票的绝对必要记载事项，未记载票据无效；

③ 选项C正确，我国现行本票仅有银行本票，不存在商业本票；

④ 选项D正确，本票的付款地为相对必要记载事项，未记载付款地的，以出票人的营业场所为付款地。

「考点7」支票（★）

【答案】CD

【解析】选项AB错误，表明“支票”的字样、无条件支付的委托、确定的金额、付款人名称、出票日期和出票人签章属于绝对必要记载事项，支票上未记载上述任一事项的，支票无效；

选项CD正确，支票的金额（虽然是绝对必要记载事项，但仍可由授权补记）、收款人名称可以由出票人授权补记。

「考点8」非票据结算方式（★）

1.【答案】ABC

【解析】

① 选项 A 正确，信用证结算方式适用于国内企事业单位之间的货物和服务贸易（包括但不限于运输、旅游、咨询、通讯、建筑、保险、金融、计算机和信息、专有权利使用和特许、广告宣传、电影音像等）；

② 选项 B 正确，信用证与作为其依据的贸易合同相互独立，即使信用证含有对此类合同的任何援引，银行也与该合同无关，且不受其约束；

③ 选项 C 正确，转让行应第一受益人的要求，将可转让信用证的部分或者全部转为可由第二受益人兑用；

④ 选项 D 错误，我国的信用证是以人民币计价、不可撤销的跟单信用证。

2.【答案】

【解析】BC

① 选项 A 错误，可转让信用证只能转让一次，即只能由第一受益人转让给第二受益人；

② 选项 B 正确、选项 D 错误，我国的信用证是以人民币计价、不可撤销的跟单信用证；

③ 选项 C 正确，国内信用证只能用于转账结算，不得支取现金。

3.【答案】A

【解析】若受益人提交了相符单据或开证行已发出付款承诺，即使申请人交存的保证金及其存款账户余额不足支付，开证行仍应在规定的时间内付款。

因此，选项 A 正确。

主观题部分

1.【解析】

（1）A 公司“以汇票不得转让为由拒绝向红十字会承担票据责任”不合理。根据规定，票据上的一切权利义务，都严格依照票据上记载的文义而定，文义之外的任何理由、事项都不得作为根据。在本题中，出票人仅在合同中约定不得转让，并非将“不得转让”字样记载于票据，该约定事项不具有票据上的效力，因此 A 公司不能拒绝持票人的追索。

（2）B 公司“以汇票不得转让为由拒绝红十字会的追索”合理。根据规定，背书人在汇票上记载“不得转让”字样，其后手再背书转让的，原背书人对后手的被背书人不承担保证责任。在本题中，B 公司背书给 C 公司，并注明“不得转让”，因此 B 公司可以拒绝红十字会的追索。

（3）D 公司“以 E 公司违约为由拒绝红十字会的追索”合理。根据规定，票据债务人可以对不履行约定义务的与自己有直接债权债务关系的持票人进行抗辩；持票人未给付对价而取得票据，所享有的票据权利不得优于其前手的权利。在本题中，D 公司与 E 公司有直接债权债务关系，且 E 公司未向 D 公司交付约定质量的货物，则票据债务人 D

公司有权以该事由对抗E公司；而红十字会取得该票据并未给付对价，其所享有的票据权利不得优于其前手（即E公司），因此D公司“以E公司违约为由拒绝红十字会的追索”合理。

（4）D公司不应当向E公司履行票据责任。根据规定，票据债务人可以对不履行约定义务的与自己有直接债权债务关系的持票人进行抗辩。在本题中，D公司与E公司有直接债权债务关系，且E公司未向D公司交付约定质量的货物，因此，票据债务人D公司有权以该事由对抗E公司，即D公司不应当向E公司履行票据责任。

【考点】票据的特征、汇票的背书、票据抗辩

2.**【解析】**

（1）甲银行拒绝向F公司付款的理由不成立。根据规定，票据行为具有无因性，票据基础关系的瑕疵并不影响票据行为的效力；承兑协议被撤销，不影响银行承兑行为的效力，持票人有权请求承兑银行承担票据责任。在本题中，甲银行作为承兑人在票据上签章，不得拒绝向F公司付款。

（2）A公司关于其仅在合同金额600万元范围内承担票据责任的主张不成立。根据规定，票据上的一切权利义务，都严格依照票据上记载的文义而定，文义之外的任何理由、事项都不得作为根据。在本题中，票据记载的金额是900万元，应在900万元的范围内承担票据责任。

（3）D公司关于其无须向F公司承担票据责任的主张成立。根据规定，背书人在汇票上记载“不得转让”字样，其后手再背书转让的，原背书人对后手的被背书人不承担保证责任。在本题中，D公司将汇票背书转让给E公司时注明“不得转让”，因此D公司作为原背书人，对后手的被背书人F公司不承担票据责任。

（4）C公司不应承担票据责任。根据规定，票据行为人必须在票据上签章。在本题中，C公司未在票据上签章，因此不承担票据责任。

【考点】票据权利、票据的特征、汇票的背书

3.**【解析】**

（1）乙公司不承担票据责任。根据规定，票据伪造的被伪造人不承担票据责任。在本题中，乙公司财务人员伪造乙公司财务专用章和法定代表人签章，因此被伪造人乙公司不承担票据责任。

（2）丙公司不享有票据权利。根据规定，以欺诈、偷盗或者胁迫等手段取得票据的，或者明知有前列情形，出于恶意取得票据的，不得享有票据权利。在本题中，乙公司财务人员楚某与丙公司合谋，因此丙公司不享有票据权利。

（3）丙公司应当承担票据责任。根据规定，票据上有伪造签章的，不影响票据上其他真实签章的效力，持票人依法行使追索权时，票据上真实签章人不能以伪造为由进行抗辩。在本题中，丙公司又将该汇票背书转让给丁公司，因此需要承担票据责任。

（4）丁公司取得票据权利。根据规定，无处分权人处分他人之票据权利，受让人依照票据法所规定的票据转让方式取得票据，并且善意且无重大过失，则可以取得票据权利。在本题中，丙公司没有票据权利，其背书行为是无权处分，但丁公司善意、支付合理对价而背书取得票据，享有票据权利。

【考点】票据的伪造和变造、票据权利

4.【解析】

（1）A 公司应承担票据责任。根据规定，票据上有伪造签章的，不影响票据上其他真实签章的效力。在本题中，票据上真实签章的当事人 A 公司，仍应对被伪造的票据的权利人承担票据责任。

（2）B 公司不承担票据责任。根据规定，在假冒他人名义的情形下，被伪造人不承担票据责任。在本题中，甲伪造 B 公司签章，因此 B 公司不承担票据责任。

（3）C 公司不承担票据责任。根据规定，C 公司并未在票据上签章，并非票据债务人，不承担票据责任。

（4）甲不承担票据责任。根据规定，伪造人并未以自己名义在票据上签章，不承担票据责任，但是可能要承担刑事责任、行政法律责任或者民法上的赔偿责任。在本题中，由于伪造人甲没有以自己的名义在票据上签章，因此不承担票据责任。

【考点】票据的伪造和变造、票据权利

5.【解析】

（1）甲银行拒绝向 F 公司付款的理由不成立。根据规定，承兑人不得以其与出票人之间的资金关系来对抗持票人，拒绝支付汇票金额。在本题中，甲银行作为承兑人在票面上签章，应当承担到期付款的责任。

（2）A 公司拒绝向 F 公司承担票据责任的理由不成立。根据规定，票据债务人不得以其与持票人前手之间的抗辩事由对抗持票人。在本题中，A 公司因 B 公司根本违约，拒绝向 F 公司承担票据责任的理由不成立。

（3）D 公司对 E 公司的背书转让生效。根据规定，背书时附有条件的，所附条件不影响背书行为的效力（或答：背书时附有条件的，所附条件不具有汇票上的效力）。

（4）C 公司不应承担票据责任。根据规定，票据行为人必须签章才能够满足票据行为的形式要件。在本题中，由于 C 公司未在汇票上签章，不是票据义务人，不承担票据责任。

【考点】票据抗辩、汇票的背书、票据权利

6.【解析】

（1）甲银行拒绝向 G 公司付款的理由不成立。根据规定，基于票据行为的无因性，票据基础关系的瑕疵并不影响票据行为的效力。在本题中，虽然甲银行与 A 公司之间的承兑协议已被人民法院撤销，但甲银行承兑行为的效力并不因此而受影响，甲银行仍应对持票人承担票据责任。

（2）F 公司没有取得票据权利。根据规定，以欺诈、偷盗或者胁迫等手段取得票据的，或者明知有前列情形，出于恶意取得票据的，不得享有票据权利。

（3）G 公司取得了票据权利。根据票据法律制度的规定，F 公司进行背书时虽然不是票据权利人，但形式上享有票据权利，在其向 G 公司背书转让时，符合票据权利善意取得的构成要件，G 公司善意取得票据权利。

（4）G 公司无权向 C 公司追索。由于 C 公司未在汇票上签章，因此不是票据义务人，不承担票据责任。

【考点】票据权利

7.【解析】

（1）甲银行拒绝向F公司付款的理由不成立。根据规定，承兑人不得以其与出票人之间的资金关系来对抗持票人，拒绝支付汇票金额。在本题中，甲银行作为承兑人在汇票上签章，应当承担到期付款的责任，甲银行不得以A公司未在该行存入足够资金为由拒绝付款。

（2）A公司拒绝向F公司承担票据责任的理由不成立。根据规定，票据债务人原则上不得以自己与持票人的前手之间的抗辩事由对抗持票人。本题中，A公司不得因B公司违约而拒绝向持票人F公司承担票据责任。

（3）C公司拒绝向F公司承担票据责任的理由成立。根据规定，背书人在汇票上记载“不得转让”字样，其后手再背书转让的，原背书人对后手的被背书人不承担票据责任。在本题中，C公司将该汇票背书转让给D中学，并在汇票上注明“不得转让”字样，D中学将该汇票背书转让给F公司，因此C公司可以拒绝向F公司承担票据责任。

（4）E公司不应承担票据保证责任。根据规定，保证人未在票据或者粘单上记载“保证”字样而另行签订保证合同或者保证条款的，不属于票据保证。在本题中，E公司出具了担保函，但未在票据上作任何记载。

【考点】票据抗辩、汇票的背书、汇票的保证

8.【解析】

（1）丁公司取得票据权利。根据规定，尽管丙公司不享有票据权利，但由于其形式上是票据权利人，在其向丁公司背书转让时，丁公司善意且无重大过失，并给付相应对价，可基于善意取得制度取得票据权利。

（2）乙公司无须承担票据责任。根据规定，在假冒他人名义的情形下，被伪造人（乙公司）不承担票据责任。

（3）郑某应当向丁公司承担票据责任。根据规定，如果被保证人的债务因“实质要件”的欠缺而无效（如签章伪造），并不影响票据保证的效力，保证人（郑某）仍应对票据权利人（丁公司）承担票据保证责任。

（4）孙某无须向丁公司承担票据责任。根据规定，由于伪造人（孙某）没有以自己的名义在票据上签章，因此不承担票据责任。

【考点】票据权利、票据的伪造和变造、汇票的保证

9.【解析】

（1）A银行第一次拒付的理由成立。根据规定，被背书人名称属于背书的绝对必要记载事项，有权提示付款的持票人应为票面上记载的权利人。在本题中，在补记之前，庚公司不享有票据权利。

（2）A银行第二次拒付的理由不成立。根据规定，背书人未记载被背书人名称即将票据交付他人的，持票人在票据被背书人栏内记载自己的名称与背书人记载具有同等法律效力。在本题中，在补记之后，庚公司享有票据权利，A银行不能拒绝付款。

（3）乙公司拒绝庚公司追索的理由不成立。根据规定，背书时附有条件的，所附条件不具有汇票上的效力，即不影响背书行为本身的效力。

（4）丙公司拒绝庚公司追索的理由不成立。根据规定，背书人在汇票上记载“不得转让”

字样，其后手再背书转让的，原背书人（丁公司）对后手的被背书人（庚公司）不承担保证责任，但其他票据债务人（包括但不限于丙公司）仍应当对持票人（庚公司）承担票据责任。

【考点】票据权利、汇票的背书

10.【解析】

（1）甲银行的拒付理由不成立。根据规定，票据债务人原则上不得以自己与出票人的抗辩事由对抗持票人。在本题中，甲银行不得以 A 公司资信状况不佳、账户余额不足为由拒付。

（2）B 公司拒绝 F 公司追索的理由不成立。根据规定，票据债务人不得以自己与持票人的前手之间的抗辩事由对抗持票人，但持票人明知存在抗辩事由而取得票据的除外。在本题中，F 公司对 B 公司与 C 公司间的合同纠纷并不知情，因此 B 公司不得以自己与 C 公司间存在合同纠纷为由拒绝向 F 公司承担票据责任。

（3）B 公司拒绝 D 公司追索的理由成立。根据规定，票据债务人不得以自己与持票人的前手之间的抗辩事由对抗持票人，但持票人明知存在抗辩事由而取得票据的除外。在本题中，由于 D 公司知悉 B 公司与 C 公司之间合同纠纷的详情，所以 B 公司可以拒绝 D 公司的追索。

（4）

① D 公司不能要求 E 公司承担票据责任。根据规定，如果保证人未在票据或者粘单上记载“保证”字样而另行签订保证合同或者保证条款的，不属于票据保证。在本题中，E 公司未在票据上签章，因此无须承担票据责任。

② D 公司能够依保证合同要求 E 公司承担保证责任。根据规定，未在票据或者粘单上记载“保证”字样而另行签订的保证合同，虽不属于票据保证，但仍具有民法上保证的效力。在本题中，D 公司可依据保证合同要求 E 公司承担连带保证责任。

【考点】票据抗辩、汇票的保证

10 第十章 企业国有资产法律制度·答案

「考点1」企业国有资产的概念和监督管理体制（★★）

1.【答案】A

【解析】选项A正确，企业国有资产属于国家所有，即全民所有。国务院代表国家行使企业国有资产所有权。

2.【答案】AD

【解析】

① 选项A正确，为原文表述。

② 选项BC错误，企业国有资产属于国有，选项B前半句表述正确。国务院和地方各级人民政府依法代表国家对国家出资企业履行出资人职责，履行出资人职责的代表不仅仅是国务院，还包括地方各级人民政府，选项B后半句只说了国务院，表述不完整，因此是错误的；选项C说地方人民政府无权代表也是错误的。

③ 选项D正确，政府授权国有资产监管机构依法对国有资本投资、运营公司履行出资人职责；国有资本投资、运营公司对授权范围内的国有资本履行出资人职责。

3.【答案】A

【解析】选项A正确、选项C错误，企业国有资产与法人财产不同，企业国有资产是指国家作为出资人对所出资企业所享有的权益，而非企业内各项具体的财产。

选项BD错误，出资人将出资投入企业，所形成的企业的厂房、机器设备等企业的各项具体财产，属于企业的法人财产，即具体财产的所有权属于企业法人，而非国家，国家享有的是对这个企业的权益（即股权）。

4.【答案】C

【解析】履行出资人职责的机构包括：

① 国务院国有资产监督管理机构。即国务院国有资产监督管理委员会，根据国务院的授权，代表国务院对国家出资企业履行出资人职责。

② 地方人民政府按照国务院的规定设立的国有资产监督管理机构。根据地方人民政府的授权，代表地方人民政府对国家出资企业履行出资人职责。

③ 国务院和地方人民政府根据需要授权的其他部门、机构。如根据国务院的有关规定，国务院授权财政部对金融行业的国有资产进行监管，授权财政部对中央文化企业、中国铁路、中国烟草及中国邮政集团公司履行出资人职责（选项C正确）。

5.【答案】BCD

【解析】选项A错误、选项BCD正确，国务院和地方人民政府应当按照政企分开（选项B）、社会公共管理职能与企业国有资产出资人职能分开（选项C）、不干预企业依法自主经营（选项D）的原则，依法履行出资人职责。

6.【答案】D

【解析】企业国有资产属于国家所有，即全民所有。国务院代表国家行使企业国有资产所有权。

因此，选项 D 正确。

「考点2」国家出资企业（★★）

1.【答案】D

【解析】

① 选项 A 错误，国有独资企业不包括国有独资公司，企业和公司是两种不同的组织形式。

② 选项 B 错误，国有独资企业是依照《全民所有制工业企业法》设立的（非《公司法》），企业全部注册资本均为国有资本的非公司制企业。

③ 选项 C 错误、选项 D 正确，企业财产属于全民所有，国家依照所有权和经营权分离的原则授予企业经营管理，企业对国家授予其经营管理的财产享有占有、使用和依法处分的权利。

2.【答案】CD

【解析】履行出资人职责的机构任免或者建议任免国家出资企业的下列人员：

① 任免国有独资企业的经理、副经理、财务负责人和其他高级管理人员；

② 任免国有独资公司的董事长（选项 D）、副董事长、董事、监事会主席（选项 C）和监事；

③ 向国有资本控股公司、国有资本参股公司的股东会、股东大会提出董事、监事人选。

本题为“国有独资公司”，因此，选项 AB 错误、选项 CD 正确。

3.【答案】A

【解析】履行出资人职责的机构任免或者建议任免国家出资企业的下列人员：

① 任免国有独资企业的经理、副经理、财务负责人和其他高级管理人员；

② 任免国有独资公司的董事长、副董事长、董事、监事会主席和监事（选项 A 正确）；

③ 向国有资本控股公司、国有资本参股公司的股东会、股东大会提出董事、监事人选。

本题为国有独资公司，因此，选项 A 正确。

【抢分技巧】

① 国有独资企业是小厂，没有董事会、监事会，因此任免高管（经理、副经理、财务负责人）；

② 国有独资公司是大公司，有董事会、监事会，因此任免董监（董事长、副董事长、董事、监事会主席、监事）；

③ 国有资本控股/参股公司：掺杂了其他资本，不能直接拍板，只能提建议（向股东（大）会提出董事、监事人选）。

4.【答案】D

【解析】履行出资人职责的机构任免或者建议任免国家出资企业的下列人员：

① 任免国有独资企业的经理、副经理、财务负责人和其他高级管理人员；

② 任免国有独资公司的董事长、副董事长、董事、监事会主席和监事；

③ 向国有资本控股公司、国有资本参股公司的股东会、股东大会提出董事、监事人选（选

项D正确)。

本题为国有资本控股公司，因此，选项D正确。

5.【答案】ABCD

【解析】国家出资企业包括国有独资企业、国有独资公司、国有资本控股公司和国有资本参股公司。

① 国有独资企业，即依照《全民所有制工业企业法》设立的，企业全部注册资本均为国有资本的非公司制企业。

② 国有独资公司，即依照《公司法》设立的，企业全部资本均为国有资本的公司制企业。

③ 国有资本控股公司，即根据《公司法》成立的国有资本具有控股地位的公司。这类公司包括有限责任公司和股份有限公司。

④ 国有资本参股公司，即公司资本包含部分国有资本，但国有资本没有控股地位的股份公司。

因此，选项ABCD正确。

「考点3」企业改制（★）

【答案】ABCD

【解析】

① 选项A正确，企业改制应当制订改制方案，载明改制后的企业组织形式、企业资产和债权债务处理方案、股权变动方案、改制的操作程序、资产评估和财务审计等中介机构的选聘等事项。企业改制涉及重新安置企业职工的，还应当制订职工安置方案，并经职工代表大会或者职工大会审议通过。

② 选项B正确，企业实施改制时必须向职工公布企业总资产、总负债、净资产、净利润等主要财务指标的财务审计、资产评估结果，接受职工的民主监督。

③ 选项C正确，改制为国有控股企业的，改制后企业继续履行改制前企业与留用的职工签订的劳动合同；留用的职工在改制前企业的工作年限应合并计算为在改制后企业的工作年限；原企业不得向继续留用的职工支付经济补偿金。改制为非国有企业的，要严格按照有关法律法规和政策处理好改制企业与职工的劳动关系。对企业改制时解除劳动合同且不再继续留用的职工，要支付经济补偿金。

④ 选项D正确，企业改制时，对经确认的拖欠职工的工资、集资款、医疗费和挪用的职工住房公积金以及企业欠缴社会保险费，原则上要一次性付清。

「考点4」企业国有资产产权登记制度（★）

1.【答案】C

【解析】企业国有资产产权登记机关是各级履行出资人职责的机构。

金融类企业国有资产产权登记和管理机关为同级财政部门。

本题为“金融类企业”，因此，选项C正确。

2.【答案】BCD

【解析】企业产权登记的内容包括：

① 占有产权登记，主要内容包括：
a. 出资人名称、住所、出资金额及法定代表人（选项 B 正确）；
b. 企业名称、住所及法定代表人；
c. 企业的资产、负债及所有者权益；
d. 企业实收资本、国有资本（选项 C 正确）；
e. 企业投资情况（选项 D 正确）。
② 变动产权登记。
③ 注销产权登记。

「考点 5」企业国有资产评估管理制度（★）

1.【答案】ABD
【解析】应当进行资产评估的有：
① 整体或者部分改建为有限责任公司或者股份有限公司；
② 以非货币资产对外投资；
③ 合并、分立、破产、解散；
④ 非上市公司的国有股东股权比例变动（选项 B 正确）；
⑤ 产权转让；
⑥ 资产转让、置换（选项 D 正确）；
⑦ 整体资产或者部分资产租赁给非国有单位（选项 A 正确）；
⑧ 以非货币资产偿还债务；
⑨ 资产涉讼；
⑩ 收购非国有单位的资产；
⑪ 接受非国有单位以非货币资产出资；
⑫ 接受非国有单位以非货币资产抵债；
⑬ 金融企业除以上情形外，有资产拍卖、债权转股权、债务重组、接受非货币性资产抵押或者质押、处置不良资产等情形的也应当委托资产评估机构进行资产评估。
因此，选项 ABD 正确。

2.【答案】A
【解析】国有金融企业经批准进行改组改制涉及资产评估的：中央金融企业资产评估项目报财政部门核准；地方金融企业资产评估项目报本级财政部门核准。
因此，选项 A 正确。

3.【答案】A
【解析】应当进行资产评估的有：
① 整体或者部分改建为有限责任公司或者股份有限公司（选项 A 正确）；
② 以非货币资产对外投资；
③ 合并、分立、破产、解散；
④ 非上市公司的国有股东股权比例变动；

⑤ 产权转让；
⑥ 资产转让、置换；
⑦ 整体资产或者部分资产租赁给非国有单位；
⑧ 以非货币资产偿还债务；
⑨ 资产涉讼；
⑩ 收购非国有单位的资产；
⑪ 接受非国有单位以非货币资产出资；
⑫ 接受非国有单位以非货币资产抵债；
⑬ 金融企业除以上情形外，有资产拍卖、债权转股权、债务重组、接受非货币性资产抵押或者质押、处置不良资产等情形的也应当委托资产评估机构进行资产评估。

可以不进行资产评估的有：
① 经各级人民政府或者其履行出资人职责的机构批准，对企业整体或者部分资产实行无偿划转（选项 BC 错误）；
② 国有独资企业与其下属独资企业（事业单位）之间或者其下属的独资企业（事业单位）之间的合并、资产（产权）置换和无偿划转（选项 D 错误）；
③ 金融企业在发生多次同类型的经济行为时，同一资产在评估报告使用有效期内，并且资产、市场状况未发生重大变化的，以及上市公司可流通的股权转让时，也可以不进行评估。

4.【答案】ABD

【解析】应当进行资产评估的有：
① 整体或者部分改建为有限责任公司或者股份有限公司；
② 以非货币资产对外投资（选项 C 错误）；
③ 合并、分立、破产、解散（选项 A 正确）；
④ 非上市公司的国有股东股权比例变动；
⑤ 产权转让（选项 B 正确）；
⑥ 资产转让、置换（选项 D 正确）；
⑦ 整体资产或者部分资产租赁给非国有单位；
⑧ 以非货币资产偿还债务；
⑨ 资产涉讼；
⑩ 收购非国有单位的资产；
⑪ 接受非国有单位以非货币资产出资；
⑫ 接受非国有单位以非货币资产抵债；
⑬ 金融企业除以上情形外，有资产拍卖、债权转股权、债务重组、接受非货币性资产抵押或者质押、处置不良资产等情形的也应当委托资产评估机构进行资产评估。

5.【答案】A

【解析】应当进行资产评估的有：
① 整体或者部分改建为有限责任公司或者股份有限公司（选项 A 正确）；

② 以非货币资产对外投资；
③ 合并、分立、破产、解散；
④ 非上市公司的国有股东股权比例变动；
⑤ 产权转让；
⑥ 资产转让、置换；
⑦ 整体资产或者部分资产租赁给非国有单位；
⑧ 以非货币资产偿还债务；
⑨ 资产涉讼；
⑩ 收购非国有单位的资产；
⑪ 接受非国有单位以非货币资产出资；
⑫ 接受非国有单位以非货币资产抵债；
⑬ 金融企业除以上情形外，有资产拍卖、债权转股权、债务重组、接受非货币性资产抵押或者质押、处置不良资产等情形的也应当委托资产评估机构进行资产评估。

因此，选项 A 正确。

「考点 6」企业国有资产交易管理制度（★）

1.【答案】B

【解析】履行出资人职责的机构负责审核国家出资企业的增资行为。国有资产监督管理机构负责审核国家出资企业的增资行为。其中，因增资致使国家不再拥有所出资企业控股权的，须由国有资产监督管理机构报“本级人民政府”批准。

因此，选项 B 正确。

2.【答案】B

【解析】企业国有产权转让的全部价款采取分期付款方式的，受让方首期付款不得低于总价款的“30%”，并在合同生效之日起“5 个工作日”内支付；其余款项应当提供合法的担保，并应当按同期银行贷款利率向转让方支付延期付款期间利息，付款期限不得超过“1 年”。

因此，选项 B 正确。

「考点 7」上市公司国有股权变动管理（★★）

1.【答案】A

【解析】国有股东通过证券交易系统转让上市公司股份，按照国家出资企业内部决策程序决定，有以下情形之一的，应报履行出资人职责的机构审核批准：

① 国有控股股东转让上市公司股份可能导致持股比例低于合理持股比例的。
② 总股本不超过 10 亿股的上市公司，国有控股股东拟于一个会计年度内累计净转让（累计转让股份扣除累计增持股份后的余额，下同）达到总股本 5% 及以上的；总股本超过 10 亿股的上市公司，国有控股股东拟于一个会计年度内累计净转让数量达到 5 000 万股及以上的。
③ 国有参股股东拟于一个会计年度内累计净转让达到上市公司总股本 5% 及以上的（选项 A 正确）。

因此，选项 A 正确。

2.【答案】ABCD

【解析】国有股东转让所持上市公司股份的方式有：

① 通过证券交易系统转让（选项 C 正确）；② 公开征集转让；③ 非公开协议转让（选项 A 正确）；④ 股份无偿划转（选项 B 正确）；⑤ 股份间接转让（选项 D 正确）。

11 第十一章　反垄断法律制度·答案

「考点1」反垄断法的适用范围（★★）

1.【答案】D

【解析】

①《反垄断法》适用范围秉承“效果原则”和“属地原则”。

② 属地原则：中华人民共和国境内经济活动中的垄断行为，适用《反垄断法》。

③ 效果原则：也称影响原则，如果发生在境外的垄断行为对国内市场竞争产生了影响，就可对该垄断行为适用本国反垄断法。根据规定，中华人民共和国境外的垄断行为，对境内市场竞争产生排除、限制影响的，适用《反垄断法》（选项D正确）。

2.【答案】B

【解析】

① 选项A错误，经营者依法行使知识产权的行为，不适用《反垄断法》；但是，经营者滥用知识产权，排除、限制竞争的行为，不可排除《反垄断法》的适用。

② 选项B正确，农业生产者及农村经济组织在农产品生产、加工、销售、运输、储存等经营活动中实施的联合或者协同行为，不适用《反垄断法》。

③ 选项C错误，行政机关和法律、法规授权的具有管理公共事务职能的组织不得滥用行政权力，排除、限制竞争。因此，国家机关如果滥用行政权力，排除、限制竞争力，同样应受《反垄断法》的限制。

④ 选项D错误，对于铁路、石油、电信、电网、烟草等重点行业，国家通过立法赋予国有企业以垄断性经营权，但是，如果这些国有垄断企业从事垄断协议、滥用市场支配地位行为，或者从事可能排除、限制竞争的经营者集中行为，同样应受《反垄断法》的限制。

3.【答案】ABCD

【解析】《反垄断法》规制的对象有：

① 以经营者为主体的垄断行为（选项B正确）。

a. 经营者达成垄断协议；

b. 经营者滥用市场支配地位；

c. 具有或者可能具有排除、限制竞争效果的经营者集中。

② 行业协会参与的垄断行为。行业协会不得组织本行业的经营者从事本章禁止的垄断行为（选项A正确）。

③ 滥用行政权力排除、限制竞争行为。《反垄断法》规定，行政机关和法律、法规授权的具有管理公共事务职能的组织不得滥用行政权力，排除、限制竞争（选项CD正确）。

因此，选项ABCD均正确。

4.【答案】AD

【解析】

①《反垄断法》适用范围秉承“效果原则”和“属地原则”。

② 属地原则：中华人民共和国境内经济活动中的垄断行为，适用《反垄断法》（选项 A 正确）。

③ 效果原则：也称影响原则，如果发生在境外的垄断行为对国内市场竞争产生了影响，就可对该垄断行为适用本国反垄断法。根据规定，中华人民共和国境外的垄断行为，对境内市场竞争产生排除、限制影响的，适用《反垄断法》（选项 D 正确）。

④ 选项 BC 错误，判断《反垄断法》适用范围依据的是属地原则 + 效果原则，跟行为人是谁无关。

因此，选项 AD 正确。

【抢分技巧】

① 发生在境内的垄断，不管对境内有没有影响，一律适用；发生在境外的垄断，对境内有影响才适用。

② 跟行为人是谁没关系，是看垄断行为发生在哪里及其影响！

「考点 2」相关市场的界定（★）

1.【答案】ACD

【解析】选项 B 错误，需求替代是根据需求者对商品功能用途的需求、质量的认可、价格的接受以及获取的难易程度等因素进行分析。

选项 ACD 正确，供给替代是指当一种商品的需求增加时，其他经营者转产该种商品以进入市场、增加供给的可能性。一般来说，其他经营者的转产成本越低，供给替代程度越高。其他经营者的转产成本主要表现为改造生产设施的投入、承担的风险、进入目标市场的时间等。

2.【答案】A

【解析】

① 选项 A 正确，相关商品市场就是指具有较为紧密替代关系的商品范围。因此商品间较为紧密的相互替代性属于界定相关商品市场的基本标准。

② 选项 B 错误，在垄断协议、滥用市场支配地位以及经营者集中的反垄断案件，均会涉及相关市场界定。

③ 选项 C 错误，需求替代是界定相关市场的主要分析视角。

④ 选项 D 错误，并非任何市场界定都涉及全部三个维度。大部分只涉及商品和地域两个维度。

3.【答案】C

【解析】

① 选项 A 错误。商品的外形、特性、质量和技术特点等总体特征和用途为从需求角度界定相关商品市场的标准，不属于基本标准。

② 选项 B 错误。商品的运输成本和运输特征为相关地域市场界定的标准。

③ 选项 C 正确。相关商品市场就是指具有较为紧密替代关系的商品范围。因此商品间较为紧密的相互替代性属于界定相关商品市场的基本标准。

④ 选项 D 错误。商品的使用期限和季节性都是相关时间市场的界定标准。

「考点 3」反垄断法的实施机制（★）

1.【答案】B

【解析】反垄断机构是指负责反垄断法执法的行政机构及其他相关行政机构。我国的反垄断机构采取双层制模式：国务院反垄断执法机构负责反垄断法的行政执法；在其之上还设反垄断委员会，负责组织、协调、指导反垄断工作。

国家发展和改革委员会、商务部和原国家工商总局的反垄断执法职责已经全部整合于国家市场监督管理总局，实现了反垄断执法机构的一元化。因此，选项 B 正确。

2.【答案】BCD

【解析】

① 选项 A 错误，人民法院受理垄断民事纠纷案件，不以执法机构已对相关垄断行为进行查处为前提条件。

② 选项 B 正确，因垄断行为受到损失以及因合同内容、行业协会的章程等违反反垄断法而发生争议的自然人、法人或者其他组织，可以向人民法院提起反垄断民事诉讼。

③ 选项 C 正确，经人民法院同意，反垄断民事诉讼当事人可以协商确定专业机构就案件的专门性问题作出市场调查或者经济分析报告，视为鉴定意见，属于《民事诉讼法》上的证据形式。

④ 选项 D 正确，反垄断民事诉讼双方当事人都有权向人民法院申请专家出庭，经人民法院准许，双方聘请的专家都可以出庭并发表专业意见，不属于《民事诉讼法》上的证据形式，而是作为法官判案的参考依据。

因此，选项 BCD 正确。

3.【答案】ABCD

【解析】反垄断执法机构调查涉嫌垄断行为，可以采取下列措施：

① 进入被调查的经营者的营业场所或者其他有关场所进行检查（选项 B 正确）；

② 询问被调查的经营者、利害关系人或者其他有关单位或者个人，要求其说明有关情况（选项 C 正确）；

③ 查阅、复制被调查的经营者、利害关系人或者其他有关单位或者个人的有关单证、协议、会计账簿、业务函电、电子数据等文件、资料（选项 A 正确）；

④ 查封、扣押相关证据（选项 D 正确）；

⑤ 查询经营者的银行账户。

4.【答案】A

【解析】

① 选项 A 正确，为原文表述。

② 选项 B 错误，消费者只要因垄断行为受损，也可以作为垄断民事案件原告。

③ 选项 C 错误，反垄断民事诉讼中，当事人可以向人民法院申请一至二名具有相应专门知识的人员出庭，就案件的专门性问题进行说明。专家在法庭上提供的意见并不属于《民事诉讼法》上的证据形式，而是作为法官判案的参考依据。

④ 选项 D 错误，当事人可以直接诉讼，也可以在行政执法后诉讼，是不以执法机构已对相关垄断行为进行了查处为前提条件的。

5. **【答案】** ACD

【解析】 反垄断执法机构调查涉嫌垄断行为，可以采取下列措施：

① 进入被调查的经营者的营业场所或者其他有关场所进行检查（选项 A 正确）；

② 询问被调查的经营者、利害关系人或者其他有关单位或者个人，要求其说明有关情况；

③ 查阅、复制被调查的经营者、利害关系人或者其他有关单位或者个人的有关单证、协议、会计账簿、业务函电、电子数据等文件、资料（选项 C 正确）；

④ 查封、扣押相关证据（选项 D 正确）；

⑤ “查询”经营者的银行账户（而非冻结，即选项 B 错误）。

因此，选项 ACD 正确。

6. **【答案】** D

【解析】 当事人可向人民法院申请委托专业机构或者专业人员就案件的专门性问题作出市场调查或者经济分析报告，专业人员就案件的专门性问题作出的市场调查或者经济分析报告应当视为鉴定意见。

在反垄断民事诉讼中，当事人可以向人民法院申请 1 ~2 名具有相应专门知识的人员出庭，就案件的专门性问题进行说明。专家在法庭上提供的意见不属于《民事诉讼法》上的证据形式，而是作为法官判案的参考依据。

因此，选项 D 正确。

7. **【答案】** C

【解析】 本题考点为持续性垄断行为的诉讼时效抗辩。原告起诉时被诉垄断行为已经持续超过 3 年，被告提出诉讼时效抗辩的，损害赔偿应当自原告向人民法院起诉之日起向前推算 3 年计算（自 2013 年 3 月 1 日以来的经济损失）。

因此，选项 C 正确。

8. **【答案】** ACD

【解析】

① 选项 A 正确，消费者只要因垄断行为受损，也可以作为垄断民事案件原告。

② 选项 B 错误，可以直接诉讼，也可以在行政执法后诉讼，不以执法机构已经对垄断行为进行查处为前提。

③ 选项 C 正确，在反垄断民事诉讼中，当事人可向人民法院申请 1 ~2 名具有相应专门知识的人员出庭，就案件的专门性问题进行说明。专家在法庭上提供的意见不属于《民事诉讼法》上的证据形式，而是作为法官判案的参考依据。

④ 选项 D 正确，当事人可向人民法院申请委托专业机构或者专业人员就案件的专门性问题作出市场调查或者经济分析报告，专业人员就案件的专门性问题作出的市场调查或者经

济分析报告应当视为鉴定意见。属于《民事诉讼法》上的证据形式。

「考点 4」垄断协议（★★★）

1.【答案】B

【解析】宽大制度，是指参与垄断协议的经营者主动向反垄断执法机构报告达成垄断协议的有关情况并提供重要证据的，反垄断执法机构可以对其宽大处理，酌情减轻或者免除其处罚。

因此，选项 B 正确。

2.【答案】ABD

【解析】根据反垄断法律制度的规定，涉嫌垄断行为的经营者在被调查期间可以提出中止调查申请，承诺在一定期限内采取措施消除行为影响。但是以下几类严重限制竞争的横向垄断协议的行为，反垄断执法机构不接受中止调查申请：

① 涉嫌固定或者变更商品价格（选项 B 正确）；

② 限制商品的生产数量或者销售数量（选项 D 正确）；

③ 分割销售市场或者原材料采购市场（选项 A 正确）。

因此，选项 ABD 正确。

3.【答案】D

【解析】选项 BC 错误，在垄断民事纠纷案件中，被诉垄断行为属于反垄断法禁止的横向垄断协议的，被告应对该协议不具有排除、限制竞争效果承担举证责任，即横向垄断协议的排除、限制竞争效果的举证责任倒置。

选项 A 错误、选项 D 正确，司法解释未对纵向垄断协议的排除、限制竞争效果要件的证明作出规定。因此，纵向垄断协议的排除、限制竞争效果的证明仍应按“谁主张，谁举证”的基本原则，由原告承担举证责任。

4.【答案】ABCD

【解析】横向垄断协议表现为：

① 固定或者变更商品价格的协议（选项 C 正确）；

② 限制商品的生产数量或者销售数量的协议；

③ 分割销售市场或者原材料采购市场的协议（选项 B 正确）；

④ 限制购买新技术、新设备或者限制开发新技术、新产品的协议（选项 D 正确）；

⑤ 联合抵制交易（选项 A 正确）。

5.【答案】ABCD

【解析】其他协同行为的认定，应考虑下列因素：

① 经营者的市场行为是否具有一致性（选项 A 正确）；

② 经营者之间是否进行过意思联络或者信息交流（选项 D 正确）；

③ 经营者能否对一致行为作出合理的解释（选项 C 正确）。

④ 认定其他协同行为，还应考虑相关市场的结构情况、竞争状况、市场变化情况、行业情况等（选项 B 正确）。

因此，选项 ABCD 均正确。

6.【答案】AC

【解析】

① 选项 A 正确，国有经济占控制地位的关系国民经济命脉和国家安全的行业以及依法实行专营专卖的行业，国家对其经营者的合法经营活动予以保护，并对经营者的经营行为及其商品和服务的价格依法实施监管和调控，但其同样应受《反垄断法》的限制。

② 选项 B 错误，为保障对外贸易和对外经济合作中的正当利益的（出口卡特尔），予以豁免。

③ 选项 C 正确，中华人民共和国境外的垄断行为，对境内市场竞争产生排除、限制影响的，适用《反垄断法》。

④ 选项 D 错误，《反垄断法》对农业生产者及农村经济组织在农产品生产、加工、销售、运输、储存等经营活动中实施的联合或者协同行为排除适用。

「考点 5」滥用市场支配地位（★★）

1.【答案】ABCD

【解析】

① 选项 A 正确，市场支配地位是指经营者在相关市场内具有能够控制商品价格、数量或者其他交易条件，或者能够阻碍、影响其他经营者进入相关市场能力的市场地位。

② 选项 B 正确，反垄断法对经营者合法取得的市场支配地位并不视为非法。

③ 选项 CD 正确，多个经营者可以被推定为共同占有市场支配地位。

2.【答案】ABCD

【解析】其他交易条件，是指除商品价格、数量之外能够对市场交易产生实质影响的其他因素，包括商品品质（选项 C）、付款条件（选项 A）、交付方式（选项 B）、售后服务（选项 D）、交易选择、技术约束等。

3.【答案】ABD

【解析】认定“不公平的高价”和“不公平的低价”，应当主要考虑下列因素：

① 销售价格或者购买价格是否明显高于或者低于其他经营者销售或者购买同种商品的价格（选项 A 正确）；

② 销售价格或者购买价格是否明显高于或者明显低于同一经营者在其他相同或者相似市场条件区域销售或者购买商品的价格；

③ 在成本基本稳定的情况下，是否超过正常幅度提高销售价格或者降低购买价格（选项 B 正确）；

④ 销售商品的提价幅度是否明显高于成本增长幅度，或者购买商品的降价幅度是否明显高于交易相对人的成本降低幅度（选项 C 错误，选项 D 正确）。

「考点 6」经营者集中（★★）

1.【答案】AC

【解析】限制性条件包括以下几类：

① 剥离有形资产（选项 C）、知识产权等无形资产（选项 A）或相关权益等结构性条件；
② 开放网络或平台等基础设施（选项 D）、许可关键技术（包括专利、专有技术或其他知识产权）（选项 B）、终止排他性协议等行为性条件；
③ 结构性条件和行为性条件相结合的综合性条件。
选项 AC 属于结构性条件，选项 BD 属于行为性条件，题目问的是“结构性条件”，因此选项 AC 正确。

2. **【答案】** B

【解析】 限制性条件包括以下几类：
① 剥离有形资产、知识产权（选项 B）等无形资产或相关权益等结构性条件；
② 开放网络或平台等基础设施（选项 D）、许可关键技术（包括专利、专有技术或其他知识产权）（选项 A）、终止排他性协议（选项 C）等行为性条件；
③ 结构性条件和行为性条件相结合的综合性条件。
选项 ACD 属于行为性条件，选项 B 属于结构性条件，题目问的是“结构性条件”，因此选项 B 正确。

【抢分技巧】 题目中，结构性条件的关键词是“剥离”，看到“剥离 × ×”则为结构性条件，行为性条件不用记，用排除法做即可。

3. **【答案】** BCD

【解析】 限制性条件包括以下几类：
① 剥离有形资产、知识产权（选项 A）等无形资产或相关权益等结构性条件；
② 开放网络或平台等基础设施（选项 C）、许可关键技术（包括专利、专有技术或其他知识产权）（选项 B）、终止排他性协议（选项 D）等行为性条件；
③ 结构性条件和行为性条件相结合的综合性条件。
选项 A 属于结构性条件，选项 BCD 属于行为性条件，题目问的是“行为性条件”，因此选项 BCD 正确。

4. **【答案】** AB

【解析】
① 选项 A 正确，我国对经营者集中采取的是强制的事前申报模式，即当事人在实施集中前必须事先向商务部申报，经商务部审查批准后才可以实施集中。
② 选项 B 正确，经营者提交的文件、资料不完备的，应当在国务院反垄断执法机构规定的期限内补交文件、资料。经营者逾期未补交文件、资料的，视为未申报。
③ 选项 C 错误，参与集中的每个经营者 50% 以上有表决权的股份或者资产被同一个未参与集中的经营者拥有的，可以不向商务部申报。
④ 选项 D 错误，参与集中的所有经营者上一会计年度在全球范围内的营业额合计超过（非达到）100 亿元人民币，并且其中至少两个经营者上一会计年度在中国境内的营业额均超过（非达到）4 亿元人民币，经营者应当事先向商务部申报，未申报的不得实施集中。

【抢分技巧】“达到”为“≥”，“超过”为“>”。

「考点7」行政垄断（★★）

【答案】AD

【解析】

① 选项A正确，行业协会“召集、组织或者推动本行业的经营者达成含有排除、限制竞争内容的协议、决议、纪要、备忘录等”，属于“组织本行业经营者从事垄断协议的行为”；

② 选项B错误，该行业协会既非行政机关，也非法律、法规授权的具有管理公共事务职能的组织，不能成为滥用行政权力排除、限制竞争的行为主体；

③ 选项C错误，尽管7家企业的市场份额合计达85%，但按照题目交代的案情，不足以推定该7家企业具有市场支配地位，案情亦未明确提及“滥用市场支配地位”的行为；

④ 选项D正确，7家企业“就共同提高本行业产品价格及提价幅度形成决议”，属于具有竞争关系的经营者达成的固定或者变更商品价格的横向垄断协议。

12 第十二章　涉外经济法律制度·答案

「考点1」外商投资法律制度（★★）

1.【答案】D

【解析】

① 选项AB错误，地方各级人民政府及其有关部门应当履行向外国投资者、外商投资企业依法作出的政策承诺以及依法订立的各类合同，不得以行政区划调整、政府换届、机构或者职能调整以及相关责任人更替等为由违约毁约。

② 选项C错误，政策承诺是指地方各级人民政府及其有关部门在法定权限内，就外国投资者、外商投资企业在本地区投资所适用的支持政策、享受的优惠待遇和便利条件等作出的“书面承诺”（不包括口头承诺）。

③ 选项D正确，因国家利益、社会公共利益需要可以依照法定权限和程序改变政策承诺，但应当依照法定权限和程序进行，并予以公平合理的补偿。

2.【答案】A

【解析】

① 选项A正确，为原文表述。

② 选项B错误，国家对负面清单之外的外商投资，给予国民待遇。

③ 选项C错误，在特殊情况下，国家为了公共利益的需要，依照法律规定对外国投资者的投资实行征收或者征用的，应当依照法定程序、以非歧视性的方式进行，并按照被征收投资的市场价值及时给予补偿，应当给予补偿，而非视情况。

④ 选项D错误，准入前国民待遇，是指在投资准入阶段给予外国投资者及其投资不低于本国投资者及其投资的待遇，是包含准入阶段和准入后的运营阶段在内的整个投资阶段的国民待遇。

3.【答案】A

【解析】

① 选项A正确，为原文表述。

② 选项B错误，中国香港、中国澳门、中国台湾地区投资者进行投资，影响或者可能影响国家安全的，参照《外商投资安全审查办法》的规定执行。

③ 选项C错误，外商投资安全审查制度由美国于20世纪70年代创设。

④ 选项D错误，国家建立外商投资安全审查工作机制，工作机制办公室设在国家发展改革委，由国家发展改革委、商务部牵头，承担外资安审日常工作。

4.【答案】ABCD

【解析】《外商投资法》对外商投资进行了界定，即外国的自然人、企业或者非法人组织直接或者间接在中国境内进行的投资活动，包括以下四类具体情形：

① 外国投资者单独或者与其他投资者共同在中国境内设立外商投资企业（选项C正确）；

② 外国投资者取得中国境内企业的股份、股权、财产份额或者其他类似权益（选项BD

正确)；

③ 外国投资者单独或者与其他投资者共同在中国境内投资新建项目（选项A正确)；

④ 法律、行政法规或者国务院规定的其他方式的投资。

5.【答案】ABCD

【解析】以上均为原文考察，记住相关结论即可。其中选项D，按照资本流入、流出的方向不同，涉外投资习惯上又区分为外商投资和对外投资，从而形成外商投资法律制度和对外投资法律制度这两套各有特点而又相互联系的法律制度。

6.【答案】ABCD

【解析】根据规定，下列范围内的外商投资，外国投资者或者境内相关当事人应当在实施投资前主动向工作机制办公室申报：

① 投资军工、军工配套（选项A）等关系国防安全的领域，以及在军事设施和军工设施周边地域投资（选项CD)；

② 投资关系国家安全的重要农产品、重要能源和资源、重大装备制造、重要基础设施、重要运输服务、重要文化产品与服务、重要信息技术和互联网产品与服务、重要金融服务、关键技术以及其他重要领域，并取得所投资企业的实际控制权（选项B)。

因此，选项ABCD均正确。

7.【答案】A

【解析】《外商投资法》的特色与创新主要体现在4个方面：

① 即从企业组织法转型为投资行为法（选项B错误)；

② 更加强调对外商投资的促进和保护（选项D错误)；

③ 全面落实内外资一视同仁的国民待遇原则（选项A正确)；

④ 更加周延地覆盖外商投资实践。本法所称外商投资，是指外国的自然人、企业或者其他组织直接或者间接在中国境内进行的投资活动（选项C错误)。

8.【答案】D

【解析】《外商投资法》规定：本法施行前依照《中华人民共和国中外合资经营企业法》《中华人民共和国外资企业法》《中华人民共和国中外合作经营企业法》设立的外商投资企业，在本法施行后五年内可以继续保留原企业组织形式等。

因此，选项D正确。

9.【答案】BCD

【解析】

① 选项A错误，国家对外国投资者的投资原则上不实行征收；在特殊情况下、为了公共利益的需要，可以依照法律规定对外国投资者的投资实行征收或者征用，但应当依照法定程序、以非歧视性的方式进行，并按照被征收投资的市场价值及时给予补偿。

② 选项B正确，外国投资者在中国境内的出资、利润、资本收益、资产处置所得、知识产权许可使用费、依法获得的补偿或者赔偿、清算所得等，可以依法以人民币或者外汇自由汇入、汇出。

③ 选项C正确，国家鼓励在外商投资过程中基于自愿原则和商业规则开展技术合作。技术

合作的条件由投资各方遵循公平原则平等协商确定。行政机关及其工作人员不得利用行政手段强制或者变相强制外国投资者、外商投资企业转让技术。

④ 选项 D 正确，为原文表述。

10.【答案】D

【解析】

① 选项 A 错误，负面清单由国务院发布或批准发布；

② 选项 B 错误，准入前国民待遇是指在企业设立、取得、扩大等阶段给予外国投资者及其投资不低于本国投资者及其投资的待遇，实际上是整个投资阶段的国民待遇；

③ 选项 C 错误，准入前国民待遇加负面清单管理模式目前已推广到全国范围

④ 选项 D 正确，负面清单，是指国家规定在特定领域对外商投资实施的准入特别管理措施。

「考点 2」对外直接投资法律制度（★）

1.【答案】D

【解析】

① 选项 A 错误，对外直接投资与外商直接投资都属于国际直接投资。

② 选项 B 错误，中国境内投资者对外直接投资，需要遵守投资所在国即东道国的法律和政策、中国国内法中的相关规定，以及中国与有关东道国签订的双边投资保护协定和双方共同缔结或参加的多边条约中的相关规定。

③ 选项 C 错误，对外直接投资的形式包括新设、并购、参股、增资、再投资等。

④ 选项 D 正确，我国按照对外直接投资的不同情形，实行核准或备案管理。

2.【答案】D

【解析】选项 BC 错误，“非敏感类”对应“备案”。

选项 A 错误、选项 D 正确，投资主体是中央管理企业或投资主体是地方企业且中方投资额 3 亿美元及以上的，由国家发展改革委备案。地方企业实施中方投资额 3 亿美元以下境外投资项目由投资主体注册地的省级政府发展改革部门备案。题目中，中方投资额为 2 亿美元（在 3 亿美元以下），由投资主体注册地的省级政府发展改革部门备案。因此，选项 D 正确。

3.【答案】ABCD

【解析】中国境内投资者对外直接投资，需要遵守投资所在国即东道国的法律和政策（选择 C），以及中国与有关东道国签订的双边投资保护协定（选项 D）和双方共同缔结或参加的多边条约（选项 A）中的相关规定。与此同时，作为投资者的母国，中国国内法（选项 B）中的相关规定当然也要予以适用。

因此，选项 ABCD 都正确。

4.【答案】D

【解析】选项 AC 错误，“敏感”对应“核准”。

选项 B 错误，选项 D 正确。涉及敏感国家和地区、敏感行业的境外投资项目，由国家发展和改革委员会核准。注：发改委备案时，才要区分中方投资额，核准一律是国家发展和改革委员会核准，不看投资额！

「考点3」《对外贸易法》的适用范围和原则（★★）

1. 【答案】ABCD

【解析】根据规定，《对外贸易法》的适用范围为：

① 从对象上看，适用于货物进出口（选项B）、技术进出口（选项D）、国际服务贸易（选项A）以及与此相关的知识产权保护（选项C），选项ABCD均正确。

② 从地域范围看，本法仅适用于中国内地，不适用于香港特别行政区、澳门特别行政区和台湾地区。我国香港特别行政区、澳门特别行政区和台湾地区已经分别以“中国香港”“中国澳门”“台湾、澎湖、金门、马祖单独关税区”（简称“中国台北”）的名义加入世界贸易组织，成为我国的单独关税区。

因此，选项ABCD均正确。

2. 【答案】D

【解析】《对外贸易法》的原则包括：

① 统一管理原则：商务部，依照《对外贸易法》的规定主管全国对外贸易工作。

② 公平自由原则：我国在对外贸易中坚持自由贸易与公平贸易并重的原则，既崇尚自由贸易，致力于减少乃至消除关税和非关税贸易壁垒；又主张公平贸易，反对和打击倾销、补贴等不公平贸易行为。

③ 平等互利原则：我国根据平等互利的原则，促进和发展同其他国家和地区的贸易关系，缔结或者参加关税同盟协定、自由贸易区协定等区域经济贸易协定，参加区域经济组织。

④ 区域合作原则：我国通过签订区域贸易协定、参加区域经济组织等方式，积极参与区域经济合作，推进区域经济一体化。

⑤ 非歧视原则，包括最惠国待遇原则和国民待遇原则：

a. 最惠国待遇是指一国（给惠国）给予另一国（受惠国）的个人、企业、商品等的待遇不低于给惠国给予任何第三国（最惠国）的相应待遇。

b. 国民待遇是指一国给予他国国民（包括个人和企业）与本国国民相同的待遇。

⑥ 互惠对等原则，是指我国给予另一国某种待遇或者对其采取某种措施，以该国给予我国相应待遇或者对我国采取相应措施为前提。

在本题中，提取关键信息——“任何国家或地区对中国采取措施，中国可以对该国或者该地区采取相应的措施”。体现的是互惠对等原则，因此选项D正确。

3. 【答案】C

【解析】《对外贸易法》的原则包括：

① 统一管理原则：商务部，依照《对外贸易法》的规定主管全国对外贸易工作。

② 公平自由原则：我国在对外贸易中坚持自由贸易与公平贸易并重的原则，既崇尚自由贸易，致力于减少乃至消除关税和非关税贸易壁垒；又主张公平贸易，反对和打击倾销、补贴等不公平贸易行为。

③ 平等互利原则：我国根据平等互利的原则，促进和发展同其他国家和地区的贸易关系，缔结或者参加关税同盟协定、自由贸易区协定等区域经济贸易协定，参加区域经济组织。

④ 区域合作原则：我国通过签订区域贸易协定、参加区域经济组织等方式，积极参与区域经济合作，推进区域经济一体化。

⑤ 非歧视原则，包括最惠国待遇原则和国民待遇原则：

第一，最惠国待遇，是指一国（给惠国）给予另一国（受惠国）的个人、企业、商品等的待遇不低于给惠国给予任何第三国（最惠国）的相应待遇。

第二，国民待遇是指一国给予他国国民（包括个人和企业）与本国国民相同的待遇。

⑥ 互惠对等原则：是指我国给予另一国某种待遇或者对其采取某种措施，以该国给予我国相应待遇或者对我国采取相应措施为前提。

在本题中，提取关键信息，“缔约方给予另一缔约方的待遇，不得低于非缔约方”，体现的是非歧视原则中的最惠国待遇，因此选项 C 正确。

「考点 4」对外贸易经营者（★★）

1.【答案】C

【解析】

① 选项 A 错误，国家可以对部分货物的进出口实行国营贸易管理。

② 选项 B 错误，实行国营贸易管理的货物和经授权经营企业的目录，由商务部会同国务院其他有关部门确定、调整并公布。

③ 选项 C 正确，实行国营贸易管理货物的进出口业务只能由经授权的企业经营；但是，国家允许部分数量的国营贸易管理货物的进出口业务由非授权企业经营的除外。

④ 选项 D 错误，国营贸易企业的判断标准并非所有制形式，其与我国过去所称的国营企业是完全不同的概念。

2.【答案】B

【解析】

① 选项 A 错误，国家只对部分货物的进出口实行国营贸易管理，且此类货物应当是明确和公开的。

② 选项 B 正确，为原文表述。

③ 选项 C 错误，国营贸易一般由经授权的企业经营，但是国家可以根据具体情况，允许部分数量的国营贸易管理货物的进出口业务由非授权企业经营。

④ 选项 D 错误，判断一个企业是不是国营贸易企业，关键是看该企业是否在国际贸易中享有专营权或者特许权，与该企业的所有制形式并无必然联系。

3.【答案】C

【解析】

① 选项 A 错误，实行国营贸易管理的货物和经授权经营企业的目录，由商务部会同国务院其他有关部门确定调整公布，而不是由海关总署会同其他有关部门确定。

② 选项 B 错误，实行国营贸易管理货物的进出口业务只能由经授权的企业经营，但国家允许部分数量的国营贸易管理货物的进出口业务由非授权企业经营的除外。

③ 选项 C 正确，为原文表述。

④ 选项 D 错误，判断一个企业是不是国营贸易企业，关键是看该企业是否在国际贸易中享

有专营权或特许权，与该企业的所有制形式并无必然联系。

「考点5」货物进出口与技术进出口（★★）

【答案】A

【解析】

① 国家规定有数量限制的限制进出口货物，实行配额管理（选项A正确）。

② 其他限制进出口货物，实行许可证管理。

③ 我国对属于限制进出口的技术实行许可证管理，未经许可不得进出口。

「考点6」对外贸易救济（★★）

1.【答案】C

【解析】反倾销调查，应自立案调查决定公告之日起12个月内结束；特殊情况下延长期不得超过6个月。12+6=18（个月）。因此，选项C正确。

2.【答案】D

【解析】征收反倾销税，由商务部提出建议，国务院关税税则委员会根据商务部的建议作出决定，由商务部予以公告；海关自公告规定实施之日起执行。

因此，选项D正确。

【抢分技巧】商务部提建议，国务院关税税则委员会作决定，海关执行。

3.【答案】D

【解析】选项ABC错误，反倾销税和价格承诺属于反倾销措施；反补贴税属于反补贴措施。反倾销和反补贴措施针对的是倾销和补贴这样的不公平交易行为。

选项D正确，保障措施针对的是公平贸易条件下的特殊情形。

「考点7」《外汇管理条例》的适用范围和基本原则（★）

【答案】A

【解析】《外汇管理条例》对适用范围的规定采取了属人主义与属地主义相结合的原则。

属人主义：境内机构和境内个人的外汇收支或者外汇经营活动，不论其发生在境内或境外，均适用该条例（选项BCD错误）；

① 所谓境内机构，是指中华人民共和国境内的国家机关、企业（选项B）、事业单位、社会团体、部队等，外国驻华外交领事机构和国际组织驻华代表机构除外；

② 所谓境内个人，是指中国公民（选项D）和在中华人民共和国境内连续居住满1年的外国人（选项C），外国驻华外交人员和国际组织驻华代表除外。

属地主义：对于境外机构和境外个人而言，则仅对其发生在中国境内的外汇收支和外汇经营活动适用该条例（选项A正确）。

「考点8」经常项目外汇管理制度（★）

1.【答案】D

【解析】

① 选项A错误，经常项目外汇收入实行意愿结汇制，而非强制结汇制。

② 选项B错误，经常项目是指一个国家或地区对外交往中经常发生的交易项目，包括贸易收支、服务收支、收益（包括职工报酬和股息、红利等投资收益）和经常转移（又称单方面转移，如援助、赠与、赔款等）。

③ 选项C错误，经常项目外汇支出凭有效单证，无须审批。

④ 选项D正确，经常项目外汇收支需有真实、合法的交易基础。人民币经常项目可兑换后，对企业和个人经常项目下用汇的管理，主要体现为对外汇收支及汇兑环节的真实性审核。

2.【答案】ACD

【解析】经常项目，通常是指一个国家或地区对外交往中经常发生的交易项目，包括贸易收支（选项A）、服务收支、收益（包括职工报酬和股息、红利等投资收益）（选项C）和经常转移（又称单方面转移，如援助、赠与、赔款等）（选项D）等。因此，选项ACD正确。资本项目，是指国际收支中引起对外资产和负债水平发生变化的交易项目，包括资本转移、非生产及非金融资产的收买或放弃、直接投资、证券投资、衍生产品投资及贷款等（选项B错误）。

「考点9」资本项目外汇管理制度（★）

1.【答案】ABCD

【解析】选项ABC正确，根据《境内机构境外直接投资外汇管理规定》，境内机构可以使用自有外汇资金（选项B）、符合规定的国内外汇贷款（选项A）、人民币购汇（选项C）或者实物、无形资产及经外汇局核准的其他外汇资产来源等进行境外直接投资。

选项D正确，境内机构境外直接投资所得利润也可留存境外用于其境外直接投资。

2.【答案】ABCD

【解析】外债是指境内机构对非居民承担的以外币表示的债务，包括境外借款（选项B）、发行债券（选项A）、国际融资租赁（选项D）等。同时，外保内贷发生担保履约时（选项C），也涉及外债管理。

因此，选项ABCD均正确。

3.【答案】B

【解析】合格境内机构投资者（QDII）制度：

银保监会、证监会分别负责各自监管范围内金融机构境外投资业务的市场准入，包括资格审批、投资品种确定以及相关风险管理。

国家外汇管理局负责QDII机构境外投资额度、账户及资金汇兑管理。

因此，选项B正确。

「考点10」外汇市场（★）

【答案】 CD

【解析】

① 基于参与主体和交易方式的不同，外汇市场可以划分为外汇零售市场和外汇批发市场。

② 外汇零售市场是指银行与企业（选项A）、银行与个人之间进行柜台式外汇买卖（选项B）所形成的市场。

③ 外汇批发市场则是指以银行业金融机构为主、以非银行金融机构和非金融企业为辅的机构间外汇买卖市场，也称银行间外汇市场（选项CD）。

本题问的是“外汇批发市场”，因此选项CD正确。

「考点11」人民币汇率与特别提款权（★★）

1. **【答案】** ABC

【解析】 我国目前实行的是以市场供求为基础（选项C），参考“一篮子”货币进行调节（选项A）、有管理的浮动汇率（选项B）制度。

因此，选项ABC正确。

2. **【答案】** ABC

【解析】 特别提款权货币篮中包括：美元（选项C）、欧元、日元（选项A）、英镑和人民币（选项B）5种货币。

因此，选项ABC正确。

3. **【答案】** D

【解析】 我国目前实行的是以市场供求为基础，参考“一篮子”货币进行调节、有管理的浮动汇率（选项D）制度。

4. **【答案】** BC

【解析】

① 选项A错误、选项B正确，特别提款权本身不是货币，但可用于换取可自由使用货币，其本身具有价值。

② 选项C正确，特别提款权货币篮中包括美元、欧元、日元、英镑和人民币5种货币。

③ 选项D错误，目前人民币尚未完全实现可自由兑换，资本项目还存在限制。

专题一　物权法律制度、合同法律制度·答案

1.【解析】

（1）赵某和钱某的合同于2021年1月12日成立。根据规定，自然人之间的借款合同，自贷款人提供借款时成立。在本题中，钱某在抵押合同签订次日（即2021年1月12日）向赵某汇款95万元，题目未具体说明到账时间，按通常理解应当日到账，借款合同相应成立。

（2）钱某有权就房屋A实现抵押权。根据规定，抵押期间，抵押财产转让的，抵押权不受影响。在本题中，虽然抵押财产（房屋A）被赵某转让给李某，但仍在抵押期间，因此抵押权不受影响，钱某有权就房屋A实现抵押权。

（3）不影响李某取得房屋A所有权。根据规定，除另有约定外，抵押期间抵押人可以转让抵押财产，抵押人转让抵押财产的，应当及时“通知”抵押权人。在本题中，赵某可以转让抵押房屋，只要通知钱某即可，无须钱某同意，因此并不影响李某取得房屋A的所有权。

（4）① 先诉抗辩权，是指一般保证的保证人在主合同纠纷未经审判或者仲裁，并就债务人财产依法强制执行用于清偿债务前，对债权人可以拒绝承担保证责任。

② 孙某享有先诉抗辩权。根据规定，当事人在保证合同中对保证方式没有约定或者约定不明确的，按照一般保证承担保证责任。在本题中，孙某与钱某签订的书面保证合同并未约定保证方式，应为一般保证，享有先诉抗辩权。

（5）孙某承担保证责任的金额为99.75万元，根据规定：

在借款合同中，借款的利息不得预先在本金中扣除。利息预先在本金中扣除的，应当按照实际借款数额返还借款并计算利息。在本题中，钱某向赵某实际借款金额为95万元，因此应按照95万元作为借款本金并以此计算利息。

保证担保的责任范围包括主债权及其利息、违约金、损害赔偿金和实现债权的费用，但保证合同对责任范围另有约定的，从其约定。在本题中，约定的保证责任是“届期未能偿还的全部借款本息”，不涉及违约金、损害赔偿金等费用。因此，孙某承担保证责任的金额为借款本息99.75万元（95+95×5%=99.75）。

（6）孙某无权向李某追偿。根据合同法律制度的规定，保证与第三人提供的担保并存的，其中一人承担了担保责任，无权向另外一个担保人追偿，只能向债务人追偿。

【考点】

第三章：物权法律制度——抵押权

第四章：合同法律制度——借款合同、合同的担保

2.【解析】

（1）赵某与钱某的借款合同于2021年1月6日成立。根据规定，自然人之间的借款合同，自贷款人提供借款时成立。在本题中，赵某与钱某于2021年1月5日签订借款合同，并于次日（2021年1月6日）向钱某实际提供借款。因此，赵某与钱某的借款合同于2021年1月6日成立。

（2）赵某于2021年1月10日取得抵押权。根据规定，以房屋抵押的，抵押权自抵押登记之日起设立。在本题中，孙某以其自有房屋提供抵押担保并于2021年1月10日办理抵押登记，因此，赵某于2021年1月10日取得抵押权。

（3）孙某对赵某提出的“自己所提供的抵押属于第三人物的担保，赵某应先向李某主张连带保证责任”的理由不成立。根据规定，被担保的债权既有物的担保又有人的担保的，债务人不履行到期债务或者发生当事人约定的实现担保物权的情形的，债权人应当按照约定实现债权；没有约定或者约定不明确，且第三人提供物的担保的，债权人可以就物的担保实现债权，也可以请求保证人承担保证责任。在本题中，孙某和李某之间未对担保责任的承担顺序作出约定。因此，债权人可以请求孙某承担保证责任。

（4）李某对赵某提出的“自己只是保证人，赵某不应当在未起诉债务人钱某并强制执行的情况下要求自己承担保证责任”的理由不成立。根据规定，连带责任保证人不享有先诉抗辩权，连带责任保证的债务人不履行到期债务或者发生当事人约定的情形时，债权人可以请求债务人履行债务，也可以请求保证人在其保证范围内承担保证责任。在本题中，李某作为连带保证人，不享有先诉抗辩权。

（5）钱某对周某提出的“债权转让未得到自己的同意，该转让无效”理由不成立。根据规定，债权人转让债权，无须经债务人同意，但应当通知债务人，未通知债务人的，该转让对债务人不发生效力。在本题中，赵某将对钱某的债权转让给周某时，已通知过钱某，因此该债权转让有效。

（6）李某对周某提出的“保证合同明确约定赵某对钱某的债权不得转让，赵某违反约定，自己不再承担保证责任”的理由成立。根据规定，保证人与债权人约定禁止债权转让的，债权人未经保证人书面同意转让债权的，保证人对受让人不再承担保证责任。在本题中，李某为赵某提供的保证合同中约定了赵某对钱某的债权不得转让，后续赵某转让该债权时未经李某书面同意，因此，李某对受让人周某不再承担保证责任。

【考点】

第三章：物权法律制度——抵押权

第四章：合同法律制度——借款合同、合同的担保、合同的变更和转让

3.**【解析】**

（1）乙公司有义务维修出现故障的呼吸机。根据规定，出租人应当履行租赁物的维修义务，但当事人另有约定的除外。在本题中，甲医院和乙公司未约定租赁期间的维修事项，乙公司有义务维修。

（2）乙公司有权收回。根据规定，承租人经出租人同意，可以将租赁物转租给第三人；承租人未经出租人同意转租的，出租人可以解除合同。

（3）甲医院维修后无权要求乙公司支付维修费。根据规定，承租人转租的，承租人与出租人之间的租赁合同继续有效，第三人对租赁物造成损失的，承租人应当赔偿损失。在本题中，是第三人丙医院造成呼吸机损坏，因此甲医院自行维修后不能要求乙公司支付维修费。

（4）甲医院应向乙公司支付148 000元的租金。根据规定，租赁期间届满，承租人继续使用租赁物，出租人没有提出异议的，原租赁合同继续有效，但租赁期限为不定期。在本题

中，租赁期满后甲医院又使用了1个月，该租赁合同有效，但有1台呼吸机在使用1个月后因为故障而闲置，只支付1个月的租金，因此甲医院应支付的租金为148 000元[1台呼吸机每月租金为12 000 ÷3 =4 000（元），有1台使用了1个月，另外9台呼吸机使用了4个月：4 000 +4 000 ×9 ×4 =148 000（元）]。

（5）丁公司没有义务维修出现故障的呼吸机。根据规定，融资租赁合同中，承租人应当履行占有租赁物期间的维修义务。在本题中，承租人甲医院自行维修。

（6）融资租赁期满后，丁公司有权要求甲医院返还呼吸机。根据规定，出租人和承租人可以约定租赁期间届满租赁物的归属；对租赁物的归属没有约定或者约定不明确，依照合同法相关的规定仍不能确定的，租赁物的所有权归出租人（丁公司）。

【考点】

第四章：合同法律制度——租赁合同、融资租赁合同

4.**【解析】**

（1）

① 挖掘机维修不需要征得甲的同意。根据规定，按份共有人对共有的不动产或者动产作重大修缮的，应当经占份额2/3以上的按份共有人同意，但共有人之间另有约定的除外。在本题中，两人共同出资50万元，乙出资40万元，占有80%的份额。

② 乙有权要求甲分担20%的维修费用。根据规定，对共有物的管理费用以及其他负担，有约定的，按照约定；没有约定或者约定不明确的，按份共有人按照其份额负担。

（2）乙无权拒绝向丙支付全部维修费用。根据规定，因共有的不动产或者动产产生的债权债务，在对外关系上，共有人享有连带债权、承担连带债务，但法律另有规定或者第三人知道共有人不具有连带债权债务关系的除外。

（3）乙的份额转让不需要征得甲的同意。根据规定，按份共有人对其享有的份额有权自由处分，无须征得其他按份共有人的同意。

（4）不符合法律规定。根据规定，优先购买权的行使期间，按份共有人之间有约定的，按照约定处理。没有约定或者约定不明的，转让人向其他按份共有人发出的包含同等条件内容的通知中载明行使期间的，以该期间为准；通知中未载明行使期间，或者载明的期间短于通知送达之日起15日的，为15日。在本题中，通知中未包含载明同等条件的内容，乙要求甲在接到通知之日起15日内决定是否行使优先购买权，不符合法律规定。

（5）丁取得了挖掘机的所有权。根据规定，处分共有动产，应当经占份额2/3以上的按份共有人同意，但共有人之间另有约定的除外。动产物权的设立和转让，自交付时发生效力，但法律另有规定的除外。本题中，两人共同出资50万元，乙出资40万元，占有80%份额，乙有权单独决定处分该挖掘机，丁自乙向其交付挖掘机时取得所有权。

（6）甲与戊之间买卖挖掘机的行为有效。根据规定，当事人一方以出卖人在缔约时对标的物没有处分权为由主张合同无效的，人民法院不予支持。

（7）丁有权拒绝戊交出挖掘机的请求。根据规定，出卖人因未取得所有权或者处分权致使标的物所有权不能转移，买受人要求出卖人承担违约责任或者要求解除合同并主张损害赔偿的，人民法院应予支持。在本题中，丁依法取得了挖掘机的所有权，戊有权要求甲承担违约责任或者要求解除合同并主张损害赔偿，但无权要求丁交出挖掘机。

【考点】

第三章：物权法律制度——所有权、物权变动

第四章：合同法律制度——买卖合同

5.【解析】

（1）乙银行的抵押权已经设立。根据规定，以动产设定抵押的，抵押权自抵押合同生效时设立，未经登记，不得对抗善意第三人。在本题中，双方签订了抵押合同，未办理抵押登记不影响抵押权设立。

（2）甲和乙之间“借款到期若甲不能偿还，则挖掘机归乙所有”的约定无效。根据规定，抵押权人在债务履行期限届满前，与抵押人约定债务人不履行到期债务时抵押财产归债权人所有的，只能依法就抵押财产优先受偿。

（3）丙有权要求甲支付维修费。根据规定，除当事人另有约定外，出租人应当履行租赁物的维修义务；承租人在租赁物需要维修时可以要求出租人在合理期限内维修，出租人未履行维修义务的，承租人可以自行维修，维修费用由出租人负担。在本题中，挖掘机系使用过程中出现的故障不属于丙的过错致损，也不存在关于维修义务的约定，甲应当承担维修义务；甲未在合理期限内维修而丙自行维修的，甲应当承担维修费用。

（4）甲与丙之间的租赁合同因甲的解约通知而解除。根据规定，6个月以上的租赁应签书面合同，否则视为不定期租赁。在本题中，当事人未采用书面形式的，视为不定期租赁；对于不定期租赁，双方当事人均可以随时解除合同，但出租人解除合同应当在合理期限之前通知承租人。

（5）甲有权要求戊返还挖掘机。根据规定，脱手物不适用善意取得制度。在本题中，丁在未通知甲、丙的情况下自行将挖掘机开走，该挖掘机属于甲的“脱手物”，丁和戊均不能善意取得该挖掘机的所有权，该挖掘机的所有权仍属于甲，甲有权要求戊返还挖掘机。

【考点】

第三章：物权法律制度——抵押权、所有权

第四章：合同法律制度——租赁合同

6.【解析】

（1）甲公司的主张不成立。根据规定，承包人超越资质等级许可的业务范围签订建设工程施工合同，在建设工程竣工前取得相应资质等级，不按照无效合同处理。

（2）丙公司有权拒绝承担塔吊的维修费用。根据规定，融资租赁期间，承租人应承担租赁物的维修义务。在本题中，承租人是乙公司，应承当维修费用。

（3）丙公司有权要求乙公司支付全部剩余租金。根据规定，承租人经催告后在合理期限内仍不支付租金的，出租人可以要求支付全部租金。

（4）租赁期满后，塔吊应归属于丙公司。出租人和承租人可以约定租赁期间届满租赁物的归属。对租赁物的归属没有约定或者约定不明确，依照有关规定仍不能确定的，租赁物的所有权归出租人。在本题中，出租人是丙公司，塔吊应归属于丙公司。

（5）乙公司的主张成立。根据规定，承包人有权主张建设工程价款就该工程拍卖所得价款优先受偿，并且该优先受偿权优于抵押权。

（6）A银行的主张成立。根据规定，同一财产向两个以上债权人抵押的，抵押权已登记的，

按照登记时间的先后顺序清偿。在本题中，A 银行的抵押权登记时间为 2020 年 10 月，丁公司的抵押权登记时间为 2021 年 4 月，A 银行的抵押权顺位在先。

【考点】

第三章：物权法律制度——抵押权

第四章：合同法律制度——建设工程合同、融资租赁合同

7. **【解析】**

（1）

① 委托合同于 2016 年 6 月 6 日生效。根据规定，委托合同属于诺成合同，自双方意思表示一致时生效。

② 乙于 2016 年 7 月 4 日取得代理权 。根据规定，授权行为属于单方民事法律行为，自授权人甲完成授权意思表示时成立生效。

（2）卫生间管道严重漏水的维修费用 2 000 元应当由甲承担。根据规定，出租人应当履行租赁物的维修义务，但当事人另有约定的除外；承租人在租赁物需要维修时可以要求出租人在合理期限内维修，出租人未履行维修义务的，承租人可以自行维修，维修费用由出租人负担。在本题中，租赁合同未对租赁物维修义务作出约定，应由甲承担维修义务，甲拒绝承担的，丙可以自行维修，但维修费用由甲负担。

（3）甲无权解除合同。根据规定，依法成立的合同受法律保护，对当事人具有法律约束力，当事人应当按照合同约定履行自己的义务，不得擅自变更或者解除合同。在本题中，双方当事人书面约定租赁期间为 2016 年 8 月 1 日至 2018 年 7 月 31 日，该约定有效；租赁期间，承租人丙并不存在违约行为，出租人甲无权在 2018 年 2 月租赁期间未满时主张任意解除租赁合同。

（4）丁无权要求丙搬离。根据规定，租赁物在租赁期间发生所有权变动的，不影响租赁合同的效力。

（5）丙无权主张甲与丁的买卖合同无效。根据规定，出租人出卖租赁房屋未在合理期限内通知承租人或者存在其他侵害承租人优先购买权的情形，承租人可以请求出租人承担赔偿责任，但不得主张出租人与第三人签订的房屋买卖合同无效。

（6）按债权比例清偿。根据规定，抵押权已登记的，按登记的先后顺序清偿；顺序相同的，按债权比例清偿。在本题中，戊、庚都办理了抵押登记且顺位相同，房屋拍卖所得 720 万元，不足 800 万元，应按比例清偿：戊可得 $500 \div 800 \times 720 = 450$（万元），庚可得 $300 \div 800 \times 720 = 270$（万元）。

【抢分技巧】具有下列情形之一的，承租人不得主张优先购买权：

① 房屋共有人行使优先购买权的；

② 出租人将房屋出卖给近亲属，包括配偶、父母、子女、兄弟姐妹、祖父母、外祖父母、孙子女、外孙子女的；

③ 出租人履行通知义务后，承租人在 15 日内未明确表示购买的；

④ 第三人善意购买租赁房屋并已经办理登记手续的。

【考点】

第三章：物权法律制度——抵押权

第四章：合同法律制度——委托合同、租赁合同

8.【解析】

（1）甲公司已经取得已受领自行车的所有权。根据规定，动产物权的设立和转让，自“交付”时发生效力，但法律另有规定的除外。在本题中，已经交付自行车，因此甲公司已经取得已受领自行车的所有权。

（2）甲公司有权要求减少价款。根据规定，当事人履行合同义务，质量不符合约定的，应当按照当事人的约定承担违约责任；对违约责任没有约定或者约定不明确的，受损害方根据标的的性质以及损失的大小，可以合理要求对方承担修理、更换、重作、退货、减少价款或者报酬等违约责任。在本题中，甲公司在验货时发现该批自行车存在严重质量瑕疵，非经维修无法符合使用要求，因此甲公司有权要求减少价款。

（3）甲公司中止履行向丁公司支付第二期自行车价款的义务不构成违约。根据规定，双务合同中应先履行义务的一方当事人，有确切证据证明相对人经营状况严重恶化的，可行使不安抗辩权，中止合同履行。

（4）甲公司有权就未交付的自行车解除合同。根据规定，当事人行使不安抗辩权中止履行合同的，应当及时通知对方。对方提供适当担保的，应当恢复履行；中止履行后，对方在合理期限内未恢复履行能力并且未提供适当担保的，中止履行的一方可以解除合同。在本题中，甲公司了解到丁公司经营状况继续恶化，并且告知丁公司暂不履行合同并要求丁公司在 15 天内提供具有足够履约能力的保证，丁公司未予理会。

（5）甲公司无权撤销与戊公司的买卖合同。根据规定，一方以欺诈手段，使对方在违背真实意思的情况下实施的民事法律行为，受欺诈方有权请求人民法院或者仲裁机构予以撤销。在本题中，受欺诈方为戊公司，因此甲公司无权撤销。

（6）乙银行无权要求丙公司偿还第一笔贷款。根据规定，被担保的债权既有物的担保又有人的担保的，债务人不履行到期债务或者发生当事人约定的实现担保物权的情形，债权人应当按照约定实现债权；没有约定或者约定不明确的，债务人自己提供物的担保的，债权人应当先就该物的担保实现债权。在本题中，乙银行应先考虑拍卖抵押房屋。

（7）乙银行无权要求丙公司偿还第二笔贷款。根据规定，保证期间，债权人与债务人协议变更主合同的，应当取得保证人书面同意；未经保证人同意的主合同的变更，如果加重债务人的债务的，保证人对加重的部分不承担保证责任。在本题中，丙公司对追加借款事项并不知情。

【抢分技巧 1】应当先履行债务的当事人有确切证据证明对方有下列情形之一的，可以中止履行（①对方提供适当担保时，应当恢复履行；②对方在合理期限内未恢复履行能力并且未提供适当担保的，视为以自己的行为表明不履行主要债务，中止履行的一方可以解除合同并可以请求对方承担违约责任）：

第一，经营状况严重恶化；

第二，转移财产、抽逃资金，以逃避债务；

第三，丧失商业信誉；

第四，有丧失或者可能丧失履行债务能力的其他情形。

【抢分技巧 2】可撤销的民事法律行为的种类如下：

第一，重大误解（行为人有权请求人民法院或者仲裁机构予以撤销）。

第二，受欺诈的（一方以欺诈手段，使对方在违背真实意思的情况下实施的民事法律行为，受欺诈方有权请求人民法院或者仲裁机构予以撤销；第三人实施欺诈行为，使一方在违背真实意思的情况下实施的民事法律行为，对方知道或者应当知道该欺诈行为的，受欺诈方有权请求人民法院或者仲裁机构予以撤销）。

第三，受胁迫的（一方或者第三人以胁迫手段，使对方在违背真实意思的情况下实施的民事法律行为，受胁迫方有权请求人民法院或者仲裁机构予以撤销）。

第四，乘人之危、显失公平的（一方利用对方处于危困状态、缺乏判断能力等情形，受损害方有权请求人民法院或者仲裁机构予以撤销）。

【考点】

第二章：基本民事法律制度——民事法律行为的效力

第三章：物权法律制度——物权变动

第四章：合同法律制度——违约责任、合同的履行、合同的担保

9. **【解析】**

（1）甲公司有权解除与乙公司的绒布面料买卖合同。根据规定，当事人一方迟延履行债务或者有其他违约行为致使不能实现合同目的的，当事人可以解除合同。在本题中，乙公司的履行对甲公司已无意义，甲公司的合同目的不能实现，可以向乙公司主张解除合同。

（2）甲公司不能要求乙公司返还 20 万元。根据规定，定金数额不得超过主合同标的额的 20%；如果超过 20% 的，超过部分无效。在本题中，甲、乙公司合同的标的总额为 40 万元，定金数额不得超过 8 万元（40 ×20%），因此甲公司向乙公司给付的 10 万元中，8 万元属于定金，2 万元相当于预付款，甲公司只能要求乙公司返还 18 万元（退 10 万元 + 定金惩罚 8 万元）。

（3）适用定金罚则后，甲公司不能要求乙公司赔偿全部损失 19 万元。根据规定，买卖合同约定的定金不足以弥补一方违约造成的损失，对方请求赔偿超过定金部分的损失的，人民法院可以并处，但定金和损失赔偿的数额总和不应高于因违约造成的损失。在本题中，甲公司要求乙公司返还 18 万元（其中包括对乙公司的定金惩罚 8 万元）之后，只能再要求乙公司赔偿损失 11 万元（19 −8）。

（4）甲公司无权解除与丙公司的合同。根据规定，当事人约定检验期间的，买受人应当在检验期间内将标的物的数量或者质量不符合约定的情形通知出卖人；买受人怠于通知的，视为标的物的数量或者质量符合约定。在本题中，甲公司未在约定的 10 日检验期限内向丙公司提出面料存在质量问题，视为面料质量符合约定，丙公司不存在违约行为，甲公司无权解除合同。

（5）丝质面料遭山洪毁损的损失由甲公司承担。根据规定，标的物毁损、灭失的风险，在标的物交付之前由出卖人承担，交付之后由买受人承担，但法律另有规定或者当事人另有约定的除外。在本题中，由于标的物质量被视为符合约定，应认定丙公司已经成功完成交付，风险应由甲公司承担。

（6）戊公司关于“丁银行应先就甲公司财产强制执行”的理由成立。根据规定，当事人在保证合同中对保证方式没有约定或者约定不明确的，承担一般保证责任，有先诉抗辩权。

【考点】

第四章：合同法律制度——合同的权利义务终止、合同的担保、违约责任、买卖合同

10.**【解析】**

（1）甲公司没有义务向乙公司交付机床。根据规定，附生效条件的合同，自条件成就时生效。在本题中，甲乙双方约定合同生效的条件为“乙公司的银行借款于2014年6月2日前到账”，但乙公司获得银行借款的时间晚于约定条件中的时间，因此条件不成就，机床买卖合同未生效，甲公司无须交付机床。

（2）乙公司与丙银行之间的抵押合同有效。根据规定，抵押合同须采用书面形式，自合同成立时生效，未办理抵押登记的，不影响合同效力。在本题中，双方签订了书面抵押合同。

（3）甲公司对戊公司的债权转让有效。根据规定，债权人转让权利的，无须债务人同意，只需通知债务人；未通知债务人的，该转让对债务人不发生效力。在本题中，甲公司将对丁公司的合同债权让与戊公司通知了丁公司。

（4）甲公司有权停止向丁公司交付机床。根据规定，双务合同的当事人互负债务，没有先后履行顺序的，应当同时履行；一方在对方履行之前有权拒绝其履行要求。在本题中，双方约定甲公司交付机床的同时，丁公司支付货款，当丁公司拒绝支付货款时，甲公司可以行使同时履行抗辩权，停止交付机床。

（5）乙公司有权请求丁公司赔偿其另行购买机床多花费的10万元。根据规定，当事人一方不履行合同义务的，应当承担损害赔偿责任，损失赔偿额应相当于违约所造成的损失。在本题中，乙公司另行购买机床多花费的10万元属于因丁公司违约所遭受的实际损失，有权要求丁公司赔偿。

（6）丙银行要求实现抵押权的主张不能得到支持。根据规定，以不动产设定抵押的，除有效的抵押合同外，还须办理抵押登记，抵押权自登记时设立。在本题中，丙银行并未办理抵押登记，因此其抵押权并未设立，无权要求实现抵押权。

【抢分技巧】

抗辩权	适用情形	权利
同时履行抗辩权	没有先后履行顺序	①一方在对方履行之前有权拒绝其履行要求； ②一方在对方履行债务不符合约定时，有权拒绝其相应的履行要求
先履行抗辩权	有先后履行顺序	①先履行一方未履行的，后履行一方有权拒绝其履行要求； ②先履行一方履行债务不符合约定的，后履行一方有权拒绝其相应的履行要求
不安抗辩权	有先后履行顺序	双务合同中应先履行义务的一方当事人有确切证据证明相对人财产明显减少或欠缺信用，不能保证对待给付时，有暂时中止履行合同的权利

【考点】

第三章：物权法律制度——抵押权

第四章：合同法律制度——合同的效力、合同的变更和转让、合同的履行、违约责任

11. **【解析】**

（1）甲有义务维修天花板。根据规定，出租人应当履行租赁物的维修义务，但当事人另有约定的除外。在本题中，未作特别约定，甲作为出租人有义务维修天花板。

（2）乙有权要求甲支付天花板维修费用并减免维修期间相当于酒店住宿费用的租金。根据规定，出租人未履行维修义务的，承租人可以自行维修，维修费用由出租人负担；因维修租赁物影响承租人使用的，应当相应减少租金或者延长租期。在本题中，房屋天花板严重漏雨，乙自己找人维修，并且全家住酒店花费3 000元，因此乙有权要求甲支付天花板维修费用并减免维修期间相当于酒店住宿费用的租金。

（3）甲有权要求乙赔偿洗衣机损坏的损失。根据规定，承租人（乙）经出租人（甲）同意，可以将租赁物转租给第三人（丙），承租人与出租人的租赁合同继续有效，第三人对租赁物造成损坏的，承租人（乙）应当承担赔偿责任。

（4）甲有权要求乙拆除壁炉。根据规定，承租人未经出租人同意，对租赁物进行改善或者增设他物的，出租人可以要求承租人恢复原状或者赔偿损失。在本题中，乙在未告知甲的情况下，在客厅造了一个壁炉。

（5）丁取得了房屋所有权。根据规定，不动产物权的设立、变更、转让和消灭，经依法登记，发生效力。在本题中，甲与丁已经办理了房屋转移登记手续，故丁已取得房屋所有权。

（6）乙关于其优先购买权受到侵害的主张不成立。根据规定，出租人将房屋出卖给其近亲属（包括配偶、父母、子女、兄弟姐妹、祖父母、外祖父母、孙子女、外孙子女），承租人不得主张优先购买权。在本题中，甲将房屋出卖给自己的姐姐，因此乙关于其优先购买权受到侵害的主张不成立。

（7）丁无权要求乙1个月内搬出。根据规定，租赁物在租赁期间发生所有权变动的，不影响租赁合同的效力。在本题中，虽然房屋所有权已转移至丁，但甲与乙的租赁合同仍有效，在原租赁合同有效期限内，丁无权要求乙搬出。

【考点】

第三章：物权法律制度——物权变动

第四章：合同法律制度——租赁合同

专题二　公司法律制度、证券法律制度·答案

1.【解析】

(1) 星美公司优先股发行方案草案中确定的筹资 1.5 亿元的计划不符合规定。根据规定，上市公司已发行的优先股不得超过公司普通股股份总数的 50%，且筹资金额不得超过发行前净资产的 50%。在本题中，星美公司发行前净资产的 50% 为 1.4 亿元（2.8×50%），公开发行优先股筹资 1.5 亿元的方案不符合规定。

(2) 星美公司优先股发行方案草案中确定的股息率不符合规定。根据规定，上市公司公开发行优先股应当采用固定股息率。在本题中，虽然第一年采取 5% 的固定股息率，但是第二年起股息率参考银行同期贷款利率在 3% ~6% 之间浮动，因此该优先股发行方案不符合规定。

【抢分技巧 1】公开发行优先股的公司（上市公司）必须在公司章程中规定以下事项：

① 采取固定股息率；

② 在有可分配税后利润的情况下必须向优先股股东分配股息；

③ 未向优先股股东足额派发股息的差额部分应当累积到下一会计年度；

④ 优先股股东按照约定的股息率分配股息后，不再同普通股股东一起参加剩余利润分配。

(3) 星美公司购买海蓝集团的全资子公司河瀚公司的全部股权构成重大资产重组。根据规定，上市公司购买、出售的资产总额占上市公司最近一个会计年度经审计的合并财务会计报告期末资产总额的比例达到 50% 以上的，构成重大重组（资产总额比、资产净额比、营业收入比，三者满足其一即构成重大资产重组）。在本题中，经双方审计报告确认，河瀚公司与星美公司最近一个会计年度的合并财务会计报告期末资产总额比为 51% >50%，因此构成重大资产重组。

【抢分技巧 2】上市公司及其控股或者控制的公司购买、出售资产，达到下列“标准之一”的，构成重大资产重组：

① 购买、出售的资产总额占上市公司最近一个会计年度经审计的合并财务会计报告期末资产总额的比例达到 50% 以上；

② 购买、出售的资产在最近一个会计年度所产生的营业收入占上市公司同期经审计的合并财务会计报告营业收入的比例达到 50% 以上；

③ 购买、出售的资产净额占上市公司最近一个会计年度经审计的合并财务会计报告期末净资产额的比例达到 50% 以上，且超过 5 000 万元人民币。

(4) 星美公司拒绝张某的股份回购请求符合规定。根据规定，股份有限公司异议股东的股份回购请求权仅限于对股东大会作出的公司合并、分立决议持有异议的情形。在本题中，张某因对星美公司的资产出售决议持有异议而请求回购其股份，星美公司可以拒绝。

(5) 申请材料初稿中的“豪鑫公司拟承诺 1 年内不转让其在星美公司中所拥有的权益”内容，不符合规定。根据规定，上市公司面临严重财务困难，收购人提出的挽救公司的重组方案取得该公司股东大会批准，且收购人承诺 3 年内不转让其在该公司中所拥有

的权益的，收购人可以向中国证监会提出免于以要约方式增持股份的申请。在本题中，豪鑫公司仅拟承诺 1 年内不转让，因此不符合规定。

（6）豪鑫公司向星美公司全体股东发出的部分股份收购要约不符合规定。根据规定，收购人拟通过协议方式收购一个上市公司的股份超过 30% 的，超过 30% 的部分，应当改以要约方式进行；但符合免于发出要约规定情形的，收购人可以免于发出要约。在本题中，豪鑫公司拟受让晨亮集团持有的星美公司 33% 的股份（直接超过 30%）且不符合豁免发出要约的相关规定，因此应当向星美公司全体股东发出全面要约（而非部分要约）。

【考点】

第六章：公司法律制度——股份有限公司的股份发行和转让、股东权利和义务

第七章：证券法律制度——优先股的发行与交易、上市公司重大资产重组、要约收购制度

2.【解析】

（1）

① 回购事由合法。根据规定，股份有限公司可以回购股份并将股份用于转换上市公司发行的可转换为股票的公司债券。在本题中，回购股份并将股份用于拟发行的可转换债券的转股。

② 回购方式不合法。根据规定，上市公司回购股份用于转换上市公司发行的可转换为股票的公司债券的，应当通过公开的集中交易方式进行。在本题中，是以协议交易的方式回购股份，因此不合法。

（2）

① 偿债保障措施不合法。根据规定，证券公司或上市公司不得作为发行可转债的担保人，但上市商业银行除外。在本题中，上市公司华赢公司不得作为发行可转债的担保人，因此不合法。

② 担保范围不合法。根据规定，为发行“可转债”提供担保，应当为全额担保（不能约定），担保范围包括债券的本金及利息、违约金、损害赔偿金和实现债权的费用。在本题中，担保范围不包括违约金、损害赔偿金和实现债权的费用，因此担保范围不合法。

（3）

① 交易场所不符合规定。根据规定，发行人向特定对象发行的可转债不得采用公开的集中交易方式转让，即不得在交易所集中竞价系统交易。在本题中，可转换债券是面向专业投资者（特定对象）发行，发行后拟在交易所集中竞价系统面向普通投资者交易，因此不符合规定。

② 交易对象不符合规定。根据规定，发行人向特定对象发行的可转债不得采用公开的集中交易方式转让。在本题中，可转换债券发行后，拟在交易所集中竞价系统面向普通投资者交易不符合规定。

（4）刘某没有公开征集提案权委托的资格。根据规定，持有上市公司 1% 以上有表决权股份的股东，可以作为征集人，自行或者委托证券公司、证券服务机构，公开请求上市公司股东委托其代为出席股东大会，并代为行使提案权、表决权等股东权利。在本题

中，刘某的持股比例仅为 0.5%，没有该资格。

(5) 刘某等 4 名股东向公司提出新增董事候选人临时提案的做法不符合规定。根据规定，单独或者合计持有公司 3% 以上股份的股东，可以在股东大会召开 10 日前提出临时提案并书面提交董事会。在本题中，刘某等 4 名股东合计比例仅为 2.9%，因此该做法不符合规定。

(6) 赵某拟作为征集人向单独持有 1% 以上有表决权股份的股东征集投票权委托的做法不符合规定。根据规定，独立董事可以作为征集人，自行或委托证券公司、证券服务机构，“公开征集”股东权利，征集人应当披露征集文件，上市公司应当予以配合。在本题中，赵某单独向特定对象（即向单独持有 1% 以上有表决权股份的股东）征集投票权委托，并非公开征集，因此该做法不符合规定。

【考点】

第六章：公司法律制度——股份有限公司的股份发行和转让、股东权利和义务

第七章：证券法律制度——可转换公司债券的发行、投资者保护制度

3. **【解析】**

(1) 明方公司不予回复的行为不符合规定。根据规定，当应披露的信息在依法披露前已经在媒体上传播或者公司证券及其衍生品种出现交易异常情况的，股东或者实际控制人应当及时、准确地向上市公司作出书面报告，并配合上市公司及时、准确地公告。在本题中，明方公司持有恒发公司 30% 的股份，是其控股股东，应当及时、准确地向上市公司作出书面报告。

【抢分技巧 1】 当应披露的信息在依法披露前已经在媒体上传播或者公司证券及其衍生品种出现交易异常情况的，股东或者实际控制人应当及时、准确地向上市公司作出书面报告，并配合上市公司及时、准确地公告。上市公司的股东、实际控制人发生以下事件时，应当主动告知上市公司董事会，并配合上市公司履行信息披露义务：

① 持有公司 5% 以上股份的股东或者实际控制人持有股份或控制公司的情况发生较大变化，公司的实际控制人及其控制的其他企业从事与公司相同或相似业务的情况发生较大变化；

② 法院裁决禁止控股股东转让其所持股份，任何一个股东所持公司 5% 以上股份被质押、冻结、司法拍卖、托管、设定信托或者被依法限制表决权的；

③ 拟对上市公司进行重大资产或者业务重组的；

④ 中国证监会规定的其他情形。

(2) 朱亚集团拒绝披露行为不符合规定。根据规定，投资者拥有的股份达到或者超过 20% 但未超过 30% 的，投资者应当编制详式权益变动报告书；详式权益变动报告书除了披露简式权益变动报告书所具有的内容外，还应当披露未来 12 个月内对上市公司资产、业务、人员、组织结构、公司章程等进行调整的后续计划等内容。在本题中，明方公司持有恒发公司 30% 的股份，朱亚集团受让股份后持有恒发公司的股份将超过 20% 但未超过 30%，应当在详式权益变动报告书中披露未来 12 个月内对上市公司资产、业务、人员、组织结构、公司章程等进行调整的后续计划等内容，因此，朱亚集团拒绝披露行为不符合规定。

【抢分技巧 2】 如果投资者拥有权益的股份达到或者超过一个上市公司已发行股份的 5%，

但未达到20%，同时，该投资者为该上市公司第一大股东或者实际控制人的，以及投资者拥有的股份达到或者超过20%未超过30%的，投资者应当编制详式权益变动报告书。详式权益变动报告书除了披露简式权益变动报告书所具有的内容外，还应当披露以下内容：

① 投资者及其一致行动人的控股股东、实际控制人及其股权控制关系结构图；

② 取得相关股份的价格、所需资金额，或者其他支付安排；

③ 投资者、一致行动人及其控股股东、实际控制人所从事的业务与上市公司的业务是否存在同业竞争或者潜在的同业竞争，是否存在持续关联交易；存在同业竞争或者持续关联交易的，是否已作出相应的安排，确保投资者、一致行动人及其关联方与上市公司之间避免同业竞争以及保持上市公司的独立性；

④ 未来12个月内对上市公司资产、业务、人员、组织结构、公司章程等进行调整的后续计划；

⑤ 前24个月内投资者及其一致行动人与上市公司之间的重大交易。

（3）明方公司的行为不符合规定。根据规定，被收购公司控股股东向收购人协议转让其所持有的上市公司股份的，应当对收购人的主体资格、诚信情况及收购意图进行调查，并在其权益变动报告书中披露有关调查情况。在本题中，明方公司的权益变动报告书未说明其是否了解朱亚集团的诚信情况和收购意图，不符合证券法律制度的规定。

（4）朱亚集团的要求不符合规定。根据规定，因协议方式进行上市公司收购的，自签订收购协议起至相关股份完成过户的期间为上市公司收购过渡期。在过渡期内，收购人不得通过控股股东提议改选上市公司董事会，确有充分理由改选董事会的，来自收购人的董事不得超过董事会成员的1/3（≤1/3）。在本题中，要求改选恒发公司半数以上董事会成员，不符合证券法律制度的规定。

【抢分技巧3】协议方式进行上市公司收购的，自签订收购协议起至相关股份完成过户的期间为上市公司收购过渡期；在过渡期内：

① 收购人不得通过控股股东提议改选上市公司董事会，确有充分理由改选董事会的，来自收购人的董事不得超过董事会成员的1/3；

② 被收购公司不得为收购人及其关联方提供担保；

③ 被收购公司不得公开发行股份募集资金，不得进行重大购买、出售资产及重大投资行为或者与收购人及其关联方进行其他关联交易，但收购人为挽救陷入危机或者面临严重财务困难的上市公司的情形除外。

（5）不符合规定。根据规定，采取协议收购方式的，收购人收购或者通过协议、其他安排与他人共同收购一个上市公司已发行的有表决权股份达到30%时，继续进行收购的，应当依法向该上市公司所有股东发出收购上市公司全部或者部分股份的要约，符合豁免规定的除外。

（6）张某的辩解不成立。根据规定，涉及发行人的经营、财务或者对该发行人证券的市场价格有重大影响的尚未公开的信息，属于内幕信息。在本题中，明方公司与朱亚集团无法就股份收购事项达成最终一致意见，属于对恒发公司证券的市场价格有重大影响的信息，在公开之前属于内幕信息。该信息形成于2019年6月，至2019年8月6日才公开，而张某于7月12日（敏感期内）将股票全部卖出。

（7）王某与“月环1号”的趋同交易行为违反证券法律制度的规定。根据规定，禁止证券交易场所、证券公司、证券登记结算机构、证券服务机构和其他金融机构的从业人员、有关监管部门或者行业协会的工作人员，利用因职务便利获取的内幕信息以外的其他未公开的信息，违反规定，从事与该信息相关的证券交易活动，或者明示、暗示他人从事相关交易活动。在本题中，王某作为月环基金投研部门的研发人员，其所利用的“月环1号”投资信息属于内幕信息以外的未公开信息，王某利用内幕信息以外的未公开信息从事相关交易活动，构成“利用未公开信息交易”的证券违法行为。

【抢分技巧4】 内幕信息知情人员如下：

① 发行人及其董事、监事、高级管理人员；

② 持有公司5%以上股份的股东及其董事、监事、高级管理人员，公司的实际控制人及其董事、监事、高级管理人员；

③ 发行人控股或者实际控制的公司及其董事、监事、高级管理人员；

④ 由于所任公司职务或者因与公司业务往来可以获取公司有关内幕信息的人员；

⑤ 上市公司收购人或者重大资产交易方及其控股股东、实际控制人、董事、监事和高级管理人员；

⑥ 因职务、工作可以获取内幕信息的证券交易场所、证券公司、证券登记结算机构、证券服务机构的有关人员；

⑦ 因职责、工作可以获取内幕信息的证券监督管理机构工作人员；

⑧ 因法定职责对证券的发行、交易或者对上市公司及其收购、重大资产交易进行管理可以获取内幕信息的有关主管部门、监管机构的工作人员；

⑨ 可以获取内幕信息的其他人员。

非法获取证券内幕信息的人员如下：

① 利用窃取、骗取、套取、窃听、利诱、刺探或私下交易等手段获取内幕信息；

② 内幕信息知情人员的近亲属或者其他与内幕信息知情人员关系密切的人员，在内幕信息敏感期内，从事或者明示、暗示他人从事，或者泄露内幕信息导致他人从事与该内幕信息有关的证券、期货交易，相关交易行为明显异常，且无正当理由或者正当信息来源的；

③ 与内幕信息知情人员有接触，在内幕信息敏感期内，自己交易或明示、暗示他人交易，或泄露信息给他人交易，相关交易行为明显异常，且无正当理由或正当信息来源的。

【考点】

第七章：证券法律制度——强制信息披露、持股权益披露制度、特殊类型收购、要约收购制度、内幕交易行为

4. **【解析】**

（1）春明公司的财务状况与其“初步发行方案”设定的债券票据利率，不符合可转债发行条件。根据规定，上市公司发行可转换债券，应最近3年平均可分配利润足以支付公司债券1年的利息。在本题中，春明公司最近3个会计年度实现平均可分配利润为390万元（1 170 ÷3），而公司债券1年的利息为400万元（4亿元 ×1%），最近3个会计年度实现的平均可分配利润少于公司债券1年的利息，因此不符合可转债发行条件。

（2）“初步发行方案”的转股期限不符合规定。根据规定，可转换公司债券自发行结束之日起6个月之后方可转换为公司股票，转股期限由上市公司根据可转换公司债券的存

续期限及公司财务状况确定。在本题中，转股期限设置为 3 个月不符合规定。

(3) “初步发行方案”中无担保债券的设置，不符合规定。根据规定，公开发行可转换公司债券应当提供担保，但最近一期期末经审计的净资产不低于人民币 15 亿元的公司除外。本题中，春明公司最近一期期末经审计的净资产为 10 亿元（<15 亿元），应当提供担保。

(4) 转股价格向下修正方案没有获得通过。根据规定，转股价格修正方案须提交公司股东大会表决，且须经出席会议的股东所持表决权的 2/3 以上同意。在本题中，出席临时股东大会的股东共持有 5.8 亿有表决权的股票，获得 3 亿赞同票，未达到 2/3。

(5) 春明公司排除王某对转股价格向下修正方案的表决符合规定。根据规定，股东大会对转股价格修正方案进行表决时，持有公司可转换债券的股东应当回避。在本题中，持有公司 2018 年 8 月发行的可转债的股东王某属于应回避对象。

(6) 利勤证券能以自己的名义代表债券持有人向春明公司提起民事诉讼。根据规定，发行人不能偿还债务时，债券受托管理人可以接受全部或部分债券持有人的委托，以自己名义代表债券持有人提起民事诉讼、参与重组或者破产的法律程序。在本题中，春明公司未能按期完成公司债券的回售和利息兑付，利勤证券可以以受托管理人的名义代表债券持有人向春明公司提起民事诉讼。

【抢分技巧 1】公开发行公司债券的受托管理人应当按规定或约定履行下列职责：

① 持续关注发行人和保证人的资信状况、担保物状况、增信措施及偿债保障措施的实施情况，出现可能影响债券持有人重大权益的事项时，召集债券持有人会议；

② 在债券存续期内监督发行人募集资金的使用情况；

③ 对发行人的偿债能力和增信措施的有效性进行全面调查和持续关注，并至少每年向市场公告一次受托管理事务报告；

④ 在债券存续期内持续督导发行人履行信息披露义务；

⑤ 预计发行人不能偿还债务时，要求发行人追加担保，并可以依法申请法定机关采取财产保全措施；

⑥ 在债券存续期内勤勉处理债券持有人与发行人之间的谈判或者诉讼事务；

⑦ 发行人为债券设定担保的，债券受托管理人应在债券发行前或债券募集说明书约定的时间内取得担保的权利证明或其他有关文件，并在增信措施有效期内妥善保管；

⑧ 发行人不能按期兑付债券本息或出现募集说明书约定的其他违约事件的，可以接受全部或部分债券持有人的委托，以自己名义代表债券持有人提起民事诉讼、参与重组或破产的法律程序，或代表债券持有人申请处置抵质押物。

(7) 王某自行召集债券持有人会议不符合规定。根据规定，在债券受托管理人应当召集而未召集债券持有人会议时，单独或者合计持有本期债券总额 10% 以上的债券持有人有权自行召集债券持有人会议。在本题中，王某持有公司 500 万元可转债，未达到本期债券总额的 10%，无权自行召集债券持有人会议。

【抢分技巧 2】存在下列情形的，债券受托管理人应当召集债券持有人会议：

① 拟变更债券募集说明书的约定；

② 拟修改债券持有人会议规则；

③ 拟变更债券受托管理人或受托管理协议的主要内容；

④ 发行人不能按期支付本息；

⑤ 发行人减资、合并等可能导致偿债能力发生重大不利变化，需要决定或者授权采取相应措施；

⑥ 发行人分立、被托管、解散、申请破产或者依法进入破产程序；

⑦ 保证人、担保物或者其他偿债保障措施发生重大变化；

⑧ 发行人、单独或合计持有本期债券总额 10% 以上的债券持有人书面提议召开；

⑨ 发行人管理层不能正常履行职责，导致发行人债务清偿能力面临严重不确定性，需要依法采取行动的；

⑩ 发行人提出债务重组方案的；

⑪ 发生其他对债券持有人权益有重大影响的事项。

【考点】

第七章：证券法律制度——可转换公司债券的发行、公司债券的发行

5.**【解析】**

（1）甲公司 6 月 18 日的公告构成信息披露违法行为的虚假记载和误导性陈述行为。根据规定，信息披露义务人披露的信息中对相关财务数据进行重大不实记载，或者对其他重要信息作出与真实情况不符的描述，应当认定构成“所披露的信息有虚假记载”的信息披露违法行为。信息披露义务人披露的信息隐瞒了与之相关的部分重要事实，或者未及时披露相关更正、确认信息，致使已经披露的信息因不完整、不准确而具有误导性，应当认定构成“所披露的信息有误导性陈述”的信息披露违法行为。

（2）甲公司董事长关于“公司董事和高管不应该作为共同被告”的主张不成立。根据规定，信息披露义务人未能按照规定披露信息，或者公告的证券发行文件、定期报告、临时报告及其他信息披露资料存在虚假记载、误导性陈述或者重大遗漏，致使投资者在证券交易中遭受损失的，信息披露义务人应当承担赔偿责任；发行人的控股股东、实际控制人、董事、监事、高级管理人员和其他直接责任人员以及保荐人，承销的证券公司以及其直接责任人员，应当与发行人承担连带赔偿责任，但是能够证明自己没有过错的除外。

（3）李某关于“虚假陈述实施日为 2019 年 6 月 5 日”的主张不成立。根据规定，信息披露义务人在证券交易场所的网站或者符合监管部门规定条件的媒体上公告发布具有虚假陈述内容的信息披露文件，以披露日为实施日。本题中，财经媒体并非信息披露义务人，其 6 月 5 日的新闻报道并非虚假陈述实施日。

（4）法院将 2019 年 6 月 19 日认定为虚假陈述揭露日符合规定。根据规定，虚假陈述被揭示的意义在于其对证券市场发出了一个警示信号，提醒投资者重新判断股票价值，进而对市场价格产生影响。监管部门发布公告、证券交易所发出问询函且交易市场对此存在着明显反应，可以认定为虚假陈述揭露日。

（5）法院认可投资者赵某的原告资格符合规定。根据规定，原告能够证明下列情形的，人民法院应当认定原告的投资决定与虚假陈述之间的交易因果关系成立：①信息披露义务人实施了虚假陈述；②原告交易的是与虚假陈述直接关联的证券；③原告在虚假陈述实施日之后、揭露日或更正日之前实施了相应的交易行为。在本题中，甲公司实施

了虚假陈述行为，赵某买入了甲公司股票，虚假陈述实施日为 2019 年 6 月 18 日，赵某是在虚假陈述实施日买入后一直持有，符合原告规定。

（6）甲公司董事和高管的行为构成操纵市场行为。根据规定，利用虚假或者不确定的重大信息，诱导投资者进行证券交易，影响或意图影响证券交易价格或者证券交易量，属于操纵证券市场。甲公司高管授意袁某发布虚假信息，致使 6 月 18 日股票涨停，影响了证券交易价格，构成了操纵市场行为。

（7）袁某关于“他不是信息披露义务人”“没有义务核实信息的真实性”的辩解不成立。根据规定，禁止任何单位和个人编造、传播虚假信息或者误导性信息，扰乱证券市场。各种传播媒介传播证券市场信息必须真实、客观，禁止误导。编造、传播虚假信息或者误导性信息，扰乱证券市场，给投资者造成损失的，应当依法承担赔偿责任。在本题中，袁某明知不真实而发布新闻报道，属于编造、传播虚假信息的行为。

【考点】

第七章：证券法律制度——虚假陈述行为、操纵市场行为

6.**【解析】**

（1）构成内幕信息。根据规定，公司分配股利、增资的计划属于内幕信息。

（2）构成内幕交易。根据规定，李某于 1 月 25 日向赵某提出“高送转”利润分配动议，赵某属于内幕信息知情人员，在内幕信息敏感期内，泄露内幕信息导致他人从事与该内幕信息有关的证券、期货交易，相关交易行为明显异常，且无正当理由或者正当信息来源的，构成内幕交易。

（3）福明公司的做法符合规定。根据规定，公司的公积金可用于弥补公司的亏损、扩大公司生产经营或者转为增加公司资本。

（4）不符合规定。根据规定，公司分配股利、增资的计划属于重大事件，上市公司应当在董事会形成决议的 2 个交易日内履行信息披露义务。在本题中，董事会于 2 月 26 日（星期一）形成决议，至 3 月 1 日（星期四）已经超过 2 个交易日。

【抢分技巧】凡发生可能对上市公司证券及其衍生品种交易价格产生较大影响的重大事件，投资者尚未得知时，上市公司应当立即提出临时报告，披露事件内容，说明事件的起因、目前的状态和可能产生的影响。股票交易价格产生较大影响的重大事件如下：

① 公司的经营方针和经营范围的重大变化；

② 公司的重大投资行为，公司在 1 年内购买、出售重大资产超过公司资产总额 30%，或者公司营业用主要资产的抵押、质押、出售或者报废一次超过该资产的 30%；

③ 公司订立重要合同、提供重大担保或者从事关联交易，可能对公司的资产、负债、权益和经营成果产生重要影响；

④ 公司发生重大债务和未能清偿到期重大债务的违约情况；

⑤ 公司发生重大亏损或者重大损失；

⑥ 公司生产经营的外部条件发生的重大变化；

⑦ 公司的董事、1/3 以上监事或者经理（≠高级管理人员）发生变动，董事长或者经理无法履行职责；

⑧ 持有公司 5% 以上股份的股东或者实际控制人，其持有股份或者控制公司的情况发生较

大变化，公司的实际控制人及其控制的其他企业从事与公司相同或者相似业务的情况发生较大变化；

⑨ 公司分配股利、增资的计划，公司股权结构的重要变化，公司减资、合并、分立、解散及申请破产的决定，或依法进入破产程序、被责令关闭；

⑩ 涉及公司的重大诉讼、仲裁，股东大会、董事会决议被依法撤销或者宣告无效；

⑪ 公司涉嫌犯罪被依法立案调查，公司的控股股东、实际控制人、董事、监事、高级管理人员涉嫌犯罪被依法采取强制措施；

⑫ 国务院证券监督管理机构规定的其他事项。

（5）孙某的抗辩不成立。根据规定，影响内幕信息形成的动议、筹划、决策或者执行人员，其动议、筹划、决策或者执行初始时间（2018 年 1 月 25 日），应当认定为内幕信息的形成之时。

（6）程某的行为构成内幕交易。根据规定，内幕信息知情人员的近亲属，在内幕信息敏感期内，泄露内幕信息导致他人从事与该内幕信息有关的证券、期货交易，相关交易行为明显异常，且无正当理由或者正当信息来源的，构成内幕交易。

（7）王某的抗辩理由不成立。根据规定，持有或者通过协议、其他安排与他人共同持有上市公司 5% 以上股份的自然人、法人或者其他组织收购该上市公司股份的，不属于内幕交易行为。所要求主体已经持有或者通过协议、其他安排与他人共同持有上市公司 5% 以上股份，王某不属于该情形。王某的行为构成内幕交易，其抗辩理由不成立。

【考点】

第六章：公司法律制度——公司的财务会计

第七章：证券法律制度——内幕交易行为

7. **【解析】**

（1）物灵公司的观点符合规定。根据规定，经上市公司股东大会非关联股东批准，投资者取得上市公司向其发行的新股，导致其在该公司拥有权益的股份超过该公司已发行股份的 30%，投资者承诺 3 年内不转让本次向其发行的新股，且公司股东大会同意投资者免于发出要约的，可以免于发出要约。

【抢分技巧】有下列情形之一的，投资者可以免于发出要约：

① 经政府或者国有资产管理部门批准进行国有资产无偿划转、变更、合并，导致投资者在一个上市公司中拥有权益的股份占该公司已发行股份的比例超过 30%；

② 因上市公司按照股东大会批准的确定价格向特定股东回购股份而减少股本，导致投资者在该公司中拥有权益的股份超过该公司已发行股份的 30%；

③ 经上市公司股东大会非关联股东批准，投资者取得上市公司向其发行的新股，导致其在该公司拥有权益的股份超过该公司已发行股份的 30%，投资者承诺 3 年内不转让本次向其发行的新股，且公司股东大会同意投资者免于发出要约；

④ 在一个上市公司中拥有权益的股份达到或者超过该公司已发行股份的 30% 的，自上述事实发生之日起 1 年后，每 12 个月内增持不超过该公司已发行的 2% 的股份；

⑤ 在一个上市公司中拥有权益的股份达到或者超过该公司已发行股份的 50% 的，继续增加其在该公司拥有的权益不影响该公司的上市地位；

⑥ 证券公司、银行等金融机构在其经营范围内依法从事承销、贷款等业务导致其持有一个上市公司已发行股份超过30%，没有实际控制该公司的行为或者意图，并且提出在合理期限内向非关联方转让相关股份的解决方案；

⑦ 因继承导致在一个上市公司中拥有权益的股份超过该公司已发行股份的30%；

⑧ 因履行约定购回式证券交易协议购回上市公司股份导致投资者在一个上市公司中拥有权益的股份超过该公司已发行股份的30%，并且能够证明标的股份的表决权在协议期间未发生转移；

⑨ 因所持优先股表决权依法恢复导致投资者在一个上市公司中拥有权益的股份超过该公司已发行股份的30%。

（2）宝华公司和元基公司参加议案1的表决符合规定。根据规定，股东大会就非公开发行股票事项作出决议，若向本公司特定的股东及其关联人发行的，股东大会就发行方案进行表决时，关联股东应当回避。在本题中，议案1确定的发行对象为物灵公司，宝华公司和元基公司不属于该议案的关联方，可以参与表决。

（3）宝华公司和元基公司参加议案2的表决不符合规定。根据规定，股东大会就非公开发行股票事项作出决议，若向本公司特定的股东及其关联人发行的，股东大会就发行方案进行表决时，关联股东应当回避。在本题中，议案2的发行对象为宝华公司和元基公司，属于关联股东，应当回避表决。

（4）物灵公司的观点不符合规定。根据规定，单独或者合计持有公司3%以上股份的股东，可以在股东大会召开10日前提出临时提案。在本题中，宝华公司和元基公司合计持股已达29%，提出议案的时间为2月5日，距临时股东大会的召开时间2月19日超过10日。

（5）物灵公司起诉日期不符合规定。根据规定，股东会或者股东大会、董事会的会议召集程序、表决方式违反法律、行政法规或者公司章程，或者决议内容违反公司章程的，股东可以自决议作出之日起60日内，请求人民法院撤销。在本题中，决议是于2月19日做出的，而起诉时间为4月29日，明显已经超过60日。

【考点】

第六章：公司法律制度——股东权利和义务、股东大会、股东会和董事会决议制度

第七章：证券法律制度——要约收购制度、上市公司发行新股

8. **【解析】**

（1）本次合并构成甲公司重大资产重组。根据规定，资产总额比、营业收入比和资产净额比，只要有一个达到法定标准即构成重大资产重组（如购买、出售的资产总额占上市公司最近一个会计年度经审计的合并财务会计报告期末资产总额的比例达到50%以上）。在本题中，乙公司资产总额占甲公司同期经审计资产总额的比例超过50%，构成重大资产重组。

【抢分技巧】上市公司及其控股或者控制的公司购买、出售资产，达到下列标准之一的，构成重大资产重组：

① 购买、出售的资产总额占上市公司最近一个会计年度经审计的合并财务会计报告期末资产总额的比例达到50%以上；

② 购买、出售的资产在最近一个会计年度所产生的营业收入占上市公司同期经审计的合并财务会计报告营业收入的比例达到50%以上；

③ 购买、出售的资产净额占上市公司最近一个会计年度经审计的合并财务会计报告期末净资产额的比例达到50%以上，且超过5 000万元人民币。

（2）初稿中关于非公开发行股票的内容有两处不符合规定：

① 发行价格不符合规定。根据规定，上市公司非公开发行股票的，发行价格不低于定价基准日前20个交易日公司股票均价的80%。

② 股份锁定期不符合规定。根据规定，发行对象为上市公司的控股股东、实际控制人或者其控制的企业，其认购的股份应自发行结束之日起18个月内不得转让。

（3）甲公司拒绝B银行偿债请求的理由不成立。根据规定，公司决定合并的，应当在作出合并决议之日起10日内通知债权人，并于30日内在报纸上公告，债权人（不论债权是否到期）自接到通知之日起30日内，未接到通知的自公告之日起45日内，可以要求公司清偿债务或者提供相应的担保。

（4）人民法院驳回贾某的诉讼请求符合规定。根据规定，会议召集程序或者表决方式仅有轻微瑕疵，且对决议未产生实质影响的，当事人请求撤销的，人民法院不予支持。在本题中，公司未按照章程的规定发送电子邮件通知，但并未影响贾某及其他股东出席会议，对决议无实质影响。

（5）甲公司拒绝周某异议股东股份回购请求的理由成立。根据规定，股份有限公司异议股东的股份回购请求权仅限于对股东大会作出的公司合并、分立决议持有异议的情形；异议股东股份回购请求权中的“异议”应当通过出席会议并对决议投反对票提出。在本题中，周某表达异议的途径不符合要求，甲公司有权拒绝其回购请求。

（6）计算雷某因短线交易所获利润时，应当以40万股为基数。根据规定，短线交易是指上市公司的董事、监事、高级管理人员、持有该公司股份5%以上的股东，将其持有的该公司的股票在买入后6个月内卖出，或者在卖出后6个月内又买入。雷某于2017年2月1日、2月10日购入的股票，于2017年8月25日卖出，超过6个月，不属于短线交易。雷某于2017年3月2日，购入的40万股，于2017年8月25日卖出，在6个月期限内，属于短线交易。因此，计入短线交易基数的是40万股。

（7）雷某短线交易所获利润应当归甲公司所有。根据规定，上市公司董事、监事、高级管理人员、持有上市公司股份5%以上的股东，将其持有的该公司的股票在买入后6个月内卖出，或者在卖出后6个月内又买入，构成短线交易，由此所得收益归该公司所有，公司董事会应当收回其所得收益。

【考点】

第六章：公司法律制度——公司重大变更、股东大会、股东会和董事会决议制度、股东权利和义务

第七章：证券法律制度——上市公司重大资产重组、上市公司发行新股、内幕交易行为

9. **【解析】**

（1）构成对林森木业的收购。根据规定，收购人通过协议、其他安排的方式获得上市公司控制权的，构成间接收购；投资者如实际支配上市公司股份表决权超过30%的，即可

认为获得上市公司的控制权。在本题中，林木集团持有林森木业45%的股份，新民投资注资后，将持有林木集团85%的股权，可实际支配林森木业股份表决权比例超过30%，可间接实现对林森木业的控制。

(2) 新民投资必须向林森木业所有其他股东发出收购要约。根据规定，收购人虽不是上市公司的股东，但通过投资关系、协议、其他安排导致其拥有权益的股份超过该公司已发行股份的30%的，应当向该公司所有股东发出全面要约。

(3) 要约收购价格符合规定。在本题中，新民投资在要约收购提示性公告日前6个月内并未取得过被收购人的股票，且要约收购价格（9.77元/股）高于提示性公告日前30个交易日该种股票的每日加权平均价格的算术平均值（9.76元/股），故其要约收购价格符合规定。

(4) 钱某不能辞去独立董事职务。根据规定，在要约收购期间，被收购公司董事不得辞职。

(5) 发布时间不符合规定。根据规定，在收购人公告要约收购报告书后20日内，被收购公司董事会应当公告被收购公司董事会报告书与独立财务顾问的专业意见。

(6) 孙某不能撤回预受。根据规定，在要约收购期限届满前3个交易日，预受股东不得撤回其对要约的接受。在本题中，要约收购期限4月10日届满，孙某4月9日不能撤回预受。

(7)

① 李某的主张不成立。根据规定，影响内幕信息形成的动议、筹划、决策或者执行人员，其动议、筹划、决策或者执行初始时间，应当认定为内幕信息的形成之时。在本题中，赵某与新民投资于2017年5月已经开始实质性磋商，应当认定内幕信息此时已经形成。

② 李某的行为构成内幕交易。根据规定，证券交易内幕信息的知情人员和非法获取内幕信息的人员，在内幕信息公开前，不得买卖该公司的证券，或者泄露该信息，或者建议他人买卖该证券。在本题中，李某为内幕信息知情人员，李某在内幕信息敏感期内（2017年5月至2017年9月21日公告日）买卖与内幕信息相吻合的证券，又无法给出合理理由的，构成内幕交易。

【考点】

第七章：证券法律制度——特殊类型收购、要约收购制度、收购中的信息披露、内幕交易行为

10. **【解析】**

(1) 赵某应对招股说明书中的虚假财务数据承担行政法律责任。根据规定，发行人、上市公司的董事、监事和高级管理人员，负有保证信息披露真实、准确、完整、及时和公平义务，应当视情形认定为直接负责的主管人员或者其他直接责任人员承担行政责任，但其能够证明已尽忠实、勤勉义务，没有过错的除外。在本题中，赵某为甲公司董事长，赵某直接决定通过外部借款、伪造银行单据等方式冲减应收账款，应当认定为直接负责的主管人员承担行政责任。

(2) 乙会计师事务所应对招股说明书中的虚假财务数据承担行政法律责任。根据规定，证券服务机构未勤勉尽责，所制作、出具的文件有虚假记载、误导性陈述或重大遗漏

的，应当承担行政责任。

(3) 丙律师事务所应对招股说明书中的虚假财务数据承担行政法律责任。根据规定，证券服务机构未勤勉尽责，所制作、出具的文件有虚假记载、误导性陈述或者重大遗漏的，应当承担行政责任。

(4) 赵某的行为不符合规定。根据规定，股份有限公司不得直接或者通过子公司向董事、监事、高级管理人员提供借款。

(5) 孙某的行为不符合规定。根据规定，公司董事、监事和高级管理人员对公司负有勤勉义务和忠实义务。在本题中，孙某作为公司董事，却不关注公司事务，明显违反了勤勉义务。

(6) 投资者李某无权要求甲公司赔偿其投资损失。根据规定，原告能够证明下列情形的，人民法院应当认定原告的投资决定与虚假陈述之间的交易因果关系成立：①信息披露义务人实施了虚假陈述；②原告交易的是与虚假陈述直接关联的证券；③原告在虚假陈述实施日之后、揭露日或更正日之前实施了相应的交易行为。在本题中，甲公司实施了虚假陈述行为，李某买入了甲公司股票，但李某在甲公司的虚假陈述行为揭露日之后才买入甲公司股票，其投资损失与甲公司的虚假陈述行为不构成因果关系，因此李某无权要求甲公司赔偿其投资损失。

(7) 投资者钱某有权要求甲公司赔偿其投资损失。根据规定，原告能够证明下列情形的，人民法院应当认定原告的投资决定与虚假陈述之间的交易因果关系成立：①信息披露义务人实施了虚假陈述；②原告交易的是与虚假陈述直接关联的证券；③原告在虚假陈述实施日之后、揭露日或更正日之前实施了相应的交易行为。在本题中，甲公司实施了虚假陈述行为，钱某买入了甲公司股票，钱某在虚假陈述行为实施日之后、揭露日之前买入甲公司的股票，又于揭露日之后卖出，其投资损失与甲公司的虚假陈述行为构成因果关系，因此钱某有权要求甲公司赔偿该投资损失。

【考点】

第六章：公司法律制度——公司的组织机构、董事、监事、高级管理人员制度

第七章：证券法律制度——虚假陈述行为

11. **【解析】**

(1) 乙、戊、辛公司构成一致行动人。根据规定，在上市公司的收购及相关股份权益变动活动中有一致行动情形的投资者，互为一致行动人。在本题中，戊、辛两公司事先已作出无条件按照乙公司指令行使甲公司股份表决权的书面承诺，故三者构成一致行动人。

(2)

① 2015 年 8 月 1 ~3 日，戊、辛公司继续收购甲公司股份不符合法律规定。根据规定，通过证券交易所的证券交易，投资者持有或者通过协议、其他安排与他人共同持有一个上市公司已发行的股份达到 5% 时，应当在该事实发生之日起 3 日内向中国证监会、证券交易所作出书面报告，通知该上市公司，并予公告；在上述期限内，不得再行买卖该上市公司的股票。在本题中，乙公司、戊公司和辛公司作为一致行动人不得在 2015 年 8 月 1 日至 3 日再行买卖甲公司股票。

② 乙、戊、辛公司未对购入甲公司股份予以披露不符合规定。根据规定，投资者持有或者通过协议、其他安排与他人共同持有一个上市公司已发行的股份达到5%之后，其所持上市公司已发行的股份比例每增加或者减少1%时，应当在该事实发生的次日通知该上市公司，并予公告。

（3）

① 股份发行价格不符合规定。根据规定，上市公司发行股份购买资产的价格不得低于市场参考价的90%，市场参考价为本次发行股份购买资产的董事会决议公告日前20个交易日、60个交易日或者120个交易日的公司股票交易均价之一。在本题中，股票发行价格拟订为前20个交易日交易均价的85%，故不符合规定。

② 丁公司获得的甲公司股份自发行结束之日起6个月后可自由转让不符合规定。根据规定，特定对象以资产认购上市公司股份的，自股份发行结束之日起12个月内不得转让。

（4）董事会的到会人数符合规定。根据规定，股份有限公司董事会会议应有过半数的董事出席方可举行。在本题中，7名董事出席会议，超过11名董事的半数。

（5）董事会作出的决议不能获得通过。根据规定，股份有限公司董事会作出决议必须经全体董事的过半数通过。在本题中，甲公司全体董事11人，对该项决议投赞成票的董事仅为5人，未达到全体董事的半数，因此该项决议不能获得通过。

（6）人民法院不应受理乙公司的起诉。根据规定，股份有限公司连续180日以上单独或者合计持有公司1%以上股份的股东，可以提起股东代表诉讼。在本题中，乙公司持有甲公司股份的时间尚不足180日，因此不具有提起股东代表诉讼的资格。

【考点】

第六章：公司法律制度——公司的组织机构、股东权利和义务

第七章：证券法律制度——上市公司收购概述、持股权益披露、上市公司重大资产重组

12.**【解析】**

（1）风顺科技于7月10日发布公告称没有需要披露的信息不符合规定。根据规定，公司订立重要合同，可能对公司的资产、负债、权益和经营成果产生重要影响的，构成重大事件；出现下列情形之一的，上市公司应当及时披露相关事项的现状、可能影响事件进展的风险因素：①该重大事件难以保密；②该重大事件已经泄露或者市场出现传闻；③公司证券及其衍生品种出现异常交易情况。在本题中，虽然7月10日前风顺科技与A公司尚未签署合作意向书，但风顺科技股票已经出现异常交易情况，风顺科技应当立即披露相关事项的现状以及可能影响事件进展的风险因素。

（2）孙某买卖风顺科技股票的行为构成内幕交易。根据规定，内幕信息知情人的配偶、父母、子女以及其他有密切关系的人，其证券交易活动与该内幕信息基本吻合，不能作出合理说明或者提供证据排除其存在利用内幕信息从事相关证券交易活动的，构成内幕交易。

（3）人民法院不能推定投资者张某的有关亏损系风顺科技虚假陈述所致。根据规定，原告能够证明下列情形的，人民法院应当认定原告的投资决定与虚假陈述之间的交易因果关系成立：①信息披露义务人实施了虚假陈述；②原告交易的是与虚假陈述直接关联

的证券；③原告在虚假陈述实施日之后、揭露日或更正日之前实施了相应的交易行为。在本题中，张某买入风顺科技股份的时间为 2014 年 2 月，在虚假陈述实施日（2015 年 7 月 10 日）之前，买入时间段不符合因果推定的要求，因此人民法院不能直接推定投资者张某的有关亏损系风顺科技虚假陈述所致。

（4）公司董事会秘书郑某主张其本人不应受处罚的抗辩不成立。根据规定，受到股东、实际控制人控制或者其他外部干预的，不得单独作为不予处罚情形的认定。

【抢分技巧】不得单独作为不予处罚情形认定的情形：

① 不直接从事经营管理；

② 能力不足、无相关职业背景；

③ 任职时间短、不了解情况；

④ 相信专业机构或者专业人员出具的意见和报告；

⑤ 受到股东、实际控制人控制或者其他外部干预。

（5）刘某具有提议召开董事会临时会议的资格。根据规定，股份有限公司代表 10% 以上表决权的股东、1/3 以上董事或者监事会，可以提议召开董事会临时会议。在本题中，刘某持有风顺科技 11% 的股份，符合上述规定。

（6）人民法院不应受理钱某提起的诉讼。根据规定，股份有限公司连续 180 日以上单独或者合计持有公司 1% 以上股份的股东，可以依照法定程序提起股东代表诉讼。在本题中，钱某仅持有风顺科技 0. 1% 的股份，无权提起股东代表诉讼。

【考点】

第六章：公司法律制度——公司的组织机构、股东权利和义务

第七章：证券法律制度——强制信息披露制度、内幕交易行为、虚假陈述行为